KB097617

**밀양을
듣다**

연세국학총서 118

밀양을 듣다

밀양 탈송전탑
탈핵 운동의
담론과 현장

김영희 기획·엮음
김영희 외 지음

오월의봄

차례

들어가는 글:
밀양의 이야기를 어떻게 들을 것인가

공론장에서 배제된 목소리

내가 밀양의 이야기를 듣기 시작한 것은 20년 전의 일이다. 밀양의 숱한 이야기 중에서도 밀양 송전탑 건설 반대 운동에 참여했던 사람들의 이야기를 듣는 일은 지금으로부터 5년 전에 시작되었다. 5년 전 처음 송전탑 건설 반대 운동의 이야기를 들으러 가기 전 나는 많이 망설였다. 가장 절박하게 이야기를 들어야 할 순간에 나는 '사람들의 곁'에 없었기 때문이다. 하지만 아무리 늦은 때라도 '누군가의 말을 들으려 하는 지금이 중요하다'는 생각을 떨칠 수 없어 나는 용기를 냈다.

그러나 내가 늦었다고 생각한 그때에도 여전히 이 이야기를 하고자 하는 사람들의 마음 안에는 뱉어내지 못한 무수히 많은 말이 있었고, 이야기를 들어야 할 이유는 절박했다. 내가 본격적으로 송전탑 건설 반대 운동에 나섰던 '밀양 할매'들의 이야기를 듣기 시작한 것은, 2014년 6월 11일 행정대집행을 통해 송전탑 건설 예정지에 있던 농성 천막들이 모두 철거되고 대부분의 건설 예정지에 송전탑이 모두 들어선 이후인 2014년 겨울이었다. 그러나 '밀양 할매'들을 만나 맨 처음 깨달은 것은 누구에게도 아직 '이 싸움이 끝나지 않았다'는 사실이었다.

송전탑 건설 반대 운동에 나섰던 '밀양 할매'들은 결국 이 싸움이 '탈원전'과 '탈핵'으로 이어질 수밖에 없으며 바로 이런 까닭으로 자신들의 행동이 미래를 향한 싸움이라는 사실을 분명하게 인지하고 있었다. 그래서 이들은 송전탑이 들어선 이후에도 전기를 만들어내는 에너지 정책의 여러 문제점들과 원전 가동의 위험성 등을 널리 알리며 송전탑이 뽑히는 그날까지 싸우겠노라 각오를 다지고 있었다. 그리고 이들의 곁에는 지역에서 함께 생활하는 활동가들과 송전탑이 들어선 후에도 여전히 지속적으로 왕래하며 탈원전의 길을 함께 걷는 타지의 연대자들이 있었다. 이들은 모두 매서운 추위 속에서 칠흑같이 어두운 산속 천막농성장을 함께 지키며 노래를 부르고 이야기를 나눈 새로운 '이웃'이자 '가족'이었다.

언제 경찰이 들이닥칠지 모를 새벽녘 봉쇄된 산길을 뚫고 몇 시간의 밤길을 걸어 자신들을 찾아온 연대자들의 얼굴을 잊을 수 없노라고 '밀양 할매'들은 말했다. 그리고 추운 밤 서로의 몸을 붙여 따스한 온기를 나누고, 쇠사슬로 몸을 묶어 천막을 함께 지켰던 이 '이웃'들은 농성자의 수십 배에 달하는 경찰들의 진압 작전으로 농성장이 해체된 이후에도 마을로 내려와 '아직 우리의 싸움은 끝나지 않았으며 우리는 앞으로도 함께 싸워나갈 것'이라는 결의의 선언을 함께했다. 이것이 바로 '밀양 할매'라는 표상이 만들어진 역사이며, 이 '이웃'들이 바로 '밀양 할매'라는 표상을 함께 만들고 지켜온 '사람'들이었다.

아직 '탈원전사회'로 진입하는 길은 멀고 산속에 세워진 송전탑은 뽑히지 않은 채 남아 있다. 송전탑 건설 반대 운동 참여자들이 선언했던 대로 아직 이 싸움은 '끝나지 않은 것'이다. 그러나 추위와 싸워가며 몇 개월을 버틴 농성이 공권력의 개입으로 무너졌던 현장에서도 무너지지 않았던 '밀양 할매'의 싸움이 지금, 위기에 직면해 있다. 이 위기는 아이러니하게도, 노후 원전 가동을 중단하는 행사에 참여한 대통령이 '밀양 할매'의 손을 잡고 '탈원전'의 뜻을 되새긴 행사 직후 '공론화위원회'를 제안하면서 시작되었다.

2017년 봄 '탈원전'을 정책 기조로 내세운 대통령이 당선되었을 때 '밀양 할매'들은 자신들의 기나긴 싸움이 이제 끝날 것이라는 기대를 품었다. 대통령에 당선된 이는 과거 '밀양 할매'의 농성장을 방문해 여러 시간 주민들을 위로하고 그들의 이야기를 경청했던 사람이었기 때문이다. 대통령이 처음 471명의 시민들로 구성된 공론화위원회를 만들어 숙의 과정 끝에 나온 시민 권고안을 받아들이겠다고 제안했을 때 '밀양 할매'들은 이 '공론화'의 담론장에서 '탈원전' 논의가 승리할 것이라고 예견했다. 그 무렵 나는 '밀양 할매'들과 새로운 구술 작업을 진행 중이었는데 만나는 분들마다 내게 '곧 잔치를 벌일 예정이니 꼭 참석하라'는 말을 건네곤 하셨다.

그러나 3개월의 숙의 과정 끝에 신고리 원전 5호기와 6호기 건설 재개 결정안이 공론화위원회 시민 권고안으로 최종 제안되었고, 이 과정에서 '밀양 할매'들은 예전에 경험한 적 없는 사회적 고립감과 좌절감을 느껴야 했다. 공론화위원회는 전문가들의 의견을 경청하고 제공된 자료를 읽은 불특정 다수의 시민 471명이 수차례의 토론과 질문, 집중적인 논의 과정을 거쳐 최종적으로 하나의 권고안을 제시하는 방식으로 운영되었다. 비전문가인 시민들에게 이런 중대 사안의 결정을 맡길 수 없다는 주장에서부터 성숙한 시민의식과 민주적 의사결정 과정이 만들어낸 진정한 민주주의의 실험이라는 평가에 이르기까지 '공론화위원회'를 바라보는 시선은 다양한 스펙트럼을 만들어냈다.

하지만 이 시선이 닿는 곳 그 어디에도 '밀양 할매'의 자리는 없었다. '밀양 할매'는 전문가도 아니었고, 당사자도 아니었고, 민주적 의사결정 과정에 참여할 수 있는 시민도 아니었다. 그렇다면 한국사회에서 가장 끈질기게 '탈원전'을 이야기하고 그 부단한 싸움의 결과 한국사회에서 처음으로 '탈원전'을 사회적 이슈로 만들었던, 그리하여 '공론화위원회'의 구성을 가능하게 했던 '밀양 할매'는 이 공론장에서 도대체 무엇으로 존재할 수 있었던 것일까? '밀양 할매'는 왜 '시민'을 위한 '담론장'에서 배제될 수밖에 없었던 것일까? '밀양 할매'가 이 '담론장' 안에서 '시민'으로 호명받을 수 없는 까닭은 무엇인가?

누군가는 공론화위원회를 기울어진 운동장에 비유했지만 사실상 누군가는 이 운동장의 바깥에 존재해야 했다. 담론장은 모든 '시민'에게 열린 공간으로 표상되었지만 실제로 이 담론장으로의 진입 자격과 담론장 내에서의 위치는 담론 자원에 따라 불균등하게 배분되었다. 담론장의 관습과 규범, 문화적 코드를 공유하고 있는지 여부에 따라, 혹은 어느 정도 수준으로 공유하고 있는지에 따라 담론장 안팎이나 담론장 내부에서의 위치가 결정되었던 것이다. 전문가의 권위로 말하거나, 경제적 논리에 따라 말하거나, 감정을 배제한 언어로 말할 때 사람들은 비로소 그 말에 주의를 기울이기 시작했다. 그러나 '밀양 할매'는 전문가도 아니고 경제적 논리로 무장하지도 않았으며 감정을 배제한 채 말하지도 않았다. 이런 '말'이 '민주적'인 담론장 내에서 발화될 수도 없고 누군가 '경청'하는 대상이 되지도 못한다는 사실을, 우리는 자연스럽게 받아들여야 하는 것일까?

전문가도 아니고 발화의 권위도 인정받지 못했지만, 이 담론장 내에서 발언할 수 있는 이들이 있었다. 그들은 '당사자'로 호명되었는데, 이 담론장이 승인한 '당사자'는 원전 건설 중단이나 재개로 인해 경제적 손실을 입을 수 있다고 가정된, 원전 인근 지역 거주자들이었다. 사회적 문제가 폭력이나 그 밖의 다른 재산과 건강상의 피해를 만들어낼 때 이 폭력과 피해를 가장 직접적으로 받게 되는 이들이 있다. 또 사회적 문제가 발생했을 때 이 문제를 자신의 것으로 받아 안아 스스로 문제 해결에 나서는 이들이 있다. 우리는 이들을 '당사자'라고 부른다. 사회적 문제가 만들어내는 피해는 누구에게나 동일하지 않고, 문제 해결에 나서는 능동성도 모든 사람에게서 같은 수준으로 나타나지 않는다. 우리는 사회적 문제에 직면해, 가장 힘들다고 말하거나 가장 먼저 문제 해결에 나서는 이들의 의견과 입장을 존중해야 하지만 이런 순간에 '가장 힘든 그들이 당사자이고 나는 당사자가 아니다'라는 생각에 빠져서도 안 된다. 사회적 문제는 그 정도와 수준은 다르더라도 사회구성원 모두에게 영향을 미칠 수밖에 없고, 사회적 문제는 인식되는 순간 '그들의 문제'가 아니라 '나의 문제’가 되기 때문이다.

　더구나 바로 그 문제가 사회를 존폐 위기로까지 몰아갈 수 있는 원자력발전과 같은 것이라면 그 누구도 ‘나는 당사자가 아니다’라고 말할 수 없을 것이다. 그러나 공론화위원회의 논의 과정을 통해 ‘모두’의 문제로 확인된 것은 원자력발전소 건설이 중단되었을 때 발생하는 경제적 비용의 문제였다. 공공 비용의 엄청난 손실에 대한 사회적 책임의 문제가 공론화위원회에 참여한 시민들에게 비켜날 수 없는 ‘나의 문제’로 확인되었고, 시민들은 이 책임을 외면하지 않기 위해 ‘더 이상 새로운 원전을 지어서는 안 되지만 짓고 있던 원전은 건설을 마무리한다’는 결정을 내릴 수밖에 없었다. 원자력발전을 둘러싼 문제에서 사회구성원 모두에게 ‘나의 문제’로 확인된 것이 경제적 비용의 문제뿐이라는 사실을 우리는 어떻게 이해해야 할까? 건강과 안전, 환경의 지속 가능성과 에너지 개발의 사회적 불균형 등은 모두 경제적 비용에 비하면 지엽적인 문제에 불과한 것일까?

　‘밀양 할매’는 이 모든 질문에 ‘그렇지 않다’고 답한다. 원전에서 만들어진 전기를 서울과 도시로 보내기 위해 세워진 송전탑이 자신들의 마을 한복판을 지나게 된다는 사실로부터 촉발되기는 했지만, ‘밀양 할매’는 원자력발전의 문제가 누군가의 재산과 건강이 아닌 우리 모두의 건강과 미래가 걸린 문제라고 말한다. 그들은 후쿠시마 원전 사고를 ‘그들의 문제’가 아닌 ‘나의 문제’로 받아들였고, 밀양 송전탑 문제를 통해 한국사회의 에너지 개발 정책 배후에 존재하는 불의한 타협과 불평등을 고발했다. 한때 언론은 ‘밀양 할매’를 ‘자기 가족의 안위와 재산을 지키기 위해 무턱대고 달려드는 무지렁이 시골 노인’으로 그려내기도

들어가는 글

했고, 정치인이나 사회운동가들이 시키는 대로 움직이는 꼭두각시로 간주하기도 했다. 그러나 '밀양 할매'는 자기 자신을 사회적 문제를 인식하고 해결해갈 '당사자'로 천명했고, 자기 자신과 가족만이 아니라 한국사회 전체를 관통하는 문제를 해결하기 위해 스스로 생각해 움직이기 시작했다. 그리고 문제를 해결해나가기 위한 사회운동의 여정에서 사람들을 주변에 불러 세웠고 그들과 함께 성장해나갔다.

이 책은 사회적 전망을 담아 분명하게 자기 목소리를 내고 있음에도 불구하고 사회적 공론장 내부에 자기 위치를 가질 수 없었던 '밀양 할매'의 이야기를 듣기 위해 기획되었다. 여기서 '밀양 할매'는 밀양 지역에 거주하는 여성 노인이나 송전탑 건설에 반대하는 지역 주민들만을 가리키는 말이 아니다. 밀양에 거주하고 송전탑 건설에 반대하는 여성 노인들이 주축이기는 하되, 그들과 함께 연대하고 그들과 함께 활동하며 성장해온 연대자와 활동가를 아우르는 말로 쓰고자 한다. '밀양 할매'라는 표상 안에는 밀양 지역 송전탑 건설에 반대하며 탈핵 운동을 주도적으로 이끌어온 수많은 '시민 연대'의 장면들이 담겨 있다. 그리고 이 '연대'의 장면 속에는 산속 천막에서 노래를 부르고 화전을 부쳐 먹던 '여성 연대'의 활달하고 역동적인 이야기들 또한 스며들어 있다.

최근 한국정부는 과거 한전이 밀양의 몇몇 마을에서 송전탑 건설에 찬성하는 합의서를 개개인들에게 받아내기 위해 부당하고 불의한 일들을 자행했음을 밝혀내 이를 확인한 바 있다. 또한 2014년 6월에 있었던 행정대집행이 불과 몇십 명뿐이었던 산속 천막농성자들을 폭력적으로 진압하기 위해 그 수십 배에 달하는 경찰 권력을 동원한 부적절한 공권력 집행이었음을 인정하기도 했다. 그러나 송전탑이 들어선 마을은 이미 갈가리 찢어지고 뿔뿔이 흩어져버렸다. 마을 사람들끼리 사소한 시비가 붙어도 녹음기를 들이대 소송을 걸기 일쑤고, 송전탑이 들어서는 대가로 받았다던 돈은 마을 사람들의 아픔을 뒤로 한 채 흔적도 없이 사라진 지 오래다.

그러나 '밀양 할매'는 사람들이 흩어진 마을을 떠날 수 없고, 공동체적 관계가 끊어진 마을에서 살아간다는 것은 매일의 일상을 고통스럽게 만드는 일이다. 한국사회에는 해결해야 하는 문제들이 언제나 많고, 그 수는 줄어들기는커녕 매일 늘어만 간다. 그래서 사람들은 하나하나의 일들이 어서 빨리 매듭지어지기를 바란다. 한국사회 전체의 문제를 누군가의 문제로 만들고, 이 과정에서 '당사자'의 권리를 운운하는 것은 이와 같은 피로감 때문일지 모른다. 그리고 사람들은 쉽게 이러한 피로감을 고백하고 '그러니 이제 이 이야기는 그만하기로 하자'고 서두른다. 그러나 분리된 줄 알았던 이 하나하나의 문제들은 사실상 연결되어 있고, 그래서 하나의 문제를 어설프게 덮어버린 탓에 새로운 문제가 만들어진다. 어떤 문제도 해결되지 않은 채 지연되고, 하나하나의 문제들이 연결되어 더 큰 문제가 만들어지는 것이다. 어떤 문제도 해결되지 않고 계속 쌓여만 가는 것 같은 피로감은 사실 성급히 하나의 문제를 덮고 가려는 조바심이 만들어낸 결과일지도 모른다. 이것이 우리가 지금 여전히 이 하나의 문제에 골몰해 더 많은 이야기를 듣고, 더 깊이 생각해보아야 한다고 주장하는 까닭일 것이다.

누구의 말을, 어떻게 들을 것인가

이 책은 참으로 '산만하게' 구성되어 있다. 더 정확하게 말하자면 '산만한 구성'을 의도한 책이라고 해야 할 것이다. 기획의 일관성은 책을 쉽게 읽어갈 수 있게 만들지만 하나의 목소리만을 담아내기 쉽다. 이 책은 어렵게 읽게 되더라도 들어야 할 여러 목소리들을 담아내는 데 목표를 두고 기획되었다. 그리고 무엇보다 민주적 장소로 가정되었던 공론화위원회를 포함해 다양한 사회적 담론장에서 들을 수 없었던 목소리들을 듣기 위해 좀 더 확장되고 다층적인 청취의 장소를 만들어냈다. 물론 이 기획의 이면에는, 사실상 목소리란 원래 이질적이고 다성적(多聲的)인 것이라는 생각이 담겨 있다.

사회적으로 대두된 문제를 해결해 무언가 의미 있는 변화를 만들어내고자 할 때 이질적이고 다성적인 목소리는 우리의 발걸음을 더디게 만들기도 한다. 그래서 꽤 오랫동안 한국사회에서 사회운동은 서로의 차이를 '극복'해 '하나의 단일한' 목소리를 내는 것을 불문율처럼 여겨왔다. 이것이 '사회적 연대'의 진정한 의미이자 '단결'의 정치적 효과로 간주되었다. 그리고 '다른' 목소리가 만들어내는 '차이'는 대의를 위해 희생되어야 할 것으로 인식되었다.

그러나 이 오랜 역사의 과정에서 우리는 '차이'가 '극복'되어야 할 대상이 아니라 '드러나야 할 무엇'이라는 사실을 뼈저리게 깨닫게 되었다. 한번 드러나지 못한 채 묻힌 목소리가 다시 드러나는 법은 없었다. '하나의 목소리'를 위해 묻혀야 했던 목소리는 언제나 다른 목소리에 우선순위를 빼앗긴 채 다음을 기약해야 했다. 그러나 이 시간을 지나면서 우리가 알게 된 것은 이와 같은 전략이 결국 누군가의 목소리를 영원히 들을 수 없게 만드는 패착일 뿐이며 그 누구의 목소리라도, 아니 소리가 작고 그 힘이 미약한 목소리라면 더욱더 귀 기울여 들어야 할 의무가 우리에게 있다는 사실이었다.

그래서 이 글에서는 밀양 송전탑 건설 반대 운동의 한 장면한 장면을 운동의 한 역사로만 흘려보내지 않고, 학술적 담론의 장으로 끌어들인 연구자들의 말을 귀 기울여 듣되 그들의 목소리에만 귀 기울이지 않기 위해 활동가와 연대자, 운동의 주도 세력인 마을 주민 들의 말을 함께 듣기로 했다. 사회운동 관련 구술 증언에서 그동안 활동가나 연대자의 목소리를 듣는 것은 거의 불가능했다. 이런 까닭에 이번 책에서는 송전탑 건설 반대운동에 참여한 주민들의 글을 싣는 한편 연대자들의 글과 활동가들과의 집단 인터뷰 자료를 함께 수록하기로 했다. 이들 각각의 말이 서로 분리된 것이 아니라 함께 연결된 것임을 드러내기 위해 서로 이질적인 성격의 글들이지만 한자리에 모아 제시하기로 한 것이다. 2014년 이후 최근까지 지속해온 '밀양 할매'의 구술 인터뷰 작업 성과물들은 다음 기회에 별도의 책으로 묶어내기로 한다. 다만 이 책에서는 공적 담론의 장에 제출되었던 '밀양 할매'의 글들을 통해 그 목소리를 보여주려 했다. 분석적인 성격의 글이나 신문 기고문, 법원에 제출된 탄원서, 법정 최후진술, 대통령에게 보낸 공개 서한 등의 글을 모아 실은 까닭이 여기에 있다.

이 책에 실린 구술 자료는 1부에 갈무리된 활동가들의 집단인터뷰 기록이 유일하다. 활동가들은 그동안 성명서와 기자회견문 등의 글을 통해 발언해왔을 뿐 자신들의 '말'을 드러낼 기회가 없었다. 또 '공식적인 입장'을 드러내기는 했어도 개인의 생각이나 감정을 밝힐 기회 또한 없었다. 이것은 활동가들이 개인적 입장과 감정을 드러내는 것이 그만큼 조심스러운 일이기 때문이기도 하다. 그러나 활동가들은 지난 9년 가까운 시간 동안 '밀양 할매'라는 표상의 일부를 구성하며 '당사자'이자 '연대자'로서 함께해왔다. 여기서는 활동가들과의 사전 교섭을 통해 인터뷰의 취지를 설명하고 두 차례의 집단 인터뷰를 통해 최대한 개인적인 이야기를 들어보려 노력했다.

그러나 사실상 활동가들은 밀양 송전탑 건설 반대 운동과 분리된 개인적 삶의 영역을 가지는 동시에 언제나 일상생활 영역에서도 그 운동의 일부분을 공유하고 있다. 따라서 개인 활동가A의 '말'은 개인적인 발언인 동시에 활동가A로서의 입장일 수밖에 없다. 활동가들이 밀양 송전탑 건설 반대 운동의 주도 세력인 주민들과 긴밀한 관계를 맺고 있을수록 그들의 발언은 더욱 조심스러워진다. 자칫 운동의 주체인 공동체 내부의 역동이나 개별 주민들 사이의 관계, 혹은 운동 단체의 사회적 위치나 운동의 정치적 흐름에 영향을 미칠 수도 있기 때문이다. 활동가들과 이 점에 대해 논의를 한 것은 아니었지만 인터뷰어로서 나는 이 점을 거듭 생각하며 인터뷰에 임했다.

구술 서사 연구자로서 나는 최근 '구술되는 '말'들을 어떻게 청취하고, 어떻게 기술해야 하는가'라는 문제에 관해 여러 가지 고민을 하고 있다. 한국사회에서 구술 청취는 역사화되지 않는 사건을 역사화하기 위해 기억 투쟁의 한 방편이자 근거가 되는 '사회적 증언'으로 시작되었다. 이와 같은 '증언'은 물리적 폭력뿐 아니라 기억 자체를 금지시키는 국가적 폭력에 대항하는 고발과 저항의 일환으로 전개되었다. 또한 이것은 사회적 담론장에서 헤게모니를 갖지 못한 영역이 자기 존재를 가시화하는 유일한 기제가 되기도 했다. 이런 까닭에 최근까지도 한국사회에서는 누군가의 말을 듣는다는 것 자체가 정치적으로 정당한 일로 인식되었다. 구술 청취에 나선다는 것 자체가 이미 정치적으로 정당하고 윤리적인 일로 간주되었던 것이다.

문제는 듣는다는 것 자체가 이미 정당한 일로 인식되었기에 '어떻게 들어야 하는가'에 대한 고민이 옅어졌다는 데 있다. 듣는 자의 위치가 정당화됨으로써 이 위치 자체를 성찰할 기회를 갖지 못한 것이다. 그러나 어떤 누구도 다른 누군가의 말을 대리할 수는 없다. 발화된 말은 그 말을 그대로 녹음해 글로 옮기는 순간에도 글을 쓰는 다른 누군가의 말이 되고 만다. 누군가의 말을 들어 글로 옮기는 사람은 최선을 다해 '있는 그대로'의 말을 전달하겠다는 의지를 드러내곤 하지만 다른 누군가의 말을 '있는 그대로' 전달한다는 것은 애초에 불가능한 일이다. '말'은 '매개'되는 순간 다른 맥락 위에 놓이게 되기 때문이다.

단순히 옮기는 순간의 문제가 아니라 애초에 발화된 말 자체가 던져진 질문에 대한 답이라는 점에서 이 말은 처음부터 기획과 의도의 효과일 수밖에 없다. 인터뷰이가 자신의 의지와 생각에 따라 발언할 수 있어야 하고, 인터뷰어가 이를 위해 인터뷰이를 압박하거나 강제하려 해서는 안 된다는 것은 구술 인터뷰의 가장 기본적인 규범이기도 하다. 그러나 누군가에게 질문을 던지는 행위는 이미 그 자체로 질문을 받는 사람에게 영향을 미치는 일이며 질문을 받는 이의 일상에 균열과 파문을 만드는 일이 된다. 질문의 의도를 벗어난 답은 존재할 수 있지만 질문의 영

들어가는 글

향을 완전히 벗어난 답은 존재할 수 없다는 점에서 구술 채록된 발화자의 말은 질문을 던지는 사람이 갖고 있던 관심과 의문, 의도와 기획에 강력한 영향을 받게 된다. 그리고 이와 같은 영향은 말을 벗어나, 인터뷰 현장에서의 눈에 보이지 않는 비언어적인 상호작용을 통해서도 효과를 만들어낸다. 인터뷰이의 말에 대해 인터뷰어가 보이는 작은 몸짓과 반응들, 그리고 인터뷰 전후에 형성된 상호관계와 인터뷰어가 만들어낸 무언의 분위기들이 모두 발화자의 이 '말'에 영향을 미치는 것이다. 심지어 인터뷰어가 어떤 옷차림으로 찾아와 어떤 인사말을 건넸는지에 따라서도 이 말은 달라질 수 있다.

누군가의 조명을 받아 빛을 발하는 대상처럼 인터뷰이의 말들이 '인터뷰'라는 특수한 발화 조건에서 만들어진 결과물이라는 사실, 그리고 그 말이 구술 발화된 말들을 전사(傳寫)해 재기술하는 과정에서 만들어진 의미 맥락에 따라 새롭게 구성된 결과물이라는 사실은 '구술 발화된 말을 어떻게 들어야 하는가'라는 문제와 관련해서 여러 가지 쟁점을 만들어낸다. 이 글에서 이에 관한 모든 이야기를 풀어낼 수는 없을 것이다. 다만 발화된 말은 '누군가의 입에서 나왔다는 사실이 입증된 말'이기에 더욱 '진실한 말', 혹은 '실제의 말'로 인식되곤 한다. 그러나 이것이 특수한 조건에서 인터뷰어가 인터뷰이와 상호작용하며 인터뷰이에게 던진 질문에 대한 답이며 인터뷰어가 기록해 재기술한 글이라는 점을 고려하면 이 '말'은 '매개된 말'이며 '재구성된 말'일 수밖에 없다.

바로 이런 점에 주목해 이 책에서는 구술 자료가 '매개된 결과물'임을 가시적으로 드러내는 방식으로 내용을 구성하는 데 주력했다. 구술자의 발화와 더불어 인터뷰어의 말을 전하는 메타 서술 층위를 가시적으로 드러냈는데, 이 메타서술은 인터뷰어가 구술 현장에서 느끼고 생각한 것, 혹은 발화 이후에 인터뷰어가 부연하고 분석한 내용들을 포함한다. 또한 구술된 말에서 언급된 사건과 사람들에 대해 자세한 주석을 달지 않고, 문맥상 필요한 경우 이 메타서술에서 부연 설명했다. 이것은 이 책을 읽는 사람들의 관심이 구술자의 '말'에만 집중되기를 바랐기 때문이다. '말'을 '말'로서 듣지 않고 '말' 너머의 역사적 진실을 규명하는 방향으로 '듣는 이'의 관심이 이동할 때 이 '말'은 다른 정치적 효과를 불러일으키기 쉽다.

말하는 사람의 앞에 누군가 앉아 있고, 그 누군가가 '질문'을 던졌고, 그가 말하는 이에게 영향을 미치고 있고, 그가 말하는 이의 말을 옮겨 적었고, 처음부터 그에게는 이 말에 대한 특별한 관심과 의도가 있었다는 이 모든 사실이 지워질 때 오히려 처음 질문을 던진 그 누군가의 위치는 신과 같은 권력을 가진 자리로 이동한다. 영향을 미치면서도 영향을 미치고 있다는 사실을 모두 지움으로써 오히려 더 강력한 권력 효과를 발휘하게 되는 것이다. '누군가'의 의도가 영향을 미쳐 만들어진 말들이 어떤 영향도 받지 않은 진공상태의 '순수한 말', 혹은 '진실만을 가리키는 말'로 포장되어 '자연화'되고 '신화화'될 때 드러나지 않은 이 누군가의 의도는 더 강력한 정치적 권위와 정당성을 획득하게 된다.

이런 이유로 이 책에서는 구술된 발화의 기술(記述)이 '입 밖으로 쏟아진 말 그대로'가 아니라 '들은 말'이자 '들어서 적은 말'임을 분명하게 드러내고자 노력했다. 구술 자료의 매개 층위를 더욱 두텁게 보여주기 위해 질문하며 말을 듣고 있는 이, 다시 말해 의도를 갖고 인터뷰를 진행하고 있는 '나'의 위치를 더욱 적극적으로 드러내기 위해 노력한 것이다. 또한 이와 동시에 매개 층위를 충실히 보여주려는 윤리적 노력이 연구자의 과잉된 자의식이나 자기만족적인 기술로 귀결되지 않도록 세심한 주의를 기울였다. 그리고 무엇보다 매개 층위의 굴절이 발화자의 능동성과 발화 의도를 장애하는 수준에 이르지 않도록 성찰하는 노력도 중단하지 않았다. 사실상 매개 영역을 두텁게 보여주려는 노력은 발화 영역의 의도와 의지를 존중하려는 태도에서 비롯된 것이라고 할 수 있다.

이 책은 총 3부로 구성되어 있다. 1부는 앞서 소개한 활동가들과의 집단 인터뷰를 정리한 글이다. 2012년 이후 밀양 765kV 송전탑 반대 대책위원회에서 활동해온 활동가들을 두 차례 인터뷰하고 당시 녹음한 녹취 자료를 정리하면서 인터뷰를 기획하고 실행한 연구자가 관찰하고 성찰한 내용을 별도로 기술했다.

2부는 사회적 담론장에 그 모습을 드러냈던 목소리들을 갈무리한 글들로 구성되었다. 여기에는 두 편의 학술논문과 세 편의 언론매체 기고문이 실려 있다. 학술논문 가운데 한 편은 밀양 탈송전탑 탈핵 운동 과정에서 드러난 논쟁의 틀과 정당화의 담론 전략을 분석한 것이고, 다른 한 편은 밀양 탈송전탑 탈핵 운동에서 나타난 '여성 연대'의 장면과 '밀양 할매'의 표상적 의미를 구술 서사에 대한 분석을 통해 밝힌 글이다. 2부의 나머지 부분은 잡지에 실린 활동가의 글과 주민들이 신문에 기고했던 글, 그리고 송전탑 반대 대책위원회 소속 주민이 공론화 기간 동안 언론 보도를 비평한 글로 구성되었다.

3부는 주민들과 연대자들의 목소리를 더욱 적극적으로 듣기 위해 다양한 성격의 글들을 모아 엮었다. 2012년 재판 과정에서 주민들이 제출한 탄원서와 2014년 박근혜 전(前) 대통령에게 보낸 편지, 2017년 문재인 대통령 취임 직후에 주민들이 적은 편지들이 수록되어 있다. 특히 문재인 대통령에게 보내는 편지들은 대통령 취임 직후에 주민들이 문재인 대통령에게 거는 기대를 한껏 담아 적은 글로, 한글 편지를 쓰기 어려운 분들까지 한 사람 한 사람 정성을 모아 적은 편지글이다.

밀양 탈송전탑 탈핵 운동의 핵심 주체 가운데 하나는 연대자들이라고 할 수 있는데 3부에서는 주민들의 글과 함께 연대자들의 글을 함께 모아 수록했다. 이 글들 중에는 밀양에 지속적으로 연대했던 학술 연구자 모임의 성명서도 있고, 어린이책시민연대처럼 지금까지 '밀양 할매'의 한 부분으로 연대의 길을 걸어온 시민사회 단체 소속 연대자들의 글도 있다. 특히 어린이책시민연대는 '어린이도 시민이다'라는 모토 아래 시민으로서의 어린이와 그들의 권리, 그리고 어린이와 더불어 살아가는 어른의 의무에 대해 관심을 갖고 '어린이책'을 중심으로 활동하는 사회 운동 단체라고 할 수 있는데 2014년 행정대집행이 있기까지 산속 천막농성을 '밀양 할매'와 함께했고 행정대집행 이후에도 지금까지 바느질방 모임이나 생활 뜸 모임을 통해 연대를 이어가고 있다.

또한 연대자들의 글 중에는 밀양 송전탑 반대 운동 참여자 구술 인터뷰 작업을 필자와 함께 수행해온 두 대학원생의 글도 포함되어 있다. 우리에게 구술 인터뷰 작업은 처음부터 '연대'활동의 일환이었고, 밀양에서의 작업을 계기로 우리는 '말과 연대'

라는 모임을 꾸려 사회적 연대의 의미를 지향하는 구술 인터뷰 작업을 지속하고 있다.

이 책이 나오기까지 참으로 많은 사람의 눈물과 노력이 있었다. 수사적 표현으로 다하기 어려운 감사의 마음을 이 책에 담아 전하려 한다. 주저앉고 싶은 순간마다 서로를 부둥켜안아 일으켜 세워오신 밀양 송전탑 반대 운동의 여러 어르신들께 감사와 존경의 마음을 전한다. 그리고 '밀양 할매'와 더불어 연대의 자리를 즐겁게 가꾸어온 여러 연대자들과, 언제 어디서든 '밀양 할매'의 곁을 지켰던 활동가들에게 '나도 당신들에게 지지 않는 연대의 몫을 다하겠노라'는 약속의 마음을 전한다. 이 책을 만드는 일은 다른 어떤 책을 만드는 일보다도 복잡하고 더디게 진행되었다. 흔쾌히 출판을 결정한 도서출판 오월의봄 박재영 대표님의 결단과 더딘 원고에도 싫은 기색 없이 편집을 마무리하신 이정신 선생님의 노력 또한 연대의 마음이 아니라면 불가능한 일이었으리라 생각한다. 두 분을 포함해 책이 나오기까지 물심양면으로 애써주신 모든 분들께 감사의 마음을 전한다. 무엇보다 누군가의 말을 들으러 가는 길을 함께하며 이 말의 무게와 깊이를 함께 탐색해온 이미라, 황은주, 김시연, 구태운, 이선혜, 나윤하, 박성은, 박다혜, 윤지현 동학(同學)들에게도 감사와 함께 격려의 마음을 보낸다.

누군가의 말은 그 말을 들으려는 사람들이 만들어내는 자리를 통해 비로소 세상 밖으로 나온다. 그 말을 들으려는 사람들이 없을 때 안으로 움츠러든 말들은 사람들의 내면에 더 깊은 상처를 만들어낸다. 어렵게 세상으로 나온 말을 귀하디 귀한 마음으로 담아 찬찬히 되새겨보기 위해 이 책은 기획되었다. 지나가다 설핏 듣거나 딴짓을 하며 얼렁뚱땅 흘려듣는 말이 아니라 제대로 자리 잡고 앉아 마주보며 귀 기울여 들어야 하는 말이기에 이 책은 '귀 기울여 들어야 하는 불편을 기꺼이 감수하자'고 독자들을 꼬드긴다. 이 설득이 어느 정도 성공적일지는 알 수 없지만 그 마음만큼은 전해지기를 간절히 바란다.

2019년 초여름,
이야기 가득한 소담헌(素談軒)에서 김영희가 쓰다

1부 심층 인터뷰

밀양 탈송전탑
탈핵 운동의
어제와 오늘

일러두기

1. 구술 발언 내용과 구술 상황 및 텍스트에 대한 인터뷰어의 의견 기술 부분은
   위아래로 구분되어 있다.
2. 구술자의 발언은 녹음 후 전사한 것이다.
3. 전사 표기의 기본 원칙은 전사자가 소리를 들은 내용에 따라 표기하되 표준발음을
   크게 벗어나지 않은 부분은 모두 표준어 표기 규정을 따랐다.
4. 표준발음을 벗어난 구어의 표기는 최대한 전사자가 들은 발음에 가깝게 쓰되,
   가독성을 높이기 위해 어원을 추론할 수 있는 방향으로 표기했다.
5. 비언어적 소리에 대해서는 지문으로 밝히거나 의성 표현 언어로 전사하기도 했으나
   가독성이 떨어지는 부분에서는 생략했다. 다만 구술자의 감정 등을 드러내는 데
   유효하다고 판단한 부분은 그대로 살려서 표기했다.
6. 말줄임표는 시간의 경과나 머뭇거림을 표시한다. 그밖에 구술자의 언어 표현에
   의한 말줄임의 경우 문맥상 필요한 부분을 제외하고는 모두 말줄임표를 생략했다.
7. 인터뷰 진행과 개인정보 표시는 모두 인터뷰이의 동의하에 이루어졌으며
   인터뷰이들은 세 차례에 걸쳐 구술 전사 자료와 녹취 원고를 검토했다.
8. 인터뷰이의 개인정보 표시는 가장 적은 정보가 노출되기를 바란 사람에게 맞춰
   모두 익명 처리했으나 본인이 동의하고 문맥상 필요한 경우 부분 정보를 노출했다.
9. 구술 텍스트에 나온 대부분의 고유명사는 모두 익명 처리했다.
10. 여기 수록된 구술 인터뷰 자료는 개인에 대한 정보나 사건에 대한 세부 정보
    전달에 목적을 두지 않고 구술자의 '말'을 인터뷰의 맥락 속에서 드러내는 데
    목표를 두고 정리되었다.

심층 인터뷰는 맨 처음 밀양 탈송전탑 탈핵 운동의 10여 년 역사를 갈무리하기 위해 기획되었다. 그러나 인터뷰에 참여한 이들은 모두 이 '대화'의 장이 밀양 탈송전탑 탈핵 운동의 '역사'를 기술하거나 이 운동을 대표하는 하나의 '이야기'를 만드는 일이 되지 않기를 바랐다. 10여 년 운동의 시간은 결코 단 하나의 목소리나 단 하나의 이야기로 정리할 수 없는 것이라고 생각했기 때문이다. 이에 따라 인터뷰는 '역사'를 구성하는 작업이 아니라 한번도 듣지 못했던 활동가의 '말'을 듣고 이를 서로 나누는 자리로 기획되었다.

대부분의 사회운동에서 활동가의 '말'은 조심스럽다. 이 책에서 운동의 역사를 기술하거나 분석하는 연구자의 글이 아니라 활동가의 '말'을 듣고자 한 것은, 또한 활동가의 '글'이 아니라 '말'을 듣고자 한 것은 언제나 주민들이나 연대자들 목소리 뒤편에 존재하던 활동가의 '목소리'를 드러내고 싶었기 때문이다. 또한 기자회견이나 선언문에 담긴 '목소리'가 아니라 활동가 한 개인의 기억 속의 '목소리'를 듣고 싶었기 때문이다. 이 때문에 이 '대화'의 장은 처음부터 한결같은 '목소리'가 아니라 이질적인 '목소리'를 기대하는 가운데 마련되었다.

이 좌담에서는 마치 조각보를 이어 붙이듯 활동가 개개인의 이야기를 통해 지난 10여 년 밀양 탈송전탑 탈핵 운동의 다양한 기억과 서사를 불러내고자 했다. 활동가들은 지난 10여 년의 시간 동안 자신들이 모여 각자의 개인적인 기억을 나눈 것은 이번 좌담이 처음이라고 말했다. 좌담은 총 두 차례에 걸쳐 이루어졌다.

1차 인터뷰

일시
2017년 11월 5일

장소
경남 밀양시 삼문동 너른마당 사무실

참석자
김영희(연세대학교 국어국문학과 교수)
김시연(연세대학교 국어국문학과 대학원 석사과정생)
활동가A(남, 40대)
활동가B(남, 40대)
활동가C(여, 30대)
활동가D(남, 20대)
활동가E(남, 30대, 법률지원 자원활동가)
활동가F(여, 40대, M협동조합 이사장)

이 인터뷰는 김영희가 기획하고 실행했다. 인터뷰 후 글을 쓴 것도 김영희인데
이후 구술 자료 외 메타서술 부분은 모두 김영희가 작성한 것이다.
인터뷰 실행과 자료 전사 및 정리 과정에 김시연, 윤지현, 박다혜가 참여했다.

밀양, 송전탑 반대 운동의 시작

김영희 : 오늘 이 자리를 마련한 것은 10년이 넘게 밀양 송전탑 반대 운동을 전개해오신 과정에서 활동가들이 느낀 것들, 활동가들의 기억 속의 이야기들을 좀 듣고 싶어서입니다. 그동안 저희가 주민분들 말씀은 많이 듣고 또 녹취도 하고 그랬는데 활동가들 말씀은 들은 적이 없어서요. 다른 지역운동이나 사회운동에서도 활동가들의 목소리는 오히려 듣기 어려운 것 같습니다. 선언문이나 기자회견문 같은 공식적인 '글'들 말고 활동가 개인의 기억과 생각들을 좀 듣고 싶어서요. 이번에 저희가 기획한 책은 연구자들만이 아니라 운동에 참여한 지역 주민, 활동가, 연대자 등 다양한 사람들의 목소리를 담은 책입니다. 연구자들이 해석하거나 분석한 말들 외에, 또 다른 사람들에 의해 대리 발화된 내용이 아닌 말들을 좀 듣고 싶어서요. 주민분들 말씀은 구술 자료로도 정리하고 있고 주민분들이 쓰신 글도 좀 모아볼 생각입니다. 오늘 이 자리에서는 여러 활동가분들의 개인적인 이야기를 좀 듣고 싶습니다. 또 그것이 이 운동의 역사이기도 하구요. 자 그럼, 역사라고 말하니 좀 부담스러우실 것 같기도 합니다만……. (웃음) 사실

✛ 최근 사회운동에 참여했던 이들의 목소리가 '구술' 작업을 통해 하나둘씩 세상에 나오고 있다. 그러나 이 작업이 주목하는 이들은 대체로 '당사자'로 불리는 사람들인 경우가 많다. 누가 '당사자'인가라는 문제는 여전히 논쟁해야 할 주제이지만 이들에게 가장 먼저 달려가 가장 늦게까지 연대한 이들, 흔히 '활동가'로 불리는 이들 역시 스스로를 '당사자'로 부르길 주저한다. 한국사회에서는 특히 '순수한 당사자'와 이들 '활동가'를 명확하게 구분하고 때때로 '활동가'를 '외부 세력'으로 규정해 부정적으로 인식하는 경우도 흔하다.

하지만 '활동가'들이 스스로를 '외부 세력'으로 인식하지 않는 경우에도 자신을 사태의 직접적 '당사자'들과 같은 위치에 있다고 말하는 '활동가'는

여기 있는 분들이 대책위로 꾸려져서 주도적으로 활동하신 거는 이치우 어르신 분신 사망 사건 이후이신 거죠? 그 전 과정에 대해서는 뭐, 대략 그래도 활동가B 선생님이 정리하실지, 누가 말씀해주실까요?

활동가B : 아니 뭐, 주민분들이 많이 말씀하셨을 것 같아서. 선생님이.

활동가A : 아니, 아니. 저도 이제 뭐, 정리된 게 아니라서. 선생님이 하세요, 그래도. (웃음)

활동가B : 처음 그, 송전탑이 이제 정부 차원에서 처음 언급된 거는 2000년도에 장기 수급 전력 계획에 그, 신고리 발전소를 여기, 당시에는 8호기까지 건설을 하면서 그, 수도권으로 가는 76만 5,000볼트 선로를 창녕에 북경남 변전소를 중간 기

드물다. 이것은 스스로를 당사자가 아니라고 생각해서가 아니라 이와 같은 호명이 매우 조심스러운 일이라고 생각하기 때문이다. 이러저러한 이유로 특정 사회운동에 대한 구술 자료에서 '활동가'의 목소리를 발견하는 일은 드물다. '활동가'들은 대체로 '말하기'보다는 '글을 쓴다'. 그리고 이 글은 대부분 사적인 감정을 드러내거나 개인적인 의견을 밝히는 것이 아니라 지극히 공적인 내용들로 구성된다.

'활동가'는 특정 사건에 대해, 혹은 그 사건에 참여했던 사람들에 대해 개인적인 의견이나 감정을 드러내기 어렵다. 이것은 자칫 '활동가'의 활동에 제한을 만들고 사회운동에 참여한 이들로 구성된 공동체 내에 크고 작은 갈등을 유발할 수 있기 때문이다.

이번 좌담에 참여한 '활동가'들 역시 이와 같은 부담을 안고 말문을 열었다. 인터뷰를 이끌어간 김영희는 활동가들에게 '공적인 역사'나 '자기검열을 통과한 공적인 글쓰기(선언문이나 기자회견문 등)'가 아니라 활동가 개인의 '말'을 듣고자 한다고 말했다. 그럼에도 불구하고 좌담에 참여한 이들은 각자 다른 방식과 내용으로 '활동가'로서의 자기 위치를 생각하며 이야기를 이어갔으리라 짐작한다. 활동가들 가운데 일부는 인터뷰가 있기 몇 년 전부터 인터뷰어와 관계를 이어온 이들이었고 그 가운데 두 명은 인터뷰 당일 처음 만난 사이였다. 인터뷰는 활동가들이 일상적으로 친숙하게 생활하는 공간인 너른마당의 독립된 방 안에서 이루어졌고 인터뷰어는 김영희와 당시 대학원 석사과정생이었던 김시연이었다. 질문을 이어가며 인터뷰를 주도한 것은 김영희였다.

점으로 해서, 이제, 충북 신안성으로 해서 수도권으로 보내는 계획이 2000년대 초에 수립이 되었고, 그 사이에 2003년도에 그, 노선이, 초안이 이미 나왔고. 주민들한테 일체 공개를 하지 않은 상태였고. 2005년도에 환경영향평가 주민공청회를, 2005년 7월, 8월경에 밀양시 5개면에 진행을 하면서 주민들에게 처음 그 존재가 알려졌는데 그조차도 전체 5개면 주민의 0.6퍼센트만이 공청회에 참석을 해서 사실상 뭐, 비밀리에 진행이 되었고.

어쨌든 그 무렵에 밀양 송전선로의 존재가 주민들에게 알려지면서 2005년도부터 반대 대책위가 꾸려지고, 그 주민들의 활동이 시작이 되었죠. 2005년 12월 5일에 처음으로 여수마을 주민들이 반대 집회를 시작을 했고요. 그 당시 2005년, 6년, 7년, 8년 요 시기까지는 밀양시가, 2009년까지라고 보면 될 것 같은데, 밀양시가 대책위를 사실상 주도했던 시기라고 보면 될 것 같구요. 2006년도 지방선거에서 그 당시 엄○○ 시장이 당선이 되면서 밀양의 관변 단체들과 공무원들이 대책위를 지원하는 형식이었고. 그 사이에 대책위가 한 세 번 정도 이름을 변경을 하면서 3기까지 대책위가 그, 저희 대책위 전까지 존재를 했었는데.

✛ 구술 인터뷰에서 '역사'에 대해 질문하면 대부분의 인터뷰이들은 조심스럽게 이야기를 이어간다. 자신의 기억이 정확한지, 또 자신이 갖고 있는 기억을 '역사'로 내세울 수 있는지 자신할 수 없기 때문이다. 인터뷰어(김영희, 이하 동일)는 '역사'를 말할 필요는 없다는 사실을 거듭 강조했다. 백서나 다른 기록을 통해 확인할 수 있으니 염려할 필요 없다는 말도 덧붙였다. 이 인터뷰는 어떤 사건이 언제 어디서 어떻게 일어났는지 인터뷰이가 육하원칙에 따라 사태를 정확하게 구술하는 일, 혹은 독자들이 이에 대해 정확한 정보를 습득하는 데 관심을 두지 않는다. 이 인터뷰가 의도하는 것은 '활동가'의 말을 듣는 것, 그리고 그 '말'이 발화되고 청취되는 맥락을 공유하는 것이다. 그럼에도 불구하고 밀양 송전탑 반대 운동의 개요를 질문한 것은

어쨌든 그 당시에는 정부 측하고 노선에 대한 얘기가 제일 많았었고요. 그, 노선이라 함은 밀양의 피해가 워낙 크기 때문에 경상북도 청도 쪽으로 좀 옮겨갈 수 있느냐는, 고 논란. 그다음에, 지중화가 가능하냐. 그, 76만 5,000볼트의 지중화가 가능하냐. 그래서 뭐, 주민들이 초전도체 케이블 같은 것들, 이런 것들, 계속 기술적인 자문을 받아가면서 요청을 했던 부분이 있고. 그다음에 신고리 발전소에 그, 전류 용량에 맞춰서 기존 선로를 증용량하거나 해서 밀양 송전선로를 건설하지 않고 갈 수 있는 방식에 대해서도. 크게 뭐, 노선, 지중화, 그다음에 증용량. 이런 걸 쟁점으로 해서 국민권익위원회를 통한 갈등조정위원회라는 형식의 활동이 있었고. 그다음에 그게 끝나고 나서는 그, 지역 국회의원이 주민 대표들과 한전과 계속 대화하는 대화위원회가 있었고.

그다음에 그것도 이제 결론을 못 이뤄서, 그 당시 주민 지도부는 그, 보상제도개선위원회. 지금으로 치면 송주법의 모태가 되는 건데, 보상제도개선위원회를 경실련의 갈등해결센터 주관으로 해서 크게 세 차례의 정부, 한전 측과 교섭이 있었는데 물론 다 결과적으론 다 실패로 돌아갔고. 그 경과에 대해서는 저희 백서에 자세히 나와 있고 하니까 자세히 안 얘기 드려도

활동가의 말을 통해 이 운동의 시간 흐름과 그 흐름 사이의 매듭이 어떻게 드러나는지 알고 싶었기 때문이다.

인터뷰어는 인터뷰에 앞서 활동가들에게 "당신들의 말이 전체 운동의 역사를 대변하거나 운동에 참여했던 이들의 이야기를 대표한다고는 생각하지 않는다"고 말했다. 질문을 받고 생각나는 대로, 활동가이지만 한 개인으로서 말하면 좋겠다는 말도 덧붙였다. 그렇지만 전체 운동의 흐름을 요약해달라는 요청은 인터뷰 모두에게 부담스러운 질문이었다. 사건의 개요나 흐름에 관한 질문은 대부분의 인터뷰이들이 활동가B에게 답변을 미루었다. 이것은 활동가B가 가장 오랜 시간, 가장 적극적으로 운동에 참여했기 때문이기도 하지만 그가 '이와 같은 질문에 답변할 수 있는 자격'을

될 것 같고.

어쨌든 현장에서 공사는 2008년부터인지 9년부터인지 간헐적으로 공사가 들어왔었습니다. 그래서 이제 저희 대책위가 생길 때까지 열한 번째, 아, 열 번째 공사가 진행이 되었던 거구요. 열 번째 공사 재개되는 그 시기가 2011년도 가을이었는데, 그때 아홉 번까지의 공사는 부분 부분 부분에 뭐, 벌목을 한다거나, 아니면 측량을 한다거나 하는 정도의 아주 작고 간헐적인 공사여서 4개, 5개면 주민들이 같이 가서 막아내고 하면서 계속 그, 지연을 시키거나 공사를 중지시키거나 하는 데 성공을 해왔고.

2011년 가을부터 시작되었던 그, 열 번째 공사 당시에는 아주 그, 5개면 전체적으로 다 전방위적인 공사가 들어가서 연대 활동이 좀 어려웠고, 마을의 주민들이 자기 마을을 지키는 형식으로 이루어졌는데, 그 당시에 굉장히 심한 인권 유린과 벌목 인부들, 한전 인부들, 경찰이 합작한 그런, 주민들에 대한 조롱이나 폭력이나 이런 것들이 자행되었다고 합니다.

그, 그리고 그 당시에 지도부는, 5개면의 지도부는 부북면 정도를 제외하고는 대체로 그, 한전과 보상제도개선위 안에서의 합의 액수를 가지고 실랑이를 하고 있던 그런 단계였고요.

갖추고 있다고 인식하고 있기 때문인 것으로 보였다. 덧붙여 활동가B는 운동의 10주기를 기념하는 해에 출간된 백서 간행 작업을 주도했기 때문에 운동의 '역사'에 대해 가장 풍부한 정보를 갖춘 인물로 평가되기도 했다. 밀양 송전탑 반대 운동의 전체 흐름을 파악하려면 《밀양송전탑 반대 투쟁 백서: 2005-2015》(밀양765kV송전탑반대대책위원회 지음)를 참고하는 것이 좋다.

현장의 주민들은 어쨌든 뭐, 그런 보상제도나 이런 부분보다는 탑이 아예 원천적으로 들어오지 않는 백지화나 지중화를 아주 강하게 원하고 있었습니다.

그런 시기에 이제, 2012년 1월 16일날 그, 산외면 보라마을에서 102번 현장에서 이치우 어르신이 분신 자결하게 되었고, 자연스럽게 이전의 대책위가 주민들의 신임을 잃으면서 해소가 되고, 활동가A 선생님과 저희, 밀양의 너른마당(밀양 지역 시민 단체) 식구들이 대책위를 이제, 결합을 하면서 탈핵 단체들, 그다음에 천주교, 그다음에 뭐, 진보적인 시민사회 쪽에서 밀양 투쟁을 응원하는 흐름이 형성이 되면서 지금까지 오게 됩니다.

김영희 : 예. 고 시기를 다시 한번만 정리했으면 좋겠는데, 2005년부터 2011년까지를 이제 정리해주셨는데요. 제가 여쭤볼 거는, 한전의 대응 전략은, 예를 들어서 어떤 형식적인 절차를 밟아 가는 과정이었던 거죠. 맨 처음에 설명회를 어쨌든 개최를 하고, 그다음에 그, 지역 주민들의 반대가 있었기 때문에 그것과 관련해서 아까 말씀하신 갈등조정위원회, 대화위원회, 보상위원회 이런 식으로 쭉 어떤 절차를 밟아가는 과정이었고. 초기에 2009년까지는 지자체 입장은 지역 주민들

✦ 활동가B의 말을 통해 활동가들이 송전탑 건설 반대 운동의 전체 흐름을 가르는 중요한 분기점을 2012년 이치우씨 분신 사망 사건으로 인식하고 있다는 것을 알 수 있다. 좌담에 참여한 이들이 활동가로 참여해 대책위원회를 꾸려가기 시작한 것은 2012년 송전탑 건설업체 용역들과 갈등하던 마을의 한 주민인 이치우씨가 분신 사망한 이후였는데 그때 꾸려진 대책위원회가 그 성격을 달리하며 지금까지 이어져온 것이라고 할 수 있다. 이전까지 대책위원회는 지역 주민들만으로 구성되었는데 이때 이후 밀양의 운동은 전국적인 이슈로 알려지게 됐고, '시민운동'의 차원에서 다양한 분야의 사람들이 운동에 참여하게 됐다.

의 반대 여론을 수렴하는 양상을 띠면서 어쨌든 지자체의 대표를 중심으로 이렇게 결합을 했다가 그게 틀어진 게 이제 2009년.

활동가B : 예. 2010년 정도.

김영희 : 2009년, 2010년 무렵이었고. 근데 아직 이때는 지자체 공무원들이 적극적으로 뭐, 이렇게 한전의 입장을 대변하거나.

활동가B : 그렇진 않았죠.

김영희 : 그렇진 않았던 건, 좀 약간 주민들의 눈치를 보면서 어떻게, 이런 입장의 결정은 있었지만 그게 적극적으로 드러나진 않았던 상태였던 것이고. 아직 이때 공권력이 직접 개입을 하거나 이랬던 건 아니고. 한전의 용역업체의 사람들과 주민들 사이에 갈등이 좀 있는 정도. 그러니까 아까 말씀하신 인권유린도 용역 직원들과 주민들 사이에 발생했던 것이죠? 그다음에 제가 이제 궁금한 게, 이때 당시에 그, 어떤 지역의 반대 여론이라고 하는 것은, 그러니까, 로컬, 지역 단위의, 마을에서의, 마을 자치 조직 중심으로 대책위가 꾸려졌던 거죠. 그래서 마을의 대체적 여론이 이 송전탑을 반대했던 것으로 이해해도 될까요? 그리고 이때는 이슈가 재산권과 건강권.

활동가B : 주로 그랬었죠.

✦ 활동가의 답변 내용을 질문과 응답을 통해 요약하면서, 2011년 이전 활동의 주체가 누구였고 당시 활동의 쟁점이 무엇이었는지 부각시키고자 했다.

김영희 : 예, 그렇고. 그게 2011년까지 지속되던 대책위의 어떤 흐름을 살펴보면 논의가 주로 보상 문제로 좀 집중되었던……

활동가B : 보상은 말씀드린 그, 지중화나 노선의 변경. 밀양 주민들은 경북 청도군 쪽으로 옮겨라 하는 거였고요. 경북 청도에서 그걸 거부하면서 좌절이 되었던 건데, 그런 거나, 지중화나 노선 변경이나 증용량, 그, 기존 선로를 활용하는 방법. 이런 것들이 좌절이 되면서 한전의 최종 불가 판단에 대해서 더 이상 그걸 뭐, 기술적으로 부인할 만한 그런 근거를 주민들이 사실은 대기가 좀 어려웠던 상황이었고. 이제 그 이후에 보상제도개선위원회라는 이름으로 주민 지도부들이 그, 보상 액수를 좀 늘리려는 방향으로 흐름을 잡았던 것이고. 일반 주민들에게 그런 것들이 설명이 되어서 광범위한 동의를 얻은 상태였던 것은 아니었던 걸로. 그러니까 돈을 좀더 받아보자, 이런 취지로 주민들이 움직였던 것은 전혀 아니었던 걸로 저희들은 파악하고 있습니다.

김영희 : 네, 네. 그러니까 이때까지는 이제 전 사회적인 탈핵 이슈라거나 그런 문제로 제기되지는 않았고, 밀양 지역의 이익과 관련된 어떤 것처럼 외화된 그런 시기였던 걸로 저는 기억이 되거든요. 그렇게 이해를 해도 될까요? 그런데 예를 들

면 지역 안에서는, 중앙의 대책위와 실제로 매일같이 용역들
하고 싸우고 하는 지역 주민들 사이의 인식이나 생각의 차이,
지향의 차이 같은 것들이 점점 벌어지고 있는……

활동가B : 네, 그렇긴 하죠.

김영희 : 왜냐하면 지역에서 저희가 인터뷰를 했을 때 지역 주민
들은 이 시기에 대한 지금의 기억이, 우리가 열심히 데모를
해서, 그러니까 합의를 했던 마을들 같은 경우에도, 열심히
데모를 해서 대책위가 뭔가 보상금액을 협상을 할 때 더 유리
한 입장을 차지할 수 있도록 하는 거였다는 식으로 현재에 이
해하고 계신 분들이 많이 있더라구요.

활동가B : 그건 결과론적인 해석이라고 생각해요.

김영희 : 네. 어쨌든 그런 해석을 하시게 된 것도 중앙의 대책위가
갖고 있었던 그런 태도 혹은 이런 지향이라고 하는 게 나중에
이제, 주민들한테는 그렇게 보여지는, 이런 부분들로 이해할
수 있을 것 같습니다. 네, 그러면 이제 그, 말씀하셨던 2011년
가을에 굉장히 그런 갈등이 증폭되었고, 그 과정에서 이치우
어르신이 돌아가시게 된 거였죠. 그 무렵에, 그러니까 여기
계신 분들이 여러 가지 동기를 통해서 대책위에 결합을 하시
게 됐던 거겠죠?

✛ 활동가 인터뷰에 앞서 인터뷰어는 4년에 걸쳐 송전탑 건설 반대 운동에
참여했던 주민과 연대자에 대한 구술 조사를 간헐적으로 시행했다. 이날의
좌담 역시 이와 같은 조사 일정이 진행되는 도중에 이루어졌다.
   초반 인터뷰에서는 인터뷰어가 의도적으로 인터뷰에 적극 개입해
인터뷰이의 답변을 해석하고 이를 요약해 다시 전달하고자 했다. 인터뷰이가
'역사'에 대한 질문으로 받아들이고 전체 '역사'의 흐름을 구술하고자 했기에,
발화된 내용의 '쟁점'과 '의미'를 좀더 드러내기 위해 이와 같이 인터뷰를
시행한 것이다. 또한 인터뷰어가 주민들의 이야기를 청취한 결과를 토대로
어떤 해석을 제시함으로써 이에 대한 활동가들의 다른 의견을 듣고자 했으며,
인터뷰이인 활동가들이 전체 운동의 역사를 구술하는 데 지나치게 치중하지

활동가B : 결합한 시기가 조금 조금씩 달라요.

김영희 : 제일 먼저 결합하셨던 분이?

활동가C : (활동가A와 활동가B를 보며) 선생님?

이치우 어르신의 분신

김영희 : 선생님, 예. 선생님은 어떤, 이치우 어르신 분신 관련해서,

활동가A : 저도 정확한 시기를 잘 모르겠는데, 전 2008년 10월에 밀양을 와서 떠나지를 못하고 있는데……. 그때 제가 이제, 천주교부산교구 정의평화위원회 위원장을 좀 맡고 이렇게 넘어왔어요. 그래갖고 저한테 찾아오셨죠. 그때 당시에 대책위에, 다 그때는 뭐, 국회의원이다, 시장이 결합한, 그때는 뭐, 어마어마했죠. 이런 게 정의평화위원회 위원장이 결합해야 될 정도로.

그런데 당시 저는 입장이 좀 약간 부정적이었죠. 뭐 이거, 지역 이기주의 아니야? 뭐 이런 생각. 시장, 국회의원 다 나서는데. 들어올 때는 또, 그냥 그래도 전반적인 사회가 여기에 관심을 갖고 전부 다 이제, 그래도 이름을 올리는 때라서. 그래도,

않고 오히려 몇몇 쟁점에 대한 해석과 의견을 제시하는 방향으로 구술이 이어지도록 하기 위해 인터뷰어가 조금 더 적극적으로 개입했다.

✦ 활동가A는 천주교 관련 일을 하고 있어서 천주교 단체가 연대를 시작할 때 대책위원회에 들어온 인물이다. 활동가A와 활동가B가 이치우씨 분신 사망 전후 시기부터 최근까지 대책위원회에서 주도적으로 활동해온 이들이라고 할 수 있다.

적당히, 그러니까 뭐, 이름을 올려야 되겠다 싶어서 했었죠, 그 당시는. 그 당시는 활동할 생각은 전혀 안 했었죠. 그냥 뭐, 고 정도. 상황을 보고 할매들이 어떤가, 이 정도나 보자, 이러고 했었는데.

이제 그분들이 다 후퇴를 했죠. 전부 다 빠지고, 그때가 언제인진 모르겠어요. 정확하게 기억이 안 나는데, 주민들 막 단식 농성도 저 상동에서 하시고, 상경 투쟁 같은 것들도 하시고, 그 다음 저것까지 시도를 했었죠. 시장 주민소환까지 하려고 하면서 당신들이 다들 지역에 연고가 있으니까, 못 하니까 다 이제, 사퇴하고 저보고 이제 대표를 맡고 제 명의로 올리자고 하는데, 마지막에 주민들이 다 포기했죠. 도저히, 한 다리 건너면 다 아는데. 그, 이거 했다가는 지역에서 살아남지 못하겠다는 위기의식이 있었던 것 같더라고요. 그래서 포기를 하시고. 그래서 뭐, 그 전까지 했던 관변 단체들이 다 빠져나가면서 시내 사람들은 안 남았죠, 전부 다. 다 경과지 주민들로만 개편되면서 그분들이 이제, 뭐, 이래 단식농성도 한번 해보고. 릴레이이긴 하지만은. 단식농성도 하시고, 현장에서 맞고, 그렇게 했는데.

이, 정의평화위원장을 맡다보니까 찾아오는 사람들이 있고, 또 이제 수녀원에서 결합을 하게 되고 하니까, 저도 함께하게

✛ 2011년까지 주도적으로 운동을 이끌었던 지역 단체들과 각종 관변 단체들, 주민 대표들이 이치우씨 분신 사망 사건 이후 급속도로 운동의 흐름에서 빠져나가게 되었는데, 이후 이들 가운데 상당수는 송전탑 건설 찬성의 입장에 서서 발언하기도 했다.

됐죠. 함께하다보니까 이제, 2011년 가을에 이제, 현장 싸움이 일어날 때, 그때가 이제 여기저기 계속 다니면서 계속 같이 보게 됐던 거죠. 그래서 같이 막다가 이치우 어르신 돌아가시면서 같이 장례위원회 하고. 그리고 도저히 이 상태로는. 그러니까 내부적으로도 이 대책위가, 저는 솔직히 말해서 이치우 어르신의, 그 돌아가신 게, 이제 가장 극명하게 드러난 게, 옥석이 가려지는 시기였어요, 이때가. 이제 아닐 사람은 거의 이제 드러날 즈음이었거든요. 그때 이제 자기 자신이 다 드러났죠.

그러면서 이제, 그래서 이때는 뭐, 그래가지고 이 상태로는 주민조직만으로는 불가능하다. 그래서 이제, 너른마당하고 활동가B 선생님이 있다는 얘기는 들었었죠. 그래갖고 그전에 뭐, 이름만 알고 있었는데, 이름만 알고 있었는데 주민을 이제, 처음에는 도와주는 단체다, 이렇게 해서 몇몇 분들의 설득을 거쳐가지고 끝까지 반대했던 사람은 거의 저기로 다 나갔습니다. 합의하고 나간 사람들이었고. 다른 분들은 좀 약간 긴가민가인데.

원래 주민조직이라는 게 쉽게 말해서 외부 세력이 들어가는 게 어마어마하게 힘든데, 그래도 이제 좀, 역량이 부족한 것도 있고, 젊은 사람의 힘이 필요한 것들도 알고, 또 제일 결정적으로 좋은 게, 밀양에 사시는 분들이었으니, 다들 기본적으로는 주축이. 그래서 그걸 받아들이면서 이제, 주민대책위와 이게, 우리는 분신대책위라는 명을 썼죠. 분신대책위가 같이 가는 시기가 있었죠. 그러다가 이제, 어느 순간에,

활동가B : 2012년 여름에.

활동가A : 언제, 언제쯤인가 하나로 통합이 되는, 통합되어갔었죠.

김영희 : 그때 이제 대책위로 통합이 된 건가요?

활동가B : 예.

활동가A : 예, 예.

김영희 : 그, 너른마당을 어떤 성격의 조직 혹은 모임이라고 얘기할 수 있을까요?

활동가B : 저, 원래 만들어진 것은 2008년도 촛불, 광우병 촛불 당시에 그, 촛불을 밀양에서 그때 한 40차까지 계속 했었거든요, 2008년도 여름 이후에도. 그러면서 자연스럽게 기존의 밀양에 있던 그, 전교조, 농민회, 《녹색평론》 독자모임, 어린이책시민연대, 뭐 이런 단체들이 각각 자기 사무실이, 전교조는 있었고, 농민회는 전교조 사람들이랑 같이 어울려서 쓰고 있었고, 나머지는 사무실이 없는 상태였었어요. 그래서 전교조 사무실에서 같이 이렇게 후속 모임들을 좀 하다가 우리가

✦ 너른마당은 밀양 시민운동 영역에서 가장 중요한 공간 가운데 하나다. 밀양 송전탑 건설 반대 운동을 이어가는 사람들에게 가장 큰 기반이 되는 공간이며 밀양 지역 내에서 이 운동에 동참하는 시민들의 역량이 모여드는 '장소'(정치적 의미를 포함하는)이기도 하다. 여기 언급된 어린이책시민연대는 밀양에서 전개된 탈송전탑 탈핵 운동에서 가장 적극적으로, 가장 마지막까지(현재까지) 연대해온 단체다. 1990년대 어린이도서연구회의 책읽기 모임에서 시작되었다가 독립한 단체로, 어린이책 관련 독서 모임 외에 아동청소년 인권 운동과 생명 및 환경 운동 등 다양한 사회 이슈에 적극 연대하는 시민 모임이다. 주로 30대 이상의 여성들로 구성되어 있으며, '어린이도 시민이다'라는 명제를 내걸고 시민으로서의 어린이와 더불어 살아가는 사회를 더 나은 환경으로 만들고자 하는 운동에 적극 동참하고 있다.

좀 출자를 해서 같이 지역의 시민사회 단체 공간도 하고 공부 방이나 독서 모임이나 진보적인 강연이나 이런 것들 같이 해 보자 이랬는데. 2008년도 가을부터 되어가지고, 2009년도에 는 계속 같이 다니면서 답사나 공부 같은 걸 하고.

2010년도에, 여름에 그, 조합원 100명 정도, 아, 90여 명 정 도 되는 숫자로 출범을 했죠. 그러면서 2010년 겨울에 지금의 공간을 리모델링해서 시작을 했고, 네. 그리고 그 당시에는 송 전탑 반대 투쟁하고는 큰 관련을 갖고 있지 않았죠. 그냥 현장 에 한두 번 같이 지원 나갔던 것 말고는 없었고. 이치우 어르신 분신 이후에 선생님이 말씀하신 것처럼 대책위가 새롭게 꾸려 질 필요가 제기가 될 때, 그때 이제 결합을 하게 됐죠.

김영희 : 이게 지역에서 벌어진 이슈라고 하는 게, 아까 말씀하신 것처럼 어떤 이슈가 있을 때 보통 외부의 '꾼'들이 들어온다, 외부의 사람들이 들어와서 어떤 순수성을 훼손한다, 이런 식 의 반대 여론들이 만들어지고 그것이 사람들에게 이제, 수용 되거나 확산되는 과정들이 있고 이런데. 밀양 같은 경우에는 그 외부 세력이 완전히 밀양이라고 하는 지역적 연고를 벗어 난 곳이 아니라, 밀양에 지역적 연고를 가지고 있는 시민사 회. 이런 것들이 좀 차이가 있었을까요? 아니면 그때도 그런

갈등이 있었나요?

활동가A : 조금 다른 면이, 지금 보면 주민들도 명확하게 보면, 선 주민이 아닌 분이 있어요. 이주해온 분. 이○○ 어르신도, 고○○ 샘도 그렇고.

김영희 : 토박이 주민이 아닌.

활동가A : 보면, 이분들도 원래 그 마을에서 인정 못 받던 분들도 더러 계셨죠. 고○○ 샘이나 이분들은 아무리 그렇게 10년 넘게 살았어도 완전히 그 마을에서 융화돼서 살던 분들은 아니었거든요. 자세히 보면 상동 같은 데가 주로 이제, 원래 살던 분들이고. 부북이나 이 단장 같은 데는 이제, 이주해오신 분들이 있었죠. 그래서 이분들이 좀, 외부와의 연계 부분에 있어서 그래도 좀, 많이 열려 있던 분들이었죠. 많이 열려 있는 분들이라, 저희도 결합을 해도 좀 그쪽을 좀 주로 좀, 먼저 결합을 할 수 있는 여지가 있었던 거고. 그다음에 말씀한 대로 그, 당신들 보기에는 외부일 수 있지만 그래도 밀양에 연고가 있는, 이제, 젊은 활동가들이 결합을 했기 때문에 그런 거부감들은 상당히 떨어진 것 같아요.

김영희 : 이치우 어르신 분신에 대한 얘기도 해보고 싶은데. 예를 들면 이게 그, 많은 어르신들이 그런 일이 벌어질 줄 알았다,

+ 인터뷰어의 질문은 인터뷰 이전에 이루어진 활동가들과의 대화나 지역 주민들과의 인터뷰 내용에 영향을 받아 그 내용을 토대로 구성되기도 한다.

+ 활동가들 대부분은 대책위원회에 결합하기 전에 밀양에 살고 있거나 밀양과 일정한 연관성을 맺고 있던 이들이다. 대책위원회에 참여한 주민들 가운데 일부는 누대째 밀양에서 살아온 이들이지만 다른 이들은 수십 년 전, 혹은 수년 전에 거주를 위해 밀양으로 이주해온 이들이다. 그러나 이들 역시 밀양 인근의 경상도 지역에서 이주해온 이들이 대부분이다.

라고 할 정도로 2011년 가을의 갈등이 되게 여러 가지로 문제
적인 상황들이 많았었는데, 그때 혹시 그 상황들을 기억하시
는 게 있으시면…….

활동가A : 그게 참, 이 보라마을이 그리 열심히 싸우던 동네가 아
니었었거든요. 그 맞은편 괴곡이 오히려 그랬죠. 어르신들,
거기는 정말로 모범적으로, 젊은 40대 후반, 50대 후반 사람
들이 밥 지어 나르고, 젊은 남자들이. 위에서 어르신들이 싸
우고 버텨내고 이장이 진두지휘까지 하고, 그런 부분이 있었
고. 보라마을은 주로 이제, 연대 주로 나오는 정도였는데, 싸
움에서 처음으로 용역이 들어온 날이었죠.

김영희 : 아, 보라마을에?

활동가A : 아니, 밀양 전체에 거의 용역이 들어오진 않았어요. 작
업 인부가 들어왔죠. 작업 인부가 들어왔는데, 그날은 처음으
로 아예 말 그대로 용역이 왔죠. 젊은 애들, 이제.

김영희 : 힘깨나 쓰는, 이제.

활동가A : 예. 딱 보면 표가 나잖아요. 그 친구들이 처음 들어온
날이었죠. 그리고 이제 거기서 들려 나왔던 거였는데, 그래
서 당신들이 보기에는 이게 싸움의 경향이 완전히 바뀌었다
는 것들이 이제 체감을 하게 됐던 거 같애요, 그 상황들이. 그

✦ 산외면 보라마을 이치우씨 분신 사건은 밀양 탈송전탑 탈핵 운동의 전개
  과정에서 가장 중요한 분기점이 되는 일 가운데 하나다. 이 사건을 계기로
  주민들의 의견을 대표하는 대책위원회의 성격이 바뀌고 밀양에서의 탈송전탑
  이슈가 전국적으로 알려지게 되었다. 이 사건을 계기로 밀양 탈송전탑 탈핵
  운동 이슈가 지역 이슈가 아닌 한국사회 전반의 여러 문제를 건드리는 사회적
  이슈로 확장된 것이다.

래서 원래 참, 아쉽게도 그런 것들, 근데, 제일 전선에서 선두에서 사고가 터지는 것보다, 우리가 예상치 못했던 곳들……. 그리고 이치우 어르신이 느끼는 특별히 자기의 개인적인 인생사와 또 거기에서 온 느낌들은 분명히 있었을 거라고 생각이 들어요. 그래서, 솔직히 저는 이런 사고가 있을 거라고 별로 많이는 생각을 못했었어요. 그러니까, 싸움의 현장에 있는 사람들은, 보면, 이게 뭐, 되게 지치던 시기도 그렇게는 아니었거든요. 그러니까 이제, 좀 보면은, 한참 싸우고 좀 버텨내고. 물론 그때만 해도 희망은 없었죠. 언젠가 끝날 거다, 그런 생각은 좀 하고 있었었는데, 그러니까 이제 지치는 시기니까 더 이상 할 방법은 없다, 이런 생각들은 아니었는데, 어떤 국면을 이제, 그 시기가 가지고 있는 그 국면 속에서 당신이 그렇게 느끼신 거 같애요. 아마 그 국면에서 우리가 더 막아내지 못했으면 순식간에 확 갔을 거라는 생각은 확실히 들었어요, 그때.

✦ 이치우씨의 분신은 인터뷰에 참여한 다른 활동가들이나 주민들에게 운동에 참여하는 동기를 증폭시키는 계기가 되었다. 다른 한편 이 일은 당시 밀양 송전탑 건설 반대 운동에 참여하고 있던 주민들을 정서적으로 크게 동요하게 한 사건이기도 했다. 이 인터뷰에 앞서 인터뷰어가 수행한 주민들과의 인터뷰에서, 탈송전탑 운동에 초기부터 결합했던 여러 주민들은 이치우씨가 느낀 절망과 좌절감, 혹은 자괴감을 자신도 느끼고 있었기에 그의 죽음이 자신에게도 일어날 법한 일이라고 느꼈고, 그 때문에 감정적으로 더 크게 동요하거나 분노하게 되었다고 진술했다. 또한 이치우씨가 돌아가실 무렵에는 밀양의 상황이 전국적으로 널리 알려진 때가 아니었기에 당시 지역 주민들은 사회적으로 고립된 느낌을 갖고 있었다고 말하기도 했다.

사회적 확산의 출발점

김영희 : 네. 이치우 어르신 분신하신 후에 이 대책위가 말씀하신 대로 주민대책위와 분신대책위가 있고, 장례위원회가 전환된 거였죠. 그러다가 2012년 여름에 대책위로 통합되면서 사실은 밀양 송전탑 반대 운동의 이슈가 완전히 성격이 바뀌고 운동 자체의 성격도 그렇지만 지향이 바뀌는 그런 때였다는 생각이 드는데, 몇 마디로 정리한다면 어떻게 전환이 되었다고 얘기할 수 있을까요?

활동가A : 그게, 뭘 어떻게 해야 될까. 일단 2월 1일날, 어르신 돌아가시고 한 보름 뒤에 저희들 분신대책위가 새롭게 만들어지게 되는데, 그때 이미 저희들은 탈핵이라는 것들을 같이 가져가게 되었는데, 약간의 도박 같은 느낌도 들었고. 이게 괜찮을까. 그때 당시에는 핵발전소 문제가 전혀, 아무리 2011년에 터졌어도, 솔직히 저도 후쿠시마 사고 터졌을 때 제가 별로 체감을 못 했어요. 내 싸우는 일들이 많은데, 정말로 그게 와닿진 않았구요. 저는 뭐, 환경운동 할 거라곤 꿈에도 생각 안 했기 때문에. 내 꿈에서 제일 싫어하는 것 중에 하나였는데. 하여튼 뭐, 그런데, 그해 연말쯤에, 그해 연말쯤에 그, 탈핵 진영 사람들을 만날 기회가 있었어요. 어르신 몇 분하고, 저기 부산 동백섬, 뭐지, 거기? 무슨 누리? 뭐 거기서,

활동가B : 누리마루.

활동가A : 한반도, 한겨레 무슨 그런 행사가 있었는데, 그때 전부 탈핵 진영 사람들이 다 모일 때 가서 협조 요청을 했었죠. 밀양 문제가 이렇다.

김영희 : 그게 2012년인가요?

활동가A : 2011년 말.

김영희 : 11년 겨울. 예.

활동가A : 그런 것들을 요청을 하고, 그다음에 부산 쪽, 울산 쪽 사람들을 만났어요. 우리가 접촉할 수 있는 사람들이 그런 쪽의 사람일 거라 생각해서, 몇 분하고 가서 만나보고 도움을 요청할 수 있는지 부분들, 이런 걸 봤었죠.

그때만 해도 좀 실험적이기도 했었고요. 실험적이기도 했었고. 제 개인적으로는 그래서 이런 측면에 동해안 탈핵 ○○○ 연대, 뭐 이런 걸 같이 출범을 하면서 사실상 개점휴업을 했지만, 그날 이치우 어르신이 돌아가시는 바람에 출범하면서 활동을 못 하긴 했는데, 그렇게 되는데, 아무튼 저는 이제 뭐, 밀양이 이치우 어르신 돌아가시고 확장되는 데 있어서 꼭 뭐, 탈핵

뿐만 아니라 이렇게 좀 열려가는 계기가 되었던 거 같아요. 그러니까 그 전 같으면 그냥 송전탑 문제, 주민의 문제로 가져갔다면 이제 연대자도 좀 확장시키기도 하고, 이슈도 이제 탈핵이든, 그리고 그 뒤로도 계속 조금씩 조금씩 넓혀가게 되었었는데, 이전과 이후가 하여튼 그게 제일 큰 거는 확장성이죠, 확장성. 이제 주민들도 연대자들을, 그리고 우리 활동가들을 거부하지 않게 되는 그런 계기가 됐던 거 같아요. 가장 큰 건.

김영희 : 아까 말씀하신 탈핵 진영이라고 하는 게 구체적으론 어떤 사람들일까요? 녹색당이라든지, 아니면 고리 원자력발전소 문제를 계속 제기했다든지.

활동가A : 그때가 심포지엄인지 뭔지 해서 다 왔었어요. 거의 이제, 지금으로 치면 공동행동에 관련된 사람이든 뭐, 제 기억에 이윤석, 하승수, 뭐 녹색당 사람들도 있었고 환경단체 웬만한 데, 그리고 제 기억에 그때 하루 저녁에 뵀던 분들이 한 2~30명 됐어요. 그래서 그때 한 번 보고, 그 다음에는 이제, 환경단체를 따로따로 보게 됐죠. 부산과 울산을.

김영희 : 지금 선생님께서 말씀하신 건 어쨌든 그 2012년 대책위를 통해서 사회적 확장성을, 이 운동이 사회적 확장성을 갖게 됐고 탈핵이라는 이슈를 안게 됐다는 말씀을 해주셨던 것 같

✦ 인터뷰 초반 인터뷰이인 활동가들은 대체로 활동가A가 발언을 이어가도록 기다리면서 적극적으로 발언하지 않고 오히려 청취하는 자세를 취했다. 이는 앞부분 인터뷰의 주요 내용을 밀양 탈송전탑 탈핵 운동의 역사를 정리하는 것으로 받아들였기 때문이리라 추측된다. 또한 활동가A가 대책위원회 상근활동들 안에서도 좀더 대표성을 갖고 있다고 판단했기 때문에 인터뷰 초반부의 공식적 포즈의 발언에서 그의 비중이 높아야 한다고 인식했던 것으로 보인다. 그러나 인터뷰가 진행되면서 활동가B의 발언 비중이 점차 높아졌으며, 인터뷰 중후반부에는 인터뷰어가 적극적으로 개입해 다른 활동가들이 발언할 수 있도록 개별 활동가들에게 따로따로 질문을 던지기도 했다.

고. 혹시 다른 분들은 더,

활동가B : 3월 6일, 2012년 3월 6일, 7일 이때가 좀, 저희한텐 중요하다고 생각을 했었어요. 돌이켜보면 중요하다고 생각이 되는 게, 고 직전에, 고 앞 주에, 백서에 날짜가 나올 텐데, 이치우 어르신 장례가 치러졌거든요? 그 당시 대책위 처음 들어와서 주민분들이 저희, 같은 밀양이나 또 전국 각지에서 조문들을 많이 오고 하면서 그, 좀, 뭐랄까, 그 당시에는 여론을 탔었거든요. 고 한 달 정도 사이에는요. 고때 기대를 하신 거 같애요. 그러니까, 분신, 일흔네 살 노인이 얼마나 분하고 억울했으면 분신을 했겠는가, 하면서 기대를 하셨던 거 같애요. 그, 밀양시청 앞에 있던 분향소에 저희들 너른마당 식구들 계속 당번을 서면서 어르신들하고 친해지던 시기였는데.

그때에, 근데 산업부 차관이 조석이라고, 나중에 한수원 사장을 했던, 조석이 내려오고, 시원찮은 반응들이 나오고. 문제는 한전이 유족들 중에 일부를, 일종의 포섭이라면 포섭이죠. 이렇게 하면서 빨리 서둘러 장례를 치르는 방향으로 가닥이 잡혀서 주민들이 굉장히 불안해하시기 시작을 했거든요. 그래서 그때부터 분란이 좀 시작이 됐었고.

그러고 3월, 2월 말 3월 초였던 거 같은데 이치우 어르신 장

례가 치러졌었어요. 그때는 주민들이 요구했던 뭐, 노선 재검
토나, 그 다음에 밀양 송전선로의 대안에 대한 얘기는 아예 거
론도 되지 않고, 그냥 3개월간 그, 애도 기간을 거친 뒤에 바로
공사를 재개한다 하는 방향으로 가닥이 딱 잡히고 장례가 치러
지면서 주민들의 어떤 허탈감이 굉장히 컸었어요.

그래서 그때 당시 개인적으로도 아, 이게 안 되는구나. 그,
되게, 우리 밀양에, 너른마당 식구들도 결국은 어, 장례까지 생
각을 하고 대책위에 들어왔었던 건데 장례가 치러지고. 보통은
우리가 이제, 용산참사도 그렇고 장례를 기점으로 해서 무언가
좀, 그, 어떤, 해결의 길이 열리는 거잖아요. 그런데 장례가 그
렇게 치러지면서 약간 고민을 하던 시기가 있었거든요. 그래서
그때 주민들이 굉장히 우울해하셨어요. 사람이 하나 죽어도 안
되는갑다.

그래서 지금 당번 설 때는 어떤 말이 있는가, 야, 그러면 이
제, 농담만은 아니고 진담이 어려 있는 얘기라고 생각하는데.
뭐, 이치우 어르신 가족들이 지금 5억, 6억 얘기가 나오는데 나
도 그러면, 나도 분신할게. 그러면 2억은 자식 주고, 2억은 대
책위 주고, 2억은 마을에 내놓겠다, 뭐 이런 식으로. 동네마다
사람이 몇 명이 죽어야 해결이 되겠노, 이런 식의 얘기를 하시

✦ 마을 주민들이 허탈감 속에서 "사람 몇 명이 죽어야 이 문제가 해결되겠는가",
"나도 죽어서 자식들이나 대책위에 돈도 좀 남기고 사회적으로도 더 관심을
갖도록 해 볼까" 하는 말들을 진심 섞인 허언들로 주고받았던 당시 상황을
설명하고 있다.

는 그런 시기가 있었거든요.

장례가 치러졌고, 장례에 합의한 당시의 장례위원회 사람들이나 일부 그 당시 이전 대책위 사람들이 보라마을 회관에서 완전 인민재판 비슷하게, 그 아주, 저한텐 아주 기억이 생생한데, 잊을 수 없는, 그러니까 엄청난 주민들의 비난을 받았죠. 결국 그 사람들, 장례에 합의해준 사람들이 떨려 나가고, 그래서 넋이 좀 다 나갔죠.

뭘 할 수 있을지에 대한 게 아무것도 없을 때. 그때에 그, 탈핵희망버스는 물론 그 이전부터 준비를 하고 있었던 거긴 한데, 주민들이 아, 이제 희망버스 온다 카니까 그거나 한번 해보자, 이런 흐름이 있었던 거예요. 그래서 장례 직전에도 희망버스 하고 나서 장례해라, 뭐 이런 요구들을 주민들이 하고 있긴 했었거든요.

그러고 나서 이제, 장례 치르자마자 3월 6일, 7일 이때 희망버스가 오는데, 그때에 초창기에 열심히 했던 활동가들이 많이 왔었어요. 뭐, 녹색당 사람들이나, 그다음에 이를테면 뭐, 여기 박○○ 감독이나 연대자들이 그 당시에 많이 왔는데, 그때에 밀양에서 그, 추모문화제를 크게 하고, 여기 삼문동 야외공연장에서. 그때도 주민들이 많이 오셔가지고 1,500명, 2,000명이 큰 규모로 추모제를 하고 다음 날 부북으로 올라가서 위양 평밭에 어른들 증언대회를 했었는데, 저는 거기에 대한 기억이 나요.

그러니까, 그때 눈물바다였거든요. 그때 할머니들이 산에서 당했던 얘기들을, 막 찢어진 옷가지, 밟힌 옷가지 막 이거 들고 보여주면서 막, 눈물을 굉장히 그때, 그때 오셨던 수녀님들이나 연대자들이 이제, 그냥 그날 한번의 모임으로 끝난 게 아니라 계속 자기 속한 단체 사람들을 데리고 밀양에 계속 오시게 된 거죠. 그래서 그게 물론 주민들도 이, 연대자들을 통해서, 아니면 우리 밀양 송전탑이 후쿠시마 이후에 탈핵, 신고리 핵발전소 문제와 함께 가야 된다라고 하는 거에 대한 잠재적인 바람들은 있었다고 생각을 하는데, 그런 이치우 어르신 장례 이후에 찾아온 연대자들과의 만남을 통해서 자연스럽게, 말로는 표현하기 되게 어렵지만 어떤 흐름이 형성되었다는 생각이 들어요. 연대자들과 또 탈핵과, 아니면 국가폭력에 반대하는 시민들과 뭔가 함께하는 것이 우리의 힘이 되겠다는 그런 흐름이 그때부터 형성이 된 것 같애요.

✦ 이날의 증언대회를 기억하는 주민들이 많았다. 특히 평밭 주민들은 이날 처음 자신들이 고립된 상태에서 벗어나게 된 것으로 기억하고 있었다. 아무도 찾아오지 않는 곳에서 누구도 모르는 사이에 폭력에 시들어가던 주민들이 처음으로 자신들의 이야기에 귀를 기울이는 사람들을 만난 것이다. 희망버스는 밀양 탈송전탑 주민들에게 사회적 고립에서 벗어나 연대의 손을 잡는 중요한 계기가 되었다. 첫 번째 희망버스 이후 많은 사람들이 밀양으로 연대를 오기 시작했고 이 연대는 일회적인 것이 아니라 지속적인 만남이 되었다.

탈핵희망버스

김영희 : 네, 안 그래도 제가 희망버스에 대해서 여쭤보려고 했는데, 아까 말씀하셨던 사회적 확장이라고 하는 데에 열쇠말 중의 하나는 '연대'였다는 생각이 드는데, 사실 이 '연대'가 '환경문제'나 아니면 '탈핵'이라고 하는 이슈로만 사회적인 어떤 관심이 모였던 게 아니라, 그 무렵에 '국가의 폭력' 혹은 '공권력'이나 정권이 갖고 있는 어떤 폭력적 성향들에 대한 사회적인 이슈들이 쭉 있었다는 생각이 들고, 그게 여러 번의 희망버스 같은 걸로 표현이 되고 있는 중이었다고 생각이 드는데……. 외부에서는 그게 만나는 지점들이 밀양에서 일어난 일들을 국가 공권력이 주도한 폭력적인 사건, 이런 것들로 주목하게 되는 어떤 기점, 계기가 되기도 했다는 생각이 드는데요. 좀전에 말씀하셨던 이치우 어르신 사망 분신 후에 장례, 그 전에도 희망버스에 대한 논의들이 있다고 말씀을 하셨던 거잖아요. 고 부분을 좀 얘기를…….

활동가B : 예. 근데 이건 기록에 들어가도 될진 모르겠는데, 그 당시 희망버스 제안에 대해서 시민사회 반응은 별로였어요. ○○○○○○○(탈핵 관련 시민 단체) 집행위에 제안을 했거든요.

✛ 밀양에 희망버스가 내려오기 전, 제주 강정마을 해군기지 건설 반대 운동이나 쌍용자동차 및 한진중공업 노동자 투쟁 등에 개입한 여러 가지 형태의 국가폭력 사건들이 있었다. 당시 정부의 부당한 공권력 행사에 저항하는 시민운동의 연대투쟁 방식 가운데 하나가 희망버스였는데, 시민들의 자발적인 기금으로 버스 대여 기금을 마련해 지방에서 전개되는 싸움의 현장에 시민들이 직접 버스를 타고 내려가 저항운동에 힘을 보태는 연대활동이었다. 이 연대활동은 지방에서 전개되는 저항운동이 사회적으로 고립되어 국가폭력에 더 크게 노출되는 것을 막고자 하는 시민들의 의지가 만들어낸 새로운 형태의 자발적이고 창의적인 연대운동이었다. 활동가B는 구술 발화를 통해, 당시 한국사회의 분위기가 밀양에서 전개되는 송전탑 건설 반대 운동을 지역 이슈로만 받아들이는 경향이 강했음을 설명하고자 했다.

근데 그때에 저는 생생하게 기억이 나는데 제안서를 들고 회의에 참석을 하라 해서 2012년 2월달 아마 중하순, 중하순쯤으로 기억을 하는데, 그때에 안건에도 넣어주지를 않았어요. 본 안건에, 밀양 송전탑 탈핵희망버스 안건을 넣어주지도 않고, 그래서 제가, 안건지에도 안 들어 있고 그래가지고 제가 참여연대 사무실에 들렀는데, 사무실 올라가가지고 이메일을 보냈던 파일을 복사를 해서 들고 내려와서 배포를 하고, 굉장히 그 당시에 환경연합이나 녹색연합이 그 안에서 갈등하던 시기였던 거 같은데, 총선을 앞두고. 그래서 밀양 문제를 잘 언급도 안 하고 이럴 때여서.

좀 속이 상해서 그, 마지막 기타 안건 시간에 5분 정도 발제를 했는데 그때 당시에 민주노총 대변인이었던 분이 '희망버스라는 말을 쓰면 안 된다. 희망버스는 노동에서 시작된 거고, 노동에서 시작을 해서 희망텐트라고 불리던 건데, 쌍용차 희망텐트에서 옮겨가서 탈핵에 희망버스를 쓰는 건 안 맞는 거 같다. 대중성도 좀 없을 것 같고', 이런 식으로 비토를 놓고……. 결론을, 그때 당시에 어쨌든 한다 만다 하는 결론을 못 내렸었어요. 그래서 그때 판단은 그, 탈핵희망버스 같은 걸 ○○○○○○○(탈핵 관련 시민 단체) 공식, 그걸로는 안 되겠구나. 그래서

✦ 활동가B의 발언에서 의미 전달이 어려운 대목을 부분적으로 수정했다.
1차 전사 내용은 다음과 같다. "그때 당시에 민주노총 대변인이었던 분이 희망버스라는 말을 쓰면 안 된다, 희망버스는 노동에서 시작된 거고, 노동에서 시작을 해서 희망텐트라고 그 당시에는, 쌍용차, 희망텐트로 옮겨가서 탈핵에 희망버스를 쓰는 건 안 맞는 거 같다."

녹색당에 그 당시에 왔던 이○○씨가 그냥 우리가 좀 도와줄게요, 이렇게 해가지고 그냥 자체적으로 진행이 된, ○○○○○○○(탈핵 관련 시민 단체)을 통해서 탈핵희망버스가 진행된 게 아니고, 그냥 녹색당이나 그냥 뭐, 약간 진보적인 시민들이 자체적으로 해서 2~300명 내려왔던 걸로 기억을 하는데, 그렇게 해서 실행된 거였어요.

김영희 : 이게 확장된 계기는 뭐라고 생각을 하세요, 희망버스가?

활동가B : 희망버스, 탈핵희망버스 행사 이후에 만남들이 되게 중요했는데, 그때 오셨던 분들이 굉장히 충격을 많이 받고, 그 다음에 또 그날 마을별로 막 숙소를 나눠서 제공해드렸는데 거기에서 어르신들 댁에서 다 많이 잤거든요? 자면서 또 얘기를 많이 듣고 하면서 그분들이 굉장히 감동을 많이 받으셨던 거 같애요. 또 어르신들이 밥을 막, 이렇게 크게 해가지고 또 다 내서 주시고 이러면서 그, 계속 찾아오시게 된 거죠. 그때 오셨던 이○○ 수녀님 같은 분들 기억이 나는데, 그 오셨던 수녀님들이 가셔가지고 여자장상연합회에다가 제안을 해서, 수도회별로 이렇게 밀양을 방문하는 그런 계획을 막 내오시기도 하고. 그다음에 뭐, 박○○ 감독 같은 사람은 미디어로 밀양에 연대를 하기 시작했고. 녹색당 사람들도 지역 당원들 모임으로 해가지고 밀양에 계속 방문하게 되고. 그러니까 굉장히 뭐, 상급단체에서 결의를 하고 내려오고 이런 거는 전혀 아니었던 거 같구요. 진짜 자발적으로 주민들과의 만남을 통해서.

김영희 : 그러니까 주민들이 보여주시는 힘이나 역량이나 그런 모습들이 오히려 여기에 참여했던 탈핵희망버스의 사람들을 통해서 파급되는 방식으로 갔다는 말씀이신 거죠? 이제 다시 사건의 진위, 그런 쪽으로 방향을 돌려보면, 공사를 일정 기간, 3개월 공사를 중단했다가 2012년 여름, 이 무렵에 다시 공사가 재개되는 거죠? 그때 이후에 양상은 어떻게 전개가 됐던 건가요?

공사 재개와 움막에서의 싸움

활동가B : 2012년도, 그 3개월 애도기간 가지고 나서 6월달부터 공사를 재개한다고 했었어요. 2012년 6월. 그 무렵에 청도면이 그 앞에 공사를 이미 재개를 했고요. 이미 합의한 동네였기 때문에. 그래서 주민들도 밀양에 철탑이 한 개도 안 서야

✦ 이 부분의 발언은 2012년 이치우씨 분신 사망 사건 이후 밀양 송전탑 건설 반대 운동을 둘러싼 싸움이 시민들의 적극적인 연대 속에 점차 사회적 이슈로 부상이 되고, 이런 가운데 송전탑 건설 예정지 현장에서의 싸움이 본격화되던 시기의 상황을 개괄하는 내용으로 구성된다. 이 시기 주민들은 송전탑 건설 예정지에 천막을 짓고 농성에 돌입했다. 당시 주민들과 대치한 이들은 경찰이 아니라 한전이 고용한 용역업체의 인부들이었는데 외부와의 접촉이 어려운 지역의 경우 물리적 충돌이 매우 심해 주민들이 다치거나 피해를 보는 일이 많았다. 한전은 당시 각 마을이 '송전탑 건설'에 찬성하는 의견을 합의하는 데 총력을 기울였고 주민들은 이 과정에서 공무원들의 적극적인 개입이 있었다고 말했다. 이 시기에는 아직 개별 보상이 핵심 이슈로 부상하지

되는 건데 그때 청도면 공사가 재개되면서 거기에서부터 막아야 된다는 논의가 있었고. 근데 청도면에서, 대책위에서 우리가 거기서 단식농성하는 걸 거절하면서 청도면 공사가 이미 들어와버렸어요. 들어오고, 2012년 6월 5일로 저는 기억을 하는데, 그때에 그, 5~600명 정도 되는 주민들이 모여가지고 궐기대회를 했었습니다. 한전, 밀양 앞에서 하고 이제, 고 무렵부터 공사 인부 업체들, 업체 인부들이 각 현장별로 와서 시찰을 하고 탐방을 하고 그런 시기가 있었고. 본격적으로 열한 번째 공사죠. 열한 번째 공사는 8월에 재개가 됐는데, 단장면 동화전마을하고 상동면 도곡마을, 요쪽에 공사가 집중이 되었었어요.

활동가F : 7월.

활동가B : 7월, 7월. 예. 7월달부터 집중이 되었고, 7월달에는 도곡마을 같은 경우 워낙 고지가 높아가지고 대책위에서 이렇게, 그, 접근이 좀 어려워서 상동면 주민들이 그때 고정, 고답, 여수, 뭐, 금호, 이런 마을 주민들이 거기 이제 접근하게 됐고, 동화전에 문○○ 시의원, 이분이 거기에 결합을 했고 대책위에 그 당시에는 이제, 활동가C씨도 활동가로 결합을 하고.

    또 공사에 자재를 실어 나르고 했던 409헬기장, 그 앞에 하고

않았는데, 이후 마을공동체 내부의 합의 의견 도출이 여의치 않자 한전은 마을 주민 개개인에게 보상금을 내걸며 합의안에 동의하도록 압박하는 행위를 이어갔다. 송전탑 건설 반대 운동 초창기에는 대부분의 마을이 송전탑 건설에 반대했는데 마을별 합의를 종용하던 시기에 몇몇 마을이 먼저 송전탑 건설에 동의한다는 합의 의견을 내놓았고 언론이 앞다투어 이를 보도하기도 했다. 이후 개별 보상금 문제가 대두된 후에는 마을공동체 구성원 가운데 50퍼센트 이상이 동의했다는 결과를 발표하기 위해 마을 주민 한 명 한 명을 회유하고 압박하는 한전의 대응이 더욱 집요해졌다.

단장면 바드리, 아니고 밀양댐 앞에 있던 헬기장이 또 있어요. 그러니까 공사가 시작되려고 하는 흐름만 있으면 4개면의 주민들이 바로 뛰쳐가지고 거기서 이제, 공사 차량 가로막고 거기에 농성장을 쳐버리는 거예요. 그러다보니까 그 당시에 저희가 헤아려보니까 일단 부북면에 장동 움막, 그리고 129번 자리 움막, 127번 자리에 위양 움막, 부북면에만 세 개 움막이 있고.

그다음에 밀양시청 앞에를 주민들이 릴레이 단식장이라고 해서 또 하나 있고, 그다음에 한전 밀양지사 안에 또 주민들이 치고 들어가가지고 거기에서 또 민주당에, 그 당시에 경남도당에 장○○씨가 원래 전북분인데 도당 위원장을 하고 있었어요. 거기를 자기가 농성장을 하나 치면서 주민들도 결합을 하고, 거기 한전 밀양지사 앞에 있고.

그다음에 409 헬기장에는 산외면 보라마을하고, 보라마을 주민들이 거기서 당번을 서시면서 거기 흐르는 천변 위에다가 농성장을 치고, 그다음에 바드리, 그, 89번, 85번부터 9번까지 올라가는 입구 길에다가 또 농성장을 치고, 그다음에 헬기장, 그 단장면 헬기장에 농성장을 치고. 그러니까 막, 그리고 또, 또 농성장이 어디였지? 저, 보라마을에도 또 컨테이너, 이치우 어르신 분신했던. 밀양에 아홉 군데의 농성장이 유지가 되고 그걸 마을별로 이렇게, 돌아가면서 이렇게, 농성장을 계속 맡고 하는 고 시기가 2012년 여름이었고.

그 당시에는 동화전이 굉장히 그, 투쟁 대오에 늦게 결합을 하면서 문○○ 시의원 하고 대책위도 결합을 하면서 거기가 이제 최전선이 되어가지고 거기를, 그쪽에 한전의 화력도 집중이 되고 우리도 그쪽에 집중을 해가지고, 그때 김○○씨가 그 당시에 뭐, 화염병을 던지고, 등등등등 해서 동화전을 끝끝내 막아냈죠.

막아내고 2012년도에 추석 지나고 나서 그, 9월 24일로 저는 기억이 나는데, 국회에서 우리 반대 주민들이 그때 활동가A님하고 다 같이 올라가서 그, 일종의 이제, 현황 보고라는 형식으로 밀양 송전탑 청문회 비슷하게 했었어요. 그때 최종권고가 어, '일단 공사를 중단해라. 중단하고, 주민들을 다시 의견을 수렴해라'라고 하면서 거기에 대통령선거 국면까지 9월 말부터 해가지고 쭉 공사를 중단을 시킨 거죠, 열한 번째 공사를.

그러고 이제 우리는, 주민들은 그 당시에 문재인 대통령을 지지하는 활동들을 굉장히 열심히 하셨어요. 문재인 후보가 창원, 마산, 울산, 울산은 아니었던 거 같고, 부산, 그런 데 올 때마다, 경북권에도 한 번 갔었던 거 같은데, 계속 주민들이 노란

✦ 인터뷰이들은 이런 부류의 발언은 대체로 활동가B가 말해야 할 내용이라는 태도를 보이곤 했다. 그래서 본인들이 아는 내용이라 하더라도 활동가B가 말을 할 때까지 기다리거나 그가 말을 이어가도록 촉진하기도 했다. 활동가B는 대책위원회 내에서 전체 운동의 전개 과정과 개별 주민의 상황, 마을별 현황 등을 가장 많이 알고 있는 활동가인 동시에, 밀양 탈송전탑 운동 10주기를 맞이하여 운동의 역사와 자료를 정리한 백서 작업을 도맡은 인물이기도 했다. 주변 활동가들이 활동가B의 말을 기다린 것은 주민들의 신뢰가 높고 사람과 사태에 대응하는 태도가 섬세할 뿐 아니라 활동 과정에서 자료 정리에 꼼꼼하고 치밀한 모습을 보여주었기 때문인 것으로 보였다.

목도리 매고 거기 가서 문재인 지지 활동을 굉장히 열심히 하셨죠.

김영희 : 그러니까 2012년에 공사가 재개된 후에는 그, 공사 예정지에 천막농성 혹은 그 공사 진입로에 농성장들을 계속 만들고, 그거를 가로막는 주민들의 활동, 이런 것들을 중심으로. 그리고 탈핵희망버스를 가끔 결합하고, 이런 식으로 진행이 되고. 마을에 본격적으로 이렇게 뭐, 어떤 다른 자원이 들어가거나 한 건 2013년 정도부터였던 걸로 이해할 수 있을까요?

활동가B : 그 당시에는 우리 저, 마을공동체 파괴 보고서에도 나오지만 개별 보상 자체가 없었고 마을 합의를 이끌어냈어야 했었는데, 그 당시에 한전이 맥시멈으로 겨우 합의를 볼 수 있었던 마을이, 어쨌든 합의 혹은 협의라고 해서 5인 대표가 구성되면 협의고, 과반을 얻으면 합의인데, 협의든 합의든 그게 가능했던 마을이 30개 마을에서 열다섯 개밖에 안 됐어요. 그러니까 아주, 그것도 그 마을을 대부분은 상동면에 포평, 유산, 단장면에 무슨 연경, 저기, 삼거, 이런 식으로 다 1.5킬로미터에서 2킬로미터 가까이 떨어져 있는 마을들이 주로 합의를 했었고, 합의 내지는 협의를 했었고. 그 당시에 굵직하게 합의를 했던 데가 산외면 괴곡 이어가지고, 괴곡에 위장

✦ 한전이 밀양 지역에 송전탑 건설을 추진하는 과정에서 여러 가지 문제가 발생했는데 그 가운데 가장 심각한 것이 '마을공동체 파괴'였다. 과거에 너나들이하며 살갑게 지내던 마을 사람들이 순식간에 서로를 '적'으로 간주하며 돌이킬 수 없는 갈등 상황에 빠져든 것이다. 마을 사람들 사이에 사소한 말다툼이 발생해도 곧바로 법정 송사로 이어졌으며 어떤 주민들은 자신의 대문에 CCTV를 설치하기도 했다. 어떤 마을에서는 칼부림이 발생하기도 했으며 마을 행사 때마다 고성이 오가는 싸움이 계속되기도 했다. 그러나 마을공동체가 이와 같은 국면에 접어들어도 마을 내 소수에 해당하는 송전탑 건설 반대 주민이 마을을 떠날 수는 없었다. 시골 마을에서 평생을 살아온 이들이 자신의 주거지를 떠난다는 것은 상상할 수 없는 일이며,

합의, 위장 합의가 아니라 괴곡도 역시 아래쪽에 있는 그, 골 안 말고 밑에,

활동가C : 양리.

활동가B : 양리마을 주민들이, 1.5킬로미터 이상 떨어진 양리마을 주민들이 합의를 한 거여 가지고 그게 좀, 2012년 말 13년 초에 이슈가 됐었죠.

김영희 : 네. 그때는 그런 농성장 활동을 중심으로 이렇게 하시면서 대통령선거가 마지막에 있는 해였기 때문에 대통령선거 국면에서 이걸 좀 정치적으로 해결해보려고 하는 데 주민 활동들이 집중되었던 시기라고 할 수 있겠죠?

밀양 탈송전탑 탈핵 운동과의 만남

김영희 : 지금 나머지 분들이 결합하셨던 시기는 다 언제인가요? 그러니까, 갑자기 사라졌네. (웃음) 활동가C 선생님이 결합하셨던 게 그 무렵인가요?

활동가B : 2012년 여름.

김영희 : 활동가D씨가 결합하셨던 건 언제예요? 대책위.

도시 생활과 달리 시골 생활에서는 마을공동체 내의 상호협력과 소통 없이 일상생활을 영위해나가기 어렵다는 점에서 공동체 내에서의 소외와 배제는 미래에 이르기까지 지속될 재난이고 고통이다. 필자는 대책위원회의 제안에 따라 이와 같은 마을공동체 해체 현황을 구술 자료를 통해 수집, 정리해 국회에 보고한 바 있다.

활동가D : 13년 10월.

김영희 : 그럼 활동가F 선생님은?

활동가F : 저도 13년.

김영희 : 13년 10월쯤.

활동가E : 저는 14년 2월에, 네.

김영희 : 그럼 이제 그때 싸움의 과정들이 이제, 2012년에 본격적으로 농성 싸움이 시작되는 거잖아요. 산속 천막으로 해서 동화전이 가장 치열하게 전개가 됐었고, 갇혀서 못 나오고 실랑이하고 이런 물리적 충돌, 이런 것들이 막……. 그렇게 해서 선거가 끝난 다음에 본격적으로 2013년에는 공사도 훨씬 더 본격화되고. 그러면서 제가 어르신들께 들었던 얘기로 생각해보면 2013년은 마을, 그러니까 합의 마을을 만들기 위한 작업이 시작된 거죠? 마을로 한전 직원들이 들어와서 개별적 보상에 대한 이야기들을 계속 하고, 그리고 시청에 공무원들이 집중적으로 투입이 돼서 합의를 종용하는 활동들에 참여하고 이랬던 게, 다 2013년. 그래서 마을마다 어떤 주민대표협의체가 합의를 했네 마네, 이런 것들이 이제 보도가 되고, 이런 갈등이 막 있던. 그게 2013년 상황이고.

활동가C 선생님은 어떻게 대책위에 결합하시게 된 거예요?

✚ 대화 내용이 지난 운동의 과정을 역사적으로 개괄하는 방향으로 흘러가는 듯해 인터뷰어가 분위기를 전환하고자 했다. 활동가B의 발언이 계속 이어지면서 다른 활동가들이 인터뷰에 집중하지 못하는 모습을 보이기도 했다. 사실상 활동가B가 말한 것들은 대부분 인터뷰 자리에 참석한 이들에게는 전혀 새로울 것이 없는 내용이었다. 또한 이번 인터뷰에서는 활동가 개개인의 이야기를 좀더 듣고자 하는 의도가 있었기 때문에 질문 내용을 바꿔 대화 흐름을 다른 방향으로 전환했다. 같은 이유에서, 인터뷰어는 인터뷰이들이 운동의 역사적 전개 과정을 정리해서 구술해야 한다는 압박을 갖지 않도록 질문자 본인이 해당 내용을 개괄한 후 다음 질문을 이어가는 방식을 취했다.

다른 두 분의 얘기에서는 자연스럽게 어떻게 결합하게 됐는지
가 나왔다는 생각이 들어서요.

활동가C : 저는 대학교 졸업하기 직전에 환경운동연합에 입사를
했었구요,

활동가B : 입사. (웃음)

활동가C : 예, 입사죠. 제 첫 직장인데.

김영희 : 이 지역 안에서? 아니면.

활동가C : 경상남도죠. 창원에 있는 환경운동연합에 들어가서 일
을 하기 시작했고, 그 일을 하고 나서, 제가 2011년도 12월달
에 입사를 했는데 고 한 달 딱 지나, 한 달도 안 지난 상황에
서 이치우 어르신이 돌아가셨다고 신문기사가 났어요. 그래
서 그 신문기사를 보고 환경운동연합 같이 있던 선배가, '니
밀양 사람 아니가', 이래가지고. (웃음) '밀양 사람 맞는데요',
'가야지', 해가지고, 다 같이 차를 타고 분향소에 갔었어요, 보
라마을에. 컨테이너에다가 분향소가 있는데 그때가 눈이 막
내리는 날이었는데, 인사를 했는데, 환경운동연합에서 왔습
니다, 했는데, 되게 싸했어요. (웃음)

활동가F : 외부 세력. 외부 세력 1번. (웃음)

활동가C : 외부 세력, 네. 환경운동연합, 환경 단체나 관변 단체에

✦ 활동가C는 환경운동 단체에서 일하다가 밀양 송전탑 건설 반대 운동 실무자로
파견이 된 경우였는데, 그의 발언은 이치우씨 분신 사망 사건 무렵까지도
환경운동 진영 내에서 밀양의 사건을 지역을 넘어선 사회적 이슈로 인식하지
못했고, 탈송전탑 문제가 '탈원전' 및 '탈핵'에 관련된 문제라는 인식을 폭넓게
공유하지 못하고 있었음을 보여준다. 이런 분위기를 송전탑 건설 반대 운동을
하는 밀양 주민들도 어느 정도 인지하고 있었기에 환경운동 단체에 소속되어
있다고 자신을 소개한 활동가C를 적극적으로 환대하지 않는 분위기가 당시
존재했다는 것을 말하고 있는 것이다. 활동가C는 당시 이와 같은 분위기 속에서
탈송전탑 운동에 참여한 지역 주민들에게 환경운동 단체가 '진의가 의심스러운
외부의 정치 세력'으로 간주될 수도 있었음을 설명한다.

서 이미 한번 다 지나갔기 때문에 그냥, 엄청 차가웠죠. 그냥 그렇게 인사하고 뭐, 돌아갔는데 별로 그런 접촉이나 요청이나 이런 걸 구체적으로, 지역에 있는 환경운동연합에는 전달되지 않았고. 쌤한테 제가, 중앙과 얘기했는데 안 됐다고 얘기했는데, 어쨌든 그러고 나서 마치 잘 해결되는 것처럼 공사가 중단되고, 기사화되기로는 어쨌든, 어떤 형태로든 정리가 된다, 라고 지역에서, 그러니까 환경연합에서 판단했고.

근데 그러고 저는 다른 활동을 열심히 하고 있는 동안에, 7월에 공사가 시작됐어요. 쌤이 얘기했던 11차 하면서 어르신들이 막, 헬기에 이제 막, 이송되시고 몇 분이 쓰러지고 이런 기사가 났어요. 그리고 기자회견이 있던 날이었어요. 8월 1일이었는데, 이제 단식농성한다고 시청에다가 농성막을 차리는 날에, '그 기자회견 가야 되지 않나, 밀양 사람인데.' (웃음) '예, 가야죠.' 다음 날 가가지고 상황을 보니, 상황이 되게, 뭐라 해야 되노. 사람이 되게 없는데 일은 엄청 많고, 막 그런 느낌이었어요. 그래서 쌤한테 그날, 아, 제가 사실은 활동가B 쌤을 그전에 알고 있었어요. 저희 학교 선생님이셨거든요. 그래서, '니 어떻게 왔노?' 이래가지고, '아 쌤, 제가 환경운동연합인데요', '아, 그래?' 그래가지고 '아 그렇나' 하고 인사만 하고 헤어졌는데

✦ 천막농성장에서의 싸움은 매우 치열하게 전개됐다. 주민들이 목숨을 내걸고 싸우겠다는 의지를 드러내기도 하고 공사를 강행하는 포클레인 밑으로 기어들어가는 일도 있었다. 건장한 용역업체 인부들이 노쇠한 여성 노인들을 물리적으로 제압하는 과정에서 다치는 일이 비일비재했고 물자를 실어나르는 헬기의 프로펠러가 일으키는 바람 때문에 사람도 천막도 지탱하기 어려운 상황이었다. 이 과정에서 주민들은 심각한 부상을 입기도 하고 실신해 병원에 응급으로 실려가기도 했다. 그러나 이후 주민들의 구술에 따르면 당시 주민들을 가장 힘들게 한 것은 외부에서 아무도 관심을 갖지 않는다는 고립감과 인부들과의 충돌에서 느끼는 모멸감, 언제 어떤 일이 벌어질지 모른다는 불안과 공포였다고 한다. 2013년 이후 결합한 미디어 활동가들이

어쨌든 환경운동연합에서 그쪽으로 파견을 보내준 거죠.

김영희 : 아, 공식적으로?

활동가C : 공식적으로.

김영희 : 그 지점에서 하나 여쭤보고 싶은 게, 활동가C 선생님은
그 전에 환경운동연합에 들어가실 때 환경 이슈에 대한 관심,
아니면 시민사회운동에 대한 관심이 있으셨나요? 아니면 취
업? (웃음)

활동가C : 아니, 취업도, (웃음) 관계없었던 게 저는 회계학과였구
요. 저한테 사실 좀 큰 이슈는 제가 졸업을 앞두고 있던 그때
가 2011년도잖아요. 2011년도 12월에 입사를 했거든요. 근데
2011년도 3월 11일에 후쿠시마가 터졌어요. 그게 제가 충격
이었어요. 그래서 '그럼 회계학과, 상업, 이런 거 다 필요 없겠
는데?' 약간 이런 기분이 들어서.

활동가F : 그때부터 터지면 다 죽는다, 이런.

활동가C : '터지면 다 죽는다, 한 방에 간다'는 걸 처음 알았어요.
(웃음) 부산, 부산에 핵발전소가 있다는 거예요. 그게 저한텐
충격이었어요. 그래서 취업전선을 다 때려치우고 환경단체
혹은 환경책, 그때 활동가B 쌤이 저, 제가 졸업하고 사실은
대학교 갈 때 쌤이 《녹색평론》을 1년치 구독을 해주셨어요.

이와 같은 밀양의 상황을 온라인 매체를 통해 외부에 알리기 시작했고 이를
보고 밀양의 상황을 알게 된 시민들이 적극적으로 밀양으로 연대를 오기
시작했다. 이 당시 결연한 태도로 저항 의지를 굽히지 않는 밀양 할머니들의
모습이 시민들에게 깊은 인상을 남겼고, 이 때문에 이후 밀양 탈송전탑 탈핵
운동을 표상하는 대표적인 이미지는 '밀양 할매'가 되었다. 활동가B는 다른
어떤 사회운동보다 밀양 탈송전탑 탈핵 운동에 더 많은 시민들이 연대하고
이 연대가 더 지속적으로 전개된 현상의 밑바탕에는 '밀양 할매'들이
연대자들에게 안겨준 '감동'이 있다고 여러 번 말하기도 했다. 유독 밀양
탈송전탑 탈핵 운동에 연대했던 시민들은 일회적인 연대활동이 아니라
반복적이고 지속적인 연대활동을 이어간 경우가 많은데 이것은 모두 '밀양

김영희 : 뿌린 씨앗을 거두신 거군요. (웃음)

활동가C : 아니 근데, 구독해가지고 읽으면서도 그냥, '그렇군. 그렇군. 이런 건 역시나 누군가는 하겠지. 그렇군' 뭐 이 정도였어요. 나는 학교를 졸업하고 회사를, 회사를 다니고 싶단 생각은 안 했어요. '농사 짓고 싶다' 그런 말은 했었어요. 근데 후쿠시마 터지면서 농사고 뭐고 다 때려치우고, 하면서 환경운동연합에,

활동가B : 활동가C의 영웅 서사가 출발을 하네. (웃음)

활동가C : 영웅 서사라니. (웃음) 아무튼 그래서 환경단체를 알아봤는데 지역에 환경단체라고 치면 유일하게 나오는 단체였어요. 환경운동연합이.

김영희 : 사실은 본인은 탈핵 이슈에 처음부터 관심이 있었던 거네요.

활동가C : 네. 근데, 갔는데 경남은, 경남에는 핵발전소가 없어. (웃음) 지금은 4대강이 난리야, 하면서. 그래서 막 4대강으로 뛰어다니고. (웃음) 4대강이 엄청 난리였거든요. 그래서 늘 4대강에 가 있었어요. 녹조 터지고, 막 이럴 때여가지고. 그래서 저희, 우리 지역에는 그런 이슈나 이런 게 별로 없다 해가지고 그랬었는데. 입사하자마자 선배들은 '너, 니가 관심 가

할매'들의 모습을 본 연대자들이 각자의 일상으로 돌아간 후에도 지속적으로 밀양 문제에 관심을 갖고 더 많은 사람들에게 이 문제를 알린 후 그들과 함께 밀양으로 반복적으로 돌아왔기 때문이라는 것이다.

지고 있는 거고 니가 나온 지역이니까 가보자' 해가지고 이제 가게 된 거고, 그게 좀 이게 돼가지고 파견해서.

김영희 : 근데 이제, 그 과정에 결합을 하셔서 2012년 싸움을 같이하시게 된 거잖아요. 저희가 아까 5개면은 5개면이지만 다 잘 모르실 수 있으니까, 나중에 책을 읽으실 분들은. 그러니까 예를 들면 이제, 청도면이 일찍 합의가 됐던 거고, 그 다음에 상동, 부북, 단장, 산외. 이렇게 싸움이 진행이 됐던 거죠. 주로 어떻게 결합해서 어떤 일들이 있었는지 기억나시는 게 있으면……. 너무 많겠지만…….

활동가C : 처음에 결합했을 때는 어떻게 결합했냐면, 다른 현장이나 이런 데에……. 처음 왔을 때는 너무 현장이 많았고, 그리고 제가 가기 직전에 이미 '청도가 합의를 해서 4개면이다'라고 하시고. 농성막을 차려놨는데 실제로 시청에 별로 주민들이 오고 이러실 수가 없었어요. 왜냐면 현장에 가 계시고. 시청 농성막을 차려놨는데 있을 사람이 없다는 거예요. 그래서 경남에 있는 시민사회 단체들이 좀 돌아가면서 거기를 지키겠다, 라고 했는데 아주 약한 결합부터 했어요. 왜냐면 처음에 쌤한테 마을 대책회의에 참석해도 되냐니까 안 된다는 거예요. 그래서 아, 그러면 좀 신뢰의 과정이 필요할 거 같더라고요. 왜냐면 그 전에 이미 제가 밀양 사람이기 이전에 어쨌든 시민사회 단체로 온 거고, 시민사회 단체에 대한 거부감이나 이런 게 있으셨기 때문에. 그냥, 그래서 그 약한 결합에서 플러스해서 촛불집회 할 때 늘 가서 그냥 어르신들, 얼굴 비추고. 그리고 활동가A 선생님과 이제,

활동가B : 그 시기는 짧았지? 그 뒤에는 대책위에 들어왔었던 땐데? 2012년 한, 가을?

활동가C : 그때 뭔가 이, 내부적으로 뭔가 저, 딱 처음 사람이 딱 들어왔을 때에 보여줄 수 있을 만한 그런, 회의 내용이 그렇게 썩 좋지 못한 내용이었던 거 같아요. 그래서 저한테 안 될 것 같다, 라고 했던 거 같고. 그러고 나서 촛불집회에 계속 오고, 제가 여기 계속 활동을 할 거라는 의지를 좀 확인하신 다음에는 다 회의도 들어오고 했었죠. 그리고 현장에도 사건이 터지면 같이 계속하고. 그때는 선생님도 저도 다 뚜벅이여가지고, 네. (웃음) 택시 타고 들어가고. 그때는 활동가도 몇 없어가지고.

활동가B : 활동가A 선생님 차에 앰프 싣고.

활동가C : 맞아요, 맞아요. 그래서 그때는 사실은 다른 시민사회 단체가 결합을 집중적으로 한 게 아니구요, 그냥 제가 이 상

황에 대한 판단하기가 되게 오랜 시간이 좀 걸렸던 거 같아요.

김영희 : 그때 활동과 활동 내용을 한번 들어보고 싶은데, 예를 들면 연대자들을 연결시켜준다든지, 아니면 뭐, 병원에 이렇게, 부상자를 이송한다든지, 아니면. 여러 가지 활동이 있을 수 있잖아요. 주로 하셨던 활동이 뭔지.

활동가C : 처음에 왔을 때는 병원에 실려가고 이런 일은 별로 없었구요. 그냥 농성막이 되게 많았고, 그, 어쨌든 좀 충돌이 있을 때마다 가서 그냥 몸빵했는데요? (웃음) 다들 몸빵하셨는데?

김영희 : 설명을 좀, (웃음) 몸빵이라 함은?

활동가A : 전문용어로 그렇게.

활동가F : 대책위 활동이 몸빵으로.

김영희 : 몸빵, 이렇게 쓸 수는 없으니까. (웃음)

활동가C : 충돌 상황에 같이, 아니, 저희가 이렇게 싸우는 건 아니지만 주민분들이 충돌되는 상황을 기록하고, 사진 찍고, 그리고 실제로 뭐, 못 가도록 물리적으로 막기도 하고. 네. 그런, 그 정도.

노동자들과의 연대

김영희 : 13년은 상황이 어떻게 달라졌나요, 2013년은?

활동가C : 2011년도에는 어쨌든 여름 시기를 지나면서 사실은 공사가 중단이 됐었어요. 와서 둘러보고 가고, 뭐, 방해하려고 하고 이러는 건 있었지만 2013년도 5월에, 5월 1일이었나요? 13일이었나?

활동가B : 2013년?

활동가C : 2013년 5월에,

활동가B : 2013년 1월부터 이제, 그, 2013년 1월, 2월이, 공사는 5월 20일날 들어왔는데 1월, 2월이 되게 중요했죠. 대통령선거 끝나고 나서 주민들이 굉장히 넋이 좀……. 왜냐면 그 당시 1년이 좀 너무, 굉장히 빡빡하고 힘이 들어가지고. 찾아오는 분들도 사실은 매일매일, 평밭에는 거의 매일 손님을 치를 정도로 많이 오시기도 했고요. 그래서 기대를 크게 했었고, 대책위 내부에서도 그런 그, 갈등들은 있었거든요? 그러니까, 새누리당 쪽, 조○○ 의원 쪽에 가까이 있던 주민들은 한 2013년 6월, 2012년 장례 이후에 자연스럽게 떨어져 나가긴 했지만 또 안에서도 좀 대통령선거 때에 저희 대책위 활동가들은 아무래도 좀, 정의당이나 지금의 녹색당이나 진보적인 색깔이 강했고, 이분들은 새누리당과의 예전에 친분이 있던 주민들도 사실 많이 계셨고, 남자분들 같은 경우에는. 또 이 주해오신 분들이나 이런 분들은 민주당이나 문재인 후보, 이런 쪽으로 아무래도 좀 자연스럽게 좀, 넘어가긴 했지만. 그러니까 철탑을 막아줄 사람이라면 누구든 좋다, 이래가지고 손학규, 대선후보가 될 김두관, 조경태 뭐 등등 해서 정치적인 어떤 그런 그, 세력과 연계하는 데 있어서도 사실은 좀 어려움이 있었던 거 같고. 어쨌든 결론적으로 문재인 후보가 야권 단일후보가 되면서 그쪽으로 주민들이 굉장히 기대를 많이 하고, 또 그 당시에 분위기도 정권교체 분위기도 높아가지고. 또 문재인 후보가 원전 재검토라 해서 사실상 백지화 공약을 했거든요. 완전히 데모를 닫을 수 있다고 생각을 했다가, 아무것도 없는 상태에서 박근혜 정부가 들어온 거잖아요. 그 당시에 그, 노동자들이 막 자살하고 이런 일들이 있었어요. 주민들도 기운이 빠져 있고 이럴 때 대책위에서 활동가 A 선생님하고 이○○ 피디(미디어 부분 자원활동가이자 영상 기획 및 제작자)하고 같이 우리 활동가들이 논의를 한 게, 우리가 먼저 좀 선도적으로 해보자 했던 게 그, 노동 현장들을, 투쟁 현장들을 순례하는 거였는데 그게 당시에는 저희들한테는, 저 개인적으로도 그렇고 큰 전기가 됐던 거 같아요. 그 이전에, 2012년 가을에 현대중공업에서 비정규직 노동자들이, 현대자동차 비정규직 노동자들이죠. 최병성, 그다음에 또 한 명이 이름이, 누구였지? 밀양에 자주 왔던 두 분. 그, 154철탑에서 농성하고 있을 때, 그때에 그, 이○○ 피디하고 있던 활동가들이 좀 어렵게 결정을 해서 버스 한 대를 해가지고 외부에 연대를 다녔던 거고, 그게 사실 처음이었었어요.

김영희 : 2012년 고공농성할 때.

활동가B : 네, 맞아요. 최병성, 그리고 이름이 특이한 분인데, 한 분. 밀양에 왔던. 그때에 그게 좀 저희한테 힘든 게 뭐였냐면, 저만 하더라도 2012년 6월달에 마을별 순회 설명회를 다닐 때에 공격을 막 당했거든요? '너는 누구냐. 너 왜 이제 와서, 여기 와가지고 신고리 3, 4호기 만들지도 않았는데, 5, 6호기 시작도 안 된 걸 왜 얘기하느냐' 이런 식의 비난을 막 받으면서 그, 같이 갔던 주민활동가 좀 설명해주고, 이런 정도의 상황이었어요. 대개 남성들이 그런 경우가 되게 많았고. 이런 상태였는데. 우리가 노동자들 연대를 좀 일부 받기는 했지만 우리가 연대를 가는 것도 있었고, 또 노동자 투쟁이 있었고,

✦ 대통령선거가 임박한 시기에 밀양 탈송전탑 운동에 참여한 많은 이들은 해당 문제를 좀더 적극적으로 정치 영역과 연계해 풀어야 한다는 문제의식이 강했던 것으로 보인다. 이 때문에 선거 결과가 원하는 방향과 달랐을 때 많은 주민들이 좌절감을 느꼈다는 것이다. 사실상 이와 같은 경험으로 인해 이후 밀양 탈송전탑 탈핵 운동에 참여한 사람들은 해당 문제를 정치 영역에 직접적으로 연계해 풀어보려는 시도가 어떤 빛과 그림자를 만들 수 있는지 성찰하게 됐다. 활동가와 주민들은, '전문가'나 '정치인'에 의존하는 운동 방식이 어떤 결과를 낳을 수 있는지 밀양에서의 탈송전탑 운동 과정을 경험하며 여러 차례 경험한 바 있다고 구술하기도 했다.

그랬는데. 우리는 철탑 아래서 농성하는 사람들이다, 이런 식으로 해서 갔었는데, 그때 주민들이 굉장히 감동적으로, 그런 노동자들과 정서적으로 교감을 하시는 모습을 보면서 그 기억이 있어서 우리가 이제 노동자들이 그때 막, 현대자동차, 한진중공업 이런 해고자들이 자살하고 할 때, 그죠? 최강서, 이운남 이런 사람이 자살할 때 2013년 1월달에 광화문, 그, 덕수궁 앞에 대한문 앞에 농성하고 있던 '함께 살자 농성촌' 이런 데를 유성기업, 현대, 저기,

김영희 : 콜마, 뭐.

활동가B : 예. 그런 데를 쭉 다녔는데, 그게 밀양 연대의 또 하나의 전기였던 거 같애요. 그 힘이 2013년도 희망버스. 전국 희망버스랑 이어졌다고 생각을 하는데, 그러면서 좀 수습이 되었었고. 수습도 우리도 좀 약간, 기운을 차렸던 거 같고. 그때 같이 다녔던 주민들 중에 떨어져 나간 주민들이 대개 지금도 좀, 저는 많이 생각이 나고 아쉽고, 그렇거든요. 그러고 나서 2월달에 공사가 들어온단 말이 있었어요. 2월 1일날. 새 정부, 박근혜가 25일날 취임을 하는데, 그 전에 공사를 들어와가지고 새 정부에 부담을 안 주겠다, 이런 정보가 있었고 실제로 공사하려고 그, 일종의 통지서 같은 거를 냈었어요, 한전이.

✛ 박근혜 전 대통령이 대통령에 당선된 직후 한진중공업 노동자 최강서씨와 현대중공업 하청업체 해고노동자 이운남씨가 노동운동에 대한 전방위 탄압과 노조에 대한 손배가압류 소송 등의 압박 속에서 대통령선거 결과에 좌절해 운명을 달리하는 일이 발생했다. 이후 밀양 송전탑 건설 반대 운동에 참여한 주민들은 서울과 지방을 돌며 노동자들과의 연대활동을 전개하기도 했다. 한 주민은 인터뷰와의 다른 구술 작업에서 당시 경험에 대해 다음과 같은 발언을 하기도 했다. "옛날에는 데모하는 노동자들 보믄 막 빨갱이라 카고 그랬는데 내가 막상 이리 되고 보니께네 그 사람들 심정을 알겠더라꼬. 오죽하면 고 높은 데까지 올라갔을까 싶고, 우리도 막 송전탑 꼭대기에 올라가 외치고 싶은 심정이니까네. 오죽 말을 안 들어주믄 그까지 올라가 외칠까

그래서 주민들이 한전 그 당시 삼성동 본사가 있을 때 올라가서 한 달 동안 릴레이로 농성을 하면서, 그때 지금의 문탁네트워크, 어린이책시민연대 이런 사람들이 최초로 그, 농성장을 지키면서 결합이 됐던 거죠. 한 달 동안 릴레이 농성을 했는데, 서울 활동가들 말에 의하면 한전 앞에서 천막이 된 건 처음이래요. 강남구에서 그런 걸 아주 굉장히 못하게 하고, 그렇게 해서 2월 공사를 못 들어오게 하고, 그 무렵에 CH 의원이, 지금도 저는 좀 이거는 책으로 나오기는 애매하긴 한데, 한전과의 교감이 있었던 거 같고, 그래서 그, 주민과의 대화 모임에 계속 지중화를 가지고서 이슈를 계속 끌었었어요. 5, 6차를 끌었었는데,

김영희 : 그분이 들어오셨나요? 주민회의나.

활동가B : 아뇨, 아뇨. 그렇지 않았고, CH 의원이 주선을 했죠. 한전과의.

김영희 : 대화 자리, 이런 걸.

활동가B : 네, 네. 그러고 나서 5월 20일날 공사가 들어왔는데, 5월 20일 공사는 저희가 생각할 때, 활동가들끼리 얘기를 할 때, 2012년도부터 2013년 초까지가 중앙 언론에도 몇 번 소개가 되고 했었지만, 이렇게 전국적인 이슈가 될 거라고 생각

싶고, 너무너무 그 심정을 알겠는기라. 그리고 다니보이까 우리보다 못한 사람들이 너무 많애. 우리는 마 그보다는 낫더라꼬.”

을 못 했었거든요. 그런데 저희들을, 예를 들면 2012년도에는 강정이 구럼비 발파를 하면서 강정 이슈가 전국적인 이슈가 됐고, 고 앞에는, 11년도에는 쌍용차가 처음 이슈가 됐었잖아요? 고, 2008년도였나, 2009년도였나. 용산참사가 몇 년도였죠? 2009년이었나요? 2009년엔 용산참사가 있었고. 했었는데, 밀양 이슈가 그렇게 전국적으로 완전 모든 언론에서 다 조명하는 이슈가 되리라 생각을 못 했었어요. 그런데 5월 19일, 18일쯤에 되니까 우리도 이제, 굉장히 두려워하면서 긴장하고 있는데 막, 방송국에, 방송국이나 방송차량들이 밀양에 막 오기 시작하는 거예요. 막, 중계차량 같은 거 있잖아요. KBS, 위성 안테나 달려 있는. 그러면서 막, 5월 20일날 공사 딱 들어오는 그날에는 모든 언론이 다 밀양에 내려와서 그, 뭐고. 종편이나 뉴스 채널에 밀양 문제가, 전국적인 이슈가 되면서 밀양 상황이 약간, 박근혜 정부 초기에 첫 번째 국가 공권력과 국민이, 시민이 부딪치는 이슈가 되면서 전국적 이슈로 그, 아까 쌍차, 이런 일을 잇는 이슈가 되었던 거죠.

김영희 : 근데 언론이 오게 된 계기가 뭘까요?

활동가B : 저도 그건 잘 모르겠어요. 그냥 박근혜 정부 들어와서 첫 번째 충돌이라는 그게 있었던 거 같고예. 그다음에는

2012, 13년도에도 이치우 어르신 이후에 주민분들이 사실은 뭐, 국회고 어디고 정말 열심히 다니고, 모든 언론들에 성실하게 응하고 하면서 잠재적으로 밀양 송전탑 문제가 공사가 들어오면 그 공사와 충돌이 주는 스펙터클 같은 게 좀 있잖아요. 그러면서 5월 이후부터 해서, 2013년 5월부터 해서 2014년 6월 11일까지 1년 1개월 정도는 밀양 이슈는 계속 전국적인 이슈로 떠올릴 수 있었던 시기였던 거 같아요.

김영희 : 그게 이제, 그냥 우연히 된 건 아니고 사실 싸움이 계속해서 굉장히 지속되니까, 그걸 포기하지 않고 싸운 분들이 계셨던 것도 있고. 제가 밀양에 있지 않았던 사람으로 그때를 생각해보면 연대자들의 활동이, 다양한 분야에서 활동하는 연대자들이 자기가 활동하는 분야에서 그 이슈들을 확산하는 어떤 그런 것들을 계속했던 부분이 있다는 생각이 들거든요. 그러고는 2013년에 싸움이 굉장히 격렬하게 벌어지게 됐던 거죠. 그리고 10월이 두 분 다 계기가 된 특별한, 그 무렵에 대책위에서 새로운 어떤.

활동가F : 10월에 공사가 시작돼서.

활동가C : 10월에 공사가 시작됐으니까.

활동가B : 열세 번째.

활동가F : 5월달에 잠깐 했다가 멈췄고, 그래서 멈추나? 이렇게 생각했는데 10월달에 본격적으로 이렇게 좀, 뭔가,

활동가C : 들어오는.

활동가F : 경찰이 사람들을 던지기 시작하는 시기였었죠.

김영희 : 그러니까 이제, 공권력이 들어오는 거죠. 용역이 아니라 공권력이 들어오기 시작한, 그러니까 그 농성장으로.

18세에 학교를 벗어나 밀양으로

김영희 : 활동가D씨는. (웃음)

활동가B : 상태가,

김영희 : 상태가 안 좋긴 하지만 그래도 목소리가 꼭 들어가야 하니까(웃음). 활동가D씨는 어떻게 밀양에, 그때 몇 살이었죠, 활동가D씨가?

활동가D : 열여덟 살.

김영희 : 그런 꽃다운 나이에 어떻게 밀양에 오시게 되었나요?

활동가D : 뉴스 보고,

김영희 : 그냥?

✦ 활동가D는 인터뷰 당일 감기 몸살로 몸이 좋지 않은 상태였다. 그러나 활동가들이 다 같이 참여하는 인터뷰의 의의가 있다고 생각하여 당일 참석한 것이었다. 평소 활발하고 적극적인 성격의 활동가인데 인터뷰 당시에는 몸이 좋지 않아 상대적으로 적극적으로 발언하지는 않았다.

활동가D : 네.

김영희 : 뉴스에, 많은 뉴스가 뜨잖아요. 좀 길게 대답해야 되는 거 알죠? (웃음)

활동가D : 그런, 네이버에 핸드폰으로 보면 한 줄로 나오는 거 있잖아요. 뭐, 경찰 3,000명, 내일부터 밀양 공사 재개 투입. 들어갔는데 어쩌고 저쩌고 저쩌고 저째서 공사한다. 가 봐야겠네, 하고.

김영희 : 아니, 뭐, (웃음)

활동가F : 길게 이야기하라 하시잖아, 좀. (웃음)

활동가D : 이게 단데?

김영희 : 아니, 그러니까, 원래 고등학교 다닐 때예요? 그만뒀을 때예요?

활동가D : 학교를 다니다가 밀양에, 그때 10월 1일날 왔거든요? 근데 3일이 개천절이고, 3일이 목요일이고, 4일이 금요일이고 5일이 토, 일, 뭐 이랬어요. 금만 쨌 거죠, 학교를. 선생님들은 밀양 가는 줄도 몰랐고. 밀양을 왔는데…… 어쨌든 처음에 와서는 대책위랑 일을 한 건 아니고, 밀양에 왔는데 너른마당으로 왔어요. 너른마당이 어딘지 몰라가지고…….

김영희 : 인터넷 뉴스를 보고 너른마당으로 온 거예요?

활동가D : 아니죠, 이제, 5월 이후에 페이스북에 무슨 밀양 관련한 페이지 하나를 구독을 하고 있었던 거 같애요. 그런데 그렇게 열심히 보지는 않았고.

활동가B : 최○○○씨가 하는 밀양 그 페이지.

활동가D : 어, 맞아. 그거야.

활동가B : 대책위 페이지가 그거를 넘어서기 위해 되게 노력했지. (웃음)

활동가D : 엄청나게 유명한 페이지였거든요. 자극적이고.

활동가F : 자극적이고. (웃음)

활동가C : 그거는 인정한다.

활동가D : 완전 자극이지. 아무튼 그거는 보고 있었는데, 5월 이후에 기억에서 잊혀졌었고. 10월에 왔다가 너른마당으로 왔는데, 너른마당에서 바드리로 가라 해가지고 밀양에서 제일 동쪽에 이제, 송전탑이 저기 울산에서 넘어오기 시작하는데.

활동가B : 영산에서.

활동가D : 영산에서 넘어오기 시작하면 고 동네를 가서 한 12월까지 살았어요.

김영희 : 아예 거기서?

활동가D : 네.

김영희 : 그러니까 그다음에는 학교를 가지 않은 거군요.

활동가D : 그렇죠.

활동가B : 활동가D의 영웅 서사가 시작된다.

활동가A : 가출 청소년이 발생했다고 신고가 들어와서.

김영희 : (웃음) 진짜요?

활동가F : 선생님이 찾아와서 활동가A님 만나고 갔어요.

활동가A : 저 면담했잖아요. 학생주임 선생님하고. 학생주임하고
　교감샘인가? 오셔가지고.

활동가D : 찾아왔어요. 잡을라고.

활동가A : 애를 보내겠다. 공부는 해야 안 되겠나. 맞다. 부모하고
　도 연락을 해보겠다.

활동가F : 우리가 잡고 있는 건 아니다, 이런. (웃음)

활동가A : 부모가 또, 거의, 열심히 싸우라고 한약을 보냈더라고
　요. (웃음) 아, 얘 심상치 않은 가정이구나. 그럼 부모가 동의를
　했고, 또 오로지 혼자 결정을 맡길 순 없고, 부모가 동의를 하
　고 한약을 보내준 걸 보니까 그 결정에 존중을 해야 되겠다.

활동가D : 그래서 활동가A님이 가라고 해서 학교를 잠깐 갔는데,
　가자마자 징계를 주더라고요. 장기 무단결석, 이런 걸로 해가
　지고. 징계를 받았죠. 청소하고, 사자성어 쓰고 이런 거를 하

다가 12월 초에 3일인가, 4일인가 유한숙 어르신 일이 있고 나서 밀양에 내려와서 학교를 자퇴하고, 또 유한숙 어르신 분향소에서 추석, 아니 설 전까지 있었어요. 그러다가 끝나고 대책위에서 101번으로 가라 해가지고 101번에 가서 6월 12일까지 있었죠.

김영희 : 원래 사회문제에 관심이 있으셨어요, 활동가D씨는?

활동가D : 핵문제요?

김영희 : 사회문제. 그러니까 밀양 페이스북을 보게 된 계기가…….

활동가D : 그거는 뭐, 누군가 주변에서 '좋아요'를 눌렀을 텐데 그 사람 때문에 떴던 거 같고, 사회문제는 관심이 없었거든요. 그래서 밀양 이전에는 집회를 한번도 안 가봤어요.

김영희 : 근데 왜……. 그냥 '욱' 하셨어요? (웃음) 페이스북 페이지를 보는데?

활동가D : 뭐 약간 그런 것도 있고. 그때 학교가, 학교 공부를 못해가지고 제가 한때 촉망받는 유망주로 학교를 다녔는데, 완전히 꼴아박았죠, 성적을. 그래서 수업을 못 따라가겠더라고요. 한번 안 듣기 시작하니까. 그래서 놀았어요. 그런데 노는데 학교 가서 놀면 재미가 없어지잖아요, 애들. 여덟 시간, 수업만 여덟 시간인데 그걸 다 놀려고, 놀 것도 없잖아요. 아무거나 때려 잡히는 대로 읽어서 처음에는 만화책을 막 읽다가, 선생님들이 만화책을 읽으니까 막 지랄을 하더라고요, 아니, (웃음) 뭐라고 하더라고요. 그래서 만화책 아닌 책을 읽었죠. 책을 읽게 해주는 사람들 앞에서는 책을 읽고, 안 읽게 해주는 선생한테는 자고. 이래가지고 책을 읽다가 되게 막, 외국에 가난하게 사는 친구들 책도 읽었고, 또 뭐 읽었더라?

활동가B : 그때가 책을 훨씬 많이 읽었네?

활동가D : 제가 평생 읽은 책이 고 2년 안에 읽은 책에 다 있어요. 그 전후로는 책을 안 읽었거든요.

활동가C : 자랑이다.

활동가D : 저는 활동가B 샘 책을 읽고, 아 이 사람 참 사회를 삐뚤게 보는데, 늙은 사람인갑다, 이렇게 생각을 하고. 밀양 와서 밀양 사람인 줄 몰랐어요. 밀양 오고 나서 엄마가 활동가B 선생님이 여기 있다 그래가지고, 누구고? 그랬더니 그때 그 책, 그래서 아, 그렇구나. 하고 늙은 사람을 찾았는데 생각보다 젊어가지고 놀랐던 기억이 있고,

활동가C : (웃음) 니 내한테는 활동가B 샘 책 읽고 내려왔다며.

활동가D : 그렇게 말해야 뭔가 잘해줄 것 같아서.

활동가F : (웃음) 다 속은 거가, 지금까지?

활동가D : 딱 보니까 그, 사무국장이 '활동가B'더라고요.

활동가F : 아니, 책을 읽다가 덮고 내려왔다고, 와 이게 진짜, 다 속았다.

활동가D : 그래서 그냥 그, 고등학생의.

활동가B : 이게 진실일 거라고 봐. (웃음)

활동가D : 뭐냐, 고등학생의 뭐라고 해야 될까. 고등학생의 충만했던 감성과 그 당시에 있었던 사회문제와 어느 정도 책을 읽으면서 생긴 문제의식이 딱 맞물린 게 밀양이었던 거고.

활동가A : 이야. 그런 얘기 처음 듣는다.

활동가C : 그러니까. 이때까지 다 거짓말했어.

활동가B : 4년이 한 40년 된 거 같다.

김영희 : 근데, 이렇게 오래 있을 줄 알았어요, 밀양에?

활동가D : 몰랐죠. 저는 한 1주일 있다 갈 줄 알았어요. 처음에는 잘 줄 모르고 침낭을 안 챙겨왔거든요? 근데 엄마가 추울 거라 해가지고 패딩을 하나 넣어왔는데, 바드리가 산 중턱이 저 위에 해발이 400 정도 되는 거 같아요. 진짜 춥거든요. 그래서 좀 힘들었죠. 7일 동안 세수를 못 했어요. 아무도 씻으러 가란 이야기를 안 하더라고요.

활동가F : 그래서 나타났는데 깜짝 놀랐어요. 고등학생이라는

데…….

활동가D : 들어가서 처음에 한 거는 청소였고, 안 싸우는 시간에
는 청소를 하고, 싸우는 시간에는 싸우고. 안 싸우는 시간에
또 청소하고, 싸울 때는 싸우고.

활동가A : 비행 청소년. 쓰레빠 신고 맨발에.

활동가F : 거기 애가 하나 있으니 데리고 와서 좀 씻겨서 보내세
요. (웃음)

김영희 : 근데 지역분들이 활동가D씨를, 갑자기 어떤 고등학생
애가 학교를 그만두고 나타난 거잖아요.

활동가B : 갑툭튀지, 갑툭튀.

김영희 : 그래서 주민분들이 처음에 어떻게 대해주셨어요?

활동가D : 청소를 하니까 좋아하시더라고요. (웃음)

활동가C : 쌤 언제 인식하셨어요?

활동가B : 내?

활동가C : 얘를.

활동가B : 저, 어머니가, 하루에 전화가 막 몇백 통 올 때잖아. 근
데 계속 문자로 그, 우리 아들이 지금 가 있는데, 바드리라는
곳에 가 있다고 하는데, 읽을거리 책을 좀 보내달라고…….

활동가D : 엄마가 활동가B 샘을, 번호를 어떻게 알았지?

활동가B : 그러니까. 책을 좀 보내달라고 하시는데…….

김영희 : 무슨 책을 보내달라고?

활동가B : 《녹색평론》이나 읽을거리 좀 보내주라고 하시는 거예요. 그때 저는 집에 가서도, 집에 잘 들어가지도 못하고 잠도 거의 못 잘 때였거든요. 며칠 못 잘 때 있었어요.

활동가D : 또 하나 웃긴 이야기는, 그때 제가 충만했던 감성 때문에 핸드폰을 두고 가야겠다, 라고 해가지고 핸드폰을 안 들고 갔거든요.

김영희 : 아, 연락이 안 되셨구나.

활동가D : 네. 정말 그, 뭐냐. 유괴 청소년.

김영희 : 그래서 이제, 집에도 못 들어가고 계신데.

활동가D : 네. 책을 보내줬는데, 제가 못 받았어요. 받았는데 어디 싸우다가 잃어버려가지고.

활동가B : 두 번쯤 문자가 와가지고, 할 수 없이 일부러, 시간 쪼개가지고 집에 가가지고 누구 편에 보내줬었죠.

활동가D : 누가 배달을 해줬는데, 그게 중간에 뭐 어떻게 됐다고.

활동가C : 제가 배달을 했었어요.

활동가A : 그때 청소년 활동가들이 여러 명 있었어요. 그때 당시에.

활동가F : 그건 좀 뒤에. 11월, 12월이고.

활동가C : 그건 좀 뒤에. 얘가 제일 먼저 왔으니까.

활동가F : 제가 10월에 와서 발견했을 때는 깜짝 놀랐어요. 군대에서 탈출한 거 같은 느낌 있잖아요. 나이도 좀 들어 보이고. 고등학생이라는 거예요. 학교는? 이러니까 다들 잘 모르고. 그래서 바드리 간 사람한테, 거기 가면 애가 한 명 있으니까 씻겨서 보내야 된다고, 목욕비, (웃음) 안 받겠다고 하는데 딴 사람 막 줘가지고…….

활동가D : 그래서 17일인가를 바드리에 있었는데, 이장이 배신을 때리고 천막을 접고 자기들 집으로 가버렸어요.

활동가F : 애를 놔두고.

활동가D : 네. 혼자 내려왔는데 그때 용역분들을 만난 거죠. 용역분들이 원래는 평리를 지키고 있었는데, 평리에서 바드리 고, 대추밭이 있거든요. 바드리 다리 딱 건너기 전에. 사자평 명물식당 바로 뒤에 대추밭에, 비니루를 치고, 얼마 전에 사진첩 정리하다가 비닐 천막 사진을 봤는데, 정말 미쳤어요. 그런 데서 어떻게 살았는지. 한 요 정도, 이렇게 돼 있거든요. 안에 들어가서 쪼그려서 술 먹다가 자야 되는 그런 건데, 거기서 12월까지 있었죠.

전문가협의체와 공사의 재개

활동가C : 그런데 그 전에 5월 공사 끝나고 나서 6, 7월 동안에 선생님의 그 죽을 것 같았던 시간들은 뛰어넘고 가도 되는 건가요?

활동가B : 아니, 뭐.

활동가D : 전문가협의체?

활동가C : 전문가협의체.

활동가B : 전문가협의체. 아.

활동가D : 쌤 그냥 따로 인터뷰하세요. 여기 있다가 한마디도 못하겠네.

활동가B : 따로 해야겠네. (웃음)

활동가D : 따로, 서울 혼자 가세요, 그냥.

김영희 : 아니 근데, 잠깐 언급은 하고 가도록 하겠습니다. (웃음) 활동가C 선생님이 꼭 들어가야 한다고 생각하시는 부분이 있어서.

활동가B : 예. 그러니까 그냥, 전문가협의체로부터 해가지고 7월 공사 때까지 시기는 파일도 이만큼 있구요, (웃음) 얘기가 되게 길어요. 그때는 국가권력이, 그 당시에는 총리실이 전체적으로 컨트롤할 때였는데, 한전이 그 당시에 8월 5일날 특별지원협의체라는 거를 만들어가지고 찬성 주민을 앞장을 세우고 개별 보상이라는 정책으로 전환을 하면서 이제, 맨투맨 작전이 시작되던 시기고, 공무원들이 들어오던 시기고, 밀양 안에서 관변들이 또 나노산업단지를 유치하기 위해서 총체적으로 반대 주민들과 대책위를 압박하던 시기였고, 또 기술적인 차원에서 밀양 문제에 대안이 있다는 거를 우리는 확인을 했는데 그게 이제 전문가협의체 안에서는 굴절이 되기도 했던 그런 시기여서, (웃음) 얘기가 억수로 길어요.

김영희 : 그래서 그거에 대해서 제가 한 가지 여쭤보고 싶은 건, 그래서 그 시절에 예를 들면 지금 활동가C 선생님이 말씀하신 것처럼 가장 힘들었던 게, 활동가로서 가장 힘들었던 건 뭔가요?

활동가B : 그 시기에는, 일단은 선수가 없다는 거였죠. 예. 그러니까, 저는 5, 6호기 공론화도 힘들었을 거라 생각하는데 그래도 우리보단 나았을 거라 생각하는데, 탈핵은 전문가가 그나마, 핵발전소는 이를테면 박종훈 교수나 이렇게, 그, 로 데이터를 다뤄본 선수들이 꽤 있는 데 반해서 이 송전, 전력수급과, 특히 송배전과 관련해서는 없었어요. 그래서 뭐 좀, 우

✛ 이 시기는 밀양 탈송전탑 운동에서 보상 문제가 가장 강력하게 대두된 때였다. 한전이 마을과 개인을 대상으로 보상금액을 구체적으로 제시하고, 마을과 사람마다 서로 다른 금액을 제시하면서 합의를 종용하던 때였는데 당시 분위기를 주민들은 "합의서 한 장이 얼마"라거나 "자기 마을 이웃의 합의서를 받으려고 서로 경쟁하다 싸울 정도"라는 말로 표현하기도 했다.

스운 얘기긴 하지만 그때 하승수 변호사하고 저하고 전력공학 책을 그때 사가지고 책을 읽고 막, 공부를 했었거든요. 근데 저는 진짜 이해가 안 되더라고요. 읽어도 그냥, 하승수 변호사는 머리가 좋아서 (웃음) 그이가 이제, 전문적인 논의들을 따라가고 저는 설명을 듣고서 알고, 이랬던 시기여가지고. 전태일 생각이 막 나고. (웃음) 대학생 친구 하나 있으면 좋겠다는 게 진짜, 전기공학 전공하는 친구가 있으면 좋겠다는 생각이 들고. 그러니까, 걔들이 하는 게 다 감으로는 아는데 이런, 우리가 주장하는 대안, 기존 노선으로도 송전이 충분히 가능하고, 지금 우리가 주장하는 그 논리가 그때 완성된 거거든요. 25년까지 고리 단지에 네 개가 자연스럽게, 연장 가동만 하지 않으면 네 개가 빠져나오고, 신고리 1, 2, 3, 4, 5, 6이 있는데 5, 6을 폐쇄하면 말할 것도 없고, 5, 6이 들어온다 하더라도 세 개의 기존 선로로도 송전이 가능하다는 걸 그때 우리가 입증을 하려고 했던 거고, 한전은 안 된다고 했던 거고 그게 핵심이었던 건데, 그 시기에 우리 쪽 선수가 없어서, 네. 그 당시에 또, 그나마 전자공학과를 나온 이원석 대표가 몸이 안 좋아가지고 잘 안 되고, 또 내부에서 우리가 영입했던 전문가 한 명이 배신을 때리고. 이런 과정이 힘들었었죠.

✦ 전문가협의체는 한전과 주민 사이에 타협안을 도출하자는 입장에서 일종의 중재역으로 전문가들을 초빙하여 그들의 의견을 경청하자는 제안에 따라 이루어졌다. 표면적으로는 객관적이고 전문적인 입장에 있는 이들의 이야기를 듣고 중재안을 내자는 취지로 보이지만 대부분의 마을 주민들은 이에 대해 "송전탑 건설이라는 결론을 이미 내려놓고 표면적인 정당성을 획득하고 이를 통해 송전탑 건설 반대 주민들을 압박하기 위해 형식적으로 진행한 절차에 지나지 않는다"고 구술했다. 2017년 신고리 원전을 둘러싼 공론화위원회의 경험은 주민들과 활동가들에게 '전문가협의체'의 기억을 떠올리게 만들었다. 이 때문인지 활동가들은 공론화위원회 이후 '전문가협의체'를 여러 차례 거론한 바 있는데, 인터뷰 당일에도 이에 대해 말하고 싶어 했다.

활동가C : 그래서 그게 잘 되지 못하면서 어쨌든 그게 파행이 되고, 유야무야 하다가 10월에 공사 들어오게 된 게, 어쨌든 걔네들은 전문가협의체에서 명분을 얻었기 때문에 10월 공사 시작된 거죠. 그러면서 이제.

활동가B : 개별 보상 들어오고.

활동가C : 네. 들어오고.

활동가B : 밀양 나노단지로 총리 내려와서 주민, 밀양 지역사회를 다 휘어잡고.

활동가A : 솔직히 저는 그 국면에서 국회에 갔혔죠. 주민들과 이게, 합의가 종용, 합의를 종용한 거였죠. 조○○ 의원이나. 근데 이제, 주민 주도권이 정치권으로 넘겨야 되는 시점에서 전문가협의체를 하는데, 합의를 종용하면서 거기서 마지막 팽팽한 줄다리기가 있었죠. 그래서 합의 룰을 다 바꿨어요. 최종적으로 결정적으로는 '절대 우리는 전문가협의체에 동의할 수 없다', '그 결정을 여기서 뭐라고 결정 내려도 따를지 안 따를진 여기서 결정할 게 아니라 국회로 넘겨라' 했던 게 뭐냐면 그들이 말한 건 딱 그거였을 거라 생각해요. 전문가협의체를 거쳐서 결과가 나오면 '전문가들이 이렇게 판단을 했으니 그렇게 가는 거다'라는 식으로 하는 것을 봐줄 수 없다. 그래서 뭐 많은 얘길 서로, 우린 여기 있고 한전은 저쪽에 따로 있으면서 또 건네주고 건네받으면서 했는데, '절대 그들에게 우리 운명을 맡길 수 없다', 이렇게 마지막 결정을 하면서 빠져나갈 구멍들을 두고 있었던 거죠. 그래서 이제 더 이상 문제가 해결되지 않으니까 이걸 주도권을 가져가기 위한, 나는 그런 거였다고 보고요. 다만 이제 그 내에서 사람들이 너무 잘 싸워줘서 개인적으로 하승수 변호사, 거의 이 사람은 그냥 싸움꾼이더라고요, 그냥. 이런 자질이 또 있구나, 하면서 아주 좀 독특한 모습을 봤어요. 싸움, 저렇게 막 막무가내로 싸우는 사람은 처음 봤어요. (웃음)

활동가B : 열 시간 동안.

활동가A : 예. 그렇게 막 하는데, 저는, 그때 어르신들이 '이렇게는 합의가 안 된다. 왜 우리가 그들한테 다 맡겨야 되느냐' 해서 그런 것들이 좀 특별했던 기억이 좀 나요.

밀양 미니팜 협동조합

김영희 : 활동가F 샘도 2013년 10월쯤에 오셨던 거잖아요?

활동가F : 10월 12일.

김영희 : 그 계기가 있으셨나요? 그다음에 미니팜까지 쭉 얘기해
주셔도 좋을 것 같아요.

활동가F : 예, 저는 원래 다른 분야, 전혀 다른 분야에서 일을 하
다가 11년에 그만뒀구요. 그만두고 집에서 자다가 후쿠시마
를 봤구요. 그래서 이제, 그러니까, 원래 관심이 있었던, 사회
여러 가지 분야에 대해서 관심은 있었는데 그걸 제가 활동을
전혀 안 하는 상태에서 내용을 보는 것도 되게 괴롭더라구요.
그리고 환경에 대한 이슈도, 새만금 그때 할 때 보니까 환경
운동가들이 죽어도 안 바뀌겠구나 생각을 했었었구요. 그래
서 뭐, 할 수 있는 일을 그냥 하고, 내가 그때 관심이 되는 데
돈이나 보내는 게 일반 시민으로서 할 수 있는 일이 아닌가,
뭐 이 정도로 생각을 하면서 11년까지 살았고. 회사를 이제,
그만, 연구원을 했었는데 그만두면서 이제 뭐, 그, 커리어를
다 접었어요. 못하겠다. 난 더 이상 과학을 하지 않겠다, 이렇
게 했고. 그러면서 이제, 뭘 할까 생각을 하다가 그냥 이제 검
색 같은 걸 하다가 '농사를 가르쳐 준다', 환경운동가가 돼서.
전 대전에 그때 있었는데, 거기나 한번 가볼까? 이렇게 하면
서 거기 이렇게, 한 4개월 동안인가를 매주 갔던 거 같아요.

✦ 활동가F는 활동가들 중에서 송전탑 건설 반대 운동에 참여한 주민들을
지원하는 활동으로 밀양 미니팜 협동조합을 만들어 운영하는 일을 하고
있다. 물론 그도 송전탑 건설 반대 운동을 둘러싼 물리적 충돌이 한창 치열할
때에는 천막농성 지원을 비롯한 실무를 맡기도 했다. 밀양 미니팜 협동조합은
밀양 송전탑 건설 반대 운동에 참여한 주민들이 생산한 농산물을 다른 지역
연대자들에게 판매하는 일을 하고 있다. 이는 단순히 물건을 판매하는 일을
넘어서 밀양 탈송전탑 반대 운동 주민들과 연대자들을 지속적으로 연결하는
활동이라고 할 수 있다.

매주 두 번인가? 이렇게 가서. 그러면서 뭐, 이렇게 생활하고 있었고, 그러면서 환경운동연합에 자원활동도 하고 좀 연관이 있었다가 활동가로서 계속 살겠단 생각은 아니었고 그냥 할 수 있는 어린이 교육 프로그램이랑 농사 관련 일이랑, 뭐 이런 것 몇 개를 맡아서 반상근 일을 했었거든요, 2012년에. 그러면서 활동가C씨도 알게 되고. 동기예요. 환경연합 입사 동기. (웃음)

활동가C : 맞아요. 환경연합.

활동가F : 저는 대전. 그러면서 이제, 그때 굉장히 폭발적으로 여러 지역의 이슈를 다 알게 된 거죠. 왜냐하면 다 페이스북 친구로 되어 있고, 여기는 무슨 일이 일어나고, 저기는 무슨 일이 일어나고. 다 알고 있는 상태였고. 13년이 되면서 저는 환경연합 그만두고, 다른 이제 그, 농사 지으시는 분들이랑 일을 하려고 준비를 하고 있던 상태에서 뭐 이렇게, 공모 같은 거 내고 그러고 있었거든요. 심사 마지막 서류를 낸 게 10월 3일인가 그랬어요. 그때 이제, 여기는 난리가 나고 있었고, 이제. 여기, 그때 여기 와 있던 두 명 활동가가 다 제 동기였거든요. 이분이랑 다른 한 분이랑. 사람들이 막 삶아지고 있더라구요. 그래서 전화나 좀 받아줘야 되겠다. 5월달에도 금방 끝났으니까 한 2주 하면 되겠지, 이라면서. 2주, 한 2주치 가방을 싸가지고 왔죠. 저는 진짜 2주.

김영희 : 여긴 7일. (웃음)

활동가B : 저는 석 달. (웃음) 최대.

활동가F : 진짜 여기서, 요 자리에서 1년 반 동안 (웃음) 계속 요기서. 네. 그랬어요. 와서 보니, 할 수 있는 게 너무 없는 거예요. 동네도 너무 많고, 난 어딘지도 모르고. 밀양이 그때 거의 뭐, 얼음골 한 번 가보고 처음 와본 거여가지고. 그래서 2주를 약간 멍하게 있다가 갔는데, 그때 진짜 치열하게 싸울 때여서 정말 경찰들이 사람 던지고 막 이럴 때, 맨날 항상 새로운 이슈가 나오는, 문자 보내고 막 이런 거였으니까. 그래서 와서 이제, 저가 이제 여기 있으니까 누가 응급실에 실려가시면 가서 병원비 내고 이제, 연락해서 연락처 알아서 보내드리고 이런 걸 했단 말이에요. 근데 그거를 이제, 그거라도 2주라도 한 사람이 좀 낫잖아요. 처음 온 사람보다는. 그래서 이거 할 사람도 있어야겠구나 싶은 상황이더라고요. 정말 이렇게 딱 세 명 있었고, 다른 사람들은 부산에서 울산에서 가끔씩 오는 사람들이 이렇게 있고. 그래서 인제, 다시 가서 짐을, 다시 2주 짐을 싸가지고 (웃음) 넘어와서.

+ 활동가들은 대부분 처음 밀양에 올 때 7일이나 한 달, 혹은 세 달 등 일정 기간 동안만 참여하고 자신의 일상으로 돌아갈 계획을 세웠다가 몇 년씩 활동을 지속하게 되었다고 말했다. 가장 오랜 시간 활동에 참여한 활동가A와 활동가B조차도 자신들이 7~8년에 이르는 시간 동안 밀양 탈송전탑 탈핵 운동에 참여할 줄 몰랐다고 말할 정도였다.

+ 당시 대책위 실무를 꾸려가던 활동가 세 사람은 활동가A, 활동가B, 활동가C였다.

활동가C : 동네가 너무 많아서 여기에 제가, 처음 공사 들어오기 전날에 밀양 지도를 그렸어요. 지도를 그렸는데, 4개면을 쫙 걸쳐 가는데, 사람들한테 이 이야기를 수천 번 한 거 같아요, 진짜.

활동가F : 오는 사람마다 물으니까.

활동가D : 전혀 도움이 안 됐다.

활동가C : 아 근데, 도움이 안 돼도 내가 어디 가는지는 알아야, 내가 너한테도 얘기했어. 기억은 안 나지만, 정말 많은 사람들한테 당신이 어디 가시냐면요, 여기 이렇게 되는데요, 여기로 이렇게, 이렇게…… 그 이야기를 진짜 많이 했어요.

김영희 : 전체 밀양 시내의 송전선로의 위치와, 뭐.

활동가C : 네. 그래서 여기 가면은 누구와 연락해야 되고, 누구 연락처를 줘야 되고, 이쪽에 가시면 누구와 연락해야 되고,

김영희 : 연대자들이 올 때.

활동가C : 네. 왜냐면 그때는 송전탑, 철탑이, 가시는 길에 122번이고, 뭐, 96, 뭐, 그렇게 얘길 해도 사람들이 그냥…….

활동가D : 다 산이거든요.

활동가C : 아무것도 몰라요. 그래서, 근데, 그래서 어르신들이 전화가 와도 그, 몇 번 철탑에, 뭐 이렇게 얘기하지 않고, 뭐, 저

기 저기, (웃음) 사투리도 되게 심하시고, 각자가 또 부르고 또 각자의 이, 연결고리와 인간관계라는 게 되게 복잡하고 그래서, 활동가F 선생님처럼 길게 와 있지 않으면 일을 도와준다고 와도 무슨 말을, 이게 뭔 건지 전혀 쓸 수가 없는 거예요.

김영희 : 오리엔테이션 하는 데 너무나 많은 시간이 들어서,

활동가F : 오리엔테이션을 할 사람도 없고.

활동가C : 네. 그래서 이게 아마 그렇게 생각하실 거예요. 한 주 왔는데 멍하다 갔다 그래서 내가, 한 주 두 주 있어도 밀양을 파악하기가 되게 어려운 구조였어요. 그래서 계속 오시는 분, 그러니까 다른 데서, 환경운동연합에서도 계속 몇 명을 파견해주고, 뭐, 주변에서도, 뭐 너무 힘든 거예요. 그 사람한테 계속 설명을 해도, 여기가 뭐, 몇 번이라는데, 그걸 계속 반복하는 게 너무, 너무 힘들었어요. 그래서 활동가F 선생님처럼 길게 와주는 사람들은 너무 고마웠죠. 적어도 한 달이나 그렇게 계시는 분은. 그런데 한 달 있으면 그제서야 아, 저 사람이 어느 마을 사람이구나를 알고 가는 정도인 거죠. 실제로 활동가F 선생님도 와서, 그 뭐지? 마을 현장을 직접 가보거나.

활동가F : 저는 마을 현장에 못 갔어요. 전화를 계속, 전화를 받을 수 있는 사람이 되고 나서부터는 전화만 받을 수밖에 없는 거

예요. 누구를 줄 수가 없으니까. 그래서 계속 전화를 받다가, 내가 현장에 가야 되는 상황이면 진짜 난리가 난 거죠. 아무도 없어서 가야 되는 상황이었으니까. 그래서 제가 용회마을에 처음 간 게 2014년 12월이에요. 오자 1년 반 지나가지고 처음 Y마을 구○○ 어머니 댁 가봤다니까요. 그래서 계속 여기서 진짜, 전화 계속 받고. 그러다가 이제, 계속 2주씩 늘어났죠. 늘어나다가, 와서 이제, 정말 여기는 물도 안 나오니까 여관방 잡아서 씻고 빨래하고, 빨래 널어서 말리고, 양말 말리고. 그랬는데 내가 인자, 아침에 되면 누구 우리 못 씻은 사람 가서 씻으라고 열쇠 주면 가서 씻고(웃음)……. (옆에 앉은 활동가들을 가리키며) 이분 이분 가서 씻고……. 그렇게 하다가 이제, 2014년 초가 되니까 저는 대전에 가야 될 시기는 돌아오고, 여기는 사람 없고, 저분도 환경연합에서 오라고 난리가 났고. 어떻게 해야 되나 하다가 제가 대전에 이제, 저랑 같이 사업 준비 했던 분들한테, 공모를 해서 돈을 받아서 사업하는 아이템이었기 때문에 제가 이제 약간, 회계랑 서기 같은 역할이었어요. 그분들은 농민이랑 농민 대표, 이런 분들이고. 그래서 사실은 그 사업에 저 때문에 된 게 아니라, 농민이 들어가 있기 때문에 이게 공모 돈을 받은 거거든요. 그래서 제가 이

제, 내가 밀양에 왔는데 '못 돌아갈 거 같다', 내가 거기 가서,
여기서, 그때 이제 6·11, 6·11이 아니고 이제, '공사장이 다 들
어올 것이다, 다 현장이 뜯길 것이라는 것'은 정해진 상황이었
기 때문에, 진짜 끝까지 할 거 같다는 생각이 들더라고요, 그
때는. 그래서 내가 거기서 막, 주민들이 계속 패대기쳐지는 모
습을 보고 일을 할 수 있겠냐. 내가 여기서 거기 사무를 봐드
릴 테니 그 일을 하시면 어떻겠느냐 했더니 그분들이 뭐, '니
가 가져가라. 니가 가져가서 재단에서 돈을 안 옮겨주면 그냥
떨어지는 거고, 옮겨주면 니가 거기서 해라. 그러니까, 회계
없이 못 한다', 약간 이렇게 된 거예요. 그래서 보내주셨죠, 저
를. 그래서 사업을 바꿔서 그게 미니팜이 된 거고요.

김영희 : 그래서 그게 이제, 농산물 직거래, 이런 사업인데,

활동가F : 네, 그때는 이제 환경농업을 하시는 농민들이 조직이
있었어요. 농민연대라고. 거기서 하는 아이템들이 있기 때문
에 그걸 직거래하면 된다. 내가 직거래하는 일을 하면 양쪽이
다 좋고 어쩌고 저쩌고 이렇게 해가지고 사업이 된 거예요.

김영희 : 근데 이제, 저는 그걸 좀 아니까 그런데, 설명을 좀 해주
셔야 될 거 같아요. 미니팜.

활동가F : 아, 미니팜이요? 그게 이제 2012년에 소셜벤처, 뭐, 경

연대회라고 해서 거기에 공모를 해서 그중에 지역 열 개를 뽑는데 선정이 된 거구요. 그때 아이템은 아까 말씀드렸듯이 환경, 친환경 하시는 분들, 특히 귀농하신 분들이 판로가 되게 없기 때문에 그걸 조직해서 꾸러미처럼 만들어서, 뭐, 이렇게 소비자들의 모임으로 갖다주면 유통 경비도 줄고 할 수 있다는 아이템으로 냈었고. 그분들이 농민 대표랑 농민 조직이었기 때문에 제가 이쪽으로 오면서 아무래도 거리가 있는 상태에서 양쪽이 다 사업을 못 하니까 제가 가지고 오면서 사업을 바꿨죠. 그래서 이제 사업을, 말을 뭐, 밀양에 농민이 더 많고, 이런 식으로 (웃음) 해가지고. 바꿔주더라고요. 안 바뀔 줄 알았는데. 바꿔줘서 제가 그걸 가지고 3월 말에 이사를 왔구요. 그래서 그때부터 이제, 6월, 사실 6월 1일까지는 거의 그 사업 진행은 못 하고, 6·11 대비하느라. 그래서 이제 하고, 6·11 끝나고 나서 본격적으로 협동조합을 만들고 뭐, 그렇게 하면서,

김영희 : 지역 주민분들이 생산하시는 농산물을,

활동가F : 농산물을 팔아주는.

김영희 : 전국에 연대자들과 관심 있는 분들에게 판매하고 그걸 수익금을 가지고 여기 송전탑 건설 반대 운동에……

활동가F : 수익금은 사실 그게 목적이 수매에 있거든요, 판매에

있는 게 아니라. 수매하는 금액의 상당, 60퍼센트 이상을 직접 드리기 때문에 사실 수익금이 어디 갈 만큼이 있지는 않아요. 경비, 정말 경비. 운영 경비만 남는 거고요. 그래서 뭐, 지금까지 그 정도로 유지되고 있는 상태예요.

밀양 탈송전탑 탈핵 운동 법률지원 활동

김영희 : 변호사님은.

활동가E : 저는, (웃음) 저는 14년 2월에 대책위 연락을 받고.

김영희 : 2014년 2월에.

활동가E : 예. 제가 2013년까지는 학교를 다니고 있었고요. 로스쿨 다니고, 14년 1월에 변호사 시험을 치고, 한 달 정도 놀고 있는데 제가 당적이 있거든요. 노동당 당원인데, 부산에 살고 있었고 노동당 부산시당에 전혀 뭐, 관련이 없었어요. 전혀 관련이 없는데, 나가서 뭘 하거나 하는 건 없었는데.

활동가D : 뭘 굳이 또 그렇게.

활동가E : 아니, 실제로 그, 노○○씨를 몰랐어요. 그 당시에는. 근데 그, 노동당 부산시당에서 밀양 일을 그, 노○○씨가, 노○

✦ 활동가E는 활동가들 가운데 가장 늦게 합류했는데 주로 법률지원 활동을 맡았으나 2014년 6월 11일 행정대집행 전후 시기에 다른 활동가들과 마찬가지로 실무적인 지원 활동을 할 수밖에 없었다. 그러나 최근까지 마을 내 송전탑 건설 찬성, 반대 주민들 사이의 갈등에서 야기된 법률적 다툼이 지속되고, 한전이나 합의를 주도했던 주민들의 부조리를 고발하는 재판이 이어지면서 그의 법률지원 활동이 오히려 더욱 활발해진 상황이다.

○씨 통해서 대책위에서 변호사를 구하려고 했는데 변호사, 현직 변호사가 여기 현장에 와서 원래 하던 일을 버리고 현장에 와서 하는 건 좀 상황이 여의치가 않아서, 그러면 변호사가 아니어도 법 공부를 한 사람 중에 도움을 줄 수 있는 사람을 찾는데.

김영희 : 법률지원인 거죠?

활동가E : 네. 법률지원인 걸로 딱, 공부는 좀 했는데 아직 전혀 실무 경험이나 자격증은 없는 상태에서 놀고 있는 사람이 딱 포착이 돼서, 그래서.

활동가D : 그래서 예변이에요. 예비 변호사.

활동가E : (웃음) 그래서 저는 2월달에 활동가B 샘을 만나러 왔어요. 여기 와서 그날 아마 몇몇 활동가들하고 활동가B 샘하고 만나러 왔는데, 저는 두 달, 두 달 얘기하고. (웃음)

김영희 : (웃음) 제일 기시네요. 아니, 다음으로 기시네요.

활동가E : 네, 두 달 정도. 그렇게 해서 아, 알겠다고 하고 얘기를 하고 1주일 뒤부터 2월 중순 정도부터 와서 여기서 활동가로서 일을 시작했는데 사실 뭐, 제가 뭐 그, 별로 하는 게 없는 거 같애요, 지금 보면. (웃음)

활동가A : 아니에요.

활동가D : 그, 활동가B 선생님의 총애를 받으면서.

활동가F : 아주 사랑을 먹고 자랐죠. (웃음)

활동가D : 돌아다니면서.

활동가E : 정확하게 말씀드리면 그, 활동가B 샘이랑 제가 같이 다닐 수밖에 없었어요. 왜냐면은 활동가D는 현장에 아예 짱 박혀 있고. 활동가F 샘은 여기에 그냥 계속 계시고. 활동가A 선생님은…….

활동가D : 면허가 없고.

활동가E : 네. 그러니까 아무도 운전을 못하고 저만 운전을 할 수 있는, (웃음) 제가 사실은 법률지원으로 온 건지 무슨 운전수로 온 건지.

활동가C : 운전병이었네.

활동가E : 네. 거의 초창기엔 제가 운전을 제일, 아마 활동가C 샘 정도 빼고는 그, 거의 운전수였죠. 활동가B 샘 운전수. (웃음)

활동가D : 빨간 마티즈로.

활동가E : 이거는 장난이고, 아무튼 그렇게 현장에.

활동가D : 맞잖아요.

활동가C : 맞았잖아요. (웃음) 왜 장난이라 퉁쳐요.

활동가E : (웃음) 현장에 많이 다니는데, 그때 이제 시기적으로 행

+ 활동가A가 아니라 활동가B가 운전면허를 갖고 있지 못한 것이 당시 대책위 내부의 소소한 문제였는데 활동가E의 발언이 여기서 끊긴 것이다. 행정대집행 전후 시기에는 활동가B가 운전면허를 갖고 있지 않았는데, 그럼에도 불구하고 그가 여러 천막농성장을 이동해야 하는 상황이어서 운전을 할 수 있었던 활동가E가 활동가B와 동행해 운전을 하는 일을 도맡았다.

정대집행으로 가는 중에 있었고, 4월 12일부터 이제 '대집행이 들어온다 만다'라고 됐던 시기였어요. 4월 초부터 뭐, 계고장이 날라오고. 근데 사실 제가 그때까진 아직 변호사가 아니었기 때문에, 자격증이 나오지도 않았었고. 실제로 뭐, 알고 있는 것도 별로 없고. 실무를 해본 것도 아니었고. 그냥 현장에 가서 곧 변호사가 될 거라고 그냥, 해가지고,

김영희 : 합격을 하신 상태였어요, 그러면?

활동가D : 아니요, 발표도 안 났어요.

활동가E : 4월 초에 발표가 났어요. 그래서.

활동가D : 산에 지키다가 내려와서 파티하고 그랬어요.

활동가E : 밀양에서 그, 뭐, 합격 사실을 알게 되었고, 그때부터 두 달 동안은.

활동가D : 울고, 막.

활동가E : (웃음) 그거는 딴 거잖아. 그, 그렇게 해서 (웃음) 그, 근데 바로 그때부터, 제가 아직도 기억하는 게 밀양의 봄 행사를 여기, 4월 12일날, 네. 밀양역 앞에서 했었는데 그거 지나고부터 행정대집행이 들어온다 만다, 이렇게. 실제로 들어올 수 있었던 상황이었던 거 같은데. 4월 16일에 세월호가 터지면서 아마 그 시기가 무기한 연기, 시국이 이래 돼서 못 했던

거 같애요. 두 달 동안 어르신들은 현장에서 6월 11일까지 계속 그, 조마조마한 마음으로, 그러면서 이제, 주로 이제 활동가들은 101번에 가 있거나, 101번에 가 있고, 활동가C 샘이랑 활동가D는. 나머지는 활동가F 선생님은 115에 많이 가 계시고. 왔다 갔다 하면서 계속 현장의 어르신들을 같이, 당번을 섰던 거지. 활동가들이. 그렇게 두 달 정도를, 거의 그때가 제일 좀, 제가 온 이후로는 제일 정신없었던 시기였던 거 같고. 왜냐하면 제가 처음 왔던 2014년 2월에는 사실은 현장 투쟁이 2013년 10월부터 해가지고 엄청나게 격렬하게 이루어지던 게 조금씩 어떻게 보면 좀 사그라드는 시기였고.

활동가B : 유한숙 어르신 분향소 투쟁을 기점으로 해서 현장 투쟁이 이제 사그라드는. 간헐적인 투쟁만 있는.

활동가E : 제가 처음 왔던 바로 다음날 기억이, 아침에 일어나자마자 저 빼고 나머지 분들이 다 현장에 나갔어요. 나가서 뭐, 뜨거운 물, 보온 큰 물통 거기에 뜨거운 물 끓여가지고, 제가 물 끓여가지고, 저는 하는 게 이제, 물 끓여가지고 커피 담가가지고 차에 실어주는 거. 그러면 이제 차, 활동가C 쌤 차 타고 가는 거야. 한번 따라나가봤는데 이제 약간, 그 이후로 거의 그런 일이 없었어요. 2월 중순 이후로, 3월 넘어가면서. 아

✚ 2013년 12월 밀양 상동면 고정마을 유한숙씨가 음독으로 사망하는 사건이 발생했다. 고정마을은 송전탑의 노선 변경 문제가 이슈 가운데 하나였는데 마을 근처로 송전선로를 배치하지 않고 다른 경로를 설정할 수 있다는 대안이 주민들에 의해 제기된 바 있었다. 이에 따라 한전이 주민들의 주장을 받아들이는 듯한 태도를 취하기도 했는데 결국 노선의 변경은 없었다. 노선 변경에 대한 희망을 품었는데 이마저도 좌절되고 합의 마을이 계속 늘어나는 데다가 보상금으로 인해 마을 주민들 사이의 의견도 갈라지게 되자 주민들의 좌절감은 더욱 깊어졌다. 이런 분위기 속에서 유한숙씨가 음독해 돌아가시는 사건이 발생했다.

무튼 그렇게 해서 결국에는 농, 농성장 다섯 군데에 행정대집
행 시기까지 온 거죠. '우린 이것만 목숨을 걸고, 이거만 지키
겠다', 그리고 한전 내지는 밀양시에서는 '이거를 이제 철거
하겠다'라고 하다가 그게 두 달 끌어서 6월 11일, 이렇게 오게
된 거죠.

김영희 : 제가 크게 잘못 생각했네요. (웃음) 저는 법률지원가가
아니었냐고 여쭤보려고 했는데, 법률 그 밖의 지원을 많이 하
셨네요. (웃음)

활동가B : 법률지원도 많이 했어요. 일반적으로 할 수 있는 게 있
고, 각자가 영역들이 좀 있어서 카테고리들이 각자가 있는 거
예요. 법률, 또 연대자 농산물, 또 활동가A 선생님 같은 경우
에는 탈핵, 천주교분 들과의 등등. 이렇게 있어서 약간 각자
의 영역에 대한 전문은 필요한 것 같기도 한데, 몰라. (웃음)

행정대집행의 서막

김영희 : 제가 그다음에 여쭤볼 게, 사실은 행정대집행은 예상 가
능한 거였잖아요. 그러니까, 이쪽에서는 예를 들면 어떻게 대

+ 행정대집행은 2016년 6월 11일에 수천 명의 대규모 경찰 병력이 투입되어
산속에 있던 송전탑 건설 반대 주민들의 천막 농성장이 철거되고 이 과정에서
발생한 물리적 충돌로 수많은 부상자가 속출했던 사건을 가리킨다. 당시
주민들은 목과 허리에 쇠사슬을 걸어 서로를 연결해놓고 절대로 천막을
빼앗기지 않겠다는 결연한 의지로 맞섰는데 시골 뒷산에 몰려든 수천 명의
경찰 병력으로 인해 대부분의 천막농성장이 수십 분 내에 철거되는 상황을
맞이할 수밖에 없었다. 이런 상황을 대비하여 다른 지역에서 온 수많은
연대자들이 천막농성장에 모여들었는데 산속에 고립되어 있던 주민들은
한밤중이나 새벽에 봉쇄된 산길을 뚫고 자신들을 찾아온 외부 연대자들을
누구보다 반갑게 맞이했다. 많은 주민들은 몇 시간 동안 산길을 헤쳐 농성장을

응할 것인가에 대한 고민들이 있으셨을 것 같아요. 그러니까 예를 들면, 농성 천막이 다 뜯기거나 했을 때 주민들은 어떻게, 주민들과 어떻게 계속해서 어떤 걸, 혹은 그 이후에 싸움을 어떻게 해나갈 건가, 아니면 행정대집행을 어떻게 대응할 건가, 이런, 그때에 논의하셨던 거나 고민들이 있으시면.

활동가F : 논의를 못하지 않았나요?

활동가C : 맞아요.

활동가B : 예. 그러니까.

활동가F : 다 한번 같이 이렇게 모일 수도 없었어요. 그때는 사실 저희는 아무도 안 다치는 거가 가장, 그것밖에 목적이 없었어요.

김영희 : 그러면 행정대집행 이후로 어떻게 계획했다기보다는 그냥 그, 최선을 다해서 대응하는 과정에서 전환이 됐던 건가요?

활동가B : 그러니까 뭐, 이후에 어떻게 뺏기고 나면 뭘 할 수 있을 것인가에 대한 고민들은 했긴 했는데, 사실은 그림이 좀 잘 안 그려졌었죠. 그러니까, 우선은 주민들은 행정대집행 고 무렵 정도가 되었을 때는 이제, 마을들이 열성적으로 투쟁하던 마을들에서 균열들이 심하게 생겨서 개별 보상을 거의 과반 혹은 과반 가까이 받아가는, 받을 놈들은 다 받는, 그런 흐

찾아온 연대자들을 마주했을 때의 감동을 여러 차례 구술하기도 했다. 그러나 이와 같은 공권력의 개입은 시민사회 내부에서 박근혜 정권기에 있었던 대표적인 국가폭력 사건으로 인식되었다. 최근 한전이 마을 주민들을 합의로 이끌기 위해 벌였던 여러 가지 일들이 부조리한 것이었으며, 행정대집행 과정에서 다수의 반인권적 폭력이 발생했었다는 사실이 정부기관의 조사 결과를 통해 밝혀지기도 했다. 특히 이 조사 결과의 발표를 통해 농성 주민 수의 수십 배에 달하는 경찰 병력을 투입해 고령의 주민들을 물리적으로 제압한 '행정대집행'이 과도하고 불의한 공권력 집행이었다는 사실이 공인되었다.

행정대집행은 시골 주민들이 경험해본 적 없는 공권력에 의한 폭력을 경험하는 일이었지만 연대자들과의 연대를 더욱 끈끈하게 만드는 계기가

름이 좀 있었고. 이제 남은 주민들은 우리가 뭘 할 수 있을 것인가, 이래서 일단 우리가 법률적으로는 재산, 건강 피해들을 입증을 해서 합의하고 돈 받은 사람들 말고 우리가 우리 방식으로 입증을 해서 이, 뭐랄까. 좀 보전할 수 있는 길을 우리가 만들어보겠다는 약속 같은 것을 했었고. 그다음에 어, 그, 밀양 송전선로가 애초에 필요하지 않았고 잘못되었다는 것에 대해서 우리가 늘 생각을 하고 있었기 때문에 어느 시점에는 국가가 이런 것이 잘못되었다는 것을 인정할 날이 올 것이다, 뭐 등등의 이런 약속들. 그다음에 '연대자들과 계속 연대를 이어갈 수 있는 그런 길을 우리가 좀 고민해보겠다', 이런 생각들을 하고. 또 현장에 주민들한테 얘기를 드릴 기회가 간헐적으로 있긴 있었지만, 대책위 차원에서는 뭐, 활동가A 선생님이 좀 보강해주시면 될 것 같은데. 저 같은 경우는 집행 때까지가 그, 그림이 안 그려졌던 게, 그 당시 주민들이, 특히 부북면이나 뭐, 이쪽 주민들은 정서가 너무 격렬하셔가지고 '막 죽겠다' 이런 식의 표현들을 하시고. 가스통이나 뭐, 그다음에 뭐, 기름, 석유, 휘발유 이런 거 갖다 놓고 그런 준비를, 막 갖다 놓으시기도 하고 그랬거든요. 물론 나중에는 이제, 최종적으로 치우긴 했지만. 그런데다가 또 너무 주민들

1부 인터뷰

되기도 했다. 오히려 행정대집행 이후 이들의 연대는 더욱 굳건해졌으며 행정대집행으로 인해 천막이 철거된 이후 마을로 내려온 주민과 연대자들은 흩어지지 않고 다시 모여 '싸움은 끝난 것이 아니라 이제부터 시작이다'라는 선언을 하기도 했다.

의 외상이 커서 병원에 실려간 주민들도 그 당시만 해도 100명이 훨씬 넘고. 막, 수시로 병원에, 어떤 분이 어느 날 뇌출혈로 쓰러지시고 뭐 이런 상황이어가지고. 그, 이렇게, 좀 제 개인적인 느낌은 어떤 거였냐면, 어떻게 질 것인가. 주민들을 어느, 어느 시기에 포기를 하시게 될까. 그럼 그때 우리가 어떤 모습으로 지게 될까. 이런 상상들을 많이 했으면 했었지, 그 이후에 지금까지 3년 이상 더 끌고 나오면서 주민들과 이렇게 장기적으로 투쟁할지 생각도 전혀 못했구요. 그냥 그, 사실 저는 개인적으로 그냥, 어떻게, 어떻게 우리가 지금 공권력 앞에서 지는 거는 기정의 사실인데, '어떻게 지고 주민들이 어떤 모습으로 어떤, 얼마만큼만 되는 주민이 남아 계실까, 합의하지 않고', 이런 생각밖에 사실 저는 못했었어요.

활동가A : 느낌이 아주 절박했고, 일촉즉발의 상황이라서 사고가 터지더라도 정말 이상하지 않은 거였는데, 예상됐던 거죠. 아까 예변이 얘기한 것처럼 이게 4월에부터, 꼭 6월 11일이 아니더라도 그 전에 행정대집행이 벌어지더라도 전혀 이상하지 않은 상황인데 아주 그렇게 긴장된 상황이지만 전혀 예상하지 못했던 것은 아니었던 거죠. 그래서 뭐, 주민들의 인식이나 뭐가 이렇게, 다음이 어떻게 되겠다고 감히 생각할 수 없죠. 그걸 한다는 것 자체가 좀, 뭐라 그럴까. 이 싸움에 대한 좀, 그런 예단을 한다는 것 자체가 대단히 조심스러웠죠. 그 이후가 어떻게 될지에 대한 것들은. 근데 오히려 그래서 이 게 그렇게 아프면서도 예상이 됐기 때문에 가질 수 있었던 가 장 컸던 게, 제가 봤을 때는 127번, 아니 129번부터 이제 그 날 당일날 아침에 저는 주로 수녀님들하고 이렇게 있었는데, 서울 연대자들하고. 30분 만에 털렸어요. 30분 만에. 정말 빨 리 그거를 다, 얘네들이 그렇게 진압을 하던데, 미리 다 연습 을 했죠. 어떻게 하면 이걸 끊느냐, 이거부터 해서 다 연습을 하고 왔으니까.

김영희 : 그, 경찰들이.

활동가A : 네. 밀양 시내에서 샀어요. 걔네들이 쇠사슬을 구입해 가서 많이, 경남도청 옆에 있는 자기들 경찰청, 거기서 이제 연습을 한 거죠. 자기들 끊는 연습을 다 하고 왔죠. 근데 제일 먼저 30분 만에 털리고, 그다음에 127번도 한 한 시간? 근데 이제 그, 끌려 나와서 연대자들이 우리를 만났죠. 만났고, 자 연스럽게 그다음 있는 데로 갔죠. 115번. 그다음 다시 101번 을 가게 됐는데, 어, 끝나고 나면 정리집회를 했어요, 거기서. 마지막에 이제, 101번, 저기, 가장 격렬하게 싸웠죠. 헬기가

✚ 밀양 탈송전탑 운동은 송전탑 건설 예정지에 만들었던 산속 천막농성장이 철거된 이후에도 연대자들과 주민들의 협력 속에 지속되었다는 점에서 특징적이라고 할 수 있다. 광범위한 공권력의 개입으로 싸움의 거점이 사라지고 물리적 패배가 가시화되었지만 농성 천막이 철거되던 날 싸움이 끝났다고 생각한 사람은 아무도 없었다. 공권력의 개입이 임박한 날 새벽 함께 밤을 지새우며 서로를 격려했던 이들의 기억은 자신들의 싸움에 패배가 아니라 지속되는 삶의 의미를 덧씌웠다. 농성 천막은 불과 10분, 20분, 30분 만에 철거되었지만 산에서 내려온 사람들은 흩어지지 않고 마을길에 서서 '다음의 싸움'을 논의했다.

동원되고 이러면서 최종적으로 다 끌려 나오시고 마지막 용회마을에서 정리집회를 하는데, 거기서 남은 김밥하고 막걸리가 돌았어요. 먹으면서, 자연스럽게 뭐가 됐냐면, 그냥 우리 힘내고 싸우자. 울면서 노력했지만은, 어떻게 보면 그렇게 격렬한데도 마치. 몰랐던 거 아니지 않냐, 그냥 계속 싸워야지. 어르신들도 솔직히, 그런 얘기도 있었어요, 그래서. 올라면 빨리 왔으면 좋겠다. 올라면 빨리 왔으면 좋겠다. 6월 11일이 아니라 그 전에라도. 근데 그게 단순히 패배감이라기보다, 다들 암묵적으로 뭐, 이걸로 끝이 아니라는 생각은 했던 거 같애요. 그래서 그게, 바로 그날 다 털리고 쫓겨나고 이제 거기를 내려왔는데도 그 집회에서 김밥 돌리고 남아 있는 막걸리 한잔씩 하면서, 그렇게 위로하면서 집회를 하면서 '우리는 끝까지 싸운다'라고 하면서 끝낼 수 있다는 게, 그 긴 시간 농성장에서 버티면서 이게 어떻게 될지를, 그래서 긴장된 것을 넘어서면서 대단히 단단하게, 우리는 계속 간다는 게 그냥 회의가 아니라 이심전심으로 결의가 됐던 거 같애요. 그래서 공백이 거의 없었죠. 그냥 그다음 날이었죠, 계속.

행정대집행 이후 사라진 활동가

활동가C : 저한테 6·11은요, 저희 내부 안에서 사실은 이 상황을 어떻게 넘기고 이 이후로 어떤 국면이 되고, 활동가A님은 '상상하실 수 없다'라고 얘기하셨던 것처럼 각자 좀 다른, 어떻게, 다 다르게 상상하고 있었을 수도 있고, 그걸 서로 공, 공유하거나, 어, 어떤 방, 어떤 방식이 될까에 대해서 논의한 적이 없어요. 제 기억은 없어요.

활동가F : 없어요.

활동가C : 네. 없었고, 그냥 들어온다라는 게 이야기가 되고 나서 이후 어떻게 하겠다는 회의가 아니라, 저는, 그냥, 상황실을 지킬 사람이 없다. 그래서 상황실을 담당하게 됐어요. 각자 담당하는 지역이 있었어요. 활동가A님은 129번, 활동가B샘 127번, 115번, 예변은 어떻게,

활동가F : 101번.

활동가C : 네. 101번. 활동가D도 101번에 있었어요. 저 혼자 상황실에 있었거든요. 저는 그때 사실은 다 잡혀가겠구나.

활동가F : 우리 다 그럴 줄 알았지.

활동가C : 네. 그래서 '다 잡혀간다'를, '다 잡혀간다'를 입 밖에 꺼

✦ 행정대집행 이후 주민들과 연대자들은 다른 운동의 동력을 만들어가고 있었지만 활동가들의 속내는 달랐다. 활동가들은 이때를 고민이 더 깊어진 시기라고 말했다. 그리고 주민과 연대자들의 힘으로 다시 일어설 수 있었던 시기라고도 말했다. 행정대집행 이후 문자 몇 마디를 남긴 채 갑자기 연락이 닿지 않는 활동가의 안위를, 모두가 염려하고 또 염려할 수밖에 없었던 까닭도 여기에 있었다.

낸 사람은 활동가F 샘.

활동가F : 우리 다 이야기했는데? 연행될 거다. 각자 한 명씩 연행될 거라 (웃음) 이렇게 생각하고 있었는데. 그래서 활동가D도 가지 마라고 하고.

활동가C : 아니 근데, 근데, 가지 마라고 하는 이야기를 다 모여서, 연행될 거니까, 뭐, 뭐 그런 얘기 저는, 저는 못 들었던 거 같아요.

활동가F : 그러니까 모여서 한 얘기는…….

활동가C : 모여서 한 얘기는 하지 않았어요. 그래서 활동가F 샘이 그냥 '다 잡혀간다. 니 거 있지 마라. 왜 사무실에 있냐' 이렇게 얘기했고, 활동가A님이랑도 얘기 안 했었고, 활동가B 샘이랑도 얘기 안 했고 (웃음), 예변이랑도 그런 얘기를 한 적이 없어요.

활동가F : 아니, 우리조차도 그날 전까지 만나서 이야기를 하고 헤어진 게 아니니까.

활동가C : 맞아요. 각자 약간,

활동가F : 막 떠밀려가지고 어떻게,

활동가C : 네. 그냥 어떻게……. 담담했어. 그래서 저는, '클났다. 나만 남겠구나'……. (웃음)

활동가F : 옥바라지. (웃음)

활동가C : 옥바라지해야……. '아이씨. 망했다'……. (웃음) 그리고…….

활동가F : 그리고 사실 환경연합 돌아가 있었거든요.

활동가C : 네.

활동가F : 그래서.

활동가C : 그래서 더 소통이 안 됐죠.

활동가F : 그래서 저는 사실 네 명 다 잡혀가고 아무도 없고 그냥, 그렇게 되길 바랬거든요. 여기 남아 있으면 진짜 힘들거든요. 그래서 하지 말자고 했는데, 아니 왜냐면 제가 원래 맨날 남아 있는 사람 역할 했기 때문에 못하겠더라고요. 어쨌든 다 같이 잡혀가고, 아무도 없으면 누군가는……. '뭔가 될 것이다'……. 여기 사람들이 또 있으니까…….

김영희 : 그래서 현장으로 다 가신 거군요, 활동가들이.

활동가C : 네. 그래서 아무도 없었어요. 근데 그 전날에 정말 많은 사람들이 왔었거든요? 그러니까, 어디로 가야 되냐고.

활동가D : 진짜, 와, 그 사람들은 좀 너무했다.

활동가C : 왜?

활동가D : 너무 많이 와서.

1차 인터뷰

활동가A : 48시간 잠을 못 잤을 거예요, 아마, 거의. 아니다, 24시간인가?

활동가C : 오라고 해서 왔잖아. 와달라고 해서 그 사람들이 왔는데,

김영희 : (웃음) 뜬금없이.

활동가C : (웃음) 그래서,

활동가F : 여기 있었기 때문에 여기 와서 물어본 거예요.

활동가C : 네. 그런데도 사람들이 오는데 어딜 가야 될지에 대해서 논의할 수 있는 사람이 없는 거예요.

활동가D : 나도 올라가지 마라 해서 전날 내려왔던 거 같은데.

활동가C : 아니야. 넌 거기 있다가,

활동가D : 그래서 '어디, 어디에 데려다줘라' 하면 '알겠다' 하고, 내가 사람들 차 태워가지고 끌고가서 올려다주고 와가지고, 또 '김밥 갖다줘라' 하면 가가지고 김밥 올려주고…….

활동가C : 네. 밥을 갖다주고, 사람들 되게 많이 오고……. 그래서 다들 아마 그 자리에서 아무도 못 잤을 거예요. 저, 저 역시도, 여기가 사람이 너무 많았어요.

활동가F : 다 많았어.

활동가C : 네. 여기가, 여기가 사람이 가득 차고, 앞에도 계속 서성거리고, 가는 길이 다, 길목이 다 막혔다 해가지고.

✦ 활동가들은 행정대집행 이후 인터뷰를 하던 날까지 4년 이상의 시간이 흘렀지만 한번도 그날의 이야기를 서로 나눈 적이 없다고 말했다. 당시 얼마나 힘들었는지, 얼마나 막막했는지, 무슨 고민들을 갖고 있었는지, 이후의 싸움이 어떻게 전개될 것이라고 예상했는지 등에 관한 어떤 말도 나누지 못한 채 다시 싸움의 일상으로 돌아갔던 것이다.

활동가F : 그 전날 길이 다 막혔기 때문에 그 전날까지 온 사람은 다 찾아갔는데, 다 어디 갈지 모르니까 여기 와서 다 물어보는 거야.

활동가C : 네. 그래서, 모르겠어요. 집회 한 번도 못 갔구요. 그냥 똑같은 상황을 네 번 계속 봤어요.

김영희 : 털리고, 털리고…….

활동가C : 네. 털리고. 네. 똑같은 거예요. 경찰이 왔다, 누가 끌려 나왔다, 뭐, 줄 끊는다, 병원 갔다, 뭐, 어디 누가 연행됐다, 이, 이 이야기를 계속……. 네 번 정도 반복하고…….

활동가A : 쓰러졌어.

활동가C : 아니, 쓰러지지 않았어요. 있었어요. 근데,

활동가D : 그날 밤에 페이스북에 글을 올렸지.

활동가C : 아니, 시스템이 망했어, 시스템이. 이게 또 보내는 문자를 그날 너무 많이 보내서요, 중간에 끊긴 거예요.

활동가D : 어. 광고성 문자가 어쩌고 저쩌고.

활동가C : 오류, 어. 오류가 돼가지고, 제가 그, 오후에 했던 일은 다 없어지고, 보내긴 했는데 일이 아무것도 안 되고. 그리고 집회, 마지막 정리집회하고 있을 때는 아무도 연락이 안 됐어요. 어디 가 있었는지도 잘 모르겠어요. 그래서 한, 열 시까지

혼자 있다가 '끝났다고 그러는데 왜 이렇게 안 오지?', 한참을 기다리다가 집에 갔어요.

김영희 : 그래서 그날 무슨 글을 쓰셨어요?

활동가C : 아니 근데, 다 정리됐으니까. 아마 저 파견도 끝났을 걸요? 그때 파견 끝났어요.

활동가A : 뭐라고 글 썼는지……. (웃음)

활동가F : 그때 우리가 왔었어. 왔는데, 나는 그때 101번까지…….

활동가D : 내 기억으로는 들어오면서 나갔던 거 같은데?

활동가C : 아니야.

활동가D : 맞다.

활동가C : 난 못 봤어.

활동가A : 그 사실관계는 그닥 중요한 건 아닌데……. (웃음)

활동가C : 아니 중요한 거예요. 아니, 언니는 125번, 아니, 각자 끝나고 나서는 거기에서 각자의 집회를 하고, 여기 왔어요.

활동가F : 아니, 저는 집회가 없었어요. 집회가 없었고…….

활동가C : 네, 여기 왔었어요.

활동가F : 난 여기 와서 그때 거의 48시간 잠을 못 잤기 때문에, 못 씻었잖아요. 씻고 오겠다고, 씻고 오니까 아무도 없는 거예요. 그래서 계속 뭔가 왔는데 아무도 없는 거만 보고…….

✦ 구술 당시 활동가C는 이 대목에서 유난히 말이 빨라지고 목소리도 높아졌다. 말이 중간중간 끊기거나, 하던 말을 마무리하지 않고 다음 말로 이어지는 현상도 자주 나타났다.

활동가C : 네, 맞아요. 계속. 서로 없었어요. 계속 안 맞았었구, 그
　　　래서 저도 여기 열 시 넘게까지 있었어요. 혼자 계속. 근데 아
　　　무도 안 와. 그때도, 마지막이라고 해가지고 이제 용회로 다
　　　갔어요.

활동가D : 다리 앞에 다 서 있었지.

활동가C : 네. 다리 앞에 다 서 있고, 언니는 씻으러 갔어요. 정리
　　　되고 나서 씻으러 가고, 아무도 없었고, 그래서 그때쯤에 끝
　　　나서 그냥 걸어서……

활동가A : 뭐라고 했는데? (웃음)

활동가C : 아, '안녕', 한, 한 단어였어요. '안녕히 계세요'.

활동가A : 아. 그랬구나.

활동가C : 그래가지고 전화 오고 막.

활동가A : 난리가 났다. (웃음)

활동가C : 어. 죽었냐 싶어가지고, 막. 난리가 났어요.

활동가D : 6·11 투였다, 투, 와~.

활동가A : 맞다, 맞다.

활동가C : 왜냐면 저는 그때가 그것까지 딱 하고 저는 파견 종료
　　　였거든요. 그 전에 파견 종료가 아니었어요. 아니 물론 왔다
　　　갔다 하긴 했지만 파견 종료라고 했던 시점은 6·11까지 딱

하고……. 네.

김영희 : 그러니까 '안녕히 계세요' 한 글 쓸 때 심정이 '난 여기서
는 활동이 끝이다'…….

활동가C : 응. 근데 그거였는데 다 죽은 줄 알았어요. (웃음)

활동가A : (웃음)

활동가D : 누가 봐도 죽은 줄 알지.

활동가F : 모든 사람이 전화 와가지고, '활동가C 무슨 일 있냐'
고……. '활동가C가 왜요?' 막 이랬다.

활동가D : 팔로워가 500명이면 말을 가려서 해야지, 어?

김영희 : (웃음) 팔로워……. 근데 '안녕히 계세요' 하고 왜 다시 돌
아오신 거예요?

활동가C : 안 돌아왔는데요?

김영희 : 지금 계시잖아요, 여기.

활동가C : 아. 그때는 이제, 제, 저의 일을 다 이제 끝냈으니
까……. 환경운동연합으로 파견하면서 밀양 일은 정리가 됐
고, 근데 환경운동연합 일을 끝냈으니까……. 끝내고 이제 여
기, 살러, 살러 온 거죠. 그래서 그 이후로 1년 정도, 1년 정도
공백, 저는 공백기 있었어요. 그때 이제, 이분들이 되게 고생
하셨죠.

✦ 행정대집행 직후 활동가C는 환경운동 단체의 파견 업무를 종료하고 다시
본인이 활동하던 단체로 돌아갈 준비를 했는데, SNS에 남긴 인사말 때문에
주위 사람들에게 다른 오해를 받은 일이 있었다. 여러 건의 문자를 보내다
본인이 남긴 글의 일부가 지워져 생긴 일이었는데 "안녕히 계세요"라는
인사말만 남긴 채 그 이후에 연락이 닿지 않자 주위에서 다른 염려를 품었던
것이다.

김영희 : 활동가D씨는 몇 달을 사셨잖아요, 거기서. 그래서 행정대집행이 어떠셨어요? 기억나세요? 그때 이후에 어땠는지…….

활동가D : 저는 싸우는 건 못 봤고, 전날 내려왔어요. 상황실에서 이제, 사람들이 우르르 막 미친듯이 왔거든요, 그때……. 활동가C 누나하고 ○○라는 친구하고 둘이서 전화를 받고, 제가 안내를 해서 2층에 몰아놨다가 어느 정도 차면은 한 곳으로 보내는…….

활동가C : 산을 겁나 탔제, 니?

활동가D : 네. 그날 101번을 네 번인가 다섯 번을 갔는데, 다음 날까지……. 죽겠더라고요. 그래서 뭐, 하여튼 그렇게 사람을 나르다가…….

활동가C : 갑자기 사라졌는데?

활동가D : 어, 아니야, 아니야. 그래서 세 시에 밥을 갖다주라고, 아, 마지막 사람, 변호사님하고 여기 127번하고 129번에서 털린 사람들이 너른마당으로 왔는데, 그 사람들이 또 가겠다 해가지고, 그만 가고 싶었는데 또 데리러 갔어요. 아 또, 예변하고 할 얘기가 많은데, 이게. 그래가지고 그 사람들을 한 두 시쯤에, 115번에 한참 싸우고 있을 때 데리고 가서 마지막 올려다주니까 경찰은 용회동 입구에 와 있었고. 이제 내려가라, 해가지고 용식이, 개 한 마리가 있었거든요. 개가 어떻게 날 뛸 줄 몰라가지고 개를 끌고 내려와가지고 101번 한, 중턱쯤에 앉아 있었어요. 이제, 101번 사람들이 경찰이 올라오는 신호를 달라, 이래가지고 중턱에 딱 앉아 있다가. 아, 이, 그때 되게 많은 생각이 들더라고요. 혼자 앉아 있었거든요. 같이 내려온 사람 없이. 그래서 '아, 이 새끼들이 오면 돌을 굴린다고 하고 내가, 못 올라오게 할까', '죽는다고 협박을 할까', 이런 생각하다가 이제 얘네가 탁 올라오는데 아무것도 못 하겠더라고요. 하여튼, 뭐, 겁이 나서 그랬는지. 그래서 '올라옵니다' 하고 경찰 2,000명이 올라오는데 난 혼자 내려가야 되잖아요. 그래서 막 내려갔어요. 얘네들은 올라오고 난 내려가고. 그러고 나서 밑에서 있다가 그때 해가 아직 있을 때, 한 다섯 시쯤 됐겠다. 6월달이니까……. 내려와서 있다가 위에 사람들이 해가 지고 나서 내려왔어요. 뜯겼는데 안 내려와가지고……. 그러고 나서 밑에서 정리집회를 하고, 어, 너른마당에 와서 그다음부터 다음 날 낮까지 기억이 없어요. 잤어요. 저는 계속 왔다갔다, 산을 왔다갔다 하는 일이었고, 사람을 나른다고. 아 이거, 예변 맨날 놀려묵는 이야긴데. 예변, 변호사 한 명을 꼭 데리고 와야 된다고 해가지고 그래서 스무 명 모아서 가야······. 이게, 길을, 용회동 길을 못 들어가고, 다 막아놨으니까. 저기 연경 넘어서 동화전 앞에 들어가는 다리 있잖아요. 그 낮은 다리. 글로 해가지고 연경에 뒷길로 해서 이제, 박호야 위원장님 소 움막에 차를 대놓고 거-서부터 걸어왔거든요. 근데 변호사님을 모셔와야 된다고 해가지고, 가가지고 변호사님을 모셔다드리고 올라오는데 경찰이 한 서너 명이 막고 있으면 그냥 뚫으면 될 텐데, 또 정신, 생각이 없이······. 스무 명이면 세 명 정도 뚫는 건 금방이잖아요. 근데 아, 또 이게 걸리면 더 강화될까봐, 다른 데가······. 길 없는 데로 갔다가 식겁을 한 적이 한번 있어요. 길이 안 보여가지고, 비도 오고 그래서······. 그래서 제가 예변한테 그걸 되게 많이 우려먹어요. 변호사가 그렇게 중요했냐고······.

산속 움막의 예비변호사

김영희 : 저는 오늘 진짜 큰 하나의 의문이 풀렸는데, 그동안 제가 인터뷰할 때 어르신들이 다 '예벤'이라고 그러셔가지구, (웃

＋ 활동가D는 행정대집행을 앞두고 산속 농성 천막을 지키는 주민들과 함께하기 위해 외부에서 온 연대자들을 천막으로 안내하는 일을 맡았다. 주로 용회동 주민들이 지키는 101번 천막으로 사람들을 안내하는 일을 맡았는데 이 때문에 어두운 밤에 산길을 오르내리는 일을 반복해야 했다. 당시 법률지원을 맡았던 활동가E도 법률지원 외 천막농성장을 지원하는 실질적인 업무를 맡아야 했다. 그런데 활동가E를 안내하느라 한밤중에 경찰들을 피해 험한 산길을 돌아가야 했던 활동가D가 당시 상황을 장난스럽게 구술한 것이다.

음) 저는 J변호사님이 예변이라는 거는 오늘, 그러니까 예벤이라고 다 그러서서 여쭤보진 못하고 뭔가 별칭이 있거나…….

활동가C : 예비 변호사.

김영희 : 아니, 그러니까 예변이라고는 안 하시고 다 예벤이라고 그러서가지구……. (웃음) 이분이 예벤이신 것을 오늘 처음……. (웃음)

활동가B : 다른 예씨가 또 있는 줄 아시고……. (웃음)

김영희 : 아니, 굉장히 독특한 이름이라고 생각했어요. (웃음)

활동가C : (웃음) J예벤.

김영희 : 네. J씨인 줄도 처음 알았네. 네, 예벤께서……. (웃음) 어디 계셨어요, 그때?

활동가E : 저는 101번에 있었는데 그때, 정확하게는 농성장이 다섯 개였어요. 장동움막이라고 이제, 현장 말고, 현장, 127번, 129번 올라가는 입구에, 초입에 움막이 하나 있었는데 거기는 주민분들만 계시고 활동가들은 가 있지를, 사람이 없어가지고 가지를 못했고……. 근데 어쨌든 거기 제일 먼저 철거가되고, 129, 127, 한 115 정도 왔을 때 두 시…….

활동가D : 점심 먹고 115를 쳤어.

활동가C : 맞아요, 점심 먹었어.

활동가E : 처음에 이쪽은 한꺼번에 들어오지 않겠나, 하고 새벽 여섯 시부터 기다리고 있는데, 네 시 반이 돼도 안 들어오는 거예요. (웃음)

활동가D : 그래. 전날 아침부터 경찰차가 들어와 있는데.

활동가E : 전날 밤도 새고, 힘들어 죽을 것 같은데, 좀 빨리 들어가면 들어올 건데, 빨리 들어오지, 이러고 있는데, 하여튼 제일 마지막에 있었어요. 101번에 있었는데, 그, 활동가D가 한 얘기랑 연결될 수도 있는데, 그, 그때 당시에 일종의 그, 법률지원단이 이미 구성이 돼 있었고, 그, 그날 당시에 민변, 환경위원회에서 온 사람들이나 뭐, 등등 해서 열두 명 정도가 어쨌든 네 개 현장에 확 뿌려져 있었거든요. 근데 그중에 이제, 일종의 간사 역할을 했던 게 저고, 저는 대책위 활동가 겸 거기, 변호사들도 몇 명 배분을 하는 역할, 근데 뭐 실제로 인권침해 감시 활동, 뭐 이런 식이었는데……. 그, 모르겠어요. 여러 개를 막 하다보니까……. 그날 당시에 아마 다 그러셨을 텐데, 그날 밤새 24시간 이상을 그, 공간에 있으면서 배터리, 보조 배터리를 한 열 개 넘게 썼던 거 같아요. 그러니까, (웃음) 보조배터리. 왜냐면 또 101번이 핸드폰이 잘 안 터져서 밧데리가 엄청나게 닳아요. 닳으면은, 내려간 사람한테 줘가지고 밑에 있는 어르신 집에서 충전해가지고 다음 올라온 사람 편에 올려보내고. 열두 갠가를 하여튼, 썼어요. 그리고 계속 연락을 하고, 전화기가 그러니까. 마지막 순간에는 전화가, 배터리가 더 이상 없어가지고 꺼졌을 거예요. 그, 활동가D가 말하는 그, 뭐, 변호사님을 올려야 된다, 이게 뭐냐면은 그때 활동가D가 여러 번 고생을 많이 했어요. 그 101번에, 엄청 높고 가파르잖아요. 근데, 그때 사실 활동가D만 고생을 한 게 아니라, 지금은 돌아가셨는데, 박호야 아버님.

활동가F : 박호야 아버님 진짜 고생했어요.

활동가E : 용회마을, 그분이 한 번이 아니라 여러 번 올라오시니까. 여러 번 올라오셔야 되는데 주민, 아 그 연대자들이 계속 산발적으로 자꾸 오니까 어르신이 제 기억으론 한 세 번 정도 올라오셨어요. 근데 마지막쯤에는 더 올 사람이 있는 걸 제가 알고 있는데 연대자들을 계속 끊어서 보내니까 어르신이 또 안 오시면 되는데 또 그분이 그러실 분이 아니니까, '새벽에 길도 모르는데', 이렇게 해가지고 올라오시니까 한번에 좀 모아서 오라고, 제가 좀, 약간, ○○라는 친구한테 화를 냈던 적이 있었어요. 그게 이제, 활동가D는 변호사 한 명, 연대자 100명보다 변호사 한 명이 중요하냐, (웃음) 저도 뭐 사실 좀

✦ 용회마을 주민이면서 해당 마을의 주민대책위원회 위원장을 맡았던 박호야씨는 마지막까지 송전탑 건설을 반대한 몇 안 되는 남성 토박이 주민이었다. 그는 전형적인 농사꾼으로, 평소에도 고령의 이웃들이 혼자 감당하기 어려운 농사일에 직면할 때 말없이 도와주는 인물이었는데 송전탑 건설 반대 운동이 진행되는 와중에도 천막농성에 필요한 일이나 대책위원회의 자질구레한 업무들을 묵묵히 도맡아 수행했다. 행정대집행을 앞두고 그는 농성 천막으로 오르는 산길을 정리하거나 농성장에 필요한 물품을 짊어지고 나르는 일, 연대자들을 천막으로 안내하는 일 등을 맡아 진행했다. 송전탑 건설 반대 운동에 참여한 많은 주민과 연대자들이 그를 신뢰하고 의지했는데 최근 병을 얻어 세상을 뜨는 바람에 구술 과정에서 그에 대한 그리움과 안타까움을 토로하는 이들이 많았다.

서운한 것도 좀 있고 했는데…….

활동가F : ○○는 그때 병원에 있었는데 거기다 전화해갖고…….

활동가D : 나랑 통화했어요.

활동가E : 아니, 난 ○○랑 통화했어요. ○○랑.

활동가D : 그래서 최종적으로 최○○ 변호사님은 혼자 오셔갖고…….

활동가E : 아냐, 아냐. 그때 마지막에, '아, 혼자 왔나? 모아서 같이 오라'는 말이 그 말이었다.

활동가D : 그 전에는 계속, 모아서 계속 같이 갔는데, 모아서 같이 가려면 아침에 모셔다드렸어요. 최○○ 변호사님을. 근데,

활동가E : 그게 뭐, 그거는 뭐,

활동가D : 아침에 들어올 줄 알았으니까, 변호사님, 그,

활동가C : 둘이 쌓인 게 있었구만. (웃음)

활동가F : 진작 좀 하지 왜 여기 와서…….

활동가D : 만날 때마다 해요.

활동가E : 좀 오랜만에 얘기가 나왔어요. 까먹고 있었는데. 뭐, 어쨌든 뭐…….

활동가D : 하여튼 뭐, 나쁘지 않았어. 갔다 와서 컵라면 하나 먹는데 맛있더라고.

활동가E : 그러니까 이런 거였던 거 같애요. 앞에 저희는 계속 지켜보고 있었잖아요. 앞에 네 개 움막들이 뜯기고, 이렇게, 끌려 나오고 막 하는 소식을 듣고 있는데, 여기서 이제 담담하게, 그리고 이미 한번 끌려 나왔던 분들이 또 올라가서 같이 또, 이렇게, 있었고 해서, 버텨보면, 좀 담담하긴 했는데 여기가 이제 진짜 마지막이잖아요. 이게 뜯기고 나면은 거기에 펜스가 쳐지고 거기에 더 이상 뭐, 계속 거기 가서 몇 달 동안 생활하셨던 공간인데 못 들어가게 되는 상황에서 주민들이 이제 진짜 마지막으로 뜯겼구나, 하는 생각에 어떤 심정일까 하는 생각들을, 그러니까 그 낮에 네 시, 오후 네 시 반까지 기다리면서 계속 (웃음) 계속 그 생각만 머리에 왔다갔다……. (웃음) 실제로 되게 비참했어요. 그날 그 순간이. 왜그랬냐면, 그, 여기 101번 같은 경우는 너무 높아서 헬기로 공사, 펜스나 뭐, 컨테이너 박스 두 개 정도도 그렇고, 헬기로 다 날랐는데, 아침부터 헬기가 계속 돌고 있었어요. 그런데 그 헬기가 가까이 오니까 먼지가, 그 흙먼지가 너무 많이 날려가지고 어르신들, 연대자들 다 그걸 뒤집어쓰는데 저는 또 거기서 아, 내가 이걸 막 가리고 이렇게 하기가 싫은 거예요. 딴 사람들은 다 뒤집어쓰고 가리고 하는데 가만 있었는데,

✦ 용회마을 주민들이 지키던 101번 천막은 천막 농성장 가운데 매우 높고 깊은 산속에 위치한 농성장 중 하나였고 가장 마지막에 철거된 농성장이었다. 전날 밤부터 경찰의 개입에 대비하던 주민들은 다음 날 오후 네 시가 넘어서야 경찰과 마주할 수 있었다. 101번 농성장은 마지막 남은 농성장이기도 해서 주민과 연대자들이 가장 격렬하게 경찰에게 저항했던 곳이었다. 특히 이곳은 농성자인 주민들과 연대자들이 자신들의 '또 다른 집'이라고 부를 정도로 물건들을 하나하나 짊어져 날라서 만든 소중한 공간이었다. 경찰들의 침탈에 대비하면서 주민들이 밥그릇 하나 냄비 하나까지 미리 정리한 정도로 공을 들인 공간이었는데, 이들은 나중에 구술 과정에서 경찰들의 손에 짓뭉개지는 것이 싫어서 미리 정리한 것이었다고 말하기도 했다.

내려오니까 제가 너무 꼬질꼬질해져가지고. (웃음) 거의 거지……. (웃음)

활동가D : 무조건 피해야지.

활동가E : 그래서 뭐, 그렇게 내려오는 순간이 좀 되게 좀, 기억이, 기억은 비참한 기억이랄까. 실제로 몸과 마음이 다 힘든 그런 상황이었고…….

활동가D : 너무 길었다. 내려오는 길이……. 내려와야 되는데 30분을 걸어와야 되고…….

활동가E : 근데 또 막상 내려와서 그날 밤은 저도 솔직히 기억이 안 나요. 여기 왔는, 오긴 왔을 텐데 왔는지 뭐, 어떻게 했는지 기억이 안 나는데. 아마 그다음 날 아침부터 다시 바로,

활동가F : 전화가 계-속,

활동가E : 네, (웃음) 전화가 미친듯이 오고, 뭐, 언론사 찾아오고 뭐, 정신이 하나도 없었던 거 같아요. 지금 생각해보니까.

활동가F : 일곱 시부터 전화한 것 같다. 대책위로, 아침 일곱 시부터. 이렇게 막 울다가 자가지고 아침에 이렇게 해갖고, 전화가 징- 해가지고 깨서 보니까 부재중. 아, 다시 삶이 시작되었구나, (웃음) 이러면서…….

송전탑이 들어선 후에도 내가 여기 있는 이유

김영희 : 공론화위 얘기하기 전에 한 가지 먼저 얘기하고 싶은 게, 2014년 6월 그, 이후, 어쨌든 그때 송전탑은 들어선 거잖아요. 그 이후에 어쨌든 지금까지 활동하고 계신 이유나 동기는 뭘까요?

활동가F : 그걸 우리가 알까요? (웃음)

김영희 : 모른다고 대답하셔도 돼요. (웃음) 그냥, 어쩌다보니…….

활동가F : 뭐죠? (웃음)

활동가B : 활동가A님이 답을.

김영희 : 그런 걸 대표로 할 수 있을까요? (웃음)

활동가A : 사는 데가 여기라서……. (웃음) 살려고 아예 와서, 아예 정리를 하면서 들어왔기 때문에, 감물생태학습관에 옮겼을 때는 이제, 장기 거주를 생각하고 들어왔기 때문에 뭐, 이게 어찌 됐든 끝은 봐야 되는 거니까……. 끝은 봐야 되는 거고, 이리 길어질 줄은 몰랐죠. 처음에도 그랬거든요. 끝날 때, 끝날 때 같이 끝내자, 끝날 때 같이 끝내자, 했는데 뭐, 지금까지 왔고. 지금도 상황을 보면, 모르겠습니다. 지금은 진짜. 아, 이제 언제까지 갈지를 모르니까……. 한데, 그냥 누가 마

지막은 지켜야지, 하는 생각들도 좀 들었구요. 이제는 뭐, 갈
데도 없어요, 이젠. (웃음) 빠져나가기도 참 애매한. 그런 상황
이 된 거 같애요.

활동가C : (웃음) 빠져나가지 못해서 여기 남아 있다, 이런 말씀이
신 거예요?

활동가A : 뭐 그런 것도 솔직히……. (웃음)

활동가C : (웃음)

김영희 : 활동가C씨는 어떠세요?

활동가C : 밀양에 살아서……. (웃음)

김영희 : 밀양이 집이라서……. (웃음) 일단 금지어입니다. '밀양
에 살아서'는. (웃음)

활동가F : 주민등록이 2014년 6월 기점으로 어떻게 되는지…….
(웃음)

활동가C : 저는 아, 저는 그때 6·11 딱 끝나고 나서 1년 동안에 외
국에 있었거든요. 어, 그러고 나서도 이렇게 뭐, 큰 뭐지, 엄
청 큰 이슈가 아니어서 그렇지, 밀양 안에서는 엄청 많은 일
들을 계속 했어야 되고, 백서 작업부터 시작해서 투쟁이 끝난
게 아니라서 계속 돌고, 그런 소식을 듣고 있었어요. 그래서,
근데, 아, 환경운동연합 그만둔 것도 그렇고, 좀, '활동가 삶을

안 살아야겠다' 그런 생각 했었거든요? 왜 여기서 진짜 재밌게, 아, 재밌진 않았어요. 재밌진 않았고……. 계속 부서지고 뭐, 돈을 잃어버리고……. 재밌진 않았었는데, (웃음) 아, 어쨌든 좀, 무거운 마음이었어요, 계속.

김영희 : 그러니까, 1년 동안 떠나 있으면서도…….

활동가C : 그렇죠. 기사는 계속 났었어요. 외국에 있는데 왜 그걸 찾아봤는지 이해는 안 되는데, 아침에 눈 뜨면 늘 검색했어요.

김영희 : 1년 후에 돌아오신 이유는 뭐라고 생각하세요?

활동가C : 돈이 없어서요. (웃음) 외국에 있을 만큼의 돈이 없었어요.

김영희 : 아니 그게 아니라, 여기서 돈을 주는 건 아니잖아요. 대책위나 뭐, 어쨌든…….

활동가C : 아니, 1년 뒤에 지나고 나서 밀양에, 아니, 대책위에 안 왔는데?

김영희 : 그러니까 활동가로, 예를 들면 제가…….

활동가C : 아. 녹색당 선거 때였죠.

활동가F : 활동가를 안 하겠다더니 선거를 하러 가더라고요. (웃음) 그래서 이거 뭐 하는 짓이냐고. 더 힘든데, 이러면서…….

활동가C : (웃음) 그래가지고, 그러게요.

활동가F : 선거를 하고는 광고회사를 다녔고……. 내가 얘기해야
되나?

활동가C : 어, (웃음) 아니 근데,

활동가F : 농사 지으면서 사는…….

활동가C : 좀, 어쨌든, 이, 남아 있는 사람들한테 죄책감이 좀 있
었어요.

김영희 : 활동가D씨는 왜 학교로 돌아가지 않고……. (웃음)

활동가D : 전 일단, 자퇴.

활동가C : 잘렸으니까. (웃음)

활동가D : 자퇴를 해가지고 갈 데가 없었고. 지금도 좋은 기회가
있으면 어디로 가고 싶은데 갈 데가 없어서 못 가고 있어요.
그래서 목표는 빨리, 하루 빨리 활동가를 그만하는 게 목표
고…….

활동가C : 진짜요?

활동가D : 네. 그래서 뭐, 별의별 일을 다 해본 것 같은데. 신기하
잖아요. 사람이 구, 하루는 국회 갔다가, 국회 가서 국회의원
들 만나서 되게 유식한 활동가인 척 서 있다가 하루는 와가지
고 감 박스, 아니, 뭐, 박스 포장하고, 쌀 포장하고 날랐다가.
근데 뭐, 되게 다양한 일을 전문성 없게 조금씩 짬밥을 쌓았

는데, 요즘은 좀 힘들어요. 운동가로서, 뭐라고 해야 될까. 동력이 다한 기분이라서……. 힘이 안 나요. (웃음) 그래서 요즘은 목표가 CMS 500명을 만들어서 대타로 들어올 때 누가 대타로 들어오든, 활동가C든, 서울에서 누가 오든, 쌤이든, 뭐, 대책위 활동가로 누가 취직을 할 때 제법 괜찮은 메리트가 있는, 그리고 대책위가 어쨌든 돈 때문에 걱정은 안 하고, 돈이 많으면은 별로 생각이 안 나거든요, 사람이. 그립지 않거든요. 돈으로 할 수 있으니까. 뭘 만들고…….

활동가F : 아닌 거 같은데……. (웃음)

활동가C : 선배, 선배의 마음으로…….

활동가D : 군대 가는 게 목표예요.

활동가C : 어, 군대 가는 게 목표야.

활동가B : 활동가D 영웅 서사의 종결이다. 재정을 튼튼히 해놓고…….

김영희 : 대책위에 대책을 마련하는……. (웃음)

활동가C : 다음 사람에게, 네.

활동가B : 기틀을 마련하는……. (웃음)

활동가D : 지금 200, 250만 원 정도 되거든요. 190명인데, 반 했어요. 근데 자꾸 이제 안 늘어요. 큰일났어요.

활동가C : 그러면 500명 안 모으면 안 떠나는 거야?

활동가D : 그럼 그냥 '실패했습니다' 하고 그만해야지.

활동가C : 뭐야. (웃음)

김영희 : 예벤께서는? (웃음)

활동가E : 근데 저는 사실 제가 제일 늦게 여기 합류하게 되었고, 시기적으로도 현장 투쟁이 끝날 무렵 이제 마지막 행정대집행을 앞두고 들어온 거였는데, 어떻게 보면 제 역할은 변호사로서의 역할은 그때부터 또 시작인 것도 있어요. 왜냐면 그때까지 미뤄져 있던 어떤 형사처벌, 형사재판 문제나 뭐, 여기 와서부터 준비한 거긴 하지만 발생했던 그, 일들에 대한 뭐, 일종의 민사소송 내지는 헌법소송을, 제가 다 할 수 있는 건 아니고, 같이 법률지원단에서 고민해서 진행 중인 것들이 있고……. 뭐, 재판이라는 게 원래 시간이 오래 걸리는 거니까……. 형사재판 같은 경우는 이제야 한 3년 가까이 되어서 거의 마무리되어 가는 중에 있고…….

활동가C : 그럼 일이 안 끝나서 남아 있는 거예요? (웃음)

활동가E : (웃음) 그, 사실은 어떻게 보면 그, 저는 좀 제가 여기 뭐, 일종의 활동가, 법률활동가로 하고 있지만 다른 분들하고 고민 지점이 좀 다를 수도 있을 거 같아요. 그러니까, 1차적으로 주어진 제 역할에 끝은 언젠가는 올 건데, 그 이후에 뭐, 어떤 걸 할 수 있을지, 뭐, 이거에 대해서는 아직……. 남들이 먼저, 다른 분들이 먼저 고민하신 거를 저는 이제 고민을 해야 되는 거겠죠.

김영희 : 활동가B 선생님은?

활동가B : (웃음) 글쎄요, 뭐, 저는 석 달 생각하고 대책위에 들어왔다가, 2012년도에 여름이었나? 그때 기억나는 게, 촛불집회 끝나고 활동가A님하고, 활동가C씨하고, 이○○ 피디하고 그때 대통령선거 끝나고 몇 달 더 우리가 이 투쟁이 지속될까, 2013년 여름까지 갈까? 막 이럴 때, 아, 생각도 하지 마라고. 무슨 내년 여름까지……. 이런 얘기했던 기억이 가끔 나요. 지금은 뭐……. 제 정체성이 완전히 바뀌어가지고, 아이구, 그런데 지금 뭐, 그, 그러니까 막, 한편으론 어르신들이 대책위의 존재를 이렇게, 그 이전에 2012년도에 당시에 막, 그, 마을로 들어갔을 때 촛불집회 계속 나오시던 주민 말고 그냥 마을에만 계시던 주민들을 만났을 때 제가 누구인지를 설명해야 될 때에 그런 뭐, 어려움이나 그, 그런 이제 뭐, 주민분들이 아, 이 사람 밀양 사람이고, 뭐, 신분 보장을 위해서 교사를 했던 사람이고, 뭐, 이런 식으로 얘기를 했을 때에 그,

느끼던 막, 저 스스로의 당혹감과 낯설음과, 내가 여기 뭘 하고 있지, 이런 생각들을 하는 시기가 있었다면……. 지금은 이제, 대책위의 존재는 뭐, 밀양을 생각하는 사람들에게 기본 옵션 같은 거잖아요. 주민분들도 마찬가지고……. 탈탈콘서트 할 때 첫 번째 그, 콘서트가 창원이었는데, 그때 뭐, 참가자가 주민분들한테 밀양 송전탑이 어떤 기록으로 남고 싶냐, 이런 질문을 했을 때 평밭마을에 아버님 한 분이 뭐, 이제 밀양 송전탑 기념회 만들어야 되지 않겠어요? 그러면서 '이 국장, 뭐, 기념관 해야 되는 거 아니가?' 이카시더라고요. 그래서 저도 모르게, 아, 그때는 저 말고 딴 사람이 좀 안 하겠습니까. (웃음) 그냥 웃으면서 얘기는 했는데, 그러니까 뭐, 어르신들도 당연히 이제, 저나 대책위와 어, 자기, '당신들과 마지막까지 함께 있을 거다'라고 이제, 생각을 하시는 거죠. 그러니까 한편으로 되게 고마운 일이기도 하고……. 참 쉽지 않잖아요. 당사자가 아닌 사람들의 존재가 어쨌든, 하나의 당연한, 옵션처럼 이렇게 받아들여지는 게. 그렇지만 한편으로는 당사자인 고, 당사자인 대책위 활동가인 저에게는 짐이기도 하죠. 그러니까, 그, 이를테면 이제, 저의 지인들은 교육 쪽에 있는 이런 사람들은 제가 더 이상 그쪽 활동을 안 하니까 포기를 했지만 가족들, 친지들, 명절 때 친지들은 왜 계속 이러고 있느냐, 이런 식의 얘기들을 좀 하죠. 미국에 살고 계신 누님이나, 형님이나 이런 분들은……. 그럴 때 제가 그, 무슨 과제가 있고 어떤 일을 해야 되는지 설명하는 건 굉장히 구구하고 어렵잖아요. 어렵고, 그런데 또 한편으로는 또 되게 여러 가지 복잡한 감정이 드는데, 어르신들 입장에서 생각을 해보면, 하나도 뭔가, 이뤄진 게 없잖아요. 정말로. 정말로 하나도 된 게 없거든요? 그러니까, 정말 뭐, 한전한테 사과 한번 받아본 적이 없고, 경찰한테도 단 한마디 사과를 받은 적 없고……. 뭐, 대통령, 마찬가지고……. 또 사과가 입에 발린 립서비스로 미안하단 차원이 아니라, 분명한, 자신의 어떤 행동에 대한 정치적인, 또 여러 가지 법적인 책임을 지는 의미의 사과라고 한다면 그건 정말 어려운 과제이기도 한 거고……. 어, 그래서 그, 전 활동가A님 하고 비슷한 마음이에요. '어쨌든 할 수 있는 데까지 하겠다'……. 그리고 어, 저는 그런 마음은 있어요. 이게 활동이 아니라 어르신, 밀양에 사니까 저도, 곁에서 어르신들 돌아가시는 시점까지 곁에서, 자주는 아니겠으나 곁에서 뭐, 희로애락을, 또 뭐 크고 작은 일들을, 같이 지내고 하는 일들……. 어르신들, 그동안 아주 깊은 또, 인간적인 정을 또 어르신들에게 서로 받고 나누고 하니까 그 거는 할 수 있을 것 같은데, 이런 막, 그, 밀양 송전탑에 대해 서 주민들이 바라시는, 저들이 책임을 지고 사죄하고, 또 필 요한 조치들을 하게끔 하는 그런 일들에 대해서는 지금도 하 나도 된 게 없고 앞으로도 쉽지 않을 것 같다는 생각 때문에 좀 막막할 때가 있죠. 특히 지금이 좀, 제가 인터뷰를 하자고 할 때도 제가 좀, (웃음) 학술대회도 제가 좀 힘들어했던 이유 는 사실은 그거죠. 짐작하시듯이. 이게 사실 언어로서 평가하 고 정리하기에는 일단 당사자인 나는 좀 아닌 것 같고, 또 시 기도 아직 아닌 것 같고, 이런 느낌 때문에 좀, 그렇죠. 공론 화 끝나고 나서는 다들 느끼시겠지만 주민들이 6·11 대집행 보다 훨씬 더 힘들어하신다고 생각하고 있어요. 그냥 그때는 분도 있고, 의기도, 그, 막, 팔팔한 어떤 기운들이 남아 계실 때였다면 지금은 정말 이쪽저쪽 진이 좀 다 빠져 있는. 3년 간을 또, 실은 대집행 이후 3년간을 정말 열심히 활동했거든 요. 정말로. 법정을 뭐, 수, 진짜 한 수백 번 다닌 것 같고…….

뭐, 그 이후에도 투쟁 현장을 연대하거나, 또 오는 손님을 맞 거나, 촛불문화제를 하거나, 국회나, 또 언론 인터뷰를 하거 나, 연구자들을 만나거나, 뭐, 또, 마을 안에서의 크고 작은 일

✦ 인터뷰를 진행하기 얼마 전 인터뷰어는 밀양 탈송전탑 탈핵 운동 관련 학술대회 진행을 제안하고 설명한 바 있는데 활동가B는 당시 자신의 반응이 소극적이었다고 생각했는지 이에 대해 답변한 것이다. 인터뷰가 진행될 무렵 밀양 탈송전탑 운동은 다소 가라앉아 있었다. 공론화위원회에서 탈원전 방향으로의 결정이 나오리라는 기대가 워낙 컸던 탓에 정반대의 결론이 나온 공론화위원회 이후의 상실감과 좌절감은 외부인이 상상할 수 없을 만큼 큰 것이었다. 행정대집행 이후에도 낙담하지 않았던 주민들의 좌절을 보고 활동가들 역시 고민이 깊어지는 시기였다. 또한 운동이 장기화되면서 활동가들 역시 개인적인 삶의 전망과 밀양 탈송전탑 탈핵 운동 사이에서 여러 가지 선택을 해야만 하는 상황에 직면했다.

들을 막, 다루고 하는 과정에서 기울였던 노력은 정말 엄청나거든요. 새로운 백서가 또 하나 필요할 정도의 일들이었는데, 그 과정에서 어쨌든 버티면서 많은 걸 바꿔냈다고 생각은 해요. 국가폭력에 대해서, 또 그 자본과 에너지 문제와 관련해서, 또 구체적으로 송전선로 문제와 관련해서 많은 걸 바꿔냈지만, 당사자인 주민들한테는 실은 이제 아무것도, 그런 말씀들을 직접 또 하시기 시작하세요, 이제는. 우리는 얻은 게 정말 아무것도 없는 거 같다. 우리, 막연하게 활동가들은 생각만 하고 있던 그런 미안함들을 이제 당신들도 좀 언설로서 표현을 하기 시작하는 단계이고, 또 150세대가 하지만 150세대가 균질하지 않고, 또 뭐, 아주 적극적이고 헌신적으로 활동하는 분들이 계시지만 또 그냥 의리와 정 때문에 같이 반대주민 대열에 계시는 분들도 있고……. 어, 또 아프신 분이 나오고. 네. 편찮은 분들이 또 나오고……. 돌아가신 분도 계시고……. 네. 그래서 좀……. 지금은 뭐, 어떻게, 어떤 이유로 활동을 하고 어떻게까지 할 것이냐에 대해서 답을 저는 할 수도 없고 해서는 안 되는 시기라고 생각하고요. 네. 그리고 또, 밀양을 계속 기대하는, 밀양이 해줘야 될 역할들이 또 있는 거예요. 송전선로 투쟁과 관련해서도 계속 요청들이 오고 있고……. 그런 상황이죠.

김영희 : 활동가F 선생님도…….

활동가C : 남아 있는 이유…….

활동가F : 네. 저도 잘 모르겠어요. 누가 저한테 물어본 적도 있고, 그만하라고……. 저도 뭐, 저는 원래 이제, 밀양 오기 전에는 회사를 그만두기 전까지는 전혀 이런 활동을 안 했기 때문에 주위 사람들도 활동가는커녕 뭐, 전혀 이런 사람들이 없거든요. 그러니까 뭐, 저는, 저를 아는 모든 사람들이 다, 이제 그만할 때 됐지 않았느냐, 송전탑 다 섰지 않느냐, 니만 바보다, 이용당한 거다, 이렇게, 지금까지 계속……. 그때는, 싸움이 있을 때는 또 나오란 말을 못했지만 지금은 끝나는 것처럼 생각되니까……. 돈도 못 벌고 뭐 하는 거냐, 이렇게, 막. 그러니까 되게 사람들하고 되게, 굉장히 고립돼 있어요. 못 만나는 거죠. 내가 설명하는 것도 힘드니까……. 사람들이 내 하는 말 듣는 것도 힘드니까. 그런데, 근데 이제 뭐, 저는 사실 13년에 처음 왔을 때부터 내가, 내가 지키고자 하는, 사람들이 말하는 밀양 할매는 누군가, 어떤 모습인가 하는 것도 많이 생각했고……. 그때부터도 사람들이 송전탑만 끝나면, 송전탑만 끝나면 이런 말을 많이 했었는데 '끝은 뭐지? 저 사람들은 뭘 끝이라고 생각하지?' 이런 거를 항상 궁금해했거든요. 다 저마다 가슴 속에 다른 답이 있는지는 모르겠지만, 저는 끝이 뭔지 모르겠어요. 그래서 뭐, 끝까지 있겠다 이런 말도 끝이 뭔지 몰라서 잘 못하겠고. 지금 왜 있는지도 잘 모르겠고 그렇긴 한데, 그리고 중간에서 인제 뭐, 내가 괜히 내 혼자 욕심, 욕심이라기보단 뭐랄까, 혼자 그냥 이렇게 생각하는 의무감도 도움도 안 되는데 있는 거 아닌가, 이런 생각도 많이 들었고……. 실제로 그런 반응을 본 적도 있고 해서 그만둬야 되겠다 생각했던 마음은 몇 번 있었는데, 그때마다 못 갔어요. 뭐, 여러 가지 이유가 있는데, 뭐, 그때마다 여러 가지 이유들이 있었지만 지금은 이제, 뭐, 내가 할 수 있는 일을 해야 되겠다고 생각하고 있습니다. 그러니까 뭐, 지금 뭐, 이런 상황이지만 감이라도 정말, 15만원 어치라도 팔아드리면 좋아하시고……. 아프신 어머니 모시고 병원 가는 것도 필요한 일이라고 생각하고요. 그래서 뭐, 저는 어쨌든 뭐, 계속 이제, 초장부터 저기에서 있었기 때문에 외부 활동은 지금도 거의 뭐, 못하는 상황이에요. 정기적으로 정해진 일이 있고 하다보니까……. 그래서 여기서, 밀양 안에서 주로 있는 편이고, 그러면서 마을을 많이 다니니까 이분들보다는 주민들을 더 자주 만나거든요. 아무래도 자주 만나고, 이야기할 시간도 길고 하니까……. 그러면서 뭐, 필요한 일들을 하고, 대책위 알려야 되겠다 싶은 일들은 알리고, 그러고 있고……. 그래서 뭐, '내가 없어도 되겠다'라고 생각이 들거나 '내가 있는 게 필요가 없겠구나'라는 생각이 들면 뭐 그만 하게 되지 않을까……. 그 정도 생각하고 있어요.

공론화위원회

김영희 : 그, 공론화위에 대한 생각을 정리하는 건 전 시간이 좀 필요한 일이라는 생각이 들거든요. 근데 생각이 아니라, 어떤 평가나 이런 게 아니라, 그, 지금의 감정, 그러니까 탈탈원정대나 이런 걸 하면서 주민들과 함께 집중해왔던 시기들이 쭉 있어서, 공론화위 이후에 여러분들의 감정 상태는 어떤가, 이야기는 지금 오히려 듣는 게 낫지 않을까, 이런 생각을 했는데, 활동가A님은 어떠셨어요?

활동가A : 제가 공론화위원회에서는 같이 못 했어요. 저는 다른 쪽으로, 다른 쪽의 공론화 국면에서 있었기 때문에, 예. 그러고 있어가지고, 밀양과의 교감 속에서 느끼는 거하고는 조금 다른 거 같고요. 다만 이제, 뭐라 그래야 되나. 그냥 느낌이 이제, 뭐, 서로, 이것도 한번 또 서로 이제, 그, 같다고 생각했는데 다른 지점을 발견하는 때에 그냥, 마치 이치우 어르신 돌아가셨을 때처럼 그런 때가 오지 않았는가. 자기들 그냥, 모른 체하고 지나갔던 것들을 조금씩 드러내는 그런 지점이라는 생각이 들더라고요. 그래서 서로 조금씩 갈라지기도 하고, 그러지 않을까 하는 것들이 조금 많이 들더라고요. 그래서 이게 서로 뭐, 평가가 어떻게 됐다, 이런 것보다는 성향, 이런 것들이 다 드러나는 때 같은……. 그런 거라서, 뭐, 하여튼 고런 느낌, 조금 듭니다. 좀 아쉽죠. 서글프고……. 어, 왜 거기 다 맡겼을까도 좀 들고……. 전문가협의체 할 때는 그래도, 깰 땐 깨고, 그리고 절대 거기다 우리가 모든 걸 맡기지 않았었는데 뭐, 모든 걸 올인했을까 하는 생각이 들고……. 우린 그때는 다 그렇게 좀 해놓고 강력하게 했는데, 정말 절실하지 않았구나, 그 사람들은. 우리는 어마어마하게, 왜냐면 거기는 실패해도 다음 기회에 다른 방식이 있지만 지역이나 그게 절박한 사람에게는 그게 얼마나 다가왔을까에 대한 체감을 하지 못하는구나……. 평가를 하면서도 '수고했어요',

1부 심층 인터뷰

✦ 공론화위원회 기간 중에 활동가A는 다른 활동가들과 조금 다른 동선으로 움직였다. 공론화위원회에 관한 질문에 답하는 과정에서, 그는 여러 가지 다양한 생각이 교차하는 듯 보였다. 무엇보다 공론화위원회에 참여해 위원회의 결정 과정을 따르기로 한 선택에 대해, '좀더 신중했어야 하는 것은 아닌가'라는 문제의식이 있는 것으로 보였다. 이 인터뷰가 진행되기 전에 활동가들 사이에서 공론화위원회 관련 활동을 구체적으로 평가하는 기회를 갖지 못했다고 말했다. 이 인터뷰를 통해 활동가들도 공론화위원회에 대한 서로의 생각을 처음 들어보게 된 것이다.

그냥 뭐 이런 것들 있잖아요. 수고고 자시고 뭐가 있어, 이젠 이렇게 해야 하는데, 눈물이 쏟아지고 말이 안 나와야 되는 데……. 그거에 대해서 이제 그런 말들보다는 좀, 그런 느낌들과 다르다. 지점이 다르구나. 이런 생각들을 좀, 이제는 전형적으로 이제, 주도권이 이제, 관이든 뭐든 이렇게 가는 것들이 당연하다는 듯이 그게 이제 민주주의고, 옛날같이 싸우고 이런 것들은 이제 지양해야 되는 것처럼 취급되는 것들을 보면서……. 이제 낡은 방식이 되겠죠. 그래서 우리가 어떤 길로 가야 되는가 생각도 드는데, 이렇게 좀 다른 부분들도 있었구나 하는 것들……. 네. 절박하냐 아니냐의 그런 차이들이 좀 났던……. 어르신들 통곡할 때, 뭐 그런 느낌들……. 네.

김영희 : 활동가C씨는.

활동가C : 처음에 발표났을 땐 좀, 화가 났구요. 그 화의 대상이 약간, 정부였던 거 같아요. 진짜 의지가 있었나? 얘네들이 진짜 이럴려고 이랬나? 그래서 엄청 좀 화가 났었고……. 그 이후에는 너무, 우리가 너무 안일했나……. 그러니까, 반성 모드로 갔었었거든요? 약간, 좀, 너무 운동을 잘못해서 그런가? 우리 너무 이렇게, 우리 분파도 생기고 막, 약간 한 줌인데 이것도 잘못 규합해가지고 했나? 그래서 약간, 자괴감 같은 것 들었다가, 나중에는 이거 어떻게 하지? 그냥 다 물어뜯고, 야이씨, 너도 물어뜯고 나도 물어뜯고 (웃음) 각자 갈 길 가고, 이씨, 뭐 어쨌든 인정 못하겠다고, 실제로도 인정이 안 되고……. 이렇게 뭐, 숙의민주주의고 뭐, 어쨌든 시기가 아직 우리나라에서 안 돼서 그런가, 이런 것도 약간 납득이 안 되고, 내가 납득이 안 되니까 납득해라고 하는 사람도 때리고 싶고 (웃음), 어, 약간 납득 못한 사람들이 아무것도 안 하고 있는 것도 화가 나고……. 그러면 이, '우리 아직 납득 못했고 더 싸울 건데'를 어떻게 말해야 되지? 이제는 좀 막막함 같은 것들? 근데 그, 하여튼 그 전체 안에는 분노가 있는 거 같애요. 화가 납니다. 응.

김영희 : 활동가D씨는…….

활동가D : 짧게 하면 되는 건가요?

김영희 : 네. (웃음)

활동가C : 짧게 하십쇼.

활동가D : 저는 뭐, 별로 뭐, 되게 뭐, 할 말이 없어요. 질 거 같았어요. 처음에 시작할 때부터……. 그리고 중간에 순천 다녀올 때 김○○ 의원이 말, 말을 한 적이 있었거든요. 신고리 5, 6호기는 짓던 중이니 계속 가고, 그, 노후는 폐쇄하자고 이러면서…….

활동가B : 고리 2, 3, 4호기.

활동가D : 그때 이미 졌다 싶더라고요. 어쨌든 졌고, 인정을 하든 인정을 하지 않든 우리가 어떤 싸움을 더 하는 신고리 5, 6호기는 생길 게 거의 뭐, 분명해졌고……. 뭐 그래서 되게 속이 상하죠. 이거는 뭐, 약간, 이런 말을 주민들이나 바깥에는 하지 않지만 밀양에는 약간 뭐, 사형선고 같은 느낌이니까. 이제 60년 동안 전기에 지져서 죽으세요, 같은 뭐……. 근데 그런 상황이에요, 신고리 5, 6호기. 그래서 그런 느낌이니까 할 수 있는 말이 없더라고요.

활동가C : 그래서 페이스북에 쓰셨지 않습니까.

활동가D : 저는 답답하고 막막해요.

김영희 : 예벤께서는. (웃음)

활동가E : 저는 개인적으로 사실 이 과정에서 밀양 주민이고 대책위 활동가로서의 이거를 제가 같이한 게 하나도 없어요. 공론화 과정에서……. 관련해서 뭐, 경험이나 이런 것 자체는 없는데, 애초에 결론은 둘 중의 하나잖아요. 재개하느냐, 공사를 중단하느냐, 폐쇄하느냐. 근데 둘 중에 그, 폐쇄하는 쪽을 그냥 정부에서 밀어붙일 수 있는 건데, 재개할 수 있다는 전제로 공론화를 한다는 것 자체가 의지가 많이 없었던 게 아닌가 하는 생각도 들고. 지금 만들어지면 60년 뒤에 없어질 수 있는 건데, 그 60년이란 세월 동안 얼마나 많은 일들이 일어날 수 있겠어요. 당장 5년 뒤도 알 수가 없는데……. 그래서 이거는 쉽게 말해서 탈, 처음부터 탈핵이 아니었던 거 같아요. 네. 뭐, 제가 그 과정에서 대책위, 밀양 대책위에서 한 건 없지만, 좀 생각해보면 너무 순진했나? 이런 생각도 들고…….

활동가D : 먹혔어, 각본에.

활동가E : 그런 생각이, 그냥 들었습니다.

김영희 : 활동가F 샘.

활동가F : 저는 아까 말씀드렸다시피 외부 활동은 거의 대책위랑 분리되어 있어서……. 어, 문재인 정부 들면서 주민들이 되게 희망을 많이 가지셨었어요. '잘될 것이다'……. 실제로도 우리한테 연락 오는 거나, 문서를 공개 요청해도 오는 게 달라졌기 때문에……. 그래서 그런 희망에 되게 한번 이렇게, 확 됐는데, 저는 사실 되게 좀, 처음에 19퍼센트 차이 난다 할 때 19퍼센트 이긴 줄 알았거든요. 그래서 탁, 반대로 되는 걸 보면서 아, 정말 내가 진짜 안 상식적인 사람이구나, 이런 생각을 했고. '왜 나는 이렇게 아무 생각 없이 낙관적으로 생각을 했을까' 그런 생각을 했구요. 그런 반성을 했습니다. 그러면서 이제, 그로부터 온갖 사람들이 다, 입 있는 사람들과 손가락 있는 사람들이 말하기 시작하는 걸 이렇게 보면서, 어, 그러니까 변호사님 말씀하신 것처럼 사실 5년 뒤도 모르는데 30년, 60년 가지고 싸우는 것도 되게 웃기고, 받아들이자고 하는 사람이나 못 받아들이겠다고 하는 사람도 지금 그거를 얘기해야 되나……. 우리는 지금 캠페인에 실패했으면 왜 캠페인에 실패했는지, 실패했다는 걸 인정하고 어떻게 하면 안 실패할 수 있었는지, 왜 실패할 수밖에 없었는지를 생각해야 되지 않나? 뭐 이런 생각을 했구요. 제 가장 당면한 문제는 가서 주민들을 볼 때 주민들이 힘이 좀 이렇게, 빠져 계시는. 저는 주민들이 막 그래서 막 용기를 잃고, 이럴 거라 생각하진 않아요. 우리보다 훨씬 강하신 분들이고, 이겨내실 건데, 앞으로 이제 뭐, 당장 신고리 5, 6호기 잘되고 하면은 승리의 기분을 이렇게 해서 앞으로 할 수 있던 것들이 잘 안 된 부분이 제일 안타까운 거고. 마찬가지로 뭐, 앞으로 할 수 있는 거, 신고리 5, 6도 마찬가지고. 되게 많은 현안들이 있는데 잘 꿰어지지 않은 것 같거든요, 제가 보기에는. 다 자기가 가지고 있는 게 중요하다고 막 소리지르고, 이렇게 했어야 된다

고만 하고 있는 것 같아요. 모든 이슈가. 탈핵뿐만 아니라. 그
래서 저는 그것보다는 좀, 내부에서 챙길 수 있는 것부터 하
고……. 그렇게 해야겠다고 생각하고 있습니다.

✦ 공론화위원회에 대한 질문은 활동가들 모두에게 곤혹스러운 것이었다. 아직
  이에 대한 생각이 정리되지 않았고, 생각을 정리할 만큼 거리를 두고 감정을
  추스를 만한 시간을 갖지 못했기 때문이었다. 활동가들에게 생각을 정리할
  시간이 필요했고 인터뷰도 세 시간을 넘긴 상황이어서 첫 번째 인터뷰는
  이쯤에서 정리하기로 했다. 활동가들에게는 공론화위원회에 대한 질문으로
  두 번째 인터뷰를 시작하겠다는 말을 전한 후 인터뷰 자리를 정리했다.

2차 인터뷰

일시
2018년 1월 17일

장소
경남 밀양시 삼문동 너른마당 사무실

참석자
김영희(연세대학교 국어국문학과 교수)
김시연(연세대학교 국어국문학과 대학원 석사과정생)
박다혜(연세대학교 국어국문학과 학부생)
윤지현(연세대학교 국어국문학과 학부생)
활동가A(남, 40대)
활동가B(남, 40대)
활동가C(여, 30대)
활동가D(남, 20대)

행정대집행 이후의 변화와 지속

김영희 : 오늘은 제가 공론화위에 대한 얘기를 하려 합니다. 그리
고 탈송전탑, 탈핵 운동으로까지 이어지는 전망에 관한 것들,
한 사람의 반대자도 없이 마을 전체 의견을 '합의'로 만들려
고 하는 한전의 여러 가지 압박 속에서 마을 주민들이 겪고
계신 어떤 어려움들이 무엇인가, 그리고 그 어려움들에 직면
한 활동가들의 고민은 어떤 것들인지 여쭤보려 합니다. 또 궁
금한 것은 이 활동을 통해서 자기 삶의 어떤 부분들이 변했
는지, 그리고 그 변화를 바탕으로 앞으로 개인적인 삶을 어떤
방향으로 전망하고 계신지까지 포괄해서 얘기해보려고 하구
요. 특히 전망에 관해서는 (활동가D과 활동가C를 바라보며) 요
두 분께 중심적으로, 아무래도 젊은 분들…….

활동가D : 노답. (웃음)

활동가C : 왜, 활동가A님이 얼마나 전망이 밝으신데…….

활동가D : 활동가A님은 이제 반환점을 도셨잖아.

김영희 : (웃음) 아하하하하하.

활동가C : 이제, 이제 인생 시작 아닙니까.

김영희 : 예, 그래서, 그렇게 진행을 해볼 겁니다. 흐름은, 미리 다

✛ 두 번째 인터뷰는 다른 일정으로 늦어지는 활동가B가 참석하지 못한
상태에서 시작되었다. 활동가B는 인터뷰가 진행된 후 채 한 시간이 지나지
않은 때에 참석하게 되었다. 두 번째 인터뷰는 공론화위원회에 대한 질문으로
시작할 예정이었지만 첫 번째 인터뷰에서 행정대집행 이후 활동가들의
감정이나 생각 등에 대해 활동가C 이외의 다른 사람들의 이야기를 듣지
못한 상태여서 이에 대한 질문부터 던지기로 했다. 또 공론화위원회에
대한 본격적인 이야기는 활동가B가 참석한 상태에서 하는 것이 좋겠다는
활동가들의 의견도 있었다.
　　두 번째 인터뷰는 활동가들의 개인적인 이야기를 좀더 듣는 자리가
되었으면 했다. 밀양 탈송전탑 탈핵 운동에 대한 개인적인 평가도 듣고

말씀을 드렸구요. 그, 공론화위까지 가기 전에, 저희가 저번에 행정대집행까지만 얘기했었거든요. 그래서 행정대집행 이후의 고민들이 뭐였는지 좀 들어보고 싶습니다. 활동가A님한테 먼저…….

활동가A : 이렇게, 제가 이게, 전체적인 흐름들(을), 제가 좀 잘 까먹어요. (웃음)

김영희 : (웃음) 그냥 하시면 됩니다.

김영희 : 제가 질문드린 거는 뭐냐면, 물론 이제, 제가 얼마 전에 덕촌 할머니를 만났는데, 덕촌 할머니가 그런 얘기 하시더라구요. 송전탑을 내 살아생전에 뽑는 게 목표가 아니라, 어쨌든 누군가, 그 행정대집행이 딱 끝났을 때, 아, 이제 모든 게 다 끝났나보다 했는데, 새로운 사람들이 계속 와서 할머니는 '희망을 갖고 있다. 내가 살아생전은 아니더라도, 언젠가는 뽑힐 건데, 내 뒤를 이을 사람들이 있어서 나는 마음이 놓인다' 이런 얘기를 하시더라구요. 그니까 주민들, 활동가들은 어떤 고민을 했고, 행정대집행 직후에 주민들을 또 어떻게 대하고, 이걸 어떻게 해야 될까, 어떻게 이걸 다시 수습하고 뭘 해야 되나, 되게 어렵고 혼란스러우셨을 것 같아서……. 거기에 관한 질문을 드립니다.

싶었지만 그보다는 활동가 개개인의 감정과 자기 삶에 대한 생각들, 활동을 하면서 개인적으로 직면했던 어려움들을 들어보고 싶었다. 이 때문에 두 번째 인터뷰에서 다루고자 하는 주제 전체를 개괄적으로 소개하는 발언으로 인터뷰를 시작했다.

　두 번째 인터뷰에는 활동가E와 활동가F가 참석하지 못했다. 활동가들이 모두 한자리에 모이는 약속을 잡기가 매우 어려웠는데, 두 활동가는 '자신들이 할 이야기는 거의 대부분 다 했다'는 의견을 피력하기도 했고 일정을 맞추기도 어려워서 두 사람 없이 두 번째 인터뷰를 진행한 것이다.

활동가A : 그 행정대집행이 끝나고, 저희들이 정리집회를, 그……. 했었어요.

김영희 : 용회에서 하신 거죠?

활동가A : 음, 각자도 조금씩은, 뭐, 일단 했는데, 용회에서 했죠. 용회에서 제일 마지막에 끝났기 때문에. 서로 담담한 마음도 좀 있었어요. 담담한 마음, 왜냐면 다들 움막을 지키면서 했던 마음 중에 하나가, 올 거면 빨리 와라, 올 거면……. 현장 노숙농성의 시간이 제법 길었죠. 정확하게 얼마였는지 모르겠는데, 제법 길었고. 그……, 농성장을 지켜내는 그 일반적인 업무만 하더라도 어마어마했죠. 제가 봤을 때, 여기 있는 활동가D나 활동가C 같은 경우에도, 그 업무 자체만 해도, 어마어마했어요. 그동안에는 좀 인제 외부 활동이라든가, 이런 것들에 제약이 될 수밖에 없는 게 사수해야 될 현장들에 대한 그 기본적인 것들, 그래서 오늘 밤에 비면, 안 되면, 변호사든 누구든 들어가야 되죠. 그러니까 누구라도 들어가서 땜빵을 하든지. 뭐 이렇게 하면서, 돌아가면서 이렇게 봤던 거였고……. 그러면서 이게 갈수록 좀, 그 안에서도 솔직히 말씀드리면 조금씩 문제가 생기기도 했어요. 주민들 사이에서 좀 충돌도 생기고……. 그리고 연대자와 주민들 사이에서 충

2차 인터뷰

✦ 덕촌 할머니는 부북면 위양마을에 거주하는 손희경씨인데, '덕촌댁'은 할머니의 택호이다. 경상도에서는 여성 어른을 존경하는 뜻으로, 이름을 부르는 대신 택호를 부르곤 한다. 덕촌 할머니는 주민들과 연대자들이 모두 신뢰하고 존경하는 마을 어르신으로, 어떤 상황에서도 흔들림없이 굳건하게 버티면서 주민들과 연대자들을 다독이곤 하셨다.

덕촌 할머니는 인터뷰와 만난 자리에서 공론화위원회로 인해 좌절진 않으셨다고 주변 사람들을 위로하며 이처럼 말씀하셨다. 그러나 말씀을 마치시곤 곧바로 "젊은 사람들에게 부담을 주는 건 아닌지 모르겠다"며 "절대 그런 뜻은 아니라"는 염려의 말을 간곡하게 건네기도 하셨다.

돌도 일어나고……. 연대자 사이에서 충돌이 일어나구요. 뭐, 그 충돌 양상들이 벌어지는 건 뭐냐면, 장기 그…… 농성장이면 아마 그렇게 될 수밖에 없겠다, 사람들이 부대끼며 살기 때문에. 아무것도 아닌 밥 먹는 문제 가지고, 잠자는 문제 가지고, 혹시나 아니면 뭐, 뭐 흡연이라던가 음주 문제까지, 다양한 삶의 문제로 막 표출됐죠. 표출되는 와중에, 또 이게, 아무래도 힘들죠. 집, 가정과, 이제 주민들 입장에서도 그렇고……. 당연히 활동가들도, 그렇게 하면서, 내가 봤을 때 두, 이 두 양반이 (활동가D과 활동가C를 쳐다보며) 정말 현장을 좀 많이 갔었죠. 많이 가고 이제 사수하는 데 주민들도 그러면서, 약간의 집착하는 마음이 있으면서, '들어오려면 빨리 들어와라' (웃음) 하면서 그날을 맞이하게 됐고……. 그날이 좀 비참하게, 아주 좀 처참하게 됐지만, 이걸 전혀 예상치 못했던, 갑자기 쳐들어온 건 아니었죠. 그러니까, 그 오랫동안 지켜내었던 것들이었기 때문에, 그게 (천막이), 아무튼 처참하게 찢겨나가긴 했지만 그 충격이 되게 오래 가진 않았어요. 근데 이제 아주 중요한 변곡점이긴 했죠. 그리고나서 저는 오히려 딱 하나, 이제 움직임이 자유로워졌죠, 어떤 면에서.

김영희 : 이제 거기를, 거점을 안 지켜도 되니까…….

활동가A : 에에, 오히려…….

활동가C : 2011년도 8월 1일부터 저희가 농성장을 하나둘씩 차리기 시작했으니까, 거의 4년인가?

활동가A : 4년.

활동가C : 4년 안 되게 정도를 농성 마을에 계속 있었으니까, 4년 동안 삶을 포기하면서…….

활동가A : 어떤 형식으로든…….

활동가C : 에, 삶을 계속 포기하면서 사람들이 거기 상주해서 있었으니깐요.

김영희 : 2011년.

활동가C : 네네, 그리고 기본적으로…….

활동가D : 그리고 13년 10월부터는 집에 거의 안 들어가셨죠, 다들.

활동가C : 에, 그쵸. 뭔가, 좀, 그 장면들은 되게 잔인했을지 몰라도, 어쨌든 그 전날에 연대자들이 되게 많이 와주고, 그게 사실은 좀 뭔가 많은 위로도 됐을 거 같고, 그리고 아무도, 아이, 물론 몇 분이 잡혀가시기도 하셨지만, 그러니까 구속되거나 대책위의 누군가가 또 많이 다친다거나 다들 좀 다치셨지만, 중상이나 뭐 이런 일어날 수 있는 안 좋은 것들은 대부분

안 일어나고……. 그리고 그날 또 사람들의 관심이나 이런 것
도, 지금은 오히려 더 없을 때였다면, 그때는 되게 폭발적일
때여서…….

김영희 : 사회적인 관심이…….

활동가C : 에, 사회적인 관심도 그렇고, 우리 이야기들이 어쨌든
얘기가 되고…….

김영희 : 생중계되기도 했었죠. 행정대집행.

활동가C : 네, 그렇기 때문에, 뭐라 해야 되지, 우리끼리 이래 복
작복작하다가 누군가 다치거나 이런 게 아니라, 어쨌든 많
은 사람들이 함께 있었던 거기 때문에, 그런 충격이라는 게,
어……. 보이는, 남들이 보는 것과 달리 굉장히 좀 보이는 것
에 비해서는 그렇게 크지 않지 않았나…….

김영희 : 그걸 상쇄시킬 수 있는 뭔가 다른 게 있었던 거죠.

활동가C : 네, 그리고…….

촛불문화제와 연대자의 행렬

활동가D : 그리고, 그 다음주에 바로 촛불문화제를 했어. 다음주

도 아니고, 고 주 토요일에. 그래서 그때도 대집행당했을 때 도와주러 왔던 연대자들만큼의 인원이 함께 이제 4개면으로 흩어져서 문화제를 했었거든요.

김영희 : 몇 분 정도 오셨던 거에요, 대략? 그때 연대자들…….

활동가D : 그때 한 3~400 왔었을 거에요. 용회동에서 했고, 상동에서, 상동에서 했나?

활동가C : 상동에서 했지.

활동가D : 상동에서 했고, 저기, 위양에서…….

활동가A : 위양은 엄청 많이 왔지. 서울에서 버스까지 내려왔던가?

활동가C : 맞아요, 내려왔어요.

활동가A : 그렇지, 모이는 데서 했었으니까.

김영희 : 위양지에서……. 그러니까, 그때 당시에는 그렇게 고립되었다는 느낌은 없으셨다는 거죠.

활동가C : 네. 그러니까 이게, 쟤네들이 되게 못된 짓 하고 나쁜 짓 했다는 것이, 모두 공감할 때에는, 좀 덜 화가 나고, 덜 속상한 것 같아요. 오히려 지금은, 아무도 관심 없고, 뭐라고 해야 되지, 관심이 없고……. (헛웃음) 마을에서 우리끼리 싸우고, 누군가가 이렇게 뭔가 대대적으로 알려지지도 않고, 누군가가 위로하지도 않고……. 아, 물론 계속 연대해주시는 분들이 있지만, 그때보다 규모도 되게 많이 줄었고, 우리한테서 계속 시선이 머물 순 없잖아요. 워낙 다른 일들이 더 많이 일어나고 있으니까요. 근데 마을 안에서의 갈등은 더 원래…….

김영희 : 더 심해지니까…….

활동가C : 네, 심해지니까……. 이게, 공동의 적이, 나쁜 놈이 있을 때랑, 나와 동료라고 생각했던 사람과 싸우는 거는, 아주 다른 경험이고 그게 더 스트레스라서, 오히려 시간이 지나면서, 그때는 그래도 우리 그때는 잘 버텨냈구나 하는 생각이 드는 거죠. 그때 잘했기 때문에, 지금까지 올 수 있는 거구나, 이런 생각 때문에……. 끝났을 때는 사실 저도, 너무 잠을 못 자고, 너무…….

김영희 : '안녕히 계세요' 인사하고……. (웃음)

활동가C : 너무 피곤해가지고…….

활동가D : 사라졌었죠. (웃음) 나는 진짜 잠 잘 잤어, 한 열다섯 시간 잔 것 같은데…….

활동가C : 난 그다음 날 출근했어.

활동가D : 6월 16일 밤부터.

활동가C : 저는 복귀했거든요.

김영희 : 아, 저 환경운동연합.

활동가C : 예, 그래서 이 이후의 디테일한 건……, 입을 다물고 있어야…….

활동가D : 저건, 이건 본인의 억지다, 출근은. 안 해도 될, 안 해도 아무도 욕 안 할 텐데…….

활동가C : 아니, 우리 총회가, 아이, 총회가 아니고 너무 오랫동안 비워져 있어서……. 눈총을 엄청 많이 받았단 말이야.

활동가D : 그러니까, 아무도 욕 안 한단 말이야, 행정대집행 다음 날 출근 안 해도.

활동가C : 다음 날 출근 안 했던 것 같기도 하다. 했나? 기억이 안 난다. (웃음) 어쨌든…….

김영희 : 그, 그 주의 촛불문화제 분위기는 어땠어요? 그 4개면 진행할 때에는……. 그때 나왔던 이야기들 기억하세요?

활동가C : 그때 나왔던 얘기들은, 큰 기류는 그거 같아요. 우린 진 게 아니다.

활동가D : 사랑방 개소식을 그날 했어요.

김영희 : 아, 4개면에서?

활동가D : 네. 맞나? 내 기억엔 맞는 것 같은데……. 사랑방을, 대집행당하자마자 컨테이너를 우르르 구해와가지고……. 면별로 뿌리고, 그림…….

2차 인터뷰

활동가C : 그림하고 하는 데 시간 좀 걸렸다고 생각하는데…….

활동가D : 아냐, 그림 그리고, 바로 개소식을 했던 것 같은데…….

활동가C : 맞아.

활동가D : 그래서 용회마을, 제가 용회, 용천에 있었는데…….

활동가C : 7월에 했던 것 같은데……. 7월 14일쯤. 현수막에 그렇게 썼던 것 같은데…….

활동가D : 그래?

활동가C : 한 달 정도 걸렸던 것 같다. 서울팀이 내려와서 그림 그리고…….

활동가D; 그런가? 아, 그럼 용회동만 그렇게 했나?

활동가C : 응, 용회만.

활동가D : 용회동은 바로 그, 사랑방에 대고 고사 지내고 그랬거든요.

김영희 : 음.

활동가C : 몰라, 난 지금 기억이 잘 안 난다. 근데 제가 그때는…….

활동가D : 대집행 끝나자마자, 박쌤 이름이 갑자기 기억이 안 나네. 용회마을에, 산 위에서 막, 전시 작업하고 했던 박쌤이라는 분 계셨는데, 그분의 어머닌가? 어머님이 돌아가셨어. 그래서 ○○쌤(연대자)하고 강릉 갔다와서, 거기 상 이제…….

활동가C : 이런 디테일! 이제…….

활동가D : 갔다가, 바로 오자마자 사랑방 고사를 지냈으니까…….
사랑방을 어쨌든 열었다고 선언을 한 게 그 주 문화제인 거죠.

'시즌2' 운동과 마을 내 갈등

김영희 : 그러니까 어쨌든 중요한 건 세부 디테일이 아니라, 행정
대집행 끝난 이후에도 어쨌든 이 싸움을 중단하지 않고 가겠
다는 게 활동가들이나 주민들 사이에서 다 있었던 거고…….

활동가A : 그건 이미 뭐, 말로 표현할 필요 없이, 그리고 그다음
거를 다 예상을 했고, 그리고 그 시점을 몰랐을 뿐이지, 그 시
점이 저희가 생각했던 것보다 정-말 늦게 왔구요. 그 행정대
집행 시점이 생각보다 늦게 왔다는 것들은. 그리고, 그 상처
는 적었죠. 거의 집이었죠 거기는……. 거의 고향 같은 느낌
들? 농성장이.

활동가C : 맞아요.

활동가A : 옆에 텃밭을 가꾸고, 옆에 보일러를 놓을 정도면, 그러니
까 이 애착이, 애정이……. 마지막, 곧 철거되는데 거기다 꽃밭

을 조성하고. 그 돈이 제법 들어가도 아깝지가 않았던 게…….

활동가C : 맞아요.

활동가A : 막 하루 만에 뜯겨 나오더라도 이게 내 집이기 때문에……. 그, 마지막 정리하시면서 그런 마음을 품었던 건 그랬던 것 같아요. 그래서 집에 대한 애착이 주는 상처. 철거되는 상처들이…….

활동가C : 맞아요, 철거니까, 솔직히…….

활동가A : 그렇-게 됐었는데 그렇지만 그게 끝이 아니라는 건 다 알고 있었죠.

김영희 : 네.

활동가A : 다 알고 있었고, 다음에 바로 시작이 된다는 걸 알았고, 특별히 무슨 회의를 할 필요가 없었죠. 회의를 해서 우리 힘냅시다, 이거보다 바로 이제 행사를 열어버리는 것…….

활동가C : 맞아요, 장터였죠. 미니팜 같은…….

활동가A : 고 사이에 이제 어르신들이 뭐 특별한 과도기를 둬야 할 필요는 못 느꼈어요.

김영희 : 그러니까 뭐 정리할 필요도 없이 자연스럽게 당연히 흘러간 거죠.

활동가A : 오히려 더 재밌게 하자.

활동가C : 시즌2.

활동가D : 서울 가서 시즌2 선언하고, 타지역 탈핵 연대활동 갔다 와서, 미니팜 1차 장터 하고, 미니팜 물건 팔고, 2차 장터 하니까 2014년 다 갔단 말이에요.

활동가C : 맞아요. 맞아요.

김영희 : 그래서 그때가 연대자들 더 많이 와 있고, 더 오히려 에너지 있게 이렇게 막 하실 수 있었던……. 이제 사랑방은 그런……. 천막이 철거된……. 대신에, 이제 시즌2를 시작하면서 어떤 새로운 거점으로 만든 거군요.

활동가A : 그렇죠, 이제 농성장이 어찌 됐든 이제 현장, 직접적인 현장에 있었다 그러면, 이제……. 다시 그것을, 조금은 고민이 됐었죠. 현장과 가깝거나, 조금 더, 이제 철거의 위험이 있을 수 있을 정도까지……, 좀……. 그런 곳을 확보하느냐. 이거 두 번 다시 하는 것보다, 조금 안전하게, 인제 좀더 지속적으로 우리가 마련할 수 있는 공간을, 그렇게 찾게 됐고, 그래서 마을의 중앙? 혹은 하여튼 이제 이용하실 수 있기에 더 편한 곳으로, 이렇게 찾게 됐던 거죠.

김영희 : 네네, 마을 안에 자리를 잡는……. 그거는 또 어떤 의미에서는 마을 사람들에게 우리 싸움은 끝난 게 아니다, 보여주

고 선포하는 의미를 갖기도 했겠네요. 마을 안에 지은 거니까.

활동가D : 그쵸, 그래서 합의 주민들이 되게 싫어했어요. 그림도 막 그려놓고, 마을에 되게……. 여수마을은 총무님 하우스 옆에다……. 하여튼 요지마다 다 뒀거든요, 컨테이너를. 그래서 되게 (웃음) 달갑지 않아 했죠. 지금도 여전히 그래요. 근데 지금은 좀 줄어서 고정에 하나 있고, 동화전, 용회? 용회는 뭐 거의 안 쓰시고……. 밀양 부북 이렇게 있는데……. 하여튼 상동면에 있었던……. 여수, 고답, 고정을 하나로 합친 거거든요, 컨테이너를? 합치기 전에 찬성 주민들 사이에서 되게 말이 많았죠. 끝났는데 치워라. 그러니까 우리 장승 같은 역할을 한 거죠, 걔네들이.

《밀양 송전탑 반대 투쟁 백서》 발간

김영희 : 그럼 2015년에는, 2015년을 맞이하면서 활동가들 사이에서 계획하신 일이나, 어떤 변화를 맞이하는 새로운 계기가 있었을까요? 2015년이 제 기억에는 10주기가 되는……. 10주기 행사, 백서를 2015년에 하잖아요.

활동가D : 그쵸. 백서를 2015년 12월…….

김영희 : 예, 제가 (웃음) 기자회견장에도 있어서……. 2015년 12월인데 고거 준비를 쭉 하셨던 건가요, 2015년은?

활동가D : 아, 그래서 2015년 초에, 2014년 말에 얘네가 송전탑을 완공했다고 하고 시범 송전을 하겠다고 했어요. 그래서 정확하게 기억이 나는데 25일날, 크리스마스잖아요. 그날 최후의 만찬을 하고, 26일날 이제 고답 115번 밑에 가서 농성, 농성장을 쳤죠. 천막 두 동을 치고…….

김영희 : 그게 저, 〈말해의 사계절〉(다큐멘터리 영화) 나오던 거기죠?

활동가D : 어, 〈말해의 사계절〉.

김영희 : 거기서, 그…….

활동가D : 아, 맞아요, 맞아요.

김영희 : 할머니들이 그 철조망…….

활동가D : 나와요, 나와요. 할머니들이 왜 그 철조망 있는 데 잡고 있고, 거기가 115번이죠. 115번인데, 거기서 11월, 1월은 4개면 주민들이 다 나와서 되게 치열하게 싸웠고, 2월, 3월까지 거의 유지를 했어요. 유지를 하면서 어쨌든 시험 송전……. 얘네는 이제 끝났다고 이제, 이제 선포를 하고 싶은 거고……. 송전까지 하면서……. 우리는 이제 주민들하고는

✛ 〈말해의 사계절〉은 허철녕 감독이 2017년에 만든 다큐멘터리 영화다. 밀양시 상동면 도곡마을에 거주하는 김말해 할머니가 살아온 이야기를 영화로 만든 작품인데, 이 작품에 할머니가 참여했던 송전탑 건설 반대 운동의 과정들이 영화의 주요 장면으로 등장한다.

전혀 아무런 매듭도 짓지 않고 '즈그끼리 끝났다고 하면 끝난 거냐'……, 이런 싸움이 계속, 현장에서 싸운 거죠. 싸우다가, 3월, 15년도로 넘어가서, 15년도에 달집태우기를……. 그, 거기서, 고답마을에서 4개면 주민들이 모여서 했어요. 이게 제가 밀양에 와서 4개면 주민들이 처음이자 마지막으로 같이 한 달집태우기인데, 이날 그 이제 송전탑 밑의 농성장에서 하루 종일 윷놀이하고 놀고, 밑에 내려가서 달집 태우고, 그리고 나서는 이제 이 농성을 계속 유지를 하기가 힘드니까, 농번기도 다가오고……. 그래서 3월부터 벌금을, 이제 재판들이 하나둘씩 진행되고 끝나기 시작하니까 벌금 그 돈 모으려고 3월달부터 탈탈원정대를 다녔어요. 매주 한 번씩 네 번인가 했던 것 같아요. 3월 중순부터 이렇게 다녀서 한 4월, 5월까지 그 원정대 다니고, 정리해서 책 내는 작업을 했고…….

김영희 : 네, 탈탈원정대 책이 나왔었죠.

활동가D : 네, 그렇죠. 그래서…….

김영희 : 근데 고때는, 그게 예를 들면, 제가 그때 받은……, 이렇

✚ '달집태우기'는 한국의 시골마을에서 정월대보름에 행하는 민속의례이자 놀이 가운데 하나다. 이 놀이를 행하는 마을 주민들은 정월대보름 저녁에 나무와 볏단을 높이 쌓아 올려놓고 달이 뜨기를 기다린다. 달이 뜨면 나뭇단에 불을 붙이고 이 높이 쌓아 올린 나무가 모두 불탈 때까지 풍물을 치고 춤을 추면서 놀이를 즐긴다. 나뭇단 앞에 제상을 놓고 제를 올리기도 하는데 이때 마을 사람들은 자신의 소원을 적은 소지 종이를 나뭇단을 묶은 줄에 매달기도 한다. 밀양에서는 정월대보름에 '달집'을 태우는 마을이 많다. 정월대보름은 시골마을에서 공동체 구성원들이 가장 중요하게 생각하고 크게 즐기는 절기라고 할 수 있는데, 송전탑 건설 문제가 불거지기 전에는 다 같이 모여 '달집'을 태우며 즐기던 많은 마을들이 송전탑 건설 찬반으로 의견이 나뉘어 갈등하기 시작한 이후에는 '달집'을 태우지 않게 됐다. 정월대보름의 의례와 놀이는 모두 마을공동체가 중심이 되어 진행되는데, 송전탑 건설 문제로 마을공동체가 해체 위기에 직면한 이후에는 더 이상 마을 의례와 놀이를 진행할 수 없게 된 것이다. 송전탑 건설 반대 주민들이 자기 마을이 아니라 특정 공간에 다 같이 모여 '달집'을 태우게 된 까닭도 여기에 있다.

게 기억해보면 그 봉투, 거 해서……

활동가D : 그쵸, 7,600원, 765봉투 해서…….

김영희 : 네, 765봉투 하면서 그, 벌금을 모으는 이유도 있었지만 제 기억에는, 2014년과 다르게 관심이 좀 사그라들어서 다시 인제 여전히 우리가 이런 탈송전탑, 탈핵을 이슈로 활동 중이라는 걸 알리기도 하고, 그 전국에서, 어쨌든 그런 연대의 의미로 도신 것도 있지 않나요? 전국을 어떻게든?

활동가D : 어, 15년도 초까지는 현장을 오는 사람들은 되게 줄었는데 아직까지는 전국에서는 밀양을 되게 기억하고 있는 단위들이 많아서, 그거를 기반으로 한 바퀴를 쭉 돌았고……. 그래서 '6·11' 1주년, 1주년 문화제, 그래서 15년도 6월에 사람들이 되게 많이 왔어요. 한 1,000명 가까이 온 것 같아요. 밀양역에서 했었는데, 왜 그 우리 사진 중에 풍등 띄우고 한 사진 있잖아요? 그 사진. 그래서 고까지가 이제 벌금……. 그 이후에 이제 7, 8월도 계속 벌금을 모은 거죠. 이제 뭐, 주에 1회 혹은 2회 이제 책 들고 북콘서트를 다니면서 봉투로 벌

✦ 탈탈원정대는 밀양 송전탑 건설 반대 운동 참여자들이 전국을 돌며 연대자들을 만나고 이들과 함께 탈송전탑 탈핵의 이슈를 함께 논의하는 자리를 마련하는 활동이었다. 또한 이 과정에서 각종 소송에 내몰린 주민들을 지원하고 벌금형을 받은 주민들의 벌금을 대신 모으는 지원 활동을 벌이기도 했다.

✦ 일명 '765봉투'는 한국전력이나 송전탑 건설 지지 주민들과의 법적 소송에 시달리는 송전탑 건설 반대 주민들의 법률지원 기금 마련을 위해 기획된 후원금 봉투를 가리키는 말이다. 한 연대자가 송전탑 건설 반대 운동 관련 재판에서 벌금형을 선고받고 벌금을 내는 대신 노역을 살겠다고 선언하는 불복종 운동에서 시작되었다. 이 연대자는 노역을 사는 대신 그에 해당하는 벌금을 송전탑 건설 반대 주민들을 위한 법률지원 기금으로 내놓았는데 이것이 '765봉투'의 시작이 되었다.

금을 모으고……. 그렇게 벌금을 쭉 모으고 한, 한 8월, 9월 부터 백서 작업을 활동가B 쌤이 시작해서, 활동가B 쌤이 12 월까지 백서를 쭉 하셨던 거고. 다른 활동가들은 사실 백서 작업을 열심히 하지는 않았거든요. 이름은 다 들어가 있지 만……. (일동 웃음)

활동가D : 시키는 거 했죠. 시키는 거 하다가 이제 백서를 내게 된 거죠. 그 10주년 문화제를 하면서…….

김영희 : 근데 그 10주년 문화제 때도 그렇고, 요 매듭을 맺고 싶 으셨던 거잖아요? 그 백서도 그렇고……. 그 10주기를 어떤 식으로 의미화하고 싶었는지? 백서에 담고 싶었던 의미라든 지…….

활동가A : 제가 별로, 오늘 인터뷰에 별로 큰 도움이 안 되네요…….

김영희 : 아, 큰 도움이 되고 계십니다. (웃음)

활동가D : 저도 기억이 잘 안 나는데. 백서 왜 만들었지? (웃음)

활동가A : 이런 거예요, 백서는. 우리 그 옛날부터 쭉 주민대책위 가 있었고, 주민대책위가. 어제(날짜)죠, 어, 뭐, 이치우 어르 신 돌아가시고, 돌아가시고 난 뒤에 이제 저희들이 이 대책위 를 만들었죠. 현재 명칭은 좀 변경이 되었지만, 중간에. 그 대 책위를 만들면서 대책위가 하겠다고 하고 선언한 것 중 하나가 백서를 만드는 거였어요. 그 출범 때, 출범 때. 목적은 이기든 지든 어르신들이 싸워왔던 그 역사들을 꼭 남겨서 어르신들이, 당신이 소장을 하든, 혹은 당신의 자녀들에게든, 당신의 그 싸움의 의미를 가질 수 있도록 그 기록을 남기고 또, 어딘가에서 이 문제는 끊임없이 일어날 거기 땜에 그 분쟁을 위한 이제 기초자료로 하자 그래서, 그게 백서를 만들자 하는 이야기를, 그게 저희들은 출범과 함께, 이제 됐고……. 그게 언제일지는 저희는 몰랐죠. 그런데 이즈음에 저희의 외연이 훨씬 더 확장된 거죠. 그래서 밀양 문제를 책을 통해서 그 명시적으로, 그러니까 저희들이 뭐 2015년 같으면 이제 다른 지역과 연계시키는 것들, 이때, 이때 송전탑네트워크가 생기진 않았을 건데……. 이제 그런 시작을 할 수 있는, 좀 뭐랄까 작업을 시작할 수 있는 밑그림이 되는 거였죠. 다른 지역들을, 싸워가면서 그분들과 약간의 인연을 만들어가자는 거였죠.

활동가D : 맞아요, 15년도 중순부터 전송넷도 준비하기 시작했어요.

활동가A : 그러면서 저희들이 이제 이 지역과 함께 연계를 맺기 시작한 거죠. 지금은 저희들이 오히려, 밀양 송전탑 사람도 있지만 때에 따라서 송전탑반대네트워크가 조금 더 크고 활

✦ 이 네트워크는 전국송전탑반대네트워크(전송넷)로, 송전탑 건설 반대 운동을 하는 각 지역의 주민 모임이나 관련 운동단체들이 연대하고 있는 네트워크를 가리킨다.

발하게 움직일 때도 있긴 한데, 외연을 확장하게 되고 자료를 남기는 것들에 대한 이제 필요성을 느꼈죠. '더 늦긴 어렵다', 그리고 '지금이라도 중간에 한번 마무리를 해줘야 한다. 안 그러면 나중에 이제 정리를 못한다', '도저히, 지금까지 우리가 쏟아져나온 자료를 가지고라도 지금 한번 조금 묶어줄 필요가 있겠구나' 생각들을 했고……. 시즌2가 들어간다는 거는 저희들이 솔직히 교육적인 걸 이걸…….

김영희 : 후세에 대해서…….

활동가A : 조금 염두에 뒀었죠. 우리가 필요한 공간을, 필요하면 완전히 독립된 공간을 가질까 했는데 돈이 없었죠. (웃음) 그게 제일 크고……. 그리고 뭐 여러 가지 제한들도 있었죠. 그때였는지는 모르겠지만 이제 뭐 조○○○ 교수님 같은 분들과 여기 마을에 마을 대항이 일어날 때 어떤 교육과 연결될 수 있는 그런 것들도 생각을 했고……. 우리도 왜냐면 계속 사람들이 찾아오고, 농활 형태로 찾아오지, 이제 그냥 연대 방문들도 있는데 그들을 위한 프로그램을 이렇게, 그냥 일회성 있게 막 이렇게 만들어주기는 했었어요.

활동가D : 또 오게 만들고 싶었기 때문에…….

활동가A : 여기는 오히려 활동가D 네가 더 낫겠다. 그리고 영상을 뭐 하나 보여주고, 강의를 해주고, 현장을 가보고. 농활을 간다면 농활 고 사이에 집어넣고……. 필요하면 또 여기가 아닌 다른 월성 핵발전소나 고리를 가는 것들로 연계된 프로그램 같은 걸 만들긴 했는데, 이거 자체가 가지고 있는 것들도 필요하다 해서 이제 교육적인 것들, 시즌2에서는 이제 그런 것이 좀더 가능하지 않을까 했던 거였죠. 그런데 생각보다는 잘 안 됐어요. (웃음) 약간의 역할 분배 같은 것은 훨씬 잘 되었죠. 예를 들어, 여기 활동가D 같은 경우는 많은 활동을 했었죠. 활동가B 선생님과 활동가D……. 이제 그 역할들을 해냈었는데 명실상부하게 그렇게 가지 못했던 게 계속 밀양 문제가 계속 그렇게 핫이슈가 되는 거였죠. 그니까 이제, 그래서 당장 그런 것들로 넘어갈 수 있는, 저희들이 물리적인 시간도 안 됐고……. 또 뭐라 그럴까, 우리들의 마음의 여유도……. 그리고 주민들은 이걸 섣불리 끝내는 것에 대해서 약간의 거부감을 가지고 있었죠. '싸움 다 끝났냐?'……. (웃음)

김영희 : 마치 사후적인 정리 같은, 그런 느낌을 주신 거죠.

활동가A : 옛날 한참 싸울 때 한전에서 저희들한테 산업부를 통해서 제안이 나왔던 비공식적인, 이제 제공해줄 수 있는 게 뭐냐면 기념관이었어요. (일동 웃음) 누구 공무원 발상인 건진

도저히 알 수가 없는데 이제 그런 것들도 막 생각을 하고 그
랬는지 하여튼 주민들에게는 여전히 아직도…….

김영희 : 현재진행이죠.

활동가A : 싸움의 와중이죠. 그걸 지금 정리한다는 것들에 대
한……. 백서 정리하는 거는 뭐 그렇진 않았지만 정리를 한다
든가……. 약간 이제 색깔이 쉽게 좀 바뀌는 것에 대한 거부
감은 솔직히 있었어요. 분명히 있어서, 그걸 우리가 시즌2라
고 표현은 했지만, 명시적으로 색깔을 확 바꾸는 걸로는 가지
않았고, 그러면서도 좀, 더 잘 드러나는 게 책을 한다든가 외
부로 계속 나가게 되는 것들, 송전탑네트워크를 만들어내는
것들, 그리고 교육 프로그램, 내부적으로라도 이렇게 좀 역할
분배를 하면서 어떻게 할지에 대한 것들, 고민들……. 왜냐면
이게 '그 오는 사람들에게 뭔가를 우리가 주고 하는 것들이
나중을 위해서도 정말 대단히 필요하다'……. 지금도 계속 오
긴 하죠. 그때와 빈도가 이제 훨씬 더 작지만…….

멈출 수 없는 싸움

김영희 : 그니까 이제 교육이라든지 네트워크 확장 이런 식으로 시즌2는 조금 지속적인 것들을 고민하셨는데 그게 이제 현재진행형인 싸움의 성격이라는 것과 또 어떻게 어울려야 하나…….

활동가A : 현장의 치열한 싸움이 좀 줄어들 거라고 생각했어요. 근데 현장, 왜냐면 이제 농성장이 끝나고 나면 현장을 우리가 사수해야 되는 기본적인 그 업무 자체가 많이 줄어들 거라고 했는데 어르신들은 끊임없이 일을 만들어내셨죠. 그러니까 또 다시 어딘가를 또 사수하게 하고, 이렇게 하는 것들을 해서, 이게 좀 공존했던 것 같아요. 그 전의 흐름들과 또 새로운 흐름들이 이제 그 안에는 계속해서 공존해서 가지 않았나…….

김영희 : 대책위가 먼저 제안하지 않고 어르신들이 제안하신 싸움들은 어떤 것들이 있을까요? 그러니까 예를 들면 뭐, 어디를 가자시거나……. 아니면 뭐, 이런 게 있으셨나요?

활동가D : 어, 시험 송전 싸움이…….

김영희 : 대표적인 건가요?

활동가D : 네. 대표적이죠.

김영희 : 아, 그니까 그 고답, 115번 밑에 그거, 그거는 막아야 된다.

활동가D : 에, 천막 치자고 하셔서…….

활동가C : 천막 치자고, 모든 주민들이 하셔서……. (웃음)

활동가D : 농성장은 다 원래 전부 주민들이…….

활동가C : 치자고 하셔서.

활동가D : 전부 다 그 점에서 자연발생적으로 농성장은…….

김영희 : (웃음) 그니까 위에, 그 산속 천막농성장은 다 주민들이 어쨌든…….

활동가A : 거의 그랬죠.

김영희 : 주도적으로 이제 하자고 하셔서 했던 거죠? 아까 제가 여쭤보려다 말았는데 꽃밭은 어디서 만든 거예요?

활동가A : 부산(연대자들 팀)에서.

활동가D : 위양 127번.

활동가A : 127번에서 부산 팀들이 같이 만들었던 거예요.

김영희 : 아, 위양. 보일러는 어디 깔았어요? (웃음) 보일러는 저기…….

활동가A : 127번 밑에 바로 밑에 그 연대자 숙소……. 거기가 원래 주민들, 127번 원, 그거 있죠?

활동가D : 129번에도 불, 구들방 쓰고……

활동가A : 저는 처음 알았어요.

김영희 : 아, 처음 써보셨어요?

활동가D : 저기 그, 409 농성장에도 보일러가 있었어요.

활동가A : 어떻게 하는가를 봤드만 땅을 파서 드럼통같은 화로를 넣어서 그 화로 주위에다가 물 호스 같은 걸 돌려요. 그리고 거기 나무를 넣어서 불을 피우죠. 그럼 이렇게 연결된 거를 땅을 따라서 (손짓으로 설명함) 여기 저희 움막이 있다면 여기다가 놓고 땅 밑으로 해서 그 선을 깔죠. 그러면 그 안에다가 그 옛날 보일러, 여기다가 물을 넣고 순환시키더라구요.

김영희 : 아, 저는 어떻게 나무를 넣나 궁금했는데, 그러니까 그 거기는 호스만 깔아 놓고, 천막에는. 천막 바깥에다가 그 열을 낼 수 있는 화로나 이런 걸 해놓고 물을 이제 순환시켜가지구.

활동가D : 아, 천재적이다.

김영희 : 누가 주로 그걸?

활동가A : 윤……. (웃음)

활동가D : 윤 반장님이 수고하셨어요. 숙원 사업.

김영희: 아, 위양에? 윤○○ 선생님이요? 아, 윤○○ 선생님이 그런 걸 잘하시는구나.

활동가D: 몇 번을 했어요. 모든 농성장에 구들을 까시고.

활동가A: 그 옆에도 구들 호스까지 깔았고……. 이게 처음에 했던 구들이었고……. 그다음에는 그렇게 안 했죠. 안에다가 바로 그 옆에다가 아궁이를 그 안에 만들어서, 거기 이제 뭐, 아예 진짜 본격적으로 거기는 보일러 시설이 들어가게 된 거죠. 그러다가 어르신들이 불안하다고 그래서 현장 안에 있는 저기 그 위쪽으로, 나중에는 주로 연대자들 숙소로 쓰이게 된 거죠.

송주법 시행과 선거 준비 논의

김영희: 송주법도 이 무렵이지 않아요?

활동가D: 송주법은, 시행이 된 거는 14년도부터고, 그래서 신청을 받기 시작한 게 14년도 중순, 말부터였거든요. 근데 그때는 주민들이 한전, 경찰하고 싸우고 나서, 직후라서 거부감이 되게 강했어요. 이, 어떤 보상금이든 송주법이든 마을보상

✦ 송주법이란 '송·변전 설비 주변 지역에 대한 보상 및 지원 사업에 관한 법률'을 줄여서 가리키는 말이다. 밀양 송전탑 건설 반대 운동이 사회적 이슈가 되면서 2014년에 처음 제정되어 시행되기 시작한 법령이다.

금이든 거부감이 되게 강해서, 그래서 그때는 거의 신청을 안 한 가구가 대부분이에요.

활동가A : 활동가B 선생님 오셔서 이야기하셔야겠다.

김영희 : 2015년부터 어쨌든 본격적으로, 어쨌든 시행은 된 거잖아요.

활동가D : 그렇죠. 15년부터 본격적으로 시행이 된 거죠.

김영희 : 초창기에는 반대 주민들은 그러면?

활동가D : 신청을 거의 안 하셨죠. 집집마다 이제 송주법 신청하라고 왔는데…….

김영희 : 논의는 하셨어요?

활동가D : 네, 대책위에서 한 번 논의는 했던 것 같아요.

김영희 : 그래서 뭐, 어떻게 결론을 내셨어요, 그때?

활동가D : 자세하게 기억은 안 나는데……. 어쨌든 기억나는 골자는 어쨌건 돈을 받으면 안 된다고 말씀하시는 분들이, 어쨌든 이것도 같은 돈이다, 이렇게 갔던 거 같고……. 그 뒤로는 어쨌든 송주법 지원금 법적으로 나오는 지원금이라서, 마을별로 알아서 판단하시면 된다, 이렇게 돼서 지금도 받는 마을도 계시고 안 받는 마을도 계시고…….

김영희 : 그러면 2015년에는 백서 만들었고, 2016년 이후에

는……. 그, 달라진 사항들이 있었을까요?

활동가D : 16년도에는 초반엔 선거를 뛰었고, 한 4개월을……. 그래서 거의 개점휴업이었어요, 대책위가.

김영희 : 그 총선…….

활동가D : 예, 예, 예.

김영희 : 그거는 대책위 차원의 결정이었나요?

활동가D : 어…….

김영희 : 주민분들하고 그런 논의가 있었는지 궁금해요. 그러니까 제가 궁금한 게 그 녹색당에 어른들이 많이 가입해 계시잖아요. 그때 다 가입하신 건가요?

활동가C : 맞습니다.

활동가D : 그때 선거를 나가고 나서 어르신들이…….

김영희 : 그러니까, 이제 제가 질문을 정리해볼게요. 그러니까, 예를 들면 이게 송전탑 관련된 이슈를 정치적인 논의의, 그 공론의 장 속에 우리가 던져서, 뭔가를 해보자, 이런 논의가 있어서, 예를 들면, 인제, 그 녹색당에 가입하거나, 아니면 이제 활동가B 선생님이 나가시는 거, 이런 논의까지 된 건지, 아니면 그거는 별개로 따로따로 이렇게 논의가 된 건지 궁금합니다.

✚ 2016년에 치러진 제20대 국회의원 총선거에서 밀양 송전탑 건설 반대운동에 참여해온 활동가B가 녹색당 비례대표로 출마한 사실을 가리킨다.

활동가C : 아니요, 그런 얘기는 되게 많았었어요. 그니까 저희가
　　시의원이나 이런 거로 정치적으로, 왜냐면 너무 관여를 많이
　　했기 때문에 '우리가 나가서 시의원이 되어야 된다', 혹은 뭐,
　　그래서 그 논의 때문에 그 지방선거, 아니 국회의원선거 나가
　　기 전에, 그 전에도 선거와 관련해서는 밀양 안에서도 어르신
　　들과 여러 번 얘기가 됐었는데 그때마다 후보를…….

활동가D : 후보를 아무도 안 나갔죠.

활동가C : 네, 거론된 분들이 다 뭐 고사하시고 이래서 안 됐었는
　　데, 활동가B 선생님 나가게 되신 디테일한 사정은 저도…….
　　그때 저도 없었어가지고 못 들었어요.

활동가D : 디테일한 사정은, 녹색당에서 계속 활동가B 쌤을 졸랐
　　어요, 나가달라고. 그래서…….

활동가A : 다 지났으니까……. 몇 명이 그냥 꿈꾸면서 모아본 적
　　이 있었어요. 그때 언제 선거였는지 기억이 안 나는데…….

활동가D : 지방선거였죠.

활동가C : 지방선거, 대집행 전에 지방선거…….

활동가A : 네. 저기 강정, 쌍차, 용산이 민주노총 회의에서 몇 번
　　선거 회의를 했었어요. 그래서……. 용산은 이제, 구청장으
　　로 아마 전○○씨가 나오고 쌍차는 평택에서 후보로 하고 우

리가 밀양에서, 강정이 제주에서 나오는 걸로 하고……. 이제 몇몇 분들 같이 모여서 인제 '연대를 하자', 뭐 '다른 데서는 어떻게 도울 수 있느냐' 이런 얘기를 했죠.

김영희 : 그 지자체 선거를 염두에 두고 하신 거죠?

활동가A : 그랬던 거 같아요.

활동가C : 맞아요, 지방선거.

활동가A : 제가 상당히 기억력이 안 좋습니다. (웃음)

활동가D : 6·4 지방선거.

활동가A : 그때……. 그거를 이제 뭐 준비를 했더랬죠. 그러니까 이게 뭐, 어디도 어느 현장도 각자 혼자만으로 이걸 이제 쟁점화시킬 수 있는 방법들이 없는 것이고……. 했는데 결국은 그게 안 되긴 안 됐어요. 안 되긴 안 됐었는데……. 협력을 하겠다는 데가 있긴 있었는데, 생각보다 그걸 찾는 게 어려웠고……. 알고봤드만 쌍차는 이미 독자적으로 나중에 인제 선거에 나오는 걸 준비하고 있었더라구요. 그럼 '미리 얘기를 하면 좋았을 걸' 하는 생각도 들었는데……. 뭐 아마도 서로가 그런 고민들도 있었던 것 같아요. 그리고 이제 뭐 어찌 됐든 연결된 점 단위에, 내가 기억난 게……. 인제……. 그때 뭐, 원래는 쌍차, 강정, 용산이 같이 하면서, 밀양이 같이 협조하면서……. 대학로에서 캠프를 차리고 단식을 하던 게 언제였지?

활동가D : 쌍차가요?

활동가A : 아니, 우리도 단식을 하러 올라가고. 김○○씨.

활동가D : 그 공사 시작했을 때요.

활동가C : 2013년 10월에. [대화 흐름이 잠시 끊기고 활동가B가 뒤늦게 좌담회에 참여함.]

김영희 : 혹시 송주법에 대해서 선생님 말씀하고 싶으신 거 있으세요? 2015년에, 송주법 시행되면서…….

활동가B : 그때 그, 그때 활동가A 선생님도 같이 갔었고……. 막, 막 계속……. 아슬아슬한 상황에서 밀양 주민들의 반대로 그, 통과가 인제 부결되고, 부결되고 했는데…….

김영희 : 송주법이요?

활동가B : 네.

활동가A : 밀양법이라고 부르지 말라고…….

김영희 : 하지 말라고…….

활동가A : 밀양법이라 부르지 말라.

활동가B : 밀양 주민들의 판단이 옳았다고 생각해요, 그 당시에. 이거는, 송전탑을 우리는 없앨 수 있는 법을 만들어달라고 했는데, '쥐꼬리만한 돈 주면서, 합리화시키면서 철탑을 더 쉽

2차 인터뷰

+ 송주법에 대한 논의를 거쳐 활동가 중 한 사람이 지방선거에 출마했던 이야기를 나누던 중에 선거 출마 당사자였던 활동가B가 뒤늦게 인터뷰에 참여했다. 인터뷰 당일 대책위원회의 기자회견이 있어서 주민들과 함께 관련 행사를 마치고 돌아온 것이었다. 그의 착석으로 인터뷰의 흐름이 다소 바뀐 것을 계기 삼아, 그에게 송주법에 대한 이야기부터 간단히 묻고 선거에 대한 이야기를 이어갔다.

게 세울 수 있게 하는 법이다', 그리고 '이 돈 때문에 마을에
또 분란이 생길 것이다', 매년 나올 수 있는 돈 때문에…….
이런 얘기를 일관되게 했고……. 또 '우리가 이걸 바라고 투
쟁한 게 아니다'……. 결국은, 이, 그 당시에 산업부하고 이 한
전은 유일하게 그, 이걸로 밀양 송전탑 국면을 돌파하려고 했
고……. (한숨) 그리고 또, 물론 그것이 가진 뭐, 그 성과가 없
다고 할 수는 없죠. 매년 뭐, 2,000억 정도 돈을 쓰게 만들었
으니, 아예 보상법이라는 게 없다가……. 결국은 한편으로는
밀양 투쟁이 이 체제를 더 합리화시키는 데 기여한 게 아닌
가……. 저들에 의해서, 좀 기여된 게 아닌가……. 이런 측면
에서 굉장히 좀 속상하죠. 몇 번의 순간이 있었는데, 한번은
국회 산업위 통과될 뻔한 날, 저희들이 그때 버스를 몇 대를
올라가가지고, 순식간에 조직을 해서 중단을 시켰고, 그리고
인제 그 뒤에 공사가 들어갔고……. 그때는 7월, 13년 10월, 7
월이었지 않습니까? 여름이었잖습니까? 송주법 통과, 그 산
업위 통과된 게……. 안건이 왕창 올라갔을 때가…….

김영희 : 2013년 7월.

활동가B : 7월입니까?

김영희 : 예, 예.

✦ 송주법은 밀양 송전탑 반대 운동에 참여한 주민들에게는 양가적(兩價的)인
의미를 갖는 법이다. 한편으로는 이것이 탈송전탑 탈핵 운동의 성과이면서,
다른 한편으로는 핵심적인 이슈로 나아가지 못하게 만드는 일종의 '무마책'이
되었기 때문이다. 송주법은 송전탑 건설 반대의 주장이 탈송전탑이나 탈핵의
주제로 나아가는 것을 막고 이를 '보상'의 문제로 치환해버린다는 점에서
송전탑 건설 반대 운동에 참여한 주민들에게는 일시적인 '무마책'에 불과했다.
그러나 정치적인 특수한 조건 속에서 밀양 주민들이 이를 받아들일 수밖에
없는 상황이 만들어졌던 것이고, 이를 활동가B는 '정치 영역의 한계'로
인식하는 듯 보였다.

활동가B : 그 뒤에…….

활동가D : 본회의 통과가 13년 말…….

활동가B : 본회의 부기되기 전에, 그 법사위에서 이제 브레이크를, 우리가 요청해서 걸었죠. 그 당시 법사위원장이 박영선이 었는데, 애초에 근데 기억나는 대목은 이거에요. 박영선 위원장이 그 당시 야당이었지만, 박지원, 박범계, 어……. 또 진선미, 나름 그 중견급 법사위원들을 불러서, 그 자리에서 '밀양의 이야기를 좀 청취하겠다', 그래서 그때 활동가A님하고 저하고, 그 문○○ 시의원이라고 밀양 투쟁을 도와주던 분이 같이 가서 그 브리핑을 하고……. 또 법사위 위원들, 야당 의원들 방을 한 바퀴 싹 돌았어요. 그때는 이제 저 혼자, 아니 그 활동가A님이 회의 중이셔서 문의원하고 저하고 둘이서 돌았는데, 어……. 한전이 얼마나 작업을 했는지 여실히 드러나더라구요. 이미 한전이 먼저 방문을 했고…….

김영희 : 음…….

활동가B : 이건 불가피하다, 어, 이런 이슈를 갖고 있었고…….

김영희 : 그러니까 한전은 어쨌든 송주법을 통과시켜서 이걸 면피하려고 하는…….

활동가B : 예, 예, 예. 이미 모든 작업이 다 되어 있더라구요. 그때 제가 그, 그래가 《녹색평론》에 기고할 때 관련 내용을 썼던 적이 있는데, '정말 정치는 무력하구나'……. 그냥 이 압도적인 힘의 질서를, 그냥 운반해주는 사람들이구나, 운반체에 불과하구나, 이 정치가……. 그때 그 비열감이 잊혀지지가 않고, 개인적으로는……. 어……. 그래, 그 법사위 방에서 미팅을 하는데, 다들 표정이 뭐였냐면 '밀양은 일단 잘하고 있다'…….

김영희 : 으흠.

활동가B : '너무 잘하고 있고, 이 법이, 어, 어, 그니까, 이 법이 밀양 요구와 동떨어져 있다는 것도 잘 알고 있다, 그런데 상황은 돌이킬 수 없는 것 같다'……. 그리고 이미 한전 사장이 법사위원장을 여러 차례 만났고, 읍소를 했는 거 같고……. 그때 제 기억이 조○○인데, 박○○ 선생님이 조○○이라고 하더라구요. 그러고 어떤 사람인지 줄줄이 읊던데, 뭐 사장을 했고, 막 그래서……. '이제 밀양을 위해서 내가 할 수 있는 유일한 조치는 법사위 통과하기 전에 한 번 더 한전과 밀양이 대화하라고 권고하는 거다'……. 그래서 또 뭐, 형식적으로 한 번 더 만났죠. 그래서 연말 마지막 그 본회의 때, 임시국회인지 정기회의인지 모르겠는데 본회의 때 인제, 표결이 이루어졌어요. 그런데, 인제 관건이 이제 '문재인 의원이 어떻게 할 것인가'……. 그런데 기권을 했어요. 그랬는데, 인제 반대를 해주길 바랐죠, 당연히.

김영희 : 문재인 의원이 그때 법사위였나요?

활동가B : 아뇨. 본회의에서. 그러고 나서 법사위에서는 통과를 하고 본회의에서……. 그때 뭐, 그리고 자기는 블로그에 글을 올린 게, '나는 필요하다고 생각하는데 이 법이, 밀양 주민들이, 당사자들이 반대하기 때문에 기권한다', 이 정도로…….

활동가D : 맞아요. '밀양 주민들이 반대하고, 미흡하기 때문에 기권한다'……. 요즘도 치면 나오던데요. 송주법 치면 제일 먼저 나와요.

활동가B : 했고……. 이거를 성과로 쳐야 할지, 아니면 우리가 체제에 기여한 것으로 봐야 할지는 저는 잘 모르겠어요. 솔직하게 말하면 지금은 후자에 가깝다…….

김영희 : 안정적으로 이, 송전탑을 세울 수 있는 제도적인 어떤 그걸, 방어책을 만들어주었다는, 그런 거죠?

활동가B : 그렇죠. 이제 밀양에 그 모든 지역에, 이제 철탑 뭐, 막 뭐라 뭐라 그럴 때, 당신들 매년 정기금도 주고 동네 주민분들 관광도 가고 마을행사 하지 않느냐, 이렇게 실제로도 그 돈이 또 마을로서는 없던 돈이 들어왔기 때문에……. 개인한테도 그렇고, 자잘한 걸 할 수는 있지만……. 그런 문제가 아니잖아요.

정치에 대한 인식 변화

김영희 : 네, 네. 그다음에 저희가 얘기 나눈 게 뭐냐면, 선생님 출마하실 때. 2016년…….

활동가A : 아, 선거.

김영희 : 네 네. 선거에 관련해서 우리가, 예를 들면…….

활동가B : 그거는 그런데 공식적인 게 아니구요.

김영희 : 그런데 질문은, 그러니까 그 2016년에 뭘 했냐고 물었을 때 다들 선거 얘기를 하셔서 제가 질문했던 건 뭐냐면, 선거라는 영역에서 밀양의 이런 이슈를 공론의 장에서 뭔가 발언하고 실제로 보여줄 수 있는 사람이 필요하다는 게 주민들 사이에서 논의된 것이었는가에 관한…….

활동가B : 주민분들도 그런 말씀이 있었죠. 그 전부터 그런 얘기가 있었죠. 그 전에, 그 2014년도 지방선거 때에도……. 우리가 내부에서 밀양 시의원을 내자, 진지하게 논의를 했어요.

김영희 : 근데 어쨌든 그런 생각들은 주민들이 먼저 제안하신 건 가요, 그거는?

활동가B : 아아, 그렇죠. 저희도 그렇게 생각했고……. 시의원 한 사람 있는 게 얼마나 큰 힘이 되는지…….

김영희 : 그러니까, 저는 좀 궁금했던 게, 선생님이 출마하신 것도 그렇지만, 그 무렵에 그래서 다 녹색당을 가입하게 되시잖아요, 많은 분들이. 그래서 그런 것들이 정치적인 그런 문제의식에 나온 것인지, 아니면 우리가 사랑해 마지않는 활동가B 선생님이 나오니까 당연하게 여겨서 하신 건지……. (웃음)

활동가A : 에이, 그거죠. (일동 웃음)

활동가D : 후자예요.

활동가C : 후자라고 생각합니다.

김영희 : (웃음) 근데 저는, 제가 좀 깜짝 놀란 건……. 제가 서울에서도 녹색당 당원들을 보는데, 어르신들 뵈니까 굉장히 열심히 활동하시는 당원들이시더라구요. 그래서 여쭤보는 거예요. 예를 들면 녹색당에서 대의원대회나 이런 거 하면 이슈에 대해서 서로 막 열정적으로 논의를 하시고 서울로 직접 올라오시기도 하고……. 제가 인터뷰 갔었는데 그런 얘기를 하고 계시고 그런 모습을 뵈었었거든요. (웃음) 그래서 저는 정말

로 사랑해 마지않는 활동가B 선생님이 나오셔서 그런 것만이
아니라……. 그러니까 이게 뭐, 그냥 우스갯소리처럼 얘기하
지만, 송전탑 건설 반대 관련해서 여러 가지를 시도하시다가
주민들이 이제 뭐, 우리의 목소리가 어떤 전국적 범위에서 공
론화될 수 있는 뭐 그런 계기를 찾아보자 하시면서, 그런 것
들을 자꾸 찾으시면서 스스로 그런 계기를 만들어가는 과정
에서…….

활동가B : 그, 공론화도 공론화지만요. 주민들이 그 정치의 절박
함에 대해서 몸으로 정말 뼈 깊게……. 저도 마찬가지지만 아
까 저, 법사위나…….

활동가A : 국회도 많이 갔다 왔으니깐요. 직접 많이 오셨죠.

김영희 : 그러니까 우리의 목소리를 대변할 사람이 필요하다 해
서…….

활동가B : 그렇죠. 정치가 정말 중요하구나. 우리가 밀양에서 아
무리 난리를 치고 해도, 국회의원 한 놈이 털거나, 아니면 대
의하거나 그 힘이 어마어마하다는 걸……. 그런데, 막상 우
리가 가보면, 그렇게 새벽차 타고 서울 올라가고 이래 해보
면, 우리는 밀양에서 국회 올라왔다고, 뭔가 소식이 있을 줄
알고, 그렇게 기다리고 전화해서 '우예 됐노 우예 됐노', '누구

만났노' 이래 하시는데 막상 가보면 그들은 너무 바쁘고…….
보조관들은 밀양, 물론 열심히 도와주시는 분들은 좀 다르지
만, 대부분 의원실에 어디 보좌관들은 이렇게 쌓여 있는 파일
더미에서 겨우 밀양을 찾아서…….

김영희 : 민원 중에 하나…….

활동가B : 그 많은 민원인 중에서 하나이고……. 우리는 온리원
(only one)인데 그들에겐 원오브뎀(one of them)이니까…….
우린 지금은 그 뎀, 원오브뎀도 안 되는 거죠. 정치가……, 말
하자면 그런 거죠. 현장에서 벌어지는 수많은 투쟁과 갈등을
이슈화하고 제도화하고 조정하는 게 정치의 몫인데, 병목이
라는 표현을 했거든요. 엄청나게 많은 사람들이 병목 입구에
줄지어 서 있는데, 그 정치라는 병목을 통과하지 못하면 아무
것도 아닌, 없는 일이 되어버린다는 거예요.

김영희 : 그런데 선생님이 아까 말씀하신, 예를 들면 정치인은, 국
회의원이나 이런 사람들은 어마어마한 권한과 힘을 가지지만
정치라는 장 자체는 그런, 말씀하신 것처럼 단순한 민원을 처
리하는 창구가 아니라 민원을 해결할 수 있는 시스템이나 기
제를 갖춰야 되는 건데, 그걸 갖추고 있지 못하다는 점에서,
아까 무력하다고 말씀하신 거 아니었을까요?

활동가B : 예, 그렇죠. 아까 운반체라고 표현했지만 그러니까 정치 또한 그, 이 압도적인 힘의 질서를 고스란히 재현하고, 운반해주는, 그걸 조정하고 보정해주는 게 아니라, 그 힘의 관계를……. 그냥 고스란히 재현하고 심지어는 확대재생산하는……. 그게 좌절인 거죠.

김영희 : 선거 이후에는 그것에 대해서 주민분들과 뭐 논의를 하시면서 서로 평가를 하시거나, 혹은 활동가들 사이에서 평가하시거나 그런 게 있으셨던가요?

활동가B : 선거 이전에…….

김영희 : 이후에…….

활동가B : 이후에요?

활동가C : 선거에 대한 평가요? 선거에 대한 평가…….

김영희 : 그러니까, 이게 참 애매했을 것 같아요. 왜냐하면 여기 단위에서 딱 적극적으로 선거를 내보낸 것도 아니고…….

활동가B : 밀양대책위의 공식적인 활동이 될 수 없잖아요.

김영희 : 그러니까, 그러니까.

활동가B : 예, 그랬기 때문에…….

활동가A : 저는 그랬죠, '동의하진 않는다'…….

김영희 : 아, 나갈 때. 어허허허허. (일동 웃음과 잡담)

활동가A : 이게 참 애매해요. 그래도 어쨌든 한 단위잖아요. 구체
적인 한 단위예요. 이 대책위와 연관 맺는 부분에 있어가지
고. 연결시키는 게 만만치는 않았죠. 그래서 활동가B 선생님
도 정말 고민 많이 하셨고……. 그래서 그걸 위해서 이제 조
금 구분을 해보려고 했던 부분들도 있었구요. 그런데 주민들
은 전혀 상관하지 않았죠. '그게 무슨 상관이냐'…….

활동가B : 대책위 일이었지.

활동가A : 어르신들에게는 그런 구분 자체를 두지 않았죠. 않았는
데 이제, 대책위 입장에서는 그건 구분을 좀 둬놔야죠. 둬놓
을 필요가 있는 거죠. 필요하다고 생각을 했구요. 주민들에게
는 그냥 하나의 정치적인 장에서 그, 송전탑 문제를 풀어내는
하나의 계기로 만들어갔고, 또, 당연히 활동가B 선생님께서
도 그 목적으로 당연히 했다는 것에 대해서 누구도 의심하지
않았기 때문에, 그렇게 이루어졌고……. 모르겠어요. 평가가
막 따로 있지는 않았는데 평가라고 하면, 그러면 저거겠네요.
다음엔 민주당 당원으로 나가야죠. (일동 웃음)

활동가C : 아쉬움이죠. 그……, 박주민 변호사님이 되는 거 보면
서, 우리도……, 나름 그런……, 일종의 기대 같은 것들은 가
지고 있죠. 그래서 지금이라도 한 번 더 나가라고……, 얘기

를 하시는 거 아니겠어요?

활동가D : 지금 나가면 안 될 것 같은데…….

활동가C : 지금 나가면 안 되지. (일동 웃음)

활동가B : 그런 부담은 있었죠. 계속 그……. 제가 이, 연관도 없
는, 주민도 아닌, 송전탑 일을 계속 하는 것에 대해서, 지역사
회에서, 점마(저 사람) 저거 결국은 뭐, 출마하려고, 정치할라
칸다는 그……거를…….

김영희 : 증명하게 되는 거니까…….

활동가B : 입증하게 되는 거고, 실제로 또 그 대책위 활동과…….
어쩔 수 없는 그런, 뭐랄까, 뭐……, 정치적 중립이라는
그……. 허상에, 허상이 쳐놓은 그물에 스스로 포박되는 거를
각오해야 되는 일인가.

활동가C : 맞아요. 술 먹으면서 그런 얘기 했었어요, 그때. 사람들
이……, 활동가B 선생님이 막 하는 거 보고 지어내서……, 저
거 무조건 정치……한다 했을 때 저희가 치, (비웃으면서) '저
건 무슨……' 이러면서 했었는데, 진짜로 나갔어. 하하. (웃음)
그런 일은 없을 것이다, 이래 생각했는데…….

활동가B : 그것도 되게 스트레스였어. 설득시키는 것도 스트레
스니까. 잘돼야 되는데……. (녹음기를 옮기며) 이것……….

또⋯⋯⋯. (녹음기를 옮김)

김시연 : 제가 할 일을⋯⋯. (일동 웃음)

10년을 넘기고 다시 출발점에서

김영희 : 2016년 여름에는 6·15 행정대집행 행사 하셨잖아요. 그
    때는, 그죠?

활동가D : 그렇죠.

김영희 : 그때, 그 무렵에⋯⋯.

활동가C : 와, 그때 진짜 시끄러웠는데⋯⋯.

활동가D : 그때 좀 빡셌어요, 그때는⋯⋯.

활동가B : 제주도 강정 흉내 내다 말았지.

활동가D : 그때는 할머니 길을 따라 걷자 하고, 답사도 두 번인가
    하고, 한쪽에 한 17키로에서 21키로 정도 양쪽 동화전에서 출
    발하고 평밭에서 출발해서 만나는 거예요. 도곡에서.

활동가A : 니가 그것 땜에 수술했구나?

활동가D : 하하하하. (웃음)

활동가D : 두 번 골절.

2차 인터뷰

김영희 : 아, 그게 그 도곡댐에서 행사했을 때 아니에요?

활동가D : 네, 맞아요. 양쪽에서 걸어와서 도곡댐에서 모인 거거든요.

김영희 : 근데 그날은 다 멀쩡해 보이셨는데…….

활동가D : 아, 네. 근데 생각해보니까, 쉽게 할 수 있었는데 일부러 어렵게 했더라구요. 그래서 올해는 좀 쉽게 했죠, 행사를.

김영희 : 그쵸, 올해는 다들 타협하시더라구요. 쉽게 중간에 올라가겠다고……. (웃음)

활동가D : 그래도 뭐……. 그래서 어쨌든 그 행사가 좀 빡센 행사였고…….

김영희 : 그때도 생각보다 많이 오셨던 것 같아요.

활동가D : 네. 그때도 한 300명?

김영희 : 연대자들도 오시고, 하자센터에서도 오시고, 네.

활동가D : 그래서 선거가 4월 13일날 끝났나? 총선 끝나고 좀 패닉 상태……. 0.7프로 나왔잖아요, 한 두세 달 미친듯이 뛰어다녔는데…….

활동가A : 765, 765. (일동 웃음)

김영희 : 진짜 0.7프로 나왔어요?

활동가D : 76.

김영희 : 진짜요?

활동가B : 녹색당이 전부 다 투표.

활동가D : 그래서 하여튼 좀 패닉 상태에 있다가.

활동가C : 그, 저 뒷자리는 안 나오죠, 0.76. (웃음)

활동가D : 술을 좀 먹고, 저희가 이제 행사를 해야 되는 거라고 4월 말쯤 정신을 차려서, 그때 한 주 동안 빡세게 준비를 해가지고, 그렇게……. 활동가B 쌤은 정신을 덜 차리셔서 해외도 한 번 갔다 오셨어요, 수양하러…….

활동가C : 그런 디테일한 것까지는 왜 얘기하는데?

활동가D : 왜요, 내가 졸라 빡셌는데……, 없었다고. 그런 건 기억한다고. (웃음)

활동가C : (녹음하는 이들을 바라보며) 얘 이야기 좀 많이 빼 주세요. (웃음)

활동가D : 그리고 행사를 하고 나서, 대집행 행사를 하고 나서는 뭐했지? 행사를 하고 나서는?

활동가A : 거, 제주도 갔다 왔지.

활동가D : 예. 할매 합창단이 또 히트를 쳐가지고……. 이 합창단 단원들을 데리고 강정에서 생존평화대행진 마지막 날 공연을 하러 갔다가 왔죠. 그리고 9월달부터 농활을 받았고…….

사랑방을 이제 고정, 상동을 요고를 모아서 한군데 지어야
되는데, 농활 마을 하나를 못 쓰니까 되게 열악하잖아요, 샤
워를 할 수가 없고. 음식을 제대로 해 먹을 수가 없고……. 남
자, 여자 공간 분리가 안 되고 그러니까……. 농활을 온다고
해도 받기가 되게 힘든 거야. 아니면 회관에 있는 마을만 계
속 보내줘야 되거나……. 그래서 컨테이너 세 동을 모아 가
지고 샤워실하고 그 뭐냐, 주방하고 화장실 짓는 일을 한 10
월달…….

활동가A : 9월달부터 했지.

활동가D : 9월달부터 했죠. 10월…….

활동가B : 노가다했지.

활동가D : 예. 노가다했죠, 거의. 막 하수구 막혀가지고 뚫고…….

(웃음)

활동가B : 아직도 못 뚫었어요.

활동가D : 으하하하하하. 그리고 농활을 받고…….

활동가B : 배수구.

활동가D : 11월 2016년 11월달에 뭐했지?

김영희 : 아, 그 무렵에, 그 저기 마을…….

활동가D : 마을공동체 파괴 현황 조사를 했죠.

김영희 : 제가 했잖아요, 그걸. (웃음)

활동가D : 그쵸, 그걸 준비하기 시작했어요.

김영희 : 마을별로 갈등이 되게 고조돼가지고.

활동가D : 맞아요, 맞아요.

활동가B : 그때 완전히 촛불 국면이기도 했고, 그리고⋯⋯.

활동가D : 맞아요. 촛불. 그리고 탄핵한다고 막 서울 갔다오고⋯⋯.

활동가B : 주민들하고 밀양에서 촛불 들고⋯⋯.

활동가C : 맞아요. 주민분들도 많이 가셨다.

활동가D : 그리고, 매주, 매주 시국대회 했거든요.

활동가B : 밀양 시가행진하고 이러는 걸⋯⋯.

촛불시위와 탄핵 정국

김영희 : 그 탄핵 국면에 접어들면서부터는 밀양시내에서의 분위기는 좀 달라졌나요? 송전탑 문제는 그런 것과는 좀⋯⋯.

활동가B : 그렇진 않았구요. 그때 우리도 기자회견하고 하면서 뭐⋯⋯.

활동가D : 저희 내의 분위기가 좀 달라졌죠.

활동가B : 그때 뭐 '밀양 할매 짓밟는 것도 최순실이 시키더냐', 막 이러면서 인제……. 그거 물고 늘어지면서, 그게 이제 좀 결부되기 위해서, 결부되……, 시키고자 이런 활동이 있었던 것도…….

김영희 : 이야기가 나온 김에 제가 좀 궁금해서 여쭤보는 건데, 그 박근혜 탄핵이나 촛불 정국에서 막 나왔던 이슈와 그 목소리 들하고, 송전탑 반대 이게 완전히 겹쳐지는 건 아니잖아요? 그 이유가 뭐라고 생각하세요? 예를 들면 밀양 안에서도, 예를 들면 박근혜 탄핵에 찬성하거나 박근혜는 쫓아내야 된다고 생각하는 사람 중에서도, 송전탑은 그래도 뭐, 있을 수밖에 없다거나 이렇게 생각하는 사람들이 많지 않나요?

활동가B : 예, 그렇죠, 맞아요.

활동가D : 그렇죠. 그런 사람들도 있어요. 실제로 시국대회하는데 주민들 나오면, '아이 끝난 거 아입니까?'…….

김영희 : 그런 이유는 뭐라고 생각하시는지?

활동가B : 그러니까, 그…….

김영희 : 고민해보셨을 것 같아서.

활동가B : 그러니깐, 그, 우리가 생각하는 적폐에……. 우리가 생각하는 물론 당시의 그 상황적 한계도 있겠지만, 오늘 기자회견까지 연결되는 얘긴데……. 적폐에는 단순히 최순실이라고 하는 단순히 그 뭐랄까 선정적인 그런 비리와 그리고 국정, 어떤 요인들에 의한 국정농단……. 약간 왕가의 드라마와 비슷한, 이런 그 뭐랄까 흥행성 같은 걸 띠는 이슈였던 거에요, 사실은. 우리는 적폐라 하면 실제로 그게 어떻게 정치의 과정에서 투영이 되어서 우리의 삶에 왜곡되는 건지를 얘기해야 되는 건데, 저희들은 계속 '이 최순실 적폐가 우리 삶의 수많은 이슈들에 연결되었을 것이다', 그중에 우리는, 그래서 실제로는 이런 얘기를 했었죠. 그 김영한 민정수석 수첩에…….

활동가D : 우리가 적혀 있지 않을까…….

활동가B : 밀양 얘기가 적혀 있지 않겠는가……. 김기춘에게 밀양이 관심 사안이었다고 했는데, 실장 김기춘이가……. 저희가 또 그 당시에, 고 시절에 도청당한 느낌도 있었고……. 뭐 '너른마당' 압수수색 한다는 얘기를 실제로 총리실에서 저한테 흘리고, 저 신상을 턴다는 얘기도 하고 그런 얘기 있었거든요, 그 당시에. 그담에 그때 가톨릭 그쪽으로도 그런 조사가 분명히 있었을 거라고 생각하는데…….

활동가A : 있었겠죠. 그게 누락됐죠, 국정조사에서…….

활동가C : 그 수첩에…….

✛ 인터뷰가 진행된 2018년 1월 17일 오후에 밀양 765kV 송전탑 건설 반대 대책위원회는 경남도청에서 사법부와 산업통상자원부를 비판하며 정부가 '적폐청산'에 나설 것을 촉구하는 기자회견을 진행했다. 당시 송전탑 건설 반대 운동에 참여한 주민들은 마을 내 다른 주민들과의 갈등에 시달리고 있었고 이것은 모두 송전탑 건설 추진 과정에서 한전이 주도한 몇 가지 일들이 원인이 되어 공동체가 해체 위기에 직면한 데 기인한 현상이었다. 한전이 보상을 통해 송전탑 건설 찬성 주민들을 포섭하고 이 주민들을 통해 마을 주민 전체를 설득하는 일련의 과정을 진행했는데 이 과정에서 많은 불합리한 일들이 있었다. 이 일들에 대한 주민들의 고소, 고발이 있었는데 법원의 판결은 주민들이 기대할 만한 수준으로 진상을 규명하는 것이 되지 못했다.

활동가B : 에. 여러 가지 그러니까 그, 뭐 그 당시의 상황적 한계라는 생각을 하는데, 정말 우리가 민주주의를 지킨……다는 것은, 그냥 그런 흥행적인 왕가의 드라마 같은 이런 얽혀 있는 스토리를 밝히는 게 아니잖아요. 결국 이게 고스란히 밀양 주민 투쟁이 고통을 겪고 있는 것처럼……. 우리가 생각하는 민주주의의 불안정함이죠. 이제 늘 6월항쟁을 늘 이야기하는데……. 《한겨레》에 나왔던, 그 6월항쟁을 그 최순실 게이트 이후의 탄핵이 과연 넘어섰는가 하면, 비관적인 거죠.

김영희 : 그, 요 얘기를 좀더 들어보고 싶은데, 예를 들면 지금 말씀하신 거를 제가 저의 생각으로 이렇게 얘기를 해보면, 예를 들면 적폐라고 하는 게 어떤 구조거나 관습이거나, 어떤 문화거나 이런 부분들인데 그게 어떤 개인을 몰아내거나 이런 게 아니라……. 이런 것들이 사실은 최순실이나 박근혜라는 인

또한 한전의 부당행위에 대한 감사를 요청한 상태였는데 이에 대한 정부의 반응 역시 미온적이어서 주민들이 이에 대해 적극적으로 문제제기를 시작한 것이었다. 2016년 하반기 한국사회를 휩쓸었던 촛불시위와 대통령 탄핵 정국을 거쳐 2017년 대통령선거 국면에 이르기까지, 한국사회 담론장에서 가장 크게 울려 퍼진 목소리는 '적폐청산'이었다. 송전탑 건설 반대 운동에 참여한 이들은 한전이 주도한 밀양 송전탑 건설과 이 과정에서 이루어진 공권력 개입 역시 청산되어야 할 '적폐' 가운데 하나라고 규정하고 이 문제의 해결을 촉구하기에 이른 것이다. 또한 이 기자회견은 공론화위원회를 통해 신고리 원전의 문제를 더 이상 말할 수 없게 된 상황에서도 여전히 자신들이 살아가는 마을공동체나 지역사회 내에서 수많은 갈등에 직면해 있는 마을 주민들의 이야기를 사회적으로 발화하는 자리이기도 했다. 탈핵을 주요 정책 기조로 내건 정권하에서도 여전히 자신들의 생각을 명백하게 밝힐 수 없고, 더구나 이제는 이를 청취하려는 사람들조차 사라져가는 현실을 활동가들은 특히 더 가슴 아프게 여기고 있었다. 마을에서 살아가는 이들에게 송전탑은 여전히 지속되는 '오늘의 현실'인데, 사회적으로는 이것이 이미 '지나갔거나', '해결된' 문제로 간주되는 현실이 주민과 활동가들을 가장 고통스럽게 만드는 상황인 것으로 보였다. 이 때문에 기자회견이 있었던 2차 인터뷰 자리의 분위기는, 특히 활동가B가 기자회견장에서 돌아온 이후의 분위기는 대체로 침통하게 가라앉은 상태로 지속됐다.

물들로 표상된 어떤 일들을 가능하게 한 구조나 문화가 있는 건데 그 자체를 문제 삼는 게 아니라 고 사람들만 몰아내는 방식으로 이제 되어 있다는 말씀이신 거죠? 촛불에 그런 한계가 있다고 말씀하시는 거죠?

활동가B : 예, 실은 수많은 최순실이 있는 거잖아요?

김영희 : 네, 저희 주변에서도 알 수 있듯이…….

활동가B : 산업부의 지금 박○○이 같은 놈은 산업부의 최순실이고……. 산업부의 국장인지 그놈이 '내가 전력수급계획을 다 했네' 하면서 발전사들을 막 휘어잡는 놈이거든요.

김영희 : 뭐하는 사람인데요?

활동가B : 산업부 전력산업, 에너지사업 정책관인데…….

활동가A : 정책관은…….

활동가B : 그니까 전력수급계획 짜고 요번에 뭐, 그 뭐야, 화력발전소 다 새로 가동되게 한 거는…….

활동가D : 우리가 높은 사람을 쌩깠네.

활동가B : 그런 애들의 작업인 거거든요.

활동가A : 전임은…….

활동가B : 가스공사 사장이었고…….

활동가B : 요즘 뭐, 예. (머뭇거리며) 그니깐 민주주의는 기본적

✦ 이번 인터뷰에 앞선 구술에서 몇몇 활동가들이 촛불시위 과정에서 느낀 괴리감에 대해 언급한 바 있었다. 이에 관한 대화를 이어가고자 인터뷰어가 본인의 관점에서 정리한 핵심 쟁점을 먼저 말한 후 질문을 이어가는 방식을 취했다.

으로 덧셈의 정치, 덧셈의 정치인 건데, 덧셈의 능력인 건데……. 최순실을 보면, 뭐, 최순실 더하기……. 어……, 또 다른 최순실, 또 다른 최순실 이렇게 더해지는 거잖아요? 에, 만약에, 이 최순실의 적폐가 예를 들면 문화……에 블랙리스트에 관여를 했다, 예컨대……. 관련됐다면 문화 말고, 에너지에는, 혹은 언론에는 뭐에는 뭐에는 뭐에는 이렇게 계속 더해가는 게 인제 민주주의고 그 유추의 능력이 저는 그 민주주의 자유의 역량이라 생각하는데, 그러지……, 그럴 수……, 그러지 못했던 거죠, 예. 결국 여전히 그 민주주의의 병목은 그대로 작동하는 거예요, 지금도. 예.

김영희 : 그게 사실은 공론화위 이야기는 나중에 우리가 다시 하겠지만 공론화위 이후 최근에 지금 느끼시는 심정과도 연관이 있을 것 같은데요. 그런 면에서 촛불……의 한계에 대해서 공감하세요?

활동가B : 거의 일치할 거예요, 우리는.

활동가D : 촛불을 많이 안 나가봐가지고…….

김영희 : 나가셨을 때 어떠셨어요? 촛불집회에서 나오는 구호라든지, 뭐 여러 가지…….

활동가D : 저희는 밀양에서 집회할 때는 맨날 똑같이, 200차 하던 거 그대로, 구문 바꿔서 했던 거고…….

김영희 : 그때 나왔던 다른 주민들이, 예를 들면 시민들이, 밀양송
전탑 반대 주민들이 나오시면 '느그 아직도 안 끝났나' 이런
얘기하시는, 그런 것들도 있으셨다는 거잖아요?

활동가D : 근데 그때는 사실 살짝 기대도 있었어요. 뭐, 이렇게 될
줄……, 모르기……, 몰랐을 때니까……. 아니 뭐 어쨌든 '이
렇게 터지다가 우리 것도 하나 터져주면 좋겠다'…….

김영희 : 음…….

활동가D : 그런 기대감이 있었고……. 그런데 그게 어쨌든 결과
적으로는 안 됐던 거고……. 탄핵되고……, 나서부터는 걱정
이 더 커졌던 것 같아요. 분명히 뭔가 정권이 바뀔 거고 우
리……랑 대화할 파트너도 바뀔 텐데, '얘네가 과연 이 주민
들이 기대하고 있는 만큼의…… 요구를……, 수용을 할까?
들을까?' 그런 생각을 해봤을 때 비슷한 놈들……일 거란 말
이에요. 그런 일 하는 지금의 국장 보는 것처럼 일하는 놈들
은 다 그대로고……. 그냥 최순실, 박근혜 대신 문재인이 그
자리에 들어간 거 말곤 없는 거잖아요? 아직까지는. 앞으로
도 그럴지도 모르지만……. 그래서 되게 탄핵되고 3월달부터
는 계속 그 걱정이 있었던 것 같아요. 그래서 우리의 요구가

어쨌든 정리가 되어서 얘기가 시작되면, 지금은 시작조차 못한 최악의 상황이지만……. '쟤네가 들을까'라는 고민을, '안 들을 거 같다'는 감이랑, 계속 왔었는데……. 어 그냥, 어쨌든 현실화된 거고……. 언제부터 제일, 이제 힘이 촛불을 이렇게 했는데, 해서 대통령이 바뀌었는데, '아 우리한텐 아무런 효과가 없구나' 느껴지기 시작한 거는, 고리 1호기 폐쇄한 날 6월 19일이에요?

활동가A : 6월 19일.

활동가D : 6월 19일날, 그날 문재인이 공론화 얘기를 처음 꺼냈잖아요. 그러고 나서 공론화가 시작되면서부터 이제 안 좋은 감이 있었죠. '이게 안 되겠구나'…….

김영희 : 더 어려울 수도 있겠구나…….

활동가B : 하……. 그날……. (헛웃음) 끅끅끅끅끅. (말을 잇지 못함) 아이고……. 이거 이거 참…….

마을공동체의 파괴와 주민들의 고통

김영희 : 그……, 공론화위 가기 전에 하나만 더……. 이제 사실

✦ 이날 인터뷰 도중 활동가B는 감정이 올라와 여러 차례 말을 잘 잇지 못했고 나중에는 눈물을 보이기도 했다. 다른 활동가들도 인터뷰 후반부에 다다를수록 감정이 올라와 말을 잘 잇지 못했는데 인터뷰 당일의 기자회견장에서 지금 발언하고 있는 '좌절감'을 크게 느꼈기 때문인 것으로 보였다. 공론화위원회 이후 활동가들이 느끼는 무기력과 좌절감, 혹은 상실감은 송전탑 건설 반대 운동의 전 과정에서 경험한 것 가운데 가장 큰 것처럼 보였으며 이는 주민들 역시 마찬가지인 듯 보였다.

은, 마을공동체 상황은 지금까지도 계속 악화되고 있는 건데요. 그러니까 예를 들면 한전이 했던 여러 가지의, 그 어른들이 말씀하시는 '돈지랄'……. 어쨌든 그런 것들의 여파로 인해서 실제로 찬반으로도 갈라졌지만 반대 주민 내에서도 이제 계속 갈등이 생기고, 또 합의를 새로 하시는 분들이 생기고, 또 그런 것들이 주민들한테 더 여러 가지 어려움을 주시고, 뭐 또 마을공동체 자체 안에 여러 가지 문제들이 생겨서 마을을 기반으로 살아가셔야 되는 주민들이 겪는 어려움이나 고통, 이런 것들이 점점 커지는 상황을 지금도 보고 계시고, 그러실 때 활동가들의 고민은 어떤 건가요?

활동가B : 아, 그런 게 좀 뭔가……. (일동 웃음)

김영희 : 활동가D씨는 어떠신지?

활동가D : 활동가A님은 어떠신가요?

김영희 : 하하하하. (웃음)

활동가A : 아휴, 질문 어렵다.

활동가D : 솔직하게 이야기하면, 뭐…… 어르신들이 마을에서 되게…… 힘들어하는 걸 보면…… 끝났으면 좋겠어요. 쟤네들이 뭐 하나의 건덕지라도……, (헛기침) 잡혀서……, 최소한 인정을 해서 주민들이 그만 이제 이…… 대책위가 계속 바깥

✦ 감정이 올라오는 듯 보이는 활동가B에게 계속 말을 이어가게 할 수는 없어서 인터뷰어가 다른 질문으로 분위기 전환을 시도했다.

에 다니고, 뭐 이런…… 밀양 말고 다른 송전탑, 전송넷 같은 활동들을 하고, 근데 그런 걸 원치 않는 어르신들, 그리고 인제 그만하고 싶어 하는 어르신들……. 이 마을 안에서 잘 지낼 수 있는 환경이…… 조성이 됐으면 좋겠거든요.

김영희 : 그분들이 마을 안에서 잘 지낼 수 있는 환경이라는 게 어떤 거예요?

활동가D : 그러니까 어……, 솔직하게 이야기를 하면, 한전에서 잘못했다고 이야기하고 이제……, 그러면 인정을 했으니……. 뭐, 보상이 있을 거 아니에요? 그러면 주민들이 보상을 받고, 음……, 찬성 주민들과 반대 주민들이…….

활동가A : 화해하고…….

활동가D : 화해하고, 그리고 마을 안에서 같이 합의해도 되고……. 잘 지내는 사람들이 오히려 더 나을 수도 있겠다……, 라는 생각이 문득문득 들거든요. 갈등이 완전 심화될 때는……. 그런데 또 거기서 드는 걱정은 그러면 분명히 또, 그, 그 과정을 겪기 싫은 더 소수의 주민들이 있잖아요, 주민 활동가들이. 근데 그분들이 그러면 '더 더 더욱 고립될 건가'라는 걱정을 해보면, 또 불가능한 이야기가 되는 거죠, 그거는. 그래서 어쨌든 마을 안에서 갈등들이 격화되는 상황들을

✚ 주민들의 발언에 의하면 한전은 처음부터 끝까지 보상금액을 들고 주민들을 회유하고 압박하는 데 집중했다. 송전탑 건설의 당위와 위험성, 혹은 양자 사이의 타협책 등에 대해 제대로 논의하는 과정조차 없이 처음부터 '송전탑 건설에 합의하면 마을에 얼마를 주겠다'거나 '송전탑 건설에 합의하겠다는 개인의 합의서를 받아오면 한 명당 얼마를 주겠다'식의 대응을 일삼았던 것이다. 마을 주민은 이것을 모두 '돈지랄'이라는 말로 표현했다.

보면 '빨리 최소한의 합의가…… 이루어져서 주민들이 싸우는 것만 멈췄으면 좋겠다' 하는 생각이 들 때가 있죠.

김영희 : 뭐 하나라도 해결이 되어서……. 활동가A님은 어떻게 생각하세요?

활동가A : (몇 초의 침묵 후에) 밀양…… 싸움이 그래도 힘을 받았던 것 중 하나가 어르신들, 뭐……, 당연히 어르신들이 해내신 몫이 있기도 한데, 저희들의…… 1차적인 연대자가 여기 사람들인데, 어……, 기본적으로 밀양 사람들이에요, 그냥. 어, 뭐…… 언제부터 밀양 사람이느냐가 중요한 게 아니라, 밀양에 산다는 게 중요한 거죠. 밀양에 뿌리를 내리고 사는 사람들……. 뭐…… 가까운 청도가 어려웠던 이유가 청도에 사는 사람이 없어요. 다 주민들 외에는, 다 대구나 인근 도시에서 연대를 오고 잠시 머물 순 있지만 그 이상의 더 강한 연대는 불가능한 거죠. 어……, 소싯적 강정에 대해 제일 좀 우려하는 것 중 하나가 그거였거든요. 연대자와 주민이 뚜렷이 달라 보여서……. 포지션도 달라지고……. 어쩔 수 없는 게 이게 삶이 굉장히 섞이지 않는 부분들……. 또 우리 주민들은……, 어르신들이 이 연대자에 대한 외연이 대단히 넓어요. '느그는 모른다 우리 얼마나 힘들었는지' 이런 얘기 많이는 안 하셔요. 그니깐, '느그들이 있으니까 우리들이 한다' 이런 얘기를 오히려 더 많이 하셔요.

김영희 : 훨씬 더 많이 하시죠.

활동가A : 예, 예. 그래서, 그 이……, '너희들은 결국 떠날 놈들이잖아' 하는 얘기들이 원래 어느 현장이라든지 일반적으로 겪게 되는 이제 활동가들의 어려움일 수 있는데 어르신들은 그런…… 장벽은……, 저는 별로 많이 느끼지는 못했어요.

김영희 : 가족같이 느끼시는 것 같아요.

활동가A : 예, 예. 뭐, 그 컸던 거는 밀양에 사는 사람들이 이제 제일 처음으로 봤던, 당신들에게 함께 일을 했던 사람들은, 첫 번째 사람들은 밀양 시내에 있는 사람들이었죠. 그, 이질감도 별로 없었고, 그래서 같이 피해를 입는단 생각을 했고, 그걸 통해서 이제 외연이 확대……된 거였는데……. 하……. 참, 그 어려운 부분이 있죠. 저도 어려운 부분인데……. 으음……. 그렇게 저는 이제 이런 활동가D가 얘기한 것 같은 그림이 될 수 있을까? 그때 우리가 봤던 나리타 공원, 싸우던, 그 일본에, 그……걸 보면 엄청, 몇 년이야 그게, 19년, 20년.

활동가B : 40년.

활동가A : 예, 뭐 이런 흘러가는 흐름들을 보면서 '우리 어르신들은 어떨까'……. 저는 그, 다른 데서 한번씩 이렇게 언급하고 있는데……. 그, '어르신들에게 옛날로 돌아가란 말 하지 마라', 돌아갈…… 과거가 없다고……. 이미 당신들 삶 속에서……. 집도 옮겨왔잖아요. 농성장이 집이었는데요. 그, 거기는 뭐 잠시 있었던 별장이 아니라 집이었는데……. 이미…… 거기서 밭을 일구고도 살았고……. 그랬는데 이분들에게 옛날로 평화롭게 돌아간단 말은 불가능하고……. 어…… 그런…… 느낌들……. 그래서 일부는 바뀌었고, 스스로가……. 이제 스스로 바뀌었기 땜에 돌아갈 순 없는데……, '참 많이 힘드시겠다', 이제……, '많이 힘들겠다'……. 뭐, 몸이 자꾸 안 좋아지시고 하는 것이 있고, 이제 증상이 있는 거죠. 증상이 있고……. 그런데…… 하…… 이분들이 얼마나 좀 자존감을 갖고 살아갈 수 있는가, 결과에 상관없이……. 그렇게 할 수 있는가……. 그래서 이분들이 다른 분들과 완전히 화해하지 않더라도……. 이제……, 그, 살아갈 수 있는, 그런…… 정서적인, 심리적인, 이제 공간을 확보하는 것……. 딴 데서는 안 돼요, 무조건 마을에서 확보해야 되죠. 딴 데서 확보하는 거는 결국은 오래갈 수가 없기 때문에 삶의 공간에서 그걸 확보해야 되는데, 글쎄 뭐……. 어렵죠. 저도 그래서 찬성했던 주민들과는 화해했음 좋겠어요, 언젠가는……. 화해할 수 있으면 좋겠는데……. 좀…… 그런 것들이 되면 어떨까……. 그래서 청도 같은 경우 참, 쪼끔 좋은 모습이었어요. 지금 아직 확정되지는 않았지만 청도는 어떻게 됐든 거기에 보상금을 받아서, 마을…… 저거…….

활동가B : 회관?

활동가A : 회관을 하나 새로 만들어버렸어요. 그래서 구 회관을 이분들이 쓸 거에 대한 것들로 지금 합의를 보고 있더라구요. 어찌 됐든 마을 안에 이런 공간을 공식적으로 확보할 수 있다는 것들도 정말 저는…… 하…… 그걸 보면서……. 우리 주민들이 마을 안에서 심리적으로, 정서적으로 누릴 수 있는 공간과 그런 것들을 확보하는 것들……. 그래서 뭐, 어쩔 수 없이 완전히 지금 당장 뭐 화합적으로 결합하는 건 어렵더라도, 공존하면서도 서로 싸우지 않을 수 있는, 그런 지점까지 가면서 좀 뭔가를 모색해야 되지 않을까……. 뭐 언젠가는 이게 사랑방도 아니고……, 사랑방도 필요 없고, 정식 공간이 확보되면서 이게 갈 수 있는 여지는 결국은, (쓴웃음) 한전과 정부죠. 사과를 하고……. 어, 이 공동체를 회복하기 위한 흐름들을 만들어내는 것들……, 좀 필요하지 않을까 하는 생각이 들어요.

김영희 : 청도는 마을회관을 송전탑 반대 주민들이 자기, 본인들 돈으로 세운 건가요?

활동가A : 아뇨, 아뇨. 원래 있던 거를…….

활동가D : 원래 있었는데, 찬성 주민들이 이 공동사업비로 다 때려부어서 새로 회관을 짓고, 이 반대 주민들은 찬성, 그 찬성 주민들이 있는 곳에서 [활동가A : 새로운…….] 살기가 싫잖아요. 그래서 구 회관을 쓰겠다고 몇 달을 싸우서서 지금 구 회관을, 이제 물리적으로 얻어놓고 이 구 회관을 팔, 마을 안에서 팔 거냐, 부술 거냐, 뭐뭐 결정을 할 거잖아요. 그걸 찬성 주민들 하고 '우리가 계속 쓰겠다' 하는 방향으로 합의를 보려고 하고 있는…….

활동가B : 근데 그동안이 되게 눈물겨웠죠.

활동가A : 그쵸…….

활동가B : 구 회관을, 새 회관을 짓고 나서 반대 주민들이 쓸까봐, 열쇠를 채워놓고 해가지고, 이 할머니들이 회관을 갈 수가 없잖아요? 그러니깐 그 더운데 예전에 농성장으로 쓰던 농막, 거기서 그 에어컨도 없는 데서 막 찌는 듯이 그 시절을 보내셨죠. 그러다가…….

남어준 : 작년.

활동가B : 예. 서울대학교 학생들이 농활 왔을 때 이제 저희가 삼평역(청도)은 좀 배정을 해드렸거든요. 그니깐 그 필요하니까……, 예. 그 학생들 왔을 때에 미리 주의하고 상의하고 작전을 짜서 이제 새벽에 그냥…….

활동가D : 커터칼로…….

활동가B : 예, 학생들이 물건 들고 예, 그 자르고 들어가서 점유를, 이, 어큐파이(occupy) 하신 거죠. 네.

공론화위에는 없었던 '밀양의 자리'

활동가B : 아, 저, 신고리 5, 6호기……. 활동가A님이 지금 출발하셔야 돼서, 신고리 얘기를 먼저 좀 하죠. 에, 먼저 하시죠.

김영희 : 그래요, 먼저 얘기하죠.

활동가B : 예.

김영희 : 신고리 그 5, 6호기 공론화위 과정에 참여하셨을 때 생각하고 느끼신 걸 얘기해주시면 될 것 같습니다.

활동가B : 시작할 때……. (웃음)

활동가A : (웃음) 에, 뭐…….

활동가B : 아이고, 정말…….

활동가A : 이게 참, 말이 많고 탈이 많았었는데, 그 부분이…….
신고리 5, 6호기……, 결국은 이제 뭐……, 대선 공약을 파
기하고, 파기한 거죠. 원래는…… 이제…… 빼고 다시, 이
제…… 공론화로 가겠다고 했죠. 그래서 뭐, 밀양에서는 당
장은 입장은 없었어요. 그 국면에 서서 '우리가 인제 이 부분
에서 어떻게 평가하느냐' 하면……. 근데 이미 판이 펴지고
나서는 이제 밀양은 이제, 이걸 참여하기로 했지만 그 초창
기 이거에 대한 우리의 평가를 어떻게 할지는 좀……. 부산
같……, 저는 부산에, 바로 부산시민연대에도 같이 있었는데
이 공론화를, 이거 받아들여야 될 거냐, 말아야 될 거냐는 좀
말이 많았었죠. 말이 많았었고, 어……, 다들 이거에 대한 불
만이 많았죠. 그렇지만은 선의를 믿자는 그 바람들이 생각보
다 있었고, 사람들은 기대가 많았죠. 대통령에 대한 기대가
많았기 때문에 처음에 이거에 대한 부정적인 성명서가 나갔
지만 결국은 이제 정부의 그 스케일에…….

김영희 : 받아들이는…….

활동가A : 거부할 수 없는, 그래서 '불가피하게 참여한다'라는 걸
로 하고 들어갔고……. 그즈음에 이제 우리 밀양도, 밀양도

2차 인터뷰

선택의 여지가 없었던 첫 번째가 밀양의 (웃음) 모든 문제가 이 신고리 5, 6호기, 뭐 그 앞에 3, 4기라 하지만은 최종적으로 이 문제가 출발하게 됐었던, 이제 근거가, 신고리 5, 6호기였죠. 그래서 이거는 밀양의 문제였죠, 밀양의 문제. 그래서 분명히 공론화와 상관없이 밀양은 어떤 식으로든 대응을 했어야 될 판인데, 그때 대응하는 방식이 이미 형성된 장에 신고리 5, 6호기 공론화위원회의 대응이라는 그 틀 속으로 들어갈 수밖에 없었죠. 물론 독자적으로 뭘……, 이렇게 틀 속에 갈 수밖에……. 하지만 그건 아니기 때문에 그래서 이제 뭐 탈핵 진영에서는 공론화에 대해서 어떻게 대응하느냐에 따라서 아주 입장이 확 갈려버렸죠. 아주 절대다수가 이게 공론화위에 반대하고, 아주 좀 소수가 이거는 참여 안 하면 안 되는 거라 해서 들어갔는데 어찌 됐든 그래서 이제 공론화 과정이 진행됐고 밀양에서는 끊임없이 우리가 최선을 다해서 다녔죠. 최선을 다해서……. (웃음)

활동가B : 스물세 군데를 다녔죠.

활동가A : (웃음) 나중에 또 뭐……. 그리고…….

김영희 : 초반에 이 공론화위에 대해 밀양 대책위 차원에서 논의를 했을 때는 활동가나 주민들 의견이 어떠셨는지요?

활동가B : 주민들 입장에서는, 뭐 해야⋯⋯.

활동가A : 주민들 입장에서는, 어찌 됐든 신고리 5, 6호기라는 문제 자체가 가지고 있는 것에 대해서, 신고리 5, 6호기가 거론되는 자리라면 주민들 입장에서 어디든 가죠, 어디든. 그게 어떤 형태의 모습이라도 가, 갈려고 하셨죠. 에, 말을 할 수 있다면⋯⋯. 그리고 이거를, 왜냐면 밀양분들이 최초였죠, 어떻게보면⋯⋯.

활동가B : 신고리 5, 6호기⋯⋯.

활동가A : 신고리 5, 6호기 공청회를 최초에 할 때 제일 먼저 갔던 사람들이 밀양, 우리 밀양분들이었죠. 그때 시민사회단체 잘 모를 때였어요. 그 지역 주민들과 몇몇 한두 명의⋯⋯.

활동가B : 활동가들.

활동가A : 그때 당시의 활동가들 오는 거 외에는 가장 많은, 외부에서 들어갔던 분들이 밀양분들이었죠.

활동가B : 버스 두 대가 갔죠.

김영희 : 신고리 5, 6호기가 공론화위라는 형태로 사회적 공론화의 장으로 들어오게 만든 게 사실은, 밀양 송전탑 반대 운동을 하신 주민분들의 힘이었는데 공론화위에서 발언을 할 수 있었던 건 아니잖아요, 사실은.

활동가A : 전혀.

김영희 : 예. 그니깐 지금 말씀하신 건 공론장에 가서 발언할 수 있을 걸로 다 기대를 하셨던 거잖아요? 어떤 식으로든지 밀양이 당사자로 다뤄지거나 당사자로서 발언할 기회가 있을 거라는 기대를 하셨기 때문에……. 그러니까 그런 선의, 최소한의 선의를 믿으셨던 거지요, 그렇죠?

활동가A : 그렇죠. 그리고……, 밀양의 목소리가 많은 사람들에게 저기, '어필이 될 수 있을 것이다', 단순히 이제 뭐, '대중들뿐만 아니라 이거에 대응하고 있는 사람들에게도 어필이 될 것이다'라고 했는데, 그래서 그 시민행동이라는 전국적인 조직이 만들어졌고……. 저도 어찌 됐든 이름을 올렸어요, 상임대표로. 이름은 올렸는데, 거기서 양상은, 제가 이제 제일……, 우려했던 우리 안의 전문가주의……. 에, 우리도 결국은 전문가주의를 채택한 거죠. 채택을 해서 그 대응을 하는 프로그램들을 만들어내는 거였죠. 저희 어, 그들의 전문가주의에 대응할 수 있는 우리들의 전문가주의로 대응을 하면서 모든 지역이든 운동 단위들은 그냥 동원되는 형식으로 가져가고, 그 안의 프로그램이나 이런 것들이 전부 다, 거기서 운영되는 것들이 많이 생겼죠.

김영희 : 그러니까 우리 안의 전문가주의라는 게 제가 좀 이해를 해보면 예를 들면, 그쪽에서 전문가를 내세워서 과학……, 이른바 이렇게 과학계……, 과학기술의 전문가들을 내세워서 이래서 꼭 필요한 거고, 뭐 이래서 별 위험하지 않고 이런 이야기를 하니까, '우리도 그러면 전문가를, 거기에 대응할 전문가를 내세우자'라는 거를 주장하면서 예를 들면, 어……, 밀양의 그 탈송전탑 운동 하셨던 주민분들을 비롯한 이런 시민단체나 시민활동가들이 이 장에서 배제되는 결과를 초래했다는…….

활동가A : 단적으로 드러나는 게 거기에 커리를 짜면서 서로 합의를 하면서 잘 안 되기도 했지만 놀랄 이슈가 이게 핵 문제와 관련되어서, '경제성'을 같이, 우리도 얘기하겠다고…….

김영희 : 아, 우리도…….

활동가A : 이게, 이게 말이 되냐……. 왜 우리가 경제성을 가지고 얘기를 해야 되나…….

활동가B : '탈핵이 더 경제적이다'…….

활동가A : 이런 발상 자체가 가지는……. 저는 좀 놀라웠죠. 뭐, 그럴 수 있죠. 뭐, 아껴 쓸 수 있다는데……. 저는 발상 자체가 대단히, 현장이나 이런 흐름들과는……. 어, 이런 괴리가 확 생겨버렸고 그다음에 뭐…….

김영희 : 그 시민행동의 정체가 뭔가요, 시민행동이 무엇의 행동인가요? 전체 플랜이…….

활동가A : 전부 다 들어가 있어요. 신고리 5, 6호기…….

활동가D : 환경운동하는…….

활동가A : 공론화위원회 대응……. 뭐, 시민행동이나, 뭐 이런 것들…….

김영희 : 온갖 단체가 다 들어가 있는…….

활동가D : 500갠가?

활동가A : 예, 예, 예.

김영희 : 거기가 아무튼 지금 이 공론화위에 대응하면서 그런 전략들을 세웠단 말씀이신 거죠?

활동가A : 그러면서 중간에 얼토당토않은, 저희들은 부당한 대우가 있으면 중간에 저희는 보이콧이라든가 유예라든가 이런 선언들도 가능할 것이라고 생각했는데, 거의 불가능한 걸로 갔었어요. 그분들이 그렇게 하시는 걸 보면서 저는 그때 생각이 들었던 게……. 이제 저희 대책위도 예전에 전문가 유치라는 과정을 한번 거쳤었죠. 그때는 어, 상황이 달랐죠. 뭐, 그거는 완전히 전문가들이 중심이 됐던 거기는 하지만, 거기는 전쟁터였죠. 전쟁터. (헛웃음) 전쟁터. 필요하면 우리는, 거의 그 판을 깰 걸 각오하고 기자회견을 열어서라도 문제점을 드러내고, 이렇게 갔었거든요. 그런데 여기선 철저하게 봉쇄했죠, 철저하게.

김영희 : '다른 행동은 하지 않는다'…….

활동가A : '대중들 앞에서 그렇게 격렬하게 가선 안 된다'……. 마치 그렇게 싸우면, 철 지난 옛날 방식 투쟁 일변도와 같은 느낌들? 어, 그런 것들에 대해서……. 근데 이런 판이 되기까지 얼마나 많은 사람들이……. 하다못해 진짜 촛불이 있었던 것도 그럴 건데……. 어, 거기선 철저하게 그런 논리로 승복시켜야 되고…….

활동가B : 경제 논리.

활동가A : 그 논리라는 건, 대단히 저기, 뭐라 그럴까, '과학적이고 기술적인 논리로만이 이게 승부가 되어야 한다'……. 감정에 호소하는 내용도 별로 없어요. 내용들도, 그니까 철저하게 그렇게 간다는 것들에 대해서, 필요성에 대해서 이제 합의를 본 거고……. 어, 이제 그런 식으로 운영이 됐다는 것……. 그래서 어, 불가피하게 들어갔지만 그 사이에 이제 자기 논리 속에서 나올, 빠져나올 수 있는 여지가 전혀 없었던 것은, 제가 보기 좀 안타까웠던 거는, 그중에 현장이, 어떤 현장들이 깊숙이 같이 개입했었다면, 그런 판단을 할 수 있는 것을, 던질 수가 있었다는 거죠. 근데 그걸 긴급하게 회의를 해서 문제제기를 해도, 그게 전-혀 먹히질 않았어요, 전혀.

김영희 : 그러니까 예를 들면, 그 밀양대책위에서 문제제기를 했다면, 예를 들어 '이런 식으로 가면 안 된다' 이런 발언을 했더라면, 아니, 그런 얘기를 해도 그게 전혀 받아들여지지 않았다는 거죠?

활동가A : 긴급회의에서 결국은 아무것도 받아들여지지 않았죠.

활동가B : 그럼……, 그날……, 인제……, 그때 활동가A님하고 저하고 그때 미리 얘기를, 상의를 한 건 아닌데 그때 그 중간에 유○○ 총장이 제안하면서 '이게 너무 기울어진 운동장이다, 뭐, 룰도 지켜지지 않고, 한수원이 엄청난 반칙을 하는데, 그 산업부……, 공무원단 관리하는, 뭔가 이 공론화위 관련된 애들이 아무런 어필도 하지 않는다, 아……, 이…… 상황에서 이제 엎어야 될 때가 아니냐'라는 식의 문제제기가 있었어요.

활동가A : 한시적인 보이콧이라도…….

활동가B : 예, 예, 예, 예.

활동가A : 이제 '완전히 파탄내더라도 일단은 스톱을 시켜야 된다'…….

활동가B : 그때 긴급회의가 소집이 되었는데 활동가A님 가실 때 제가 그때 계속 기다렸거든요. 제 판단으로는 지금 안 엎으면 끝까지 가는 거 같고……. 저도 그때 막연하게 아, 안 될 것 같은 예감이 드는 거예요. 초반에는 약간 솔직히 낙관하는 부분도 있었는데……. 느낌이 좀…… 왜냐면, 데자뷰가 있는 거죠, 전문가회의 때 데자뷰가……. 그런데 활동가A님이 그때 메시지로 합의문 보여주면서 못 엎었다고……. 그 안에 내부에서 이를테면 민주당, 친민주당 성향의 단체들이나, 또 뭐 이런 활동가들이 큼직하게 문제제기를 했고, 그래서 그걸 이제 엎지를 못했던 거죠. 결국 그게 끝까지 간 거죠.

활동가A : 그때 이제 사퇴를 하고 싶었죠. 허허허.

활동가B : 흐흠.

활동가A : 뭐 하고 안 하고의 별 의미가 없어서 이제 뭐 책임을 회피할 수도 없는 노릇이고 했는데…….

김영희 : 그때 그걸……, 활동가A님이 대표 회의에 들어가신 거죠?

활동가A : 그쵸. 근데 뭐, 여러 명이 왔어요. 몇십 명이 와서 대표라 굳이 하지 않더라도, 뭐 올 수 있는 사람들은 들어올 수 있었죠. 그리고 밖에선 기자들이 수두룩하게 기다리고 있었

2차 인터뷰

고……. 저는 예상을, 좀 바랬던 거는 음, 이게……, 너무……
좀……, 큰다 그러면, 이제 '이 판을…… 엎지는 못하더라도,
스톱은 한번 시켜야 된다, 스톱은 시켜야 된다'고 생각을 했
었는데……. 이제 그것조차도 할 수가 없다는 걸 보면서 그
무력감을……. 그니까, 이 말도 안 되는 이 공론화의 과정 속
에, 이런 것들의, 이제 대놓고 이 불공정성이 드러나는 것들,
누가 보더라도……. 요 우리가 하겠다는 걸 걔네들이 보고 이
제 첨삭을 했거든요, 이런 거 하면 안 된다고……. (헛웃음) 아
니, 반대하는 사람들이 이런 논리로 반대를 하든 저런 논리로
반대하든 그걸 검사받는 것에 대해서…….

'공론화위원회'라는 문제

활동가A : 그런 거를……, 나는 이제 이 정도면 이거는 제가 봤을
때 판 깨야죠, 이거는. 이런 거라도 뭐가 나와야 되는데, 결국
은 그게 그대로…… 가버리는 것들……을 보면서……. '아 이
정도구나, 이 정도구나, 이 정도구나' 싶은 생각들을…… 많
이 했죠. 그래서……, 그 어르신들은 우리로서는 계속 현장

을 다니면서 조직을 해내고 하는 것들……, 이제 각자 또 그런 역할들을 많이 했었죠. 많이 이렇게 움직였는데……. 그런 중앙과 이제 각 현장에서 움직였던 것들이, 그 괴리감들, 괴리감들…… 연결되지 못한…… 일들이 많이 생겼던 거죠. 근데 저는 밀양으로서는 후회없다고 생각해요. (쓴웃음) 할 거 다했으니까……. (웃으며) 너무 피곤했었……, 너무 피곤했죠. 우리가 할 수 있는 것, 좀더 판이 크고, 이게 좀…… 좀, 스포트라이트? 밀양을 위해서가 아니라, 언론에 쫌 나올 수 있는 걸 쫌……. (머뭇거림) 기획을 했으면 좀…… 아쉬움이 있긴 하지만은, 이제…… 우리로서는, 어…… 우리의 문제라고 생각했기 때문에, 어떤 식으로 그 판이 흘러가든 상관없이……, 상관……, 결국은 어떻게 해석되든지 상관없이 밀양으로서 할 수 있는 것들은 이제…… 최선을 다한 것이고, 그 결과에 대해서는 뭐, 당연히 뭐…… 우리가 또 받아들이……, 받아들인다기보다도…… 뭐…….

활동가B : 현실이 이렇다는 것을 받아들일 수밖에 없는 거였죠. 예……, 예.

활동가A : 그렇죠. (쓴웃음) 그렇습니다.

활동가B : 그때, 저……, 우리 활동가C하고 활동가D하고 진짜 고

생 많이 했어요, 자료집. [활동가A 퇴장]

활동가B : 문 정부에 대한 선의, 문 정부의 선의에 대한 기대……
와 그 다음에 숙의민주주의……를 처음으로 실험하고 그것
을…… 잘 관리해줄 거라는…… 그런…… 신뢰…… 어……가
절묘하게 만나서, 결국은 그…… 마당에서 결국은 한수원과
찬핵 측이…… 굉장한……, 뭐랄까, 승리를 한 거죠, 네.

김영희 : 선생님은 어떻게 평가하세요? 그런 식으로 마무리된 원
인이 뭐라고 생각하세요?

활동가B : 저는 되게 좀 어려운…… 문, 문제라서……. 우리……
활동가C 하고 활동가D가 얘기해주시죠.

활동가D : 어려운 문젠데 왜 우리보고…….

김영희 : (웃음)

활동가B : 아니, 우린 그래도…….

활동가C : 단순하게 보라고…….

김영희 : (웃음)

활동가B : 아니 아니, 나 사실 솔직히 좀 잘 모르겠어.

활동가D : 일단 왜 졌는지만 놓고 보면 500명……, 두고 붙어

✚ 활동가A는 인터뷰 당일 다른 일정이 연달아 계획되어 있어 인터뷰의 끝까지
함께 있지 못하고 중간에 자리를 떠야 했다. 이 때문에 활동가들이 활동가A가
주도적으로 참여하면 좋겠다고 생각하는 주제를 인터뷰 앞부분에 배치하고,
뒤늦게 참여한 활동가B가 발언할 내용이 많다고 생각하는 주제를 인터뷰
뒷부분에 배치했다.

✚ 활동가B는 다른 때와 달리 이날 유독 구술 과정에서 여러 가지 감정적인
변화를 겪는 것처럼 보였다. 다루어지는 주제들에 대해 대체로 힘들어했는데,
공론화위원회 관련해서는 아직 생각이 정리되지 않은 듯, 혹은 아직 감정적인
부분을 갈무리하지 못한 듯 보였다. 공론화위원회에 대해서는 네 사람의
활동가가 모두 그런 태도를 보였는데 특히 공론화위원회 구성 단계에서부터
결합했던 활동가A와 활동가B가 해소되지 않은 감정과 많은 고민을 안고 있는
것처럼 보였다.

서……, 전문가 대 전문가주의로 붙어서……, 완패한 거 아니에요?

김영희 : 지금 얘기의 맥락에서는 사실은 애초에 이쪽은 필패요, 저쪽은 필승할 수밖에 없는 구조가 있는 거죠.

활동가D : 처음에 9프로가 차이 났더라구요. 그니까 뽑을 때 2만 명을 뽑아서, 500명을 뽑을 때 9프로가 차이 났는데 마지막에 19프로가 차이 났잖아요? 그리고 그 들어가기 시작할 때…….

활동가B : 시작할 때…….

활동가D : 2박 3일 시작할 때 11프론가, 차이가 났거든요.

활동가B : 계속 벌어지는 거지.

활동가D : 그러니까 처음에 뽑았던 지표들이, 저희가 여론조사에서 이제 흔히 하는……, 여론조사 기관에서 하는 여론조사에서 뽑았던 2만 명……, 아니, 뽑았던 1,000명짜리랑 달랐던 거고……. 이미 거기서 9프로 차이가 났던 거고……. 이제 2박 3일 집중토론 하면서 11프로고, 그 2프로가 옮겨간 게 이제, 그 이전에 장외전이 계속 있었잖아요? 한수원도 집회를 했고, 서생면 주민들도 정말 열심히 떠들었고……. 뭐 모든 언론들이 이렇게 깠고, 거기서 (헛기침) 이미, 기반……이 한 번 더 깔렸을 거고, 이걸 해야겠다는……. 11프로가 차이 난 상태에서 들어가서 인제 나머지 8프로가 더 없어진 거잖아요. 그 안에서도 이제 완전 참패를…….

김영희 : 그니깐 아까 활동가A님 말씀하신 걸 보면 쟁점을 저쪽이 다 만들었고 그 쟁점에 이렇게 수용적으로 대응을 한 거지 이쪽이 쟁점을 만들거나 재구성하지를 못한 거잖아요.

활동가D : 그렇죠.

김영희 : 그 핵심 언론을 통해서 제시된 쟁점이나, 아니면 공론화 과정에서 제기된 핵심 논점과 핵심 사안들, 혹은 그런 논의를 이끌어가는 방식, 담론의 틀, 이런 거를 다 어떤 틀에서 만든 거고, 그거를 바꾸거나 다른 식으로 대응하지 못한 채, 예를 들면 뭐, 경제 논리로 얘기하면 경제 논리로 대응하고 안전성에 대해 얘기하면 안전성에 대해서 대응하고, 이런 식으로 따라간 거군요.

활동가B : 그런 측면도 있구요. 어……, 저는 이제 활동가A님께서 잘 말씀해주신 거는, 기울어진 운동장의 구조, 그것을 제대로 그, 냉정하게 직시하지 못하고 문 정부에 대한 신뢰나 기대로써 그런 것들을…… 이렇게…… 뭉개면서 그 스스로 이제 포박돼버린 우리 진영에 대해 얘길 하신 거고요. 저는 조금…… 더 뼈아프다고 생각하는 지점이, 좀 어려운 지점이 뭐냐면, 기본적으로 그…… 지금 그 관료나 자본에 의한 의사 결정……의 구조를 우리가 비판하면서, 예를 들면 '민주주의는 그 민주주의다'……. 차라리 숙의민주주의든, 추첨민주주의든, 그니까 '상식을 가지고 있는 일반인들이, (헛기침) 그 내용을 어……, 그…… 이렇게…… 잘 알고 이해하고 토론하는 과정에서 이런 엘리트들……이나 힘있는 자들의 결정과 다른 합리적인 의사결정을 할 수 있을 것이다'라는 게 기존의 민주주의에 대한 대안으로 얘기해왔었잖아요, 진보 진영에서도. 근데 뼈아픈 거는 어……, 여론조사는 이렇게 불특정다수로 한 여론조사의 결과는 그니까 계속 엎치락뒤치락 마지막 순간까지 오히려 박빙으로 이겼어요.

활동가D : 1, 2프로 차이밖에 안 났어요.

활동가B : 네. 이겼는데 오히려 숙의집단……인 500명은 자료가 처음 제공된 시점부터 벌어지기 시작해서…….

활동가D : 제공되기 전부터, 뽑았을 때부터…….

활동가B : 으응? 아, 그렇죠. 뽑았을……, 뽑혔을 때부터. 에, 뽑힐 때……도 심층 인터뷰가 있었어요. 그냥 단순히 찬반을 물은 게 아니라 어느 정도 이해를 하고 있는지, 그담에 각각 쟁점에 대해서 설명을 했던 걸로 알고 있어요. 그래서 어떤 각론에 들어가면서부터 벌어지기 시작해서, 마지막 순간에는 완전히 벌어져버렸다는 거예요. 이거는 어떻게 설명할 것인가의 문제……거든요. 근데 여기에 저는 아까 말씀하신 것처럼 의제를 선정하고 그다음에 그것을 그 공론화 과정에서 관리했던 집단이 갖고 있던, 가진 그 편향성……. 그걸 교정해주지 못했던 정치……, 여당까지 포함을 해서 에…… 어떤 문제가 있었지만……. 또 한 측면이 어……, 그니깐 그 우, 우리가 생각했던 그 탈핵에……, 어……, 뭐랄까, 음…….

활동가D : 상식.

활동가B : 이……, 훨씬 더, 좀 그니까 저들……보다 못했다는 거예요. 그니까 예컨대 음……, 그 결정에서 인제 제일 묵직했던 거는 뭐냐면 이미 들어갔던 그 매몰 비용 문제였거든요. 1조 6,000억, 이제 우리는 1조 6,000억, 저들은 2조 6,000억 얘기했던 그 비용에 대해서 500명이 자기들이 책임져야 된다는 책임감이 부여됐을 때 이 사람들이, 그래서 이 위축이 됐던 측면이 컸다고 봐요. 그냥 일반 시민들은 1조 6,000억, 이렇게 하면 되는데 내가 1조 6,000억 엎어야 되는 500명 중 하나라는 생각을 했을 때 그…… 무게가 분명히 있었던 거 같고……. 사실은 그것을 어떻게 우리가 넘어설 수 있을 것인가에 대해서는 사실 우리의 역량이기도 했던 건데 하여튼 실패를 했고 또 하나는 뭐 이를테면 그, 그니깐 경제 논리로 얘기했을 때에 그거는 활동가A님 얘기가 좀 같이 상통하는 측면인데, 경제 논리에 대응할 수 있는 담론은 기본적으로 우리 삶의 안전, 그담에 우리가 갖고 있는 어떤 경제 측면을 넘어서는 비전 같은 거 있잖아요, 산다는 게 무엇이고, 우리가 다음 세대에까지 아무 답도 없는 것을 물려줄 것인가 하는 가치론적인 측면인데⋯⋯. 그니깐 이 환경연합을 위시한 이쪽의, 일종에 그⋯⋯ 우리 내부의 전문가 집단들은 경제 논리에 대해서 방어하지 못한 채 다른 가치에 대한 얘기를 하면 무조건 진다는 생각을 했다는 거죠. '경제 논리는 경제 논리로 맞서 싸워야 된다' 했던 게 그러니까, 2조 6,000억, 혹은 1조 6,000억보다 더 싸다, 탈핵이⋯⋯. 에⋯⋯, 그리고 나머지 들어갈 추가 비용 7조를 에너지 전환에 쓰면 된다는 말이 어떤 국면에서 딱 막혀버린 측면이, 이를테면 그렇게 그 프레임 안으로 들어가버리니까 막혀버리게 되는 거잖아요. 이를테면 대표적인 게 그 가스 발전 같은 거거든요. 한수원이, 얘네들은 신고리 5, 6호기 빼버리게 되면, 매년 신고리 5, 6호기 생산하는 전기 총량을 가스로 대체할 수밖에 없는데, 그러면 그 비용을 어떻게 할 것인가에 대해서 사실 그 2박 3일 안에 답을 못한 거예요, 제대로. 이런 거라든지……. 어…… 쫏……. 그래서…… 결국 경제 논리 대응하다보니까 상징적인 사례 이런 거, 맨 마지막 자리에 조○○ 신부님이, 서강대학에 계신 경제학 교수님이 로만칼라를 딱 하고 들어오는데 좌중들이 술렁이기 시작하는 거예요. 그러니까 그…… 대목을 많이 얘기해요. 근데 사실은 시작부터 우리는 이 공론화 얘기를 할 때에는, 사실 저는 그래야 한다고 생각을 했거든요……. 우리가 이렇게 안전하게 살 수 있는가, 이 아슬아슬한 환경에서 살 수 있는가에 대한 문제, 다음 세대에 우리가 어떻게 해야 하는가의 문제, 사실 이게 앞장섰어야 되는데 그 프레임 안에서 하다보니까 이게 아주 황당한 사건이 돼버린 거죠. 그니깐 그 독일이 그 2025년까지 탈핵을, 2023년입니까? 탈핵을 결정을 할 때 그 전문가를 다 배제하고, 메르켈이 다 배제하고 위원장을 갖다가 윤리학자를 세우고 어떤 그런 가치론적인 걸 중심으로 해서 기술적 쟁점을 하부로 배치했던 그 틀이, 그 틀을 우리가 사실은 이번 싸움에서는 그 틀을 원용했었어야 되는데, 그러지 못했다고 생각해요.

김영희 : 그니까 저도 인터뷰하고는 좀 다른 얘기일 수도 있습니

다만 계속 스스로 들었던 질문이 왜 과학기술자만이 전문가인가, 그러니까 예를 들면 왜 인문학자는 전문가가 아닌가, 이 문제에서……. 그러니까 예를 들면 삶의 가치나 안전의 문제는 과학기술이, 인류학사에서 과학기술자들이 이 문제를 결정해서 그 제대로 된 결과를 가져온 적이 한 번도 없었는데 그 수많은 것에서도 학습을 못하고 계속 반복하는 것도 그렇고……. 할머니들이 가졌던 모든 것들은 사실 스토리잖아요. 그렇니까 이, 이…… 예를 들면 이 이야기들인데, 그런 것들이 사실은 그냥 단순히 감성팔이가 아니라 그것이 가진 어떤 힘이 있는 건데, 그런 모든, 그니까 논의의 방식, 규범, 그다음에 핵심 쟁점, 그 담에 누가 이 경기장 안에 들어올 수 있는가까지를 과연 누가 정했는가……. 그러니까 이런 문제들을 토론이나 협의를 통해 정하지 않았다는 생각이 드는 거죠.

활동가B : 네, 네.

활동가C : 그러면…… 저는 뭐, 그 말에 동의하지 않는다가 아니라 충분히 동의하는데, 마지막에……, 그…… 신부님이 나왔을 때에 더 많은 격차로…… 종료됐잖아요. 그걸 어떻게 판단할 것인가…….

활동가B : 왜냐면 우리가 시작부터 그런 프레임을 쓰지 않다가,

그들의 경제 논리 프레임에 계속 대응하다가…….

활동가D : 마지막에 뜬구름 잡는 이야기였던 거야.

활동가B : 뜬구름 잡는 이야기, 그게…….

활동가D : 그게 계속, 계속 지다가…….

활동가B : 그게 일관성이 전혀 없었던 거죠.

활동가C : 거기서 그게 그냥 안타깝지만……. 아, 정말 안타깝다……. 그러나 현실은 어쩔 수 없는 게 아니냐고 생각하게 되는 거죠. 그거는 그냥 정말 그 순간에……. 그거는 그냥 굉장히 힘이 없는 표상이 되는 거예요, 그냥. '그래 우리가 모두 다 저런 가치를 사실은 쫓아야 하지, 그러나 현실은 이런데, 매우 안타깝다'……. 매우 안타깝다는 얘기를 한마디 더 붙이는 정도밖에 안 되는 거죠.

활동가D : 그 정도 생각도 안 했을 수도…… 있겠다는 생각이 든 게 그 공론화 500명 참여단?

활동가B : 시민참여단.

활동가D : 후기 중에 되게 제일…… 충격적이었던 거는, '그 찬성 건설 재개 쪽은 되게 절박하고 준비가 많이 된 거 같은데 반대 쪽은 준비가 덜 된 것 같다'……. 그다음에…….

활동가B : 어설펐죠. 그 경제 논리조차 어설펐죠.

활동가D : 후기가 있었어요. 그러니까 딱 그 사람들이 보기에는, 우리가 그 정도 수준……으로 보였던 거죠. 바깥에서 뛰어다닌 사람들은 볼 수조차 없었던 거고……. 언론을 사로잡았던 것도 아니고, 스포트라이트를 받은 것도 아니고……. 그냥 우리는 이제 우리 나름의 최선을 다해서…….

김영희 : 그냥 내용 없이 반대만 한다, 이런 의견인 건가요?

활동가C : 저는 뭐, 다 동의하고……. 어쨌든 뭐 저희 안에서도…… 별로 민주적이지 못하다는 걸 많이 느꼈고……. 그러니까 예를 들면 너희는, 그니까 정보가 민주적이지 못하고, 우리 반대쪽에 있는 사람들은 되게 민주적이지 못하다고 얘기하지만, 우리 안에서도 실제로는 그런 민주적……으로 의사를 진행하거나, 혹은 뭐 어떤 프레임을 세우거나, 우리가 이런 결론으로 가야겠다라고 했을 때 어…… 그런 절차를 따라……, 우리도 그런 절차가 없고, 음……. 뭐 꽤나 어쨌든 힘을 가지고 더 많은, 큰 단체, 혹은 더 많은 동력을 동원할 수 있는 단체, 혹은 더 많은 뭐…….

활동가B : 전문가를…….

활동가C : 전문가를 가지고 있거나……. 우리는 사실 여기서 오랫동안 활동해온 사람들이 더 주를 이루고…….

김영희 : 힘의 논리인 거죠.

활동가C : 힘의 논리인 거죠. 근데 어……, 어쨌든 숙의민주주의
라는 어떤 좋은 단어를 또 오염……시켰고 그걸 여전히 지금
도 오염……시키고 있고……. 아마 이…… 단어는 계속 오염
되어서, 예를 들면…….

활동가D : 좋은 단어 맞아. 근데 이제 안 좋은 단어인 거지.

활동가C : 그럼. 그런 거죠. 예를 들면 녹색성장이라고 하는 게,
전 좋은 단어인지 모르겠어요.

활동가D : 한번 오염된 단어는 끝난 단어야.

활동가C : 에, 오염됐다고 생각하는데 그 오염을 과연 쟤네들이,
쟤네들은 그럴려고……, 뭔가…… 작정을 한 종류라면, 약
간 그럴 의도는 아니었지만, 아까 선생님이 말했던 송주법처
럼…….

활동가B : 체제의 합리화지.

활동가C : 체제 합리화시키는 데 우리가 또 동원되고 하지 않았나
하는 생각이 되게 많이 들고…….

마이너 오브 마이너

활동가D : 우리가 깽판 치고 들어갔어야 돼요, 공론화위 안으로.

활동가C : 그래서 저는 오히려 그런 생각을 더 많이 했어요. 아, 진-짜 마이너구나.

김영희 : 으음.

활동가B : 마이너 오브 마이너지.

활동가D : 마이너 오브 마이너지.

활동가C : 어, 어.

활동가D : 어, 어, 진짜.

활동가C : 그러니까 예를 들면 저는 좀 그런 생각도 해요, 사실은 경제 논리가 아니라, 그 사람들에게 우리가 어, '우리가 가치 중심적으로 얘기를 했다면 안 졌을까?' 하는 생각······. 왜냐면······ 그니까······.

활동가B : 설령 지더라도 이렇게, 이렇게, 이렇게······.

활동가C : 아이, 그렇죠, 그렇죠.

활동가D : 그거는 싸움이, 이제······.

김영희 : 할 소리는 한 거잖아요, 어쨌든.

활동가D : 예, 예. 지면 끝나는 싸움이기 때문에 우리가 무슨 소리를 하건 지거나 이기거나 두 개밖에 없는 거잖아, 500명 안에 들어가는 순간.

활동가C : 아니, 아니, 그게 아니라 내가 하고 싶은 말은, 그건 뭐야, 그…… 아이, 그러니까…… 이 정도까지는 안 될 것이다라고 가정하지만, 혹시 저, 저렇게 했다면 안 졌을까 하는…….

활동가D : 아 물론 질 가능성이 훨씬 높았지.

활동가C : 이게 '진다'라는 개념 안에서 '내가 마이너구나'라는 생각을 한 게, 예를 들면 그런 거야. 제가 아무리 제 또래 친구들한테 밀양 송전탑 이야기를 하고 아, 뭐 할머니들이, 이렇게 해도, 뭐 그니까 감정에 호소해도, 거기에 감정…… 이입하는 사람들이……, (울음을 참으며) 음……, 한국에 되게 많이…… 줄어들었다는 생각이…… 들어요.

활동가D : 아이, 그…….

활동가C : 아이, 그래서 내 말은 그런 거야. 이미 우리 가치가 되게……, 우리가 말하는 가치는 마이너구나.

활동가D : 마이너지.

활동가C : 으응.

활동가D : 원래 마이너였어, 그러니까 우리가 이거밖에 안 나온 거지.

활동가C : 그니까, 그래서…….

활동가D : 그거는 알고 있던 사실인데, 그니까…….

활동가C : 아니, 그니깐, 그 마이너가…….

활동가D : 그니까 어떻게 보면…….

활동가C : 그 마이너가 경제 논리를 얘기했을 때……, 가치, 그니
까, 내 말은 그런 거야. 우린 이미 너무…… 많이…… 가치가
훼손돼 있다…….

활동가D : 그니까 제일 속상한 거는 그, 우리가 가지고 있는 마이
너적인 가치는 이야기도 해보지 않고 적당히…….

활동가C : 아니, 그래, 알지, 알지. 근데 그 안에 나는 또 다른 생
각을 하는 거야. 아이 알지. 우리가 그렇게 어설프게 했기 때
문에 더 많이 격차가 났고, 아까 말했던 것처럼 그 체제에 맞
춰 그런 걸 했던 거에 대해서는, 우리가 그러니까 이걸 그렇
지 못한 방향으로 바꿀 수 있었던 걸 놓친 계기도 있었지만,
그렇지 않고 다른 길로 우리가 제대로 갔……으면 물론 많이
변했을 거지만……, 일단…… 대한민국의…… 이…… 정서라
는 게…… 어, 그렇지 않다……는 거를 난 느꼈다고, 그냥. 아,
내가 마이너구나라는 걸 이걸 하면서, 마이너…… 중에서도
진-짜 마이너라는 걸 느꼈다고…….

김영희 : 조그마한 탈핵 책자 만들었잖아요. 한국에서 진보라고 자처하는, 뭐 논객이든 뭐든, 그 책자를 본 사람이 몇 명이나 될까요?

활동가B : 4만 부 나갔어요, 4만 부. (웃음)

김영희 : 근데, 그 사람들은 봤을까……. 아니, 그러니까 그 사람들은 봤을까…….

활동가D : 절대 안 봤죠. 오히려 우리가 모르는…….

활동가B : 어……, 시민들이 봤겠지.

김영희 : 어, 구○○ 선생님이, 그 얘기를 하시더라구요, 진보 인사가 운영하는 팟캐스트…….

활동가B : 아아, 그 이야기를 하셨구나.

김영희 : 그 사람들이, 그 저기…….

활동가B : 전력수급 계획을 얘기하면서 그 개념을 잘 몰랐다는 거죠?

김영희 : 송전탑 이런 이야기를 하는데 그니까, 잘 모른다고 말씀하신 건 아니고 그……, 선생님이 얘기하신 거는 어, 뭐라 해야 될까……. 잘 모르기도 하지만 온도가 다르더라는 거예요, 말하자면. 저는 그거를, 그게 어떤 의미인지 알 거 같은 게, 제가 예를 들면, 주변에, 주변에 인제 굉장히 다른 사회문제

에 대해 진보적인 입장을 갖고 있거나, 촛불집회 때도 그렇고 여러 사회문제에 대해 진보적인 스탠스를 취하는 분들이 다들 '아, 뭐 밀양 송전탑 반대, 동의하지' 하면서, 뭐 후원물품 같은 거 팔면 다 사주고 하시지만, 본인들이 그런 입장을 갖고 있다고 이미 생각하고 있고, 알고 있다고 생각하기 때문에 알려고 하지 않는 부분이 있다는 거죠.

활동가D : 맞아요.

활동가C : 저는, 촛불 정국에서도, 좀 플러스 되는데……. 아, 내가 마이너 중에서도 마이너구나 생각한 게 촛불 나가는 사람들이…… 무섭더라구요 저는……. 그게……, 엄청 많은 사람들이 나갔잖아요. 그게 막 추앙받고 그랬잖아요. 그런데 그 안에서 나오는 언어……, 혹은…… 뭐, 주로 이야기되는 것들, 뭐, 막 사람들이 열광하고 이런 것들이 아까 선생님이 말한 것처럼 되게 그냥 재밌는 에피소드……, 그니까…….

활동가B : 이벤트식.

활동가C : 박근혜가 여자였기 때문에, 최순실이 여자였기 때문에, 그리고 거기에 뭐…….

활동가B : 왕가의 드라마야?

활동가C : 네, 그게 뭐지…….

활동가B : 여인들의…….

활동가C : 예.

활동가B : 여인천하.

활동가C : 그랬기 때문에 저는 그냥 거기에 앉아 있고, 얘기하고 이런 사람들 다, 다 혐오라고 생각했어요. 그, 물론, 그렇지 않은 사람들도 나와서……, '진짜 이거 썩었다', 그래서 아까 말한 것처럼 '그 사람들이 그렇게 될 수밖에 없었던 시스템이 문제'라고 이야기하는 사람들도 분명히 있었는데……. 약간 월드컵 때……, 구호 붙여 나와서…….

김영희 : 붉은 악마.

활동가C : 붉은 악마 했던 것처럼…….

활동가D : 맞아, 뒤로 갈수록 (쓴웃음) 그런 느낌이었어.

활동가C : 예. 그 사람들……을 욕하는 언어, 페이스북에 올라오는 것들은 전부 좀 약간……. 그래서 하 참, 그래서 조금 약간, 그래서 두려……웠었거든요. 그래서 내가 마이너구나 생각했었는데……. 이, 그래서 좀, 하…… 이게 아무리 가치……. 나에게……. '박근혜……가 잘못했다', '그래서 시스템 바꿔야 한다'……. 근데 그런 논의 안에서 여성이기 때문에 문제가 되는 것은 아니다 했을 때에, 뭐지? 이렇게 뭔가 박근혜가 물러나야 된다고 말하는 사람들의 기류가……, 좀 막 바뀌고 이랬었거든요. 그때부터 그 사람들이 나와 약간……, 저 같은 스탠스를 취하는 걸 보면서 공론화하면서 가치, 우리가 경제……는 아예 얘기 안 하지 않았고, 가치를 얘기했을 때 우리 안에서도 뭔가 스탠스가 굉장히 많이 나뉘어졌을 거라는 생각이……. 우리 사회 진영 안에 그 탈핵 안에서 보수적인 그런 느낌들이 있잖아요.

활동가B : 그렇죠. 아, 예, 예, 예.

활동가C : 그래서……. 이런 게 어떻게 되었을까? 그래서 내 감성이 마이너여서, 사람들한테 설득할 때 되게 두려운 거예요. 내가 동의하는 거에 그 사람이 동의하지 않을 때……. 그정도는……. '그래도 우리 전기 쓰고 살잖아' 이렇게 했을 때 경제를 얘기하지 않을 수가 없는 거예요. 그 사람들의 가치는 그거라서 그걸 계속 물어보니까……. 그랬을 때 내가 그거에 대한 어떤…… 지식 같은 게 없으면 아, 역시 감정적으로 대응하는 것처럼 바라보고……. 실제로 뭐 전문가……, 그니까 왜 그것이 전문가이지 않느냐고 묻는다면, 그들이 원하는…… 가치와, 질문에 막힘없이 대답하지 못하면, '아 저 사람은 아니야'라고 되어버리는 거죠.

✦ 활동가C는 앞선 다른 인터뷰에서도 공론화위원회 과정에서 느낀 상실감을 이미 촛불집회 과정에서 조금씩 느끼고 있었다고 말했다. 그는 당시 자신이 느꼈던 이질감과 소외감을 표현하고 싶어 했는데 감정이 벅차올라 말을 잘 잇지는 못했다. 촛불집회에 나온 사람들의 생각이 자신의 생각과 많이 다르고, 또 밀양 탈송전탑이나 탈핵 이슈에 관해서도 자신과는 입장이 많이 다를 것 같다는 생각을 줄곧 해왔다는 것이었는데, 공론화위원회 과정에서 이를 더 절실하게 느낀 것 같았다. 그는 구술 도중 자신이 '마이너 중의 마이너'라는 사실을 절감했다는 말을 반복했다.

김영희 : 저는 완전 뭔지 알 것 같은 게, 예를 들면 어떤 사람들이 막 떠올라요. (웃음) 예를 들어서 무슨 얘기를 하려고 할 때 어떤 사람들은 말을 어눌하게 할 수도 있고……. '밀양에 할머니들이 계시는데' 이렇게 이야기를 하려고 할 때 얘기를 시작하기도 전에, '그런 게 아니고, 굉장히 A는 이렇고 B는 이렇고' 하면서 타타타닥 전제를 붙여버리는……. 거기에 어떤, 뭐라 해야 되지……, 대화를 하면서도 그 논의의 틀을 탁 가져가버리는 느낌 같은 게 있잖아요. 여기에 대해서 '니가 한 번 대답해봐라'라고 하면서, 나는 지금 그 얘기를 하고 싶은 게 아닌데 그 얘기는 이미 할 수가 없는 상태가 되어버리는 거죠. 왜냐면 그 사람이 이미 어떤, 요즘 애들이 얘기하는 맨스플레인 할 수 있는 모든 그 틀을 딱 갖추고 이제 (웃음) '내가 너를 가르쳐주마' 하는 어떤 태도를 갖고 있는 거고…….

활동가C : 그래서 저는 그런 가치, 우리가 원하는 가치를 얘기했을 때 과연 여기 있는 사람들이 들었을까……. 내가 듣고 싶은 정보, 내가 듣고 싶은 가치는……. 그니까 대한민국이 이미 너무 그렇게 오랫동안 많은 지점들을 모두 그걸로, 경제로 삶을 살아왔잖아요. 그런 사람들한테 이 가치라는 게, 이걸 얘기했을 때 이미 그 사람들한테……, 그니까 중요도에서 많이 떨어진다는 걸 되게 많이 느낀 거예요. 제가 제 친구들한테 얘기할 때에도, 그 500명한테도 경제적인 얘기를 했던 프레임이 '잘됐냐, 못됐냐'를 제쳐두고서도 '과연 이길 수 있었을까?'…….

잃어버린 마지막 기회

활동가D : 근데 전…….

활동가C : 계속…….

활동가D : 저는 말했어도 졌을 거라고 생각하는데, 어떤 생각인 거냐면, 음……. 그러니까 거의 마지막 기회였다고 생각하거든요. 탈핵을, 주류들이……, 볼 수 있게 끌어다놓을 수 있는…….

김영희 : 듣게 하는…….

활동가D : 이제 앞으로 밀양 송전탑 같이 대규모……, 송전선으로 싸움이 일어날 일도……, 한전……이 이미 쟤네가 주민들을 이제……, 이렇게 나쁘게 설득하는 건 똑같은데 더, 더 교묘한 방식으로 싸움이 안 일어나게 설득을 해나가고 있고…….

핵발전소도 신고리 5, 6호기 공론화 정리돼야……, 돼버릴지…… 모르겠어요. 앞으로 더 지을지, 뭐 이렇게 그만 짓고 정말 전환할지 정말 모르지만 이미 신규 핵발전소 문제에 대해서도 정리가 되어버렸고, 노후한 핵발전소도 이제 이 설계 수명이 다 되면 끝나버리는 걸로 문재인 대통령이 정리를 한 거잖아요. 그래서 되게 이 탈핵 탈송전탑을…… 마지막으로 이 주류들이 보는 데 던져놓을 수 있는 기회였는데……. 그러면 이제 그 사람들은, 이제 앞으로 접할 가능성이 없는 거잖아요. 핵발전소가 터지지 않는 이상……. 제일 극단적으로 이야기하면 우리 대한민국에서 핵발전소가 터지지 않는 이상 거의 모든 사람들이 한번쯤 관심 가질 만한 의제가 될 가능성……이 없단 말이에요. 근데 그러면 이 사람들 기억에, 저기 재개를 하려고 했던 사람들이 있었던 거고 반대를, 그니까 중단을 하려고 했던 사람들이 있었던 건데, 중단을 하려고 했던 사람들의 이야기……는, 이야기했던 것처럼 귀담아 듣지 않거나 비, 아니면 아주 마이너한 비주류로 취급하거나 했을 가능성이 훨씬 많겠지만, 어쨌든 마지막으로 이야기를 했었을 때 듣는 사람들이 있었을 건데 그 기회를 우리는, 우리가 생각하는 가치……, 송전탑…….

김영희 : 잃어버렸다.

활동가D : 핵발전소 때문에 고통받는 지역 주민들이 있고 송전탑 주민들이 있다…….

활동가B : 노동자도 있고…….

활동가D : 이게……, 노동, 그…… 비정규직 노동자들이, 피폭당한 비정규직 노동자들도 있고, 일본에서 사고가 나서 이렇게 된 사례가 있고, 사고가 나지 않아도 이렇게 위험하다라는 거를, 이 마지막 주류에 올라왔을 때, 주류의 눈에 올라왔을 때, 몇몇 사람들에게……라도 각인……을 시켰어야 되는 건데, 우리는 전혀 그거를 하지…….

활동가C : 하지 못했다…….

활동가D : 못하고, 그냥 경제를, 경제로써 밀려버렸고, 오히려 쟤네가 더 안전을 위해서 과학기술 더 열심히 연구하고 있는 것처럼 보여버렸고 그런 것들이 되게…….

활동가C : 그렇죠, 중요한 거죠.

활동가B : 저는 활동가C의 의견이나 활동가D의 의견에 사실 대부분 동의해요. 동의하는데 뭐, 또……, 일부 동의하지 않는 부분은 어떤 거냐면, 그……, 이제……, 그 우선은, 저 자신의 반성이라 함은 초창기에 어르신들이 이렇게 막, 그니까 사실은 저는 6월 19일날 활동가D가 같이 있었는데, 할머니들은 고리 행사장에 들어가시고 밖에서 기다리고 있으면서 계속 기다릴 때 그 기……억이 지금도 생각이 나요. 그때 그…… 전날까지 들리는 얘기가 있었고 해서 진짜 기대를 했었거든 요. 뭔가 선물이 있을 것이다, 라는 식으로……. 지금 생각해 보니까 선물이라는 말도 되게 웃기는데……. (쓴웃음) 근데 딱 나왔을 때 그…… 공론화 얘기가 그때 대화방에 뜨고, 그 때부터 막 머리가, 해골이 복잡하더라구요. 근데, 그, 또 저희 들은 또 어르신 기준으로 보니까, 어르신들이 너무 좋아하시 는 거예요. '이긴다, 이제 마 이겨뿌라, 이긴다, 걱정하지 마 라'……. 그 당시 초창기 여론조사가 되게 높았거든요. 그런 분위기였으니까……. 에, 인제, 또 숙의 방식이 딱 나오니까, 뭐 숙의 방식으로 하고, 뭐 500명을 뽑아서 그들한테만 해 서 한다, 막 이렇게 하니까……. 저, 저는 그때 기대를 했었 어요. 그때 제가 되게…… 철저하지 못했어요. 근데 되게, 지 금 좀 되게 후회가 돼요. 그런데, 또 다시 한번 추측 한번 해 보건대, 그때 내가, 어쨌든 대책위의 실무자로서 어르신들에 게, '어, 안 됩니다. 해봤자 안 됩니다. 우리 전문가주의 해봤 지 않습니까?'…… (일동 웃음) 이런 얘기 할 수 있었을까…….

못하는 거죠. 그러면 내가 어떤 스탠스로 임했을까? 근데 그 때 그 당시 제가 그걸 뭉개면서 예를 들어 요구는 하면 안 되겠나……. 요구는 그래도 요, 요 틀만 잘 지키면 되지 않겠나……. 이런 기대를 가졌던 게 저는 굉장히 뼈아파요. 아, 안 되는 건데……. 기본적으로 안 되는 거였는데……. 냉정하질 못했다라는 거? 근데…….

활동가D : 근데, 이미 안 되는 걸 알고 있었다고 하더라도 똑같이 하지…….

활동가B : 근데 저는 한 중간 지점에서부터 계속 안 돼, 안 돼……. 빨리 엎어야 된다는 걸 기다렸던 게…….

활동가C : 근데 그 하겠다는 걸……, 엎……기가 되게 어렵……. 왜냐면 숙의라는 단어……를 국민이 다 원하고 있었고, 우리가 요청한, 우리가 늘 하던 언어였잖아요. 근데 그것을 하겠다고 했을 때 거부할 수가 없…….

활동가B : 그리고 계속 공격당했어요, 밀양대책위는.

활동가D : 그리고 사실 밀양은, 이걸 하고 안 하고를 결정할 수 있는 스탠스에 있지 않았어.

활동가B : 에, 그렇죠. 그런데 기본적으로 어르신들이 가지고 있던 낙관이 있잖아요. 그 에너지 무시하면 안 되는 거잖아요,

아무리 냉정하더라도. 해보자, 그리고 실제로 또 그 말씀대로 진짜 최선을 다했거든요. 말도 못하게 고생하셨고.

활동가D : 말렸어, 말렸어.

김영희 : 소 잡는다고……. 이제 곧 소 잡을 거라고, 우리 잔치할 거라고 다 하셨고……. 사실은 그 낙관적 에너지로 전국을 도신 거잖아요. 너무 열심히, 진짜 될 거라고 생각하고…….

활동가D : 사실은 지금도 그걸로 버티고 있는 거죠.

지더라도 어떻게 지느냐의 문제

활동가B : 그 어르신들뿐만이 아니라, 열심히 하셨던 활동가뿐만이 아니라요, 그냥 일반 주민들도 굉장히 기대가 컸었어요. 진짜 크고……. 그래서 울산 집회 순식간에 버스 한 대 그냥 해서 다녀오시고 그랬거든요. 근데, 쯧, 아까 활동가C 얘기에 인제, 활동가D 얘기에 대부분 동의를 하지만, 제가 좀 동의가 안 되는 지점은 뭐냐면, 그니까 활동가C가 얘기하는 대로, 가치로서는 안 되고 '우린 마이너 중에 마이너다'라는 얘기를 우리가 인제 받아들이게 되면 우리가 아무것도 할 수

◆ 공론화위원회 논의가 진행되던 초창기에 인터뷰어는 밀양 송전탑 반대 운동에 참여한 주민들을 인터뷰하기 위해 밀양에 머무르고 있었다. 당시 인터뷰어가 만난 주민들은 모두 공론화위원회의 논의 결과를 낙관하고 있었고, 시민들이 내린 결론이 틀림없이 '탈핵'으로 나올 것이라고 기대하고 있었다. 이 때문에 만나는 주민들마다 인터뷰어에게 "소 잡아서 잔치할 테니 놀러오라"는 말을 하곤 했다.

가 없어요. 제가 계속 그런 절망 속에서 사실은, 계속 비관론자로서 계속 오랫동안 살아왔잖아요? 지금 사실 지금도 비관론……자인데 저도 서서히 나빠지고 있고 이데올로기를 넘어설 수 없고, 매몰 비용 얘기만 나오면 무조건 지고, 관료의 힘들을 못 벗어나고, 이런 생각을 하는데, 제가 송전탑 투쟁하면서 계속 생각하는, 했던 거는……. 우리가 이제 송전탑 투쟁 시작 때부터 저는 그런 생각 했었거든요. 빨리 빠져나오고 싶게 했던 것은, 이거 안, 안 되는 거잖아요. 철탑은 세워지는 거고. 김영자 총무님은 오늘 오는, 오늘 제가 모시고 왔거든요. 그 2017년 10월 1일날 경찰 3,000명이 막…… 그 마을로, 여수마을로……, 마을 뭐, 아니죠, 3,000명이 아니죠. 올라오는 거 보면서 위에서 차 대놓고 있으면서, 보면서 '아, 철탑은 세워지겠구나' 그때 처음 생각이 들었다 하더라고예? 근데 저는, 저는 아니거든요. 그 전까지 총무님은 이긴다 생각하셨던……. 실제로 열몇 번을 막아내고 했었으니까……. 저는……, 이치우 어르신 돌아가실 때부터 철탑은, 어쨌든 설 수밖에 없는데……, 그 생각을 했거든예? 쯧. 저 같은 경우는 그랬었어요. 결국 그러면 뭐, 멋있게 포장하면 그게 물론 되게 개인, 개인적인 잇속이나 뭐, 빨리 빠져나와야 된다는 이런 여러 가지 판단들 속에서 있었지만……. '진다, 지는 데……, 어떻게 지는지가 훨씬 중요하다'였거든요.

김영희 : 그렇죠.

활동가B : 지는 거. 어……. 그래서 저는, 계속 우리 지는 싸움……을 지금도 계속 해오고 있고, 하는데, 지는 싸움도 지속하기 되게 어려운…… 정도로 동력이 좀 빠져 있고, 지쳐 있……다는 문제인 건데, 그 인제, 안 되죠. 그 경제 논리에 대항해서 우리가 가치론적으로…… 밀양 할머니들과 노동자들과 막 이런, 응?

활동가D : 필패죠.

활동가B : 미래로운 이야기를 하는 건데 어어, 이 논리가 마이너……에 설 수밖에, 마이너에, 요번에 활동가C 쌤 정말 잘 표현했는데, 마이너 오브 마이너였거든요, 이 안에서도. 밀양 할머니들을 하나도 부르지 않았고, 또 저한테도 연락이 왔다가 캔슬시키고, 캔슬시키고 그랬었어요, 예.

활동가D : 같은 예로, 갑상선 요도……, 아, 갑상선암 걸린…… 가족.

활동가B : ○○ 아버지.

활동가D : ○○ 아버지가 가서, 2박 3일 동안 있었는데…….

활동가B : 질문만…….

활동가D : 한마디만 하고, 질문도 한번도 못 받고 그냥 왔어요.

활동가B : 질문 한번 못 했다……, 그게 현실이죠. 근데, 그……
　저는 인제 5, 6호기 하면서, 그래도 제가 좀…… 좋았던 거는,
　되게 고됐지만 좋았던 거는, 전라도 해남에 가도 사람이 있
　고, 막…… 어딜 가도 있는 거예요, 사람이. 하아……. 그래서
　저는 약간…… 뭐…… 세상이 약간 그니간……, 세상이, 세상
　이 안 망하는 거는, 저런 사람들 때문이라고 생각하거든요.

활동가D : 다 낙관론…….

활동가C : 낙관론인…….

활동가D : 낙관론으로 버티고 있었던 거야.

활동가C : 비관은 있었지만, 그래도 요래 하니까, 조금이라도 진
　전한다, 라는 낙관주의인 겁니다.

활동가B : 아, 그래, 그래. 아하하하.

활동가D : 그래 어쨌든 그건 끝난 거고…….

활동가B : 아 정말…….

활동가D : 다음 일을 열심히 해야지.

활동가B : 에……. 저는 그래서……. 그래서 이제 좀 씨앗을 지
　켜가야 되는데, 밀양 할머니들이……. (감정이 북받쳐 울며)

쭛……, 훌쩍……, 아유…….

활동가C : 씨앗……. (일동 침묵)

활동가B : 쭛……. 에헤. (울먹이며) 이거 참. 그렇죠. (머뭇거리며) 할머니들이 씨앗이잖아요, 지금 세상에. 쭛. 쓰읍. 쭛쭛. 에. 그래서 저는 뭐, 하……. 지금은 아아 1년에 청와대나 산업부나 부대끼는 상황 속에서, 그런 생각이 굳어져가요. 그니까, 안 되는 거다. 저들 체제의 틀 안에서 뭔가의, 그들의, 선의가 아니라 그……, 어떤……, 에……. 기본적으로 안 되는 거고, 우리는 그냥 우리의 힘으로……, 근데…… 근데 이제 활동가C나 활동가D가 좌절 같은 걸 얘기를 할 때……. 쭛. 사실은, 뭐 저 친구들 이상으로 제가 좌절하고 있는 건지도 몰라요, 지치니까. 하아……. 그렇죠. 그래서 안 된다고 생각을 하는데……. 아……. 근데, 쭛, 요번 신고리 5, 6호기 때는 너-무 어처구니없게 이 우리 안에서도……, 그 논리에…… 그냥, 하고, 우리는 한번도 초대, 그런 가치론적인 얘기를 할 수 없었고, 우리는 계속 바깥에 떠돌면서, 막 마이너 오브 마이너들을 만나서 했다는 거……. 쭛. 근데 어쨌든, 어……, 음……, 알 수 없잖아요. 활동가D 얘기에 동의 못 했다, 라고 한 지점은 어떤 거냐면, 알 수 없죠. 또 언제 무슨 일이 생길지 모

✦ 이날의 인터뷰는 몹시 침울한 분위기 속에서 진행되었다. 당일 있었던 기자회견 때문이기도 했고 대화 주제 때문이기도 했는데 특히 활동가B는 감정이 북받쳐 말을 이을 수 없을 정도로 자주 감정을 삼켜야 했고, 끝내 눈물을 보이기도 했다. 평소 활동가B가 이런 모습을 잘 보이지 않았기 때문인지 인터뷰 자리에 참석한 다른 활동가들은 몹시 안타까워하며 당황하는 듯한 모습을 보이기도 했다. 활동가C도 이날 인터뷰 자리에서는 여러 번 북받치는 감정 때문에 말을 잇지 못하는 모습을 보였다.

르……니까……. 마지막 기회라고 얘기했던 게 제가 동의 못

했다라고 생각했던 건데……. 세상일은 알 수 없으니까…….

그래서 쯧……. (한숨)

활동가C : 그……, 그래서 기자회견 하려다가 막판에…… 약

간……. 쌤…… 울라 했던 거 좀 아니었어요?

활동가B : 아니야, 아니야.

활동가D : 서울에서?

활동가C : 아니, 아니. 오늘 기자회견 왔는데…….

활동가D : 오늘 울라 했어?

활동가C : 아까는 좀 그런 것 같았는데…….

활동가B : 아냐, 아냐. 그렇지 않아. 아, 그냥 좀…….

활동가D : 아, 사회자가 울면……. 진짜 그거는……. (웃음) 탄핵

감이다. (일동 웃음)

활동가C : 아니, 누구…… 발언 때였더라. 어떤…… 발언할 때 쌤

이 좀 울컥한 거 같았는데…….

활동가B : 아이, 아이, 뭐. 안병수 아버님이…… 막 그거 하실 때,

좀 그랬지. 그 얼마나 하고 싶어 했어, 그 말을. 그 기자들이

알아듣지도 못하는 상황을, 그 말들을…… 어떻게 알아들어,

걔들이. (울음을 참으며) 기자들이. 근데 막…… 아까 들었잖

아, 말씀하시는 거……. 그걸, 마을 상황을 일일이 말씀하시
려고…….

김영희 : 안병수 선생님이 고답마을, 아니, 고정마을 상황을…….

활동가C : 고정마을 상황을…….

활동가B : 그 5분도 안 되는 시간에, 그기, 그거를 어떻게 해, 그거
를. 쯧. (떨리는 목소리로) 내 목을 따라고, 그러셨어요. (울음을
삼키며) 쓰읍. 크읍. 이게 내가 말한 게 사실이 아니면, 내 목
을 따라고. (말을 잇지 못하며) 쓰읍. 에. 하-. 그 아버님 막 사
람이 좋아가지고 어디고 막 농사지은 걸, 연대자들 막 쌀 들
고 조원규 아버님이 쌀 주신 걸 갖다가 인제 들고 있으니까,
자기가 다 받아가 택배로 부쳐주고, 들고 가기 힘들다고, 서
울까지, 택배로……. 정말 좋으신 분이죠. 정말 마음이 좋으
신 분이죠. 바르고……. 불의를 못 견디시는 분이지요. 쓰읍,
<u>흐으으으으으음</u>……. 쯧. 아이고, 죄송해요.

김영희 : 아니에요, 선생님.

활동가B : 요즘은 막 상황이 안 좋으니까 그렇네요.

활동가C : 늙어서 그래요, 쌤. 몸 아픈 것도…….

김영희 : 여기는 연대의 의미가 되게 큰 거 같아요. 주민분들도 그
러시고……. 예를 들면 뭐, 어 다른 어떤 데 움막도 가보고 이

✦ 고정마을의 안병수씨는 당일 기자회견 자리에서 고정마을이 겪고 있는 갈등과
어려움을 상세하게 설명했다. 한전이 보상금을 내세워 사이좋게 지내던 마을
사람들을 이리저리 갈라놓고 그 갈등이 심해지면서 일부 사람들이 다른 마을
사람들을 속이는 일이 발생해 여러 가지 소송이 진행 중인 상황이었는데, 이
일이 제대로 알려지지 않고 매듭이 지어지지 않아서인지 안병수씨는 만나는
사람마다 이에 대한 이야기를 상세히 들려주곤 했다. 당일 기자회견장에서도
상황을 잘 알지 못하는 기자들을 앞에 두고 짧은 시간 안에 간절한 마음을
담아 몇 번이나 했던 이야기를 또다시 녹음기 틀 듯 반복하셨던 것이다. 제대로
들어주는 사람이 없기에 안병수씨의 말은 계속해서 반복되고 있었다. 그 모습이
안타까워 활동가B는 기자회견 도중에 설핏 감정을 드러냈던 것으로 보인다.

렇게 보면, '그래 우리가 연대자들 덕분에 이렇게 버티는 거다, 너무 고맙다, 받은 만큼 연대하겠다' 이런 게 전 굉장히 밀양이 강하다고 느끼거든요. 어떻게 느끼시는지……? 예를 들면, 그것과 대비돼서 보이는 게, 지금 힘들어하시는 어떤 것도 그렇지만, 고립감이잖아요. 마이너 오브 마이너라는 게 사실은 고립되는 건데, 고립된 상태로 포위되는 것……. 그니까 그, 사실 마이너 오브 마이너의 핵심은 말할 기회가 없는 거라고 생각하는데, 대책위분들 입장에서는 신문사 기자들도, 뭐, 가까이할 수밖에 없는 거잖아요. 그, 그런데 사실은 되게, 우리가 말하고자 하는 말을 제대로 전달하거나 들어주는 건 아니고, 공부도 열심히 안 하고……. 그니까 그게 되게 어려우실 것 같아요, 이 대책위 활동하는 입장에서는……. 그니까 어쨌든 지지 세력을 많이 가져야 되는 건데, 사실 대책위와 생각과 입장은 되게 다른 거고……. 결정적 순간에 진짜 지지하고 있는가 의심스러운……. 또 다른 한편에는 시민 연대자들이 쭉 있는 거고……. 이런 게 어떠신지……? 연대에 대한……. 그러니까 연대와 고립에 대해서요.

활동가C : 연대와 고립……. (일동 침묵)

활동가C : 니부터 해라.

활동가D : 이 셋 중에 연대자를 제일 안 만난 사람이 저예요.

김영희 : 안 만난 사람이요?

활동가D : 안 만나는 사람이.

김영희 : 아, 진짜요?

활동가C : 니가 제일 인기 많은 아 아니가?

활동가D : 저는 가장 이렇게…… 뭐라고 해야 할까, 설렁설렁 만나는 사람이죠.

김영희 : 츤데레 캐릭터인가요? (웃음)

활동가D : 저는 별로 할 말이 없습니다. (웃음)

활동가B : 츤데레가 못 되지. 츤데레는 그래도 좀…….

활동가D : 그렇죠, 츤데레도 못 되죠.

활동가B : 더 시크한 척하면서 따뜻해야 되는데…….

활동가D : 약간 그냥 스쳐가는 인연 정도인 거죠, 연대자들한테. 어르신들한테도……. 어르신들 만나는 것도 셋 중에 제가 제일 적어요.

김영희 : 아 그래요? 어른들이 제일 많이 얘기하시던데 막둥이라고…….

활동가D : 제가 안 만나니까 할 말이 제일 많은 거죠. 궁금하고……. 활동가B 쌤의 문제는 그거지.

활동가C : 뭔데?

활동가D : 활동가B 쌤은……, 뭔가……, 쉼표가 필요한데, 주민들
이 그걸 원치 않아.

김영희 : 뭐가 필요하다고요?

활동가D : 쉼표. 약간 상징적 존재가 돼가지고. [분위기 전환을 위
해 마을 주민들에 대한 잡담이 오감.]

주민들의 힘

김영희 : 제 질문은 간단히 두 가진데 하나는, 여기는 다른 지역
에서 벌어진 운동의 장면들과 다르다고 제가 느낀 게, 활동가
하고 주민 관계가 좀 다르다고 느끼거든요. 그러니까 예를 들
면, 다른 지역 같은 데는 활동가들이 주로 이렇게 좀 많이 이
렇게 리드를 하고, 이슈를 만들면서 '이렇게 하시자' 뭐 이런
게 있다면, 여기는 꼭 뭐 그런 거 같지는 않아요, 제 생각에
는. 그게 좀 되게 다르다고 느끼는 게, 그러니까 예를 들면 여
기서는 주민분들이 뭔가를 먼저 제안하시거나, 오히려 뭐 주
민분들이 뭐 이렇게 약간, 뭐 힘을 주시든 격려를 주시든 뭐

✦ 한번 북받쳐 올라온 활동가B의 감정이 쉽사리 가라앉을 기미를 보이지 않아
인터뷰 자리에 참석한 모두가 '하던 이야기를 계속 이어갈 수 없는 상황'이
되었다. 이에 주민들에 대한 잡담과 수다를 나누면서 분위기를 전환하고자
했다.

이런 여러 가지 그런 장면들이 있지 않나…….

활동가B : 제가 짧게 대답하면 어, 밀양은 정말, 주민들에 의해서, 주민들, 예. 밀양 투쟁의 힘은 진짜 100퍼센트 주민이에요. 그니까 뭐 물론 저희들, 활동가들도 중간에서 역할이 있었지만……. 또 뭐, 제가 뭐, 저 개인한테도, 아, 당신 때문에 뭐, 밀양이 어쩌고 저쩌고 이런 얘기 할 때마다, 아, 사실 저도 그런 무게 때문에 저도 되게, 그 스스로 짓눌리기도 하고, 또 스스로 자백을 하기도 하고 그러긴 하지만, 이게 냉정하게 생각을 해보면요. 특히, 물론 저희들 역할이 있었죠. 그 역할을 이어주고 했던 건 있었지만, 철저하게 주민들의 주도성에 의해서, 그니까 때로는 뭐 마을에서도, 하……. (잠시 머뭇거리다) 정 하면 그냥 마, 손 놓고 그냥 마, 마을에서 살아……, 사셔야 되니까 도장 찍고 그냥 했으면 좋겠다, 이런 생각이 들 때가 있었어요. 되게 많아요. 하지만 어르신들이 그건 안 되는 거예요, 당신들한테는. 저…… 끔찍한…… 폭력도 당했고, 마을 안에서 한수원놈들이랑 한전놈들이랑 한 짓거리를 다…… 듣고 보았는데, 또 '연대하는 사람들에게 이 의리가 있는데 내 우예 도장을 찍겠노', 이……, 이거거든예. 쭛. 그리고 또, 그…… 연대의 힘도 마찬가지죠. 아까 연대의 이야기가 이어지는데 사실 밀양에 연대가 오게 된 거는 대책위가 프로그램을 잘 짜고 뭐, 뭐, 이렇게 정치적으로 이렇게 돼서 그런 게 아니잖아요. 다 할머니 보고 싶어서 오는 거잖아요. 늘 인정스럽게, 이렇게 사람들한테 그렇게 잘해주시고 그 베풀고 막, 진짜 다른 사람들이, 노동자들이나 힘든 거 보면 막 진짜 마음으로……. 스읍. (울음을 참으며) 쯧. 그래요…….

김영희 : 예.

활동가B : 밀양 주민들이 갖고 있는 그런 막 순, 순진한 어떤 인간성? 예, 예. 그렇죠.

활동가D : 그니까 되게…… 저희를 불편하게 하시는 분들이 잘 없는 거고, 대책위, 그리고 연대자들, 그리고 활동가B 쌤이 이야기했던 부분이, 그래서 저희는 되게 일할 수 있는 좋은 환경이 만들어지는 거죠. 스피커잖아요, 어쨌든 대책위가. 뭐, 일을 기획을 한다 하기도 하지만, 알리는 게 주 임무고 힘든 건데, 그……, 그 일을 편안하게 할 수 있다고 생각하는 건 사람들……. 다른 현장보다, 다른 현장은 워낙 이 외부자와 내부자, 하여튼 선 긋는 거, 혹은 뭐 그 사이에서 일어나는 갈등들 때문에 거기에 일하는, 집중하는 시간이 줄어든다면, 저희는 상대적으로 대집행 이후에 그 지금 남은 어르신들이, 이제 남은 어르신들은 대집행 이후에 2~3년 동안 계속 조금씩 규모가 줄긴 하지만 유지해오고 있는 이 구성원들이 어쨌든 대책위가 되게 편안하게 일할 수 있게 해주는 사람들이라고 생각을 하고…… 그리고 대책위 말고 다른 연대자들, 뭐 어책(어린이책시민연대)이나 이런 분들은 사실 마을 안에서 대책위 같은 일을 하고 있는 거거든요, 저희가 하지 못하는. 그분들도 되게 편안하게 찾아올 수 있는, 이 환경을 만들어주는 데 어른들이 탁월하다고 생각을 하고…….

활동가B : 많이 희생을 하시죠, 그래서…….

활동가D : 보통의 시골에 가보면 그렇지 않잖아요. 근데, 이게 어떻게 하면 어른들이 그런…… 특징을 가지게 됐을까를 생각해보면, 한창 농성장이 있을 때 오던 사람들이 찾아와줬을 때 되게 사람이 없는데 찾아와줘서 고마워서, 혹은 사람이 귀해서, 그 고마운 연대자들에게 해줬던 일들에 대한 그 습관이라고 하긴 좀 그렇고, 뭐라고 하죠? 그게 남아 있는 거 같아요.

활동가B : 음, 음. 그 몸, 몸에, 몸에 밴 어떤……, 어떤…….

활동가C : 저는…… 되게…… 아이, 물론 우리 마을분들의 이야기는 다 동의를 하고…… 오히려 우리가…… 뭐라 그러지…… 저는 그랬던 거 같아요. 활동가B 쌤이랑 활동가A님이 대책위를 꾸리고 여러 가지 시도들을 꾸릴 때에 세웠던 원칙에 대해서, 어……, 한번도 원칙에 어긋나는 것을 하지 않았고…….

김영희 : 누가, 누가요? 어르신들이?

활동가C : 아니오. 어르신들도 그렇고, 대책위 구성원들이……. 그니까 뭐, 대책위의 역할이라 해야 되나? 주민분들이 주민분들의 싸움을 어, 주체적으로 가져가시면서 '이건 우리, 우리의 일이고, 우리의 싸움이고 저 사람들은 도와주는 거고' 이런 원칙 있잖아요. 그래서 주민들이 가지고 있는 이 원칙을 대책위나 주민들이 이때까지 지켜오신 거고……. 대책위는 뭐, 돈과 관련해서, 뭐 관여하지 않겠다……. 그리고 뭐, 초창기에 활동가B 쌤이랑 활동가A님이랑 이렇게 만나서 얘기했었던 걸 보면은 이게 활동가A님, 활동가B 선생님이 선거를 나가지 않는다고 한 이야기 말고는 대부분 지켰던 거 같아요.

김영희 : (웃음)

활동가C : 백서 만드는 게 필요하다 그래서 만들었고……. 돈과 관련해 우리들이 관여하면 안 된다, 주민들이 주도적이어야 된다, 이런 원칙들……. 뭐, 우리가 어떻게 할 것인가에 대한 이야기들이 지나오면서 변하지 않았다는 게 되게 중요한 거 같아요. 그리고 뭐 아까 말한 것처럼 뭔가 우리한테 연대해왔던 사람들도 사명과 정서와 뭐, 가치관이 아주 넓었을 거 아니에요? 거기, 그런 사람들…….

활동가D : 사람, 사람 됨됨이 아주 넓었지.

활동가C : 어……, 그래도 뭐…….

활동가D : 됨됨이가.

함께 성장해온 주민과 활동가

활동가C : 어……. 그런 사람들이 이렇게 있으면 여기 남은 사람들 보면, 약간……, 비슷해요, 좀 뭐가. 저는 어르신들이랑 저희 정서가 그니깐, 좀 다르긴 하지만 같이 커왔다고 생각해요.

김영희 : 으음.

활동가C : 어르신들도 처음부터 저렇게 지, 지금과 같은 폼……, 그러니까 지금과 같은 어떤……, 진보적인 마인드? 마이너의 마이너적인 걸 가지고 계신 분들이 아니었거든요. 그때는 뭐, 경계심도 있으셨고, 불신도 있으셨고, 단체에 대한 뭐 이런 거 있었고……. 저희도…… 그때는……. 뭔가 연대자이기 때문에 모든 걸 다 해줘야 되고 이게 아니라, 어……, 어르신들도 분명히 틀린 말 할 때도 있고……. 그럴 때 서로 가치관을 맞춰나가는 거……. 그렇게 같이 성장해온 거죠.

김영희 : 서로 대화하고…….

활동가C : 예. 대화하고. 의견이 다를 때 '그건 아닌 거 같다'고 말할 수 있을 정도의 이 관계는, 아무튼 시간이 흐르면서 서로서로, 서로 성장했다고 생각해요. 가치관이 성장했고……. 그 성장이 마이너의 마이너인 건 확실한 것 같아요. (일동 웃음)

활동가C : 에, 그래서 시간이라는 게 중요하고……, 그 시간 동안 우리가 처음에 세웠던 아주 많은 디테일한 원칙 말고요. 굵직하게 가졌던 가치에 대해서 서로 지키고 있는 것…….

활동가D : 그리고 공간도 이제, 다른 뭐, 성주든 강정이든 그 어디보다 밀양은 되게 사람들이 가깝고……. 주민과 연대자가 매우 가깝지만 공간은 명확하게 분리가 돼 있거든요. 우리는 시내를 기반으로 살고 있는 사람들이고, 연대자들은 각자 집을 기반으로 살고 있는 사람들이고, 주민들은 마을에 살고 있는 사람들이란 말이에요. 그래서 이 연대자들, 대책위의 사적 공간들, 그리고 주민들의 사적 공간들, 그리고 만나는 여기(너른마당) 같은 공적 공간들이 어……, 막 이렇게 혼란스럽게 뒤섞여 있지 않은 것도 이렇게 잘 유지해나가는 데 어느 정도 도움이 되는……. 그분들이 도움을 요청해서 우리가 마을로 들어갈 때도 많지만 마을 안에서 해결할 수 있는 일이라서 우리에게 따로 얘기하지 않는 경우도 있으시거든요. 그리고 어쨌든 삶의 방식이 다른 사람들……, 활동가C 쌤이나 저나……, 활동가B 쌤은 좀 어른들하고 사는 게 비슷할지 몰라도……. (일동 웃음) 늙었……, 늙었잖아. 완전 다르단 말이에요. 가까이서 보면 답답할 수 있단 말이에요. 싸울 때야 뭐 어차피 같은 농성장에서 자고 먹고 싸우고 하는 거니까…….

활동가C : 그-럼-. 뚜렷한 적이 있으면…….

활동가D : 상……, 상관이 없지만, 일상에서 돌아갔을 때 근데 그게 연대자들도 그렇고, 저희도 그렇고, 분리가 어느 정도 가까운 거리 안에서 분리가 돼 있으면서, 그런 것들에 대해서 서로 스트레스를 받지 않는?

활동가C : 오랫동안 연대하고……. 이렇게 뭔가, 지금도 지속적으로 오시는 분들 보시면 좀 비슷한 느낌 들지 않습니까? 예. 그렇죠. 서로 함께 커왔다고 생각해요.

김영희 : 그 점이 중요한 거 같아요. 같이 성장한 거.

느슨한 공동체

김영희 : 그……, 여기도 조직이잖아요, 대책위도.

활동가C : 조직입니까, 저희? (웃음)

김영희 : (웃음) 조직이죠.

활동가D : (웃음) 조직이지. 법률 감사가 있고, 사무국장이 있고…….

활동가C : (웃음)

활동가D : 1인 사무실에 가깝죠, 거의.

김영희 : 매우 결속력이 강한 조직이죠.

활동가C : 결속력이 강하다고요?

활동가D : 반대로 매우 결속을 할 일이 없기 때문에 결속이 강해요.

김영희 : 근데 저는 되게 오묘한 조직이라고 생각하거든요. 그러니
까 과거의 사회운동 단체들이 조직하는 방식하고 겹치는 부
분도 있지만…….

활동가D : 다 사무국장님 덕이죠.

활동가C : 그럼요. 사무국장님 덕분에 저희가 이렇게까지 온 겁니
다. (웃음) 요거 마지막에 써 주세요, 꼭. (일동 웃음)

활동가D : 쌤 좀 더 설명해주세요. 재밌네요. 대책위를 보는 시선
이……. 정말 오랜만에 들어보는 거 같다.

활동가C : 왜냐면 저는 진짜 조직답지 않은 조직이라고 엄청 생각
하거든요.

활동가D : 나도 그렇게 생각 안 하는데.

김영희 : 굉장히 조직적인 조직으로 보이는데……. (웃음) 예. 근
데 그 조직문화가 다른 거죠.

활동가C : 내가 가진 조직의 기준이 다른가보다. (일동 웃음)

활동가D : 그렇죠.

활동가C : 아, 그게 아닌가?

활동가D : 평소에 생각하는 조직문화에 전혀 부합하지 않는 조직
이지.

활동가C : 그래서 전혀 조직이라 생각하지 못한…….

김영희 : 그래서 어쨌든 이 대책위라는 조직을 어떻게 생각하시는
지 궁금해요. 예를 들면 어떤 일들이, 조직의 결정이나 이런
것들이 꼭 내 의견과 다 일치하지 않을 수 있고…….

활동가D : 그렇죠.

김영희 : 그다음에 조직이 나에게 기대하거나 이런 역할을 내가
다 수행할 수 없을 때도 있잖아요. 그런데 인제 해야 될 때도
있고……. 근데 그 조직이 예를 들면 요 몇 분만이 아니라 주
민분들도 다 포함하는 거라고 생각하는데……. 그러니까 예

를 들면 옛날 운동조직들처럼 굉장히 동질성이 강한 조직은 아니면서, 어쨌든 굉장히 이렇게 결속이 강하고…… 정체성이나 이런 것들도 굉장히 서로 비슷한 사람이 모여 있다는 말씀처럼 그런 게 되게 강한 조직인데……. 뭐, 어떻게 느끼시는지 궁금해요. 여기는 좀 다른 성격의 조직처럼 느껴지거든요.

활동가B : 예, 예.

활동가C : 조직에 한번도 이렇게 열심히 몸 담아서 뭐 이렇게 했던 사람들이 아니라서 그런 걸 거예요.

활동가D : 그렇죠.

활동가C : 으응.

활동가D : 마이너 중의 마이너. 왕따죠, 왕따. (일동 웃음)

활동가C : 우리가 조직다운 조직에 어디 있어 봤나요.

활동가D : 그죠.

활동가C : 그러니까 이게 이런 조직이 된 거죠. 조직 같지 않은 조직이 된 거죠.

활동가D : 활동가B 쌤이 사실 유일하게 조직에 몸 담았던 사람인데…….

활동가C : 야, 나도 담았어.

김영희 : 활동가A님도 계시잖아요. 활동가A님도 조직에 속한 분 이시죠.

활동가D : 활동가A님은 이제 별로 말을 안 하시는 타입이고, 활동 가B 쌤은 약간 포기를 하신 거 같고……. 일하는 방식이 되게 독특해요, 저희는. 어떤 식이냐면…….

활동가C : 사람을 맨날 이해해줘, 그니까. 예를 들어 (활동가D를 가 리키며) 얘가 전화가 안 돼요, 통화가 안 돼요. 그러면…….

활동가D : 아침에 전화를 안 하죠, 이제는.

활동가C : 그니까, '저 새끼 또 노나?' 이렇게 생각 안 하고, 뭔가 일이 있어서 못 받나봐. 그니까…….

활동가D : 아, 사실 모르는데.

활동가C : 에, 에. 그 그런 마음을 해야 덜 화가 난다 이거죠.

김시연 : (웃음)

활동가D : 아, 그렇죠. 그니까, 되게 1인 사무실 같은 느낌이에요.

활동가C : 에, 그래서?

활동가D : 혼자 할 일이 명확하게 정해져 있고, 혼자 열심히 하 고……. 필요한 일 있으면 자기가 필요한 사람한테 전화를 하고……. 저도 혼자 할 일이 정해져 있고, 혼자 열심히 하 고……. 그러다 필요하면 이렇게 이야기를 하고……. 여기도 뭐, 혼자 할 일이 있고…….

활동가B : 4차 산업혁명 조직이야. (웃음)

활동가D : 근데 이제 가끔 같이 모여서 일을 하면 되게 힘들죠. 그래서 저는…….

활동가C : 힘들다고? 그런 얘기는 진짜 니 중심적이다. 그럴 수 있어?

활동가D : 그 소책자 만들 때 되게 힘들었거든요.

활동가B : 야, 근데 소책자 만들어서 힘든 거는 니가 계속 딴지 걸어서 그랬던 거 아니야?

활동가D : 그래서 제가 태클 거니까 두 사람이 너무 힘든 거예요. (웃음)

김영희 : (웃음) 제가 질문 바꿔볼게요. 대책위의 핵심 갈등이 뭐에요, 그러면? 이제까지 겪었던…….

활동가D : 핵심 갈등.

활동가C : 핵심 갈등이라…….

김영희 : 그, 활동가D씨가 일찍 안 일어나는 건가요? (웃음)

활동가C : 아, 그거 써주세요. (일동 웃음)

활동가B : 저기 뭐, 저기 문제라면, 그…… 대책위가 인제 엉성하게 시작해가지고……. 맨 처음에는 인제 활동가A님하고 저,

그다음에, 2012년 여름이었지, 8월달에 인제 활동가C가 일주일에 몇 번 오다가 반 상근으로 이렇게 활동시간이 좀 늘어나면서 인제 이렇게 하다가……. 또 전국으로 확대되면서 막 이렇게……, 좀 대중이 없었어요. 그래서 이렇게 저가 잘못했던 부분이 좀 많죠. 1인 과제 시스템에서, 막 이렇게 의사결정을……. 물론 대책위가 바쁘기도 했었지만은 의사결정 시스템이나 재정 시스템, 이런 것들이 잘 못 갖춰지면서, 이렇게, 예. 그리고 또, 그 뭐, 또 어떤 게 있을까?

김영희 : 아, 저는 이 조직의 부족한 점을 질문하려고 한 게 아니고요. (웃음)

활동가B : 예, 예. 어쨌든 뭐, 그런……, 그니까 대책위가 막 이렇게…….

활동가C : 자기반성 타임이에요.

활동가D : 1인 사무실이라서 별로 만날 일이……. 그렇게 하루 종일 부대끼고 토론하고 싸워서 결정하고 하는 조직이 아니라서 갈등이 일어날 일이 기본적으로 적고…….

김영희 : 회의는 길게 안 하세요, 그러면?

활동가B : 그죠. 우리도 그렇게……. 다른 조직에 비하면 아주 짧아요.

활동가C : 네.

활동가B : 비교도 안 되게 짧아요.

활동가D : 그 분야의 자기가 맡은 분야의, 뭐 농활이면 농활, 문화제면 문화제고, 뭐, 샘이 맡은 게 있을 거잖아요? 그러면 서로 모여서 그거를 공유하고 합의를 보는 과정이 있기는 하지만, 어쨌든 그 판단을 하는 사람의 의견을 되게 존중해주는 편이고, 그래서 갈등이 일어날 일이 거의 없어요.

김영희 : 그러면 생각의 차이들이 있을 땐 어떻게 하세요? 그거를 인제…….

활동가C : 얘기합니다.

활동가D : 그럴 땐 이제 싸우죠.

활동가B : 예. 많이, 많이 싸우기도 해요. 많이 싸워요. 많이 싸우고……. 터지도록 싸우고 하죠.

활동가D : 싸우고 나서, 결정되면 인제 또, 그 일을 주로 맡았던 사람이 이야기가 돼서…….

활동가B : 그거는 뭐, 잘했던 거 같아요.

김영희 : 그러니까 이게 인제 위계적인 조직이 아닌 거잖아요, 사실은.

활동가D : 오야지가 계속 바뀌어요, 일마다. (웃음)

활동가B : 예, 맞아요.

활동가C : 위계가 좀더 자주…….

활동가B : 6·11(행정대집행이 있었던 날을 기억하는 행사) 할 때는 (활동가D를 가리키며) 다 얘가 심부름을 시키는 거죠. 얘가 시키는 거를…….

활동가D : 제가 문화제를…….

활동가C : 엄청……, 장난 아니에요. (활동가D를 가리키며) 얘가 제일 문제에요. (웃음)

김영희 : (웃음)

활동가B : 아, 근데 얘가 나중에 크면 걱정이에요. 폭군이 될 것 같아요.

활동가C : 아, 진짜, 꼰대. 진짜 니는……. 젊은 꼰대보다 심각한 게 없다. 권력 주면 안 돼요.

활동가D : 권력 없다, 권력 없다. (웃음)

활동가C : 정말……. (웃음)

밀양의 의미

김영희 : 아, 마지막 질문인데요. 그냥 다 한 번씩 답하시면 될 것 같아요. 그, 이, 밀양 탈송전탑 탈핵 운동의 사회적인 의미와 개인적인 의미가 뭐라고 생각하시는지…….

활동가B : 와, 진짜…….

활동가C : 모르겠는데…….

활동가B : 아, 이건 진짜 어려운 질문이다.

활동가D : 뭐 어쨌든, 개인적인 의미는 밀양에서 사는 사람이 됐다는 거고, 저한테는……. 저는 외지인이었으니까…….

김영희 : 음.

활동가D : 그리고……, 무슨 일을 할지는 전혀 모르겠고……. 약간 밀양에서 살 거 같다는 느낌은…….

김영희 : 음……. 활동가C씨는 성장하신 부분이 뭐라고 생각하세요, 그러면? 아까 그 성장, 동반성장, 같이 성장해왔다 이렇게 말씀하셨는데…….

활동가B : 마이너 오브 마이너지, 계속 성장해서.

활동가D : 안으로 계속 들이파고 들어가고 있어. (웃음)

활동가C : 어어 막, 미친듯이 파고 들어가는……. 누구랑 대화가

안 통한다, 이제. (웃음)

활동가B : 막 지반을 뚫고 가고 있어.

활동가C : 일단 아니, 그러니까……. 진짜 많은 부분을 알게 됐어
요. (울컥 올라오는 감정을 추스르며) 뭐 진짜 너무 많이…….

활동가B : 활동가C 너도 오늘 되게 울컥한다.

활동가D : 개인적인 거 물으면……. 맨날 이래요.

활동가C : 맞아요.

활동가D : 개인적인 거 물으면 맨날 이래요. 물으면 안 돼요, 개인
적인 의미.

활동가C : 맞아요, 개인적인 거 물으면 안 돼요.

활동가D : 사회적 의미에 대해서 이야기해봐라.

김시연 : (웃음)

김영희 : 사회적 의미. (웃음)

활동가C : 사회적 의미, 뭐 겁나 큰 거 아이가?

활동가D : 마이너 오브 마이너가…….

활동가C : 마이너 오브 마이너가 이만큼 사회적으로 큰 영향을
미치기 쉽지 않지 않나? 그런 자신감으로 삽니다. 아하하하.
(웃음)

활동가B : 맞아요. 나도 되게 울컥하네, 왜 이렇게……. 하하하하

하. (웃음)

활동가C : 늙어서 그래요. (웃음)

활동가D : 활동가B 쌤은 서면으로 제출하시죠.

활동가B : 그럴까, 진짜. 너무 어려운 질문인데…….

활동가C : 맞아요, 너무 어려워…….

활동가B : 네.

활동가D : 말로 하라면 못하는…….

활동가B : 예……. 근데 뭐, 활동가C씨 얘기랑 비슷하죠. 우리도 뭐, 어쨌든 이렇게 죽도록 고생해서 어르신들이……, 어쨌든……, 이, 사실은……, 뭐, 저 주류나 가진 입장에서 보면 깜도 안 될 건데……. 깜도 안 될 사람……. 지방의 조그만 도시의 철탑 문제여서……. 근데 이걸 어쨌든 뭐, 저……놈들한테 한번 크게 멕이고, 또 물론 지금 다 원위치로 되돌아가는 것처럼 보이지만……, 그렇게라도 그것 참 통쾌해요, 진짜. 어르신들의 눈물겨운 투쟁이기도 하지만……. 뭐, 그런 정서적인 부분도 있고요. 음……. 그리고, 근데 사실은 계속 지금은 우리는 인제 한발 떨어져 논평하는 사람이 아니라 이렇게 현장에 있다보니까 이게 수많은 판단들이 하루에도 몇 번씩 이렇게, 스스로……, 제 삶에 대한 문제도 그렇고, 이 투쟁의 의미에 대해서도 그렇고, 수시로 교차를 해서, 참, 뭐, 말로 하면 고착이 돼버리니까, 고 하나로……. 고착이란 말만 들었는데…….

활동가D : 고착해! (일동 웃음)

활동가B : 에, 그렇죠 뭐. 저도 사실은 뭐, 어제 기자회견 하면서 되게 막…… 어휴……. 막 좀 어떤…… 그, 인제 그…… 지금 고답 상황이나……, 또 요새 청와대하고 부대끼고 뭐, 이런 것들 때문에, 또……, 뭐 개인적으로도 지금 우리 애가 이제 방학을 했는데 한번도 같이 제대로 못 있었거든요. 에. 아휴……. 하여튼 뭐, 그런 상황이 있다보니……. 그런데 또 기자회견 하고 나서 스스로 또 다잡죠. 뭐, 아버님……, 저는 아까 울컥하긴 했는데, 안병수 아버님……. 제가 못 듣겠더라고요. 저, 기자들 알아듣지도 못할 텐데……, 뭐…… 마이크 드리니까 얼마나 마음에 맺혔는지……. 저는 수십 번도 더 들었던 레퍼토리의 이야기거든요. 예, 이걸 수백 번은 했어요. 시장……. 시청에 가서, 산업부에, 저, 어디야, 면사무소에, 동네의 이장, 좀 말깨나 통할 것 같은 사람, 기자들……, 뭐, 또 다른 동네 주민들……. 그 얘기를 막……. 너무 말이 엉켜가지고요, 무슨 말인지 사람들이 알아들을 수도 없는……. 기자들이 알아듣기 어려운 얘기를 그냥 막 하시는데……. 못 듣겠더라구요, 괴로워서. 그……런 거 보면 또, 아…… 내가 이러면 안 되지, 이러면 안 되지……. ○○ 할머니가 아마 분명히 제 표정 때문이 아닌가 싶은데……. 저, 그때 제 아들이 왔을 때 너무 좋아하시면서 막, 진짜, 그때 쯤 ○○ 할머니도 좀 안 좋으셨나봐요. 너무 예쁘고, 또 발라요. 너무 행복해하시면서, 나는 진짜 죽어도 여한이 없다고……. 누가 그랬나? '죽으면 어떡해요, 돌아가시면 어떡해요' 이러니까 '요 여기 활동가B가 딱 있다 아이가' 했는데 제가 그때 약간 경직……됐던 것 같아요. 심적으로 부담스럽고, 아마 표정이 좋지는 않았을 테니까…….

활동가D : 그 웃으면서, 입 벌어지면서, 눈물 난다고 들었던 거…….

활동가C : 딱 그 표정이다.

활동가B : 그래서 다시 또 인제…… 잘돼서 가도, ○○ 할머니의 기대와 바람에, 에, 쯧, 그 뭐, 그쵸. (감정을 추스르며) 내 삶은 뭔가, 이런 생각이 자꾸 들죠. 어쨌든 저도 뭐, 7년째 하다보니까……. 제가…… 이제 1월 16일은 저한테는 너무 막 새로, 내 삶이 바뀐 날이잖아요. 완전히 바뀌어버렸는데……. 계속 그러고 있어요, 우리가……. 계속 어쩔 수 없이 인제, 뭐, 그래

✦ 할머니는 활동가B가 있으니 자신이 죽어도 걱정이 없다는 말을 한 뒤 활동가B의 얼굴이 굳어지자 본인이 공연히 부담을 준 것이 아닌가 염려해 마음속에 담아두고 계셨던 것으로 보인다. 연대자들을 만났을 때나 인터뷰어를 만났을 때 '내가 공연히 젊은 사람들에게 부담을 주는 것 같다'는 뉘앙스의 말씀을 하시곤 했는데 이 때문에 활동가B도 당시 자신의 표정이 좋지 못했던 것이 내내 마음에 걸려 있는 듯 보였다.

도 제일 중요한 거는, 의로움을 구하는 거고……, 그렇죠. 그런 건데, 자신이 없어서 그냥, 내가 잘할 수 있는 만큼만 하자고 생각을 했다가……. 또 이걸, 철탑을, 이걸 봤는데……, 내가 엄청난 폭력을 봤는데……, 이걸…… 외면하고 살 수 있을까, 이런 거에 대해서 두려움……. 또, 또 하면 또 내가 망가질 것 같고……. 그래서. 네. 어제 저, 청와대한테……. 제가 대화 녹음한 거 가지고 저보고 뭐라 하는 거예요. 청와대 일 하시는 그분이랑 원래 그런 사이 아니었어요. 이제 원래 활동가였던 사람이라……. 근데 내가 그때 너무 화가 나가지고 막 쏘아붙였거든요. 쏘아붙이고 나서, 공무원의 공적인 업무고, 마을에 지금, 마을에 밀양 투쟁이 오락가락하는 와중에, 당신은 공무원이 녹음한 거 이, 이게 뭐가 문제냐 이러면서……. 그리곤 생각했죠. 내가 왜 이렇게 망가졌나……. 이런 생각이 계속 드는 거예요. 예전엔 녹음기가 있는지도 몰랐고, 녹음을 해서 누구한테 전해서, 주민들한테 전하고 이런 생각도 못했는데……. 망가졌다고 해도 되는 건지는 모르겠는데……. 그런 교차 속에서 아마 제가 말을 좀 길게……. (활동가D와 활동가C를 가리키면서) 저 친구들이 겪고 있는 감정의 기복과 얼개가 물론 제가 좀 심한 편이긴 하지만……. 사회적 지점에 대

✦ 자세한 내막은 묻지 않았지만 아마도 청와대 관계자를 만난 자리에서 대화 내용을 녹음하고 다음번 만난 자리에서 이 녹음 내용을 근거로 내세워 어떤 이야기를 한 것처럼 보였다. 평소 안면이 있던 이 관계자가 이 때문에 활동가B에게 화를 내기도 하고 서운함을 내비치기도 했는데, 이 과정에서 활동가B가 싸움을 이어오는 동안 변해버린 자신의 모습을 발견하고 생각에 잠겼던 모양이었다.

해서는 좀 공유한 지점은 있죠, 우리가. 아까 활동가C씨도 그
랬고 저도 그랬고, 비슷한 것 같아요.

활동가D : 그래도 쟤네들을 엿먹였다는 거죠. 우리는 완전 망가지
고 있지만……. 출력은 못하잖아요, 이제.

활동가B : 됐습니다.

김영희 : 네.

활동가C : 수고하셨습니다.

김영희 : 네, 수고하셨습니다.

✚ 인터뷰 과정에서 대화는 잘 흘러갔지만 인터뷰어나 인터뷰이들 모두 '서로의
마음이 얼마나 힘들까' 하는 생각이 떠나지 않는 자리였다. 각자의 마음에
남은 상처와 흔적들을 못 본 척 지나갈 수 없을 정도로 각자의 마음에 품은
감정의 무게가 무거워 보였다. 웃으며 잡담도 하고 농담도 건넸지만 모두
이 마음의 무게를 알아차리지 못한 것은 아니었다. 그래서 활동가B가 이제
인터뷰를 중단하는 것이 좋겠다는 뜻을 내비쳤을 때 아무도 다른 말을 하지
않은 채 일사불란하게 자리가 정리됐다. 인터뷰가 끝난 후 자리에 참석했던
모두 어떤 다른 대화도 나누지 않은 채 서로 헤어졌다. 말하지 않는다고 해서
모르는 것은 아니지만 말한다고 해도 아는 척 할 수 없는 무게의 마음이 그날
그 자리에 온전히 놓여 있었다.

2부

밀양 탈송전탑
탈핵 운동의
담론장

2부는 밀양 탈송전탑 탈핵 운동의 담론장을 다루는 여러 글들로 구성되어 있다. 밀양 탈송전탑 탈핵 운동의 담론장은 각각 '학술: 연구 영역'과 '미디어: 사회운동 영역'으로 구분했는데 먼저 1장은 학술 담론의 장에서 발표된 논문들로 구성했다. 2장은 탈송전탑 탈핵 운동에 참여하고 있는 주민과 활동가들이 형성한 담론장의 발언들로 구성했다. 이 글들은 신고리 5, 6호기를 둘러싼 공론화 과정을 거치면서 공론화 기간 중이나 그 후에 각종 매체에 투고되었던 글들을 재수록한 것이다.

1장에는 두 편의 학술 논문이 수록되어 있다. 한 편은 언론 보도나 공적으로 발표된 자료들을 통해 밀양 탈송전탑 탈핵 운동 내에서 서로 상반된 방향으로 전개되었던 주장들을 검토하고 이를 통해 이 운동을 둘러싼 담론장의 성격과 흐름을 분석한 글이다. 다른 한 편은 밀양 탈송전탑 탈핵 운동에 참여했던 이들에 대한 구술 작업을 통해 '밀양 할매'로 표상되는 '여성'들의 운동 참여와 이들이 연대자들과 함께 구현했던 '여성 연대'의 의미를 되짚어보는 글이다. 두 편의 논문은 2017년 12월 초에 밀양 탈송전탑 탈핵 운동에 관해 연세대학교 국학연구원이 기획한 학술대회에서 발표되었다가 같은 기관에서 발행하는 《동방학지》 182호에 수록되었던 것을 부분적으로 수정한 글이다.

2장은 밀양 탈송전탑 탈핵 운동에 참여한 주민과 활동가가 담론장 안에서 발언한 내용들로 구성되었다. 첫 번째 글은 신고리 5, 6호기를 둘러싼 공론화 과정을 거쳐 현재에 이르기까지 활동가의 관점에서 바라본

운동의 역사와 쟁점을 정리한 글이고, 두 번째 글은 공론화 기간의 언론 보도를 비판하는 주민의 글이다. 이 장의 마지막 부분은 공론화 기간 주민들이 각종 언론에 기고했던 글들로 구성되어 있다. 밀양 탈송전탑 탈핵 운동 과정에서 언론 보도가 어떠했는지 대책위원회가 논평하거나 관련 분야 학자들이 분석한 글은 이미 2015년 12월에 발간된 《밀양 송전탑 반대 투쟁 백서: 2005-2015》에 수록되었거나 그 사이에 발간된 다른 책자에 수록되어 있다. 이에 따라 이 책에서는 최근 있었던 신고리 5호기, 6호기를 둘러싼 공론화위원회 기간 동안 언론 보도를 비평하는 글을 수록하되 전문 학자나 비평가가 아닌 주민이나 활동가의 목소리를 담고자 했다. 학술 연구자들이 아니라 사회운동에 직접 참여한 이들이 미디어를 통해 발언한 내용을 되짚어보고자 한 것이다. 사실상 밀양 탈송전탑 탈핵 운동에서는 주민들 역시 활동가의 역할을 수행하고 있기에 활동가와 주민을 구분하는 것은 무의미하기도 하다. 이 장에 수록된 글들은 이와 같은 밀양 탈송전탑 탈핵 운동의 국면을 잘 보여준다. 주민들은 공론화 기간 언론의 태도와 언론에 보도된 내용에 대해 전문가의 입을 빌리지 않고 본인들이 직접 의견을 표출하고자 했다. 이 역시 밀양 탈송전탑 탈핵 운동에 참여한 주민들의 주체적이고 능동적인 면모를 잘 보여주는 사례라고 할 수 있다.

1장 학술: 연구 영역

밀양 송전탑 사건을 둘러싼
정당성 담론의 전개

심형준(한신대학교 학술원 전임연구원)

김시연(연세대학교 국어국문학과 대학원 박사과정)

1. 밀양 송전탑 사건의 다층성과 의미의 선택

밀양 송전탑 사건은 다층적인 함의를 가진 사건으로, 다양한 분야에서 연구가 시도되어 왔다.[1] 사건의 다층성은 사건의 전개 양상에 따른 주요 이슈의 변화에서 쉽게 드러난다. 사건 초기에는 재산권과 환경 이슈가 전면에 있었다면, 송전탑 건설이 진행되면서는 국가폭력과 시민적 저항이 주목되었고, 건설 이후에는 공동체 해체와 탈핵 문제가 사건을 이해하는 주요 이슈로 자리 잡게 된 흐름이 있었다. 이렇게 밀양 송전탑 사건이 특별히 다층적인 의미를 지니게 된 데에는, 밀양 송전탑 사건의 경우 여타 비민주적이고 폭력적인 국책사업 진행 건과는 달리, 건설 반대측의 끈질긴 저항이 이어지면서 송전탑 건설 사업의 정당성에 대한 다양한 문제제기가 이루어졌고, 그러면서 밀양 송전탑 건설 반대 주민과 연대자 들은 한국사회 전체에 유의미한 문제들을 이 사건을 통해서 지속적으로 제기할 수 있었기 때문이다.

송전탑 건설 측의 입장을 대표하는 정부와 한전은 송전탑 건설의 정당성을 주장해왔으나 사실상 그 정당성이 의심될 만한 정황들이 끊이지 않았고, 이 사건이 제기한 다양한 이슈는 반대 측이 건설 측의 부당성을 규명하는 과정에서 발전된 측면이 있다. 건설 측의 주장 가운데 일부는 '거짓'으로 판명되기도 했고,[2] 일부는 제대로 정보가 공개되지 않아서 확인할 수 없는 것이었다.[3] 또 일부는 추구하는 가치에 따라서 다르게 이해될 수 있는 사안들이었다.[4] 이처럼 주장의 정당성이 미심쩍은 상황에서 건설 반대 측이 그에 대한 문제제기를 하자 건설 측은 그 반대 운동이 부당하다는 주장 역시 제기해왔는데, 그 과정에서 언론을 통해 과장되었거나 확인되지 않은 정보들이 다수 유통되기도 했다.[5] 이러한 과정을 지나오며, 밀양 송전탑 사건의 주요 이슈로 전력 수급 정책과 공공성의 문제, 공공사업과 사유재산의 문제, 정책 집행과 의사소통 문제, 환경문제 등이 떠올랐다.

주요 이슈 중에는 건설 측의 담론에 대한 단순 대항담론이 아니라 건설 반대 측의 적극적인 담론 개진을 통해 부각된 주제들도 적지 않다. 이를테면 송전탑에서 나오는 전자파의 유해성과 관련된 주장은 반대 측에서 제기해 사건의 중요한 이슈가 되었으며,[6, 7] 마을공동체 파괴와 그로 인한 주민들의 정신적 피해에 대한 문제 역시 반대 측에서 한전의 합의와 보상 방식의 불합리성을 문제 삼으며 이슈가 되었다.[8] 그뿐만 아니라 한전, 경찰과의 대립 과정에서 반대 주민들이 겪은 모욕과 폭행의 장면들은 2014년 행정대집행에서 가장 크게 부각되어 사회적으로 인간 존엄성의 윤리적 문제를 자극했다. 나아가 반대 주민과 일반 시민의 연대, 또 긴 시간 지속되며 그 범위를 확장해온 다양한 연대활동들은 사회적 사건에 의한 공동체 해체뿐 아니라 연대에 의해 구성된 새로운 공동체의 가능성을 시사하기도 했다.

이처럼 밀양 송전탑 사건은 한국사회에서 다양한 함의를 갖는 사건이다. 그러나 사건의 다층성을 구성하는 이 모든 주제들이 언제나 동등한 중요도를 갖고 의미화되지는 않는다. 개중에 당대 사회의 의미망에 포착되는 것들이 적합성을 가지게 되고, 그러한 기준에 따라서 의미론의 선택과 재구성이 나타나게 된다. 이러한 선택과 재구성의 논리를 이해하기 위해서는 밀양 송전탑 사건의 '투쟁적' 측면에 주목해볼 필요가 있다. 선택과 재구성을 추동하는 힘이 건설 반대 측의 대립과 투쟁을 통해서 형성될 수 있었던 것으로 보이기 때문이다.

따라서 이 글에서는 송전탑 건설을 둘러싼 건설 측(정부와 한전)과 건설 반대 측(주민, 활동가, 연대자)이 자신들의 행위 정당성, 상대방의 부당성을 주장하기 위해 내놓은 담론을 '정당성 담론'으로 주목하고자 한다. 밀양 송전탑 사건의 이런 측면에 주목한 연구들이 있는데,[9] 이러한 연구들은 각각 다른 측면에서 '정당성 담론'을 이야기하려는 이 글의 문제의식과 통하는 내용들을 다룬다. 해당 담론들이 정치적 투쟁의 의미를 지니고, 여전히 경쟁적 상황에 놓여 있으며, 또한 반대 측 담론에서 탈핵 이슈가 보편적 의제로서 힘을 가지고 있고, 그것이 위험 상황과 밀접하게 관련되어 있다는 것을 시사한다는 점에서 그렇다. 다만 이 글에서는 선행연구의 논의를 고려하면서 경쟁하고 있는 정당성 담론의 특성을 규정하는 조건을 살피고자 한다. 나아가, 이와 같은 검토를 통해 향후 밀양 송전탑 사건의 상징화가 어떤 제약 속에서 진행될지 진단하고자 한다.

2. 밀양 송전탑 사건의 정당성 담론의 전개

앞서 간단히 언급한 바 있으나, 밀양 송전탑 사건의 다층적 함의를 이야기하기 위해서는 그 다층성을 만드는 데 큰 영향을 미친 굵직한 사건과 마디들을 정리할 필요가 있다. 여기에서는 밀양 송전탑 사건의 전체적인 전개 과정과 주요 이슈를 살펴본다. 이를 통해 해당 사건의 정당성이 다층적 해석의 대상이 되어 왔던 궤적을 짚어보고자 한다.

밀양 송전탑 사건을 둘러싼 '정당성 담론'은 앞서 밝혔듯이 크게는 송전탑을 건설하려는 한전과 정부 측의 입장, 그리고 그에 대항해 건설을 반대하는 반대 주민과 활동가, 연대자 측의 입장이라는 두 축으로 나누어볼 수 있다. 다만 이와 같은 양자 구도로 밀양 송전탑 사건의 담론 궤적을 서술하는 것에 한계가 존재한다는 점을 먼저 주지할 필요가 있다. 이러한 서술상의 구분을 통해 자칫 다양한 담론 주체들의 서로 다른 목소리들을 지나치게 단순화하거나, 따라서 이 글에서 논의하고자 하는 사건의 다양한 결을 외려 간과하게 될 우려가 있다.

더구나 '정당성 담론'이라는 틀을 갖고 서술하고자 할 때, 그것이 누가 어떻게 정한 '정당성'인가, 그리고 그것을 어떻게 이해할 것인가 역시 질문될 필요가 있다. 이는 이 글에서 부득이 '정당성 담론'의 주체로 놓고 논의하는 것 외의 담론 참여자의 목소리들을 유효하지 않은 것으로 여기게 될 우려와도 이어져 있다. 그러나 이 글에서 '건설 측'과 '반대 측'이라는 거친 구분을 통해 '정당성 담론'을 들여다보려는 것은 송전탑 사건의 주된 갈등 구도가 형성되고 논의된 궤적, 특히 건설 반대 운동의 의미 변화를 좇아 서술하기에 효과적인 틀이라는 판단했기 때문이다. 이와 같은 한계를 안고 시작하지만, 이어지는 논의에서 '정당성 담론'의 '정당성' 여부를 판단하는 주체가 누구인가에 대한 질문까지를 포괄하게 되기를 기대한다.

먼저 한전으로 대표되는 건설 측의 입장은 운동 초기부터 큰 틀에서는 별로 달라지지 않았다. 크게는 '공익을 위한 국책사업에 반대하는 지역 주민'이라는 시각을 고수한 채로, 건설 반대 측이 제기하는 정당성에 대한 의문에 그때그때 대응을 달리하는 정도의 변화에 머무르고 있기 때문이다. 오히려 건설 측의 담론은 그 내용을 충실히 하거나 방향을 변화시키기보다는 건설의 정당성과 관련된 담론의 지형 자체를 변화시키려는 식으로 전개되었는데, 그것은 건설 반대 측의 담론이 무용한 것이라고 끊임없이 주장하는, 곧 그들을 대화 상대로 인정하지 않으며 담론장에서 계속해서 배제하는 방식으로 이루어져왔다고 할 수 있다.

반면에 건설 반대 측의 입장은 운동 초기에서부터 현재에 이르기까지 그 방향과 내용에서 큰 폭으로 변화해왔다. 그리고 그것은 부득이 '건설 반대 측'으로 뭉뚱그려지고 있는 집단 내부의 성격 변화와도 이어진다. 사건 초기에는 경과지 주민이 주축이 되어 건설 측의 건설 논리에 반박하는 식의 대응이 주를 이뤘다면, 반대 운동이 장기화되면서 참여 주민의 구성과 성격이 달라졌을 뿐 아니라 활동가, 연대자 등이 참가하게 되면서 사건 저

변의 문제의식을 새로이 발견하고 그로부터 스스로 운동의 동력을 담보하게 되기도 한 것이다.

　이러한 담론 전개 양상의 차이는 이미 송전탑 건설이 국책 사업이라는 것을 내건 시점에서 우위를 점하고 스스로 일정한 정당성을 이미 담보했음을 표방하는 건설 측과, 그에 대항하는 형식으로 담론을 전개할 수밖에 없었던 반대 측의 위계적 차이에서 기인한 측면이 있다. 다만 그렇기 때문에 밀양 송전탑 건설을 둘러싼 담론의 전개에서 그 변화를 주도하며 운동에 계속해서 새로운 의미를 부여한 것은 반대 측이었으며, 때문에 밀양 송전탑 사건의 의미화에 큰 영향을 미치는 것 역시 반대 측의 담론이었다.

　이와 같은 시각을 전제로, 본 항목에서는 밀양 송전탑 사건의 '정당성 담론'의 전개 양상을 서술하고자 한다. 큰 흐름상으로는 시기 순이라고 할 수 있겠으나, 각각의 담론이 모두 같은 시기에 등장하거나 대두된 것이라고 하기는 어렵다. 그러나 시기별로 담론이 등장하고 대두된 경향을 보여준다고는 할 수 있을 것이다.

1) 경과지 선정을 둘러싼 담론들

(1) '지역이기주의'와 재산권, 건강권, 환경권

　밀양 5개면에 765킬로볼트 송전탑이 들어선다는 소식이 주민들에게 알려지고, 2005년 말부터 경과지 주민을 중심으로 본격적인 송전탑 건설 반대 운동이 시작되었다. 이 시기부터 건설 공사가 화두가 되기 전까지의 주된 이슈는 크게 재산권, 건강권, 환경권 등으로 갈무리할 수 있다. 이는 밀양이, 그중에서도 인가와 농토가 송전탑 경과지가 된 것에 대한 의문에서 비롯된 것이다. 이에 대해 건설 측은 토지소유자 보상 계획과 송전탑의 전자파 무해성, 환경영향평가 등을 내세웠고, 시각 자체나 근거의 타당성에 대한 문제제기가 있었지만 여전히 같은 입장과 근거가 고수되고 있다.[10]

이때 건설 측에 대항하는 건설 반대 측의 주된 주장은 '고향을 지키려는 주민들'로서 환경권, 경제권, 건강권의 문제와 절차상의 부당함을 지적하는 것이었다.[11] 이와 같은 문제제기는 밀양 지역 주민들의 생존 문제와 직결되는 것이자 이후에 새롭게 등장할 심화·확장된 담론들의 기반이 되는 문제의식의 출발점이었다.

그러나 이와 같은 문제제기는 이미 익숙한 '지역이기주의'라는 틀로 쉽게 해석되었다. "왜 밀양인가?"라는 '내부'로부터의 사업 선정의 정당성에 대한 문제제기가 '외부'에서 "왜 '우리' 밀양인가?"로 당연하단 듯이 치환되었고, 송전탑 건설이 밀양이라는 지역 단위의 문제인 양 격리되었다.[12] 이와 같은 흐름은 이미 여러 차례 있었던 '국책사업과 지역민의 지역이기주의에 의한 반대'라는 구도의 선례에서 쉽사리 형성되고 승인되었던 것이기도 하다.

(2) '전력난' 프레임과 담론 지형 변화

건설 측이 사업 초기부터 송전탑 건설의 주된 명분으로 앞세운 것은 '전력난'이었다. 지속적으로 증가하는 전력 수요에 대응할 대규모 국책사업이 불가피하고, 그 때문에 송전선로가 밀양을 지나는 것 역시 지역민의 '희생'일지언정 '공익'을 위해서는 불가피하다는 것이었다.[13] 이는 밀양 송전탑 사건을 보편적인 이슈로 확대하는 것을 경계하고 계속해서 지역 단위의 이슈로 축소하고 가둬두려는 건설 측의 일관된 의도와도 맞닿아 있다.

그 사실성에 대해서는 논란의 여지가 있고 지속적인 문제제기가 이루어졌으나,[14] '전력난' 프레임의 적극적인 사용은 송전탑 건설을 둘러싼 담론의 대결 지형을 건설 측에 유리하게 조성하는 기능을 했다. 앞서 언급했듯 한전으로 대표되는 건설 측이 송전탑 건설에서 정당성을 확보하려는 움직임은 주장의 근거를 보강하거나 방향을 달리하는 것이기보다는 이미 내세운 입장은 고수하되 담론의 지형을 변화시키는 일, 혹은 상대의 문제제기 자체를 무용한 것으로 취급하는 일에 치중해 있었는데, '전력난' 프레임 역시 마찬가지 방식으로 사용되었다. 이는 대립 구도를 '건설 측(한전)과 건설 반대 측(경과지 주민)'에서 '전기 사용자와 건설 반대 측'으로 변화, 확대시킨 것이자, 국책사업이라는 이름 아래 '공익'을 내걸어 건설 반대 측의 입장을 '지역이기주의'로 규정하게끔 한 것이었다.[15]

(3) 보상과 보상 거부 담론

반대 움직임이 길어지자 건설 측은 경과지 주민에 대한 보상을 확대하겠다는 대책을 내놓았다. 실제 보상 여부와 보상의 적절성 등과는 무관하게, 반대 운동에 보상 논리로 대응하는 일은 사건을 이해(利害)의 문제로 여기고, 반대 주민의 동기를 재산권과 관련된 지역이기주의로 한정시키는 움직임의 연장이었다. 그와 같은 프레임은 외부에서 밀양 송전탑 사건을 바라보는 주된 방식 중 하나여서, 반대 운동을 하는 주민들의 동기를 주로 '보상금을 늘리려는 의도'라고 해석하게 만들었다.

이에 대해 반대 측의 지역 주민들은 보상 거부 담론으로 대응했다.[16] 환경권, 건강권, 재산권 등의 문제가 주민들의 생존과 직결되는 문제였지만 오로지 밀양 지역 차원의 문제에 국한되는 것은 아니었기 때문에 그에 대한 문제제기가 충분한 내적 정당성을 갖는 것이었다. 그럼에도 이미 형성된 담론의 프레임 자체가 반대 측에 불리했기 때문에 반대 측 입장에서는 그 프레임 자체를 부정하지 않을 수 없었던 것이다. 이는 반대 운동 초기부터 내내 존재해온 '지역이기주의' 프레임을 부정하는 것이면서 건설 측 주장의 정당성을 부정하는 것이기도 했다. 결국 이를 통해 송전탑 건설 반대 운동이 개인이나 지역의 이해(利害) 문제이기 보다는 가치의 문제라는 것을 더 적극적으로 표방하게 되었다고 할 수 있다.

2) '공무집행'과 '국가폭력'

(1) 2012년 1월 이치우씨 분신 사망 이후

2012년 1월, 밀양시 산외면 보라리에 거주하던 이치우씨의 분신 사망 이후 밀양 송전탑 반대 운동은 새로운 국면을 맞게 되었다. 지역 단위의 이슈에 머물러 있었던 밀양 송전탑 사건이 주요 언론 등에서 크게 보도되기 시작했고, 정치적인 이슈로도 다뤄지게 되었다. 전국의 연대자들이 밀양에 결합하여 투쟁의 범위가 확대된 것 역시 이 무렵이었다. 이것이 밀양 송전탑 사건의 주된 이슈가 되면서 건설 측은 '공무집행'이라는 정당성 담론을 내걸고, 반대 측의 저항에 대해서는 '공무집행방해'로 규정했다. 같은 이슈에 대해 반대 측은 그것이 '국가폭력'에 해당하는 일이며 그에 대한 저항은 정당하다는 입장을 명확히 했다.

건설 반대 측의 담론의 방향성 역시 변화했는데, 앞선 시기에는 반대 측의 담론이 주로 경과지로서 밀양 선정의 정당성에 의문을 제기하는 것에 집중되어 있었다면 이치우 어르신 분신 사건 이후부터는 사업의 절차적 정당성에 적극적으로 문제제기하는 쪽으로 방향을 바꾸게 되었다. 이는 공사 현장에서의 비인격적 대우뿐 아니라 한전의 보상금 지급 방식이나 주민을 회유한 방식[17] 등에 대한 문제의식으로부터 송전탑 건설 사업의 시행 방식 자체에 대한 문제제기로 발전되는 양상을 보여준다.[18] 또한 이 무렵에 밀양 송전탑 사건이 에너지, 탈핵 이슈로 적극적으로 의미화되기 시작한다.[19] 이는 또한 이 시기에 반대 측 담론이 사업 시행의 근거를 근본적으로 문제 삼는 쪽으로 방향을 전환하고 있다는 것을 드러낸다.

(2) 현장 투쟁과 행정대집행

2013년 5월과 10월 등을 기점으로 송전탑 건설 공사가 본격화되었다. 그래서 투쟁의 장은 완전히 공사 현장으로 옮겨갔다. 특히나 이 과정에서 한전의 폭력적 대응이 문제가 되었다. 심지어는 경찰 병력을 동원한 강제 진압이 이루어지기도 했다. 이는 앞서 건설 측에서 불충분한 근거나 경제적 보상 등으로 사업 정당성에 대한 문제제기 자체를 무력화하려 했던 것과 마찬가지로 건설 측 입장의 정당성을 증명할 의지가 없음을 드러내는 것이 기도 했다.

이와 같은 과정 속에서 반대 측 주민과 연대자들은 국가의 부당한 물리적 폭력에 대항하는 '저항하는 시민'으로서 의미화되기도 했다. 한편으로 언론들은 사건을 자극적으로 다루면서 충돌 현장의 극적인 장면을 부각해 보도했다. 다른 한편으로 반대 측 내부의 결속력은 이전과는 달리 약화되었다. 대부분의 경과지 주민이 반대하던 초기와는 달리 이 시기에는 마을별로도, 마을 내부에서도 찬성과 반대 입장이 나뉘었다. 건설 반대 측에게는 이 시기가 안팎으로 위기가 가중되던 시기였다. 그러나 반대 운동을 지속한 사람들은 당시를 패배가 임박한 우울한 시기가 아닌 열악한 상황에서도 반대 주민들과 연대자들이 끈끈하게 깊은 교감을 나누었던 시기로 기억한다.[20] 이는 송전탑이 건설된 이후에도 건설 반대 측이 운동을 지속할 동력을 가질 수 있었던 이유이기도 했다.

3) '아직 끝나지 않은 싸움'과 탈핵운동으로의 발전

(1) 송전탑 건설 이후: '끝난 싸움이다'와 '아직 끝나지 않았다'

2014년 6월의 행정대집행, 특히 2014년 12월 송전탑 69기의 건설이 완료된 이후에는 밀양 송전탑 싸움이 '끝났다'는 분위기가 지배적이었다. 언론이나 한전 측의 입장은 물론이고, 송전탑 경과지 마을들에서 역시 '끝난 싸움'이라는 분위기가 만연해 여전히 반대하던 주민들이 일상적인 압박을 받기도 했다.[21] 이처럼 송전탑 건설이 끝난 상황에서 건설 반대 측은 송전탑 건설 이후 운동을 지속할 새로운 명분을 요구받았는데, 이는 꼭 '건설 반대'를 내세우지 않더라도 운동을 지속해나갈 정당성을 증명할 필요가 있었다는 뜻이기도 하다.

(2) 운동의 지속과 확장, 연대

송전탑 건설 반대 운동은 송전탑 건설 이후 그 양상을 달리하며 지속되었다. 물론 송주법 등 보상 관련 문제와 법률적 처리 문제, 행정대집행 당시의 인권 유린 문제 등이 남아 있었지만, 송전탑 건설 이후 반대 운동이 지속되는 데에는 이전 시기부터 함께한 연대자들과의 유대가 큰 힘을 제공했다. 어린이책시민연대의 바느질 모임[22]과 미니팜 협동조합-밀양의 친구들[23]은 모두 행정대집행 이후 오래지 않은 시기에 출범했다. 이는 자연스러운 운동의 지속을 예고했다.

운동의 지속과 더불어 건설 반대 측의 담론이 확장되었다. 한편으로는 세월호 유가족, 제주 강정마을, 쌍용자동차 해고노동자 등 국가폭력의 피해자들과 함께하며 연대의 폭을 넓혔고,[24] 다른 한편으로는 송전탑 건설 반대 운동에 국한되지 않고 적극적으로 에너지 및 탈핵 이슈를 제기하는 방향으로 나갔다.[25] 그중에서도 탈핵 운동으로의 발전은 송전탑 건설 이후의 반대 운동의 지속성과 정당성을 담보하는 중요한 요인이 되었다.[26] 이러한 변화는 반대 운동의 과정에서 송전탑 건설 기저의 문제인 전력 수급 정책과 대단위 핵발전 체계가 비민주적으로 유지 및 확대되는 것이 한국사회의 안전과 사회정의에 심대한 해를 끼친다는 점을 인식한 결과였다.[27]

3. 정의(定義) 되지 않는 정의(正義): 당위와 현실의 간격

1) 건설 찬성 측의 정당성 담론

앞서 본 것과 같이, 밀양 송전탑 사건에서 건설 측과 건설 반대 측에 의해 제기된 다양한 정당성 담론은 크게는 자신의 행위 정당성을 주장하는 담론과 상대의 행위의 부당성을 주장하는 담론으로 구분될 수 있다. 이때 건설 찬성 측의 자기 정당성 담론의 핵심은 전력 부족론이었고, 찬성 측의 반대 측에 대한 부당성 담론은 '님비(NIMBY)'로 요약될 수 있다. 한편 반대 측의 자기 정당성 담론은 기본적으로 송전탑 건설 행위에 대항하는 담론이기 때문에 찬성 측에 대한 부당성 담론의 형태를 가지고 있다. 그 핵심은 재산권 침해론, 건강위협론, 환경파괴론, 폭력적 사업 진행론으로 정리될 수 있다.

이처럼 밀양 송전탑 사건에서 여러 정당성 담론이 맞서고 있는 상황은 정의(正義)의 미묘한 양상을 드러낸다. 이미 찬성 측의 정당성 담론들이 타당성을 담보하지 못한다는 사실이 여러 차례 검증되었는데도, 그 판단이 현재의 현실을 규정하는 힘을 갖지 못하고 있기 때문이다.

이를테면 건설 측의 입장에 중요한 근거로 제시되어왔던 전력 부족론은 현재로서는 지나치게 과장된 것으로 평가받는다.[28] 전력수급기본계획에서는 수요가 계속 증가할 것으로 예상했으나, 최근 8차 계획안의 2030년 최대수요(101.9기가와트)는 7차안(113.2기가와트)에 비해서 10퍼센트 가까이 낮게 예측되었다(〈그림1〉 참고).[29] 이는 기존 근거가 부적절하다는 것을 드러냈다.[30]

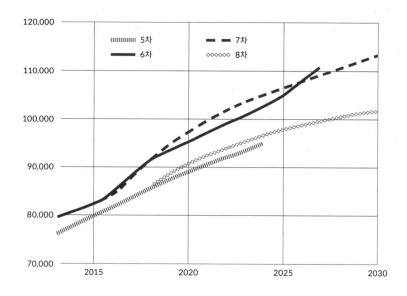

〈그림1〉 최대전력 수요 예측 그래프(비고: 5, 6, 7차는 각 전력수급기본계획안 참고. 8차는 〈제8차 전력수급기본계획 전력수요전망〉 민주당 긴급간담회(7월 17일) 자료 참고.)

또, 전력 부족에 대응하기 위해서 신고리 1, 2호기의 전력을 안정적으로 송전할 철탑이 밀양에 건설되어야 한다는 기존의 주장에서 3, 4호기, 뒤이어 5, 6호기로 점차 송전 전력의 대상이 바뀌었다는 것도 주지의 사실이다.[31] '전력 부족 → 발전소 건설&송전탑 건설'이라는 건설 찬성 측의 핵심 논리에서, '발전소 건설'(신고리 핵발전소)과 '송전탑 건설'은 서로가 서로를 정당화하는 순환적 논리를 담고 있다는 것을 알 수 있다.

　　전력 부족론을 더욱 취약하게 만드는 또 다른 사실은 밀양 송전탑이 애초 수도권 전력수급을 위해 계획되었으나 사업이 실제 진행되면서는 신고리-북경남으로 축소되었다는 점이다. 2009년 9월 국회에서 이루어진 '전력 산업 선진화 토론회'에서 지식경제부(현 산업통상자원부) 관료가 이 사업의 목적이 영남 지

2부 밀양 탈송전탑 탈핵 운동의 담론장

역 전력수급이라고 주장한 바에서 확인할 수 있다.[32] 영남 지역은 전력이 부족하지 않아 추가적인 전력수급을 위한 사업이 불필요한 상황이다. 따라서 위와 같은 주장은 전력 부족론에 의한 송전탑 건설론을 뒷받침하는 근거가 되지 못한다.

전력 부족론과 그 파생 담론인 신고리 1~4호기 활용론의 타당성이 의심되는 시점에서 국책사업으로서 밀양 송전탑 건설의 정당성은 확보되지 않는다. 2014년 송전탑이 완공되기 이전에도 전력 부족론에 정당성이 없다는 사실은 지적되었지만, 송전탑 건설 반대 측의 '주장'으로 치부되었을 따름이지 송전탑 건설이 국책사업으로서 타당한 것인지를 묻는 데까지는 이르지 못했다.

건설 측의 정당성은 그 주장의 내용뿐 아니라 사업 실행의 방식에서도 의심될 만한 것이었다. 송전탑 건설의 주요 주체였던 한전 측은 주민 협의, 보상, 건설을 진행하면서 일방적이고도 폭력적인 방식을 고수했다. 그러나 실질적 정당성이 결여된 명분임에도 위의 건설 정당화 담론을 근거로 한 송전탑 건설 반대 측에 대한 (회유를 포함한) 다양한 폭력은 '합법'의 틀 안에서 정당화되었다. 반대 주민에게 폭력을 행사한 경찰, 용역 직원, 한전 직원 중 법의 심판을 받은 사람은 한 명도 없는 반면에, 정부와 한전의 공권력 집행이 부당하다고 판단한 송전탑 건설 반대 주민의 저항은 법적 처벌을 받았다.[33] 일부는 증거불충분으로 무죄를 받기도 했지만, 기본적으로 '공무집행방해'를 야기했다고 판단되는 폭력행위에 대해서는 처벌이 이루어졌다.[34] 송전탑 건설 반대 주민들이 2014년 이후 줄곧 요구해온 폭력 진압의 책임자 처벌이 받아들여지지 않은 것[35]과 대조적이다.

또, 한전 측의 모든 행위가 '합법'의 틀 안에서 법적 문제의 소지를 피할 수 있었던 것은 아니며, 한전 측의 탈·불법적 행위가 여러 차례 확인된 바 있다.[36] 그러나 그 불법성이 자명한 경우에도 제대로 된 처벌이 이루어지지 않았다.[37] 애당초 건설 측이 법적 판단의 권한을 지니고 있다는 점에서 마치 심판이 한쪽 편의 선수로 나선 경우라고 말할 수 있을 정도였기 때문이다.[38] 이는 '예외적 권한 행사'라는 점에서 공권력에 대한 신뢰성을 떨어뜨리는 일이었으나 이러한 예외적 권력이 현실을 규정했고, 정의(正義)의 실현을 가로막았다.

송전탑 건설 찬성 측의 정당성 담론은 끊임없이 상황에 맞춰서 그 모습을 바꿔왔다. 그 나름의 진화 과정이라고 이해할 수도 있겠으나, 그 변화의 양상은 정당성 담론 자체의 정당성을 현격하게 훼손하는 것이었다. '국책사업'이라는 명분으로 이미 충분한 정당성을 확보했다는 판단에서인지 실질적인 정당성을 확보하려는 노력을 딱히 하지 않았을 뿐 아니라 그 부실함을 지적하는 반대 측에 대한 대응도 역시 부당한 방식으로 이루어졌기 때문이다. 이러한 건설 찬성 측 정당성 담론의 부실함은 이 사업에 은폐된 의도가 있다는 것을 보여주는 것으로 보인다.

애당초 이 사업은 제1차 전력수급기본계획안에서 "765kV 설비: 대단위 전원단지와 수도권과 직접연결"을 목적으로 하는 것이었고, 제2차 전력수급기본계획에서는 이 사업의 필요성을 "수도권-(중부)-영남 제5루트, 영남 지역 발전력 수도권 융통"이라고 밝힌 바 있다.[39] 2009년까지 신고리-북경남(100킬로미터) 노선, 2018년 이후 북경남-신충북(120킬로미터)과 신충북-신안성(110킬로미터) 노선을 건설하는 것이 계획인데, 이 중 첫 번째 노선 사업을 먼저 시행한 것이다. 따라서 건설 측에서 계속해서 송전탑 건설 문제를 밀양의 문제로 제한하려 한 것은, '대단위 전원 단지와 수도권 직접 연결'의 사업 목적이 사회적으로 큰 논란을 불러일으킬 만한 것이어서 이를 '지역 이슈'로 제한하려는 전략적 선택의 결과였다고 할 수 있다. 그래서 신고리-북경남 송전탑 건설 명분을 '영남권 전력수급'으로 제시한 것은 그런 맥락에서의 임기응변적 대처였던 것으로 보인다.[40]

그러므로 건설 찬성 측이 내놓은 정당성 담론은 그 내용과 명분에서 충분한 정당성을 담보할 수 없는 것으로서, 다만 국민을 속이기 위한 정보조작 수준의 '만들어진' 정당성 담론이라고 평가할 수 있다. 실제 한전 측은 송전탑 건설에 대한 정보를 주민들에게 충분히 제공하지도 않았다.[41] 그리고 그것은 지방의 상대적 소수의 사람들을 희생시켜서 도시의 다수 사람들이 이익을 보는 에너지 착취 구조, 위험의 불평등 구조를 은폐시키는 것이기도 했다.[42]

2) 건설 반대 측의 정당성 담론

한편으로 밀양 송전탑 사건의 정의(正義)에 관해서는 반대 측의 저항적 행위와 담론 역시 짚어볼 필요가 있다. 정의의 실현이 가로막힌 상태가 반대 측의 정당성 담론에 어떤 일정한 방향성을 만들어낸 측면이 있기 때문이다.

애초 이 사건에서 건설 반대 측의 저항행위가 갖는 정당성의 1차적인 근거가 된 것은 사유재산권 문제였다. 이는 송전탑 경과지 주민들이 나고 자라 평생을 일궈온 재산인 토지가 별다른 대책도 없이 하루아침에 무가치한 것이 되어버리는 일이었다. 따라서 이 문제는 주민들에게 생존을 위협하는 문제로 인식되었다. 송전탑 건설은 마을 주민들에게 하나의 재난이자 위협이었다.[43] 재산과 생명과 직결된 이와 같은 위협은, 보상 문제로 마을공동체가 분열되기 이전에 집단적인 저항을 조직해낼 수 있는 근거가 되었다. 이와 같은 명목으로 마을공동체가 단일한 저항행위에 나섰을 때, '싸움'에 참여한 사람들은 어떤 집단적 감각을 확인할 수 있었던 것으로 보인다.

질문자1: 근데 그 안 무서우셨어요? 처음에 싸움하실 때?

마을 주민1: 싸움할 때예? 겁나는 게 없죠. 왜 겁나는 게 없었는고 하면은…….

마을 주민2: 오히려 그때가 재밌었어요.

(중략)

질문자2: 전경들 이렇게 막 와 있을 때요?

마을 주민2: 그때가 재밌었습니다. 웃음도 나오고 갈라 묵고, 먹을 거 있으면은 가지고 와가지고 서로 갈라 묵고 이래 했는데, 지금은 우리 주민들 서로 안 볼라 그럽니다.

마을 주민1: 근데 경찰이 무서울 리가 뭐 있습니꺼. 우리 꺼는 우리가 지킨다카는데. 무서운카기는 겁나는 게 없었어요. 그게 왜 그랬는고 하면은……. 모든 것이, 재산상 가치는 줄어싼데 사람도 살지 몬 살지 모른다카는 이 상황에서…….

질문자2: 그러니까 마을 주민들 전부가 똘똘 뭉쳐서 대응을 했었던…….

마을 주민3: 예. 지금 합의한 사람하고 안 한 사람 안 하고 이러

니께네 아재비 조카끼리도 쪼가지나고 마. 동네 마 지금……..[44]

위와 같은 진술에서 주목할 문제는 두 가지이다. '우리 것을 우리가 지킨다'는 행위의 정당성에 대한 판단, 그리고 '모두가 긴밀한 유대감을 느꼈던 재밌는 경험'에 대한 진술이 그것이다.

그중 전자는 밀양 송전탑 사건에서 국가시책에 저항하는 주민들의 근원적 정당성의 논리인 것으로 판단된다. '우리 것'을 '우리가 지킨다'는 감각, 곧 자신의 재산이 국가에 의해 부당하게 침해되고 있으며 그것을 지키기 위해 싸움에 나서는 것은 정당한 일이라는 판단이 저항운동에 참가하는 중요한 근거가 되고 있는 것이다. 그리고 그 기저에는 '우리 것'을 지키는 일이 곧 개인의 생존과 존엄에 관련된 문제라는 인식이 자리 잡고 있다.

다양한 증언 속에서 해당 사건이 밀양 마을 주민의 생존이 걸린 문제라는 인식을 확인할 수 있다. 한 언론과의 인터뷰에서 마을 주민은 이렇게 말한다.

> 정부에서는 서민들은 생각을 안 하고 돈 있는 사람들만 생각해서 이 서민들이 억울하게 개목걸이를 해갖고 죽을 각오를 하고, 이렇게 투쟁하고 있어도 한전에서는 우리를 **불법**이라고 하고 자기네는 **합법**이라면서 공사 진행을 하고 있거든요. 그런데 우리는 **생존권**이 걸린 문제입니다.[45]

합법과 불법의 결정 권한이 정부에 있고, 한전이 정부 정책을 집행하는 입장이기 때문에 부당한 권력 행사의 경우도 '합법'을 가장할 수 있으며, 따라서 그것이 현실적인 힘으로 작동한다는 사실은 분명하다. 위의 언술에서는 그 '가장된 합법'으로 인해 주민들이 생존의 위협을 느끼고 있고, 그래서 '불법'의 형태일지라도 저항행위가 소위 '정당방위'에 해당한다는 인식이 드러난다.

그러나 반대 측의 저항행위가 과연 법에서 허용하는 정당방위인가를 판단하는 것은 어차피 사법부이다. 송전탑 건설에 대한 저항운동은 국책사업이라는 명목하에서 공공성 담론 내지는 보상 관련 법률에 근거해 개인의 법익 침해 행위로서 판단될 것이므로 정당방위로 인정되기는 어려울 것이다. 더구나 이제껏 송전탑 건설 강행을 위해 행정대집행을 실행한 정부나 집행 과정에서 위법적 공권력을 사용한 국가기관에 대한 어떤 처벌도 가하지 않는 사법 당국을 고려하면 더더욱 그렇다.

이처럼 '정상'과 '합법'이 소수의 사람에 의해서 자의적으로 규정될 때, 혹은 조작된 '공공성'의 가치가 공권력을 집행하는 기관에서 뒷받침되어 현실에 변화를 일으키는 물리력으로 투사될 때, 저항은 당해 질서하에서 '불법'일지라도 비현실적이며 당위적 정의로서 상징적 가치를 획득할 수 있다.

이러한 정의의 비결정 상태로의 이행은 생존 문제에 대한 하나의 태도(감정)에서 가능했던 것으로 보이는데, 그것은 바로 '분노'다. 생존에 대한 위협 상황에서 공포나 불안보다 분노의 감정이 우세한 경우는 그 상황에서 자신이 어느 정도 통제력을 가질 수 있다고 판단될 때일 텐데, 으레 분노의 정서를 일으키는 것은 "다른 사람에 의해 고의적으로 유발된 불쾌하고 불공정한 상황"[46]이다. 이러한 점을 고려하면 밀양 송전탑 건설 반대 주민들이 저항운동에 나서게 된 주된 동기가 분노의 감정이었으리라는 점을 충분히 짐작할 수 있다.

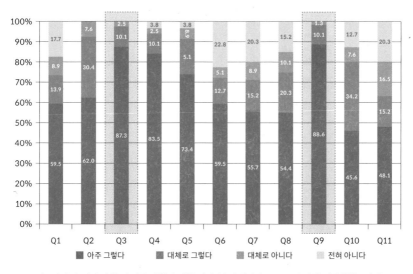

실제로 밀양 송전탑 사건은 건설 의사결정과 정보 공유 등의 과정에서 경과지 주민이 소외되어 있었으며, 주민의 의사는 반영되지 않은 채로 사업이 결정되고 추진되었다. 건설 과정에서 주민의 합의를 이끌어내려는 시도는 마을공동체를 분열시키는 형태로 이루어졌으며, 주민들에 의한 비폭력적 공사 방해 행위마저도 공권력에 의해 분쇄되었다. 그뿐만 아니라 시위 현장에서 반대 주민들은 갖은 모욕과 폭력에 시달렸다. 곧 송전탑 건설의 계획에서 결정, 건설 과정, 건설 이후에 이르기까지의 모든 과정은 당사자인 주민의 의사는 고려되지 않은 채로 이루어지면서 그들로 하여금 부당함에 대한 분노를 불러일으키게 만들었다.

《밀양 765kV 송전탑 인권침해조사단 보고서》의 '송전탑 건설 및 갈등 상황에 대한 인식' 항목에서 압도적인 긍정을 보인 두 질문은 "Q3: 정부와 한전은 우리를 무시하였다"와 "Q9: 공사를

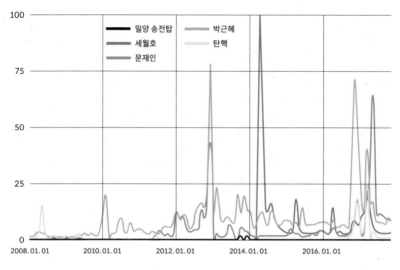

100
75
50
25
0

2008.01.01   2010.01.01   2012.01.01   2014.01.01   2016.01.01

밀양 송전탑   박근혜
세월호   탄핵
문재인

〈그림3〉 밀양 송전탑 등에 대한 '구글 트렌드' 조사

막느라 힘들었다"였으며, 그다음으로 공감을 얻은 질문이 "Q4: 지금도 재산상 피해가 있고 앞으로도 재산상 피해가 있을 것이다"였다(〈그림2〉). 이처럼 집단과 개인의 생존에 대한 위기 상황에서 '분노'의 감정은 저항의 행위를 추동했고, 일정 시기까지 마을 주민의 끈끈한 유대를 동반하는 집단적 저항을 가능하게 했으며, 정부가 저항행위를 '불법'으로 규정하는 것에 두려워하지 않고 마을 주민들이 계속 싸워나갈 수 있게 한 것으로 보인다.

그런데 이러한 담론 구도에서, '외부'에서 밀양 송전탑 사건에 보내는 지지와 공감에는 한계가 있었다. 밀양 송전탑 사건에 대한 관심도는 최근 전국적 관심도를 보인 사건이나 인물에 비해서 비교적 낮았던 것으로(〈그림3〉) 보인다. 재산권 내지는 생존권 문제는 그것을 직접적으로 공유하는 집단, 소위 '내부' 혹은 지역민 '당사자'에 국한해서 공감대를 가질 수 있는 소재다. 정부

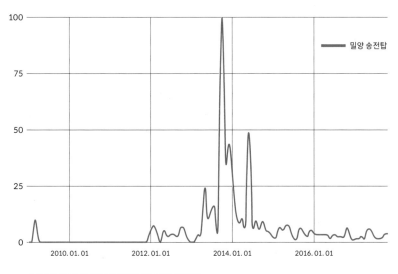

〈그림4〉 밀양 송전탑에 대한 '구글 트렌드' 조사

와 한전 등 건설 찬성 측에서 '지역이기주의' 프레임을 내세워 상당한 효과를 거둘 수 있었던 것도 그 때문이다. 지역민의 생존 문제와 관련된 정당성 담론은 내적으로 충분히 타당성을 지닌 것이었지만 많은 사람들의 지지와 참여를 이끌어낼 수 있는 공감대를 형성하기에는 한계가 있었다.

　반면에 2012년 이치우씨의 분신 사건은 밀양 송전탑 건설 반대 운동이 전국적인 의제로 확대된 첫 번째 계기였다(〈그림 4〉). 그뿐만 아니라, 2013년과 2014년의 행정대집행 등 송전탑 건설 현장에서 반대 측 주민들을 공권력이 폭력적으로 제압하는 장면 등이 언론에 의해 부각되면서 밀양 송전탑 사건에 대한 관심은 더욱 확대되었는데, 여기에는 국가의 거대한 폭력 앞에 제압되는 지역주민이라는 구도의 강렬함과 언론 보도의 스펙터클이 영향을 미친 측면이 있다. 밀양 송전탑 사건에서 반대 주민의

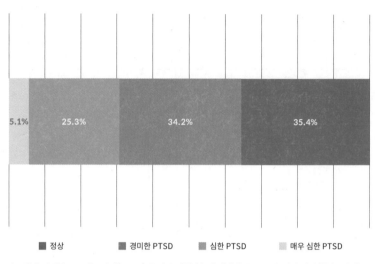

5.1%	25.3%	34.2%	35.4%

■ 정상　　　　■ 경미한 PTSD　　　　■ 심한 PTSD　　　　▨ 매우 심한 PTSD

〈그림5〉 외상후스트레스장애(PTSD) 증상 유병률 (출전:《밀양 765kV 송전탑 인권침해조사단 보고서》(2013))

정당성 담론은 이러한 정동적 장면으로 세상에 크게 알려지게 됐다. 이후 밀양이 국가폭력에 대한 저항이라는 주제에서 대표성과 상징성을 띠는 전국적인 이슈가 됐다. 또 연대의 범위가 확대되면서 반대 측의 정당성 담론의 방향성 역시 자연스레 좀더 보편적이고도 심화된 문제인 국가폭력, 환경, 에너지와 핵발전과 같은 이슈로 옮아갔다. 밀양 사건이 다수의 공감대를 얻는 과정에서도 '감정의 공유'는 중요한 요소였다는 점을 확인할 수 있다.

다만 '분노'를 저항의 동력으로 삼아 오랜 기간 싸우는 일은 쉽지 않은 일이었을 것이다. 2013년 조사된 바에 따르면(〈그림5〉), 조사된 주민 중에서 심각한 외상후 스트레스 장애(PTSD)를 겪는 주민은 69.6퍼센트에 달한다.[47] 한전의 교묘한 주민 분열책도 주효했겠지만, 저항 과정에서 겪게 되는 정신적인 스트레스 역시 저항의 지속을 어렵게 하는 요인이었으리라 짐작된다.

살펴본 대로 반대 주민들의 정당성 담론은 그 자체의 정당성 구조보다는 강렬한 정동적 요소가 개입되어서야 커다란 사회적 지지를 이끌어낼 수 있었던 것으로 보인다. 이는 앞서 언급했듯이 건설을 주도한 정부 및 한전 측에 비해 건설 반대 측이 담론장에서 갖는 위계의 열세에서 기인한 측면이 있다. 자체적으로 주장의 정당성을 담보하더라도 사회적 파급력을 갖는 것은 또 다른 담론 권력의 작용으로 가능한 것이기 때문이다. 그래서 '밀양의 정의'는 여전히 지연되고 있다.

4. 지연되는 밀양의 정의와 치유

정권이 바뀐 뒤 탈핵에 대한 희망이 커졌다. 신고리 5, 6호기가 탈핵 의제의 중요한 이슈가 되었고, 밀양 송전탑 건설 반대 주민들은 신고리 5, 6호기 건설 백지화를 위해 많은 노력을 기울였다. 그러나 신고리 5, 6호기 공론화위원회의 권고에 따라서 정부는 해당 핵발전소의 건설을 재개하는 결정을 내렸다.[48] 신고리 5, 6호기 공론화위원회의 권고에 따른 정부의 결정에 큰 반대 여론이 일지 않았기 때문일 것이다. 2017년 11월 포항 지진으로 건설 재개 중단 여론이 다소 일기는 했지만, 핵발전소 운영에 문제를 일으키는 지진을 경험한 것은 아니기에 건설 재개는 거의 확실시된다. 그래서 이제 밀양 송전탑 무력화의 마지막 희망이 사라지게 된 걸까?

밀양 송전탑 사건은 긴 시간 싸움이 지속되면서 다층적인 함의를 가진 사건이 되었다. 쌍용자동차 노동자 해고, 제주 강정

해군기지, 용산참사, 세월호 등의 사건과 함께 밀양 송전탑 사건 역시 그 시대의 한국사회, 그리고 앞으로의 한국사회를 생각할 때, 반드시 짚어보아야 할 사건으로 자리매김했다. 그렇다면 밀양 송전탑 사건은 우리에게 어떻게 기억되어야 할까? 아니, 이렇게 바꿔 물어야 하겠다. 이 사건은 어떻게 기억되고 있는가? 그리고 어떻게 기억될 것인가? 사회적 사건에 대한 당위적 의미 규정만큼 빠른 시간 내에 증발해버리는 것도 없으니 말이다.

어떤 이들에게 밀양 송전탑 반대 운동은 패배한 운동으로, 그래서 끝까지 저항했던 사람들은 실패한 사람들로 기억될지 모른다. 아니면 그 반대로, 무자비한 정권 아래 시민의 권리를 위해서, 불의한 국가폭력에 대항하여 불굴의 투지로 끝까지 싸운 위대한 전사들로 기억될지도 모른다. 또 다른 측면에서, 밀양 송전탑 반대 운동은 한국 탈핵 운동사의 한 획을 그은, 한국사회에 탈핵의 가치를 환기시킨 중요한 사건으로 기억될지도 모른다.

밀양 송전탑 사건의 '본질', 그것을 정의하는 것, 그리고 그 사건이 지향하는 정의(正義)가 정당성 담론의 주요한 근거가 될 것이다. 그리고 그 '본질'이 이 사건이 갖는 상징성을 상당 부분 규정하게 될 것이다. 그러나 한국사회에서 밀양 송전탑 사건의 본질에 대한 이해(혹은 승인)는 미결정 상태로 남겨져 있으며, 여전히 저항운동을 지속하고 있는 사람들도 존재한다. 그렇기 때문에 사건 진행 과정의 다양한 문제점들을 면밀히 조사하는 진상조사가 이루어질 수 있다면, 이 사건의 '본질'을 결정하는 데에 진전을 기대해볼 수 있을 것이다. 그렇게 된다면 밀양 송전탑 사건의 의미에 대한 좀더 풍부한 논의가 가능할 수도 있을 것이다.

그러나 한국사회가 국책사업이라는 미명하에 자행한 많은

불의한 일들을 바로잡으려는 노력을 적극적으로 수행할 수 있을지는 여전히 미지수이다. 이제까지 그러한 전례가 거의 없었기 때문이다. 국가폭력에 의해 많은 시민이 목숨을 잃었던 광주민주화운동의 경우도 여전히 그 완전한 실체는 베일에 가려져 있다. 발포권자가 누구였느냐는 확정되지 않았으며, 그때 목숨을 잃은 많은 사람들의 주검이 제대로 수습되지 못했다. 지난 보수 정권하에서는 광주민주화운동이 다시금 북한 공작원의 개입에 의해 일어난 시민봉기에 불과하다는 주장이 공공연하게 유포되기도 했다. 세월호 사건도 많은 사람들의 관심을 받았지만 여전히 실체적 진실은 명확히 밝혀지지 않았다. 이러한 사건들과 비교할 때, 밀양 송전탑 사건은 국가적 중요도의 측면에서나 대중의 관심도의 측면에서 후순위에 있는 사건이다. 그래서 상징성의 미결정 상태를 해소할 전망이 그리 밝지 않다.

한국사회에서 전체 집단의 트라우마로까지 기억될 수 있었던 사건조차도 실체적 진실과 책임자 처벌이 쉽지 않았다. 그러니 정권이 바뀌었으니 모든 것이 달라질 수 있으리라 바라는 것은 지나치게 순진한 발상일 것이다. 정권의 변화는 분명 변화의 희망을 품게 하는 것이지만, 여전히 많은 사람들의 관심 없이는 이런 사회적 사건의 적절한 해결책을 마련하는 것이 어려운 게 사실이다. 이를 고려해보면, 밀양 송전탑 사건이 잘 해결되기는 상당히 어렵다는 것을 알 수 있다.

밀양 송전탑 사건을 겪으면서 피해를 입은 주민들이 사건 이전으로 되돌아갈 수 있는 가능성은 거의 없어 보인다. 마을공동체는 해체되었고, 많은 사람들이 마음의 상처와 지속되는 주민 간 반목으로 고통받고 있다. 최소한의 치유의 길이 있다면, 진상조사와 책임자 처벌, 그리고 사회적 명예회복이 그 출발점일 것이다. 그러한 일들이 시행될 가능성이 현재로서는 높아 보이지는 않는다. 이런 상황에서 밀양은 계속 정당성 투쟁의 장으로, 어느 정의(正義)도 정의되지 않은 채 그렇게 미결정의 모호한 상태로 놓여 있을 것만 같다. 아니, 더 심각하게는 저항의 패배로만 기억되게 될지도 모른다.

그렇게 된다면 투쟁의 관성이 계속 밀양을 지배하게 될 것이다. 정당성 담론의 대결과 결정되지 않는 정의(正義)로 인해서 '사실'마저도 확정되지 않은 채, 기억의 인정투쟁이 지속될 가능성이 높다. 그러한 투쟁의 자리에서 승리의 기억은 더 미화될 것이고, 패배의 기억은 억압되고 은폐될 것이며, '절대악'을 규정하는 기억은 더욱 강력해질 것이다. '신화적 역사'가 바로 그러한 자리에서 탄생하게 될 것은 자명하다.[49] 권력자의 정당성을 기반으로 한 사실 규정이든지, 저항자들의 정당방위에 근거한 사실 규정이든지 간에 그것은 누군가의 정당성을 증명하는 혹은 주장하는 내러티브로서 존재할 수밖에 없을 것이다.

1 법학, 행정학, 건설, 문학, 정치학, 사회학, 여성학, 신학 등의 분야에서
   밀양 송전탑 사건을 핵심적 사례로 다룬 연구들이 제출되고 있다.
   2010년 이후 밀양 송전탑 사건을 다루는 학위논문은 〈초고압 송전선로
   건설에 따른 토지 보상에 관한 연구〉(우문영, 동의대학교 석사학위논문,
   2010)에서 2017년 남미숙의 〈아키비스트의 역할을 중심으로 본 사회적
   기억〉(남미숙, 강원대학교 석사학위논문, 2017))에 이르는 21건,
   학술논문과 에세이는 〈환경(부)정의의 공간성과 스케일의 정치학:
   밀양 송전탑 갈등을 사례로〉(엄은희, 《공간과 사회》 42, 2012))에서
   〈인류가 넘본 선악과, 핵발전소〉(양기석, 《가톨릭 평론》 8, 2017)에
   이르는 약 40여 건, 단행본은 《밀양을 살다: 밀양이 전하는 열다섯 편의
   아리랑》(밀양구술프로젝트, 오월의봄, 2014), 《밀양송전탑 반대 투쟁
   백서: 2005-2015》(밀양765kV송전탑반대대책위원회, 2015)과 사진집
   등 10여 권이 나왔다.

2 밀양 송전탑 건설 필요성의 주요한 근거 중 하나가 전력난
   때문에 송전탑이 필요하다는 주장은 '거짓말'로 판명된 대표적인
   사안이다(〈밀양송전탑 공사강행 여름철 전력 부족하기 때문 '거짓말'〉,
   《미디어오늘》, 2013년 10월 9일). 또 사업 시작 시에는 신고리 1, 2호기
   송전과 관련된다고 주장하다가 3, 4호기로 바뀌었고, 최근에 와서는 5,
   6호기의 송전을 위한 시설이라고 주장했다(〈밀양 '고압 송전선로' 건설
   난항〉, 《동아일보》, 2008년 8월 29일 ; 〈정관신도시 송전선로 결국
   법정으로〉, 《부산일보》, 2010년 6월 9일 ; 〈신고리 5·6호기 중단 땐 '밀양
   송전탑'도 필요없다〉, 《경향신문》, 2017년 9월 10일).

3 신고리 3호기 가동과 연계되어 있다는 주장의 근거로
   아랍에미리트연합(UAE)과의 원전 수출 계약 조건에 들어가 있다는
   관계자의 발언은 계약서를 통해서 확인되지는 않았다. 이 발언은 밀양
   송전탑 건설의 이유가 '전력난'이 아니라는 것을 시사하는 것으로
   받아들여졌다. 현재 신고리 3호기가 가동되고 있지만 밀양 송전탑이
   송전에 제대로 활용되지는 않고 있다. 밀양 송전선로 이용률은 평균
   26퍼센트로 알려져 있다(2015년 6월~2017년 2월, 한전 국회 제출 자료).

4 대단위 핵발전 단지 건설을 통한 전략 수급 정책. 송전탑 건설의 기본
   전제가 되는 것이었다. 신고리 5, 6호기 건설 문제와 신정부의 '탈핵
   정책'을 통해서 재고의 여지가 있는 것으로 확인되었다.

5 이화연·윤순진, 〈밀양 고압 송전선로 건설 갈등에 대한 일간지 보도
   분석〉, 《경제와사회》 98, 2013, 40~76쪽.

6　반면 과학적으로 확인되지 않은 사실이라는 점에서 반대 측 주장 중 찬성 측에 가장 표적이 되었던 주장이기도 하다. 그리고 정부의 부당한 국책사업에 비판적인 시각을 가진 언론에서조차 그 주장의 문제점이 지적된 바 있다. 가령 《뉴스타파》 기사 〈송전탑 지나는 마을 주민 35퍼센트가 암〉(2013년 11월 19일)이라는 기사를 보면, 송전탑의 전자파가 원인이 되어 암이 발생했는지 알 수 없다.

7　송전선 전자파 유해성 논란이 있고 실제로 많은 사람들이 전자파가 문제가 될 것이라고 믿고 있지만, 과학적으로 아직 확실한 결론이 나지 않은 상황이다(〈송전탑 전자계, 인체에 유해한가〉, 《전자신문》, 2013년 10월 23일 ; 〈고압송전탑 밑에 살면 정말 암에 걸릴까?〉, 《과학동아》, 2014년 1월호 ; 〈신뢰도 평가 13: "765kV 송전탑 아래선 전기가 없어도 불이 들어온다"(그래서 유해하다?) (믿을 수 없음)〉, 《슬로우뉴스》, 2014년 1월 13일). 기존에 전자파와 암의 상관성을 주장한 논의가 우연적 암 집단 발생 지역을 선택하여 확률 데이터를 왜곡시킨 결과라는 지적이 있다(게리 스미스, 〈오랫동안 고문하면 데이터도 결국 자백한다〉, 《스켑틱》 2, 2015, 61~67쪽). 미국 국립암센터(NCI)의 홈페이지 전자계(EMF)와 암의 상관성에 대해서 설명해 놓은 바를 보면, 전자파와 암의 상관성은 이론적으로나 통계적으로나 아직 뚜렷한 결론에 이르지 못했다는 것을 알 수 있다("Electromagnetic Fields and Cancer", National Cancer Institute webpage(https://goo.gl/QNqFuj)). 다만 과학적으로 전자파와 암의 상관성이 증명되지 않았다고 해도, 그러한 불안을 많은 사람들이 호소하는 상황, 불완전한 데이터 해석의 결과라고 해도 세계적으로 공신력 있는 기관인 세계보건기구(WHO)에서 발암가능물질 2B로 전자파를 분류하고 있다는 사실을 고려해볼 때, 송전탑 반대 밀양 주민들의 불안감을 무지의 소치로 치부하는 것은 문제다. 민주정하에서 정부의 공적 임무 수행은 '다수 사람의 공통된 의견(혹은 믿음)'을 존중해 이루어지는 것이 정치체제의 기본 원리상(주권재민, 다수결 원칙 등) 적절할 것이기 때문이다. 그 의견(믿음)이 개선되지 않은 상황이라면, 웬만큼 긴급성을 요하지 않는 일인 이상은 사람들을 설득하는 노력을 먼저 하는 것이 우리의 정치 시스템에 부합하는 일이라는 것은 자명하다.

8　김영희·최재홍, 《밀양송전탑 마을공동체 파괴 실태 조사보고서》, 연세대학교 국학연구원, 2017.

9　이상헌·이정필·이보아, 〈다중스케일 관점에서 본 밀양 송전탑 갈등 연구〉, 《공간과 사회》 48, 2014, 252~286쪽 ; 함승경·김영욱, 〈담론경쟁을 통한 PR 커뮤니케이션 사회적 차원 확대 연구 밀양 송전탑 건설 갈등을 중심으로〉, 《홍보학 연구》 18(1), 2014, 276~319쪽 ; 신진숙, 〈재난 서사의 문화적 구성: 후쿠시마와 밀양 사례를 중심으로〉,

《문화와 사회》 18, 2015, 533~579쪽 ; 문재원, 〈로컬 내러티브와 주체화〉, 《열린정신 인문학연구》 17(1), 2016, 209~238쪽. 이상헌 등의 연구는 송전탑 갈등을 스케일의 정치의 측면에서 다룬다. 송전탑 건설을 국가의 공간프로젝트의 일환으로 상정하면서 송전탑 갈등이 한국의 경성 에너지 체제(hard energy system)의 모순을 드러낸 것으로 평가한다. 함승경 등의 연구는 밀양 송전탑 사건에서 찬반 측의 담론경쟁을 페어클라우드의 비판적 담론분석 틀과 툴민(Stephen Edelston Toulmin)의 논증구조 분석 방법으로 살핀다. 담론의 정당성과 합리성은 반대 주민들 담론에 있었지만 힘의 열위를 극복하지는 못했다고 평가한다. 신진숙은 밀양 송전탑 사건을 담은 다큐멘터리와 구술기록에서 핵발전소 사고라는 잠재적 재난에 대한 상상이 어떻게 문화적으로 의미화되는지를 살폈다. 그러한 기록에서 드러나는 재난 서사가 "경합적이고 논쟁적인 비결정적인 공간 속에 존재하고 있다"고 평가한다. 문재원은 로컬 서사에서 주체화 과정에 주목했는데, 밀양 송전탑 사건을 통해서는 송전탑 건설 반대 의제가 지역적 이슈에서 보편적 이슈로 옮겨가면서 연대의 주체가 구성되는 측면을 이야기했다. 그러면서 연대의 확장이 해당 서사를 보편담론으로 회귀시킬 위험성이 있다고 진단한다.

10 한전 홈페이지의 '765kV 송변전사업' 항목(https://goo.gl/ KVSZ6r)에는 환경영향평가제 결과를 근거로 송전탑의 '환경친화성'을 주장하는 내용이 독립된 항목으로 실려 있다. 한전 공식 블로그(http:// blog.kepco.co.kr/)는 송전탑에서 나오는 전자파가 안전하다는 요지의 홍보물을 최근(2016년)까지 배포하고 있다. 송전탑 주변에서 전자파 측정 수치가 미미하다는 것, 가전제품에서 나오는 전자파보다 송전탑의 전자파에서 받는 영향이 적다는 것, 그리고 송전탑이나 송전선로의 전자파가 몸에 별 영향을 주지 않는다는 연구 결과가 있다는 것 등이 주된 내용이다.

11 2008년 7월 25일 밀양시 송전탑 결사반대 범시민 총궐기대회에서의 반대 측 피켓 구호는 "765kV 송전선로 밀양 경제 파탄난다!", "청정 밀양 다 죽이는 765kV 송전규탄!", "밀양시민 무시하는 송전탑 결사반대" 등이었고, 2009년 9월 11일 밀양 송전탑 반대 시위의 피켓 구호는 "동양 최대 765000볼트 송전 밀양발전 다 망친다!", "밀양은 암 병동" 등이었다. 관련해서 건설 반대 측의 주된 요구는 경과지 변경 요구, 기존 노선 증설 요구, 송전선로 지중화 요구 등 사업 시행의 방법을 달리하는 것에 집중되어 있었다.

12 2014년 1월, 밀양 2차 희망버스의 슬로건이었던 "우리 모두가 밀양이다"라는 문구는 사건에 대한 단편적인 이해를 넘어 공감과 연대의 가능성을 전면적으로 제기하는 것이었다.

13 한전 홈페이지의 '765kV 송변전사업' 항목(https://goo.gl/KVSZ6r)의
   '사업개요' 항목 첫머리는 "전력소비증가에 따른 전력설비 건설"로,
   전력 수요의 증가에 따라서 대용량 전력 수송설비가 필요하다는 것을
   역설한다. 또, 한전의 '밀양 765kV 송전선로 건설공사 관련 대국민
   호소문'(2013년 5월 18일)에서 역시 전력수급난을 언급하며 송전선로
   건설의 시급함을 주장했다.

14 2013년 5월, 아랍에미리트 원전 수출 때문에 밀양 송전탑 공사를
   강행해야 된다는 취지의 발언을 한 당시 한전 부사장이 사표를 제출한
   일이 있었다. (〈'송전탑 돌출발언' 한전 부사장 사표〉, 《연합뉴스》,
   2013년 5월 24일).

15 이와 관련해서 함승경·김영욱(2014)은 "전력대란 담론은 그동안 한전과
   반대 주민간의 대치를 국민과 반대주민으로 치환시키고 국민 다수의
   전력 사용을 위해서 밀양 주민의 희생이 불가피하다는 논리를 내재하고
   있다"(298쪽)라고 진단한다.

16 2012년 6월 7일자 '765kV 송전탑 결사 저지를 위한 투쟁 결의문'에서
   결의 내용 첫 번째는 "보상은 필요없다! 765는 물러가라!"였다. 이후
   반대 주민들은 계속해서 '보상은 필요없다'는 입장을 고수한다.

17 경과지 주민들은 한전이 제시한 보상금이 마을마다도 달랐지만 같은
   마을 내에서도 집집마다 달라 분열을 조장한 측면이 있으며, 한전
   직원들이 집을 개별적으로 방문해 주민들에게 선물 공세를 하며
   통사정을 하거나 압박을 가하는 등 비합리적인 방식으로 합의를
   종용했다는 것을 구술한 바 있다. (김영희·최재홍, 《밀양송전탑
   마을공동체 파괴 실태 조사보고서》, 연세대 국학연구원, 2017.)

18 이와 관련해서 2013년 7월 3일 밀양 송전탑 인권침해조사단에 의해 사업
   협의와 건설 과정에서의 인권침해 실태를 다룬 《밀양 765kV 송전탑
   인권침해조사단 보고서》가 발간된 바 있다.

19 2012년 3월부터 밀양에서 개최된 탈핵희망버스 행사는 송전탑 건설의
   기저에 깔린 원자력 중심의 에너지 정책을 근본적으로 문제 삼은
   것이었다.

20 산을 오르내리며 송전탑 건설 예정 부지에 움막을 짓고 건설을 막았던
   시기의 기억은 한전과 경찰에 대한 분노로 설명되는 한편으로 당시 함께
   싸운 주민과 연대자, 활동가 들이 정서적으로 깊이 교감했던 '연대'의
   기억으로 이야기된다. 이와 관련해서는 다음을 참조할 것. 용회마을
   101번 부지의 싸움 과정을 담은 다큐멘터리 〈즐거운 나의 집 101〉(감독
   련, 2015), 당시의 기억을 담은 주민들의 그림 작업(다음 스토리펀딩,
   '밀양 할매 할배들의 탈탈원정대 3화:송전탑 뽑아줄티이 소나무야
   자라거라'(https://goo.gl/Mg9K4H)).

21 "2014년 6월에 좀 있으니까 나이 젤 많은 할배하고 할매 너이가

한전에 몰래 가서 돈을 탔어요. 행정대집행 이후에 송전탑 투쟁도 끝나고, 한전에서는 '안 주면 낙동강 오리알 된다. 너희는 언제까지 안 타면 국고에 환원된다.' 그런 이야기를 [했습니다]." 단장면 용회마을, K씨(남, 73세) (김영희, 〈밀양 765kV 송전탑 건설 과정에서 발생한 공동체 해체 관련 구술 조사 보고서〉, 《밀양송전탑 마을공동체 파괴 실태 조사보고서》, 연세대 국학연구원, 2017, 107쪽.). "[송전탑 다 섰는데 뭐 때문에 하냐고 한다.] (…) 다 마을마다 사람 땜에 상처를 많이 받지." 단장면 동화전마을, K씨(여, 57세) (같은 책, 125쪽).

22 행정대집행 이후 어린이책시민연대의 연대활동과 관련해서는 다음을 참조. 〈송전탑 들어섰으니 싸움은 끝났다고? 행정대집행 이후를 살아가는 밀양 용회마을 이야기〉, 《페미니스트 저널 일다》, 2014년 8월 29일.

23 '미니팜 협동조합'과 관련해서는 다음을 참조. 〈밀양 송전탑 할매-도시 연대자 희망 끈 연결: 주민들, 지지자와 가교 역할 할 협동조합 '미니팜' 창립〉, 《경남도민일보》, 2014년 7월 11일.

24 〈강정·밀양·쌍용차·세월호, 제주에서 뭉친다〉, 《한겨레》 2016년 7월 13일.

25 에너지 불평등 구조에 대한 문제제기와 탈핵 이슈로의 발전은 이전 시기에도 이루어져왔던 것이나, 이 시기에 이르러 이와 같은 운동의 확장과 발전이 반대 운동의 지속성과 정당성을 좀더 적극적으로 담보할 수 있게 했다. 전국송전탑반대네트워크 활동의 활성화와 탈탈원정대 출범, 신고리 원전 5, 6호기 건설 반대 운동으로의 확장 등이 이에 해당한다. 송전탑 건설 이후 반대 운동 담론의 변화와 관련해서는 다음을 참조. 밀양 할매 할배들, 《탈핵 탈송전탑 원정대: 밀양 할매 할배들이 발로 쓴 대한민국 '나쁜 전기' 보고서》, 한티재, 2015.

26 '탈탈원정대'는 2017년 신고리 5, 6호기 공론화위원회 개최와 관련해서 건설 반대 운동을 행했다. 공론화위의 신고리 건설 재개 결정 이후에도 "신고리 5, 6호기의 백지화와 모든 신규·노후 핵발전소의 백지화와 폐쇄를 위해 전국의 탈핵 시민들과 함께 연대해서 힘차게 싸워나갈 것이다."(〈신고리 5, 6호기 공론화위 결정과 대통령 담화에 대한 밀양 주민들의 입장문〉, 밀양765kV송전탑반대대책위원회, 2017년 10월 23일)라고 운동의 지속을 이야기한 바 있다.

27 "송전탑의 위험이 지금 세대에게 국한된 게 아니라는 깨달음은 '밀양 할매, 할배'들이 싸움을 포기하지 않는 원동력이 됐다. 구미현(66)씨는 "내 재산과 건강권을 지키기 위해 싸움을 시작했지만, 한전과 정부의 부당한 모습을 많이 보게 됐다"며 "한전의 전력정책, 정부의 원전 정책을 공부하다보니 (중략) 이 문제가 앞으로 세대를 위협할 것이란 생각을 하게 됐다"고 털어놓았다."(〈밀양 할매, 할배 '탈탈원정대' "송전탑 지옥을 막자"〉, 《오마이뉴스》, 2015년 5월 27일)

28 2013년에 밀양 송전탑 전문가협의체는 '전력 부족론'이 아닌 신고리

1장 학술: 연구 영역

3, 4호기의 전력을 기존 송배전 체계로 운영할 때 블랙아웃의 위험성이
있어서 대단위 송배전 체계가 필요하다고 주장하며 '밀양 송전탑 건설'의
필요성을 인정한 바 있다(〈밀양 송전탑 협의체 "우회송전 어렵다" …
한전 측에 동의〉,《조선Biz》, 2013년 7월 8일). 다만 이러한 주장이
타당성을 가지려면 세 가지 전제조건이 필요한 것으로 보인다. 대단위
발전 체계를 계속 고수하는 것과 밀양 송전탑 노선이 애초 한전 측의
계획대로 수도권으로 직접 이어져야 한다는 점, 그리고 765킬로볼트
송전선로가 그 역할을 수행하기에 최적의 해답이라는 점이다. 반대
대책위 및 야당 추천위원은 기존 노선(고리-신양산 365킬로볼트)
송전이 가능하며, 기존 송전선 고장으로 정전 가능성이 지나치게
과장되었으며, 765킬로볼트가 정전 예방에 오히려 불안정하다는 점을
지적했다(밀양송전탑 전문가협의체 위원 김영창·하승수·이헌석·석광훈,
〈밀양 전문가협의체 파행에 대한 우리의 입장〉(기자회견문), 2013년 7월
5일). 다만 반대 대책위 및 야당 추천위원 중 김영창 아주대 교수는 밀양
송전탑 건설의 필요성을 인정하는 입장을 내기도 했다(〈김영창 교수
"밀양 송전탑 건설 필요…떳떳하다"〉,《한국경제》, 2013년 7월 10일).
2013년 전문가협의체의 결론이 기술적 타당성이 있었다고 할 수 있더라도
사회문화적 조건의 변화를 고려할 때 현실적 타당성이 있었는지는 여전히
의심스럽다.

29 다음을 참고. 박윤석, 〈"8차 전력수급계획, 수요전망보단 수요관리 신경
    써야"〉,《Electric Power》 11(8), 2017, 37쪽 ; 〈"7차 전망치 너무 높아
    현실 반영해 수정…전력 수급 문제없다"〉,《경향신문》, 2017년 7월 13일.
    이와 같은 차이는 경제성장률의 전망치가 낮아진 상황에서 비롯된 것이다.

30 이 차이는 경제성장률 전망치가 낮아졌기 때문에 생겼다. 과거에는
    경제성장률 전망치를 과장했던 것으로 평가할 수 있다.

31 주2 참고.

32 《밀양 765kV 송전탑 피해자 국회 증언대회 자료집》, 13쪽.

33 〈밀양 송전탑 주민 잇단 유죄 "억울해 죽겠다"〉,《경남도민일보》, 2017년
    2월 3일. 이 기사에 따르면 송전탑 건설 반대 주민 "67명 기소, 징역형
    집행유예 14명, 벌금 총액 1억 원"에 이른다고 한다.

34 〈'밀양 송전탑' 마을 주민에 공무방해 첫 무죄 선고〉,《매일신문》, 2015년
    4월 17일 ; 〈저항하다 경찰 리채 당긴 송전탑 반대주민 무죄〉,《연합뉴스》,
    2016년 11월 3일 ; 〈'밀양송전탑' 농민 무죄 확정〉,《경남매일》, 2016년
    12월 13일 ; 〈행정대집행 저항 밀양 송전탑 반대주민 항소심도 무죄〉,
    《연합뉴스》, 2017년 4월 27일.

35 〈밀양 송전탑 없애고 경찰 책임자 처벌〉,《YTN》, 2017년 6월 13일.

36 〈밀양송전탑 헬기 운항 "불법" "적법" 논란〉,《경향신문》, 2013년 11월
    6일 ; 〈한전 밀양 공사는 불법…'환경평가' 위반〉 ; 〈정부, 처벌은커녕

한전과 '불법' 합작…환경평가 변경 후다닥〉 ; 〈헬기 소음에 소는 유산, 겨울잠 벌은 도망가〉, 《한겨레》, 2014년 2월 10일 ; 〈밀양 초고압 송전탑 '유령합의' 의혹〉, 《한겨레21》, 2017년 9월 20일.

37 〈정부, 처벌은커녕 한전과 '불법' 합작…환경평가 변경 후다닥〉, 《한겨레》, 2014년 2월 10일.

38 〈반복되는 오심, 정권의 편파판정〉, 《한겨레21》, 2012년 8월 14일.

39 "제1차 전력수급기본계획(2002~2015년)", 〈산업자원부 공고 제2002-158호〉, 24쪽 ; "제2차 전력수급기본계획(2004~2017년)", 〈산업자원부 공고 제2004-285호〉, 69쪽.

40 이 명분대로라면 실질적으로 영남권의 전기가 남아돌게 되는데, 한전 관계자는 갈등조정위원회에서 하동에서 유입되는 전력을 차단하고도 남는 일부 전력을 중부권으로 수송할 것이라고 밝힌 바 있다. 신고리-북경남 송전선은 수도권으로 전력을 보내는 목적으로 세워졌다고 보는 것이 합당하다. 《밀양 765kV 송전탑 피해자 국회 증언대회 자료집》, 14쪽.

41 최재홍, 〈밀양송전탑 마을공동체 파괴의 구조와 정책 대안〉, 《밀양송전탑 마을공동체 파괴 실태 조사보고서》, 연세대 국학연구원, 2017, 2~9쪽.

42 이상헌·이보아·이정필·박배균, 《위험한 동거: 강요된 핵발전과 위험경관의 탄생》, 알트, 2014.

43 신진숙, 〈재난 서사의 문화적 구성: 후쿠시마와 밀양 사례를 중심으로〉, 《문화와 사회》 18, 2015, 533~579쪽.

44 2015년 2월 9일, 경남 밀양시 상동면 고정리 115번 철탑 인근 움막, 한국종교문화연구소 답사팀(김윤성, 유기쁨, 심형준).

45 〈밀양의 9년 싸움, 월드컵 앞두고 무차별 진압〉, 《뉴스타파》, 2014년 6월 12일, 2:45-3:15 (https://youtu.be/t3OnXTMcfmU). 강조는 인용자.

46 Kames W. Kalat, Michelle N. Shiota, 《정서심리학》, 민경환 외 옮김, 서울: 시그마프레스, 2007, 161쪽.

47 해당 보고서에서 밝히고 있듯이 관련 마을 중 4개 마을(단장면 동화전마을, 산외면 희곡리 보라마을, 상동면 옥수리 여수마을, 부북면 대항리 평밭마을)이 선택되었고, 그곳 주민 300명 중 79명에 대한 조사결과이므로 송전탑 건설 갈등의 겪은 모든 주민의 경우로 일반화하기에는 상당한 한계를 가지고 있다(《밀양 765kV 송전탑 인권침해조사단 보고서》, 82쪽).

48 〈문 대통령 "신고리 5·6호기 건설 재개…원전해체연구소 설립할 것"〉, 《한겨레》, 2017년 10월 22일.

49 심형준, 〈"신화적 역사"와 "역사적 신화": 허구적 내러티브 생성의 일반적 조건과 신화 연구자의 과제〉, 《종교문화연구》 26, 2016, 19~48쪽. 이 글에서는 '역사적 신화'를 "과거 역사와 구분할 수 없었던 신화"로, '신화적 역사'를 "사람들에게 일단 역사로 이해되는 것으로, 사람들이 역사라고 생각하지만 허구적인 내러티브인 것"으로 구분한다.

참고문헌

공혜원, 〈끝나지 않은 이야기: 밀양송전탑〉, 《함께 가는 여성》 217, 2014.

김강민·김재일, 〈지방정부의 공공갈등 쟁점 확대에 따른 사회·경제적
　　　비용항목탐색과 적용〉, 《한국지방행정학보》 12(2), 2015.

김기진·김영희 외, 《한권으로 꿰뚫는 탈핵》, 무명인, 2014.

김만석, 〈도시 건축물 지구 내 초고압 송전선로 문제점과 이설방향에 따른
　　　연구〉, 경기대 석사논문, 2015.

김민호, 〈지역개발 반대 운동에 참여한 지역주민의 시민성 학습: 밀양
　　　송전탑과 강정 해군기지 반대 운동 사례〉, 《평생교육학연구》 20(4),
　　　2014.

김수석·한혜성 외, 《농업·농촌분야 사회갈등 관리실태와 개선과제》, 나주:
　　　한국농촌경제연구원, 2015.

김수석·허정회 외, 〈농업·농촌 분야 사회갈등 관리실태와 개선과제〉,
　　　《한국농촌경제연구원 기본연구보고서》, 2015.

김아름, 〈국민의 권익보장을 위한 행정대집행에 관한 연구〉, 고려대학교
　　　박사학위논문, 2015.

김아름, 〈행정대집행의 실정법상·이론상 문제 및 법적 개선방안〉, 《公法硏究》
　　　45(1), 2016.

김영, 2015, 〈밀양765kv송전탑건설반대운동에 대한 젠더 분석〉,
　　　《한국여성학》 31(2), 2015.

김영·설문원, 〈구술생애사 기록을 통해 본 사회운동참여의 맥락〉,
　　　《기록학연구》 44, 2015.

김영욱·함승경, 〈공공갈등 상황에서 문화성향, 갈등인식과 조정유형이
　　　협력의지에 미치는 영향 – 밀양 송전탑 갈등 위기에 대한 분석〉,
　　　《Crisisonomy》 11(3), 2015.

김영희·최재홍, 《밀양송전탑 마을공동체 파괴 실태 조사보고서》, 연세대
　　　국학연구원, 2017.

김우창, 〈밀양 765kv 송전탑 건설을 둘러싼 갈등구조와 마을공동체의 변화〉,
　　　《한국환경정책학회 학술대회논문집》 2017(11), 2017.

김우창, 〈절차적 정의의 관점으로 밀양 송전탑 분석〉, 《한국환경사회학회
　　　학술대회 자료집》 2016(10), 2016.

김지수·심준섭, 〈이해관계자결정분석(Stakeholder Decision Analysis)
　　　기법의 활용가능성에 관한 탐색적 연구: 미국 캘리포니아 송전탑 사례와
　　　밀양 송전탑 사례 비교를 중심으로〉, 《韓國行政硏究》 23(2), 2014.

김충만, 〈송전탑 건설 갈등에 대한 생태 신학적 대안〉, 대신대학교

석사학위논문, 2015.

김홍순, 〈갈등관리의 인문학적 성찰: 장자(莊子)의 재해석과 밀양 송전탑 사례에의 적용〉, 《韓國地域開發學會誌》 26(3), 2014.

남미숙, 〈아키비스트의 역할을 중심으로 본 사회적 기억〉, 강원대학교 석사학위논문, 2017.

문재원, 〈로컬 내러티브와 주체화〉, 《열린정신 인문학연구》 17(1), 2016.

문재원, 〈지역, 사건, 정치: 핵심현장에서 지역문학연구방법론을 구상하다〉, 《現代文學理論研究》 61, 2015.

밀양765kV송전탑반대대책위원회, 《밀양송전탑 반대 투쟁 백서》, 밀양765kV송전탑반대대책위원회, 2015.

밀양구술프로젝트, 《밀양을 살다: 밀양이 전하는 열다섯 편의 아리랑》, 오월의봄, 2014.

밀양대책위·밀양연대작가들, 《밀양, 10년의 빛》, Listen to the city, 2015.

밀양송전탑 인권침해조사단, 《밀양 765kV 송전탑 인권침해조사단 보고서》, 2013.

밀양할매할배들·활동가B 외, 《탈핵 탈송전탑 원정대》, 한티재, 2015.

박신숙, 〈공공정책 갈등과 제3자 개입의 정치경제〉, 인천대학교 박사학위논문, 2017.

박윤석, 〈"8차 전력수급계획, 수요전망보단 수요관리 신경 써야"〉, 《Electric Power》 11(8), 2017.

박은희, 〈밀양송전탑 건설을 둘러싼 여성들의 저항과 힘〉, 이화여자대학교 석사학위논문, 2016.

박일준·최순종, 〈공공갈등 관리의 메시지 프레임 구조에 관한 연구: 사례 분석을 중심으로〉, 《교정담론》 10(1), 2016.

박중엽·이보나 외, 《삼평리에 평화를》, 한티재, 2014.

박형순, 〈초등학교 교사들의 환경정의에 대한 인식 연구: 세종특별자치시를 중심으로〉, 한국교원대학교 석사학위논문, 2015.

배명호, 〈개발손실에 관한 공법적 연구〉, 경북대학교 박사학위논문, 2016.

부산대 한국민족문화연구소·배윤기 외, 《로컬의 일상과 실천》, 소명출판, 2013.

서동희, 〈밀양송전탑 갈등을 통해 본 노인계층의 환경(부)정의〉, 《비판사회정책》 50, 2016.

설문원, 〈환경갈등의 기록화를 위한 내러티브 설계〉, 《기록학연구》 42, 2014.

설문원·최이랑 외, 〈오픈소스를 활용한 사건 아카이브 구축에 관한 연구〉, 《한국기록관리학회지》 14(4), 2014.

신봉기·권오희 외, 《토지보상갈등연구》, 영한, 2014.

신진숙, 〈재난 서사의 문화적 구성〉, 《문화와 사회》 18, 2015.

신혜정, 《왜 아무도 나에게 말해 주지 않았나》, 호미, 2015.

심형구, 〈고압송전선로건설 분쟁의 제도적 프레임 분석: 765kV 신고리-
　　북경남 선로 기장군 구간 사례를 중심으로〉, 《인문사회과학연구》 14(1),
　　2013.
심형준, 〈"신화적 역사"와 "역사적 신화": 허구적 내러티브 생성의 일반적
　　조건과 신화 연구자의 과제〉, 《종교문화연구》 26, 2016.
심혜영, 〈확장된 계획행동이론을 통해 본 전기절약행동의 지속성〉,
　　서울대학교 석사학위논문, 2015.
안영찬·김석은, 〈공공갈등의 관리: 미국의 송전선로 건설 사업의 교훈〉,
　　《정부학연구》 20(2), 2014.
양기석, 〈인류가 넘본 선악과, 핵발전소〉, 《가톨릭 평론》 8, 우리신학연구소,
　　2017.
양수연, 〈학교에너지협동조합에서 나타난 에너지 시민성의 형성과 성장〉,
　　서울대학교 석사학위논문, 2015.
양승찬·이미나 외, 〈이견추구성향, 사전 지식, 미디어 이용이 기사 읽기의
　　정보처리 과정에 미치는 효과〉, 《韓國 言論學報》 58(3), 2014.
엄은희, 〈환경(부)정의의 공간성과 스케일의 정치학 밀양 송전탑 갈등을
　　사례로〉, 《공간과 사회》 42, 2012.
여서현, 〈VSC-HVDC 시스템 적용을 위한 경제성 평가 분석 연구〉,
　　전남대학교 석사학위논문, 2016.
우문영, 〈초고압 송전선로 건설에 따른 토지 보상에 관한 연구〉, 동의대학교
　　석사학위논문, 2010.
원희경, 〈공공갈등전개과정에서 나타난 갈등과 커뮤니케이션 네트워크의
　　상관관계 연구〉, 국민대학교 석사학위논문, 2016.
원희경·박현희 외, 〈공공갈등전개과정에서의 갈등행위자 네크워크 연구: 밀양
　　송전탑 갈등 사례를 대상으로〉, 《한국정책학회 학술대회》 2016(1),
　　2016.
유상우, 〈밀양 송전탑 문제를 통해 살펴 본 가톨릭 교회의 사회적 가르침과
　　역할〉, 부산가톨릭대학교 석사학위논문, 2017.
윤학수, 〈대형국책 건설사업의 환경분쟁 딜레마 상황에 관한 연구〉,
　　광운대학교 박사학위논문, 2016.
이경석·이창근 외, 《섬과 섬을 잇다》, 서울: 한겨레, 2014.
활동가B, 《고르게 가난한 사회》, 대구: 한티재, 2016.
이계수, 〈도시민의 불복종과 도시법의 도전〉, 《민주법학》 56, 2014.
이광석, 〈행정과 생활세계의 충돌과 조화에 관한 연구〉, 《韓國行政學報》 48(3),
　　2014.
이상수, 〈밀양 송전선 분쟁에 대한 기업인권적 접근〉, 《法學論集》 18(2), 2013.
이상헌·이보아 외, 《위험한 동거: 강요된 핵발전과 위험경관의 탄생》, 알트,
　　2014.

이상헌·이정필 외, 〈다중스케일 관점에서 본 밀양 송전탑 갈등 연구〉, 《공간과 사회》 48, 2014.

이성규, 〈밀양 송전탑 반대 운동에 대한 뉴스 보도 연구〉, 《한국소통학회 학술대회》 2013(2), 2013.

이현아, 〈밀양 송전탑 사건의 기록화에 관한 연구〉, 부산대학교 석사학위논문, 2016.

이현아·이수상, 〈밀양 송전탑 사건의 기록화에 관한 연구〉, 《한국도서관정보학회 하계 학술발표회》 2016(5), 2016.

이화연·윤순진, 〈밀양 고압 송전선로 건설 갈등에 대한 일간지 보도 분석〉, 《경제와 사회》 98, 2013.

장영식, 《밀양아리랑》, 눈빛, 2014.

장일수, 〈네트워크 구조가 있는 협조적 게임의 응용에 관한 연구〉, 서울대학교 박사학위논문, 2015.

장훈교, 《밀양 전쟁》, 나름북스, 2016.

정원준, 〈정부-지역주민 간 갈등 상황에서 정책 수용도에 영향을 미치는 요인에 관한 연구〉, 《광고연구》 107, 2015.

조경훈, 〈행위자 중심의 갈등관리모형에 대한 탐색적 고찰: Q방법론을 활용한 이해관계자 유형화를 중심으로〉, 성균관대학교 박사학위논문, 2015.

조성배, 〈공공기관의 갈등관리 실태와 개선방안에 관한 연구〉, 《공공사회연구》 5(2), 2015.

조성배·이승우, 《갈등영향분석 개론》, 서울: 우공출판사, 2015.

조인석, 〈한국 원자력 체제의 형성과 전환에 관한 연구〉, 고려대학교 석사학위논문, 2016.

최승호, 〈미래 전력망 계획을 위한 AC/DC 그리드믹스 연구〉, 가천대학교 석사학위논문, 2017.

최용안·진현주 외, 〈모의정책갈등조정회의: 밀양 송전탑 건설 갈등을 중심으로〉, 《한국정책학회 학술대회》 2013(4), 2013.

최이랑·김슬기 외, 〈밀양 고압 송전탑 건설 갈등 기록화를 위한 디지털 아카이브 구축방안〉, 《한국기록관리학회 학술발표논문집》 2014(10), 2014.

표동욱, 〈밀양 송전탑 건설갈등과 〈송주법〉 이해〉, 《土地補償法研究》 15, 2015.

하승수, 《착한 전기는 가능하다》, 한티재, 2015.

한상진, 〈밀양 송전탑 주민 및 현대자동차 비정규직 노동자의 희생과 연대를 통한 정의로운 지속가능성의 지향〉, 《경제와 사회》 105, 2015.

함승경·김영욱, 〈담론경쟁을 통한 PR 커뮤니케이션 사회적 차원 확대 연구: 밀양 송전탑 건설 갈등을 중심으로〉, 《홍보학연구》 18(1), 2014.

Kalat, Kames W., Shiota, Michelle N., 민경환 외 옮김, 《정서심리학》, 시그마프레스, 2007.

Min, Jang Hee, "Development of public construction conflict index considering multi factors," 연세대학교 석사학위논문, 2016.

《경남도민일보》《경남매일》《경향신문》《과학동아》《뉴스타파》《동아일보》《매일신문》《미디어오늘》《부산일보》《스켑틱》《슬로우뉴스》《연합뉴스》《오마이뉴스》《전자신문》《페미니스트 저널 일다》《한겨레》《한겨레21》《YTN》

《밀양 765kV 송전탑 피해자 국회 증언대회 자료집》, 2012.
〈신고리 5,6호기 공론화위 결정과 대통령 담화에 대한 밀양 주민들의 입장문〉, 밀양765kV송전탑반대대책위원회, 2017년 10월 23일.
제1차 전력수급기본계획, 산업자원부, 2002.
제2차 전력수급기본계획, 산업자원부, 2004.
제5차 전력수급기본계획, 산업자원부, 2010.
제6차 전력수급기본계획, 산업자원부, 2013.
제7차 전력수급기본계획, 산업자원부, 2015.
"제8차 전력수급기본계획 전력수요전망" 민주당 긴급간담회(7월 17일) 자료.

미국 국립암센터(NCI, National Cancer Institute) 홈페이지(https://www.cancer.gov/).
한국전력공사 홈페이지(http://home.kepco.co.kr/).
"송전탑 뽑아줄티이/소나무야 자라거라"(https://storyfunding.daum.net/episode/29798).
구글 트렌드(https://trends.google.com/trends/).

련, 영화 〈즐거운 나의 집 101〉, 다큐멘터리, 88분, 2015.

밀양 탈송전탑 탈핵 운동의
'여성 연대'와 '밀양 할매'라는 표상

김영희(연세대학교 국어국문학과 교수)

1. 들어가며: '전문가'와 '당사자성'

1945년 8월 히로시마와 나가사키에 원자폭탄이 투하된 이후 인류는 결코 '핵'과 '원자력'의 파괴적 힘에 대한 공포를 경험하지 않은 과거로는 돌아갈 수 없게 됐다. "히로시마와 나가사키와 체르노빌과 후쿠시마는 똑같은 재앙"이라고 말하면서 "핵의 평화적 이용은 없다"고 단언한 일본의 핵화학자이자 반핵운동가인 다카기 진자부로(高木仁三郎)는 '핵'을 "하늘의 불을 훔친 인간의 오만"에 비유했다.[1] 인간의 오만이 만들어낸 이 인공의 '불'은 가공할 파괴력을 갖고 있어서 인류는 언제라도 이 '불'이 만들어내는 생명 소멸의 폐허를 경험할 수 있다는 공포를 안게 됐다.

'오만'이 빚어낸 이 '하늘의 불'은 그것이 자아내는 공포만큼이나 인류에게 가장 극적인 유혹의 대상이었다. '핵'은 에너지로 개발되기 이전에 무기로 만들어졌는데, 이 원자폭탄을 만드는 계획은 세계가 전쟁의 소용돌이에 휩싸여 있던 1940년대에 시작되었다. '맨해튼 프로젝트(Manhattan Project)'로 불린 이 계획에는 물리학자 등 과학자에서부터 전문기술자, 군인, 노동자 등에 이르기까지 총 13만 명이 참여했던 것으로 알려져 있다.[2] 이 프로젝트에 참여한 수많은 사람들은 자신들의 '성실'과 '열정'이 빚어낼 결과가 무엇일지 알지 못했다고 증언했으며, 실험과 개발을 주도적으로 이끈 과학자들조차 스스로가 만들어낸 결과물이 생명을 파괴하는 인류 최악의 재앙이 될 것이라는 사실을 예상하지 못했다고 말했다.

그러나 그로부터 41년 후에 체르노빌에서 원자력발전소가 폭발했고, 또 66년 후에는 원자폭탄이 터졌던 바로 그 나라에서 다시 방사능이 대규모로 유출되는 '후쿠시마 원전 사고'가 발생했다. 그 사이에도 핵 관련 기술은 중단 없이 발전을 거듭했고, 이 기술을 활용한 산업의 규모는 오히려 확장됐다. 수십 년 간 '전문가'로 불리는 지식 권력자들이 이 기술의 발전을 위해 헌신적으로 일해왔으며, 그들의 학문적 지식과 역량 또한 '원자력'의 필요성과 정당성을 홍보하는 데 활용되어왔다.

방사능의 가공할 힘을 경험했던 일본은 왜 다시 대규모의 방사능 오염 사고에 직면해야 했을까? 철학자 한나 아렌트(Hannah Arendt)는 성찰하고 사유하지 못하는 인간의 맹목적 '성실'이 최고의 악을 만들어 내거나 방조할 수 있다고 말한다.[3] 그리고 여든을 앞둔 일본의 물리학자 야마모토 요시타카(山本義隆)는 전후 일본이 과학기술 개발에 집중해 경제부흥기를 이루었고 여기에 자족하느라 히로시마와 나가사키에서의 기억을 잃었기 때문에 후쿠시마 사건을 경험하게 된 것이라고 말한다.[4] 그는 후쿠시마 이후 일본사회가 과거와 같이 오류를 성찰하지 않고 '무사유'의 배외주의에 매몰될 때 어떤 재앙이 다시 도래할지 두렵다는 말을 덧붙이기도 했다.

'무성찰·무사유의 사회'가 일본에만 국한되는 문제는 아니다. 이웃 나라에서 대규모의 방사능 유출 사고가 일어났는데도, 파악조차 되지 않는 겹겹의 단층 위에 열 개가 넘는 원전을 건설하려는 한국사회에도 무사유의 맹목적 성실은 존재한다. 그리고 이 '무사유'의 '성실'에는 전문성에 대한 의존과 스스로를 당사자로 인식하지 않는 회피가 자리 잡고 있다. 최근 한국에서는 건설 중인 원자력발전소의 공사를 중단하고 더 이상 원전을 짓지 않겠다는 정치인이 대통령으로 당선되었는데 당선 후 대통령은 중단한 원전 공사의 재개 여부를 시민들의 여론에 물어 다시 결정하겠다고 말했다. 대통령의 결정에 따라 시민대표로 구성된 '공론화위원회'가 설치되었고,[5] 이 위원회는 3개월 남짓의 논의 기간을 거친 후 정부에 '더 이상의 원전을 짓지 말되 신고리 5호기와 6호기의 공사는 재개하라'는 내용의 권고안을 제출했다.[6]

공론화위원회의 논의 과정과 결정에 대한 평가는 추후로 미루더라도 공론화위원회를 둘러싼 사회적 담론에서 '전문가'와 '당사자성'이 강조된 사실은 주목할 필요가 있다. 자신이 하는 일이 어떤 결과를 만들지 알 수 없었다는 맨해튼 프로젝트 참여 과학자의 고백은 과학기술 분야 전문가들의 '전문 영역'이 '무사유'의 '성실'에 기초한 것임을 여실히 보여준다. 그리고 같은 '성실'이 반복되는 과정을 거쳐 후쿠시마에서 원전 사고가 발생했다. 여기에 더해, 다시 원전의 필요성을 강조하며 '전문가'의 의견에 귀 기울여야 한다는 한국의 '오늘'이 있다. '전문가'만이 말할 수 있다는 전제 아래, 원자력이나 핵에너지 관련 분야의 '전문 지식'을 갖고 있고 해당 분야의 학술적 권위나 직업적 경력을 가진 이만이 '전문가'로 인정되었다. 그러나 맨해튼 프로젝트의 사례는 과학기술이 어떤 목적으로 개발되어야 하며 어떤 가치 지향성을 내포해야 하는지 사회 전체가 다함께 '숙의'하며 성찰하지 않은 채, 오로지 '과학기술' 분야의 전문가들만을 '전문가'로 인정하고 그들의 목소리에만 귀 기울일 때 어떤 결과를 초래할 수 있는지 여실히 보여준다. 또한 이들 사례를 통해 우리는, 원자력이나 핵에너지처럼 전체 사회의 존립 기반을 뒤흔들 수 있고 모든 생명의 안전성을 위협할 만한 힘을 가진 대상에 관한 문제에서 '당사자'가 아닌 사람은 있을 수 없다는 사실을 깨닫게 된다. '전문가'에 대한 신뢰와 위임, 그리고 그들이 의존하는 지식 권력의 권위에 대한 맹목적 추종, 여기에 '무사유의 성실'이 더해질 때 우리들 자신을 '당사자'에서 스스로 배제하는 회피 기제의 견고한 방어막은 더욱 굳건해진다.

    최근 한국사회에서 일어난 '탈핵' 관련 논의에서 전문가로 인정된 이들은 '원자력공학자'나 '핵에너지 개발 전문가'들이었다. 일자리나 비용, 산업에의 기여 등을 근거로 내세워 '원자력 에너지'의 필요성을 설득하려 하는 과학기술 전문가들의 발언은 역설적이게도 왜 그들에게 원자력발전을 둘러싼 결정을 맡길 수 없는지 보여준다. 인류 역사상 중요한 성취를 이룬 과학자들 가운데 과학기술이 완전하다고 말하거나 인간이 과학기술을 완벽하게 통제할 수 있다고 말한 사람은 없었다. 과학기술이야말로 그 위력이 대단한 만큼 그것이 어떻게 배치되고 활용될 것인가의 문제에 대해 사회구성원들이 다방면으로 참여해 오랜 기간 입체적으로 논의를 거듭할 필요가 있다.

공론화위원회 활동 기간 내내 가장 강조된 것은 '전문가'의 말을 청취하는 것이었고 '당사자'의 말에 귀 기울이는 것이었다. 그리고 '전문가'와 '당사자'는 특정되었고, 이들을 구분해내는 경계선을 따라 어떤 사람들은 '전문가'나 '당사자'가 아닌 것으로 배제되었다. 왜 '전문가'의 말에 귀 기울여야 하는지, 해당 사안의 '당사자'는 누구인지 등의 문제는 심각하게 거론되지 않았고, 무엇보다 누가, 혹은 무엇이 '전문가'와 '당사자'를 결정하는지, 또 어떤 구조가 이런 구분과 경계를 만들어내는지에 대한 질문은 지워졌다. 어떤 과정을 거쳐 결정되었는지 알 수 없지만 명백하게 드러난 사실은, '탈핵'을 고민해온 인문학자나 '탈핵' 운동을 전개해온 시민운동가, 탈송전탑에서 시작해 탈핵으로 나아간 송전탑 경유지의 지역 주민과 활동가들, '탈핵'에 공감해 관련 정보들에 접속해온 시민들은 '전문가'가 아니라는 판단이 이미 공적 논의 이전에 전제되어 있었다는 점이다.

그러나 바로 이 지점에서 우리는 두 가지 질문에 직면한다. 원전이 만들어내는 '위험사회'의 불안 요소들에 직접적인 영향을 받고 있고 만약 후쿠시마 원전 사고와 같은 일이 일어난다면 피해 '당사자'의 한 사람이 될 '나'는 왜 '당사자'가 될 수 없는 것인가. 그리고 탈핵 문제에 관심을 갖고 이를 둘러싼 논의에 귀를 기울이며 때때로 발언하고 때때로 행동하는 '나'는 왜 '전문가'가 될 수 없는 것인가.

가장 먼저 탈핵 관련 이슈의 '당사자'로 호명되고 언론을 통해 지속적으로 조명된 '당사자'는 원전 건설 지역 인근 주민들이었다. 원전 건설을 중단했을 때 이들이 받게 될 피해가 부각되었고 원전 건설이 완료되었을 때 이를 통해 얻게 될 '경제적 이익'이 강조되었다. 원전의 피해와 이익을 가늠하는 논의에서 '안전'보다 힘을 얻은 것은 '경제'였다. 경제적 이익을 중심으로 직접적인 이해당사자에 해당하는 사람들로 인정된 이들이 '당사자'로 승인되었고, 공적 논의의 장에서 '당사자성'을 인정받지 못한 이들의 발언은 가볍게 무시되었다. 더 중요한 문제는 한국사회 구성원들 모두가 해당 문제의 '당사자'라는 점은 제대로 논의된 적조차 없다는 사실이다. 모든 사회구성원들이 '당사자성'을 획득하지 못하고 경제적 이익의 당사자들만이 '당사자'로 인정을 받으면서, '원전'은 한국사회 전체의 이슈가 아니라 서로 다른 지역 주민들 사이의 갈등 문제로 인식되었다.

이 공론장에서 발견된 모순은, 분명 과학자와 에너지 전문 기술자들이 '전문가'로 호출되어 발언을 주도해 나갔는데 담론의 장에서 가장 초점화된 문제는 '비용'이었다는 사실이다. '탈핵'을 둘러싼 '공론화'의 논의에서 결국 쟁점이 된 것은 이미 건설 공사가 어느 정도 진행된 '원전'을 아직 드러나지 않은 위험을 근거로 중단한다면 그때 버려지는 비용을 누가 부담하게 되는가 하는 문제였다. 그리고 이번에는 경제 전문가들이 그 비용은 불필요한 것이며 이 비용을 부담해야 하는 것은 사회구성원 모두라고 말했다. 과학자들이 최우선 순위의 '전문가'로 호출된 장에서 왜 과학기술의 안정성 문제가 가장 심도 있게 논의되지 않았던 것일까? 왜 과학자도 아니고 전문 기술자도 아닌 송전탑 경유지 지역 주민들만이 과학기술의 불안정성을 말해야 했던 것일까? 왜 원전 인근 지역 주민도 아니고 한국사회 구성원 전체를 대리

할 수도 없는 그들만이 원전 사고의 위험과 한국사회 전체가 직면한 불안에 대해 말했던 것일까? 그럼에도 불구하고 왜 그들의 목소리는 '탈핵' 담론의 장에서 자신들의 자리를 가질 수 없었을까? 그렇다면, 탈핵을 논의하는 자리에서 '당사자성'은 어떻게 사유되어야 하는 것일까?

2. 담론장의 구조와 발화 가능성

"저는 공론화위원회 발표하는 날 아침은 되게 **외롭고 쓸쓸한 느낌**이었어요. (중략) 아침에 그 기자회견문을 읽는데, 저한테 맘에 와닿았던 것 중에 하나는, 선생님이 쭉 쓰셨어요. 3개월 동안에 전국을 다니시면서 스물 몇 개 지역을 다니셨던 거를 하나하나 쓰셨어요. 울산, 울산, 부산 어디, 순천, 저희 같은 경우는 두 번 오셨거든요. 순천 어디 어디 사이에 있고 또 다시 순천, 이거를 쭉 나열하셨어요. 근데 그게 제가 머릿속에서 쭉 지나가는 거예요. 그 3개월 동안 어머니들이 하셨던 것들 그리고 저도 생각해보면 우리 회원들이 곳곳에 있어서 그 일을 같이 했었던 거를 쭉 지나갔죠. 그리고 나서 발표를 들었잖아요. 듣고 나서 사람들이 보이는 반응 되게 어마어마한 일이라고 생각이 돼요, 우리는. 막 긴장해가지고 손이 막 떨리고 이런 순간이었는데 사람들한테는 그냥 발표 났네 뭐 이 정도. 그래서 뭐, 생각했던 대로네 내지는 이런 거 그 이후에 벌어지는 일들은 공론화위원회가 무슨 마치 민주주의의 어떤 엄청난 발전을 한 것처럼 뭐, 그게 뭐《한겨레》를 비롯한 그런 신문들이든《경향》이든《오마이뉴스》든《시사인》이든 마, 이런 것들 이게 얼마나 우리 사회에 시발점이 될 것이냐, 민주 언론 이런 거에 대한 얘기를 쭉 하고 있는데 '겨우 3일 숙의한 거로 가지고 민주주의를 논한단 말이야?' 뭐 이런 생각. 그리고 저는 그날 딱 들었던 생각은, 되게 외롭고 쓸쓸한 느낌이었다고 그랬잖아요. 그 공간 안에 엄청난 기자들이 와 있고 우리를 바라보고 있는데 사람이 몇 명 없다가 아니라 여기에 많은 연대자들이 안 왔다 이거 때문만은 아니고, 이 어머니들하고 우리가 여기 같이 있는 이 순간에 많은 사람들이 오지 않아도 되는데 여기에 집중하지 않고 있는, 쳐다보고 있지 않은 느낌이 들었어요. 그게 사람들의 반응을 보면서. (중략) 그래서 그런 느낌에다가 더해서 그날 인제 집으로 내려오면서 들었던 합리적인 생각이라는 것과 합리적인 판단이라는 것과 어떤 객, 객관적인 사실에 의한 합리적인 판단, 뭐 그다음에 이성, 뭐 이런 것들이 도대체 뭘까? 이런 고민이 드는 거예요. 그러니까 제가 바라는 대로 공론화위원회가 결론을 짓지 않아서가 아니라 이게 만약 꺾, 만약에 제가 바라는 대로 안 돼서 이런 생각을 한 거죠, 분명히 그거는. 근데 모여서 다 같이 의논하면 되는 건가, 그리고 거기에서 결론 내면 그거는 맞는 답인가, 정답인가? 뭐 이런 생각. 저도 지금까지 계속 어떤 활동을 하거나 사람들하고 이야기를 하면서 합리적인 판단을 하려고 노력하고 이성적으로 감정을 싣지 않고 이런 걸 판단을 해보려고 굉장히 노력하고 있었는데 이런 것들이 과연 어떤 기준에 의해서 고민들, 이런 결론 내어지는 걸까? 뭐 이런 고민들 되게 많이 들더라구요. 그래서 거꾸로 만약 제가 원하는 결론이 났다면 이런 생각을 못 해봤겠구나, 민주주의란 무엇인가, 합리적 이성적 판단이란 무엇인가, 그거는 무엇을 위해서 존재하는가? 뭐 그런 고민들을 못 해봤겠구나. 이런 생각을 하면서."

"대통령이 우리한테 악수를 하면서 지나갔어요. 근데 그다음 날 언론에 나오는 건 뭐냐 하면 '다 들어주는 문재인 대통령' 이것만 있는 거예요. 우리가 말하고자 했던 거는 하나도 없어졌어요. 저는 이번에 공론화위원회도 똑같다고 생각이 들어요. 이런 형식적인 절차만 딱 해놓고는 이거에서 반대하면 우리가 다시 그걸 받아들이지 않으면 민주화가 안 되는, 생고집, 땡깡치는 사람으로, 존재로 몰아버리는 이 방식이 저는 정말로 차라리 예전에 적이 분명할 때 차원이, 보다 더 어렵구나가 있구요. 또 하나는 공론화위원회에서 하는 진행하는 방식 중에 하나가 저는, 당사자라고 말할 때 우리 모든 여기 사는 사람들이 다 당사자이기도 하지만 현장에 있는 당사자 사람들의 발언들이 있잖아요. 실제로 그 진행하신 분이 갈등조정위원회? 뭐 그런 거 공부하시는 교수님이라고 하시면서 이렇게 진행을 하셨는데 그게 얼마나 엉터리인가가 저는 정말 현장에서 느껴지더라구요. 여기 양쪽에 우리가 세운 이 사람들이 다, 이 사람들만 말할 수 있으니 '너희는 듣기만 해라, 듣고 판단해라'라고 얘기하는 이 방식이었거든요. 저는, 그게 말이 안 되지 않아요? 그 두 사람은 거기 지정한 두 사람일 뿐이고, 그때 부산이었어요. 부산에 현지에, 현실에서 사는 이 사람들 얘기를 안 듣고 무슨 얘기를 들을 수 있냐? 그렇잖아요? 그런데 갈등조정위원을 한다는 거예요. 그게 갈등 조정을 하는 건가, 너희들은 다 무식하고 모르니 여기 있는 몇 사람들 얘기만 들어라, 이렇게 말하는 거 자체가 어떻게 민주적이라고 말할 수 있는지. 이건 정말로 탈만 쓴 거잖아요. 그리고 그다음에 다시 울산에 그, 다시 토론회가 왔죠. 울산에서는 어떻게 했는지 알아요? 쪽지를 돌렸어요. 여기다가 질문을 써라. 아예 발언 기회 자체를 주지 않았어요. 그리고 그 질문 중에 자기가 골라서 사회자가 진행해버리는. 그게 뭐, 뭐, 정말로 이게 겉으로는 사람들의 여론을 듣는 것 같지만 철저하게 무시한 이 상황이에요. 그래놓고 지금 와서 우리가 다른 얘기를 하면 땡깡쓰는 것으로 취급하는 이 방식, 이걸 저는. 숙의라고 하는 게 사실 없지 않아요?"[8]

"저는 약간 이거 보면서 약간, 뭐지, 경쟁하는 느낌이었어요. [조사자: 누구랑요?] 그 반대쪽이랑. 왜 그런 거 있잖아요. 친구들이랑 저희는 항상 대학교 가서도 경쟁이어서 A+ 받을려면 내가 잘하는 게 아니라 저 사람이 못해야 되고 저 사람보다 잘해야 되고. 그다음에 늘 어떤 대학을 들어갈 때도 날 선택할려면 저 사람, 쟤보다 잘해야 되잖아요. 그래서 이게 안에서 진솔한 얘기, 우리가 뭘 생각하고 어떤 얘기를 하느냐가 아니라 쟤보다 잘해야 된다, 쟤보다 그럴 듯하게 PPT를 만들어서 더 그럴싸한 얘기 계속, 사람들이 대중들이 와 놀랠 만한 이야기, 그래서 '와 진짜?' 놀랠 만한, 그래서 약간, 그래서, 자극적인 기사들만 계속 쏟아져 나오는 거예요. 이 우리 중에서 [조사자: 서로 경쟁적으로.] 네. 비리 이거 봐라 하면 얘네는, 사실 세 배의 경제, 전기요금이 오른다, 뭐 이런 식으로 늘 그런, 자극적으로 쟤네들이 나쁜 그것, 그니까 저는 원전이 되게 안 좋다고 생각하지만 그래도 뭐든 흑과 백이기 때문에 어쨌든 쪼그마한 부분에도 좋은 부분은 있을 거 아니에요. 그런 부분을 서로 얘기해서 뭔가 합리적인 거를 따지는 게 아니라 굉장히 자극적인 뉴스거리로 사람들한테 뭐가 더 이슈를 끌 수 있는가, 라는 그런 경쟁을 계속하는 느낌이었어요. 그래서 서로한테 뭐가, '아, 쟤네들은 저렇게 생각하는구나'를 하나도 이해 못 한 것 같아요, 저는. 쟤네들이 하는 이야기들을. (중략) 아, 이런 느낌이었어요. 나는 달리기를 해야 된다고 해서 나왔는데 누가 달릴지, 어떤 사람이 어떤 방식으로 달릴지 모르는데 이겨야 되는 거죠, 무조건. 근데 나온 상대 사람이 우샤인 볼트인 것 같은 거예요. (웃음) 달리기를 하는데 그게 그렇잖아요. 왜냐면 나는 [청중: 출발선에 섰는데.] 예, 예, 걔들은 돈 많은, 사실 기업가하고도 같은. 많은 걸 가지고 있는 사람들과, 근데 어떤 방식으로 어떻게 될 것인지 한번도 논의되지 않은 그냥 숙의민주주의다, 이게 독일식이다, 하는데 어떤 형태의 독일식인지도 모르지만 예, 그래서 약간 며칠날부터 '경쟁하니 나와' 그래서 나, 끌려 나왔는데 상대는 우샤인 볼트인. 그런 느낌이 들어서 되게, 그러면, 그래서, 도중에 포기할 수도 없고 시작했으니 끝을 가야 되는 상황이었는데 그 경기를 끝나고 나서 '이 경기가 잘못된 것 같아요'라고 그런 말도 할 수 없다면 우리는 도대체 어떤 사회를 살고 있는 건가."[9]

시민 권력의 정당성과 민주주의적 절차성을 강조하는 사회에서 공론장, 혹은 사회적 담론장의 핵심 가치는 흔히 '표현의 자유'와 '민주적 의사결정에 참여할 권리'로 표명된다. 이때 이 '자유'와 '권리'가 암시하는 것은 '누구라도 발언할 수 있고 누구의 발언이라도 존중받을 수 있다'는 기대를 품어도 좋다는 사회적 허용이다. 그러나 실제 담론의 장은 비대칭적이며 담론장은 위계적 권력 구조를 기반으로 구성된다.[10] 발화의 권리, 발화의 비중, 발화에 대한 해석, 표현 수단의 소유, 비언어적 의사소통을 포함하는 담론 자원(discursive resources)은 담론의 장 내에서 언제나 불균등하게 배분되어 있다.[11]

화용론자 오스틴(John Langshaw Austin)은 모든 종류의 언어적 발화에서 '누가', '어떤 조건'에서 발화하느냐에 따라 발화된 말이 만들어내는 '효과'가 달라진다고 말한다. 해군 제독이 배의 이름을 명명할 때 그 호명은 실질적인 사회적 효과를 드러내게 되지만 지나가던 시민이 배의 이름을 명명한다고 해서 그런 효과가 나타나는 것은 아니라는 것이다. 오스틴은 언어 발화 행위가 의도된 효과를 이루기 위해서는 적절한 조건을 갖추어야 한다고 했는데 이때 중요한 것은 발화에 참여한 이들의 상호 승인이다.[12] 또한 이와 같은 주장은 다른 한편으로 적절하게 조건화되지 않은 발화, 다시 말해 승인을 받지 못한 발화는 실질적인 힘을 발휘할 수 없다는 사실을 암시한다. 따라서 발화를 가로지르는 사회적 맥락 속에는 눈에 보이지 않는 권위나 승인 등의 기제들이 엄연히 존재한다.

그러므로 모든 사람에게 열려 있는 공간처럼 보이더라도 실제로 눈에 보이지 않는 비대칭성과 불균형이 존재한다는 사실을 우리는 인정하지 않을 수 없다. 모든 사회적 소통 행위는 소통에 참여한 이들 사이의 '사회적 맥락'과 '공유된 이해'를 전제로 한다.[13] 이 맥락과 이해를 공유하고 있느냐에 따라 발화의 기회와 권위가 달라지는 것이다. 소통이론을 탐구하는 이들은 사회적 담론도 '관습적 규칙'에 의거한다고 말한다.[14] 담론을 구성하는 요소들의 배열과 구성, 배치 등이 모두 이 규칙에 따라 결정되는 것이다. 이때 담론장에 참여한 모든 사람들에게 '담론장 내부에 진입하여 효과적인 위치를 점유하기 위해서는 이 규칙에 부합하는 사회적 약속과 협업 원리를 준수해야 한다'는 사실이 규범적 원리로 강조된다.[15]

이렇게 해서 사회적 담론의 장은 포함과 배제를 둘러싼 여러 요소들이 역동하는 예민하고 격렬한 정치적 장(場)이 된다. 중요한 것은 이와 같은 포함과 배제의 원리가 눈에 보이지 않게,

혹은 인지되지 않는 상태로 담론장에 끊임없이 작동한다는 사실이다. 맥락과 이해를 공유하지 못하고 담론장 내부에서 무언의 승인을 얻지 못하면, 또 담론 자원(discursive resources)을 갖고 있지 못하거나 담론 공동체(discourse community)의 관습적 규칙과 규범들을 이해하지 못하면 자신도 모르게 담론장에서 배제될 수밖에 없다. 설사 이와 같은 것들을 인지하고 있다 하더라도 어느 정도 능숙하게 다룰 수 있는가, 어느 정도로 내면화하고 있고 그 내면화 성과에 대해 어떤 승인과 평가를 받고 있느냐에 따라 담론장에서 소외되거나 배제될 가능성이 있다. 그러나 이와 같은 일들은 수시로 정치적 정당화 담론을 통해 은폐되고, 공론장의 담론은 '민주적인 의사결정 과정'으로 신화화되곤 한다.

　앞서 세 사람의 발언은 '공론화위원회'라는 공적 담론의 장이 어떤 포함과 배제 원리에 따라 작동되었는지 여실히 보여준다. 세 발화는 '탈핵'으로 논의가 귀결되지 않았다는 사실에 집중하는 것이 아니라, 자신들이 경험했던 담론장의 허구적 민주성을 성찰하는 데 집중한다. 이들은 담론장이 누구에게 발언권을 주고 누구의 말에 귀 기울이는가 하는 문제를 관찰하고 분석했다. 또한 이들은 공론화위원회가 내세운, '합리적 이성에 토대를 둔 민주적 토론과 중립의 가치'가 결국 담론장 안팎의 경계를 설정하는 효과를 만드는 동시에 이와 같은 '정치적 배제'를 은폐하는 정당화 기제가 되었다는 것을 경험적으로 인식하고 이를 자신들의 언어로 표현했다.

　이들은 공론화위원회의 담론 구조에 대해, "'선수'도 '룰'도 공개하지 않은 채 경기를 시행하겠다고 했지만 경기장은 누군가(agent)에 의해서 이미 세워져 있었으며, 경기장의 구조도 확정되어 있었다"고 말한다. 처음부터 누군가는 경기장에 들어설 수 없었고, 또 어떤 이들은 경기장의 규칙을 모른 채 경기에 돌입해야 했다는 것이다. 또 어떤 사람들은 누구와 경쟁하는지 알지 못한 채 경기에 임해야 했고 어떤 이들은 다른 시간대에 다른 규칙의 적용을 받으며 경기에 임해야 했다고 이들은 말한다. 이 과정을 통해 이들이 분명하게 깨달은 것은 '이 담론장에 우리를 위한 자리는 없다'는 것이었다. 이른바 '밀양 할매'들에게 이 공론화의 장은 그들의 목소리를 드러내고 그들의 존재를 사회적으로 가시화할 정치적 '장소'가 될 수 없었다.

분명한 것은 이 담론장이 일종의 경합을 위한 '경기장'이었다는 사실이다. 그리고 이 경기장은 '주변'이 아닌 '중심'에 세워졌으며, 중심의 규범과 관습, 언어들로 채워져 있었다. 이 경기장에서 발언할 수 있었던 이들은 '전문가'와 '전문가'가 승인한 이들이었으며, 이 경기장에서 허용된 언어는 그들에게 독점된 것이었다. 이 담론장을 가로지르는 비대칭적 구조를 고려했을 때 가장 먼저 떠오르는 것은 '중심'과 '주변' 사이의 비대칭성이다. 기자로서 후쿠시마 원전 사고를 경험했던 사이토 겐이치로(斎藤健一郎)는 사건의 참상을 경험한 후 자신이 깊은 밤 도쿄 거리의 휘황찬란한 불빛 앞에서 분노감에 휩싸이지 않을 수 없었다고 고백한다.[16] 그것은 송전탑 건설 반대 운동에 참여했던 밀양 지역 주민이 서울에서 도시의 화려한 불빛을 목격하고 느꼈던 소외감과 정확히 일치한다.

"전기가 필요하긴 하겠죠. 근데 즈그가 서울 시내 한복판에 세우면 안 됩니까? 되는데 안 하잖아. 그니까 결국엔 다 대기업

먹고사는 일들. 진짜 이 시스템 정말 잘못된 게 많더라고. 정말 하다보니까 이것도 알겠고 저것도 알겠고. (중략) 바람 불면 저희는 일하고 있으면 슝-슝-슝-슝 하죠 비오는 날은 오오오오옹 우린 막 뇌리에 파고듭니다. 소리가 작업을 하고 있으면. 막 미치겠다는 그런 거 아니겠습니까. 그래서 비만 오면 한전에 전화를 합니다. '아 미치겠다'. 그럼 '아 그리 심합니까?' 그리 하더라고. 그럼 '좀 대책을 세워라' 하면 '알겠습니다' 하는데 뭐 할 수가 있습니까? 안 되는데. 그리 사람들은 처음에는 소리 나는데 뭔 소린지 모르는데 소리난다 하다가 그게 저 소리다 하면 아아 이게 귀신 나는 소리. (중략) 서울의 밤은 너무 밝-다. (웃음) 정말 그 이치우 어르신 돌아가시고 유한숙 어르신 돌아가시고 우리 계속 지키고 갔을 때 하니까 새벽 네 시가 그때 딱 왔는데 어 뭐야 대낮인 거예요. 대낮인 거라, 시내가 진짜. 너무 밝은 거야. 그때 서울에서 철도노동자 집회 할 때. 서울의 밤은 너무 밝더라꼬. 그래서 내가 SNS에 글도 썼다니까."[17]

'원자력발전소가 그렇게 안전하면 서울이나 수도권에 세우라'고 말하는 것이 어깃장 소리로 들리지 않는 것은 에너지 산업이 언제나 이와 같은 불균형 위에 존재하기 때문이다. 주변부 지역의 고통과 희생을, 안타깝지만 필연적인 일로 정당화하고 이를 통해 수요 이상의 에너지를 축적해 거대 산업을 운용하는 것, 이것은 에너지 문제가 왜 자본과 권력의 문제일 수밖에 없는지 여실히 보여주는 동시에 에너지 관련 논의에서 왜 주변부의 목소리가 배제될 수밖에 없는지 분명하게 나타낸다. '원전'과 '탈핵'의 문제가, '지방'의 서로 다른 두 지역 주민 사이의 이해관계에

얽힌 문제처럼 보일 수밖에 없는 까닭도 여기에 있다. 한국이나 일본뿐 아니라 체르노빌에서도 결국 가장 큰 고통을 받은 이들은 인근 지역 고령의 농민들이었으며, 폐허가 된 체르노빌에 들어와 방사능에 오염된 터전에서 살아가는 이들 또한 내전의 피해자와 유랑민들이었다.[18]

이런 점들을 고려할 때 '탈핵'의 공적 담론장에 '밀양 할매'를 위한 '장소'가 없었다는 사실은 어쩌면 필연적인 일이었다. '밀양 할매'는 중심과 주변, 수도 중앙과 지방, 도시와 농촌, 지식인과 비지식인, 전문가와 비전문가, 정책 관료와 일반 시민 등의 비대칭성 위에, 그에 더하여 '남성'과 '여성'이라는 젠더위계상의 비대칭성을 안고 있기 때문이다. 더구나 이들은 고령의 '할머니'이며 '주민등록'과 '투표권'을 갖고 있으되 언제나 '동원'과 '계몽'의 대상으로만 인식되었던 '시골 아낙'들이었다. 이들은 사회적 문제의 당사자나 문제 해결의 주체로 호명을 받은 적이 없으며 공적 담론의 언어와 관습, 규칙과 규범 등에 전혀 익숙하지 않거나 아예 접속되어 있지 않았다.

"○○○가 다니면서 찍었던 거는 어떻게 했냐 하면, 자기가 아는 사람들. 말해봤자, 통한 사람들은 요거 우리 합의할 기다 카고 찍은 기고, 할매들한테는 도장 쫌 주소. 왜? 동장이니까. 촌에는 주거든요, 카면. 멋도 모르고 다 줬다니까예. 근데 우리는 돌아다니면서 인자, 그거 ○○○ 잘못했다고 설명 다 해주고 (다시) 찍어, 받아온 거죠."[19]

"○○○는 내용을 설명 안 하고, 자기가 동장이니깐. 예를 들어서 비료를 신청해야 되니까 도장 주세요, 해가지고 찍은 거지요. 철탑 얘긴 안 하고, 따른 거 얘기해가지고, 거기에 필요한 도장이다, 캐서 찍은 거지요. 그런 사례가 엄청나게 많이 있는 거죠."[20]

밀양 송전탑 건설 관련 주민 합의를 이끌어내는 과정에서도 '밀양 할매'들은 철저하게 타자화되고, 배제되었다. 송전탑이 건설될지도 모른다는 정보마저도 이 '할매'들에게는 제대로 전달되지 않았다. 주민설명회를 개최할 때도 이 '할매'들을 불러서 그들의 언어로 설명해야 한다고 생각한 이들은 없었다. 주민 합의금이 나오거나 마을 보상금이 나오거나 송주법 관련 보상금 등이 나오는 경우에도 그 금액과 사용처 등을 정확하게 아는 '할매'들은 드물었다. 한전이 협상 대표로 승인한 다섯 명의 마을 주민 대표가 누구인지 모르거나, 이들이 받은 보상금이 얼마이고 어디에 쓰였는지 모르는 '할매'들이 대부분이었다. 이들에게 '이장'은 '동네일을 하느라 고생하는 자식뻘의 이웃'이거나, 생활의 모든 문제를 의존하고 있는 마을 자치회의 임원이거나, '나랏일'을 하기에 함부로 대거리할 수 없는 존재였다. 마을별로 주민 모두가 나서서 송전탑 건설 반대 운동을 전개했던 초창기에는 이장들이 앞장서서 한전과의 싸움을 주도해 나갔는데, 이때 한전이 고용한 용역업체들과의 몸싸움이 있을 때마다 '할매'들을 앞장세운 것도 이들이었다고 '밀양 할매'들은 말한다. 그러나 정작 마을 단위의 합의를 이끌어내야겠다고 마음먹었을 때 이들 '이장'에게 '할매'들은 '합의서 한 장'의 가치를 지닌 존재로밖에 인식되지 않았다. '할매'들에게 설명을 하고 이들을 납득시켜야 한다고 생각한 것이 아니라 그저 '할매'의 방에 들어가 도장을 찍어가지고 나오면 그뿐이었다.

"지금 생각하면 내가 글 못 배운 게 여기 우리 7번에 저거 설 때 참 내하고 남자들이 밑에는 누워 자고. 부산 온 학생하고 나하고 새벽 때는 네 시 다섯 시 되면 집 뒤에 보면 7번에 와서 내가 앉아서는, 붕새야 붕새야 니는 저리 우는데 이 바보 같은 늙은이는 왜 바보가 됐노. 우리 엄마 날 글 가르쳐줄 때 했으면 떼기를 잡아 입에 물려주면 다른 사람은 청와대에 못 들어가도 너는 짐승이라서 날라가서 글 적은 거 날라가면 박근혜는 못 보더라도 누가 때려 접은 걸 펴봤으면 내 심중을 안 알겠나. 그카며 내가 울고 있으니까 딱 일어나더만은 촛불을 켜는 기야. '학생, 왜 불을 켜노.' 할머니 심정에 말을 하라 하는 거야. '아가씨 내가 펜대 들고 내가 하면 내 입에서 술술 나오지. 내가 불러주면은 거꾸로 가고 옳게 가고 안 나온다' 내가. 내가 불러주게 되면, 쓰지 말-라꼬(뭐하려고). 그리 못한다. 그리 못한다. 내가 한탄해서 붕새 보고 한탄한다."[21]

'밀양 할매'들은 자기 자신이나 자신의 자식들이 아니라 미래를 살아갈 후손들과 한국사회에서 살아가는 모두를 위해 '탈핵'이 필요하다고 말한다.[22] 이들은 학교를 제대로 다니지 못해 글을 쓸 순 없지만 자신이 무엇을 발언해야 하는지 명확하게 알고 있다. 이들은 지금 자신들의 건강이나 재산상의 피해, 혹은 자신들의 자녀들만을 걱정하지 않는다. 후손들이 살아갈 땅과 산과 들판의 나무와 꽃들을 염려한다. 한국사회가 안전하지 않다고, 원전의 위험성이 구체적으로 무엇인지 열거하며 도시의 '배운 이'들을 설득하며 나선 것이다. 흔히 한국사회에서 기혼 여성은 자신들의 가족과 자신의 자녀에 대해서만 관심을 둘 뿐 사회 전체를 고민하는 식견을 갖고 있지 못한 것처럼 언급되거나 재현되는 경우가 많다. 하지만 '밀양 할매'들은 자신이 입을 재산상의 피해보다 한국에 지어진 원전 개수를 더 정확하게 알고 있으며 매체에 나오는 과학자를 비롯한 전문가들의 발언에서 어떤 점이 모순인지 정확히 지적한다.[23]

바로 이런 '밀양 할매'들이, 공적 담론의 장에 배제되었지만 스스로 사회정치적 발언의 '장소'를 만들었으며, 그 장소를 지켜왔을 뿐 아니라 점점 더 크게 확장해왔다는 사실이 중요하다. 담론장에서 배제되어 피해자의 지위에 머물러 있지 않고 능동적으로 운동 주체로서의 자리를 만들고 그곳에서 자신의 '목소리'를 사회적으로 드러내왔던 것이다. '밀양 할매'는 주변부의 주변부로 호명된 사회정치적 위치를 스스로 전복해냈다. 발언의 기회가 봉쇄되자 다시 기회가 주어지기를 기다리지 않고 스스로 그 기회를 만들어낸 것이다. '밀양 할매'의 구술 발화들이 그 어떤 구술 서사들보다 더 큰 의미를 지니는 것은 배제된 주변부에 머물러 소외감과 위축감에 젖어 있는 것이 아니라 저항운동 속에서 대안적 담론장을 만들고, 그 속에서 스스로 발언하고 행동하며 사회적 주체로서의 자긍심과 자존감을 일구어냈기 때문이다. 그리고 이 담론장을 떠받치고 있는 것이 바로 '여성 연대(female solidarity)'이며 담론장의 새로운 관습과 규칙을 만들고 암묵적으로 합의한 주체 역시 '여성 연대'라는 사실이 중요하다.

3. '밀양 할매'라는 표상과 '여성 연대'

'밀양 할매'는 밀양에서 시작되어 전국으로 확대된 탈송전 탑, 탈핵 운동의 주도적 세력을 가리키는 말로 흔히 이해된다. 그러나 '밀양 할매'라는 말에는 운동을 이끈 지역사회의 고령 여성들만이 아니라 그들과 연대했던, 다른 지역에서 온 젊은 '여성'들을 가리키는 의미가 함께 포함되어 있다. 사실상 '밀양 할매'의 핵심 표상은 '여성 연대'라고 할 수 있는데, 이 '여성 연대'는 저항 운동의 주체를 지시하는 동시에 이 운동이 상징하는 핵심적 가치와 의미를 드러낸다. 이 운동의 가장 주요한 지향점은 '탈핵'이지만, 이 '탈핵'이 '남성' 시민운동가나 '남성' 전문가들에 의해 주도되지 않았다는 사실이 중요한 것이다.

> "처음에는 그 내 뭐 개인적인 그런 욕심이겠죠. 이 내, 내 땅 내놓을 수 없다. 내 땅 피해, 내 목숨 그거를 내가 부지하려고 했는데, 이런 과정에서 뭐 국가나 한전이나 이런 한 짓거리들이 정말로 이거 어쩌고 뭐 우리 삶을 파괴한다고 할까요? '공동체를 파괴하고, 삶을 파괴하고, 내 재산, 이거 거 얼마나 피눈물 나게 만들은 그거 땅, 한 밭떼기 하나 이걸 갖다가 한 순간에 뭐 무용지물로 만들고 하느냐.' 그 그거에 대한 것 때문에 싸우다가, 방금 내가 똑같은 말 반복되는데, 이거를, 이거를 뭐라고 할까? 이 국가가 한전이 공, 공기업이 한전이 주민들한테 하는 행태를 봤을 때 이거는 정말로 이거는 묵과할 수 없는 일이고, 이 있을 수 없는 일을 자행하니까, 거기에 주민들은 더 분노하고, 어, 항거, 항거해요. 거의 뭐, 거의, 거의 악에 받쳤다고 할까? 그런 것이 밀양 싸움의 끝 무렵에는 그런 하고, '좋다, 하여튼 우리는 세상 뒤집는 데, 확 뒤비

는 데 그 우리가 앞장서겠다' 이렇게 된 거예요. 그게 동력이 그렇게,
물론 자기들이 인저 그렇게 만들, 주민들을 그렇게 만들은 거
죠. 그래 이런 일이 있을까, 다음, 다른 데서도 안 벌어지고 하
는 이런, 이래, 그래, 그래서 이제 요번에 이제 '신울산에서 신경
기로 뭐 200키로미터까지 뭐 765 그게 계획이 거의 다 돼가 있
었고 마지막 변전소를 어디 짓느냐 그 후보지까지 정해 나왔었
는데, 그게 최근에 얼마 전에 뭐 완전히 폐기되었다꼬, 한전이
스스로 거둬들였다, 안 한다. 그래서 세 배나 더 많이 돈 뭐, 뭐,
교류를 직류를 바꿔서 지중화 하는 그런 쪽으로 뭐 설계 변경을
한다,' 뭐 그런 발표를 했다 카데요? [조사자: 네.] 그런 것이 뭐
밀양 할매들이 죽기 살기로 핸 결과가 아닌가."[24]

"그것도 끝까지 반대한 할머니들이나 아는 거지. 아, 참 잘못됐구나. 그
렇게 이제 끝까지 가는 거지. 정말 우리가 모르고 했으면 이렇게 끝까지
남아 있지도 못했을 겁니다. 그러니까 정말 잘못된 거를 아니까 모르면
은 말 못하는데 이거 잘못됐다 한마디 하니까 할머니들 끝까지 버티고
계시는 겁니다. (중략) 음, 그렇겠죠. 아무래도 여기 저 다 보수주의
잖아요. 할아버지들은 뭐 집에만 앉아 계시는 추세고. 그리고 뭐 어떻게
말해야 하는가는 잘 모르겠는데 저들 마찬가지 젊은 사람들도 집사람이
다 나가서 하지 남자들은 뭐 돈벌이를 해야 된다 이 자체가 되니까 뭐
그런 게 있었어. 그리고 실제로 할머니들이 더 많아요. 할머니들 많아
요. (중략) [청중(여성): 근데 할배들은 그냥 가만-히 쳐다보고 있어
예. 남자들은. (중략) 할매들은- 우리 할매들은 여자들은 끈질기고 좀
엄마의 힘이 있다 아입니까. 그 이거를 한다 하면 끝까지 한다 거거든
그라고 전부다 이런 거 보면 할매들이 악착같이 물고 늘고- 이런 거 보

면 할매들이 또 우리 할매들이 정말 대단해요. 할아버지들은 그냥 가만-
히 이래보고 이래 또 치게 하면 경찰들이 이게 또 더 세게 더 처벌이 심
하니까. 나서질 (못해). 할매들은 그리 심하게 처벌은 못하지. 나- 팔십
먹은 할매가 뭔 죄가 있습니꺼. (중략) 그래도 할매들이 저래 같이하니
까네 뭐 그 할매들이 나는 안 올 줄 알았어예. 그 합의했다고 하니께 할
매들이 내는 전부 다 넘어갈 줄 알았드만은, 아니드라고. 이거는 아니다
해가지고 한 명씩- 한 명씩- 해가지고 사랑방에 농성장에 오드라고. 그
래가 앉아서 놀고 그래가 우리는 한 평 농사 하고 이런 걸로 제
2의 투쟁을 한다고. 연대자는 자꾸 와야 하거든예. 연대자가 끊기뿌
면 할매들은 연대자들 보고 데모를 하기 때문에 그래가지고 한 평 농
사를 해가지고 우리는 젤 처음에 생각난 거는 꽃차 그거를 젤
처음에 팔고, 할매들하고 같이 다듬고 해가지고 해서 팔고, 그
다음에 땅을 한 600평 빌렸어예. 그래가 맥문동 심고. 저 봄에
는 감자 심고 완두콩 심어가지고 그거 전부다 팔고. 작년에 이
맘 때 돼가지는 배추 절여가지고 팔고. (중략) 근데 행사를 많
이 간 할매들은 마음이 완전히 굳어져갖고 그 돈 받아갖고 뭐하
겠냐고 하고 차, 차이가 있더라고, 행사를 많이 안 뛰는 할매들
은 뭐 흔들리는 기 있으면서 우리가 가끔 할매 오이소 하면서
하면 또 와가지고 같이 놀고 하면은 또 이리 굳어지고 이른 방
향이 있더라고. (웃음)]"[25]

'밀양 할매'가 밀양 탈송전탑·탈핵 운동의 핵심 표상이 된 것
은 분명 운동의 주도 세력이자 다수의 참여자가 고령의 여성들
이라는 사실에 기인한다. 그러나 '밀양 할매'라는 표상은 '밀양의
할머니들이 다수로 참여하고 있다'는 의미를 넘어선다. 지역에

서 활동하는 활동가들이나 참여 주민 가운데 남성들, 혹은 젊은 주민 참여자들은 모두 밀양에서 탈송전탑 탈핵 운동을 이끌어가는 주인공이 '밀양 할매'라는 사실에 이견을 제시하지 않는다. 실제로 다수의 '할매'들이 참여하고 있기도 하지만, 처음 싸움을 주도했던 '남성'들이 다 떠나고 '나라님'처럼 여겼던 이장이나 동네의 젊은 '남성'들이 혐오의 발언과 압박을 서슴지 않아도 이에 굴복하지 않고 지금까지 자리를 지켜온 이들이 바로 '밀양 할매'이기 때문이다. '밀양 할매'는 특유의 방식으로 사람들과 연대하고, 자신들만의 방식으로 발언하며, 스스로 만들어낸 담론의 장에서 자신들만의 방식으로 싸움을 이어왔다고, 구술자들은 말한다.

　다른 지역에서 온 연대자들은 막연하게 푸근하고 넉넉한 품과 흙때 묻은 주름 많은 손, 많은 지식을 갖고 있진 않지만 인자한 인상의 '할머니'를 생각하고 왔다가 전혀 다른 사실을 깨닫고 돌아왔다고 말한다. 이들은 자신들이 생각한 '할매'의 이미지가 얼마나 타자화된 시선이었는지 금세 깨닫게 되었다고 말했다. '밀양 할매'를 만난 이들 가운데 누구도 이들이 '못 배우고 무식한 이들'이라고 생각하지 않았다. 그들은 송전탑과 원전에 대해서 누구보다 잘 알고 있으며 후쿠시마 사고에 대해서도 폭넓은 식견과 공감대를 갖고 있었다. 연대자들은 대부분 삶 속에서 쌓아온 포용력과 타협하지 않는 의지, 싸움을 주저하지 않는 용기, 생명과 삶을 바라보는 깊은 시선에 감동해, "밀양 할매에게서 많은 것을 배웠다"고 말한다.[26] '밀양 할매'는 연대자들과의 관계에서도 '도움을 받는 수동적 지위'에 머물러 있지 않으며 운동을 주도하는 주체로서의 확고한 위치를 갖고 있다. 그리고 연대 관계를 이끌어가는 것은 오히려 '밀양 할매'이며 '밀양 할매'로 표상된 '여성 연대'에서 누군가가 이끌고 다른 누군가가 이끌리는 장면은 발견하기 어렵다. 서로가 이끌어주며 상호주체가 되는 연대 관계를 보여주기 때문이다.

"그런데 그 현, 그 사실에 대해서 거의 몰랐어요. 그래서 '아, 이게 어, 실질적으로 이, 여기 밀양 지역에 사시는 할머니들을 사실 실질적으로 나보다 훨씬 전기도 적, 적게 쓰고 사시는 분들, 전기가 그렇게 필요하지 않으신 분들인데, 이분들이 도심, 도심에 사는 사람들? 그리고 그런 사람들이 끌어가는 그 전깃줄로 인하여 자기 삶의 태, 터전이 다 망가지는 거잖아요. 그래서 '누군가 내가 편히 쓰는 이 전기로 인해서 삶의 터전과 이런 것들이 다 망가지고 죽음도 불사하는 그런 일을 내가, 내가 거기에 한몫을 하고 있구나'라는 것을 알게 됐죠. 예. 그러면서 '아, 그러면 이런 일이 어, 나의 일이 될 수도 있겠구나' 그렇잖아요? [조사자: 음, 음.] 예. 그래서, 그리고 울산은 바로 원자력이 열기나 있고. 그러면 계속 전기를 생산해내서 전기를 끌어가려고 할 건데. 이, 그리고, 그 전에 후쿠시마가 터졌고. 그죠? 예. 그러니까 그 계기로 인해서 확 왔어요. 그 전에는 저는 후쿠시마 터진 것에 대해서도 별로 그게 감흥이 안 왔거든요. 그랬는데 여, 밀양 송전탑 하면서 어, 저, 원자력이 연결되고, 후쿠시마가 터졌고, 이런 것들이 다 이제 연, 연계망으로 아 나 이제, 저한테 확 온 거죠. '아, 이게 지금 엄청난 일이구나, 이런 일들이.' 예. 그 전엔 저하고 이렇게 연결되는 거에 대한 생각을 못 했어요. 그냥 별개의 일이기도 하고, '뭐, 그 나라 부주의해서 그렇게 일어났겠지?' 그리고 '나하고는 별반 상관없는 일이야' 이렇게까지 생각한 거죠. 어, 그런데 이게, '아, 이게 나의 일이구나.' 이런 거를 확 알게 되었어요. 그래서 지금 이제 탈핵을 또, 활동까지 이제 계속하려고 하는 거죠. 예."[27]

"관계라는 거는, 어, 저는 이게 여기 이제 할머니도 계시고 하잖아요? 그런데 저도 이제 시어머니하고 저희 엄마, 부모님이 계시잖아요. 어른들의 삶에 대해서 별로 그렇게 고민해본 적이 없었던 것 같아요, 그 전에는. 예. 그리고 이렇게 가깝게 밀, 밀도 높여서 이렇게 생활해본 적도 별로 없고요. 그리고 되게 안 맞는 부분이 분명히 있잖아요. 특히 저희, 이 여기 세대에서 저희 생각하면 기성세대라고 얘기할 건데, 아 되게 답답한 부분도 되게 있고, 안 맞는 지점이 분명히 있잖아요. 그런데 저도 분명히 이제 저하고 또 할머니들 세대하고는 '되게 어렵고, 복잡하고 왜 저렇게 복잡하게 저렇게, 저런 거를, 저렇게 하지?'라는 생각이 되게 들기도 하고요. 그리고, 탁 어느 순간에 자기 이익 관계로, 이익, 그렇게 탁 돌아섰을 때는 되게 섭섭하기도 하고 되게 이제 그런 지점이 분명 있어요. 그런데 관계라는 것은 어, 우리가 그동안에 해온 관계가 있기 때문에 이 사람이 이렇게 어느 순간에 자기 입장으로 확 돌아서도 딱 안 잘라내고. '뭐 저 사람 진짜 웃기는 사람 아니야' 하고 딱 잘라내는 게 아니고. 이 관계 때문에 저 사람을 '얘 근데 왜 저러지?'라고 해서, 예, 거기서 멈추지 않고, 정말 '왜 저럴까?'라고 해서 이 관계 때문에 그거를 참고 지켜볼 수 있는 그 시간이 생기는 거 같아요. 그래서 어, 기다리거나 조금, 조금 한 템포 낮춰서 지켜보면서, '아, 저, 저분이 저래서 저랬구나'. 예. 이렇게 하면서 알게 되, 마음을 알게 되면, 아, '좋아, 나빠?'의 기준으로 보게, 보는 게 아닌 거죠. 예. 전에는 진짜 좋은 사람, 나쁜 사람으로 구별했어요. 그래, 어느 지점에 딱 부딪혔을 때 '와 저거 웃기는 사람이야, 저 사람' 하고 딱 그냥 전에는 딱 잘랐죠. '나하고 안 맞아.' 네. 그런 관계가 생겼어요. 그러니까 지속 가, 하다는 게, 쭉 지속된다는 게 그런 건 것 같아요. 좀 불편하고, 아우 진짜, 그래도 좀 참을 수 있는 마음이 좀 생기는 지점이 분명히 있는 거 같아요. 애정이 생기는 거잖아요. 우리가 애정이 생겨야 그 참음이 생기는 거잖아요. 예, 예. (중략) 그렇죠. 저희도 뭐 되게 그랬던 적이 되게 많아요. 그래서 어 이게 뭐 우리가 이제 뭐 늘 이 안에서 저희가 이제 오랜 시간도 함께 하고 있지만, 그렇다고 해서 중간에 막 어떤 문제가 안 생기는 게 아니잖아요. 끊임없이 사람 사는 곳에는 문제가 생겨요. 싸움도 일어나고, 되게 많이, 그래요. 틀어지기도 하고. 예. 그런데 그때, '아 진짜 문제야.'라고 딱 제끼잖아요. 왜냐하면, 예, 그래도 내가 좋아하는 누구 할매잖아요. [조사자: 아, 네, 네.] 예. 어, 언니잖아. 할매 언니잖아. '왜, 왜 그래, 왜?' 이렇게 되는 거죠. 예. 그런, 그러면 쑥 들어가서, 쑥 들어갈 수 있는 용기가 생기는 거잖아요. 전에는 쑥 들어가는 게 귀찮은 거잖아요. 내가 애써야 되고. 그러니까 '아 내가 굳이 막, 저기, 뭐 저렇게?' 이렇게 생, 생각하거든요. 딱 거리, 일정한 거리. 사람 관계에 있어서. [조사자: 네, 네.] 지금은 훅 들어갈 수 있는 용기가 생겼어요. 네, 네. 물론 내가 가면, 속 시끄럽고 힘들어요. 그런데 그걸 기꺼이 감수하겠다라 마음이 생긴 거죠. 예. (중략) 그러면서 제, 전에는 도시의 삶에서 이렇게 이런 일들을 별로 해본 적이 없잖아요. 그래서 진짜 시골에서 이 저희도 양쪽 농사를 짓는, 이 (농사를) 져요. 친정이랑 시댁이랑. 한데 가끔 손님처럼 가서하, 음식, 이러게 뭐 저, 저는 농산물, 농작물만 확 가지고 실어 오고, 하는 일만 했단 말이에요. 그런데 여기 와서는 함께 깻잎도 따고요, 함께 풀도 뽑고요. 뭐 이렇게 되, 이렇게 해서 너무 매주 그걸 계속 하고 있는 거잖아요? 그러니까, '아 내가 여기서 뭔가 이 사람들과 뭘 해도 좋겠다.' 라는 생, 것이 생겼어요. 그러니까, '어, 굳이 내가 도심에서 사는 게 아니고 여기서 와서 살아도 괜찮겠다'라는 생각이 들었어요. 그래서 이제 공동체에 대한 고민을 더 이제 해보게 되는 거죠. 그래서 이들하고 뭔가를 도모하고 함께 같이 의지하며 살면 참 좋겠다는 생각, 그러니까 것까지 생각들이 이제 가는 거죠. 예, 예. 뭐 친정 같고 막 되게 그래요. 오면 막 된장이니 뭐니 바리바리 싸주시거든요, 저희 갈 때. [조사자: 아, 네, 네.] 예. 그냥 안 보내시거든요. 저희도 올 때 할머니들이 단, 할매들이 단, 단 거 (좋아하세요). 도심의 불량식품들을 저희가 막 가져오지만, '어 이거는 뭐 당, 당뇨 때문에 안 돼요' 막 이런 게 아니고, 그죠? [조사자: 네.] '단 거, 뭐 불량식품 한번 드세요.' 뭐 이러고 그냥 서, 예, 그러면서 나눠 먹고. 여기서 농사지은 거 저희가 이제 싸주시고. 뭐 이러면서 되게 그런 여지들이 되게 생겼어요. 전에는 '아 내가 시골 가서 살 수 있을까? 그리고 뭐 어른들하고 이렇게 뭔가를 해볼 수 있을까?' 이런 생각을 했는데 어, 그걸 구체적으로 공동체에 대한 꿈을 꾸는 거잖아요."[28]

'밀양 할매'가 보여주는 연대의 관계는 농촌 지역의 마을공동체에서 흔히 발견하는 '남성' 네트워크와는 전혀 다르다. 이것은 초기 송전탑 건설 반대 운동을 주도했던 '남성'들이 대부분 떠나고 '여성'들만 남게 된 이유와도 연관이 있다. 구술자들은 초기 운동을 주도한 '남성'들의 참여 동기가 정치적으로 사회적 지위나 권력을 확대하는 것, 혹은 보상금을 부풀리거나 다른 보상을 받으려는 의도에서 비롯되기도 했다고 말했다. 이 과정에서 운동에 참여하는 것 자체에 의의를 두기보다는 언론과의 인터뷰나 한전 직원과의 협상, 마을 주민들에 대한 지배와 통제 등의 목적에 더 주력하는 이들도 나타났다는 것이다. 한전의 회유와 압박은 이들 '남성'을 대상으로 이루어졌고, 한전은 이들이 합의하면 나머지 동네 '할머니'들은 자연히 따라오게 되리라고 믿었다. 한전 직원들은 '남성' 동성 집단의 모임에 참여하여 술을 사거나 '남성'의 권력 욕망이나 물욕을 자극하여 이를 충족시키는 방식으로 지역 내 '남성'들을 회유했는데[29] 이 같은 일이 지속되면서 2011년까지 반대 운동을 주도했던 '남성' 대부분이 탈송전탑 관련 활동을 중단했다. 이와는 반대로 동원 대상으로만 간주되었던 '할매'들은 오히려 탈송전탑 활동을 이어 탈핵 활동에까지 나서게 되었다. '할매'들이 적극적인 회유의 대상이 되지 않았던 것은 한국전력이 '할매'들의 역량을 과소평가했기 때문이기도 하지만, '여성' 네트워크나 공동체가 '남성'의 그것과 매우 다른 성격을 지니고 있기 때문이기도 하다.

"한전의 수법이 어떻노 카면예, 돈을 가지고 매수가 안 된 사람은 말을 합니다. 우리 집에 여- 와서도, 날로 담당을 했던 사람이 누고 카면, 대책위원장을 해놓으니까 과장급이 아니고, 차장이 있어. ○○○이. (중략) 이 어떻노 하면은, 대책위원장 이런 사람들 보면 뒷조사를 전부 다 합니다. (중략) 그러니께네 또 그랬제, 또 한전은 그런 식으로 해가지고 로비를 하고, 발목을 잡고. 돈을 좋아하는 놈은 돈을 사주고, 기집을 좋아하는 놈은 기집을 대주고. 전부 다 그런 식이라."[30]

"D마을은 가깝고 하니까. D마을은 가서 들어보는데 맨 처음에는 이장이라는 사람하고 마을의 유지급이 앞장서서 합의를 하자고 하다가. 그 반대하는 사람들이 많이 나타나가지고 이장을 쫓아냈어요. 그만두라 해서 반대하는 주민 중에 내가 이장을 맡았어요. 이 사람이 열심히 하다가 또 이렇게 한전에 넘어간 거예요. 넘어가서 넘어가는 바람에 송전탑 싸움이 끝난 그 동네에서 그냥 수포로 돌아간 거예요. 끝이 났어요."[31]

"이장한테는 합의가 잘 안 되고 계속 반대하고 일부는 합의를 이끌기 위해서 과반수를 만들면은 두당 100만 원씩 주꾸마. 이렇게 제의를 했다는 말도 있어요. 이건 사실을 모르죠. 이장한테 50프로를 넘기면 넘겨주면 처음에 합의한 열 명이 부족하다. 열 명을 합의가 되도록 두당 얼마 주꾸마, 한전이 이렇게 했다는 이야기도 들었어요."[32]

"그런데 예를 들면, 오만 수법을 하고. 돈이 제일 효과적이니까 주로 돈을 시골의 정서상으로 마을 이장이 마을이 하자 하는 대로 돌아가고 있습니다. 이장이 영향력이 있고. '이거 안 된다. 나라 하는 일 안 된다. 앞으로 안 좋은 일도 생길 거고. 우리 이 정도로 하고 돈받고 말자' 하면 그 말에 넘어가는 거예요. 그걸 알기 때문에 대개 마을마다 마을 이장이 앞장서서 했거든요. 했지만 어느 날 마을에서 그것도 2013년 말부터 2014년인가. 2013년 말 무렵에 거의 다 합의를 했어요. 한 마을이 넘어가니까 우리도 넘어가고 이렇게 되는데. 마을 이장이 앞장을 선 거예요. 마을 이장이 정말 휘둥그레질 정도의 돈을 줬다 그러는데 받은 사람이 말 안 하니까 모르죠."[33]

반대로 여전히 반대 운동에 참여하고 있는 '남성'들은 여전히 위력을 발휘하는 지역사회 내 공동체의 '남성' 네트워크 안에서 생활해야 하기에 더 큰 어려움과 소외감을 경험해야 했다. 아래 구술자는 토박이로 살아온 자신이나 이웃 마을에서 송전탑 건설에 합의하지 않은 채 반대 운동을 이어온 토박이 '남성' 주민이 겪었을 어려움에 대해 다음과 같이 토로하기도 했다.

"동네에서 정말 잘 지내던 옆집 동생, 이웃 상호간 아닙니까. 근데 저 철탑 반대 안 할 때는 솔직히 잘 지내요. 철탑 반대하면서 행님이 이거 말라 하노, 치아라, 한번씩 그러면 늘 말로 싸워야 되고 신경을 써야 됩니다. 스트레스로 사람이 모든 병을 앓는다 카데, 지금 그게 스트레스거든. 지금 ○○동 가보이소. 지금 혼자지예? ○○○ 아저씨 혼잡니다, 지금. 투쟁하는 지금 그, 60년을 사신 분 중에는 혼자 지금 투쟁을 하고 있을 겁니다. 아시겠습니까? 저도 솔직히 제일 힘든 기, 그런 게 먼저 오더라고. 늘 마주쳐야 되니까, 살면서, 이거는. 그 스트레스는 말로 몬 한다니까. 진짜 아무거도 아닌데, 이 사람들 배척하고 그냥 가도, 우리가 옳기 되면 가도 되는데. 아이거든요. 지금 제가 지역이 여, 단체생활하고 있어도 그 어느 누구도 처음에는 제 편 드는 사람이 없었습니다. 진짜 없습니다. 그러니까 여-뿐만 아니라 이 전체하고 다 싸워야 된다니까. 아시겠습니까. 단체생활 저는 계속 여- 많이 하고 있기 때문에. 나중에사 인자 알았지. 알기 때문에 조금은 아, 느그가 잘하고 이런 소리 나왔지 그 전에는 안 그랬거든요. 얼마나 진짜 그때는 마, 카면 늘 왕따죠. 늘 왕따라니까. 그 자체가. 그래 그 스트레스 온 그 싸움 때문에 지금 솔직히 내가 병이 안 왔나 싶어요. 그런 생각 굉장히 많이 듭니다. (중략) 보이소, 한번을 겪는데, 60년 살아온 사람이 매일 부대끼면서 동네 동생이 아이고, 행님 그거 하지 마이소, 필요 없는 거, 안 카겠습니까. 동네 동생, 니 와 하노,

아무도 없는데 니 혼자 하는 거 함 봐봐라, 얼마나 스트레스를 받습니까. 매일 부딪치죠, 그런 사람들. 안 그렇습니까. 관에 와도 만나고, 면에 와도 만나고, 동네 일에도 만나고. 근데 이 사람이 시골에서 뭐 하나 일을 해줄라면, 다른 사람이 와서 해주는 거 아닙니다. 하우스 당장 하루 뿌사지면 동네 사람들이 와가- 동생들이 해주지 오가 해주는 사람 없습니다. 그 사람들도 봐야 되는 거 아닙니까. 동네 살면서 계속 봐야지. 이 사람에 대한 스트레스는 진짜 말로 못 합니다. 저는 솔직히 40년 살아왔지만 그 사람은 60년 살아온 사람입니다. 스트레스가 말도 못 합니다. (중략) 동네 또 회의에 가도 그 소리밖에 안 하는 거야. 혼자 가는데 여덟 명이, 하이고 철탑 다 섰는데 반대는 말라 하노, 느그 때문에, 이래도 막 우리는 알지 않습니까. 거기서 언성 높이고 해봐야 어차피 안 되잖아. 그러니까 그 속을 또 삭이고 가야 되는 거라. 그래 난중에 빠져야 되고, 뭐하고 와야 되고. 그런 게 하루 이틀이 아니고 매일이라고 생각해보세요. 진짜 매일이라.”[34]

그러나 ‘밀양 할매’로 표상되는 ‘여성 연대’는 ‘남성’ 네트워크와는 전혀 다른 방식으로 구성되었다. 이들은 우선 한국사회 정치적 장에서 ‘여성’이 갖고 있는 젠더위계상의 위치를 공유하고 있었고, ‘여성’에게 요구되는 규범적 역할들을 수행해오면서 갖게 된 공통의 경험 속에서 이심전심으로 서로의 빈자리를 채워나갔다. 서로 지배하거나 통제하는 관계가 아닌, 나이가 많고 적어도 위계적인 관계를 맺지 않으며 서로에게 배우고 서로를 격려하는 새로운 형태의 연대 관계를 형성한 것이다.

“제일 우선적으로 주저앉히기 위해서 그 수법은 자기들이 수많은 수법 중에 제일 먹히는, 50년 철탑을 세우면서 가장 효과적인 수법. 자기들 말로는 뭐 53가지나 되는 수법이 있대요. 그거를 적절히 잘 구사를 하겠죠. 그런데 아주 그런데 나쁘게 주민들한테 뭐라코 캤나, '아이고 당신들 뭐 막는다고 해쌓는데, 할매들, 앞으로 1년 후에 손, 손발, 앞발 뒷발 다 든다. 두고 봐라, 내 손에 장을 지지라' 이놈들이 그렇게 할머니들한테 욕을 하고 무시하고 그런 야유를 보내고 그런 짓을 했어요. 처음에 들어왔을 적에 한전 인부들이 공사하러 완 놈들이 그런 짓을 했어요. 그 당시에는 무법천지고 뭐 늘 알지만은 이치우 어른이 돌아가시기 전에는 이 무법천지 비슷해요. 이거 뭐 한전이, 인부들이 뭐 주민들을 그냥 뭐 마음대로 그냥 뭐, 뭐, 응, 저거가 무슨 뭐, 뭐, '이 국책사업에 너거 손대면 너거는 전부, 전부 다, 뭐, 뭐라카노? 범법자다' 하는 식으로 이렇게 몰아세우고. '왜 국책사업을 반, 반대하다 너거 어쩔라고 하느냐?' 이런 식으로 할매들 말에 딴, '집에 가서 뭐 아나, 손자나 보이소' 막, 오만, 그 야유와 그런 아주 그 뭐, 안 좋은 그런 언사들을 아주, 그거를 하고. 주민들한테 그런 거 같은 그, 아주 그런 걸 마이 했지요."[35]

"산이 비탈이 져 겨울이 낙엽이 져 미끄럽기는 얼마나 미끄럽노. 미끄러져 쭉 내려가 처박혀 있으니까 저 불 질러버려라 하는 인간도 있고. 어떤 놈은 바위 위에 올라서서는 씨발년, 씨발년 하면서 노래라고 부르고. 그 지랄하고 있고. 할매들은 그 미끄러운 데 못 가가지고 뿔뿔 기어올라가는데 지들은 젊으니까 쫓아 뛰어다니잖아."[36]

"외부에 사는 국민들한테는 밀양 할매들 못됐다 소리 듣고. 저도 밀양 시내를 내려가기 싫어예. 저도 아는 분이 참 많거든요? 그러면 그분들이 뭐라고 그러냐면은, 당신들 전기 안 쓰냐. 그냥 보이는 부분만 가지고. 구체적으로 자기들이 알면 그런 말을 안 할 껀데. 그러면은 제가 그라지예. 그러면은 아지매, 아지매 집 앞에, 바로 집 앞에 아파트 40층 높이 철탑이 서가지고 전기, 76만 5,000볼트 전기를 보내는데, 우리 요즘 전자렌지도 안 좋다고 안 쓰고, 핸드폰도 전자파 때문에 전부 이라는데, 그 쎈 전기가 오는데 그러면 내 집 대문 앞에 서는데, 아지매 가만 계시겠습니까. 딱 이래뿠으예. 다른 말 안 했어예. 하도, 느그는 전기 안 쓰나, 이제 언간히 하지. 계속 그런 소리를 하니까 너무 억울한 거예요, 우리들은. 진짜 우리는 최소한의, 인간으로서 누릴 수 있는 생존권을 위해서 싸운 건데. 그래가지고 참, 밀양 시민들하고도 많이 저거하고. 병원에 가서도 불이익을 당하고예. 이, 다쳐가지고 가가지고 이거, 한전한테 팔을 비틀리고, 할머니 같은 경우도 그렇고 전부 우리 한전들한테 많이 당했거든예, 말리면서. 팔 비틀리고 이래갖고 뼈 사진 같은 거 찍어 가면, 어디서 짜고 오냐고."[37]

"움막이 네 군데가 있었는데 우리는 연결, 연결해가지고 쇠사슬 딱 감고, 남자분들은, 또 움막이 두 개였어요. 밑에 움막에서 쇠사슬 하고 있고, 이랬는데 우리를 개 끌듯이 끌어냈어요. 그것도 행정대집행은 공무원이 하는데, 경찰이. 칼을, 사바키 칼을 이렇게 딱 쥐고, 그 뉴스에도 나올 낍니다, 영화에도. (중략) 완전 쌩팔을 뿌러트려갖고 병원에 전부 다 호송하고. 이런 식으로 해갖고 즈그가, 경찰이 바리케이트를 딱 쳐놓고, 사람이, 우리 다 끌어내뿌고. 우리 할매 요 여남은 명, 사람 몇이 됩니까. 할아부지 먼저, 할아부지들은 먼저 다 개 끌듯이 끌어내고, 할매들 끌러 왔는데, 할매들도 엄청 많아 놔놓으니까 우리가 어찌 할 수가 없는 기라. 내가 그 당시에 그 칼이 들어올 때, 이 연결 안 됐으면 그 칼을 잡을라고 했어예. 그 칼을 잡고 내가 그놈을, 죽을라꼬, 그런 마음을 먹었어요. 그래가지고 공사를 즈그가 우리한테 이깄어요. 근데 6·25 사변은 사변도 아닙니다. 6·25 사변은 안 봐서 모르지만, 경찰이 양쪽으로 이쪽 저쪽을 새카맣게 덮어갖고 올라오는데예, 그거예, 인자 우리도 끌려 나와서 보니까 그래 경찰이 많드라고. 우리는 굴 안에 있어서 몰랐는데. 이런 식으로 이 나라가, 우리가 어데, 교수님도 보다시피 우리가 어데 총을 들었습니까, 칼을 들었습니까. 우리가 어데 범죄잡니까. 우리 생존권을 지키려고 우리는 그렇게 맞선 것뿐인데. 우리를 범죄자로 몰아가지고. (중략) 저 할매 때리갖고 넘짜갖고 기절해갖고 죽었다꼬 우리 소문 다 났어예. 그렇는데도 세 명, 경찰 500명하고, 아까 우리 장제분씨하고 세 명이서 우리가 달라들었거든예. 딱 이래 바리케이트를 치고 그쪽으로 몬 가구로. 그기 인자 왜 갔나 하면, 할매 서이가 거-서 지키다가 경찰 500명한테 포위가 됐다 캐서, 그 할매, 우리가 같이 가주야 할매들이 안심을 할 끼다. 그것도 다 아파 다 죽어가는 할매가. 당뇨가 있고 다리도 아프고, 기어댕기는 할매들인데, 그 할매들을 좀, 우리가 같이 함께 있을라고 간다, 길을 비키라 해도 죽어도 안 비키주는 거예요, 이놈들이. 그래서 제가 아, 내가 요게서 숨이 멈춰서 죽겠다 싶어가지고 옷을 벗었어요. 옷을 벗고 쳐들어갔어요. 가다가 둘이서, 할매하고 당했는 기라."[38]

'밀양 할매'에게 가해졌던 폭언과 폭력은 오늘날 한국사회에서 회자되는 '여성혐오(misogyny)'의 한 단면을 보여준다. '밀양 할매'가 경험한 젠더폭력은 생활 곳곳에, 현장 곳곳에, 지역사회 곳곳에 존재했다. 마을 사람들의 조롱과 폭언, 지역 내 권력자들의 차별과 무시, 한전이 고용한 용역업체 직원들이나 경찰들이 휘두른 폭력, '밀양 할매'를 '무식하고 폭력적인 사람들로 그려낸 언론' 등은 모두 '밀양 할매'가 경험한 '여성혐오'의 폭력이었다. 구술자들은 폭력에 기인한 신체적 외상도 힘들었지만, 이들의 말과 행동이 자신들을 고립시키고 무력감이나 분노에 빠져들게 만들었다고 말했다. 다른 지역에서 온 '여성' 연대자들은 '바로 이런 이유' 때문에 더욱 '밀양 할매'들에게 공감했고 그래서 그들의 곁을 떠날 수 없었다고 말했다. 젠더위계와 이에 따른 폭력의 구조 속에서 '여성'으로서 공감하는 분노와 슬픔이 있었기에 집에 돌아간 뒤에도 '밀양 할매'들 생각이 떠나지 않아 결국 다시 찾게 되었다는 것이다. 이들의 발걸음은 몇 년을 두고 이어져 '지속적인 연대'가 되었다. 구술에 나선 '할머니'들은 이처럼 지속된 연대가 지금의 자신들을 있게 한 것이라고 입을 모아 말했다.

연대에 나선 '여성'들은 '할머니'들이 연대자들을 위해 밥을 짓느라 고생하는 걸 보고 도시락을 싸오기 시작했다고 말했다. '할머니'들께 그런 수고를 끼쳐 드리고 싶지 않아 조금이나마 그 짐을 나눠지고 싶었다는 것이다. 이들은 '여성'인 '할머니'들이 사회운동의 장면 속에서도 가정 내에서 수행하던 '여성'의 역할을 수행해야 한다는 사실에 대해 모순을 느꼈지만 그와 같은 문제를 지적하는 것보다도 동료 '여성'인 '할머니'들의 노동에 동참해 그들의 수고를 덜어드리는 것이 우선이라고 생각했다고 말했다.[39]

연대자들의 구술에 따르면 농성 천막 안 '여성 연대'의 풍경은 다음과 같았다. 천막농성장 안으로 할머니가 멸치를 가져오면 모두 자연스럽게 둘러앉아 멸치를 다듬으며 이야기를 나눴고, 누군가 나물을 캐러 가자 하면 천막 주변에서 나물을 캐다 음식을 만들어 먹었다. 모두들 송전탑 건설을 막기 위한 농성의 거점이던 산속 천막 안에서 만들어 먹었던 음식을 즐겁게 기억하고 있었다. 경찰들과 엄혹하게 대치하는 상황에서도 깔깔거리며 웃으면서 수다를 나누고, 들판에 핀 꽃을 구경하러 나가고, 전을 부쳐 먹으며 살아온 이야기를 나누고, 젊은 전경들이 다칠까봐 같이 염려해주고, 밤새 노래를 함께 불렀던 기억들이 모두에게 '즐거운 추억'으로 남아 있었다. 그리고 바로 그 기억 때문에 이들은 연대의 끈을 놓지 않고 지금도 계속해서 만나고 있었다.

"우리 같은 경우는 뭐 책을 읽고 책 토론도 하고 하지만, 주민들하고 뭐 얘기하고, 놀아요. 기다리는 거예요. 언제 올지 모르니까. 기다리는데, 직전에 어, 어 '우리 이렇게 그냥 있지 말고 바느질이나 하자' 이런 얘기를 한 거예요. (중략) 주민분들이 상실감이 아주 컸어요. (중략) 어르신들은 이렇게 힘들게 했는데, 송전탑은 들어섰고, 허무해지고 허탈해지는 거예요. 여기서 인제 그 송전탑 바라보면서 살아야 되는 주민분들이 계시고. 근데 그때 우리가 행정대집행을 앞두고 이렇게 있지 말고 바느질이라도 하는 건 어때 했던, 인제 잠시 나왔던 이야기 가지고 우리가 시작을 한 거죠. 다시 어, 연대자들 모으고, 어르신들 모으고 우리 아직 어, 연대자들 기억 다 하고 있고, '다 이제 같이 다 살자.' 살자 표현이 웃기긴 하다. '송전탑 밑에서 우리 그냥 우리끼리 재밌게 있자.' 그렇게 시작을 하게 됐죠. (중략) 1주일에 한 번 만나서 우리도 같이 모여서 있자. 그런 걸로 시작을 하게 되었는데, 이게 참 좋은, 좋아, 좋은 거 같아요. 네, 계속 밀양을 잊은 것도 아니고, 어, 송전탑 들어섰다고 끝난 상황도 아니고."[40]

"어, 그것도 마찬가지에요. 이제 사람들을 제가 모아야 된다고 생각하는 게 많았잖아요. 이 사람들 끊임없이 와야 되니까. 힘들면 안 올 거니까. 예. 그래서 뭘 해볼까 막 생각을 하다가 예, 이제 그 ○○○, 지금 바느질 선생님, 그 이제 그 친구가 그 전에는 좀 바쁜 일이 있어서 많이 못 왔었거든요. 그런데 하반기 그 이후 내려오기 직전에 같이 거기를 오게 됐어요. 그래서 어 '오, ○○씨이 바느질 잘하잖아. 이게 우리 할 일 없으니까 이게 사람들이랑 같이 하는 거 해보자' 이렇게 얘기를 한 거예요. 그래서 사람들 '와 좋아, 좋아' 이렇게 된 거죠. 우리가 뭘 할까 늘 고민이었으니까요. 사람이 오면 이 사람은 뭘 할까를 생각하는 게 이제 제 일이었어요. 그래서 ○○○씨를 보자마자 제가 그 일을 하자고 했고, 사람들도 다 기뻐했죠. 그런데 그걸 하기도 전에 우리 끌려내려온 거예요. (중략) 이 계기가 되게 단순해요. ○○씨를 봤고. 예. 아무리 (의미를) 갖다 붙여도 그 계기는 정말 단순해요. 막상 와서 해봤을 때, 뭘 저희가 이제 다시 이렇게 알고 시작한 게 아니고요, 그때부터는 일 때문에 시작했는데, 딱 해보니까 그게 치유가 되는 거예요. 이 단순한, 단순 반복하는 바느질이 그동안 우리가 막 상처받았던 스스로한테, 아니면 (서로한테) 서운했던, 분노 이런 것들이 가라앉아지는 게 느껴졌어요. 그리고 이 바느질을 하면서 그런 얘기들을 서로 하는 거예요. '그때 니가 어땠지? 그때 내가 얼마나 마음이 아팠는지 아냐?' 예. 이런 얘기를 하면서 바느질을 하게 되면서, 아, 우리가 아까 잠시 잊었던 사람이잖아요. 거기 위에 있을 때 서로 즐거운 일, 서로 마음을 살피는 일, 이런 일을 바느질을 하면서 다시 알게 됐죠. 깨닫게 됐죠. 그래서 뭐 우리가 흔히 하는 일 있잖아요. 느리게 사는 삶, 뭐 소박한 삶 이런 것들이 어떤 의미인가를 좀 다시 깨닫게 됐다고 할까요? 저는 101번 산에서 그거를 맛봤고요. 그다음에 내려와서 다시 바느질을 하면서 다시 하, 그래 이런 거구나. 그냥 이러게 혹 가서 사 입고 이런 거 아니고. 저는 저 바느질 안, 못하거든요. (중략) 아, 제일 못하는 사람이에요. 근데 저의 가치가 뭔지 아세요? '○○○도 한다. 괜찮다.' 이래서 못하는 사람들이 와서, '쟤보다 내가 낫다' 이러면서 또 당당하게 하게 하는 역할을 하는 거예요. 그 정말로. 예. 그래서 큰 역할을 하죠. 못하는 걸로. 어쨌든 그러면서 예, 못하는 사람도 잘하는 사람도 예, 하면서 어, 이게 내, 내가 바느질해서 만들어냈네? 그러면서 너무 뿌듯해하고 그러면서 이제 서로 좋았던 게 있고, 하나는 또 뭐가 있냐면 계속적으로 연대할 때 그 저쪽 다른 마을 사람들이 계속 분쟁이 일어나잖아요. 이렇게 마음이 상하고, 이렇게 할 때 어떤 얘기를 많이 했냐면, '저 연대자들 믿지 마라. 잠시 너희 이용하고 떠날 사람이다. 그런데 너거 우리하고, 마을하고 잘 살아야지, 왜 쟤네들을 믿고 싸우느냐' 뭐 이런 얘기들이 사실 계속 돌았죠. 그리고 '그것 봐라. 이 송전탑 세워질 건데 왜 헛일했냐, 너거가. 바보같이' 그러니까 이런 기류가 계속 있었던 거예요. 그런데 그런 속에 저는 그런 어르신들을 그냥 내버려둘 수는 없다는 생각이 사실 들었어요. 우리 같이했고, 그다음에 그걸 같이 나누고 싶고, 그게 저는 연대라고 생각했어요. 그래서 뭐 만약에 세워져서 패배감을 느낀다면 그것도 옆에서 같이하는 게 맞다고 생각이 들어서 저도 계속 이 일을 하고 있는 거 같아요. 그래서 지금도 밖에서는 아마 그런 사람들 있을 거예요. '왜 밀양 싸움 다 끝났는데 쟤네들은 저기 가서 일해? 다른 일 안 하고?' 그래서 이제 그런 얘기 듣거든요. 예. 그런 비난을 앞에서든 뒤에서든 사실 하는 분위기가 있죠. '얼마나 할 일이 많은데 끝난 밀양 싸움을 아직도 해?' 이게 아마, 예, 그렇게 생각하는 분들이 꽤 많을 수도 있다고 생각이 들어요. 그런데 저는 어, 물론 할 일 되게 많아요. 이 세상에 그죠. 도움이 필요한 데도 많지만 저는 내 삶에 대해서 같이 이 패배도 같이 겪어 나가고 하는 게 저는 진짜 연대가 아닌가, 그리고 그게 제가 처음에 연대를 할 때 거리를 일정하게 두고 와서 뭔가 하고, 말고, 가는 거였다고 생각했는데, 그게 아닌 걸 알았잖아요. 그래서 그냥 송전탑이 이, 예, 지어졌고. 거기서 어, 바보 취급을 당하면 그것도 같이 겪는 거라고 생각이 들어서 같이 오는 거 같아요. 그리고 그게 바느질방 하는 이유에요. (중략) 위로받고, 그다음에 재밌고. 예. 같이 수다 떨고. [조사자: 그 수다가 좀 큰 몫을, 큰 (몫을 차지하죠?)] 예, 예, 그렇죠. 그리고 그냥 수다가 아니고 그런 것들 같이 겪었던 사람이 가지는 신뢰와 이해가 있는 거예요. 네. 그래서 훨씬 좋죠."[41]

외부에서 온 '여성' 연대자들은 '밀양 할매'라는 표상의 중요한 한 축이다. 이들은 송전탑이 마을에 들어선 뒤에도 어른들을 모시고 병원에 가거나 목욕탕에 가는 일을 하기도 하고 주기적으로 만나 뜸을 뜨고 농사를 짓기도 했다. 연대자들을 위해 수확한 농산물을 포장해 보내거나 직접 농산물 상품을 개발해 전국의 후원자들에게 판매한 수익금으로 탈핵 운동 기금을 마련하기도 했다. 무엇보다 산속 천막에서 우연히 시작된 이들의 '바느질'은 1주일에 한 번씩 만나는 방식으로 지금까지도 이어지고 있는데 부산이나 울산은 물론이고 순천 등의 먼 지역에서 참여하는 이들도 있다.

"만난 사람, 연대자들. 그러니까 연대자들이 너무 잘하니까. 우리가 뭐 공부가 돼가지고 하는 면도 있지만, 연대자들이 너무 착하게 우리를 도와주고, 형제, 부모 형제들도 그만하라고 난린데. 그 사람들 막, 뭐 싸가지고 와가지고 위로하고, 불편하고 없는가 매 그냥 눈여겨보고. 가족들처럼 보살펴주고 그러니까, 우리는 뭐, 형제나 자식이나 다시 얻은 것처럼 그냥 그 사람들 보면 너무 좋고 그냥 서로 그렇지 뭐. (중략) 그 사람들이 우리 동네를 전적으로 다 총괄해가지고, 먹는 거며 할머니들 뭐 잡숫는 거며 뭐며 다 갖다대주고 그러니까, 헌신적으로 하니까 그냥, 우리가 그 사람들을 그냥 배신할 수가 없지. (중략) 먹을 것도 뭐 막, 그냥 불편한 거 없나, 가져갈 거 없나. 전화하고, 요새는 뭐 스마트폰이 좋으니까. 막 산에서도 막 요거 하면 척척 가져오는 사람 순서대로 오면서 다 사오고, 불편함이 없이 그래도 막, 물 없고 전기 없어서 그렇지. 산 위에서도 불편함 없이 그냥 공기 좋은 데서 재밌게 그냥 잘 살았던 거 같아요. 그래도. [조사자: 그때 생각해보면,] 그때가 좋지. [조사자: 좋은 기억이, 어떤 게 좋으세요?] 아, 그냥 뭐 올라가면 뭐 마음이 후련하고 편안하고 눈에 일 안 보니까 일 안 해도 되고. 연대자들이 줄줄이 찾아와주고. 그러니까 집에 내려오면 나는 남의 집에 올라온 것처럼 빨리 올라가야지. [조사자: 오히려 산에 가고 싶으시고?] 아니 저 빨리 밥 해놓고 빨리 또 먹을 거 챙겨가지고 올라가느라고. 금방 그냥 막 그 위에서 자고, 아침에 내려와 저녁에 또 올라가자고, 또 내려와 밥 챙겨놓고 또 올라가고 아. 지금은 못 할 거 같애. [조사자 : 그러니까. 되게 배기고 불편하셨을 텐데도. 그래도 그때 생각하면 좋았단 생각이 (드세요)?] 그때가 좋았어요. (중략) 아, 먹는 건 내가, 뭐 가 가봤자 된장찌개 끓이 앉히 가고, 거 가면 물만 부으면 먹게 만들어가고 이래 봤자, 한 끼 먹으면은 사람이 또 먹을 때는 또 되게 많아져. 되게. 있을 때는 또 뭐 서너 명 있다가도 막, 밥 먹을 때 되면 그때 되면 또 올라오니까. 먼 데서라도 다

오니까 점심 먹을 때. 그럼 또 자기네들도 해갖고 오지만은, 인자 아침 저녁으로 먹을 게 또 좀, 아침은 대충 누룽지 끓여가 먹고 막, 저녁에도 대충 먹고 낮에는 조금 '어린이책'에서 해오니깐 좀, 좀 잘 먹고. 그런 식으로."[42]

"그냥 어른들이랑, 그러니까 저는 이제 저는 밤에 자는 일을 좀 많이 했잖아요. 그러면 그것도 제가 자는 날이 일요일 저녁이었나, 아무튼 토요일 저녁이었나, 기억이 안 나네. 예. [조사자: 정기적으로 딱 있으셨구나.] 구술자 : 네. 저희가 이제 담당해서 저랑 울산에 있는 다른 친구랑 같이 예. 해서 마을분들이랑 같이 자는 거예요. 그러면 그 매주 자는 멤버가 있잖아요. 그러니까 그 멤버들이랑 이렇게 같이 술도 먹고, 노래도 하고, 얘기도 하고, 뭐 이런 광경들(이 생각나요). 그리고 밤에 별 보는 거. 어, 그리고 어른들 부부싸움하는 구경하는 거. 옛날에 우리가 저 같은 경우는 거의 같이 1주일 내내 있으니까요. 그러면 이게 살아가는 모습들이 되게 좋은 거예요. 저는 뭐 부부싸움하는 것도 보면서 아 되게 좀 많이 배우고요. 얼마나 지혜롭게 살고 계시는가. (중략) 우리는 책 토론 거기서 하고 그 다음에 음악회 열고 뭐 그런 일들이 이렇게 일상적이었고요, 음, 만약에 다른 거라고 얘기한다면 이런 거 같아요. 우리가 밑에서 해서 너무 바쁘잖아요. 예. 바빠서 서로를 볼 시간이 없었다면 위에서는 뭘 하고, 서로를 같이 지낼까가 고민인 거예요. 밑에서는 그렇잖아요. 뭔 일을 위해서 사람, 누군가를 만난다 한다면, 위에서는 이 사람들하고 내가 뭔가를 할 건가를 고민하는 거예요. 다르죠? [조사자: 예, 예.] 예. 목적 자체가 달라지는 거예요. 그 밑에는 사람이 목적이 아니었잖아요. 그런데 위에는 이 사람하고 내가 잘 지내는 게 목적인 거예요. 재밌게. 그러면 뭘 할까 하다가, 그러면 카페도 만들고, 음악회도 열고 같이 술도 먹고, 맛있는 것도 같이 해 먹고 얘기도 하고. 이런 것들을 계속 고민하게 되고, 그 속에서 관계가 깊어지고, 그다음에 다른 말로 하면 내가 나를 즐겁게 하는 것, 우리를 즐겁게 하는 것도 많이 연구하게 되고 예. 그래서 좋은 경험이었어요. 그래서 뭐 게으른 거, 아니면 재밌게 사는 거, 이런 것들을 밑에서는 사실, 예, 좀 다른 개념이라면, '어, 이렇게 살 수 있구나' 이런 거를 저는 많이 배웠죠. 그러면서 삶이 달라지고 있는 것은 맞아요."[43]

'밀양 할매'의 '여성 연대'는 누가 누구를 지도하거나 한쪽이 다른 한쪽을 이끄는 관계가 아니다. 어느 한쪽이 다른 한쪽을 돕고 지지하고 후원하고 계몽하는 관계가 아니라, 서로가 서로에게 배우고 힘을 주며, 서로에게 각자 더 높은 자존감으로 살아갈 수 있도록 지지가 되어주는 관계인 것이다. 이처럼 상호주체성(intersubjectivity)을 추구하는, 혹은 상호 간에 임파워먼트(empowerment)[44]하는 관계는 친밀감이나 정서적 동질감을 넘어서는 관계로 나아간 단계를 보여준다. 이들은 목적을 중심으로 만나거나 헤어지지 않았고, 오로지 정서적 유대감에 의존해 관계를 형성하지도 않았으며, 관계 속에서 서로에게 의존하지도 않았다. 관계를 지속하되 책임을 나누고, 관계의 규범을 스스로 만들어냈으며, 지금까지도 여전히 사회정치적 장 속에서 연대의 장소를 기획하면서 '남성'이 주도하는 사회활동의 수동적 보조자가 아니라 주도적 세력이자 활동의 파트너로서 역할을 수행하고 있다.

"그랬, 그랬는데 저희가 이제 되게 위에서 즐거웠어요. 101번에서, 저기 그때 영화 만들어졌잖아요. 〈즐거운 나의 집 101〉. [조사자 : 아, 네, 네.] 그런데 진짜 나, 집 같았거든요. 왜냐하면 거기에 카페도 있었잖아요. '준s' 카페'라고, 저희가. 그래서 저희가 그 안에서 카페도 만들고요, 그래서 저녁 때 되면 늘 노래하고 공연은 또, 공연을 했어요. (중략) 저, 캄캄한 밤에 이렇게 노래 부르면서 공연을 하는 거로 저희가 즐거워, 서로 나누고. 예. 그러니까 진짜 집이었던 거예요. 사람들하고 같이 거기 깜깜한 데에서 호롱, 거기 불 켜놓고, 그리고 예, 밥 먹고. (중략) 그분이 거기서 행위미술 같은 거를, 빛 예술 있잖아요. 예술을 하셔가지고, 깜깜한 밤이면 칠흑 같잖아요, 산꼭대기니까. 그런데 그분이 거기서 그 발표회 같은 것도 하셨거든요. 그래서 되게 공연도 하고 노래도 즐기고 저희가 거기서 되게, 저희 나름대로 되게 즐거운 곳이었어요. (중략) 그런데 하루를 거기서 계속 버티려면 무료하잖아요. 그래서 '아, 그러면 우리 여기서 낮에 책 (토론하자)', 저희가 이제 회의도 거기 가서 하고요. [조사자: 아, 네, 네.] 그리고 토론도 거기 가서 하고요. 각 회의, 회원들만의 돌아가면서. '야 오늘은 어, 오늘은 밀양지회에서 올래?' 아니면, '오늘은 서울지회에서 올래?' 아니면, '오늘은 순천에서 와' 아니면 '오늘은 창원지회에서 와' 이렇게 해서 돌아가면서 도시락 싸가지고 와서 회의도 하고 거기서, 토론, 책 토론도 하고. 막 이렇게 해서 돌아가면서 했죠. 그러다가 매일 그럴 건 아니잖아요. 이제 그런데 중간에 (시간이) 비는 게 있잖아요. '아 근데 계속 누워 있고. 사람들이랑 얘기해도 조금 무료하네? 우리 여기서 뭘 한번 해볼까?' 이래서, '아 그러면 바느질 시작해보자' 이렇게 해서 이제 시작된. 그러면 여기서 필요한 거, 이제 '여기 산에 계속 있으니까 이 어깨가 욱신욱신해, 우리 팥팩 한번 만들어봐서 우리 지져볼래?' 이렇게 된 거죠."[45]

"이렇게 '어린이책' 많이 와가지고 둘러앉아서 밥 먹을 때. 또 음악회가 한 몇 번 있었거든요. 그럴 때 인자 막 다른 데 분들도 불러서 같이하고, 밤중에 불 켜놓고 음악회하고. 그런 거 참 좋았어요. 밤중에 뭐 하는 게 참 재밌데예. 밤중에 앉아서 막 그거 자리 깔고 앉아가 도란도란 이야기하고. 이런저런 이야기하고 그랬던 거. 또 움막 안에서 이제 또 서로 이야기하다가 또 불 끄고 하면 또 노래 부르고. 뭐 또 인제 밑에서 이렇게 올라오는 사람 맞이하는 그것도 참 재미있데예. 늘 같은 사람이 오진 않잖아요. 또 오래간만에 보던 사람들, 반가운 사람들 막 올라오잖아요. 그라면 막 또 좋아라 하고 그랬던 것. 그라고 거기가 이제 2월달부터 올라가면은 2월달 행정대집행 때까지 그 계절, 이제 겨울에서 어 여름 초입까지 그 꽃 피고 하는 거 그게 산에서 그게 참 좋더라고예. 그 조금만 가면 진달래 군락지거든예. 그래서 그 진달래가 확 펴 있는 그거 다 볼 수가 있었고, 또 밑에서 올라오면 '막 저리로 가라, 빨리 진달래 보고 온나' 카고 보내고 했던 것. 막 그때 용식이라 개도 키웠거든요. 그래가지고 막 나도 개 똥 뉘러 한번씩 갔다 오고, 아침마다. (중략) 그렇게 잠도 잘 오고 왜 그렇게 편한지 하나도 안 무서웠어요, 산인데도. 정말 하나도 안 무서웠어요. [조사자: 멀쩡한 집을 놔두고.(웃음)] (웃음) 예. 멀쩡한 집 놔두고. 예. 사실 바닥은 울퉁불퉁하거든예. 울퉁불퉁한데도. ○○씨도 거 되게 편해했던 것 같아요, 올라와서 자고 하면. 이 머리맡에 막 쥐들이 왔다갔다 하거든예. 그래도 거기 그래 편하대. 그게 우리는 이제 둘 다 이제 산에 있으니까 집에서는 거의 살림을 안 살고 ○○씨는 이제 남편이 농사 지으니까 오르락내리락하고, 또 내려와서 뭐 먹을 것도 갖고 올라오고 그랬죠. 그래 뭐 밑에서 오는 사람들 또 뭐 맛있는 거 갖고 오노 막 기대하고 그런 것도 재밌었고 그랬죠."[46]

밀양 송전탑 건설 반대 운동에 참여한 여성들이 갖고 있는 기억에서 가장 핵심적인 표상 가운데 하나는 '집'이다. 이들은 송전탑 건설을 막기 위해 농성을 이어가던 때 자신들이 밤낮없이 지켰던 산속 천막을 '집'이라고 불렀다. 영하로 기온이 떨어지는 날씨에도 빛 하나 들어오지 않는 산속 천막에서 찬 바닥에 몸을 눕혀야 했지만 이들에게 그 '집'에서의 생활은 '즐거운' 기억으로 남아 있었다.[47] 주민과 연대자 들은 이곳을 '즐거운 나의 집' 혹은 '카페'라고 불렀다. 때로는 외부와의 연결이 차단되기도 하고 온몸이 얼어붙을 것처럼 추운 날도 있었지만, 또 목에 쇠사슬을 걸고 결연히 서로의 의지를 다질 때도 있었지만 이들에게 천막은 즐겁고 유쾌한 감정으로 가득 찬 기억의 공간이었다. 이들에게 천막과 서로의 의미는 자신의 집보다도 더 '집' 같고, 혈연으로 맺어진 가족보다도 더 '가족' 같은 존재였다.

정치적 싸움의 장소였던 천막이 '집'이 된 것은 자신들이 '아내'나 '어머니'로서, 혹은 '며느리'로서 규범적 역할을 수행한 공간으로서의 '집'을 싸움의 장소로 확장한 것이 아니었다. 이 '집'은 규범적인 젠더 역할을 수행하는 장소가 아니라 정치적 발언과 실천의 장소였으며, 모든 활동가들과 주민 참여자들이 동등하게 만나서 권한과 책임을 나누는 관계의 장소였다. 이들의 '즐거운 나의 집'은 '가정'으로 표현되는 역할 규범 속의 '집'과 다르다는 의미에서 '즐거운 장소'로 기억되었으며, 젠더 규범과 표준화 기제에 따른 '집'의 장소성에서 벗어난 곳이었다는 점에서 젠더 규범을 이탈하는 '어긋난 수행'[48]의 거점이었다.

이들에게 연대의 관계가 '가족'으로 묘사된 것 또한 마찬가지였다. 혈연의 가족이 아닌 연대의 관계라는 점에서 혈연 중심의 가족 질서와 규범을 벗어난 관계를 표상하는 것이 바로 이들이 의미하는 '가족'이었다. 물론 천막과 연대자가 '집'과 '가족'으로 표현된 것은 집처럼 편안하고 따뜻한 분위기였기 때문이거나 가족처럼 친근하고 가까운 존재였기 때문이기도 하다. 그러나 이 '집'과 '가족'의 표상에서, 젠더 규범과 표준화 기제 속의 의미가 드러나는 동시에 여기서 벗어나는 탈주의 지향 또한 함께 포착된다.

4. 저항 주체 '여성'의 탈규범(de-normalization)과 재사회화(re-socialization)

'밀양 할매'의 '여성 연대'는 '모성의 사회적 확장'으로 해석되기도 한다.[49] 그러나 '여성 연대'의 서사는 이들 '여성'의 사회적 재입사(再入社, 재사회화) 과정을 상징적으로 보여준다. '아내'나 '엄마', '딸'이나 '며느리'처럼 젠더롤(gender role)에 긴박된 호명에 응답하지 않고, 사회의 구성원이자 사회문제의 실질적 해결자로서, 혹은 사회 저항운동의 주체로서 스스로를 정체화한 기억의 서사인 것이다. 오히려 젠더 규범 내에서의 역할에서 벗어나 '어긋난 수행'을 통해 새로운 사회적 역할을 구성해나간다는 점에서 '여성 연대'는 '모성의 확장'보다는 '탈규범화'를 통한 '재사회화'에 가깝다. '밀양 할매'의 '여성 연대'는 다시 젠더 역할 규범의 담론 틀 내부로 회귀하지 않고 다른 가능성을 열어서 보여주기 때문이다.

예를 들어 아래 밀양 '할머니'는 연대자들에게 가정 내 역할에 갇히지 않고 사회구성원의 일원으로 당당하게 살아가는 모습이 '부럽다'고 말하고, 이런 말을 들은 연대자는 자신의 사회적 위치를 새롭게 성찰하게 되었다고 말했다. 두 사람은 모두 이 대화에서 스스로를 가정 내에 갇힌 존재가 아니라 사회적인 문제를 발견하고 이를 해결하는 능동성을 지닌 존재로 인식하고 있다.

"그거 할 때 ○○ 어머니라고 계셨잖아요. 그러니까 이제 그때도 거기, 거기가 (지킬 사람이 없이) 빌 때, 이럴 때 제가 자러 가는 일이 한번씩 나서 지키는 (일이 있었어요). 왜냐하면 연대자는 항상 있어야 되니까요. 그래 있었는데, 한번 ○○어머니랑 이렇게 같이 이제 같이 있으면서 산책 가시는 거 그 도울 때가 있었어요. 둘이서 이제 산책을 하는데 ○○ 어머님 항상 어떻게 하시냐면 되게 예의 바르시고, 자기의 품위를 잃지 않는 자부심이 있는 분이시거든요. 그래서 늘 연대자들에게도 되게 깍듯하게 하시는 분이세요, 어른 노릇을. 그러셨는데 그날 어떻게 말씀하셨냐면, '나는 항상 너희들 오는 여자들한테 고맙다고 이야기를 하는데, 사실 고마운 거 아니라고. 나는 너희가 부럽다고. 그러고 내가 부러운 거는 나는 내가 너거만 할 때 살 때는 살림 사는 것밖에 몰랐다. 그래서 내 가족 건사하는 것밖에 몰랐는데 너거는 이 사회를 위해서 이렇게 여기 와서 하는 걸 보면서 나는 참 부럽다. 나는 내가 내를 돌아보면 내 있는 가족 챙기는 것밖에 못했다' 이렇게 얘기를 하시는 거예요. 되게 진짜 감동이었어요. [조사자: 음, 음, 그러게요.] 예. 그런데 실제로 그 어르신은 그때도 내 재산 위해서가 아니고 내 이 미래의 자손들, 이 사람들을 위해서 나는 여기를 반대한다고 얘기하신 분이었거든요. 물론 그런 분이니까 우리가 같, (우리)한테 그런 말씀도 해주시는 거겠죠. 그래서 어, 저는 되게 정말 감동이었어요. 그래서 사실 저는 뭐 첨에 그런 게 아니라 날 위해서 가는 거였잖아요. 네. 저 안전 위해서. 어, 울산 위험하니까 이렇게 오는데, 그 말씀을 들으면서 참 부끄럽기도 하고, 그다음에 내가 살아가면서 뭔가, 내가 좀 그래도 좀 누군가를 위해서 할 수 있는 일이라는 걸 다시 좀 깨닫게 되기도 했죠."[50]

다음 구술에서 드러나는 것처럼 연대자들이 밀양 할머니들과 더불어 '연대자들의 밥을 하게 된 것'도 가정 내에서 하던 역할을 운동의 현장으로 가져온 것이 아니라 싸움의 당당한 주역이면서도 다시 그 현장에서 계속해서 '밥'을 해야 하는 할머니들이 모습을 그냥 두고 볼 수 없어서 자신들의 도시락을 싸오다가 다른 연대자들의 밥을 함께 하게 된 것이었다. 이는 한국사회에서 '여성'으로서의 규범적 역할을 수행하는 과정에서 갖게 된 경험과 자질을 '연대'를 목표로 재구성한 활동이라고 할 수 있다. 이들은 '여성'으로서의 경험을 살려 운동의 현장에서 필요한 일을 누구보다 빨리 알아차려서 해결하기도 하고, 새로운 형태의 싸움을 제안해 이를 전국적으로 확대해 나가기도 했다. 이들 '여성'이 현장에서 말 그대로 '밥'만 한 것은 아니었다. 경찰들과의 싸움에서 맨 앞에 선 것도 이들이었고, 경찰 봉쇄에 막혀 아무도 올라오지 못한 천막을 홀로 지킨 것도 이들 연대자였다. 젊은 '여성' 활동가와 연대자들은 다른 연대자들을 차로 실어 나르기도 하고 산을 오르내리며 천막에 필요한 물품을 운반하기도 했다. 그들은 직접 천막을 설치하거나 이동하는 일을 맡기도 하고 경찰 진압에 대비해 쇠사슬을 묶거나 천막을 정비하는 일도 맡았다. 이들은 탈송전탑, 탈핵 운동의 현장에서 보조자나 후원자가 아니라, 운동의 주체이자 주도적 그룹이었다.[51]

"근데 밥이 연대가 된 게 뭐냐면, 그 수많은 연대자들이 오는데 그 밥을 해결해야 되는, 어르신의, 할머니들의 그 상황을 우리가 제일 먼저 이해가 되는 거예요. 우리가 이거 살아봤잖아요. 그래서 그거 아무것도 아닌 것 같지만 사실 그 힘듦을 알기 때문에 저희가 할 수 있는 건 '도시락을 싸가자'였지 가서 '밥을 하자' 의미는 아니었어요. 우리가 집에서 하는 밥 좀 들고 가면 나눠 먹으면 훨씬 그 힘을 덜어줄 수 있을 거다. 그 부분에서 밥 연대가 시작됐던 거고, 그래서 그는 할머니들의 그런 고단함을 우리가 제일 잘 이해하기 때문에 일어난 일인 것 같구요. (중략) 사실 못 가져오는 분들의 입장도 사실 당연히 있는 거잖아요. 말고 그걸 아는 우리니까 우리가 좀 덜어드리자였던 것 같거든요. 그러니까 모든 사람들이 다 도시락을 싸올 수는 없지만 우리가 그래도 좀 싸가면 어르신들이 할 수 있는 일들이 고단함을 좀더 덜어드릴 수 있다, 이런 게 있던 것 같구요. 그다음에 인제 그 일 조직하고 하는 것도 저는 저희가 되게 잘했다고 생각하거든요. 그러니까 예를 들면 **노역형** 살 때두요, [청중: 765봉투?] 예, 제가 노역형을 들어갔잖아요. 근데 사실, 이 밋밋한 시기였어요. 어른들은 인제 재판이 오면 그 노역을 살아야 되고 우리는 인제 노역을 받았잖아요. 봉투를 받았는데 사실 저는, 우리 두 사람 받았죠. 사실 그거 돈을 해결할 수 있는 능력은 되잖아요. 근데 이게 그렇게 할 문제가 아니라고 일단 생각이 들었구요. 이거에 대해서 부당함을 사람들한테 알려야 되겠다도 있었고 그다음에 앞으로 이 노역형 금액, 아니 노역이 아니고 그 벌금을 감당해야 될 어르신들이 이 상황을 저는 같이 해결해야 된다고 생각이 들었거든요. 그래서 제가 교장선생님한테 전화했어요. '선생님, 뭔가 필요하지 않냐? 그래서 이런 봉투를 만들고 오늘 그래서 제가 노역을 좀 들어가는 걸 같이 얘기해보고 싶다.' 아침에 교장선생님한테 얘기를 하고 둘이서 '그럼 좋겠다.' 그럼 시기도 같이 얘기를 하고 그리고 저희 연대 전체 회의, 저희가 회의하는 방에 들어갔죠. 들어가서, [조사자: 그러니까 벌금을, 왜냐면 모르시는 분들이 있으니까 인제, 그러니까 벌금을 모금을 하고 대신에 그 벌금형을 받은 사람은 '아, 나 노역을 살겠다' 그러고 선언하신 거잖아요.] 예, 예. 그걸 그 상황이나 시기를 사실은 필요하다고 좀 생각이 들었고 교장선생님한테 전화해서 그렇지 않냐고 얘기를 했더니 교장선생님도 필요하다고. 그러면 그 시기를 같이 둘이서 결정을 하고, 그 필요한 시기에 대해서, 그리고 저희 회의에 들어가서 그런 상황을 알리고 나는 노역형을 살겠다. 그러니 우리 회의에서는 그런 765모금봉투를 조직하면서 이 사실을 전국에 알려달라 이 얘기를 회의 안에서 같이 얘기를 했던 거죠. 그래서 우리가 밀양 계속 있다보니까 여기 사람이 필요하고, 아까 위양도 저희가 결정해서 만들었잖아요. 아, 저기가 지금 되게 열악하구나. 그런 것들을 훨씬 더 잘 보이더라구요, 계속 있으니까. 그런 저런 것들을 계속, 인제 실제로 대책위랑 얘기를 하기도 하고 아니면 우리가 또 필요하다고 짐작되는 일을 같이 이렇게 해서 하기도 하구요. (중략) 근데 되게 우스운 것, 내가 지금 머리카락 잡고 내가 아픈 게 보이는, 느껴지는 게 아니고 상대가 아픈 게 보이는 거 있잖아요. 사실 그 힘이 되게 대단했던 것 같애요. 또 하나는 우리가 여성이라서 그런 것 같은데 어디가 모자라는지, 지금 상황이 어떤지가 훨씬 잘 보이더라구요. 그래서 여기에는 무슨 도움이 필요하겠다가 사실 되게 빨리 좀 알게 되는 것 같애요. 그래서 저희가 막 회의에서 이걸 좀 해보자, 이걸 해보자 이렇게 하는 거였던 게 많았죠."[52]

　　탈송전탑 탈핵 운동에 참여한 밀양 '할머니'들은 자신들을 찾아오는 연대자들을 통해 '연대'의 가치와 의미에 눈 뜨게 되었다. 이와 같은 인식의 전환은 곧바로 실천으로 옮겨져서 '밀양 할매'는 사회운동에 참여했던 어떤 이들보다 적극적으로 각계각층의 사회운동 집단을 찾아가 그들의 이야기를 듣고 자신들의 이야기를 전하는 연대활동에 열성적으로 참여했다. '밀양 할매'는 자신들의 경험을 통해 '연대'가 그만큼 중요하고 가치 있는 일이라는 것을 깨달았기 때문에, 그리고 자신들을 찾아오는 연대자들이 너무 고맙고 소중했기 때문에, 무엇보다 자신들을 버티게 해준 힘이 이 '연대'로부터 나왔기 때문에 연대활동에 열성적으로 참여하게 된 것이라고 입을 모아 말했다.[53] 그리고 해고노동자들과의 만남이나 제주도 강정 해군기지 반대 운동 주민들과의 만남, 다른 지역 송전탑 반대 운동 주민들과의 만남이나 세월호 유가족들과의 만남을 통해 자신들도 미처 알지 못했던 사회적 문제들을 인식하게 되고 이 문제들에 대한 생각이 바뀌는 '성장의 경험'을 했다고 말했다. '농촌'의 마을공동체와 가정이라는 울타리 안에서만 생활하던 '여성'들이 사회변화를 이끌어내고, 개인이 아닌 사회의 문제를 해결하는 주체가 바로 자신들이라는 자기 인식과 자존감을 갖게 된 것이다. 연대활동을 통해 이들은 자기 자신과 자신의 가족만이 아니라 다른 사회구성원들의 삶을 바라보게 되었고, 사회적 위치를 가진 존재로서 이들의 문제를 '나의 문제'로 인식해 해결 방안을 모색하게 되었다고 말했다.

"나 부산에 있을 때는 '미쳤다 데모하고' 그랬지. (웃음) 근데 내가 데모하는 기 왜 하냐면 나는 젤 처음에 데모하려고 여기 안 왔어. (중략) 그러니까 왜 그러냐면 연대자를 정말 보니까 억울한 그 자체가 많더라고요. 그리고 가보니까 그 현장도 정말 억울하잖아. 왜 사람이 굴뚝에 올라가고 그럽니까? 억울-하니까 그 지금 서울 집회만 보면 억울한 거 누가 들으려고 했습니까? 그냥 잘못된 집회만 했다고 잡아가지. 왜 올라간지는 언론에서 한마디를 안 해. 그 자체는 참 잘못됐더라고. 안 그래예? 저 사람이 왜 올라갔을까? 그 할아버지 돈 많아갖고 그래 간 것도 아니고 그제. 저는 SNS에도 그런 글을 계속 올리고 그러고 있습니더. 그리고 연대해갖고 우리 억울한 이야기도 하고 억울한 이야기도 듣고. 너무 잘못된 게 많더라고. 그리고 방사능 우리도 그거 잘 몰랐잖아요. 다 유실되고 해갖고 요즘은 밥도 잘 못 먹겠더라고요. 그 후쿠시마 관심 가졌죠."[54]

"영화 출연자가 되어가지고, 전국 방방곡곡 어디 안 가본 데가 없이 다 갔어요. (중략) 우리 밀양 사람들 왔다는 것만으로 해도 자기네들이 힘이 되는 갑드라고. 그래서 우리가 거기 가줘야 된다. 우리가 도움받았으니까 가가지고 거기서 힘을 줘야 된다. (중략) 그래갖고 우리는 밀양 765보다도 더 심각한 데가 있더라고. 저 강원도에 가니까 골프장 그런 데 가니까, 거 강제로 막 집을 뺏다시피 하고 막 그냥 나가가 원룸 같은 공기 좋은 데 살러 들어왔다고 땅이 몇만 평 되는데, 그냥 원룸 같은 데 그런 데 내쫓고. 돈 쪼그마이 보상주고 그런 이야기 들으니까, 우리는 그래도 뭐, 그 뭐 아직까지 뺏긴 건 없다 이거지요. 철탑만 지나가는 그거뿐이지만은, 그 사람들은 진짜로 보니께는 너무 우리보다 더 안됐더라고. 그럴 때 우리는 그냥 우리가 위로를 받고 위로해주고. 그래 오는 거지. (중략) 만나고 다니는 사람 중에, 강정에 갔는데, 강정에 거기에 가는, 갔는데 김, ○○이? 김○○이라는 사람이 있어. 거기 저 친정에 엄마가 배 사업을 하고 이러는데, 자기가, 잠을 안 자고 우리가 그 집에 가서 자, 잠을 자고 있었는데, 그 사람은 뭐 세금도 많이 나오고, 막 누구누구 뭐 우리보고 그냥 잡아가는 거 보고 뭐라카노. [조사자: 구속? 연행?] 연행해가고, 연행해가고 당하고 막 이런 게 말도 못하게 많더라고요. 그런 사람 보니깐 진짜로 뭐 우리는 그래도 그냥 그 정도는 아닌데, 참말로 슬쩍 지나가는 말로 들어도 마음이 그래 무겁고 그렇더만은, 어떻게 지냈을까 싶은 걱정이 되더라고. 그런데도 활발, 활발하게 우리가 가니까 너무 활발하게 대해주고, 우리 걱정을 더 해주고 하는 거 보니께 인자 아, 댕기면서 이래 이런 데도 가가지고 들을 만하구나 싶어가지고. 많이 공부가 많이 되는 거지, 그러니께 인생 공부. 그러니까 농사만 짓고 밭맸으면 그런 걸 못 해볼 건데, 765를 만나가지고 안 해본 거 없이 다 가볼 데 다 가보고, 만날 사람 못 만날 사람 다 만나보고 좋은 사람 많이 만나고. 그런 게 또 좋은 거 같아. 인생에서. (중략) 지금도 어데 가면은 대접 많이 받는다 아입니꺼. 서울 같은 데 가면은, 농사만 지으면 그런 거 ○○라 하고 누가 알아보겠노. 가면은 나 보면 영화 봤던 사람들은 다 알아보는 거라 그냥. ○○ 언니 ○○ 언니. 민망해서, 나는 모르는데 그냥 알아보니까 좀 이상해. 기분이 좀 이상해가지고 그냥 아이고 어떻게 아나 그러는데, 영화 봤어요! 영화 봤어요! 이러는데 아, 영화에 나오긴 나오지."[55]

위 구술자는 자신이 '탈송전탑', '탈핵' 운동을 통해 사회적 존재로 거듭나는 '성장'을 겪게 되었다고 말했다. 다큐멘터리 영화의 주인공이 되고 많은 사람 앞에서 자신의 생각을 발표하는 등 생애 처음으로 사회적 문제의 당사자로서 자신의 위치를 고민하게 되었다는 것이다. 이 때문에 그는 송전탑 반대 운동이 힘들기만 했던 것이 아니라 자신에게 의미 있고 보람 있는 일이었다고 말했다. 만약 송전탑 반대 운동에 참여하지 않았더라면 자신은 여전히 '시골 아낙'으로만 살아가고 있었을 것이라는 말을 덧붙이기도 했다.

"그건 이게 부당하고 우리 진짜 이제 우리는 참, 참말 지금 내 나가 많으니까 오늘 내일 죽을지 모르지만은, 그리고 또 우리도 우리 자식들은 여기 살지도 않거든? 일본 살고, 인저 서울 사니까. 그런데 왜 내가 이렇게 하냐 하면 나만의 일이 아니고 저 이웃도 우리 가족과 마찬가지인데 저 사람들 후손이 살 거 아니야? [조사자: 네, 네.] 할머니가 돌아가셔도 후손이 살 끼거든. 어, 그런 애들에게 지금 과학적으로 뭐 '17세 이하는 뭐 전파에 의해서 암이 많이 생긴다' 이런 결과도 나오고 이런 거를 나왔을 때, 만일 우리 후손, 자식들이 그렇게 되면 안 되잖아. 그러니까 나는 이 동민들도 내 가족이라고 생각하면은 걔들 자식들도, 그 사람들 자식들도 우리 후손과 마찬가지니까, 우리가 살아 있을 때 부당한 거를 막아야 (한다), 난중 후손에게 어, 그런 안 좋은 거를 안 물려줘야 안 되겠느냐, 그래 싶어서 그런 거지. 그리고 실제 내가 봤어. 우리 뒷집에 거기 소를 믹이는데 소가 새끼를 낳을 거야. 새끼를 낳을 건데 헬리콥터가 막 짐 실어 나르고 그런데 새끼가 막 난산을 해버리는 거야. 아직 달이 안 됐는데 막 낙태를 해버린 거지. 그런 거를 실제로 봤어. 봐갖고 인저 은어라 카는 그거 다 디비지는 것 하고. 그런데 은어가 딱 디비지는데 그기 이 부당하다 카는 걸 왜 나타났냐면 한전에서 와서, '이거 매스컴에 내지 마라, 우리가 보상 해주꾸마'. 그런데 요새는 다 모도 핸드폰 가 있고, 뭐 있는데 그게 매스컴 아이라도 그게 대번에 알려지잖아. 보는데 사람들 와갖고 봤으면 뭐 그거 딱 찍어갖고 막 인제 옇(넣어)뿔면 (되잖아), 그런데 한전에서는 그걸, 그런 술책도 모르고 와갖고, '말하지 마라. 우리가 다 보상해주꾸마' 이런 식으로 이야기하고 그래. 그기 자기네들이 부당하다는 거를 (스스로) 말해주는 것과 마찬가지잖아, 그지? [조사자: 그러게요.] 그래 그런 부당한 일을 어 우리가, 내가 살아 있는 동안에 (해결해서), '아 우리 할머니들이 이렇게 싸워서 우리가 이 좋은 공기 마시고 이 좋은 곳에 살 수 있구나' 이런 거를 후손에게 물려주고 싶은 그런 마음이지."[56]

'여성 연대'의 주체들은, 위 구술 발화에서 나타나는 것처럼 '가족'을 위해 운동에 나선 것이 아니라 '사회정의'를 실현하고 불의에 맞서기 위해서 운동에 나선 것이었다. 또 이들은 이 과정에서 한번도 경험해보지 못한 일들을 겪으며 자기 한계에 부딪히기도 하고, 이를 통해 사회적으로 성장하는 계기를 맞이하기도 했다. 또 때로는 남편의 걱정이나 만류를 외면하기도 하고 오히려 남편을 적극적으로 설득해 탈핵 문제에 관심을 갖게 만들기도 했다. 아내로서의 역할이나 엄마로서의 역할을 하지 못한다는 죄책감을 갖기보다는 자신이 하는 일을 자랑스럽게 여겨서 가족들에게 이를 설명하거나 가족들이 자신이 하는 일에 동참하게 만들기도 했다. 싸움이 진행되거나 연대가 이루어지는 현장에서 이들은 '아내'나 '엄마'가 아닌 '나'로 존재하고자 했으며, 이를 실천했다. 사회 문제의 당사자이자 해결 역량을 가진 주체로 스스로를 정체화한 것이다.

"어, 저는 이제 계, 계속 그 '치러 온대, 치러 온대' 이렇게 얘기가 있었고요. 그다음에 저희한테 어떤 불안이 있었냐면 이번에 그 잡히면 연대자들은 되게 많은, [조사자: 음, 구속(당한다고요)?] 구속과 그다음에 긴 이런 것들이 말 거라는 게 이제 계속 걔네들이 그렇게 협박을 했고요, 그래서 각오가 필요한 일이었어요. 그런데 우리한텐 다 그게 너무너무 무서운 일이잖아요. 우리가 되게 평범한 시민들인데, 끌려가서 내가 구속을 당하고 뭐 이런 것들이 이제 쉽지 않으니까. 그래서 어, 진짜로 이제 '오늘 칠 거다, 내일 칠 거다' 할 때 막 그런 일이 있었고 (그랬어요). 사실 그날은 거의 치는 게 예견됐었고요, 밑에가 이제 이미 경찰이 막고 있다는 얘기가 낮에부터 들려왔어요. 그런데 그때 위에 있던, 음, 회원들이 있었을 거 아니에요. 그날도. 담당 회원들이 있었는데, 어, 다들 내려갔죠. [조사자: 아. 네.] 내려갈 수밖에 없잖아요. 아까도 말씀드렸듯 당연히 그럴 줄 알았어요. 그래서 되게 서로 불편한 거예요. 남는 사람도 그런 마음이 없다고 할 수가 없고요. 내려간 사람도 참 미안한 마음으로 그러면서 이제 서로 내려간 사람 내려가고, 그다음에 남는 사람 중에도 너무 우습지만 그런 또 나는 그래도 용기를 내본다 하고 남은 거죠. 몇 명이. 음, 그때 저희 회원이 몇 명이 있었냐면 남은 사람이, 어, 네 명이었나? 다섯 명이었어요. 다섯 명. 남편들이 막 전화 오는 거예요. 예. 오라고. 예. 그래서 울면서 내려간 친구도 있어요. 이, 이해되시죠? 되게 저희한텐 되게 정말로 어, 어려운 시간들이었어요. 어려운 시간들이었고 내려갔고.

그런데 제가 너무 감동이었던 건 뭐냐면 내려갈 때 남는 사람들의 그 두려움도 있고 서운한 마음도 있는 거예요. 이해도 가지만 사실 그런 마음 서로 교차했을 거 아니에요. 그런데 그다음 날 이제 공권력이 침투해고 그랬을 때, 저는 제가 너무 놀라웠던 건 뭐냐면, 사실 저희가 되게 오래, 제일 오래 버텼거든요. 이 다른 마을 다 뜯겨 나갈 때 오래 버틴 이유는 뭐냐 하면 밑에서 막아준 거예요. 그때 그 떠났던 회원들이 다 그 밑에 와서 막았던 거예요. 여러 많은 사람들이. 그러니까 물론 밤사이에 많은 연대자들이 산으로 올라온 분들도 있고요. 그런 분 감격은 당연히 그 기쁨도 있지만 저희 회원들이 다시 그 밑으로 (와서), 같이 막으면서 같이 울면서 지켜주던. 저는 그때 그 감동을 잊을 수가 없어요. 그래서 예, 내가 할 수 있는 최선을 다하는 그리고 서로 되게 깊이 생각하는 그런 마음들이 저는 이 밀양 싸움에서 되게 많이 배운 거 같애요. 완벽하지는 못해요. 저도. 부끄러운 거 되게 많거든요. 제가 안에 가서 이렇게 쇠사슬을 못 걸었다는, 못 걸었어요. [조사자: 못, 못 걸었다고요?] 예, 못 걸었다고요. 원래는 같이하려고 그랬었는데, 뭐 어르신들이 물론 말리기도 했지만, 제가 사실 그거를 받아들인 게 있는 거죠. 되게 부끄럽고 미안하거든요? 예. 그런 것처럼 똑같이 마음을 또 떠나, 내려갔던 사람들도 저랑 똑같은 마음인 거예요. 그래서 그런 마음 서로 다 이해하는 거예요. 내가 쇠사슬을 안 걸었고, (그렇게) 한 부끄러움이나, 미안함이나, 내려간 친구의 마음이나 똑같았고, 그래서 또 다른 방법으로도 최선을 다하는 친구들도 있고, 저도 있는 거죠. 살면서 많은 걸 배우는 계기였던 것 같애요."[57]

"이제 거기 끌려 나왔, 거기서 끌려 나오고 정말 그 보셨겠지만, 영상자료 보셨겠지만 그 흙먼지와 바람과 그 우리 앞에서 거기가 다 이렇게 난도질당하는 모습을 봤잖아요. 너무 사실 예, 전 두 가지 마음이 있었어요. [조사자: 어떤 (건데요)?] 밀양에서 오랫동안 제가 사실 버틴 거잖아요. 몇 년이에요. 사실 밀양에 거의 1년은 제가 밀양에 거의 살다시피 했고요. 그리고 이제 그 101번 산에서도 계속 '내일 온다. 내일 온다' 이렇게 하면서 우리 피를 말린 거예요. 그래서 저한테 제일 두려움이 뭐였냐면요, 이렇게 피를 말려서 사람들 아무도 없을 때, 저 그러니까 '끌려 내려오는 게 아니고 다 미리 내려가버릴까, 아마 지쳐서' 그런, 그런 두려움이 있었고요. 물론 스스로한테 느끼는 마음이었죠. 어. 그래서 막상 거기, 뜰, 이렇게 다 뜯겼을 때는 너무 아픈 마음도 있었지만, '아, 끝났다, 내려간다' 이런 마음도 있었을 거 아니에요? '나 다 끝났어. 나 이제 안 해' 이게 솔직한 마음이에요. 그런 마음 있었는데, ○○○ 선생님이 그 울음바다가 되고, 사람들 쓰러져 실려 나가고, 이 피폐된 정말로 이런 환경에서 뭘 하셨냐면요, 쇠사슬을, 끊어진 쇠사슬을 주워서 가방에 넣으셨어요. 다음에 쓸 거라고, 내려가서. 이거 다시 써야 된다고. 전 그때 완전히 제가 너무 부끄러운 거예요. '끝났다. 나 집에 간다' 라는 마음이 제가 오는 마음과 같이, 같이 있었잖아요. 그런데 다시 쇠사슬 줍는 어른을 보면서, ○○○ 선생님 보면서, 어, 내가 정말 운동을 사랑하는 걸 머리로 했구나, 내가 얼마나 가볍구나. 그거 되게 부끄럽더라고요. 그래서 저는 내려와서는 하나도 안 지쳤어요. 뭐 당연히 같이 노래하고, 위에서도 내려와서 서로 위로해주고 그리고 다음주에 뭐 할지 의논해서 다시 만나게 되는 게 사실은 ○○○ 쌤 쇠사슬 때문이었어요."[58]

"밀양 할머니들, 할아버지들, 주민들 얘기를 했었거든요. [조사자: 그러니까 누구한테요? 조금 다르게 하셨을 것 같아가지구요.] 저는 뭐, 남편이든 애들이나 다 마찬가지로 '엄마 거기 안 갔으면 좋겠다, 왜 힘든 걸 하냐'. 뭐 이런 의지였는데 계속 사람 얘기를 했었어요. 어……, 그래서 봤는데, 찬성을 한 건 아니지만 '엄마가 거기에 가, 갈 수밖에 없겠구나' 하는 거를 그냥 조금 어쩔 수 없이 받아들였던 것 같구요. 근데 저는 인제 얼마 전에 추석 즈음해서 저희 인제 큰딸이 그러더라구요. '엄마 그때 왜 갔어? 그때 무슨 일 있었어? 그럼 엄마는 몇 년 동안 그걸 한 거야? 엄마 뭘 위해서 그걸 한 거야?' 얘가 그냥 인제 열여덟 살이니까 지도, 그때는 지금보다 어렸고 지금 생각하니까 그런저런 생각이 드는지 질문을 던지더라구요."[59]

"저는, 저도 우리 신랑이 뭐 100프로 동의를 하고 이랬던 건 아니에요. 그냥 동의를 해서 내가 너 가는 거 지지하고 이런 건 아니고, 전제가 밀양에 살고 있고 멀리서 회원들이 와서 인제 거기에 있는 거예요. 저는 그렇게 얘기했어요. 지금 바드리에서 잘 때 아주 추웠는데 기름 떨어졌대요. 그래서 '지금 춥단다. 멀리서 와서 자고 있는데 그 사람들 추워서 잠을 못 자겠단다. 기름 사줘야 되겠다' 그러고 인제 나오고. 보통은 출근하고 나니까 낮에는 저 마트 다니고 밤에 그렇게 나올 때나 이럴 때는 필요한 게 있는 거예요, 우리 회원들이 와서 잘 때. 그래서 그걸 사다 준다는 이유로 저는 계속 나왔어요. 그게 필요하다고, 사람들에게. '너는 집에서 따뜻하게 자지만 사람들 추워서 잠을 못 잔다' 이러면서."[60]

"우리 신랑은 본인 하는 일하러 거의 바깥생활이 많았기 때문에 [청중: 나도 내 일 한다?] 아이하고 나랑 둘이 있는 경우가 많았기 때문에 굳이 그거를 설명……, 나한테 관심도 없었고. (웃음) 남편이 ○○○○

○○[61] 내가 (웃음) 그래서 그때는 그냥 남편한테 설명을 안 했고 이후에 인제 계속 지속되니까 밀양에서 하게 됐죠. 저는 그런…… (중략) 그 이후에 밀양에서 바느질이 이어지고 계속 그러니까 그런 일이 있었다, 계속 조금씩 얘기를 하게 되니까 그 이후에 탈핵까지도, 신고리 그거까지도 다 계속하고 있었던 그 부분은 그냥 자연스럽게 동의는 해주더라구요. 단 너무 자주 나가서 집이 비는 거에 이런 거에 불만을 하곤 하지만 이후에 나중에 인제 납득한 거 같애요. 그때 한창 천막농성하고 이럴 때는 딱히 그 현장이 이렇다고 막 [조사자: 그 이후에는 어쨌든 그 과정에 대해서는 설명을 해주신 건가요?] 제가 나가서 ○○○[62] 제 시간에 필요하면 '나 나가야 되겠다' 그러고 나가요. (웃음) [조사자: 엄마의 활동이거나 엄마의 삶으로 인정하도록 하신 건가요, 그러면? 그러니까 나의 삶, 뭐,] [청중: 아, 이게 엄마 생활이다.] 내 생활이다 이렇게, 좀……. (중략) 참 저는 우리 애들한테도 그렇게 인정받고 다녔던 것 같지는 않고, 제 기억상에. 그런데 어쨌든 엄마 하는 일이라는 거였지, 그리고 애가 자기가 인정해주고 말고 한다는 생각까지는 안 했던 것 같애요. 그냥 엄마 일이라고 생각했던 것 같고. [청중: 그게 인정하는 거 아냐?] 그냥 그거는 엄마 일이고 이런 생각인데. (중략) 저도 우리 애가 요즘에 그런 얘기해요. 작은애가 엄마 하는 일은 뭐든지 옳은 일이라고 얘기해줘요. [청중: 엄청나게 인정해주는 거구만.] 그렇군. [조사자: 독립운동가의 자녀들이에요?] (웃음) 저는 처음에 우리 신랑이 동의하지 않았지만 저는 그 활동 계속했고 그 얘기를 계속 형식적으로 했을 거 아녜요, 우리 신랑하고. 우리 신랑이 지금은 탈핵하는 게 옳다고 생각하고 하는 부분에 대해서 저는 정말 다행이라고 생각해요. 제가 안 하고, 안 했다든지 아니면 그런 말 없이 몰래 다

녔다든지 이러면 여전히 신랑은 탈핵이라는 것도 몰랐을 것이고, 저는 그런 걸 몰랐을 거라고 생각하기 때문에 저는 얘기를, 납득을 처음부터 100프로 받은 건 아니지만 하는 동안에 계속 받았던 것 같애요. 100프로 받았다는 게 아니고 그냥 남편도 좀 달라졌겠죠."[63]

"저는 인제 저희, 어 그러니까 이런 밀양의 이야기 그리고 그 이후 행정대집행 내려오는 그날부터 해서 '어, 그러면은 우리 다음주부터 바느질하는 거야?' 그렇게 해서 계속 바느질이 시작됐잖아요. 그런데 집에서는 바느질하면서 애들한테는 그냥 사람에 대한 얘기를 계속했던 것 같애요. '엄마가 거기, 가는 거기에 할머니가 계셔. 근데 그 할머니들이 사는 그 마을에 송전탑이, 어마어마한 송전탑이 지나가. 근데 그게 사람한테 엄청나게 해로운 것인데 이 어르신들이 그걸 지키기 위해서 10, 9년 10년 동안 싸우셨어. 근데 그걸 아무도 몰랐대' 이러면서 그런 얘기를 하기 시작했구요, 그래서 계속 엄마가 어제 그, 그러면 그다음에 또 갔다 오면 '엄마가 어제, 오늘 어디 갔다 왔는데' 이런 얘기를 계속 했구요, 이 얘기를 그냥 자연스럽게 저희 시어머니한테도 했구요, 그래서 저희 시어머니가 여기 되게 오시고 싶어하셔갖구요, 몇 번 오셨거든요. 그래서 아침에 저희 시어머니가 그 뭐지, 그 저희 골안 그 위에 송전탑, 송전, 그 전류가 흐른다고 해서 어르신들이 거기서 밤새 눈보라 맞으시면서 송전탑 둘레 주위를 해서 [청중: 크리스마스 때.] 싸우셨거든요. 근데 그날 아침에 저희 어머니가 국을 끓여서 가자고 하시더라구요. 그래서 어머니하고 시래깃국을 한 들통을 끓였어요. 그래가지고 같이 밀양에 넘어와서 어머니가 어르신들이, 할머니들이 싸우시는 걸 그냥 보셨거든요. 그니까 송전탑의 송자도 모르고 주먹 이렇게 해서 손 한번 들으시지 않았던 분이었는데, 그게 계속 기억에 너무 남으셨나봐요. 그러고는 '이렇게 하면 안 되지' 그러시더라구요. 그러면서 오셔가지고 그다음부터 계속 밀양 얘기를 물으시고 그리고 오시면 밀양 가보자 해서 몇 번 오셨거든요. 그런데 저희 그게 너무 자연스러운 게 여기 사람 이야기를 계속 해서 어머니가 인제 아시는 분이 된 거잖아요. ○○○ 샘이랑 ○○○ 샘이랑 아시는 분이 되고 이렇게 하니까 계속 안부를 묻게 되고, 오셔가지고 저희 어머니가 구호 이렇게도 못 하시던 분이었는데요, 밥을 같이 나눠 먹는 데서 건배사를 하시면서요, [청중: 어머나.] '송전탑 뽑, 뽑는 그날을 위하여!' 이렇게 건배사를 하시는 거예요. 너무 놀랐거든요, 저두요. 그래서 이게 어떤 특별하게, 내가 대단한 일이고 '이게 뭐예요'라고 설명하는 거가 아니고 우리가 사는 곳에 이런 일들이 일어나고 이런 일들이 일어나는 게 내가, 이 누구고 먼 이야기가 아니고 이런 것들에 대한 이야기들 그냥 전 자연스럽게 하죠. 저희 큰애가 그래서 그, 태양열을 이렇게 전공하는 일을 하고 싶다고 이렇게, 송전탑 계속하면서 그쪽으로 전공도 이렇게 하고, 예, 됐거든요. 그게 계속 살면서 이렇게 내가 계획해서 되는 게 아니고 그걸 계기로 하여 모르던 걸 알게 되고 그걸로 인해서 자기가 '그럼 난 이 일을 하면 좋겠다'라고 해서 자기, 그런 것들이 자꾸 생겨나는 계기가 된 것 같아요. 저희 어머니는 80이신데, 제가 늘 집에서 계속 바느질을 하잖아요. 오시면 하나라도 어머니가 손수건 같이 꿰매주실려고 계속 옆에서 바느질 같이하시거든요. 그래서 '이게 도움이 됐으면 좋겠다' 이러면서. 예. 근데 그게 진짜 송전탑이 뭔지도 모르셨고 핵발전소가 뭔지도 모르고 하시던 분이었거든요. 근데 그게, 예, 계기가 됐어요."[64]

'밀양 할매'의 '여성 연대'는 한국사회에서 '여성'을 호명하는 제한적 이름과 그 이름에 따라오는 젠더 정치의 규범적 역할 담론에서 벗어나 새로운 장을 구성하는 성취를 이루어냈다. 그들은 스스로 저항의 의미를 만들고 사회문제를 해결하는 주체로서 자신을 인식했으며, 그런 자신의 모습을 긍정하고 자부심을 느꼈다. 상대를 억압적으로 계몽하거나, 혹은 일방적으로 지지하고 후원하는 관계가 아니라 서로 존중하는 가운데 인접한 사회적 위치에 의거해 함께 공감하고, 이 공감을 기반으로 서로를 격려함으로써 각자 담론과 실천의 장에서 당당한 주체가 될 수 있도록 격려한 것이다.

'밀양 할매'의 '여성 연대'는 상호 의존하거나 동질화하지 않고, 서로를 지배하거나 통제하지 않는 상호주체성을 실현하는 모습을 보여준다. 또한 이 연대는 젠더 정치의 장에서 단절된 '여성'들 사이의 '연대'를 확장하고 심화하는 계기를 만들었다. 운동의 동반자로 동료 '여성'을 만나고 '시어머니'를 만나고 '딸'을 만날 수 있었던 것이다. 그리고 이 과정은, 활동에 참여한 '여성'들의 사회적 의식과 정치적 이슈에 대한 민감한 감각, 그리고 사회적 존재로서 스스로에 대한 자존감을 고양하는 기회가 되었다. 무엇보다 지역의 '여성'들이나 다른 지역에서 온 '여성' 연대자들은 서로와의 만남과 연대를 통해 함께 성장하면서 서로가 자리하고 있는 젠더 정치 장에서의 위치를 반추하고, 이를 다른 맥락으로 인식해 본인들의 사회적 위치와 역할을 새롭게 재구성해 나가고 있다.[65]

'밀양 할매'라는 말은 이제 밀양이라는 지역의 할머니들을 가리키는 말이 아니라 밀양 송전탑 건설 반대 운동과 탈핵 운동 과정에서 형성된 '여성 연대'를 가리키는 말이자 이 '연대'가 만들어낸 '사회적 재입사(再入社)'의 효과를 상징하는 말이라고 할 수 있다. 사회적 담론의 장에서 배제되었으나 거기에 주저앉기보다는 '여성 연대'의 힘(empowered)을 통해 자신들의 대안적 담론과 실천의 장을 만들어 나간 것이 '밀양 할매'라는 표상에 담긴 뜻이라고 할 수 있다. '밀양 할매'는 사회적 문제의 당사자임을 선언하고 사회적으로 제기되는 문제에 대한 대안을 제시하는 동시에 이를 직접 실천하는 의지를 보여주었다. '밀양 할매'의 '여성 연대'가 보여주는 재사회화는, '여성'에게 요구되는 젠더 역할 규범에서 벗어나는 탈규범화의 과정을 거쳐 '사회적 발언과 행동의 장(場)을 스스로 만들어내는' 대안적 공간으로 나아갔다는 점에서 앞으로도 주목을 요하는 사회적 장면이라 할 수 있을 것이다.

5. 나오며

구술 현지조사의 가장 큰 한계는 '목소리의 발화'로 시작한다 하더라도 이 '목소리'가 연구자에 의해 매개될 수밖에 없다는 데 있다. 더구나 발화자의 리터러시(literacy) 역량이 연구자에 미치지 못하거나 사회적 권력장 내에서의 위치가 비대칭적일 때 발화자의 목소리를 매개한 연구자의 분석 및 기술 결과는 애초의 발화자를 소외시킨 채 연구자의 것으로만 남게 될 가능성이 크다. 기술된 발화 내용은 결국 연구자에 의해 선택되고 해석된 결과물이며, 이 선택과 해석에는 연구자의 위치와 시각이 개입되지 않을 수 없기 때문이다. 따라서 구술 연구자는 필연적으로 누군가의 '발화'를 전유해 자신의 지평 안에서 해석하는 동시에 이를 자신의 서술 맥락 안에서 재구성하는 존재라고 할 수 있다.

이 때문에 구술 발화를 있는 그대로 전사(轉寫)한다 하더라도 이것이 '매개된 해석과 기술의 결과'라는 점은 달라지지 않는다. '하위주체는 말할 수 있는가?(Can the Subaltern Speak?)'라는 가야트리 스피박(Gayatri Spivak)의 질문[66]을 매순간 떠올릴 수는 없다 하더라도 누군가의 '목소리'를 매개하고 있다는 인식, 그리고 이 '매개'로 인해 '목소리'가 굴절될 수밖에 없다는 인식은 구술 서사 연구자가 반드시 안고 가야 할 윤리적 성찰의 핵심 내용이다. 따라서 구술 서사 연구자는 발화자의 '말'을 토씨 하나 놓치지 않고 정확하게 전사하겠다는 태도를 갖기 위해 노력하기보다는 누군가의 '말'을 '매개'하고 있다는 사실을 잊지 않으려 노력해야 하며, 이 '매개'가 누군가로부터 '말'을 빼앗는 일이 되지 않고 '말'을 공유하는 일이 될 수 있도록 끊임없이 새로운 길을 찾아나가야 한다.

이와 같은 문제의식에서 연구자는, 2017년 8월의 현지조사에서 구술 인터뷰를 진행하는 한편 '밀양 할매'들과 함께 그림을 그리는 '놀이'를 병행했다. 마을별로 송전탑 건설 반대 운동에 참여했던 주민들이 동네 사랑방 구실을 하는 공간에 모여 송전탑 건설을 저지하기 위해 싸웠던 순간의 기억을 되살리는 이야기를 나눈 후 여러 가지 도구를 활용해 그림을 그리거나 무언가를 만드는 '놀이'였다. 이 '놀이'는 마을 안팎의 싸움으로 지친 '밀양 할매'들이 스스로의 감정을 돌아보는 기회를 만들기 위해 제안된 것이기도 했지만 구술의 결과물을 구술 발화자와 함께 나누기 위해 고안된 활동이기도 했다. 학술적 언어, 특히 학술 담화 공동체의 관습과 문법에 따라 선택되고 기술된 언어를 벗어난다면,

독점과 전유가 아닌 '공유'의 작은 단초를 마련할 수도 있지 않을까 하는 생각에서 비롯된 일인 것이다.

그런데 '할머니'들이 그린 그림은 '밀양 할매'에게 '송전탑'이 어떤 표상으로 인식되고 있는지 명확하게 보여주었다. 마을마다 돌아다니며 이런저런 것들을 그려보자 제안했지만 '밀양 할매'가 가장 자신 있게 그린 것은 '송전탑'이었다. 오래도록 들여다보고 마음에 품었던 탓에 송전탑을 그리는 손길에는 한 치의 머뭇거림도 없었다. 송전탑을 말하는 '밀양 할매'의 언어는 주로 '송전탑'의 위압적 규모와 금속의 느낌, 평화와 고요의 시골 밤을 파고드는 붉은 불빛과 파괴적인 기계음으로 구성되었다. 칠흑같이 어두운 밤 산속 마을에 높이 솟아 깜빡깜빡 수십 개의 붉은 빛을 발산하는 송전탑의 전구들이나 비 오는 날 더 크게 윙윙 소리를 내며 울리는 송전탑의 기계음이 '밀양 할매'가 구술 언어로 표현한 송전탑의 핵심 이미지였다. '할머니'들 중에는 "이 송전탑에 한번 올라가 마음껏 소리치고 싶다"고 말하는 이들이 많았다.

'밀양 할매'의 그림 속에서 송전탑은 파괴적인 거대 로봇이나 괴물처럼 묘사되었다.[67] 거대한 몸체 곳곳에는 붉은 빛이 새겨졌고, 이 불빛과 기계음과 눈에 보이지 않는 전파들은 거칠고 공격적인 선들로 그려졌다. '밀양 할매'들은 약속이나 한 듯이 송전탑과 함께 산속의 나무들과 꽃을 그렸다. 송전탑을 왜 꽃이나 나무와 함께 그리냐고 물었을 때 '밀양 할매'들은 '원래 거기 있기 때문'이라고 대답했다. 그들의 대답에서 '밀양 할매'들이 나무와 꽃을 진정한 산의 주인으로, 그리고 송전탑이 세워진 공간을 나무와 꽃의 터전으로 인식하고 있음을 알 수 있었다. 이런 까닭에 송전탑은 산의 주인인 나무와 꽃의 터전을 빼앗고 그들의 생명

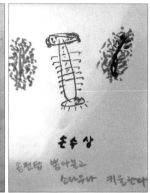

과 삶을 파괴하는 이질적인 물체로 표현되었다. 생명의 평화를
깨뜨린 주범이 바로 송전탑인 것이다.

그래서인지 할머니들은 나무와 꽃에 자신들의 모습을 투사
해 이들을 스스로와 같은 존재로 느끼고 있는 것처럼 보였다. 이
동일시와 감정이입에는 생명에의 공감이 자리 잡고 있었다. 그
리고 이 공감에는 삶의 터전을 빼앗기고 생명을 훼손당한 슬픔
과 분노의 감정이 서려 있었다. 그림 속에서 들판의 꽃들과 아름
드리나무는 송전탑과 대결하는 대상으로 그려졌다. 그리고 '밀양
할매'들은 나무와 꽃을 자신들과 같은 입장에 처한 벗이자 동지

로 느끼는 듯 보였다. '할매'들은 그림을 그리며 혼잣말처럼 "송
전탑 뽑아줄 티이 나무야 나무야 자라거라"라고 중얼거리곤 했
다. 그리고 송전탑 건설 예정지에 있었던 나무가 얼마나 크고 장
한지, 주변에 피는 꽃들이 얼마나 싱그럽고 예쁜지 자식 자랑을
하듯 늘어놓기도 했다. 또한 춥고 적막한 산속에서 천막을 치고
농성을 이어갈 때 이들 나무와 꽃이 얼마나 위안이 되었는지 설
명해주기도 했다.

  '밀양 할매'의 그림을 통해 송전탑 건설 반대 운동의 의미
는 더욱 명확해진다. 그것은 생명을 파괴하는 거대 산업과 자본
에 맞서는 일이며[68] 이 일은 살아 있는 것들끼리의 연대, 곧 생명
의 연대를 통해 실현된다. '밀양 할매'의 그림에서 누르고 파괴하

고 군림하는 것은 과학 기술, 자본, 거대 산업, 원자력 에너지, 공기업, 관료조직 등이며 이것은 '송전탑'으로 표상된다. 그래서 '밀양 할매'들이 "전기는 눈물을 타고 흐른다"고 외쳤던 것이다. 이들은 생명의 터전을 파괴하며 들어선 송전탑이 보내는 전기가 어디서 나와 어디로 흘러가는지 명확하게 알고 있다. 그래서 송전탑 건설에 저항하는 일이 '탈핵 운동'이 될 수밖에 없다고 생각하는 것이다. 그들의 그림에서 '송전탑'에 맞서는 존재는 푸른 하늘과 초록빛 들판, 봄빛 가득한 산과 진홍색 꽃들, 오랜 세월 곧게 자라온 나무들, 그리고 바로 그들의 벗인 자기 자신과 자신들의 벗인 연대자들이다. 한쪽에는 '생명'이, 다른 한쪽에는 '자본'과 그 '자본'에 연대하는 조직과 지식의 체계가 있다.

구술 발화를 통해 '밀양 할매'는 노동자들이 왜 높은 곳에 올라가 농성을 하는지 이해하게 되었다고 말했다. '얼마나 그 말을 들어주는 사람이 없었으면 저 높은 곳에 올라가게 되었을지', 그 절박한 심정이 곧 자신의 마음이라고 말이다. 그래서 '밀양 할매'도 송전탑에 올라가 소리치고 싶다고 말했다. 언제나 말이 격해지는 것은 그 말을 들으려는 사람이 없기 때문이다. 격앙된 목소리 앞에서 우리는 귀를 막은 채 '흥분하지 말고 이성적으로 대처하라'고 말하지만 '합리적이고 이성적인 대응'은 말을 들어주는 사람 앞에서만 가능하다. 한국사회는 언제부턴가 '높은 곳에 올라가 소리치듯 말하는 태도'를 질책하기만 할 뿐 '왜 그곳에 올라가 소리치게 되었는지' 묻지 않게 되었다. 감정이 격앙된 동기와 과정을 묻지 않고 결과로 나타난 격앙된 태도만을 평가하는 사회에서 '드러날 장소'가 없거나 '들어줄 사람'이 없는 목소리는 점점 더 높아질 것이다. 비대칭적인 담론장이 소리없이 누군가를 배제한 채로 민주적 담론의 장으로 신화화될 때 고립되고 소외된 목소리는 더욱 격앙될 수밖에 없기 때문이다. 이 사회에서 어떤 목소리는 118미터 높이의 송전탑 꼭대기나 수백 미터 높이의 골리앗 꼭대기만을 겨우 자신의 '장소'로 삼을 수 있을 뿐이다. 구술 발화를 가능하게 하는 '청취'의 노력이 더욱 긴요해지는 까닭도 여기에 있다.

주(註)

1 자연 상태의 방사능이 사라진 후에야(다카기 진자부로는 방사능이
   사라지고 원시적인 생물이 발생하기까지 10억 년의 시간이 필요했다고
   말한다) 비로소 지구에 생명이 움트기 시작했는데 인간이 그 '불'을
   인공적으로 만들어 다시 생명의 불꽃을 꺼뜨리기 시작했다는
   것이다.(신고리 5·6호기 백지화를 위한 밀양 할매할배들의 탈핵탈송전탑
   원정대, 《탈핵》, 밀양765kV송전탑반대대책위원회, 2017, 21쪽.)

2 맨해튼 프로젝트는 제2차 세계대전이 끝나갈 무렵 과학자들에 의해
   먼저 제안되었는데 미국이 주도하고 영국과 캐나다 등이 참여해
   수행된 계획으로, 모든 세부사항은 극비에 부쳐졌다. 이 프로젝트의
   목적 가운데 하나는 나치가 핵무기를 개발하기 전에 미국 등의 연합군
   측이 핵무기를 먼저 개발해 전쟁을 종식시키는 데 있었다. 그러나 당시
   전쟁 상황에 관여했던 상당수의 전문가들은 원자폭탄이 떨어지기 전에
   이미 독일과 일본이 패전국가로의 길을 걸어가고 있었다고 증언한
   바 있다.〈위키피디아 백과사전〉'맨해튼 계획' 항목 참조(https://
   wikipedia.org/wiki/).)

3 다음을 참조. 한나 아렌트, 《예루살렘의 아이히만》, 김선욱 옮김, 한길사,
   2006.

4 1960년대 과학에 의한 문화 국가 건설을 기치로 내세우는 사회 분위기
   속에서 물리학도로서 당시 일본의 지식사회를 성찰하고 지식의 체계
   자체를 재편하고자 학생운동에 나섰던 야마모토 요시타카(山本義隆)는
   단 한 차례의 인터뷰도 허락하지 않았던 자신이 당시를 회고하는 글을
   쓰게 된 것은 '후쿠시마 원전 사고' 때문이라고 말했다. 제2차 세계대전
   이후에도 파시즘을 반성하기보다는 패전을 수치스러워했던 일본이, 원전
   사고 이후에도 일본사회 내부의 문제를 성찰하기보다는 '배외주의'에
   열을 올리며 여전히 첨단 과학기술에 대한 맹신과 과학기술의 비약적
   발전에 기초한 산업의 확장에만 몰두하고 있다는 것이다. 그리고 바로
   이와 같은 현실이 묵묵히 재야의 과학사가로서 살아가고자 했던 77세의
   물리학자로 하여금 자신의 20대를 돌아보는 글을 쓰게 만들었다고, 그는
   말한다.(야마모토 요시타카, 《나의 1960년대》, 임경화 옮김, 돌베개,
   2017 참조.)

5 신고리 5, 6호기 공사 재개를 둘러싼 공론화위원회는 대통령의 결정에
   따라 신임 대통령 취임 2개월이 지난 2017년 7월에 구성되었다.
   공론화위원회는 다양한 성별, 연령, 계층을 고려하여 선발된 500명의
   시민들로 구성되었으며 7월 24일부터 8월 10일 사이에 네 차례의

전체회의를 개최하고 조사 용역을 실시한 후 간담회와 총 열두 차례의
전체회의, 그리고 한 달 정도의 숙의 과정을 거쳐 10월 13일부터 2박
3일 동안의 최종 토론회를 개최했다. 이 과정에서 원전 주변 지역
거주자 등의 '당사자'와 원자력공학 박사 등의 '전문가'들이 초대되었고
시민들의 질문과 응답, 토론이 진행되었다. 시민참여단은 최종 토론회
이후 공론화위원회 권고안을 정부에 제출했으며 이후 언론은 '시민사회
역량을 보여준 훌륭한 사례'로 평가하기도 하고 '전문가의 영역을
무시하고 국가의 주요 사안에 대한 결정을 일반 대중에게 무책임하게
내맡긴 정치적 포퍼먼스'로 평가하기도 했다. 공론화위원회의 논의
과정에서 '탈핵'의 이슈는 주로 '안전성'과 '경제성'의 측면에서
논의되었는데 전반적인 여론은 '경제성'에 치우친 논의가 많았다.
공론화위원회의 논의는 '탈핵' 문제의 '당사자'는 누구이며 '전문가'는
누구인가라는 질문을 남겼으며 '탈핵'의 문제를 어떤 관점에서 조망해야
하는가에 대한 근원적인 문제를 제기했다. 밀양 탈송전탑 탈핵 운동에
참여하거나 이와 연대하면서 밀양 외 지역에서 탈핵 운동을 주도해온
시민들은 공론화위원회 안에 자신들이 질문하거나 발언할 수 있는
자리는 없었다고 말하기도 했다. 이에 관한 구체적 발언들은 추후 구술
자료집의 발간 등을 통해 소개하기로 한다.

6   이 결과를 두고 어떤 이들은 '숙의민주주의의 가장 훌륭한 모범
사례'라고 추켜세웠고 다른 이들은 '원전을 확대하지 말라'는 것은
논의된 적도 없는 사안인데 정부가 자의적으로 해석하고 있다고 열을
올렸다. 세 달 동안 신문, 방송을 비롯한 각종 매체에는 연일 원전의
필요성과 경제적 효과를 설득하는 '전문가'들의 인터뷰 내용과 성명서,
'전문 지식'으로 무장한 기자들의 기사가 실렸고 그 양을 가늠하기
어려울 정도로 많은 원전 홍보물이 거리에 뿌려지기도 했다. 권고안의
내용이 아직 발표되기 전에는 국가의 중대사를 전문가도 아닌 일반
시민들의 결정에 맡겨둘 수 없다는 주장을 펼치던 이들이 권고안이
발표된 후에는 너나 할 것 없이 숙의민주주의의 결정을 따른다고 하면서
그럼에도 여전히 '비전문가들은 신뢰할 수 없고 탈원전은 제대로 논의된
바 없다'는 발언을 이어가기도 했다. '탈핵'을 주장하던 이들 중 일부도
'숙의민주주의의 결정 과정을 존중하며 그 결과를 수용한다'는 입장을
발표한 바 있다.

7   2017년 11월 3일, 밀양시 D면 Y마을 K씨 자택, S(여, 46세)씨 구술
자료.

8   2017년 11월 3일, 밀양시 D면 Y마을 K씨 자택, K(여, 50세)씨 구술
자료.

9   2017년 11월 3일, 밀양시 D면 Y마을 K씨 자택, G(여, 29세)씨 구술
자료.

10 다음을 참조. 미셸 푸코, 《담론의 질서》, 이정우 옮김, 서강대 출판부, 1998; 미셸 푸코, 《주체의 해석학》, 심세광 옮김, 동문선, 2007.

11 사이토 준이치는 공공 영역의 담론 층위 내에서 '담론 자원(discursive resources)'의 비대칭적 불균형이 존재한다는 사실을 지적한 바 있다. 여기서 '담론 자원'은 언어를 매개로 이루어지는 의사소통을 포함한 헤게모니 기제를 의미하며, 문화의 지배적 코드를 습득하고 있는지 여부가 곧 '담론 자원'의 우열을 규정하는 것으로 설명된다. 이때 장(場)의 성격에 부합하는 어휘를 사용하고 그에 어울리는 주제를 선택하며 담론 공간 안에서 승인될 수 있는 말하기 방식을 채택하는 것 등이 모두 '담론 자원'을 구성한다.(사이토 준이치, 《민주적 공공성》, 윤대석·류수연·윤미란 옮김, 이음, 2009, 31~34쪽.)

12 J. L. 오스틴, 《말과 행위: 오스틴의 언어 철학, 의미론, 화용론》, 김영진 옮김, 서광사, 29~30쪽.

13 해럴드 가핀켈(Herold Garfinkel)의 '일상생활 방법론'에 따르면, "우리 모두는 타인들과의 상호작용에서 '의미 통하기(making sense)' 방법을 사용하는데, 이는 대개 무의식적으로 적용되는 방식"이며 "대화 중에 이야기되는 바의 뜻이 통하기 위해서는 단어 자체에서는 확인되지 않는 사회적 맥락에 대한 지식을 우리가 갖고 있어야" 한다. 이와 같은 견해에 따르면 가장 일상적인 대화의 의미 해석마저도 '공유된 이해'와 '사회적 맥락'에 의존한다(앤터니 기든스, 김미숙 외 옮김, 《현대 사회학》, 을유문화사, 1992, 111~113쪽).

14 반 데이크, 《텍스트학》, 정시호 옮김, 아르케, 2001, 136~137쪽.

15 Richard Bauman, Verbal Art as Performance, Waveland Press, 1984, pp.7~14, pp.15~24.

16 다음을 참조. 사이토 겐이치로, 《전기 없이 우아하게》, 이소담 옮김, 티티, 2015.

17 2015년 12월 6일, 밀양시 D면 D마을 K씨 자택 S(남, 44세)씨 구술 자료.

18 다음을 참조. 스베틀라나 알렉시예비치, 《체르노빌의 목소리》, 김은혜 옮김, 새잎.

19 2017년 1월 24일, 밀양시 D면 D마을, P(여, 45세)씨 구술 자료(인터뷰는 밀양 시내 카페에서 진행).

20 2017년 1월 24일, 밀양시 D면 D마을, K(남, 46세)씨 구술 자료(인터뷰는 밀양 시내 카페에서 진행).

21 2017년 1월 19일, 밀양시 B면 Y마을 J씨 자택 S(여, 82세)씨 구술 자료.

22 다음을 참조. 김영희, 〈구술 기억과 서사적 표상: 밀양 765kV 송전탑 건설 반대 운동 참여자들의 구술 서사를 중심으로〉, 《언어사실과 관점》 42, 연세대학교 언어정보연구원, 2017, 1~34쪽, 구술 자료.

23 다음을 참조. 앞의 논문, 구술 자료.

24 2016년 7월 22일, 밀양시 D면 Y마을 K씨 자택 K(남, 72세)씨 구술 자료.

25 2015년 12월 6일, 밀양시 D면 D마을 K씨 자택 S(남, 44세)씨 구술 자료.

26 다음을 참조. 앞의 논문, 구술 자료.

27 2016년 7월 22일 밀양시 D면 Y마을 K씨 자택 E(여, 45세)씨 구술 자료.

28 2016년 7월 22일, 밀양시 D면 Y마을 K씨 자택 E(여, 45세)씨 구술 자료.

29 다음을 참조. 김영희, 〈밀양 765kV 송전탑 건설 과정에서 발생한
    마을공동체 해체 관련 구술 조사 보고서〉, 《국회의원회관 보고대회
    자료집》, 2017.

30 2017년 1월 21일, 밀양시 S면 G마을 A씨 자택, A(남, 69세)씨 구술 자료.

31 2017년 1월 23일, 밀양시 D면 Y마을 K씨 자택, K(남, 73세)씨 구술
    자료.

32 2017년 1월 23일, 밀양시 D면 Y마을 K씨 자택, K(남, 73세)씨 구술
    자료.

33 2017년 1월 23일, 밀양시 D면 Y마을 K씨 자택, K(남, 73세)씨 구술
    자료.

34 2017년 1월 24일, 밀양시 D면 D마을 K씨 자택 S(남, 44세)씨 구술 자료.

35 2016년 7월 24일, 밀양시 D면 Y마을 K씨 자택 K(남, 72세)씨 구술 자료.

36 2017년 1월 24일, 밀양시 B면 Y마을 J씨 자택 J(여, 75세)씨 구술 자료.

37 2017년 1월 24일, 밀양시 B면 P마을 K씨 자택 J(여, 61세)씨 구술 자료.

38 2017년 1월 24일, 밀양시 B면 P마을 K씨 자택 H(여, 70세)씨 구술 자료.

39 다음을 참조. 앞의 논문, 구술 자료 참조. '밀양 할머니'들에게 가장
    적극적으로 연대했던 시민 단체인 어린이책시민연대 회원들은
    2017년에도 연대 활동을 이어가면서 동시에 '페미니즘' 공부를
    시작했다고 말했다. 이들은 밀양에서의 연대 활동과 그 과정에서 만난
    '할머니'들이 자신들로 하여금 '여성 문제'나 '젠더 문제'에 눈 뜨게
    만드는 계기가 되었다고 말했다.

40 2016년 7월 22일, 밀양시 D면 Y마을 K씨 자택 K(여, 45세)씨 구술
    자료(김영희, 앞의 논문(2017)에서 구술 자료로 인용된 바 있음).

41 2016년 7월 22일 밀양시 D면 Y마을 K씨 자택 K(여, 49세)씨 구술 자료.

42 2016년 7월 24일, 밀양시 D면 Y마을 K씨 자택 K(여, 62세)씨 구술
    자료.(김영희, 앞의 논문(2017)에서 구술 자료로 인용된 바 있음.)

43 2016년 7월 22일, 밀양시 D면 Y마을 K씨 자택 K(여, 49세)씨 구술 자료.

44 심리학에서 이 용어는 '권한이행', '권한 위임', '역량 증진' 등의 용어로
    번역되나 모두 적절한 번역어로 인정하기 어려워 여기서는 임의로
    원어를 그대로 읽는다.

45 2016년 7월 22일, 밀양시 D면 Y마을 K씨 자택 E(여, 45세)씨 구술
    자료(김영희, 앞의 논문(2017)에서 구술 자료로 인용된 바 있음).

46 2016년 7월 24일, 밀양시 D면 Y마을 K씨 자택 K(여, 67세)씨 구술

자료(김영희, 앞의 논문(2017)에서 구술 자료로 인용된 바 있음).

47 당시 천막 생활을 촬영한 다큐멘터리로 〈즐거운 나의 집 101〉(조현나 감독, 2016)이라는 영화가 있다. 이 영화는 밀양 용회마을 주민들과 어린이책시민연대 및 울산 지역 활동가들로 구성된 연대자들이, 함께 생활하며 지키던 101번 송전탑 건설 예정지에 세운 천막에서 경험한 일과 송전탑이 들어선 이후 당시를 기억하며 떠올린 일들을 촬영한 다큐멘터리다.

48 다음을 참조. 조현준, 《주디스 버틀러의 젠더정체성 이론》, 한국학술정보(주), 2007 참조.; Judith Butler, Gender Trouble, Routledge, Chapman & Hall, Inc., 1990.

49 김영, 〈밀양 765kV 송전탑 건설 반대 운동에 대한 젠더 분석: 젠더 점핑의 과정과 원인을 중심으로〉, 《한국여성학》 31권 2호, 한국여성학회, 2015 참조.

50 2016년 7월 22일, 밀양시 D면 Y마을 K씨 자택 K(여, 49세)씨 구술 자료(김영희, 앞의 논문(2017)에서 구술 자료로 인용된 바 있음).

51 '여성 연대'에서 중요한 것은 분명 '밥'을 나누는 행위였다. 함께 '밥'을 짓고, 소박하지만 정겨운 '밥상'을 차리고, 그 '밥상' 앞에 둘러앉아 '밥'을 나누어 먹은 기억이, 그리고 그때 나누었던 음식에 대한 기억들이 '여성 연대'의 기억 서사에서 매우 중요한 표상으로 등장하는 것은 사실이다. 그러나 이 '밥상'의 연대가 '여성 연대'의 의미를 '여성'이라는 젠더 범주에 긴박시킨 것은 아니었다. 이들에게 '밥'은 나눔이고, 이들이 함께 마주한 자연과 자연에서 얻은 '밥상'은 모두 '생명'이었다. 이에 대해서는 다음 기회에 상론하기로 한다.

52 2017년 11월 3일, 밀양시 D면 Y마을 K씨 자택, K(여, 50세)씨 구술 자료.

53 다음을 참조. 앞의 논문, 구술 자료.

54 2015년 12월 6일, 밀양시 D면 D마을 K씨 자택 K(여, 57세)씨 구술 자료(김영희, 앞의 논문(2017)에서 구술 자료로 인용된 바 있음).

55 2016년 7월 24일, 밀양시 D면 Y마을 K씨 자택 K(여, 62세)씨 구술 자료(김영희, 앞의 논문(2017)에서 구술 자료로 인용된 바 있음).

56 2016년 7월 22일, 밀양시 D면 Y마을 K씨 자택 K(여, 83세)씨 구술 자료.

57 2016년 7월 22일, 밀양시 D면 Y마을 K씨 자택 K(여, 49세)씨 구술 자료.

58 2016년 7월 22일, 밀양시 D면 Y마을 K씨 자택 K(여, 49세)씨 구술 자료.

59 2017년 11월 3일, 밀양시 D면 Y마을 K씨 자택, L(여, 44세)씨 구술 자료.

60 2017년 11월 3일, 밀양시 D면 Y마을 K씨 자택, K(여, 45세)씨 구술 자료.

61 소리가 겹쳐지거나 뭉개져 잘 들리지 않은 부분이다.

62 소리가 겹쳐지거나 뭉개져 잘 들리지 않은 부분이다.

63 2017년 11월 3일, 밀양시 D면 Y마을 K씨 자택, K(여, 45세)씨 구술 자료.

64 2017년 11월 3일, 밀양시 D면 Y마을 K씨 자택, U(여, 46세)씨 구술 자료.

65 대표적인 '여성' 연대자들인 '어린이책시민연대' 회원들은 매달
   모여 '달공부'라는 것을 한다고 하는데 해마다 다른 주제로 공부를
   이어가고 있다고 한다. 이들의 '달공부' 주제는 탈핵, 노동, 교육 등으로
   확장되었는데 2017년에는 페미니즘 전문가를 초빙해 '달공부'를
   진행했다.

66 다음을 참조. 가야트리 스피박 외, 《서발턴은 말할 수 있는가》, 태혜숙
   옮김, 그린비, 2013.

67 〈밀양 탈송전탑/탈핵 운동의 기억과 공동체〉(연세대 국학연구원 산하
   동아시아고전연구소/비교사회문화연구소 공동학술대회, 2017년 12월
   2일, 연세대학교 새천년관 111호)라는 학술대회에서 '할머니'들이 그린
   그림을 소개한 바 있다.

68 자본주의의 태동과 발달을 가능하게 했던 산업혁명의 원동력이 된 것은
   석탄 에너지였다. 그리고 교통 운송 기술의 발달(자원의 이동과 배치)과
   상품의 대량 생산을 가능하게 한 석유 자원은 지금까지도 전 세계
   산업을 좌우하고 있다. 원자력 에너지의 발견과 활용은 시간과 자원의
   효율을 극대화하고 매장 자원이 아닌 기술력으로 에너지원을 확보할
   수 있다는 점에서 신의 에너지로 인식되었다. 특히 한국처럼 자원을
   풍부하게 소유하지 못한 사회에서 원자력발전은 그것이 가진 파괴력을
   묵인하는 일이 정당화될 정도로 신화화된다. 그러나 우리가 분명하게
   알고 있고 뼈저리게 경험하는 현실은 이들 에너지의 활용이 결과적으로
   인간을 포함한 모든 생명을 빼앗는 일이 된다는 사실이다. 그러나
   에너지는 산업의 기반으로 인식되며 산업의 문제는 언제나 먹고사는
   일, 경제의 논리로 기술된다. 원자력은 극대화된 효율적 가치만큼이나
   순식간에 모든 것을 파괴하는 가공할 힘을 갖고 있지만 이 힘이 무섭지
   않다고 감히 장담할 정도로 '싸고 효율적인 에너지'로 인식된다. 자본의
   입장에서는 원자력발전을 포기한다는 것은 생각조차 할 수 없는
   일이기에, 누군가 이런 주장을 전개하는 순간 모든 역량을 총동원해
   저지하려 드는 것이다. 그래서 '원자력은 안전하며 설사 불안전한 요소가
   있다 하더라도 현재의 기술력으로 막아낼 수 있다'거나 '설사 위험한
   일이 발생한다 하더라도 원자력을 선택하지 않음으로써 지불해야 하는
   비용만큼 의미가 있는 것은 아니다'라는 모순되거나 허구적인 말로
   대중을 설득하기도 한다. 자본은 이런 주장을 관철시킬 만큼의 힘을 갖고
   있으며 그 힘에는 학자들을 포함한 전문가와 그들의 담론, 그리고 그
   담론이 가진 사회적 권력이 포함된다.

참고문헌

김영, 〈밀양 765kV 송전탑 건설 반대 운동에 대한 젠더 분석:젠더 점핑의
　　과정과 원인을 중심으로〉,《한국여성학》31-2, 한국여성학회, 2015,
　　1~53.

김영·설문원, 〈구술 생애사 기록을 통해 본 사회참여운동의 맥락: 밀양 765kV
　　송전탑 건설 반대 운동에 참여한 여성 주민들의 구술생애사 분석을
　　중심으로〉,《한국기록학연구》44, 한국기록학회, 2015, 101~151.

김영희, 〈밀양 765kV 송전탑 건설 과정에서 발생한 마을공동체 해체 관련
　　구술 조사 보고서〉, 국회의원회관 보고대회 자료집, 2017.

김영희, 〈표현의 갈망과 청취의 윤리: 여성 구술의 사회적 역능〉,《상허학보》
　　51, 상허학회, 2017, 51~102.

김영희, 〈구술 기억과 서사적 표상:밀양 765kV 송전탑 건설 반대 운동
　　참여자들의 구술 서사를 중심으로〉,《언어사실과 관점》42, 연세대학교
　　언어정보연구원, 2017, 1~34.

로절린드 C. 모리스·가야트리 스피박 외,《서발턴은 말할 수 있는가》, 태혜숙
　　옮김, 그린비, 2013.

미셸 푸코,《담론의 질서》, 이정우 옮김, 서강대 출판부, 1998

미셸 푸코,《주체의 해석학》, 심세광 옮김, 동문선, 2007

밀양765kV송전탑반대대책위원회,《밀양송전탑 반대 투쟁 백서》, 2015.

밀양구술프로젝트,《밀양을 살다》, 오월의봄, 2014.

반 데이크,《텍스트학》, 정시호 옮김, 아르케, 2001(2판 1쇄).

박은희, 〈밀양송전탑 건설을 둘러싼 여성들의 저항과 힘: 애통의 정치학에서
　　애통의 윤리학으로〉, 이화여대 석사학위논문, 2016, 1~135.

사이토 준이치,《민주적 공공성》, 윤대석·류수연·윤미란 옮김, 이음, 2009.

사이토 겐이치로,《전기 없이 우아하게》, 이소담 옮김, 티티, 2015.

스베틀라나 알렉시예비치,《체르노빌의 목소리》, 김은혜 옮김, 새잎, 2011.

신고리 5·6호기 백지화를 위한 밀양 할매할배들의 탈핵탈송전탑 원정대,
　　《탈핵》, 밀양765kV송전탑반대대책위원회, 2017.

알라이다 아스만,《기억의 공간》, 변학수·채연숙 옮김, 그린비, 2011.

야마모토 요시타카(山本義隆),《나의 1960년대》, 임경화 옮김, 돌베개, 2017.

앤터니 기든스,《현대 사회학》, 김미숙 외 옮김, 을유문화사, 1992.

한나 아렌트,《예루살렘의 아이히만》, 김선욱 옮김, 한길사, 2006.

J. L. 오스틴,《말과 행위: 오스틴의 언어 철학, 의미론, 화용론》, 김영진 옮김,
　　서광사.

Richard Bauman, *Verbal Art as Performance*, Waveland Press, 1984.

Maurice Halbwachs, *The Collective Memory*, Harper Colophon Books, New York: Harper & Row, 1980.

Maurice Halbwachs, *On Collective Memory*, Univ.Chicago Press, 1992.

련, 영화 〈즐거운 나의 집 101〉, 다큐멘터리, 88분, 2016.

2장 미디어: 사회운동 영역

밀양 송전탑 13년,
일상으로 돌아오고 싶다

이계삼(밀양 765kV송전탑 반대 대책위원회 사무국장)

1. 들어가며

　　두 달이 넘어가지만, 여전히 나는 2017년 10월 20일 아침이 종종 떠오른다. 광화문 정부종합청사 앞, 신고리 5, 6호기 공론화위원회의 발표를 앞두고 밀양 송전탑 반대 주민 어르신들과 함께 수십 명 취재기자들의 카메라 플래시가 터지던 그 자리에서 108배를 하던 날의 기억이다. 108배를 마치자마자 발표가 났다. 19퍼센트 차이의 패배. '질 것 같다'는 예감은 있었지만, 그렇게 크게 질지는 몰랐다. 공론화 석 달의 마지막 순간, 발표 현장에 그렇게 사람이 적게 모일지도 몰랐다. 그 자리에는 밀양 어르신들과 몇 명의 연대 활동가들 외에 다른 사람은 없었다. 그 열댓 명이 3~40명이나 되는 기자들 앞에서 108배를 하고, 발표 뒤에는 끌어안고 통곡하던 그 시간 내내 나는 '모두 알고 있었고, 우리만 모르고 있었던 것 같은' 낯설음에 사로잡혔다. 지난 6년 동안 현장에서 끌려 나오고 내동댕이쳐지던 익숙한 관성이 몸으로 되살아났다. 결국 이렇게 되고 말 것을, 무슨 바람으로 지난 몇 개월 우리는 그렇게 미친 듯 다니며 일해야 했을까. 나는, 그리고 이 할매 할배들은.

신고리 5, 6호기 백지화는 우리 밀양에게는 거의 마지막으로 부여잡은 동아줄이었다. 어차피 돈을 바라지 않았고, 그저 철탑 없이 '지금 이대로' 살고 싶다는 소망으로 시작한 싸움이었다. 그리고 13년, 철탑은 들어섰고, '졌다고 생각하지 않지만, 그 어떤 것에서도 작은 승리조차 맛보지 못한' 시간이었다.

문재인 대통령이 백지화 공약을 지키지 못하고 '공론화'라는 이름으로 신고리 5, 6호기 건설 여부를 시민에게 던졌을 때, 주민들이 공약 후퇴를 규탄하는 시간은 짧았고, '피해갈 수 없는 과정이 되었다면, 석 달 바짝 싸워서 이기자'는 의지로 모여들었다. 이미 떠날 사람들은 떠났다. 한전과 합의를 하고 받은 돈으로 마을마다 부동산을 사서 나눠 가지며 돈잔치들을 했다. 그래봤자 1,000만 원 2,000만 원, 철탑으로 입은 피해에 비하자면 푼돈이지만, 시골 노인들에게 작은 돈은 아니었다. 어느 마을은 3억 주고 건물을 샀는데 5억으로 값이 뛰어 2억 차액을 남겼다고 한다. '우리는 몇천씩 나눠 먹게 되는데, 반대파 너네들은 10년 넘게 데모해서 얻은 게 뭐냐'는 조롱에 시달리는 마음들은 몹시 쓰라렸다. 이미 완공된 초고압 송전선로로 신고리 1, 2, 3호기 전력이 흐르고 있고, 바람이 부는 날 잠을 못 이룰 정도로 소음에 시달리는 날이 부지기수였다. 목돈이 필요해서 땅을 처분하고 싶어도 보러 오는 사람이 없다. 이런 처지에서 밀양 주민들이 신고리 5,

6호기 백지화를 바라는 마음은 정말 절박했던 것이다. '너네들은 돈 몇천 받고 말았지만, 우리가 데모해서 원전 두 개를 없앴다, 이제 이 철탑으로 흐르는 전기는 여기서 스톱이다, 우리가 데모해서 얻어냈다, 우리가 대한민국의 탈핵을 열어젖혔다.' 반대 주민들은 돈 대신 이런 자부를 원했던 것이다. 그리고, 정말 열심히들 다녔다. 석 달 동안 전국 스물세 군데를 다녔다. 기자회견, 토크콘서트, 집회, 문화제. 탈핵 소책자를 찍어서 4만 부를 배포했고, 공론화 발표가 있기까지 마지막 4박 5일은 아예 서울에서 먹고 자며 곳곳에서 108배로 호소했고 밤에는 촛불을 들었다. 그리고, 그날 10월 20일, 주민들은 다시 길바닥에서 눈물을 흘려야 했다. 이런 일은 다시 겪고 싶지 않았는데, 그리고 이 일에 책임을 느껴야 할 수많은 이들은 따로 있는데, '두 마리 토끼를 다 잡았다'는 대통령과 여당, 신고리 5, 6호기 건설로 천문학적 수익을 보장받은 이들은 다른 곳에서 환호하고 있을 때, 신고리 때문에 이 싸움판에 끌려들어온 노인들이 온 힘을 다해 애쓰고도 이 모든 수치와 고통을 다 감당하고 있다는 느낌 때문에 나는 10월 20일 아침 그 시간이 잊히지 않았던 것이다. 그리고 지금도 어쩔 수 없는 상처가 되어 있다.

지금 주민들의 좌절은 매우 깊다. 대책위 사무국장으로 일해온 지난 7년의 경험을 돌이켜보건대, 나와 활동가들은 주민들의 높은 자발성에 '떠밀려' 지금까지 왔다. 그런데, 지금은 주민들이 좀처럼 기운을 내지 못하고 있다. 누군들 밀양 주민들에게 '이것저것 좀더 해보면 어떻겠느냐'고 말할 수 있겠는가. 주민들은 지금껏 할 수 있는 모든 것을 다 했다. 이제는 정말, 더 할 게 없다. 그러므로 공은 이제 청와대와 정부 여당, 정치의 공간으로 넘어가야 한다. 한전과 경찰, 가해자 집단이 스스로 해결책을 내놓아야 한다. 그렇게 되어야 하는 이유와 지나온 과정을 이제부터 조금 읊어보려고 한다.

2. 밀양 송전탑 투쟁 약사

애초에 '탈핵'은 생각지도 않았던 싸움이었다. 주민들은 조금 큰 전봇대 하나가 들어온다는 정도로 알고 있었다. 김대중 정부 시절이던 2000년 1월, 제5차 정부 장기 전력수급계획이 확정되면서 고리 핵발전단지에 신고리 1~8호기까지 새로 만들 계획을 세우면서 이 전기를 수도권으로 수송할 초고압 송전선이 언급된다. 아마도 고리 1~4호기 또한 설계수명이 종료되고도 폐쇄하지 않고 연장 가동할 심산이었을 것이다. 그래서 이미 가동 중인 세 개의 345킬로볼트 초고압 선로 외에 상용화된 것으로는 세계 최고압인 765킬로볼트 선로를 계획하고, 주민들에게는 모든 것을 일체 비밀로 한 채 노선까지 확정했다. 그리고, 2005년 8월에 전체 주민의 0.6퍼센트만 참여한 설명회가 개최된 것이다. 노선이 확정된 지 8년 4개월이 지나, 공사가 시작되기 직전에 자신의 집 뒤로 765킬로볼트 송전선로가 지나간다는 걸 통보받은 상동면 고정마을 유한숙 노인은 결국 음독 자결하게 된다.

그런데, 여전히 남는 질문이 있다. 이 송전선로는 과연 필요했냐는 것이다. 김대중, 노무현 이른바 민주정부 10년 동안에도 변함없이 극악했던 개발 과잉, 중복 투자는 에너지계에도 어김없었다. 단적으로 올해 2017년 한여름, 그 무더운 시절에도 전체

전력설비의 3분의 1이 발전할 준비가 다 되어 있었지만, 수요량이 미치지 않아서 '놀았다'. 밀양 송전선로는 애초 수도권까지 이어질 계획이었는데, 2006년 수도권 연계 계획이 폐기되었다. 그때 노선을 새롭게 조정하거나, 지중화 등 폭넓은 대안이 가능한 345킬로볼트 선로로 전압을 낮추었더라면 밀양 투쟁은 이렇게까지 전개되지 않았을 것이다. 그런데, 저들은 다른 나라에서는 민가 근처에도 오지 않는다는 세계 최고압의, 1,000킬로미터 이상의 장거리 송전을 위해 쓴다는 765킬로볼트 송전선로를 고작 90킬로미터 송전을 위해서, 전력수요 증가도 우리나라에서 가장 더딘 대구권 전력 부하를 감당하기 위해 건설하게 된다. 말하자면 '낙장불입'이고, 전형적인 과잉 설비이다.

노선 선정도 그러했다. 납득하기 어려운 일들이 너무 많았다. 대표적인 사례 둘만 꼽자면 이렇다.

위의 그림은 고(故) 이치우 어르신이 분신하신 102번 철탑 인근의 노선이다. 선로가 바가지 모양으로 휘어서 세 개 마을 170여 세대가 병풍처럼 철탑에 둘러싸이게 되었다. 직선으로 곧장 가게 되면 산길을 따라 산천농원 쪽 10여 가구만 이주하면 되는 일인데, 왜 이렇게 되었을까. 산천농원은 당시 밀양시장의 조카가 운영하던 곳이었다. 의혹에 대해 한전은 아직까지 한번도 납득할 만한 설명을 해준 적이 없다.

아래 그림도 그렇다. 경상북도 청도군으로 넘어가지 못하고 뱅뱅 돌아서 최종점인 경남 창녕 북경남 변전소로 가는 것을 볼수 있을 것이다. 당시 청도의 국회의원은 박근혜의 오른팔 격인 최경환이었고, 사업 승인이 나던 2007년은 이명박과 박근혜가 한나라당 후보를 두고 본선 같은 경선을 벌이던 시절이었다. 박

산천농원을 피해 바가지모양으로 돌아가는 단장면 ~ 산외면 구간 노선

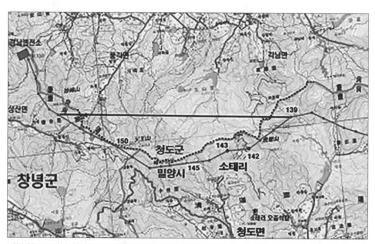

경북 청도로 넘어가지 못하고 뱅뱅 돌아서 경남 창녕으로 돌아가는 청도면 ~ 북경남 변전소 구간 노선

정희에 대한 향수가 드높은 새마을운동의 발상지 청도에 765킬
로볼트 초고압 선로가 들어오게 된다면 적지 않은 균열이 생길
것이다. 이런 상황을 염려한 모종의 정치적 타협이 희한한 노선

으로 이어지지 않았을까, 주민들은 의심하고 있다.

3. 국가폭력

주민과 활동가 67명이 기소되어 지난 3년 동안 재판을 이어 왔다. 그 과정에서 우연히 경찰이 면사무소를 통해 모든 주민들 의 사진 명렬표와 주소 등을 확보한 자료를 보게 되었다. 현장에 서 복면한 상태로 연좌해 농성하는 주민에게 경찰이 '아무개씨, 빨리 해산하세요'라고 이름을 부르면 '저놈이 어떻게 나를 알아 보았을까' 하는 오싹한 마음에 주민들은 공포를 느낀다. 그리고 공직에 있거나 관과 가까운 일에 종사하는 자녀들에게는 한전이 나 경찰의 연락이 가고, 모종의 채근과 압박을 가한다. 이렇게 해 서 많은 주민들이 압박을 느끼고 투쟁 대오에서 빠졌다.

지난 12년 동안 381명이 한전이 제기한 민·형사소송에 연 루되었고, 주민 383명이 경찰에 입건되었다. 두 명의 주민이 목 숨을 끊었다. 2013년 10월, 13차 공사 재개 당시에는 연인원 38 만 명의 경찰 병력이 9개월 동안 숙식비로만 100억 원의 돈을 쓰 면서 계엄군처럼 주둔했다. 마지막으로 현장을 점거하고 버티던 4개 농성장에 대한 2014년 '6·11 행정대집행'은 실로 문명국가의 수치라고 할 수밖에 없는 폭력과 야만으로 점철되었다.

그리고, 국가폭력의 가해자들은 자기들끼리 잔치를 했다. 2014~2015년간 집회 시위 유공으로 표창받은 경찰관의 64.6퍼 센트, 특진자의 70퍼센트가 밀양 송전탑 진압 유공자로 밝혀졌 다(2015년 국회 임수경 의원실 국정감사 자료). 당시 밀양경찰서장

김수환은 청와대 22경호대장을 거쳐 지금은 가장 노른자위라는 종로경찰서장이 되어 있다. 당시 작전 책임자였던 이철성은 지금 경찰청장이다. 그리고 당시 공권력 투입의 주체였던 이성한 경찰청장은 퇴임하자마자 한전의 상임감사가 되었다. 전력 분야 세계 1위라는 한전에 에너지 분야의 아무런 경력도 없는 치안 전문가가 상임감사로 재취업한 것은 밀양 송전탑 진압에 대한 보은으로밖에 설명할 수가 없다. 그리고 밀양 주민들은 여전히 경찰로부터 당한 폭력과 상처를 안고 살아가고 있다. 경찰관에게 수술한 무릎을 밟힌 주민들은 아직도 후유증에 시달리고, 치료약을 달고 산다. 경찰에게 들려 나올 때 바지가 벗겨져 엉덩이가 보이려 했던 일만 생각하면 눈물부터 난다는 주민이 있다. 대책위활동가들이 2014년부터 1년 반 동안 주민들을 모시고 정신과 진료를 받게 하고 항우울제, 수면제, 신경안정제를 처방받도록 주선해드린 게 250여 회에 달한다.

그동안 겪은 거짓말은 또 어떤가. 2008년 당시 주민들은 '신고리 1, 2호기가 완공되었지만, 밀양 주민들 때문에 송전을 못해서 하루 28억 손실이 난다'는 압박에 시달렸다. 그러나, 한전은 고리 핵발전단지에 연결된 기존 송전선로로 우회 송전을 했다. 신고리 3, 4호기 때도 밀양 주민들 때문에 전기를 못 보내서 2013년 여름철 전력난이 극심해진다며 지역이기주의의 표상으로 보수 언론의 뭇매를 맞았다. 그런데, 한전 부사장 변준연이라는 자가 기자들에게 식사자리에서 무심결에 진실을 털어놓고 말았다. 밀양 송전탑 공사는 이명박 정권 당시 아랍에미리트에 수출한 핵발전소의 참조 모델인 신고리 3, 4호기를 2015년 9월까지 이상 없이 완공해 송전하기로 약속했기 때문에 계약 위반에 따른 패널티를 물지 않기 위해, 다른 말로 한국형 원자로의 수출 신인도 때문에 강행된 거라고 말이다.

한전은 밀양에서 무수한 돈을 뿌렸다. 밀양 지역 30개 마을 전체에 책정된 보상 규모는 애초 책정된 47억에서 네 배가 넘는 185억 원으로 훌쩍 증액되었고, 그 외에도 태양광 밸리 등 13개에 이르는 보상안으로 확대되었다. 그 소요 비용은 수백억 대에 이른다. 아울러, 밀양 지역에 지정이 확정된 나노 국가산업단지는 조성하는 데에만 6,000억이 든다. 그뿐인가. 이를테면 찬성 주민들에게만 마을별로 수천만 원의 돈을 별도로 주었다. 그 돈으로 제주도니 어디로 여행을 며칠씩 다녀오면서 선물 보따리를 들고 돌아온다. 반대 주민들은 더한 분노가 차오른다. '저 돈이 결국 우리들 합의하도록 압박하는 술책'이라는 사실 때문에 그 돈을 받아 놀러 다니고 선물세트 돌리고 고기 먹으러 다니는 찬성 주민들에 대한 미움은 커져만 간다. 그리고, 이 모든 자금 제공은 법적으로는 문제되지 않는다. 한전의 자체 내규로 경영상 필요하다고 판단되면 공식 합의금 외에도 돈을 이렇게 뭉텅이로 내줄 수 있도록 되어 있다. 국회 국정감사에서 이를 지적당하자 한전 사장은 당당하게 "우리는 공사가 끝났다고 해서 떠나지 않는다. 찬성 주민들이라도 힐링하라고 그 돈을 준 거다"라며 꼿꼿이 고개 쳐들고 답한다.

밀양 시내와 5개면 마을들에는 한창 때는 송전탑 건설의 불가피성을 강변하며 반대 대책위를 조롱하는 현수막이 어림잡아 1,000장 이상이 걸렸다. 그리고, 우리 쪽 현수막은 걸리기가 무섭게 갈가리 찢겼다. 매수와 검은 거래도 적지 않았을 것이다. 우연히 확보한 한전과 찬성 주민대표, 관 측 대표들과의 회의록에는 이렇게 적혀 있다. "한전이 공사를 성공적으로 마무리한 배경에는 우리 5개면 주민대표위원회가 있었다. 한전은 누구보다 우리에게 감사해야 하는데, 이제는 연말연시가 되어도 인사도 안 한다. 필요할 때는 애타게 찾더니, 이제는 관심에서 멀어져 서운하다." 무언가 더 얹어달라는 노골적인 요구다. 민주당 김병관 국회의원실을 통해 확보한 자료에는 이들 찬성파 주민대표들에게는 회의비만 1인당 2,000만 원가량 지급되었고, 러시아산 보드카를 돌리고, 1인당 수십만 원씩 하는 쇠고기 회식을 하고, 제주도 여행을 다녀오기도 했다. 공식 지출이 이러했고 그것으로 끝이라고 믿는 이는 아무도 없다.

"마을에서 왕따지요. 저는 혼자여도 괜찮아요. 잘못된 것을 바꾸고 있으니까요. (송전탑 건설을 찬성했던) 주민들 만날 때가 가장 고통스럽지만, 주민들 있는 마을회관 안 가면 돼요. 그런데 연세 많은 어르신들은 아니에요. 어르신들이 일을 못 하니까 마을회관에서 시간을 보내셔야 하는데, 가면 먹을 때도 왕따, 이야기할 때도 왕따가 돼요. 현장에서 정신적으로 가장 고통스러운 일이에요. 지금 생각해보면 돈만 아니었으면 마을이 이렇게 박살나지는 않았을 텐데······."

"이제 내 평생 꿈이 무너졌다. 나중에 자식들 늙으면 밀양 와서 살라고 지금까지 땅 열심히 일궈놓았다. 이제 누가 여기 들어오려고 하겠나. 우리 동네는 죽을병 걸린 사람도 들어오면 다 낫고 가는 곳이었는데 이제는 아니다."

지난 3년 동안 반대 주민들은 처절한 고립과 따돌림을 겪어 왔다. 반대 주민들이 살고 있는 10여 개 마을 중에서 어떤 마을 은 반대 주민들이 절반가량이 되어 찬성파 주민들에게 꿀리지 않고 지내지만, 어떤 마을은 2 대 8, 1 대 9 이런 식으로 소수에 불과하다보니, 마을회관에 가지도 못하고, 이러지도 저러지도 못 해서 혼자서 지내는 주민도 적지 않다. 찬성파 주민들 중에서 이 재에 밝은 이들은 반대 주민들이 수령하지 않은 보상금을 한전 에 요구해 마을공동사업비로 전환해서 수령한 뒤 이 돈으로 부 동산을 사서 찬성 주민들만 되팔아 나눠 갖는 일도 여러 마을에 서 벌어졌다. 마을회가 해산되고, 부녀회가 해산이 되고, 찬반 주 민 간에 칼부림 사고도 났다.

이런 사례들을 모아 2017년 초에 보고서를 만들고 3월에는 국회에서 증언대회까지 했다. 국회의원들도 많이 알고 있다. 그 렇지만 이 모든 마을공동체 파괴의 원흉인 한전을 건드리지는 못한다. 어쨌든 '합법'이기 때문이다. 그러나 국회도 한전에게 이 러한 악독한 관행에 대해 시정조차 요구하지 못한다. 나는 한전 이 에너지계의 삼성 같은 존재가 아닐까 생각한다.

4. 밀양 송전탑 반대 주민들의 바람

주민들이 바라는 바는 무엇일까. 지금 가장 간절한 것은 진 상 조사와 책임자 처벌이다. 위에서 나열한 그 모든 폭력과 의 혹에 대해서, 그리고 일생 동안 삶의 근거지였던 마을을 갈가리 찢어놓은 그 돈의 진상을 밝히고 책임 있는 자가 사과하고 다시는 이런 일이 없도록 제도를 바꾸라는 것이다. 이것이 마을공동체의 화해의 기초가 될 것이다. 우리가 서로 싸울 일이 아니었다는 것, 우리는 원래 한 마음이었으되 저 공권력의 폭력에 시달리다 가는 길이 달라진 것이고, 한전이 뿌린 돈이 서로를 미워하게끔 만들었다는 것, 지나간 일은 잊고 예전으로 돌아가기 위해 애쓰자고 손 내밀기 위해 '진실'의 회복은 가장 기본적인 과정이 될 것이다.

두 번째는 재산, 건강 피해의 실태라도 조사해달라는 것이다. 평생을 일구어놓은 재산이 한순간에 나락으로 떨어졌고, 저 철탑을 바라보며 그 아래서 남은 생애를 살아가야 하는 이들의 건강권을 지켜달라는 것이다. 올해 3월, 밀양을 비롯한 당진, 횡성, 청도, 군산 주민 2,024명이 국회에 재산, 건강 피해를 조사해달라고 청원을 넣었다. 그런데, 3월에 넣고 9개월이 지나도록 청원 심사 소위조차 열리지 못했다.

세 번째는 밀양 송전탑을 가능하게 했던 에너지 악법을 고치라는 것이다. 전원개발촉진법, 전기사업법, 송주법, 자본과 권력에게 일방적인 우위를 부여한 현재의 에너지 독재 시스템은 너무나 강고하다. 너무 강고해서 스스로도 변화를 못한다. 이를테면 전원개발촉진법에서 송전선로든 발전소 지역이든 해당 지역 주민들의 동의 요건 하나만 추가되어도 지금의 에너지 시스템이 와르르 무너진다. 송전선을 못 세우고, 발전소를 지을 수 없다. 박정희로부터 내려온 40년 된 체제가 일거에 무너지기 때문에 작은 변화조차 손댈 수 없는 것이다.

마지막으로는 신고리 핵발전소 중단으로 밀양 송전탑을 철거하는 것이다. 그러나, 이제는 이 이야기를 하기가 어려워지고 말았다. 신고리 5, 6호기가 백지화되었다면 밀양은 60년을 기다리지 않고 철거해달라는 요구를 할 수 있었다. 어차피 2025년까지 고리 2~4호기가 폐쇄되니, 이제 고리 핵발전단지에는 신고리 1~4호기만 남고, 그러면 고리 단지에 연결된 밀양 송전선로를 포함한 네 개의 초고압 선로도 자연스럽게 철거 이야기가 나올 수밖에 없으니, 그 우선순위에 애초에 필요하지 않았던 밀양 송전선로를 넣어달라는 것이었다. 그러나, 이제 신고리 5, 6호기 건설이 기정사실화됨으로써 밀양 송전탑의 조기 철거는 이야기하기가 사실상 어려워졌다.

5. 문재인의 '선의'와 한전의 힘, 그리고 밀양이 남긴 것

그는 낙선한 18대 대통령선거 당시에는 주민들이 탈핵 행사차 가 있던 서울 청계광장 부스로 직접 찾아와서 주민들에게 '밀양 송전탑 원점 재검토'를 약속했다. 그가 18대 대선에서 당선되었다면 밀양의 운명은 퍽 달라졌을 것이다. 낙선한 뒤, 국회의원이던 2014년 6월 8일, 행정대집행 직전에 그는 밀양을 찾아왔고, 밀양을 찾은 정치인들 중에서 가장 오랫동안 밀양에 머무르며 무려 다섯 시간 동안 주민들의 그 가슴 아픈 이야기를 모두 들었고, 무언가 도울 길을 찾겠다고 약속했다.

그는 국회의원 시절이었지만, 송주법 제정 당시에도 "보상법은 필요하다고 생각하나, 당사자인 밀양 주민들이 반대하고 있기 때문에 기권한다"는 뜻을 밝히기도 했다. 그리고, 밀양 주민들이 지난 대통령선거 유세 현장에 찾아갔을 때에도 할머니들이 내민 피켓을 들어 흔들어주기도 했다.

그러나, 지금 밀양은 국정 현안에도 적폐청산의 대상으로 거론되는 사안에도 올라 있지 않은 것 같다. 주민들에게 가했던 무참한 경찰 폭력을 따지는 경찰인권침해진상조사위는 독립 기구가 아닌 경찰이 자체 훈령으로 구성해 외부 인사를 영입한 셀프 형식으로, 법적으로는 자문기구이다.

한전은 전남 나주에 둥지를 틀고, 호남 지역의 재생에너지 단지와 한전 공과대학 유치를 추진하면서 호남 개발의 총아로 자리 잡았다. 민주당 최고위 회의를 한전 본사에서 진행하는가 하면, 조환익 사장이 이른바 '촛불정부'라는 문재인 정권의 초대 산업부 장관의 유력 후보로 거론될 정도로 여권 내에서 그 위치는 막강하다. 자신의 치부를 드러내고 당사자에게 사과하는 일은, 상식적으로는 쉬운 일이지만, 세계 1위 전력회사에게는 쉽지 않은 일이 될 것이다.

밀양 이후, 정치 논리로 사실상 대통령이 최종 결정하는 전기요금을 제외한 한전의 최대 사업 영역인 송·변전, 배전 사업에서 굵직한 신규 송전선로 건설 사업은 대부분 중단되어 있다고 한다. 신규 765킬로볼트 송전선로 사업인 신울진-신경기 765킬로볼트 계획은 이미 폐기되었고, 사업비가 네 배가 더 들고 지중화가 용이한 500킬로볼트 HVDC(고압 직류 송전) 방식으로 전환했다. 물론, 그 배후에 동해안의 석탄화력발전소 문제가 여전히 있고, 신울진 3, 4호기를 취소했음에도 계속 추진하는 것은 이를테면 경과 예정지인 강원도 횡성 주민들에게는 이미 설치된 765킬로볼트 선로에 이은 또 하나의 횡액이긴 하지만 말이다.

밀양 투쟁으로 송주법이 제정되어 2,000억 원대의 돈을 매년 초고압송전선로 주민들에게 보상금으로 출연하도록 했고, 전국 곳곳의 송전선로 건설 사업들은 밀양 이후 훨씬 대형화·조직화된 민원 앞에서 힘겨워하고 있다. 박근혜 정부는 '제2차 국가에너지기본계획'(2013)에서 발전소 건설 계획에 따라 부수적으로 송변전 설비를 건설하던 방식에서 송전망 제약하의 발전 설비 입지 확보 방식으로 전환하기로 원칙을 정했다. 송전선로 입지 문제로 발전소 건설 제약이 벌써 이루어져서 강릉에 추진되던 동부 하슬라 화력발전소가 송전선로 문제로 결국 계획이 취소되었다. 행정대집행법이 일부 개정(2015.4.30.)되었고, 심야 시간대와 새벽 시간대에 행정대집행을 못하게 개정되었다. 그리고, 밀양 투쟁은 무엇보다 한국사회의 탈핵 운동에 영감을 주었고, 후쿠시마 사태 이후 한국의 탈핵 운동 대중화에도 크게 기여했다.

　여기서 한전이 이 모든 상황들의 도화선이 된 밀양에서 사과하고 진상조사를 받아들이면서 마을공동체 파괴와 온갖 술수와 음모로 점철된 과거를 인정하고, 책임자를 처벌하고, 제도 개선을 약속하게 된다면, 한전은 이후 신규 송전선로 사업을 과거의 방식으로는 진행할 수 없게 될 것이다. 그리고, 천문학적인 돈을 새로 들여야 할 것이다. 송전선로를 건설하지 못하면 신규 발전소 건설도 진행할 수 없다.

　세계 1위의 전력회사가 처한 딜레마의 결절점에 아직 밀양이 머물러 있다. 그런데 밀양 송전탑 반대 주민은 100여 세대로 쪼그라들어 있고, 산업부는 밀양 주민의 4대 요구안에 대해 "이미 극소수의 주민들만이 남아 있고 대다수 주민은 한전과 합의했다"며 사실상 '무시하겠다'는 뜻을 공문으로 표현하는 상황이다.

밀양은 여전히 배제당하고 있다. 19대 대선을 앞두고 민주당의 핵심 의원 두 사람을 어렵게 만났다. "왜 문재인 후보 대선 공약에 탈핵, 탈석탄은 있는데 탈송전탑은 없느냐"고 따지듯이 물었다. 그 국회의원의 답은 "탈핵, 탈석탄이 되면 자연스럽게 탈송전탑이 되는 거 아니냐"는 것이었다. 순간, 나는 어떤 모욕감을 느꼈다. 밀양 주민들이 12년간 싸웠고 지금 전국 여섯 개 지역들도 대부분 10년 이상씩 싸워왔다. 다친 주민이 부지기수이며, 아직도 제도 개선은 하나도 이루어지지 않았다. 그런데, 탈핵, 탈석탄하면 자연스럽게 탈송전탑이 된다니. 민주주의는 이런 것이 아니지 않는가. 탈핵 운동이란 전기의 원천을 우라늄에서 태양과 바람으로 바꾸자는 시스템 전환 운동만은 아니지 않는가. 부조리와 폭력, 지속 가능성, 민주주의, 그리고 이 세상에서 산다는 것의 의미를 따져묻는 그런 운동이 아니었던가. 그런데 정치의 마당에서 이를테면 밀양 송전탑 투쟁이 받고 있던 처우란 이런 것이다. 그리고, 지금 문재인 정부에서 탈핵은, 탈석탄은 제대로 이루어지고 있는가? 탈송전탑은 말할 것도 없이.

6. 그렇다면 밀양은

끝나지 않았고, 끝낼 수도 없는 싸움이다. 반대 투쟁은 자전거와 같다. 페달을 밟아 어떻게든 전진해야 한다. 페달 밟는 것을 멈추는 순간 자전거는 쓰러지고 만다. 밀양은 이미 2013~2014년을 지나면서 전국적인 이슈에서 내려와야 했다. 그것은 당연한 것이다. 이 다이내믹한 한국사회에는 얼마나 많은 일들이 일어나고 있는가.

철탑이 완공되고 난 이후 '밀양은 끝났다'는 이야기, 밀양 시내에서 1인 시위를 하거나 집회를 준비하거나 할 때, 지나가는 사람들이 생각 없이 던지는 말, "아직도 그거 하고 있소?"라는 소리는 아직 아무것도 해결되지 않은 싸움을 하는 이들에게는 매우 듣기 괴로운 이야기다.

대체, 무엇이 끝났다는 말인가. 끝나지 않았고, 끝내고 싶지만 이렇게는 끝낼 수 없는 싸움이다. 시지프스처럼 반복되는, 상황과 상황의 반복이다. 투쟁도 권태가 있다. 그것을 견디며, 뭉개가며, 한걸음 한걸음 무릎걸음으로 밀고 온 지난 13년이다.

그러나 우리는 어쨌든 일상으로 돌아와야 한다. 언제나처럼 페달을 밟으며 전진할 수만은 없다. 달리는 자전거에서 내려와 걸어갈 수 있어야 한다. 일상에서, 일상을 살면서, 길고 오랜 과제를 안고, 길을 걸어가야 한다. 우리는 큰 것을 바라지 않는다. 정부와 한전, 경찰공권력이 주권자이자 당사자인 주민들에게 '잘 못했다'고 사과하는 것이다. 그러나 이것이 또한 얼마나 '큰 것' 인지도 우리는 알고 있다.

230차를 넘어서는 촛불집회를 밀양에서 치러냈다. 그 숫자만큼이나 될 원정집회와 전국 순회와 상경 투쟁 행사를 치러냈다. 산속 움막 농성장을 최대 아홉 곳까지 유지했다. 거기에서 먹고 자며 보낸 시간들의 총합은 도대체 얼마가 될까. 13년이라는 투쟁을, 383명의 민형사 소송, 381명의 입건, 2명의 자결, 2억의 벌금, 어떤 수치로써 우리가 걸어온 길을 표현할 수 있을까.

7. 밀양의 길이 있을 것이다

우리 100세대는 아마도 헤어지지 않을 것이다. 남은 생애를 '밀양 송전탑 반대 투쟁'의 기억 속에서, 그때 맺어진 인간관계 속에서, '밀양의 과제'를 안고서 살아가실 것이다. 13년간 늘 당하기만 했고, 지기만 했지만, 마지막 순간에 거둘 그 '작은 승리'가 우리에게는 승리의 훈장이 될 것이다. 우리는 지금 이것이 너무나 절실하다.

삶과 죽음, 인생의 의미, 사랑과 욕망, 이런 형이상학적 가치가 아니라, 먹고 살고, 만나고 헤어지고, 노동하고 휴식하는 일상의 삶, 그러니까 형이하학적인 관점에서 근대의 물질적 삶을 구성하는 핵심적인 요소가 바로 에너지, 곧 '전기'이다. 정전되면 일상은 암전된다. 그 '전기'로써 우리는 이 체제와 맞붙게 되었다.

13년의 투쟁을 거쳐 100세대로 남은 주민들은 '지금 이대로'를 말할 수 없다. 나는 그것이 괴롭다. 주민들은 송전탑 투쟁 이전으로 되돌아갈 수 없게 되었다. 회복해야 할 과거도, 보장된 미래도 없이 '지금 여기'를 살아갈 뿐이다.

공론화와 밀양 할매들

고준길(밀양 765k송전탑 반대 대책위원회 대책위원, 밀양 주민)

1. 들어가며

밀양은 우리나라 3대 누각의 하나인 영남루를 휘감아 흐르는 밀양 강과 산세의 경관이 수려하다. 또한 일제강점기에 의열단을 조직하여 독립운동에 앞장선 선열들의 넋을 기리는 독립기념관이 있다. 밀양 출신이고 상해임시정부 초대 재무위원이었던 아내의 할아버지 일로 독립기념관을 들렀을 때 밀양에 독립운동가들이 그렇게 많은 줄 처음 알게 되었다. 밀양 할매들의 송전탑 싸움은 그러한 불의에 대한 저항정신이 이어져오는 것이라 생각한다.

우리나라 최대 공기업인 한전을 상대로 9년 동안 단 한 개의 철탑도 못 세우게 막아냈지만 3,000명의 공권력이 투입되어 1년 여 만에 52개의 철탑이 모두 세워지게 되었다. 밀양 할매들

2장 미디어: 사회운동 영역

은 땅을 치고 가슴의 쥐어뜯으며 억울하고 분해서 통곡했다. 하늘이 무너져 내리는 낭패감과 자괴감을 뒤로하고 "우리는 지지 않았다. 이 불의의 국가권력에 절대 굴복할 수 없다"며 다시 일어섰다.

밀양 송전탑 싸움이 부당한 국가권력에 맞선 정당한 싸움이었음을 후세에 전하기 위해 《밀양송전탑 반대투쟁 백서》를 만들고, 전국의 송전탑 투쟁 지역과 연대한 송전탑 투쟁을 이어가기로 했다. 또한 송전탑을 따라가면 그 끝에 핵발전소가 있다. 이 핵발전소를 못 짓게 하면 송전탑을 뽑는 날이 올 것이라는 희망으로 탈핵 운동에도 적극 연대하기로 했다.

촛불혁명 후 새 대통령으로 선출된 문재인 대통령은 탈핵을 간판 공약으로 내걸고 신고리 5, 6호기 건설 중단을 공약했다. 밀양에 3,000의 공권력이 투입되기 직전에 한전 고위간부(본부장)가 "신고리 5, 6호기를 건설 안 하면 밀양 송전탑이 필요 없다"고 공언했다(이 말은 앞으로 신고리 5, 6호기를 건설하기 때문에 밀양 송전탑을 꼭 세워야 한다는 취지로 한 말임). 따라서 대통령의 신고리 5, 6호기 건설 중단 공약이 이행되면 송전탑을 뽑을 수 있다는 희망으로 가슴 벅차고 그렇게 기쁠 수가 없었다.

그러나 기쁨도 잠시 신고리 5, 6호기 운명이 건설 중단에서 공론화로 넘어갔다. 실망이 컸지만 그래도 공약대로 될 것이라는 기대를 했다. 그러나 끝내 건설 재개로 끝나서 정말 허망했다.

밀양 할매들의 목숨 건 처절한 송전탑 싸움을 지나 신고리 5, 6호기 운명을 가르는 공론화 과정을 거치면서 밀양 할매들이 겪은 그 질곡의 애환을 이 글 속에 담아보고자 한다.

2. 송전탑 건설 반대 운동: 밀양 할매들의 절규

1) 한전 사장이 시인한 '잘못된 노선'

2012년 1월 산외면 보라마을 논바닥(이치우 어른 3형제의 논)에 철탑(121번) 공사가 시작되었다. 매서운 추위 속에서 주민들은 50여 명의 용역들에게 하루 종일 온갖 욕설과 수모를 당하며 떠밀리고 내동댕이쳐졌다. 그날 저녁에 마을 입구 다리에서 이치우(74세) 어른이 "내가 죽어야 이 문제가 해결된다!" 온몸에 시너를 붓고 분신자결하였다.

그후 국회 산자위가 열려서 한전 사장이 불려나왔다.

송전탑 공사로 사람이 죽다니 대체 어찌된 일인지 국회의원이 다그치자, 한전 사장(당시 김중겸)은 밀양만은 송전탑(선)이 잘못 그어졌다고 실토했다. 그렇다면 주민 피해가 없도록 다시 제대로 그어서 공사하라고 하자 한전 사장은 "이미 공사가 2년이나 늦어졌다. 그리고 새로 그어서 공사하려면 2년이나 걸린다. 도합 4년 공사가 늦어지게 된다"고 말했다. 그리고 "신고리 3호기가 내년(2013년)에 완공되는데 밀양 송전탑을 그때까지 완공 못하면 전력대란(그 당시 발생했던 대규모 정전)이 일어난다"고 거짓말을 했다. 그러자 따지던 국회의원들이 입을 다물었고, 이후 잘못된 노선(마을 근처, 논, 밭을 지남) 그대로 공사는 재개되었다. 이렇듯 잘못된 노선으로 인해 총 30개 마을에 2,000여 세대가 피해를 입게 되었다.

당시 주민들은 양산에서 넘어오는 송전탑(선)이 아래와 같이 지나가도록 되어 있었다고 말한다. 이렇게 지나가면 마을 근처나 논, 밭 등은 대부분 피해갈 수 있었다. 그러나 당시 힘있는 자들의 농간으로 현재의 노선이 그어져 10여 년 동안 밀양 할매들의 한 맺힌 싸움의 단초가 되었다. 당시 최초의 노선으로 갔다면 피해 마을 최소화(두세 마을 정도)와 철탑 수도 열 개 이상을 줄일 수 있었다.

❶ 표충사 뒷산(표충사에서 반대) → ❷ 산천농원(당시 밀양시장이 반대: 조카의 농원) → ❸ 상동면 뒷산 → ❹ 경북 청도군 산악지대(청도 군수, 국회의원 반대) → ❺ 창녕변전소

2) 삶의 터전을 지키려는 목숨 건 투쟁

2005년부터 시작된 송전탑 싸움은 잘못 그어진 송전탑(선)으로부터 내 삶의 터전(내 마을, 내 땅)을 지키기 위해 절대 포기할 수 없는 싸움이었다. 할배들보다 땅에 대한 애착이 강한 할매들이 주축이 된 싸움이었다. 10년을 끌었으니 온갖 일들이 많았고 고비도 많았지만 할매들이 잘 버텼다.

2012년 1월 16일 이치우 어른의 분신자결은 송전탑 싸움의 큰 변곡점이 되었다. 처참했던 밀양 송전탑 싸움이 신문, 방송을 통해 전국에 알려지기 시작했고 전국에서 연대자들이 왔다. 오랜 싸움으로 몸과 마음이 상할 대로 상한 할매들에게 큰 위안과 힘이 되어주었다. 한 번 오면 다시 안 올 줄 알았는데 계속해서 밀양을 찾아오는 연대자들에게 감동했다. 특히 수녀님과 신부님들, 어린이책시민연대 엄마들, 쌍차 해고노동자, 용산참사 유가

족, 강정 해군기지 반대 주민, 현대차 비정규직, 세월호 엄마들은 큰 힘이 되었다.

한전은 공사 시작한 지 8년째 접어들었으나 철탑을 한 개도 못 세우자 발악하기 시작했다. 100여 명의 할매, 할배들이 혼절하고 다쳐서 구급차와 헬기로 후송되고, 300여 명이 입건되어 경찰서와 검찰청으로 불려 다녔다.

3) 3,000명의 공권력 투입

잘못 그어진 노선이라고 한전 사장이 시인한 송전 노선 그대로의 공사 강행이 명분도 없고 저항도 심해 공사 개시 9년이 지났지만 52개의 철탑을 한 개도 못 세우자 마침내 한전이 정부에 공권력 투입을 요청한다는 소문을 흘리면서 한전 앞잡이 밀양 시장의 지원 아래 다음과 같은 수법을 동원했다.

> ❶ 한전은 마을 대표(이장, 새마을지도자, 개발위원 등)를 돈으로 회유, 매수하고 ❷ 공사 반대(방해)를 계속하면 경찰이 모두 잡아가며, 또한 자녀들이 직장에서 쫓겨나거나 불이익을 당한다는 소문을 퍼뜨렸다.

또한 비슷한 시기에 한전과 정부는 공권력 투입의 명분을 쌓기 위해 조환익 한전 사장, 윤상직 산자부 장관, 정홍원 국무총리가 한 달 간격으로 밀양을 방문하였다. 밀양 송전탑 문제 해결보다는 전력대란을 막기 위해 밀양 송전탑이 꼭 필요하다는 소리만 하고 갔다.

이들의 형식적 방문이 있고 나서 곧장 3,000명의 공권력을 투입, 상주시키며 각 공사장에 투입하였다. 경찰을 주민들과 싸우게 만들고 한전은 경찰 뒤에 숨어 일사천리로 공사를 속행했다. 경찰은 마치 계엄군처럼 잔인하게 주민들을 짓밟아 노인이 103명이나 응급 후송되었고 73명이 경찰에 연행되었다. 당시 나도 현행범으로 체포되어 밀양경찰서가 아닌 창원경찰서로 끌려갔다.

4) 행정대집행

약 10개월간 3,000명의 공권력을 투입했지만 네 곳(101번, 115번, 127번, 129번)의 철탑 자리에는 주민들이 요새를 만들어 결사항전을 했다. 한전은 밀양시청에 행정대집행을 요청했다.

2014년 6월 11일 이른 새벽부터 수백 명의 한전과 시청 직원들이 2,000명의 공권력을 앞세워 마지막 남은 네 곳 움막(요새)의 강제철거를 자행했다.

우리 용회마을 뒷산 101번 움막(요새)은 맨 마지막 순서였다. 10개월 넘게 먹고 자며 지키던 곳이 하루 침에 침탈당했다. 나는 언젠가 이런 날이 올 거라는 생각은 했지만 2,000명의 공권력이 주민이 항전하고 있는 움막을 칼로 북북 찢으며 자행한 폭력은 잔인했고 짐승 같았다. 그리고 우리들 앞에서 여경들이 모여 승리의 브이 자를 그리며 기념촬영을 했다.

5) 우리는 지지 않았다

6·11 행정대집행은 참혹했다. 10년여 긴 싸움의 변곡점으로 여겨졌다. 나는 허망했다. 불의의 국가권력이 가진 것 없고 힘없는 할매, 할배들을 짓밟고, 삶의 터전을 유린하고 자기들이 이겼다고, 다 끝났다고 기고만장할 것 같아 더 괴로웠다.

우리는 10년 투쟁 끝에 몸과 마음이 만신창이가 되었다. 그러나 이 싸움에서 소중한 것을 알았다. 정의와 진실을 외면하지 않는 수많은 전국 연대자들을 만났다. 국가도 국회의원도 시장도 우리를 버렸지만 전국의 연대자들이 우리 손을 잡아주는 한 이 싸움을 계속할 수 있다는 것을 알았다. 밀양 할매들의 손을 잡아주었던 전국의 연대자들은 비록 송전탑은 섰지만 밀양 할매들이 많은 일을 했다고 말해주었다.

첫째로, 신고리 원전에서 밀양을 지나 수도권으로 가려던 계획이 경남 창녕변전소에서 멈춰 섰고 울진원전에서 수도권으로 가려던 765킬로볼트 신경기 노선이 지난해 폐기를 가져왔으며, 둘째로, 한국 탈핵의 불을 지피는 마중물이 되었으며, 마지막으로, 우리나라 에너지 정책 전환의 물꼬를 텄다고 칭찬했다.

우리 밀양 할매, 할배는 불의의 국가권력에 절대 굴복할 수 없으며 날로 노쇠해가는 몸뚱아리를 추스를 수 있는 한 송전탑을 뽑아낼 때까지 이 길을 다시 나설 것이다.

3. 공론화에 건 기대

1) 대통령의 공약 파기

지난해 촛불혁명으로 새 대통령을 맞게 되었다. 탈핵이라는 간판 공약과 신고리 5, 6호기 건설 중단을 공약한 새 대통령을 밀양 할매들은 하늘이 내려준 큰 선물이라며 모두들 얼싸안고 기뻐하였다. 왜냐하면 밀양 송전탑 공사에 공권력을 투입하기 직전에 한전 고위간부(본부장)가 "신고리 5, 6호기를 건설하지 않으면 밀양 송전탑은 필요 없다"(신고리 5, 6호기를 지어야 하기 때문에 밀양 송전탑이 필요하다는 취지로 한 말)고 공언한 적이 있기 때문이다. 따라서 신고리 5, 6호기가 백지화되면 송전탑을 뽑을 수 있다는 희망에 가슴이 벅차고 그렇게 기쁠 수가 없었다.

그러나 고리 1호기를 영구정지하던 그날 "신고리 5, 6호기 공사를 일시중단하고 중단, 재개를 공론화에 부친다"는 대통령의 말에 귀를 의심할 수밖에 없었다. 하늘이 무너지는 듯 실망은 컸지만 그래도 공약은 지켜질 거라는 기대를 했다. 촛불혁명을 이루어낸 현명한 우리 국민은 국가의 미래와 후손들을 위해 신고리 5, 6호기 백지화를 이루어낼 것으로 믿었다.

2) 탈핵 탈송전탑 원정대 출범

3개월간의 공론화 일정이 공표되자 매달 여론조사 결과가 발표되었다. 중단과 재개가 팽팽히 맞서고 있어 우리 밀양 할매,

할배들은 '이렇게 가슴 조이며 기다릴 것이 아니라 공론화의 권고안이 공사 중단으로 나오도록 뭔가 해야 한다'고 의견을 모았다. 송전탑이 다 들어섰던 2015년 봄 밀양의 참상뿐 아니라 전국의 초고압 송전탑 주변 마을과 핵발전소 주변 마을을 둘러보고 그 참상을 낱낱이 들추어낸 '탈핵 탈송전탑 원정대' 활동을 떠올리며 제2의 탈핵 탈송전탑 원정대 활동을 시작하기로 했다.

2017년 7월 6일 울산시청 기자회견장에서 출범식을 가졌다. 제2의 탈핵 탈송전탑 활동은 1차 때와는 다르게 전국에 흩어져 있던 우리 밀양 연대자들에게 주민들을 모아주면 언제든 어디든 달려가서 신고리 5, 6호기 백지화의 정당성을 알리고 싶다고 했다.

밀양 할매, 할배들은 조를 짜서 신고리 5, 6호기 백지화의 정당성을 담은 소책자(48쪽 분량) 4만 부와 영상자료를 손에 들고 전국의 23개 도시를 떠돌며 거리선전전(소책자 배부)에 나섰다. 이 과정에서 주민들과의 만남을 통해 신고리 5, 6호기 백지화의 정당성을 알려나갔다.

3) 기울어진 운동장

보수 언론을 등에 업고 40년간 자본과 권력과 결탁하여 난공불락의 원전왕국을 이룩한 원자력계의 '찬핵'과, 생계를 걱정하며 시민운동을 하는 환경운동계의 '탈핵' 대결은 애초부터 기울어진 운동장에서 벌어진 불공정 게임이었다.

• 핵마피아임을 자인하는 보수 언론

시민사회의 발전에는 언론의 역할이 필요불가결한 요소인 만큼 언론은 중립적 시각에서 객관적으로 확인된 정보의 전달로 사회구성원의 합리적인 판단을 지원하는 중요한 책임과 의무를 가지고 있다고 생각한다.

그런데 최근 들어 공론화 과정에서 보수 언론들은 언론의 기본적인 책무를 외면한 채 오직 기득권 유지를 위해 자의적 기사와 논평을 연일 도배질하면서 원자력계의 홍보기관처럼 일방적 선전을 일삼으며 마치 원전의 이해 당사자인 것처럼 행세하고 있다. 이는 누가 뭐래도 스스로 핵마피아의 일원임을 자인하는 꼴이다.

소위 원자력계 전문가라는 사람의 입을 빌려 "탈핵으로 가면 전기세가 세 배로 상승하며 나라경제가 거덜날 것"처럼 호들갑을 떨기도 하였다. 그러나 정작 언론이 할 일은 전기세가 정말세 배로 상승하는지 제대로 된 정보를 수집하고 분석한 후 팩트체크를 통해 책임 있는 정보를 사회구성원들에게 제공하는 것이라고 생각한다.

• 허언 일삼는 원자력계 전문가들

전문가라는 말의 사전적 의미는 "어떤 분야를 연구하거나 그 일에 종사하여 그 분야에 상당한 지식과 경험을 가진 사람"으로서 "자신의 전문적 지식과 경험을 바탕으로 자기의 발전과 사회적 발전에 기여하는 사람"이다. 특히 한 국가의 존망이 걸린 원전 문제는 원자력학계 전문가들의 책무가 매우 크다고 생각한다.

전 세계적 흐름에 발맞춘 새 대통령의 탈핵 정책에 대해 대부분의 원자력학계 교수들은 전문가를 배제한 제왕적 조치라며 1, 2차에 걸쳐 탈핵 정책 폐기를 요구하고 나섰다. 이들은 학자적 양심과 영혼마저 내팽개치고 거대한 자본과 권력의 하수인으로 전락한 모습을 보이는 것 같아 참담한 심정이었다.

2017년 10월 17일 서울 청계광장 계단에서 신고리 5, 6호기 백지화를 위한 촛불집회가 있었다. 서울대 정치외교학과 학생이 나와 "자기 학교 원자력공학과 주○○ 교수는 원전사업을 하는 한수원(한국수력원자력)으로부터 지난해 20억을 받아 '원자력정책센터'라는 것을 설립하여 한수원 앞잡이(원전 홍보사업) 노릇을 하고 있고, 또한 최근 원자력학계 교수들을 규합하여 1, 2차에 걸쳐 문대통령의 탈원전 정책 폐기를 주도하기도 한 주○○ 교수는 어용교수이며 한수원의 앞잡이, 핵마피아 일원이다"라며 울먹이며 그 부끄러움을 절절히 토로했다. 참담한 심정이었다. 나는 그 교수가 핵마피아가 아니길 바란다.

원자력공학을 전공한 전문가(교수)들이 공론화 기간 중에 언론이나 토론회 등에서 행한 대표적 허언으로는 다음과 같은 것들이 있다.

첫째, "탈핵하면 전기료 세 배 상승한다. 전략 대란 일어난다"고 했다. 전기료 산출이나 전력수요 관리 전문가가 아닌 주제에 모든 분야의 전문가 행세를 한다.

둘째, "원전 대신 태양광으로 대체하려면 전국토를 태양광 패널로 다 덮어야 한다"라고 했다. 역시 태양광 발전 전문가도 아니면서 아니면 그만이고 식의 어처구니없는 막말을 했다.

셋째, "신고리 5, 6호기 건설 주변 지역이 활성 단층이라는 증거가 없다.

죽은 단층이다"라고 하였으나 경주, 포항 지진으로 활성 단층임이 확인되었다.

넷째, "체르노빌, 후쿠시마 등 원전 사고로 죽은 사람은 한 사람도 없다"라고 했다. 정말 방사능 피폭으로 죽어간 사람들이 얼마나 많았는지 《체르노빌의 목소리》를 그들은 한번 읽어보기 바란다.

다섯째, 공론화위원회에서 시민참여단이 재개 쪽 전문가에게 원전이 그렇게 안전하면 서울에 지으라 하자 "서울은 땅값이 비싸서 안 된다. 이것은 상식이다"라고 했다. 지나가는 소도 웃을 일이다.

이렇듯 원자력계 전문가들의 허언은 차고 넘친다. 원전의 위험성을 누구보다도 잘 알고 있는 그들이 전문가로서의 사회적 책무를 방기하고 사회 여론을 호도하며 우리나라 원전 정책을 좌지우지한 모든 책임을 스스로 통감해야 한다.

• 기계적 중립에 매몰된 공론화위원회

지난 6월 19일 문대통령이 고리 1호기 영구정지 행사에서 신고리 5, 6호기 문제를 사회적 합의로 풀겠다고 선언한 뒤 약 한 달 만인 7월 24일 공론화위원회가 출범했다. 출범 후에도 공론화 과정이 시작부터 방향을 제대로 잡지 못하는 등의 혼란이 계속되었고, 추진 과정이 잘 알려지지 않아 잘 되어갈 것인지 불안감이 커졌다.

공론화 출범 전후 보수 언론과 여러 경제지 등이 현 정부의 탈핵 정책과 신고리 5, 6호기 공론화 추진에 대해 대놓고 부정적인 기사를 도배하듯 쏟아냈다.

공론화위원회는 신고리 5, 6호기 건설 재개 쪽의 입장을 노

골적으로 대변하는 듯한 이런 기사에 대해서 자체 규정을 마련
해 반드시 적절한 조치를 취해나가야 했었다고 생각한다.

또한 공론화위원회는 직접 이해 당사자들과의 소통도 차단
하였다. 그들이 주장을 개진할 기회마저 마련하지 않았다는 것
은 기계적 중립에 매몰된 업무 추진이었다. 특히 신고리 5, 6호기
건설 재개는 반경 30킬로미터 이내에 거주하는 382만 명의 생존
권이 걸린 엄중한 사안인데 그들의 의견 개진 기회조차 차단한
것은 공론화 과정의 비민주성이 드러난 것으로, 나는 이들에게
그들의 생명을 누가 책임질 것인지 묻고 싶다.

• 공론화위원회를 흔드는 사람들

거짓 정보를 흘리며 공론화위원회를 무력화하고 사회 여론
을 호도하는 원자력계 전문가, 보수 언론, 한수원 등의 행태를 고
발하는 글을 《한겨레》에 투고했더니 2017년 9월 19일자 신문에
그 글이 다음과 같이 실렸다.

[시론] 신고리 5, 6호기 공론화위 흔드는 사람들

고준길(밀양송전탑 반대 대책위원, 단장면 용회마을 주민)

지난 2016년 6월 23일, 신고리 5, 6호기 건설 승인 안건이 올라온 원
자력안전위원회 3차 회의가 열렸습니다. 저희 밀양송전탑 반대 주민
들은 농사일을 하루 쉬고 새벽 6시에 버스를 타고 서울로 올라갔습
니다. 기자회견을 하고, 저는 운 좋게 그날 회의를 직접 방청할 수 있

었습니다.

제가 보기에 찬핵 입장이 분명한 위원들과 한국수력원자력과 거의 한 식구 같은 전문가들이 주도하는 회의였습니다. 반핵 쪽 입장을 가진 위원 한 분이 고리 지역에 10기가 밀집하게 되는 상황에서 다수호기 안전성에 대한 자료를 요구했습니다. 찬핵 쪽 전문가의 답변은 '원전 한 개 한 개를 안전하게 지었기 때문에 10개가 몰려 있어도 아무런 위험이 과중되지 않는다'는 것이었습니다. 뿐만 아니라 '10기 중 1기가 사고가 나면 나머지 9곳의 작업원들이 협력해서 사고를 진압하는 이점이 있다'고도 했습니다. 저는 귀가 의심스러웠습니다. 어떻게 이런 말을 할 수가 있는지요.

문재인 대통령이 신고리 5, 6호기 공론화를 제안한 직후에 원자력계 교수 250명의 찬핵 성명과 그 이후 교수 417명의 찬핵 성명서를 읽어보니 원안위의 찬핵 위원들과 그 궤를 같이하고 있었습니다. 그분들도 원전의 문제점을 모르지 않을 텐데, '돈'(연구비)에 자기 영혼마저 달아버린 것은 아닌가 싶어서 화가 치밀었습니다.

그동안 우리나라 에너지 정책을 이런 찬핵 전문가들에게 맡겨 원전 밀집도 세계 1위가 되었고, 오늘날 세계에서 가장 위험한 나라로 만들었습니다.

에너지 전문가들은 양심적이고 정확한 정보만 국민들한테 제공하면 되고, 이해당사자들은 정직하게 자기주장만 하면 됩니다. 그런데 최근 보수언론을 수놓는 찬핵 전문가들의 주장은 말 그대로 거짓이고 궤변입니다. 대만에서 발전소를 한곳에 모아놓은 바람에 정전이 됐는데, 탈핵을 하는 바람에 그리됐다고 하질 않나, 대통령도 전기요금은 별로 오르지 않을 거라고 했는데, 전기요금 폭탄이라고 하질 않나, 재생에너지보다 경제성이 떨어져서 전세계가 원전을 짓다가 중단하고 원자력이 서서히 사양산업이 되어가는데, 우리나라에서는 신고리 5, 6호기 못 지으면 원전 수출길이 막힌다고 난리입니다.

저희 밀양 주민들은 4년 전에 밀양송전탑 전문가협의체를 겪어서 저들이 어떻게 기만적으로 그 과정을 비트는지 너무나 잘 알고 있습니다. 그런데, 지금 찬핵 쪽이 신고리 5, 6호기 공론화위원회에도 비슷한 작업을 하고 있다고 합니다.

500명의 시민참여배심원단이 결정하는 데 중요한 근거가 될 찬반 양쪽의 자료집을 만드는데, 원래 약속을 뒤집고 반대쪽 내용의 삭제를 요구하였다고 합니다. 그리고 찬핵 쪽의 일방적인 주장을 도입부에 실었는데, 아직 정정되지 않았다고 합니다. 한국수력원자력은 길거리에서 기념품을 공짜로 마구 나눠주는 등 온갖 물량공세를 벌이는데, 별다른 제재를 받지 않고 있습니다.

지난 겨울, 밀양 주민들도 촛불을 들었습니다. 우린 밀양 할매 할배들은 3개월 공론화 시간을 천금같이 여기며 지금 전국을 돌고 있습니다. 밀양 주민들은 정말 간절하게 신고리 5, 6호기의 백지화를 원합니다. 비록 초고압 송전탑 아래에서 여생을 보낼지언정, 설계수명이 60년이나 되는 시한폭탄 같은 신고리 5, 6호기를, 고리 지역에 무려 9기나 되는 원전을 우리 자식들, 손자들에게 남겨주는 일은 용납할 수 없습니다.

신고리 5, 6호기 공론화위원회를 왜곡하고 거짓된 정보를 흘리는 찬핵 전문가들, 한국수력원자력은 민의를 왜곡하는 행태를 당장 중단해야 합니다.

4) 신고리 5, 6호기 운명의 날

밀양 할매, 할배들은 석 달의 공론화 기간 동안 신고리 5, 6호기 백지화의 정당성을 담은 소책자를 손에 들고 전국을 떠돌다가 마지막 주일(10월 15일~20일)에는 서울에서 집중 선전전을 하였다.

10월 15일 아침 출근 시간(8:00~9:00)에는 공론화위원회가 있는 동화면세점 앞에서 거리 선전전(소책자 나눠주기)을 하고 열한 시에는 광화문 세종대왕 동상 앞에서 108배를 하였고, 오후 두 시에는 주민통행이 많은 곳을 골라 거리 선전전을 하고 저녁 일곱 시에는 청계광장 계단에서 시민, 연대자들과 함께 촛불집회를 진행하는 순서로 5일간 똑같은 일정을 되풀이하였다.

10월 20일 오전 열 시 광화문 정부종합청사에서 공론화위원회 권고안 발표를 하는 날은 아침 아홉 시에 시민, 연대자들과 함께 기자회견을 먼저 했다. 그때 나는 기자회견문의 첫머리를 읽었다. '공론화위원회에서 어떤 권고안을 내든지 관계없이 우리는 신고리 5, 6호기 백지화에 매진하겠다'라는 요지의 기자회견을 끝내고 108배에 들어갔다. 108배를 끝내고 허리를 채 펴보기도 전에 공사 재개라는 보도가 나왔고 밀양 할매들은 땅을 치고 가슴을 치며 오열하였다. 우리는 서로 부둥켜안고 울부짖었다. 나는 하늘이 무너지는 듯 망연자실했다. 대통령의 처신이 그렇게 원망스러울 수 없었다.

권고안이 발표되고 한 시간 후 서울 신고리 5, 6호기 백지화 시민행동본부에서 입장문을 발표하는데 밀양 할매들의 참석을 권유받아 참석했다. 권고안을 무거운 마음으로 수용한다는 요지의 성명이었다. 기자들의 추가 질문이 오갔다. 나는 그때 소수의 견을 말하겠다고 했다. 나는 "공론화위원회 권고안을 절대 수용할 수 없다"고 했다. 내가 말한 권고안 수용 불가의 이유는 다음과 같았다.

첫째, 신고리 5, 6호기 반경 30킬로미터 이내에 거주하는 382만 명이나 되는 직접 이해 당사자들의 주장을 개진할 기회조차 공정성이란 이름으로 배제하였다. 사고 시 이들은 직접 피해자다. 누가 이들의 생명을 책임질 것인가?

둘째, 공론화 기간 동안 원자력계 전문가와 보수 언론이 건설 재개 쪽의 입장을 노골적으로 편들었으나 공론화위원회는 아무런 조치를 취하지 않았다. 따라서 이미 기울어진 운동장에서 나온 권고안은 아무런 의미가 없다.

셋째, 석 달간의 공론화 기간 중 가장 핵심 과제인 숙의 과정은 2박 3일 합숙토론이 전부였다. 한 국가의 존망이 걸린 이 중차대한 원전 문제의 해답을 이 짧은 시간에 어떻게 찾을 수 있었겠나? 독일은 5년 이상 체계적인 사회적 공론화 과정을 거친 후 마침내 탈핵 쪽으로 방향을 틀었다고 한다. 이런 이유로 나는 권고안을 절대 수용할 수 없다.

5) 제 기능 못한 공론화위원회

• 건설 중단 측 자료에 포함된 거짓 정보 15개

2017년 10월 11일자 우리나라 대표적 보수 언론의 기사에 의하면 '신고리 5, 6호기 건설 중단 측이 공론화위원회 시민참여단에 전달한 동영상 자료에 거짓 정보 15개가 수록되어 있다'는 건설 재개 측의 주장을 사실 여부 확인(팩트 체크) 없이 마치 사실인 양 상세히 보도했다.

시민참여단 마지막 활동인 2박 3일 합숙토론을 이틀 앞둔 시점이라 시간적으로 건설 중단 측이 반박할 기회가 없었고 공론화위원회에서도 사실 여부를 확인하거나 적절한 조치를 하지 않았다. 이 기사를 접한 시민참여단들이 어떤 판단을 할지 심히 걱정되었다.

공론화위원회가 건설 중단 측과 건설 재개 측의 활동에 대해 간섭하지 않고 방임하는 것이 공정성을 담보하는 것은 아니다. 공론화위원회 안에 팩트 체크팀 운영 등을 통해 여론의 왜곡이나 시민참여단의 오판 가능성을 철저히 봉쇄해야 한다.

• 양쪽 전문가 발표가 모두 진실일 수 있을까

2017년 10월 21일자 《한겨레》의 〈시민참여단 2박 3일 합숙토론 체험기〉 기사를 요약하면 다음 표와 같다.

다음 표와 같은 2박 3일 간 합숙토론을 보면 공론화 과정에서 가장 핵심 요소인 숙의 과정이 제대로 이행되지 않았다는 사실을 알 수 있다.

첫째, 공론화위원장이 '어느 쪽 주장이 진실인지, 거짓인지를 진지하게 생각해야 한다'고 했다. 그러나 시민참여단은 양쪽 전문가의 발표가 모두 진실일 것이라는 전제를 들었다고 했다. 또한 전문가들의 발표에 의문이 생겼지만 검증할 길이 없었다면 누구의 말이 진실인지 거짓인지를 판별하는 것이 가능하겠는가?

둘째, 양쪽 전문가들의 발표를 듣고 곧장 48개 조의 소집단

토론 과정	※ 총 10시간의 집중학습토론이 4개 세션으로 나뉘어 다음과 같이 진행되었다. ❶ 4개 세션마다 양쪽(중단, 재개) 전문가 발표 → ❷ 발표 내용 중심으로 10명 내외의 48개 조별 분임 토의 → ❸ 조별로 전문가에 던질 질문 만들기 → ❹ 48조의 질문 취합·선별(10개씩) → ❺ 전체 모임에서 양쪽 전문가에게 각각 10개씩 질문 던짐 → ❻ 한 질문당 1~2분의 답변 시간 안에 답하고 듣기(종료)
체험 수기 요약 (문제점)	• 공론화위원장: 어느 쪽 주장이 진실인지 거짓인지, 그리고 우리의 삶에 어떤 결정이 유리할지를 진지하게 생각하고 답해야 한다. • 중단, 재개 쪽 전문가의 발표가 모두 진실일 것이라는 전제로 이야기에 귀를 기울였다. • 시민참여단은 발표가 끝난 전문가와 개인적으로 이야기조차 할 수 없었다. 48개 조에서 취합·선정한 열 문항씩을 양쪽 전문가에게 던졌고 한 문항에 1~2분 답변 시간 안에 대답을 듣는 것으로 끝이었다. • 양쪽 전문가들의 발표 내용에 의문이 생겼지만 해결할 길이 보이지 않았다. 막상 결정해야 할 시점에서 가슴이 답답했다.

분임 토의를 통해 대부분 전문지식이 없는 상태에서 어느 쪽 주장이 맞는 것인지 판별이 가능하겠는가? 도토리 키 재기식의 토론에 머물 수밖에 없다.

셋째, 양쪽 발표자에게 시민참여단 쪽에서 각각 열 개씩의 질문을 던져 한 문항에 대해 1~2분 안의 답변만 듣고 그 의문에 대해 제대로 된 해답을 얻기는 불가능하다.

이상과 같은 세 가지 토론 과정은 거쳤지만 의문에 대한 제대로 된 해답을 얻는 숙의 과정으로는 크게 미흡하다. 적어도 한 세션별로 최저 열 시간 정도의 토론시간을 확보하여 양쪽 전문가 간의 끝장 토론과 양쪽 전문가와 시민참여단 간의 끝장 토론 및 팩트 체크 등 보다 충분한 숙의토론 과정이 필수요건이다.

공론화 과정 전후에 원전 재개 쪽 전문가들의 윤리 실종 사태의 심각함을 앞에서 밝혔다. 주지하다시피 핵발전처럼 정보

독점과 은폐가 심각한 전문 분야에는 공론화위원회 산하에 팩트체크팀을 두어 정보의 투명성, 정확성을 확보하는 것이 필수적인 일이다.

또한 전문가들의 공개적 선서와 그릇된 정보에 대한 책임을 묻는 제도적 장치 마련도 필요하고 양측의 분란을 무마하기에 급급한 기계적 중립이 아니라 원칙을 엄정하게 집행하는 권위를 갖추어야 한다.

3. 나오며

신고리 5, 6호기 건설 중단을 공약한 새 대통령의 출현은 처절했던 송전탑 싸움 10년에 지칠 대로 지친 밀양 할매들에게 구세주였으며 송전탑을 뽑을 수 있겠다는 희망에 가슴 벅차도록 기쁜 소식이었다.

그러나 그 기쁨도 잠시 신고리 5, 6호기 공사 재개 소식에 밀양 할매들은 땅을 치며 가슴을 쥐어뜯으며 오열했다. 공론화는 결국 밀양 할매들을 이제 얼마 남지 않은 여생 동안 다시 헤어날 수 없는 긴 수렁으로 내몰고 말았다.

비록 초고압 송전탑 아래서 여생을 마감할지언정 설계수명 60년이나 되는 시한폭탄 신고리 5, 6호기를 자식들, 후손들에게 남겨주는 일은 결코 용납할 수 없다.

날로 노쇠해가는 몸뚱아리를 추스를 수 있을 때까지는 또다시 이 길을 나설 것이다. 우리가 하는 일이 옳고 정당한 일이니까 좋은 일도 있을 것이다. 대만은 공정률 98퍼센트 원전을 가동 중지하기도 했다. 지난 6월에는 미국도 이미 11조 원을 투자한 원전 네 기 중 두 기를 경제성이 없다는 판단 아래 중단하기로 했다고 한다.

신고리 5, 6호기 주변 지역이 활성 단층 지대임이 확실해지거나, 점차 값싼 태양광 등 재생에너지가 등장하여 신고리 5, 6호기의 건설이 중단되는 날이 올 수도 있다고 생각한다.

내 소원은 '안전한 나라' 물려주고
눈을 감는 것
: 신고리 5, 6호기 공론화위원회와
배심원단에게 드리는 밀양 주민의 외침[*]

이보학(70세, 밀양시 부북면 평밭마을 주민)

내 나이 벌써 70이다. 처음 송전탑 반대 데모를 시작할 때가 50대 중반이었으니까, 제법 세월이 흘렀다. 그때만 해도 젊었고 한창 때라고들 했다. 그때는 765킬로볼트 송전탑이 단순히 전기 에너지를 보내는 다른 것보다 조금 큰 철탑으로만 생각했다. 당시만 해도 원자력발전이나 송전탑이 무엇인지 잘 몰랐다. 고리 1호기가 있는 기장 고리에도 별 생각 없이 가끔 왕래도 했다.

그러나 지금은 생각 자체가 확 달라졌다. 12년간 온갖 일을 다 겪고, 수많은 농성 현장에서 밤을 지새고 저들의 폭력을 겪으며 많은 것을 알게 되었기 때문이다. 한전이나 국가가 국민의 알 권리를 정확하게 보장해주지 않고 있다는 사실을 알았고, 국민을 기만하고, 자신들의 이권만 챙긴다는 사실을 깨닫게 되었다.

---

[*] 이 글은 2017년 9월 12일자 《오마이뉴스》에 실린 주민 기고문이다.

2011년 초 즈음부터 한전이 본격적인 공사의 시작을 알리며 하청업자의 공사가 개시되면서 새벽 다섯 시에도 철탑 부지 나무 베는 소리가 들리면 현장에 마을 할머니, 할아버지들이 도착하여 몸으로 막고 현장 인부가 주민들을 약 올리고 욕설을 하고 사라지고 나면 움막에서 간단한 요기를 하고 그 뒤에 현장으로 출근하는 다른 인부들과 승강이하는 일을 반복하는 게 그때 당시의 하루 일과였다.

처음엔 전 주민이 합의를 하지 않아 많은 주민들이 참여를 하여 힘도 생기고 재미도 있었다. 그러던 중 세월이 자꾸 지나고 나니 지치는 주민도 생겨나고 한전의 회유에 말리는 사람도 생겨나면서 이탈하는 사람도 생겨났다.

그렇게 싸움을 반복하던 중, 2012년 1월 16일, 산외면 보라마을 이치우 노인이 몸에 기름을 뿌리고 분신자결을 하고서야 공사가 얼마 동안 중단되고 또다시 공사가 재개되고 반복해서 주민들과의 몸싸움이 되풀이되었다.

그러다가 2013년 12월, 상동면 고정마을 유한숙 노인이 농약을 마시고 비관자살을 했으나 공사는 계속되었다. 우리 평밭마을에는 지하땅굴까지 네 개의 움막을 만들어 할머니들은 아래위로 나누어서 잠을 자고 남자들은 마을 서편에 별도 컨테이너를 설치 조별 근무를 하며 보초를 섰다.

그후 2014년 6월 11일 새벽 행정대집행 당시 3,000명의 경찰, 시청 공무원들이 실오라기도 걸치지 않고 벌거벗고 쇠사슬을 목에 걸고 있는 할머니들을 벌거벗은 몸도 가리지 않고 끌어내는 행동을 서슴지 않았고, 그로 인해 많은 주민과 연대자들이 다쳐서 병원으로 후송되었고, 경찰들은 승리의 브이 자를 그리며 기념촬영을 했다.

경찰은 지금도 주민의 인권을 유린한 이 일에 대해 사과를 하지 않고 있다. 그리고 한전은 각 마을을 찬성파, 반대파로 이간질시키고, 결국 돈으로 주민들의 합의를 이끌어냈다. 이제 찬반 주민들은 각 마을마다 서로 원수같이 지내고 있으며 지나가다 부딪쳐도 서로 인사도 없이 고개를 돌리는 실정이다. 너무 참담하다.

그렇지만 한결같이 반대에 참여하는 150여 세대 주민들은 끝까지 탈핵 탈송전탑 활동에 참여하며 열심히 살아가고 있다. 지금도 전국을 다니며 탈핵을 외치고 있다.

그나마 우리 150여 세대 주민들은 요즘 살맛이 난다. 지금은 새 정권이 들어서 탈핵 탈석탄 발전을 외치며 신재생 에너지 정책으로 나아갈 것임을 밝혀 정말 힘이 난다. 하지만 핵마피아의 검은 손이 신고리 5, 6호기 핵발전소 건설을 계속 밀어붙이고 있어 탈핵 탈송전탑을 바라는 국민의 한 사람으로, 신고리 5, 6호기 문제의 당사자로서 걱정이 많이 된다.

나의 소원이 있다면 내가 살아 있는 동안 신고리 5, 6호기 건설 백지화하고, 불필요하게 설치된 밀양+청도 송전탑 철거하고, 후손에게 살기 좋은 깨끗한 환경과 안전한 나라를 물려주고 눈을 감아야 한다는 것이다.

간절히 바라면 이루어질 것이다. 정다웠던 이웃과도 옛날 같은 사이로 돌아가고 싶다. 나 자신이 탈핵 탈송전탑 활동을 왜 해야 하는지 신념도 섰다.

이 아름다운 금수강산을 우리 후손들에게 물려주고 가야 한다는 것이다. 나 자신이 살아야 하는 세월이 저물고 있지만 우리의 후손, 그다음 후손들이 누리고 살아야 할 땅이다. 핵이 얼마나 무서운지는 체르노빌, 후쿠시마를 통해서 알게 됐고, 지난 12년 간 한전이 신고리에 핵발전소를 짓기 위해 송전탑 공사를 강행하면서 너무 많은 일들을 겪으며 정말 '이건 아니다'라는 신념이 섰다.

이렇게 짓이기고, 거짓과 폭력으로 철탑을 세우고, 마을을 분열시키고, 수만 년 동안 치우지도 못할 핵쓰레기를 남기는 것은 도저히 받아들일 수도, 받아들여서도 안 되는 일이다. 거기다 우리나라 핵발전소는 고리만 보더라도 그렇지만, 너무 조밀하게 밀집되어 있다. 사고가 나면 어떻게 될 것인가. 우리 주민들은 함께 모여 〈판도라〉라는 영화를 봤지만, 사고가 나면 정말 딱 그렇게 될 것만 같았다. 신고리 5, 6호기 공사 허가가 떨어지고 두 달 있다가 경주에 큰 지진이 나지 않았나. 이렇게 위험한 짓을 왜 해야 하는지 알다가도 모를 일이다.

신고리 5, 6호기를 계속 짓자고 470여 명의 교수님들이 성명서를 낸 것을 보고 아직도 화가 풀리지 않는다. 그분들께 한 가지만 물어보고 싶다. 만약 신고리 5, 6호기 핵발전소가 교수님 여러분들 집 앞에 들어선다고 생각하면 어떻게 하실 건지 묻고 싶다. 핵발전소 공사를 강행하라 할 수 있을까. 안전하다고 생각만 하지 말고, 설마설마를 생각해보라. 체르노빌, 후쿠시마 사고는 공사를 잘못해서 일어난 사고가 아니지 않은가.

에너지 정책을 신재생 중심으로 바꾸어 나가자는 이번 정부의 방향은 옳다. 우리가 그렇게 외쳤던 이야기다. 자기 지역에서 쓰는 전기는 자기가 사는 인근 지역에 필요한 양의 크기로 신재생 시설을 세우고, 송전선로를 지하로 매설하면 전국 각지에 있는 핵발전소 송전탑을 없앨 수 있다. 그렇게 되면 자연환경 훼손 없는 깨끗한 환경을 대대손손 물려줄 수 있지 않겠는가.

우리 밀양 같은 시골 사람들은 충분히 고통을 겪었다. 많은 인구가 밀집한 대도시나 작은 시골 마을도 대한민국 국민으로 똑같은 권리를 누려야 한다.

신고리 5, 6호기 사회적 공론화위원들, 시민배심원단 여러분들께 밀양 주민들을 대표해서 간절히 호소하고 싶다. 남의 일이 아니다. 나 자신과 내 가족 내 손주, 나아가 세세년년 아름다운 금수강산을 물려줘야 한다는 사명감과 역사에 길이 남을 선택을 해 주실 것을 부탁드린다.

핵마피아의 유혹도 만만치 않을 것이다. 그러나, 진정하고 깨끗한 선택을 해주기를 바란다. 우리도 대한민국의 국민이다. 우리의 호소에 귀를 기울여주실 것을 간곡하게 부탁드린다.

농사꾼의 상식으로 신고리 5, 6호기는
백지화되어야 한다*

김영자(61세, 밀양시 상동면 여수마을 주민)

저는 밀양송전탑 경과지 마을인 상동면 여수마을에 사는 김영자입니다. 저는 평생 농사를 지은 농사꾼입니다. 저는 데모꾼이 아닙니다. 그런데, 요즘 사람들은 저를 보고 데모꾼이라고 합니다.

저는 처음에는 서명받는 일만 했습니다. 그런데 앞선 사람들이 물러나고 나니 어느 순간부터 제가 맨 앞장서서 싸우는 사람이 되었습니다. 그동안 참 많은 일들이 있었습니다. 아침 일찍 트럭 몰고 서명받으러 가다가 트럭이 뒤집히는 사고를 당하기도 했습니다. 4년 전, 경찰 3,000명이 밀양에 군대처럼 주둔하고 있을 때, 경찰이 압수 영장을 들고 와서 제 핸드폰을 빼앗아가서 저 대신 휴대폰이 한 달이 넘게 경찰서에 구속되어 있기도 했지요.

---

* 이 글은 2017년 10월 18일자 《경향신문》에 실린 주민 기고문이다.

우리 반대 주민 150세대는 지난 12년간 사이에 두 사람이 목숨을 끊고, 수백 명이 경찰서, 검찰청, 법원을 드나들고 철탑도 다 섰지만, 해야 할 일들이 있어 지금도 합의하지 않고 버티고 있습니다. 그 가장 중요한 일이 바로 신고리 5, 6호기 건설을 막는 일입니다.

왜냐고 물으면 저는 당당하게 대답합니다. "한국전력 사장님이 '신고리 5, 6호기가 없으면 밀양에 765킬로볼트 송전탑은 필요없다'고 했고, 다음 세대를 위해서도 더 이상 핵발전소를 지어서는 안 되기 때문"이라고 말입니다.

문재인 대통령이 신고리 5, 6호기를 공약과 달리 공론화로 결정하겠다고 했을 때, 우리는 답답했습니다. 대통령선거에서 이미 국민들이 선택을 했는데, 또 선택을 해야 하는지 이해가 안 되었습니다. 그렇지만, 저희 밀양 주민들은 제일 먼저 7월 6일 울산시청까지 버스 한 대로 가서 '탈핵 탈송전탑 원정대'를 만들어 3개월 동안 열심히 뛰겠다고, 탈핵 사회로 가는 길에 우리 밀양 할매, 할배들이 앞장을 서겠다고 기자회견을 했습니다.

70을 다 넘긴 노인들이 지난 몇 달간 전국을 다니며 정말 고생했습니다. 저도 행사 때마다 연단 위에서 말했습니다. "상식적으로 보면, 다 알지 않느냐"고 말입니다. 이웃나라 일본이 지금 후쿠시마 사고를 겪고 수백조 원을 들여도 수습을 못하고 있는 지경을 봐도 그렇고, 우리나라가 전기가 남아도는 사정을 봐도 그렇고, 대한민국이 지진으로부터 안전한 나라도 아닌데, 지진대 위에 월성, 고리 핵발전소들이 늘어서 있고, 핵발전소에서 나오는 폐기물을 10만 년이나 보관할 방법이 없다는 것도 이제는 상식이 되지 않았느냐고 말입니다.

그런데, 신고리 5, 6호기 문제가 왜 이렇게 복잡하고 어려워야 하는지 모르겠습니다. 저는 무식한 농사꾼이어서 다른 건 잘 모릅니다. 병원에 가니까 전문가인 의사 선생님께서 병에 대한 모든 것을 제게 설명을 하셨습니다. 그리고, 수술을 할지 안 할지는 제가 결정을 했습니다. 그런 이치가 아닙니까.

이번 공론화위원회를 보니 저쪽 보수 언론이나 공사 재개를 주장하는 측은 매번 "전문가들이 전문성을 갖고 하는 이야기니 그 말을 믿고 따르라"고 하시더군요. 저는 밀양 송전탑 경과지 주민이고, 대한민국 국민입니다. 신고리 5, 6호기 문제에서 당사자 중의 한 사람입니다. 저희들은 신고리 1호기부터 반대해왔습니다. 2012년 6월에는 신고리 5, 6호기 반대하는 기자회견하러 서생면까지 갔다가 한수원이 고용한 것 같은 청년들하고 몸이 부서져라 싸웠습니다.

10월 20일 오전 열 시에 어떤 결정이 날 것인지를 생각하니 가슴이 쿵쿵 뜁니다. 저희가 12년 싸워온 밀양 송전탑이 이 일로 그 승패가 결정나는 것만 같습니다. 문재인 대통령님, 이낙연 국무총리님, 백운규 산업통상부 장관님, 국회의원님들, 신고리 5, 6호기 백지화로부터 대한민국의 탈핵 시대를 활짝 열어주세요.

밀양 주민들, 12년 싸움에서 비록 철탑은 다 섰지만, 신고리 5, 6호기는 막아냈다는 그 자부심을 갖고 싶습니다. 그리고, 이제는 데모꾼이 아니라 농사꾼으로만 살아갈 수 있도록 해주세요. 간곡히 호소드립니다.

3부

밀양 탈송전탑
탈핵 운동의
목소리

이 책은 밀양 탈송전탑 탈핵 운동에 관한 전문가나 학자의 목소리만을 듣지 않고 이 운동에 참여했던 다양한 사람들의 목소리를 직접 전하는 데 목표를 두고 기획되었다. 이것은 2017년 '공론화위원회'라는 담론장을 경험하면서 얻게 된 인식의 결과이기도 했다. 이와 같은 사회운동에서 '담론장은 어떻게 구성되는가'라는 문제를 주민과 활동가, 연대자 들의 목소리를 통해 성찰하는 계기를 마련하고자 한 것이다. 3부는 이와 같은 기획의 의도를 가장 많이 반영한 글들로 구성되어 있다. 3부의 각 내용은 주민들의 글과 연대자의 글들로 구성되었다. 대체로 2015년 《밀양송전탑 반대 투쟁 백서》 이후에 발표되었거나 《밀양송전탑 반대 투쟁 백서》에 수록되지 않았던 글들, 혹은 《밀양송전탑 반대 투쟁 백서》에 수록된 글 가운데 법정 진술처럼 운동 참여자의 발언 중 다시 한번 부각될 필요가 있는 글들을 수록했다.

밀양 탈송전탑 탈핵 운동의 핵심 주체가 누구인가 묻는다면 아마 이 운동에 참여하거나 이 운동을 관찰했던 대부분의 사람들은 주저 없이 주민 활동가와 연대자라고 대답할 것이다. 밀양 탈송전탑 탈핵 운동에 참여했던 주민들이 처음부터 활동가로 참여했던 것은 아니다. 그러나 운동의 과정에서 이들은 활동가로 성장해 운동을 주도적으로 이끌어가는 주체가 되었다. 이들은 자신들의 리터러시 역량 속에서 최선을 다해 사회적 발언에 참여하고자 했고 지금껏 한국사회에서 존재했던 그 어떤 운동의 주역들보다 '표현'과 '소통'에 적극적이었다. 이들을 이처럼 격려하고 고양시킨 것은 연대자들이었다. 밀양 탈송전탑 탈핵 운동의 가장 두드러진 특징 가운데 하나는 사회 다방면에서 활동하는 이들로 구성된 폭넓은 연대자의 네트워크라고 할 수 있을 것이다. 그리고 밀양에서의 연대는 그 어떤 다른 운동에서도 발견하기 어려운 지속성을 보여주었고, 주민과 연대자가 대등하게 만나 상호존중하는 새로운 운동의 전통을 만들어냈다. 3부는 이와 같은 연대의 풍경을 조금이나마 엿볼 수 있는 연대자들의 글로 구성되있다.

여기에 실린 주민과 연대자의 글들은 시민 단체의 회보 등에 실렸던 것들이어서 담론장에 본격적으로 소개되지 않았던 글들이다. 이 가운데 주민들의 글은 최대한 원문 그대로 싣기 위해 노력했으며, 주민 활동가의 발언을 좀더 직접적으로 듣기 위해 원문의 이미지를 함께 수록했다.

1장 주민들의 말

1. 2012년 7월 주민 세 명에 대한 한전의 10억 손배소
   당시 재판장에게 주민들이 보낸 탄원서

2012년 7월에 한전은 송전탑 건설 공사를 반대하는 주민 세 명(이남우, 윤여림, 서종범)을 상대로 10억 원을 배상하라는 요구를 담은 손해배상 청구 소송을 창원지법 밀양지원에 제출했다. 주민 세 명은 모두 밀양시 부북면 평밭마을과 위양마을에 거주하는 주민들이었는데, 당시 부북면의 송전탑 건설 예정지는 산속 깊은 곳에 자리 잡고 있어 초창기 외부 연대자들의 발길이 많이 닿지 않는 곳이었다. 이 때문에 주민들은 고립된 채 싸움을 이어가고 있었는데, 이런 이유 때문인지 한전이 고용한 용역업체 직원들과의 물리적 충돌이 다른 어떤 마을보다 격심하게 이루어졌다. 아래 주민들이 작성한 탄원서에는 이런 과정에서 갖게 된 좌절감과 절박함, 울분과 슬픔이 담겨 있다.

탄 원 서

우리는 요대로만 살고싶습니다

보상을 더 받을*려고 공사를 방해하는것이
아닙니다 송전탑이 꼭 필요한 전기 공사 와 편
사람이 안사는 먼곳으로 공사를
하든지 백지화를 바라고 있습니다~
땅값 하락과 생명에 지장을 주는
전자파의 위험에서 제발 살게 해주시기
바랍니다

2012년 7월 6일

주소 밀양시 부북면 위양리 823번지

정 임출

탄원서

우리는 요대로만 살고 싶습니다.
보상을 더 받을려고 공사를 방해하는 것이 아닙니다. 송전탑이 꼭
필요한 전기 공사라면 사람이 안 사는 먼 곳으로 공사를 하든지
백지화를 바라고 있습니다.
땅값 하락과 생명에 지장을 주는 전자파의 위험에서 제발 살게
해주시기 바랍니다.

2012년 7월 6일
주소 밀양시 부북면 위양리 823번지
정임출

①

현명하신 재판장님 아뢰옵기 송구하옵니다
이노파는 81세된 할머니입니다
너무나 억울함을 금할길 없어서 거칠한 글이나마 힘으로
억울해서 이렇게 펜을 들었옵니다 ‥ 이곳은 밀양 부북면
화학산 산기슭에 오솔길‥먹구름이 한시럼 덮여 비가오면
펜인 솔뿌리에 발가락 채여 아파하며 오솔길 10리길
을‥다니면서 살았습니다 불행하게도 남편없이 4남매들
내 온몸 수족이 굳어 쓸수없이 병에걸려 죽을 판에
이곳에 와서 병이 다 회복이 되고, 십-십년 전의 일이
아득합니다 ‥‥ 내 생명을 연장하여 우여곡절 끝에 잘
살아가고 있는데 안이 이게 웬 날벼락 입니까
이 푸른 숲으로 녹색이 꽉찬 이 유명한 화악산에
765‥ 송전 탑이 왠말입니까 한전사장 정부와
짜고‥ 이렇게 무참히 우리집 뜰앞으로 까지
재산을 송두채 강탈을 당하고 너무 너무 억울해서
누가 누구를 채무인 채무자를‥‥ 정부는 국민과 생명을
위해 존재하는 것이 옳은 일이 아닙니까 정부가
자기 무덤을 파는 일입니다 끝까지가자‥ 한이 맺혀
살아도 사는것이 아닙니다‥ 내목숨을 빼앗아 간다

②

목숨을 빼앗아 간다니 아려려움이 한이 맺힙니다~
내눈에 흙이 들어와도 철탑은 안된다~
한전 사장 머리위 내 머리위 휘발 유를 붓고 붙을
부쳐서 죽으면 이일이 끝나겠습니까 방방 곡곡
매스콤에 우리 억울함을 알려서 새상이 빡아
지고 정부도 정신을 차리면 내 낳은 여생이
아무 여한 없이 보람되는 일이라고 생각하겠옵니다
이 할매의 소원을 꼭들어 주시고 우리들을 도와
주십시오‥ 두서없이 끝으로 〃재판장 님게‥
이 할매가 두손 모아 빌겠옵니다
밀양 부북면 대항리 64번지 이금자~
평밭 마을

현명하신 재판장님 아뢰옵기 송구하옵니다

이 노파는 81세 된 할머니임다

너무나 억울함을 금할 길 없어서 꺼칠한 글이나마 참으로 억울해서
이렇게 펜을 들었읍니다. 이곳은 밀양 부북면 화학산 산기슭
오솔길…… . 먹구름이 한 시럼 덮억 비가 오면 펜인 솔뿌리예
발가락 체여 아파하며 이 오솔길 10리길을 다니면서 살았습니다.
불행하게도 남편 없이 4남매들 내 온몸 수족이 굳어 쓸 수 없이
병에 걸려 죽을 판에 이곳에 와서 병이 다 회복이 되고, 삼십 년
전의 일이 아득합니다…… . 내 생명을 연장하여 우여곡절 끝에 잘
살아가고 있는데 안이 이게 왠 날벼락입니까.

이 푸른 숲으로 녹색이 꽉찬 이 유명한 화악산에 765…… 송전탑이
왼말입니까. 한전 사장 정부와 짜고…… 이렇게 무참히 우리 집
뜰앞으로까지 재산을 송두째 강탈을 당하고 너무너무 억울해서
누가 누구를 채무인 채무자를…. 정부는 국민과 서민을 위해
존재하는 것이 옳은 일이 아닙니까 정부가 자기 무덤을 파는
일입니다. 끝까지 가자…… . 한이 맺혀 살아도 사는 것이 아닙니다.

내 목숨을 빼사 간다

목숨을 빼앗아 간다니 이 서러움이 흟이 매칩니다. 내 눈에 흙이
들어와도 철탑은 안된다. 한전 사장 머리 위 내 머리에 휘발유를
붓고 불을 부쳐서 죽으면 이 일이 끈나겠습니까. 방방곡곡 매스콤에
우리 억울함을 알려서 새상이 밝아지고 정부도 정신을 차리면 내
남은 여생이 아무 여한 없이 보람되는 일이라고 생각하겠읍니다.
이 할매의 소원을 꼭 들어주시고 우리들을 도와주십시요. 두서없이
끝으로 재판장님게 이 할매가 두 손 모아 빌겠습니다

밀양 부북면 대항리 평밭마을 64번지
이금자

대향리 138번지 구화자
판사님
저는 평밭에 사는 구화자 외4남
제420 날에 이곳에 터를 잡고
단평생 자식 6남매 낳고
온식구 배고라 가면서 손바닥
만한 땅을 평생 일구어
이제 늙으막에 영감 할멈 마음
편히 살아 보려 했는데
난데없이 고압 철탑이
원말 입니까 나는 피 땅흘려
가꾼 이논 밭과 우리목숨을이
철탑과 절대 바꿀수 없읍니다
우리을죽이고 철탑을세웁니까

누구을 위한
법입니까 만약에이
늙은이의 뜻이 받아들여
지지않으면 우리는죽는길
밖에없읍니다 지금남편은
병이들어 어디로가서 살때
도) 없읍니다 우리는 보상도
필요없고 옛날처럼
밭에 채소 일구며 너지금
이태로만 살게 해주세요
이늙은이을 살려 주세요
부탁 하옵나이다

대항리 138번지 구화자

판사님
저는 평밭에 사는 구화자입니다.
제 나이 26살에 이 곳에 터을 잡고 한평생 자식 6남매 낳고 온 식구
배고라가면서 손바닥만한 땅을 평생 일구어 이제 늙으막에 영감
할멈 마음 편히 살아보려 했는데
난데없이 고압 철탑이 웬말입니까. 나는 피땀 흘려 가꾼 이 논밭과
우리 목숨을 이 철탑과 절대 바꿀 수 없습이다.
우리을 죽이고 철탑을 세을 겁니까.
누구을 위한 법입니까. 만약에 이 늙은이의 뜻이 받아들여지지
않으면 우리는 죽는 길밖에 없습니다. 지금 남편은 병이 들어
어디로 가서 살 때도 없습니다. 우리는 보상도 필요 없고 옛날처럼
밭에 채소 일구면서 지금 이대로만 살게 헤주세요. 이 늙은이을
살려 주세요.
부탁하옵나이다.

탄 원 서

이한며들이나라가 이렇 제

고통을 줍니까

다리도 걸고몸도 아픈 매월판이산에서

생활해야하니 죽을거 경입니다

송건탈이세우지 저인으면농시만지으

조용히 실고싶습니다   변시

이할배는 육십 업습니다

으걱요 태로 실다가

죽도록 해주십시오

          부뷰면우위 양리 544ㅣ

          구 덕순

탄원서

이 할며들 이 나라가 이렇게 고통을 줍니까.
다리도 절고 몸도 아픈 매일갇이 산에서 생활해야 하니 죽을
지경입니다.
송전탈이 세우지지 인으면 농사만 지으면서 조용히 살고 싶습니다.
이 할매는 욕심 업습니다.
오직 요대로 살다가
죽도록 해주십시요.

부북면 위양리 544-1
구덕순

탄 원 서

17살 에시집 와서 60평생
농사 지으면서 자식 낳고위
영 마위 양마을에 살고있슴니다
송 전탑 이들 어서면 조상님 한테죄가
되는짓 같아 죽고싶은 마음입니다
우리 딸 우라 가지키는 짓이 죄가됨니까
도 와주십시 판사님

죽고사는 것은 판사님 외양심
입니다
부북면 위양리

손희경 ●

탄원서

17살에 시집 와서 80평생 농사 지으면서 자식 낳고 위양마
위양마을에 살고 있습니다.
송전탑이 들어서면 조상님한테 죄가 되는 짓 같아 죽고 싶은
마음입니다.
우리 땅 우리가 지키는 짓이 죄가 됩니까.
도와주십시 판사님.
죽고 사는 것은 판사님의 양심입니다.

부북면 위양리
손희경

탄 원 서

저는 한 평생 위양마을 에서 봉사 만찟고

살아온 할매 입니다

우재 이런일이 있을수가 있단말니까

움막 에서 밤을 새우며 송전탑을 막는

것른 우리의 자손들이 행복한 고향을

찾을수 있도록 마을 지키기 위함 였다

송전탑이 들어선다면 난불살으조 죽을판

입니다 판사님 제발 살려 주십서오

우리 마을울 지키 주십시오

　　　　2012연 7월 6일 박순연

　밀양시 북북면 위양리 3.길 . 44 번

탄원서

저는 한 평생 위양마을에서 농사만 짓고 살아온 할매입니다.
우째 이런 일이 있을 수가 있단 말니까.
움막에서 밤을 새우며 송전탑을 막는 것은 우리의 자손들이 행복한
고향을 찾을 수 있도록 마을 지키기 위함있니다.
송전탑이 들어선다면 난 불살으고 죽을 것입니다. 판사님 제발
살려주십시오.
우리 마을을 지키주십시오.

2012년 7월 6일 박순연
밀양시 부북면 위양리 3길 44번지

2. 2014년 5월 밀양시 상동면 여수마을 주민 이재묵씨와 김영자씨가 박근혜 대통령에게 보낸 편지

2014년 5월은 6월 11일 행정대집행을 앞둔 시기였다. 언제 들어올지 모르지만 공권력의 대규모 개입이 임박했다는 소문이 주민들 사이에 폭넓게 퍼져 있었고, 주민들은 외부에서 온 연대자들과 함께 송전탑 건설 예정지에 설치한 천막을 지키며 농성을 이어가던 때였다. 매일 물리적 충돌이 계속되었지만 주민과 연대자들은 밤을 새워가며 천막농성장을 지켰고, 공권력의 개입에 대한 불안과 공포도 증폭되던 시기였다. 이런 때에 초창기부터 송전탑 건설 반대의 목소리를 지속적으로 내오던 상동면 여수마을 주민들이 마지막으로 호소하는 심정으로 대통령에게 편지를 쓰게 됐다. 다음 호소문은 그 편지의 내용을 실은 것이다. 마지막 편지는 송전탑 건설의 불가피성과 정당성을 옹호하는 전문가 집단에 대한 주민들의 반대 의견을 적극적으로 피력한 것으로, 송전탑 건설 반대 운동에 참여한 주민이 사회적 담론장에 적극 개입해 자신들이 수행하는 저항운동의 정당성을 피력한 발언의 대표적 사례다.

호소문

이 억울함을 누구에게 하소연 할까요?

저 8십이 가깝도록 살아도 이른 억울함은 없어습니다.

7-8세 때 일본 식민지 시절 놋그릇 뺏어 가는 것 보았고 자유당
시절 산에 나무하다 산림계 직원들에 고충 당해보고 세무소 직원
오면 누룩 술단지 들고 들로 숨쿠기도 해보았습니다. 그래도 이변
많치 억울하지 안아습니다.

국민 행복 시대를 부르짓는 이때. 개인의 생명의 위협과 재산이
송전탑이 서며로 하로 아침에 물거품이 대는 이때 어찌 생사를
가리겠습니까?

일평생 농사지어 정부에서 주는 대로 받고 세금 한 푼 체납없이
살아온 우리 선하지 주민들 우리는 정말 경찰 자체가 필요
없습니다. 외 죄를 지을 줄 모르는 사람들입니다.

그른대 더 억울한 것은 우리 농촌도 이재 활기를 찾을 때가 왔는대
외 10년 20년 전 물을 사먹는다고 하면 이상하게 생각했는대
지금은 우리도 물을 사먹지 않습니까?

앞으로는 공기를 사먹는 세상이 왔습니다.

외 도회지 돈많은 사람이 우리 산골와 별장 지어 공기 사먹으로
오고 있어 비탈 논밭이 4-5십만원 하든 겄이 765 송전탑 문재로
누가 물어 보는 사람 없어요.

돈이 꼭 필요해 금융 기관에 담보대출 받으르 해도 정부가 인증하는
금융기관에서 설증 자체를 거부한답니다.

가슴을 치고 탐복할 일입니다.

정말 우리가 민주주의 하는 나라에 살고 있는지 우리가 모르는 사이
공산주의 아니면 독재주의로 바뀌었는지 어심도 해봅니다.

경찰은 외 죄를 짓는 한전 직원과 일꾼은 보호하고 억울한 선하지
주민들은 죄인 취급하여 꼼작달싹 못하게 막습니까? 이 이상
얼마나 더 큰 사끈 사고가 나야 정부는 선하지 주민들의 말을 들얼
겁니까.

1장 주민들의 말

호소문

이 억울함을 누구에게 하소연 할까요?

제8섭이 가깝도록 살아도 이른 억울함은 없었습니다

7-8세 때 일본 식민지 시절 놋그릇 뺏어 가는것 보았고
자유당 시절 산에 나무하다 산림계 직원들에 고충 당해
보고 서무소 직원 오면 누룩 술단지들로 숨구기도
해보았습니다 그래도 이번 망지 억울하지 아나습니다
국민 행복 시대를 부르겠는 이때. 개인의 재산 생명의 위험과
재산이 송전탑이 서면로 하로 아침에 올거품이 대는 이때
어찌 생사를 가리겠습니까?

일평생 농사지어 정부에서 주는대로 받고 싸움 한품 처납없이
살아온 우리 선하지 주민들 우리는 정말 경찰 자치가 필요
없습니다 외 죄를 지을줄 모르는 사람들입니다

그른대 더억울한것은 우리농촌도 이재 흙가를 찾을때가
왔는데 외 10년 20년전 물을 사먹는다고 하면 이상하게 생각
했는데 자금은 우리도 물을 사먹지 않읍니까?

앞으로는 공기를 사먹는 세상이 왔읍니다.
외 도회지 돈많은 사람이 우리 산골에 별장겨어 공기사먹
으로 오고 있어 비랄 논밭이 4-5섭만윔 하돈 겄이

165 송전탑 문재로 누가 물어 보는 사람 없어요
돈이 곡필요해 금융 기관에 담보대출 받으로 해도 정부가 인증
하는 금융 기관에서 본증 자체를 거부한답니다.
가슴을 치고 탐복할 일입니다.

정말 우리가 민주주의 하는 나라에 살고 있는지 우리가 모르는
사이 공산주의 아니면 독재주의로 바꿔였는지 어심도
해봅니다.

경찰은 외 죄를 짓는 한전 직원과 일꾼은 보호하고
억울한 선하지 주민 들은 죄인 취급 하여 꿈작 달삭 못하게
막읍니까? 이이상 얼마나 더 큰 사꾼 사고가 나야
정부는 선하지 주민들의 말을 들얼겁니까.

강철도 너무 심하게 조수번 터집니다
선하지가 아닌 대한 민국 국인 여러분 역자 사지
당성을 한번 우리 입장이 대여 생각해 주세요
165천볼드 거어마 어마한 전선어 피복도 없이 우내
머리위 4-5m다 뻐치르 하는 누가 가깐이 있겠읍니까
아마 저 생각 으로는 산법자천부장관님 경찰 청장님
한전 사장님. 밀양시장님 변아니 끝에 넘자는 논자로
응응합니다 뿐일 겁니다

여수 노인회장 이 재 묵

강철도 너무 심하게 조우면 터집니다.

선하지가 아닌 대한민국 국민 여러분 역지사지 당신들 한번 우리 입장이 대여 생각해주세요.

765천 볼드 거 어마어마한 전선이 피복도 없이 내 머리의 4-5M다 뻐치르 하는 누가 가만이 있겠읍니까.

아마 저 생각으로는 산업자원부 장관님 경찰청장님 한전 사장님 밀양시장님 뿐일 겁니다. 아니 끝에 님자는 놈자로 증증합니다.

여수 노인회장 이재묵

박근혜 대통령님께

대통령님, 저는 밀양시 상동면에서 농사를 지으며
살고 있는 김영자 입니다.

농부의 땅에 태어나 곡식들의 자라는 모습이, 그 열매
잎들이, 풀까지 우리의 먹거리가 되는것이 너무 좋아
저 역시 농부로 살고 있습니다.

내가 생산한 채소나 과일들이 누군가의 밥상위에
올려지고, 그 과일의 맛에 즐거움을 줄수 있다는
사실이 하나도 힘들지만, 농사일이 나의 천직으로
생각하며 불평없이 살아 왔습니다.

그런데 영화롭기만하던 우리 마을에 165000V라는
송전탑이 들어 온다는 소리에 우리 모두는 술렁이기
시작했고 165 KV라는 전기를 알아가기 시작 했습니다.

더 공사는 힘없는 사람이 짓밟히는 공사라는것을
대통령님께서도 잘 아시리라 믿습니다.

산으로 산으로 가야할 송전탑이 권력의 힘에 의해
마을로 내려와, 마을앞 논과 밭에 세워지면서 —
이 나라가 풀어야할 문제 중 하나를 꼭지 말라하는
사명증 하나가 되었지요.

한전 사장이, 산자부 장관이, 국무 총리가 내려오는
일까지 있었지만, 총리는 밀양에 내려 왔다 갔다는

박근혜 대통령님께

대통령님, 저는 밀양시 상동면에서 농사를 지으며 살고 있는
김영자입니다.
농부의 딸로 태어나 곡식들이 자라는 모습이, 그 열매 잎들이,
줄기가 우리의 먹거리가 되는 것이 너무 좋아 저 역시 농부로 살고
있습니다.
내가 생산한 채소나 과일들이 누군가의 밥상 위에 올려지고, 그
과일의 맛에 즐거움을 줄 수 있다는 자부심 하나로 힘들지만,
농사일이 나의 천직으로 생각하며 불평없이 살아왔습니다.
그런데 평화롭기만 하던 우리 마을에 765000V라는 송전탑이
들어온다는 소리에 우리 모두는 술렁이기 시작했고 765kV라는
전기를 알아가기 시작했습니다.
이 공사는 힘없는 자들이 짓밟히는 공사라는 것을 대통령님께서도
잘 아시리라 믿습니다. 산으로 산으로 가야 할 송전탑이 권력의
힘에 의해 마을로 내려와, 마을 앞 논과 밭에 세워지면서 이 나라가
풀어야 할 문제 중 하나로 골치 아파하는 사업 중 하나가 되었지요.
한전 사장이, 산자부 장관이, 국무총리가 내려오는 일까지
있었지만, 총리는 밀양에 내려왔다갔다는 언론플레이만 무성했고,
우리 반대 주민들은 만나서 대화도 하지 않았고, 산자부 장관 역시
경과지를 잠깐 둘러보긴 했지만 반대 주민과의 대화는 없었습니다.
대통령님!
이치우 어르신이 분신하시고 유한숙어르신이 음독하셨고 또 한분이
수면제로 음독하려 했던 이유는 분명히 있습니다. 권력의 힘에 의해
송전탑이 마을로 내려왔다 다시 산으로 올라가며 송전탑 3개를 더
세우는 산외면과 경북 청도군을 지나지 않으려고 마을로 내려와
한 마을을 2반 3반을 갈라 놓고 논과 밭에 세워지며 다시 올라가는
상동면은 13개의 송전탑이 더 세워지는 걸로 알고 있습니다.
그런데 국책사업이라고 밀어붙이는 이 공사는 주민과의 합의도
되지 않은 채 경찰 병력 3000명 이상을 동원하여 저희들에게

언론 플레이와 무성하고, 우리 반대 국민들을 하나의
세력으로 하지 않았고, 순수한 촛불 여스 결과치를 촛까,
읗여 보기 했지만 찬대 국민파의 대화는 없었습니다.
대통령님?

이 정부 서른성이 분성 하고 앞라앗 어른성이 음득 하셨고
땋 한송이 두면제로 음득하여 많여, 겨새는 분별히 있습니다.
결력의 힐데의해 승전탕이, 마음을 내려왔다 다시
선으로 울라가여 승전탕 좋개를, 또 세우는 순의먼과
결긋 칩도롱을 사나지 않으려고 마음을 내려와
땋 마음을 그반 그방을 걱라놓고 분과 밥에 세워지며
서스 울라가는 상듩여는 13개여 승전냥이 따 세위지는
갏을 맞고 있습니다.

그런데 질긱 사업이라고 좋아줄이는 이 곳사는 국련과의 촛물도
받지 않은재 결겉 열력 가0000면 여상믐/듬원라의
설리들에게 좋가가 작건 (100.80여 보잏듬믐)을, 춫내도
걵챙을 선죽라 갈이 아니고 무연이 깠습니까?

질긱 사업이라면 "회소의 비용으로 최대의 효과"를 냅수
있어야 하는것이 아니젇요?

그런데 승전탕 1개비 가0억 여을 쓰는 곳사늘, 질릭의
힐에의해 우백여을, 낭비하여 작릭들의 힐의 허정을—
마음을 초로함 세기고 있습니다.

대통령님께서도 앟늘 라셨습니다.
"걵여 좋사랍 밥사랍이 공촌한 서훌을 많듶갂다"고
그런여 우리는 대통령님이 청와대에 듬어가셔, 그 순간부터
왜 이렇게 따 힐어 이쌨걵요?)

겪긑 열력에 의해 벙장되고 걱뻥되고 여 열긘 찾는 사람들의
음음 다셔야 하고, 작음을 낲아오는 니를 둥섯겼해
제고춤이 낲아늘 상태고, 마음의 둥전탕 따 세위놓고
좧의 하라고, 공쳐원의 좌션이 마음 공들제를, 완전히
꺼란내고 있는 상향 있다.

제가 앟고 있는 좋인도, 좋사 상작라기 전여 하는것으로
앟고 있는데, 이겨은 좧와가 아니고 장젂상을 딴
국련듩을, 공득 서나는 국련듩의 작젂 서졄짗요.
그듶안해 아래 앟졄여 사는 사춘간에 밥을 하지 않고
좋앟갔에, 이곳앗내 사는 읦수가 앟어져여.—
사족 마음 공듬제가 완전히 좌리의 숀태에 앟습니다.
좌리 대젂에서도 쟒엇응이 좧이라고 좧가
촤련선엱는 대화로 나사야 합니다.
제고로 촣라라고 강제 칩여 하려여 딴 다른 사긱가
좧록게 봉겯춥니다.
앟은 질겨인듩이, 서좌 사젂듩, 모라사늘 국듩이 맟 좋습니다.
서리들을 젂후 대죽각이라고, 저늘 그앟에 앓마나
봉듩이 더앟늘지—?)

국가가 자국민(70~80대 노인분들)을 상대로 전쟁을 선포한 것이
아니고 무엇이겠습니까?

국책사업이라면 "최소의 비용으로 최대의 효과"를 낼 수 있어야
하는 것이 아닌지요?

그런데 송전탑 1기에 30억 이상 드는 공사를 권력의 힘에 의해 수백
억을 낭비하며 저희들의 삶의 터전을…… 마을을 초토화시키고
있습니다.

대통령님께서는 말씀하셨습니다.

"국민 한 사람 한 사람이 행복한 세상을 만들겠다"고요.

그런데 우리는 대통령님이 청와대에 들어가신 그 순간부터 왜
이렇게 더 힘이 드는지요?

경찰 병력에 의해 꼬집히고 짓밟히고 떠밀려 많은 사람들이 몸을
다쳐야 했고, 지금은 남아 있는 4곳 농성장에 계고장이 날아든
상태고, 마을은 송전탑 다 세워놓고 합의하라고 공무원이 한전이
마을공동체를 완전히 파탄내고 있는 상황입니다.

제가 알고 있는 합의는 공사 시작하기 전에 하는 것으로 알고
있는데, 이것은 합의가 아니고 강제성을 띤 주민들을 굴복시키는
주민들의 작전이겠지요.

그로 인해 아래 윗집에 사는 사촌간에 말을 하지 않고 집안간에,
이웃간에 서로 원수가 되어 버린……

시골 마을공동체가 완전히 파괴된 상태에 있습니다.

저희 대책위에서도 밝혔듯이 지금이라도 정부가 진정성 있는
대화에 나서야 합니다.

계고장 날렸다고 강제 철거 한다면 또 다른 사고가 터질 게
분명합니다.

많은 정치인들이, 저희 사정을 모르시는 분들이 말합니다.

저희들을 전문 데모꾼이라고. 저는 그 말에 얼마나 분통이
터졌는지(?).

저는 올해 1월 달에 첫 주민 전체 회의 때 올해 꼭 하고 싶은 것을
적으라는 종이에 "일상 생활로 돌아가고 싶다"고 적었습니다.

저는 올해 1월달에 청주, 지청 회의대 올래 못 하겠음을
것을 걸어라는 즐이에 "읍소 생활로 돌아 가고 싶다"고
쓰였습니다.

그런데 저희가 전국 대포주이라니 ㉠

그러면 주인을 상대로 정부를 상대로 사기를 치는 사람들은
진짜 사기꾼을 아가요 ? 라고 묻고 싶네요.

대통령님 ?

경주 마우나 리조트 사건, 세월호 침몰 사건 모두가
진구가 대응이 늦어서, 미리 챙기지 못해서 정부의
책임이나 오송 하라는 말들이 많이 나오고 있습니다.

대통령님께서도 "저의 책임이라고 많은 하였습니다.

저희들도 까칠가 자리껌을 많각 했다.

정부의 잘못으로, 이렇게 삶의 터전을 잃어야 하고
성염법 위협을, 받아야 합니다.

저희들도 이 나라의 주인 입니다.

9년을, 싸우온 시아키로, 어찌 보상을 좋아여라
나 똥기 갑습니가 아는 저희들이 바라는 것은 격렬,
명령을 동원한 강제 집개가 아니라, 정부가
주제에 나서야 한다 싶었 합니다.

더 큰 사태가 일어나기 전에, 주인들, 저희도 마음으로
얼른 동연한 뺴내 주민들과 대화를 하루 잊으로
정부가 나서 좋겠을, 간곡히 부탁 드립니다.

2014년 4월 29일

밀양시 상동면 여수마을 김 영자 올림.

그런데 저희가 전문 데모꾼이라니(?).

그러면 국민을 상대로 정부를 상대로 사기를 치는 사람들은 전문 사기꾼들인가요?라고 묻고 싶네요.

대통령님!

경주 마우나 리조트 사건, 세월호 침몰 사건 모두가 정부가 대응이 늦어서, 미리 챙기지 못해서 정부의 책임이니 보상하라는 말들이 많이 나오고 있습니다.

대통령님께서도 "저의 책임"이라고 말씀하셨습니다.

저희들도 마찬가지라고 생각합니다.

정부의 잘못으로 이렇게 삶의 터전을 잃어야 하고 생명의 위협을 받아야 합니다.

저희들도 이 나라의 국민입니다.

9년을 싸워온 이야기를 어찌 몇 장의 종이에다 다 옮기겠습니까마는 저희들이 바라는 것은 경찰 병력을 동원한 강제 철거가 아니라, 정부가 중재에 나서야 한다고 생각합니다.

더 큰 사태가 일어나기 전에 국민을 섬기는 마음으로 밀양 송전탑 반대 주민들과 대화를 할 수 있도록 정부가 나서줄 것을 간곡히 부탁드립니다.

2014년 5월 29일
밀양시 상동면 여수마을 김영자 올림

1장 주민들의 말

안녕 하세요.

저는 공썰에서 농사를 천직으로 알고 살아가는 걸 보며 왔는데
어느 KV 송전탑이 마당 한가운데로 오는 마음은 그만두련을
하라 하고, 대로 행하는 농사를 많이 짓고 있는
눈 갈 가을 새로 지나가며 마음을 억눌러 지나가도
상혼이 어수마을에 살고 있습니다.

우리 마을에 끼쳐올 전선 1기와 송전탑에서 126번 까지 눈
벌써 안중의 되어 송전선이 걸려 있는 송대구요.

마을 가까운 공사중인데 제가 농수가고 있는 하우스와
송전선과의 거리는 160m 정도라는데요. 요즘은 그 송전에서
전기가 흐르지 않는 상태인데도 기분나쁜 소리가 (
울어나 크게 들리는지 거의 매일 참견네다 전화를해서
"정식 나와서 들어보세요. 요즘에서 소우있겠는지" 라고
말하지만 아직 한번도 나오지 않고 있고 나머지 송전탑 공사여만
앞을 올리고 있습니다.

참으로 저는 생에 움에서 행복한 소리에 잠을 깨야하는
그래도 늦게까지 일할때는 밤 11시~12시까지도 울음 해야하는
웃음을 웃고 있습니다.

웃고 저만이 경험져 있는 웃음을 사는 분들은 이해를 못하겠지만
깨끗한 우리의 손에는 그분들이 맞닫지 못하는 웃의 흔적이
있답니다. 그러면 멸육적 참견(주먹)을 받는 참선 유가
"앞일을 잡아 총활으로" 라는 주제로 잠청한 때 대로를 하세요

〈여러 전문가와 시민들에게 보내는 공개 서한〉

김영자

안녕하세요?

저는 밀양에서 농사를 천직으로 알고 살아가는 김영자입니다.

765kV 송전탑이 과수원 한가운데로 또는 마을을 2반 3반 갈라 놓고, 때론 하우스 농사를 많이 짓고 있는 논 한가운데로 지나가며 마을을 인접해 지나가는 상동면 여수마을에 살고 있습니다.

우리 마을에 피해를 주는 121번 송전탑에서 126번까지는 벌써 완공이 되어 송전선이 걸려 있는 상태구요. 다른 구간은 공사 중인데 제가 농사짓고 있는 하우스와 송전선과의 거리는 160m 정도라는데요.

요즘은 그 송전선에 전기가 흐르지 않는 상태인데도 기분 나쁜 소리가 얼마나 크게 들리는지 거의 매일 한전에다 전화를 해서 "직접 나와서 들어보세요. 이곳에서 살 수 있겠는지"라고 말하지만 아직 한번도 나오지 않고 있고 나머지 송전탑 공사에만 열을 올리고 있습니다.

참고로 저는 새벽에 일어나 하우스 속에서 일을 해야 하는, 그것도 늦게까지 일할 때는 밤 11~12시까지도 일을 해야 하는 삶을 살고 있습니다.

물론 출퇴근 시간이 정해져 있는 삶을 사시는 분들은 이해를 못하시겠지만 피곤한 우리의 삶에는 그분들이 맛보지 못하는 삶의 보람이 있답니다.

그런데 며칠 전 창간 60주년을 맞은 한국일보가 "갈등을 넘어 통합으로"라는 주제로 진행한 대토론회에서 참여정부의 청와대 정책실장을 지낸 이정우씨와 이명박정부에서 기획재정부 장관을 지낸 박재완씨의 토론회의 사회를 맡은 김기호 연세대 교수님의 사회로 진행된 내용을 보고 성균관대 교수님이신 박재완씨의 말씀에 한마디 하지 않을 수가 없어서 몇 자 적어봅니다.

사회자가 묻습니다.

장녀 ○○의 창화와 □□ 수련을 지낸 대학원생과

신영□ 감독에서 기획재정부 장관을 지낸 박 재화씨의

노동귀족의 사회를 맡고 최근 어느 교수님의 사회를

전했□ 내용을 보고 우리와 회수님이 박재화씨의 행동에

관하여 좋지 않을지가 있어서 편지 적어 봅니다.

우리 자가 말합니다. 어른 중에 일을 슬기롭게 풀어가는

좋은는 어떻게 하는게 바람직한가?

박재화 : 솔직히 사람의 경우 얽혀져 예까지 옳다 정도로 자화하여까지

좋았을 있다. 하지만 그렇게 되면 전국 ○여개구을 모두

자화하 해야하는데 당장 내용을 감용할수가 있다.

정책 정부의 해당 부처와 관계자들이 일을 하나대, 정부의

경청 나서서 양해를 구하 쓰러 해야하다.

"주민들이 아무리 반대하지 때문 쓰다, 양무들게 있구나" 하는

사례를, 빈집우 요야야하고 너러 과정이 축적 돼야어 하다고

알뿐 하셨는데, 합수 있고 싶습니다. 전국 ○○○○이라고

하셨는데, 정부의 참여의해 산을 위해 ○○ 사람의 슬픔이

마을로 내려 왔다 다시 산으로 올라가더 구이 전국 ○○여곳

이란 뜻입니까? 아니면 ○, 제가 알고 있는곳은 이제야어○

봉상한 산위면 봉라마을이 전 봉양시장 ○○에 걸려 슬픔을

크기를 더 세우며 지나가는 □□ 우리 슬픔을 ○ 결○도○

산을 위해 마을로 내려와 ○개마을 초조화 시키면서

○○ 직업 정원□을 향해 올라가며 슬픔깊당 ○○○ 이○다

예를 들어 밀양 송전탑 건설을 둘러싼 갈등은 어떻게 푸는 게
바람직한가?

박재완: 송전탑 사례의 경우 밀양 지역만 생각한다면 지화하지
못할 건 없다. 하지만 그렇게 되면 전국 20여 곳을 모두 지화해야
되는데 당장 비용을 감당할 수가 없다. 정책 창구 격인 해당 부처
관계자들이 필요하다면, 장관이 직접 나서서 양해를 구하고
설명해야 한다. "주민들이 아무리 반대하고 떼를 써도 안 되는 게
있구나" 하는 선례를 남길 수 있어야 하고 이런 과정이 축적되어야
한다고 말씀하셨는데, 교수님께 묻고 싶습니다.

전국 20여 곳이라고 하셨는데, 권력의 힘에 의해 산을 피해 사람을
살고 있는 마을로 내려왔다 다시 산으로 올라가는 곳이 전국 20여
곳이라는 말입니까? 아니면(?) 제가 알고 있는 곳은 이치우 어르신
분신한 산외면 보라마을에 전 밀양시장 힘에 밀려 송전탑 3기를 더
세우며 지나가는 곳 우리 상동면은 경북 청도군 산을 피해 마을로
내려와 1개면을 초토화시키고 다시 창녕 변전소를 향해 올라가며
송전탑 13기 이상 더 세우며 지나가는 상동명 두 곳밖에 모르고
있는데, 그밖에도 우리보다 더 많은 사람들이 희생되어야 수도권에
전기를 쓸 수 있다는 말입니까?

참고로 송전탑 1기에 평균 35억 쓰여진다는데 국책사업이라고
말씀하시는 교수님을 비롯한 주위 모든 분들께 묻고 싶습니다.
국책사업은 국민의 세금으로 하는 걸로 알고 있습니다. 그런데
권력의 힘에 의해 수백억을 더 써도 상관없고 힘있는 당신들의
부를 위해 힘없는 우리들은 마구 짓밟혀도 상관없다. 다시 말해서
나를 위해서 니가 좀 죽어달라는 말과 다를 게 없는 게 교수님
철학인가요?

그런 철학으로 그런 자리까지 올라갈 수 있었나요?

적어도 우리는 배우지 못했고 당신들처럼 잘 먹고 잘 입지는 못해도
함께 살아가야 한다는 생각으로 살아가는 것이 우리가 사는 세상,
조상들께서 물려주신 이 아름다운 산천을 지금은 우리가 잠깐
빌려 쓰고 있지만 우리 후손들에게 그대로 물려줘야 한다는 그런

알아주리고 희미하게 근까지 들리오 들어려며 대를 [흘림]도
혼형은 하지 말았어야 합니다.

정말 농사 짓고 사는 제가 가장 싫어하는 경우을 지내 무엇보다
인력 같음 들리께 외여 최승할까여 받은 6시 어린신들이
9대째 국가 폭력에 맞서 싸워야하게 되었긴 예이었음

[흘림] 농사일을 하려 않아 열정 많게하고 자식을 돌돌하게
가르쳤수 있는 사람들 입니다. 그래서 자식들이 더 많이
배우지 못했든거라 생각하여 가슴이 텅텅거같은 부모의
심정을 정근 하면서. [흘림]

그런 것들 정어주시고 부엉 능천한 문제가 왜어렇게
전국에서 가장 큰 문제거리가 되었든지 꼼꼼한히
가려 주실으며 합니다.

한가지 더 우라 드리고 싶은 것은 중부사마을 없지지 않아였지
우리나라 햇빛처도 중부 접경에 정말 잠잠한 것이가?
세계적으로 따뜻한 나라로 알려진 우리 나라에서 과연
생명이 바라돈

신 재생 어느지 개발우 어려운 것이가 들여 혼위터 막심을
가려 주시며 감사하겠습니다.

기본적인 생각을 가지고 사는 우리들입니다.

솔직히 말해서 핵발전소가 사람에게 좋다면 똑똑하고 돈 많은 사람들이 사는 서울에서 멀리 떨어진 고리에 줬겠습니까? 아니면 송전탑이 좋다면 서울에다 세우지 우리 지역에 이렇게 많이 줬겠습니까?

과연 교수님의 강의를 듣는 제자분들은 어떤 마음으로 나름대로의 인생을 살 수 있을까?

궁금합니다. 우리 7~80대 어르신들이 반대를 하는 이유를 알아보려고 한번쯤 고개를 돌리신 분이라면 떼를 쓴다는 표현은 하지 말았어야 했습니다.

감히 농사나 짓고 사는 제가 기획재정부 장관을 지낸 교수님께 이런 글을 올리게 되어 죄송합니다만 우리 어르신들이 9년째 국가폭력에 맞서 싸운다는 게 쉬운 건 아니었습니다.

농사일을 하지 않으면 당장 먹을 게 없고 자식들 등록금을 마련할 수 없는 사람들입니다.

그래서 자식들이 더 많이 배우지 못했을 거라 생각하면 가슴이 터질 것 같은 부모의 심정을 생각하신다면 그런 말씀 접어주시고 밀양 송전탑 문제가 왜 이렇게 전국에서 가장 큰 문제거리가 되었는지 관심 한번 가져주셨으면 합니다.

한 가지 더 부탁드리고 싶은 것은 후쿠시마 보시지 않으셨습니까? 우리 나라 핵발전소 증설 정책이 정말 정당한 것인가?

세계적으로 따뜻한 나라로 삼면이 바다로 알려진 우리 나라에서 과연 신재생 에너지 개발은 어려운 것인가에 한번 더 관심을 가져주시면 감사하겠습니다.

3. 2015년 9월 주민 19인 1심 판결 전 주민들의 탄원서

2014년 밀양시에 건설 예정이던 대부분의 송전탑이 건설됐다. 그러나 송전탑 건설 반대 운동에 참여한 주민들의 싸움은 계속되었다. 주민들은 탈송전탑 탈핵의 목소리를 계속 외치는 한편, 한전이나 경찰, 송전탑 건설 찬성 주민들이 제기한 수많은 소송을 치러내야 했다. 2015년 9월 15일 송전탑 건설을 방해하고 경찰 공무를 방해했다는 이유로 기소된 밀양 주민들에 대한 경남 창원지방법원 밀양지원의 1심 선고가 있었는데 다음 글들은 이 재판에 앞서 주민들이 법원에 제출한 탄원서들이다. 그러나 9월 15일 대부분의 주민에게 집행유예 및 벌금형이 선고되었으며, 주민들과 연대자들은 이 재판 결과를 사법폭력으로 규정하고 이에 불복하는 다양한 활동을 전개했다.

종경하신 판사님 꼬부린 글씨지만 잘 바주시기 바랍니다. 저는 병든
남편하(고) 6남매 키우고 공부 식키고 하면서 한 편생을 평밭에서
사라웁니다.남은 인생 숨시어볼가 했드(니) 앞디로 철탑을
내어놓고 어덯게 사라말입니까.
이 늙기의 소원은 국장님을 살려주옵소서. 그 사람(이) 무슨 죄가
있읍니거. 제발 이 늙거니에 소원닙니더.
판사님만 믿겠읍니다.

대항리 138번지 구화자

(1)— 재판장님께 .—

현명하신 재판장님 아뢰옵기 송구하옵네

이노파는 83세 된 할면님마

부나도 억울함을 금치못에 이거칠한금오

이렇에 편을 들었읍니다 이곳은 빌양북면

화악산 펑밭 마을입니다 이한번이는 30십년

전.. 몸에 아파 휴양차 온둥기갑니다

혼서 상남 일여와 .... 왔읍니다 잔여들은

학교도 가악하니 부산에 가고 오고 밥에 구말끼고

어느듯 고생끝에 터전을 하 이루고

왔대에.. 집 마당 끝에 7.65 천봇등을

발도 못하 농사을 못하니 생존건도 읽고

손전 선 줄수 집봉우에서 보았스 찰 맘그리

정부와 한전 경찰 곡민들 일에 저에

대동화 전쟁 보다 먹머 상막하고

하니 이말은 어몌다 하 옴니끼_

국민들을 이렇에 저렇에 재산권을 송두각갔는고
인

한전에서 정부와 경찰과 협상하고

국민들은 어히없이 불타가죽고 약먹고

죽고 이레 죽고 저레 죽고하니 ..

현명하신 재판장님 아뢰옵니다

대책 사무 국장 이게삼씨는

불상한 비랄친 하라버지 할먼니들

위해 수많은 고생과 휘생한

이게삼 ... 승찰해 주길.. 이금자

할먼이와 .. 구속을 박꿰 주시길

통곡함니다 .... 탄원서 이금자

330.. 421 -

죄송함니다 눈이 어두워 글이

재판장님께

현명하신 재판장님 아뢰옵기 송구하옵니다. 이 노파는 83세 된
할먼다.

너무나도 억울함을 금치 몽에 이 거칠한 글도 이렇에 펜을
들었읍니다. 이곳은 밀양 부북면 화악산 평밭 마을입니다. 이
할먼이는 30십년 전…… 몸이 아파 휴양차 온 동네입니다.

혼서 삼남 일여와…… 왔읍니다. 잔여들은 학교도 가야 하니 부산에
가고 오고 많이 휴말이고 어는 듯 고생 끝에 터전을 다 이루고
있때에…… 집 마당 끝에 765천볼들을 밭도 못하 농사을 몽하니
생존건도 일고 송전선 줄은 집봉우에서 넘실찰앙그리고 정부와
한전 경찰 국민들 일에 저에 대동화 전쟁보다 덕더 상막하고 하니
이 말을 어데다 하옵니까.

국민들을 이렇에 저렇에 재산권을 송두리체 한전에서 정부와
경찰과 협상하고 국민들은 어히없이 불타가 죽고 약먹고 죽고 이레
죽고 저레 죽고 하니……

현명하신 재판장님 아뢰옵니다

대첵 사무국장 이게삼씨는 불상한 비탈친 하라버니 할먼니들
위해 수많은 고생과 휘생한 이게삼…… 승찰해주길…… 이금자
할먼이와…… 구속을 박꿔주시길 통곡합니다…….

탄원서 이금자

탄 원 서

존경 하는 재판장님 저는 밀양시 부북면 평밭 마을에 사는 김길곤 입니다.
다름이 아니오라 밀양 송전탑 반대 대책위 사무국장
이 계삼 선생님의 억울함을 재판장님께 호소 합니다.
제가 생각면 국가의 공권력과 한전의 밀어 붙이식 공사 방법
이 잘못되지 경라리 주민을 도우기 위해 또한 주건을 생각
하는 마음이 무슨 죄가 됩니까? 경라리 주민이 힘드는편이면
밤낮이 없이 어디던지 달려가고 어른 공경 받들 찾고 돈없는
경라리 주민들 편에 서서 전국 연대자들이 모아준돈 앞들기
집혀 하고 경라리 주민 먹이고 위품 해 일하는게 그제
죄라고 할수 있습니까?
경라래 주민들의 억울함을 알려 위해 거자 회견 하는 것이
무슨 죄가 됩니까?
존경 하는 재판장님 부디 이 계삼 대책위 사무국장님을
무죄로 선처 해 주시기를 간곡히 부탁 드립니다.

탄원서

존경하는 재판장님 저는 밀양시 부북면 평밭마을에 사는
김길곤입니다.
다름이 아니오라 밀양 송전탑 반대 대책위 사무국장 이계삼
선생님의 억울함을 재판장님게 호소합니다. 죄가 있다면 국가의
공권력과 한전의 밀어붙이기식 공사 방법이 잘못이지 경과지
주민을 도우기 위해 또한 주민을 생각하는 마음이 무슨 죄가
됩니까? 경과지 주민이 있는 곳이면 밤낮이 없이 어디던지
달려가고 어른 공경 할 줄 알고 돈 없(는) 경과지 주민들 편에 서서
전국 연대자들이 모아준 돈 알뜰이 집행하고 경과지 주민 먹이고
유니폼 해 입히는 게 그게 죄라고 할 수 있습니까?
경과지 주민들의 억울함을 알리기 위해 기자회견 하는 것이 무슨
죄가 됩니까?
존경하는 재판장님 부디 이계삼 대책위 사무국장님을 무죄로
선처해주시기를 간곡히 부탁드립니다.

4. 2017년 6월 11일 문재인 대통령에게 보낸 주민들의 편지

2017년 봄 대통령선거가 끝난 후 문재인 후보가 대통령으로 당선되자 밀양 송전탑 건설 반대 운동에 참여한 주민들은 모두 '이제 곧 밀양 송전탑 건설 문제가 해결될 것이다'라는 희망을 가졌다. 문재인 대통령은 과거 여러 차례 밀양 송전탑 문제에 적극적인 관심을 표명한 바 있고 실제 주민들의 농성장을 방문해 여러 시간 함께 지내며 농성자들을 격려한 바 있기 때문이다. 무엇보다 대통령선거 기간 중에 그는 '탈핵'과 '탈원전' 관련 내용을 주요 정책으로 다루었다.

주민들은 대통령의 의지를 믿어 의심치 않았지만 사회적으로 탈핵과 탈원전, 탈송전탑에 대한 반대 여론 역시 만만치 않기에 넘어야 할 산들이 많이 있으리라 생각했다. 주민들은 대통령이 '공론화위원회'를 제안한 것 역시 이와 같은 어려움을 헤쳐나가는 하나의 과정으로 이해했으며 이 위원회의 논의 결과에 대해서도 낙관적으로 기대하는 분위기가 강했다. 이때는 아직 '공론화위원회'가 본격적으로 가동하기 전이었는데 공론화위원회가 가동되기 시작한 초기 무렵까지도 주민들은 이 위원회를 통해 탈원전 정책이 힘을 받아 실제로 실행될 수 있을 것이라고 기대했다. 그러나 공론화위원회 활동이 진행될수록 주민들은 자신들의 기대가 실상과 다른 것이었음을 직감해야 했다. 공론화위원회에는 주민들이 말을 할 수 있는 '장소'도, 시민들이 그들의 말을 들을 수 있는 '장소'도 없었다.

다음 주민들의 편지에는 문재인 대통령의 당선 이후 그의 당선을 축하하면서 '탈핵'과 '탈원전'을 향한 그의 의지를 다시 한번 확인하고자 하는 주민들의 의지가 담겨 있다. 또한 '탈핵'과 '탈원전', 그리고 '탈송전탑'이 주민들에게 얼마나 간절한 바람인지 다시 한번 문재인 대통령에게 드러내 보이고자 한 주민들의 결의가 드러난다. 한글을 자유롭게 쓸 수 없는 고령의 주민들은 다른 젊은 주민이나 연대자들의 도움을 받아 한 자 한 자 정성스럽게 편지글을 써내려갔다. 주민들은 서울로 상경해 청와대에 직접 이 편지글들을 모아 전달했다.

밥이오이소 이 늙은 이는 첩여없을
막기가 많이도 니딸의 좀 도와주이소
덕춘 할매박춘

많이 오이소 이 늙은이는 철탑을 막기가 많이 도니 많이 좀
도와주이소

덕촌 할매

문재인 대통령님 축하 인사 올립니다 밀양에서도
4km쯤 떨어진 조급한 마음에 2단 골짜기에 살고있는
한 여성 입니다 이렇게 나마 마음에 심정을 글로서
대통령님께 올리게 돼서 너무너무 감격 스럽습니다
어느날 갑자기 765 송전탑이 들어섰다고 후기에
이런이 무슨소리고 했더니 말로 765 송전탑.
왜 희없는 이골짜기 까지와야 하는데 너무나도
원망 스럽었다 대외라 하는데모는 수백번 해도
소용없고 안결몸부림 쳐도 소용없고 한전이나
정부나 약잇마는 아닙니다 완전히 독제 정치
너무 익숙해서 자기 목숨꺼리 바쳐도 소용없고
또 완강쎄시 원하는 사람은 돈으로서 해결하고
남은 사람은 경찰 일대가 완전히 둘러싸고 765 송전탑
십년세월에 세뇌되고 우리들은 가슴에 대못만 박혀
버리고 이웃간에 갈등만 생기고 그렇게 도
다정하던 이웃이 완전히 등을지고
눈만 감으면 집에서나 밭에서나 어디로 가드
전봇대는 발자취마다 따라 오고 있지요

일하다 가도 허리만 피면 전봇대보이면
한숨이 절로 나옵니다 여러깃 살아오기
물려붙어 되고 꼬부랑 할머니가 돼편
자식들이 들어와 살고 마당에 손주들도
마당에서 뛰어 놀고 할텐데 765 송전탑
때 문에 고향은 무천답이 돼어 버리고
동네에는 아무도 없고 형님. 아무도 모르고
인심이 너무야박 하고 그좋던 입술이 송전탑
전봇대로 날려 가버리고 그래도 부족해서
전봇대는 매일같이 우리를 노려보고 우리 가슴에
못을 박고 있지요 우리는 명대로 못살거 같아요
제발 제19대 대통령 최고의 대통령님.
우리들에 좋은동네 다시 찾을수 있도록 간곡히
부탁 드립니다. 19대 대통령님 은혜
잊지 않겠습니다 — 또한번 부탁드립니다
목 마를땐 안녕히 물한모금 주려기 그은혜 죽도록 잊지 않습니다
계십시오

문제인 대통령님 축하 인사 올립니다. 밀양에서도 4k쯤 떨어진
조금한 마을에 고답 꼴짜기에 살고 있는 한 여성입니다. 이렇게나마
마음에 상처를 글로써 대통령님께 올리게 돼서 너무너무
감격스럽습니다. 어느 날 갑자기 765 송전탑이 들어섰다고 하기에
이것이 무슨 소리고 햇더니 말그로 765 송전탑. 왜 죄 없는 이
꼴짜기까지 와야 하는지 너무나도 원망스럽습웠다 대모라 하는
대모는 수백번 해도 소용 없고 온갖 몸부림 쳐도 소용 없고
한전이나 정부나 이것마는 아닙니다. 완전히 독제 정치. 너무
억울해서 자기 목숨까지 바쳐도 소용없고 또 앞장서서 일하는
사람은 돈으로서 해결하고 남은 사람은 경찰 일대가 완전히
둘러싸고 765 송전탑 십년 세월에 세워지고 우리들은 가숨에
대못만 박혀버리고 이웃간에 갈등만 생기고 그렇게도 다정하던
이웃이 완전히 등을 지고 눈 안 감으면 집에서나 밭이서나 어디로
가도 전봇대는 발자취마다 따라오고 있지요.
일하다가도 허리만 피면 전봇대 보이면 한숨이 절로 나옵니다.
여태껏 살아온 게 물거품이 되고 꼬부랑 할머니가 돼면 자식들이
들어와 살고 마당에 손주들도 마당에서 뛰어놀고 할 테데 765
송전탑 때문에 고향은 묵전답이 돼어 버리리고 동네는 아웃도 없고
형님, 아우도 모르고 인심이 너무 야박하고 그 좋던 인심이 송전탑
전봇대로 날려 가버리고 그래도 부족해서 전봇대는 매일같이
우리를 노려보고 우리 가슴에 못을 박고 있지요. 우리는 명대로 못
살 것 같아요.
19대 대통령 최고의 대통령님
우리 동네 좋은 종네 다시 찾을 수 있도록 간곡히 부탁드립니다.
19대 대통령님 은혜 잊지 않겠읍니다. 또 한번 부탁드립니다.
목마를 때 물 한 모금 주는 것이 그 은혜 절대 잊지 않읍니다.
안녕희 계십시요.

호 소 문

765,000㎸ 고압송전선 반대투쟁을 공사 완공시까지 해온 밀양시 상동면 고답마을 주민의 한사람 입니다. 정흥원 전 국무총리가 주민설명회 한다며 반대주민 들께도 한마디 말로없이 공사통보 하는 식으로 다녀간후로 많은 경찰병력을 동원하여 공사진행에 지장을 준다는 명분을걸어 공무방해를 한다며 구속 때려 법정에 세워 벌금을 물게하여 주민들을 억압하는 와중에도 살기 위해 공사완공시 까지 투쟁 해왔으나 시청 공무원 까지 동원하여 공사 말리는 비닐거소 까지 철거해 갔으며 그곳 생활 비품 까지 압수하여 반환도 없으며, 한전직원들이 주민들을 꾀어 반수만 보상금을 주며 합의했다며 공사를 마쳤다며 말듣지 않는 주민들께는 한마디 해명도 없이 해도해도 너무 합니다.
새정부 에서는 이 역을 함을 해결하여 주시길 호소 드립니다. 마을에서는 한전과 합의한 분들과 반대주민 사이인 이웃간에 등을지며 살아가고 있는 설정 입니다.
피해 주민들간에 화평할수 있도록 보상금도 교류 혜택을 볼수 없게끔 처리 해 주시고 앞으로 765,000KV 송전은 물론 전주 도 제거해 주십사 하며 두서없이 호소 드립니다.

밀양시 상동면 고답2길 3 김 쾌 순 드림.

나이 79세

호소문

765,000kV 고압송전선 반대투쟁을 공사 완공시까지 해온 밀양시 상동면 고답마을 주민의 한 사람입니다. 정홍원 전 국무총리가 주민설명회 한다더니 반대주민들께는 한마디 말도 없이 공사 통보 하는 식으로 다녀간 후로 많은 경찰 병력을 동원하여 공사 진행에 지장을 준다는 명분을 걸어 공무방해를 한다며 구속 내지 법정에 세워 벌금을 물게 하며 주민들을 억압하는 와중에도 살기 위해 공사 완공시까지 투쟁해왔으나 시청 공무원까지 동원하여 공사 말리는 비닐거소까지 철거해 갔으며 그곳 생활 비품까지 압수하여 반환도 없으며, 한전 직원들이 주민들을 꾀어 반수만 보상금을 주며 합의했다며, 공사를 마쳤다며, 말 듣지 않는 주민들께는 한마디 해명도 없이 해도 해도 너무합니다.
새정부에서는 이 억울함을 해결하여 주시길 호소드립니다.
마을에서는 한전과 합의한 분들과 반대 주민 사이엔 이웃 간에 등을 지며 살아가고 있는 실정입니다.
피해 주민들 간에 화평할 수 있도록 보상금도 고루 해택을 볼 수 있게끔 처리해주시고 앞으로 765,000kV 송전은 물론 전주도 제거해주십사 하며 두서없이 호소드립니다.

밀양시 상동면 고답2길3 김쾌순 드림.
나이 79세

안녕하십니까

저는 밀양시 상동면 고답 마을에 살고있는
82세 이순정입니다
문제인님 우리 마을은 옛날부터 인심좋로 소문난
마을인제 765kv 송전탑이 마을 앞뒤에 세워지 면서
없고 인심이 너무 상해 결고 살기가 힘들어서
한평생 일구어 놓은 전지를 지키겠다고 송전 탑부체
에 음 막을 짓끄러 기서 잡을 자기를 수십번이 많습
니다요 대통령님 제발 우리좀 살려주이소 꼭부탁
드립니다

안녕하십니까.

저는 밀양시 상동면 고답마을에 살고 있는 82세 이순정입니다.

문제인님 우리 마을은 옛날부터 인심 좋은 소문난 마을인데 765kv
송전탑이 마을에 세워지면서 옆집 사람들과 다툼이 셍기더니
이제는 형님 아우도 없고 인심이 너무 쌍거럽고 살기가 힘듭니다.

한평생 일구어놓은 전지를 지키겠다고 송전탑 부지에 움막을 짓고
저기서 잠을 자기를 수십번이였습니다. 대통령님 제발 우리 좀
살려주이소. 꼭 부탁드립니다.

대통령님

저는 81세 이옥희 입니다
대통령님 평화롭던 우리
마을이 송전탑 때문에 인심이
흉악해져서 살가 힘듭니다
경찰과 한전놈들 때문에
밤에 잠도 못자고 정신과
치료도 받았습니다
안 팔리고 잠이 안옵니다
대통령님 송전탑 제거좀해
결해주이소 꼭부탁드립니다

대통령님

저는 81세 이옥희입니다.

대통령님 평화롭던 우리 마을이 송전탑 때문에 인심이 흉악해져서 살가 힘듭니다.

경찰과 한전놈들 때문에 밤에 잠도 못 자고 정신과 치료도 받았습니다.

안 팔리고 잠이 안 옵니다.

대통령님 송전탑 저거 좀 해결해주이소. 꼭 부탁드립니다.

문재인 대통령님 안녕하십니까?

저는 경남 밀양 상동면에 살고 있는 82세 장영순입니다.
나라가 어수선하고 어려운 이 시기에 문대통령님께서
당선되셔서 참으로 다행이라 생각합니다.

문대통령님께 꼭 드리고 싶은 말씀이 있어서 몇자
적어 올립니다.

저는 나이 80이 넘도록 이곳에서 살고 있습니다.
그런데 어느날 한전에서 우리동네 밭과 들에, 그리고
뒷동산과 앞산에 엄청나게 큰 철탑을 세웠습니다.
이런 엄청난 큰 일을 하면서 동네 사람들에게
물어본적도 없었고, 우리들은 허락한 적도 없습니다.
전선이 뻗어 있는 밭에서 일하기가 두렵습니다.
웅웅거리는 소리가 나기도 합니다.
정말 억울한 것은 보상도 제대로 받지 못했습니다.
집과 농지를 팔고 평생 살아온 고향을 떠나 보려 해도
철탑이 들어선 땅이라고 아무도 사려하지 않습니다.
은행에서는 저당잡고 돈도 빌려 주지 않습니다.
평생노력해서 얻은 집과 농지의 재산 가치가 없어져
내려갔습니다. 눈 앞에 보이는 철탑이 원망스럽습니다.
대통령님께서 저희들 딱한 사정을 살펴 봐 주시고
살 길을 마련 해 주시기를 간곡히 부탁드립니다.
2017년 6월 10일 경남 밀양 고답에서
장 영 순 올림.

문재인 대통령님 안녕하십니까?

저는 경남 밀양 상동면에 살고 있는 82세 장영순입니다. 나라가
어수선하고 어려운 이 시기에 문대통령님께서 당선되셔서 참으로
다행이라 생각합니다.

문대통령님께 꼭 드리고 싶은 말씀이 있어서 몇자 적어 올립니다.
저는 나이 80이 넘도록 이곳에서 살고 있습니다.

그런데 어느날 한전에서 우리 동네 밭과 들에, 그리고 뒷동산과
앞산에 엄청나게 큰 철탑을 세웠습니다. 이런 엄청난 큰 일을
하면서 동네 사람들에게 물어본 적도 없었고, 우리들은 허락한
적도 없습니다. 전선이 뻗어 있는 밭에서 일하기가 두렵습니다.
웅웅거리는 소리가 나기도 합니다.

정말 억울한 것은 보상도 제대로 받지 못했습니다. 집과 농지를
팔고 평생 살아온 고향을 떠나 보려 해도 철탑이 들어선 땅이라고
아무도 사려 하지 않습니다. 은행에서는 저당 잡고 돈도 빌려주지
않습니다.

평생 노력해서 얻은 집과 농지의 재산 가치가 없어져버렸습니다.
눈 앞에 보이는 철탑이 원망스럽습니다. 대통령님께서 저희들
딱한 사정을 살펴봐주시고 살 길을 마련해주시기를 간곡히
부탁드립니다.

2017년 6월 10일 경남 밀양 고답에서
장영순 올림

문재인 대통령님 축합니다
나는 고정마을에 살고있는 76세
김쾌능입니다 송전탑 대모 때문에
옆집 사람 하고 말도 안합니다
거기다 한전에서 마을에 준돈 때문에
이웃간에 원수가 돼 었습니다
이렇게 마을이 박살난 우리마을을
옛날처럼 이웃사촌으로 살아갈수
있도록 좀 해주세요
부디 건강하시고 우리 일 꼭좀
해결해 주세요
감사합니다

문재인 대토형님 축합니다

나는 고정마을에 살고 있는 76세 김쾌늠입니다. 송전탑 대모 때문에
옆집 사람하고 말도 안 합니다. 거기다 한전에서 마을에 준 돈
때문에 이웃간에 원수가 돼었습니다. 이렇게 마을이 박살난 우리
마을을 옛날처럼 이웃사촌으로 살아갈 수 있도록 좀 해주세요.
부디 건강하시고 우리 일 꼭 좀 해결해주세요.
감사합니다.

문재인 대통령 님께

　밀양 송전탑 반대 주민의 간절함을 적어
드려 봅니다.

　갈 길은 먼데 해는 이미 저물었습니다.
　3년 전 그들은 마치 점령군 같이 그렇게 무자비
하게 우리를 짓밟아 버렸습니다.
　그날 이후 그래도 우리는 뭔가를 해야만 하는데
그건 본능에 따르는 처절한 몸부림 이었습니다.

　우리는 차츰 어둠이 내리기 시작한 길을 마냥
걷기 시작 합니다. 이 어둠 속의 침묵은 마치 침실의
커튼 인양 겹축히 드리워 졌고 이따끔 서로를
걱정스레 바라보는 눈빛만이 때로는 위안이 되기도 했습니다.

　아, 그런데 그런데 말입니다. 저 멀리 별빛이
하나 둘 보이기 시작 합니다. 그 별빛 속에는
몇년 전 우리가 그렇게 간절함을 가졌던
또 우리의 그 간절함을 안타까운 마음으로
이를 먼저 주신 그 분이 보이기 시작 합니다.

문재인 대통령님께

밀양 송전탑 반대 주민의 간절함을 적어 드려봅니다.

갈 길은 먼데 해는 이미 저물었습니다.

3년 전 그들은 마치 점령군같이 그렇게 무자비하게 우리를 짓밟바 버렸습니다.

그날 이후 그래도 우리는 뭔가를 해야만 하는데 그거 본능에 따르는 처절한 몸부림이었습니다.

우리는 차츰 어둠이 내리기 시작한 길을 마냥 걷기 시작합니다.

이 어둠 속의 침묵은 마치 침실의 커텐인 양 깊숙히 드리워졌고 이따끔 서로를 걱정스레 바라보는 눈빛만이 때로는 위안이 되기도 했습니다.

아, 그런데 그런데 말입니다. 저 멀리 별빛이 하나둘 보이기 시작합니다. 그 별빛 속에는 몇년 전 우리가 그렇게 간절함을 가졌던 또 우리의 그 간절함을 안타까운 마음으로 어루만져주신 그분이 보이기 시작합니다.

어쩌면 그분은 또다시 우리 곁으로 오시지 않을까 하염없는 기대가 생기기 시작합니다.

이런 막연함은 급기야 조바심과 함께합니다.

그분을 뵈었습니다.

광장에 모여든 수많은 군중들의 환호만큼이나 그분은 우리도 절실합니다.

우리에게서 밀양 송전탑 아웃이 새겨진 피켓을 받아들고 잠깐 그 때의 회상에 잠기신 듯 가만히 살펴보시는 순간 아, 이분은 우리를 잊지 않으셨다. 이윽고 높이 치켜들고 보란 듯이 흔드시는 모습에 그래 이분은 언제나 우리 곁에 계셨구나 이분은 결코 우리를 잊지 않고 늘 우리 곁에 계셨던 것이야.

간절함과 초조함의 나날이었습니다.

절실한 기도가 필요했습니다.

그리고 마침내 우리의 바램은 그렇게 이루어졌습니다.

여태껏 우리를 짓누르고 있던 어둠이 차츰 사라지기 시작합니다.

어쩌면 그 분은 또 다시 우리 곁으로 오시지 않을까
하염없는 기대가 생기기 시작 합니다.
이런 막연함은 큰 기대 조바심과 함께 합니다.

  그 분을 뵈었습니다.
광장에 모여든 수 많은 군중들의 환호 만큼이나
그 분도 우리도 절실 했습니다.

  우리 에게서 밀양 송전탑 아웃이 새겨진 피켓을
받아들고 잠깐 그때의 회상에 잠기신듯 가만히
살펴 보시는 순간 아, 이 분은 우리를 잊지 않으셨다.
이윽고 높이 치켜들고 보란 듯이 흔드시는 모습에
그래 이 분은 언제나 우리 곁에 계셨구나 이 분은
결코 우리를 잊지않고 늘 우리 곁에 계셨던 것이야.

  간절함과 초조함의 나날 이었습니다.
절실한 기도가 필요 했습니다.
그리고 마침내 우리의 바램은 그렇게 이루어 졌습니다.
여태껏 우리를 짓누르고 있던 어둠이 차츰
사라지기 시작 합니다. 어느새 달빛이 우리 곁으로
다가오기 시작 한 것입니다.
환한 보름달이 ....

우리는 밤 길에서 부서지듯 은은한 달 빛을 받으며
이제는 은근한 미소마저 지어 보입니다.

  우리는 여태 우리가 걸어온 길이 결코 후회스럽지
않다는걸 그리고 이 길을 계속 가다보면 내일은
내일의 태양이 또다시 떠오른다는 사실에
결코 안도를 느낍니다.

  훗날 모시려건으로 그동안 쌓인 깊은
가슴 속의 노고의 땀을 씻어 내리는
  아이야 다 잘 끝났구나
  이제는 편히 쉬어야 겠다 라고 말 하렵니다.

          경남 밀양시 상동면 금호마을
          송전탑 반대주민 조 원규 드림.

어느새 달님이 우리 곁으로 다가오기 시작한 것입니다.

환한 보름달이……

우리는 발끝에서 부서지듯 은은한 달빛을 받으며 이제는 은근한
미소마저 지어 보입니다.

우리는 여태 우리가 걸어온 길이 결코 후회스럽지 않다는 걸 그리고
이 길을 계속 가다 보면 내일은 내일의 태양이 또다시 떠오른다는
사실에 깊은 안도를 느낍니다.

훗날 모시수건으로 그동안 쌓인 깊은 주름 속의 노고의 땀을 씻어
내고는

아이야 다 잘 끝났구나

이제는 편히 쉬어야겠다 라고 말하렵니다.

경남 밀양시 상동면 금호마을
송전탑 반대 주민 조원규 드림

문재인 대통령님께

안녕하섭니까 수고가 많습니다

철 탑 들어오는 바람에 고통을
많이 받아서요 그 생각만하면

눈물만 나옵니다 공사 당시
헬기가 넘무 많이 다녀서 머리가
깜깜 하고 귀가 안 들겨 병원
에 지금 현제도 다니고 있습니다
대통령님 꼭 매듭말 좀 들어 주시고
소원 풀어 주세요
      진강하세요 동화전 김수암
                    (75세)

문재인 대통령님꺼

안녕하섭니까. 수고가 많습니다.

철탑 들어오는 바람에 고통을 많이 받아서요 그 생각만 하면 눈물만
나옵니다. 공사 당시 헬기가 넘무 많이 다녀서 머리가 캄캄하고
귀가 안 든꺼 병원에 지금 현제도 다니고 있습니다.

대통령님 할매들 말 좀 들어주시고 소원 풀어주세요.

건강하세요.

동화전 김수암 (75세)

대한민국 제19대 대통령 당선을 축하으깁니다.
안녕하십니까?
저는 밀양시 상동면 여수마음에 살고있는 김영자입니다.
건서 이 어려운 시기에 국정운영을 맡게 되셔서
많이 힘 드실거라 생각 됩니다.
하지만 대통령님의 따뜻한 가음으로 분열된
국민들의 마음을 화합으로 이끌어 낼수 있을것이라
믿습니다.
곳곳의 아픈 상처들을 하나하나 치유해 나가며
경조에 치민 대통령을 이루어 내시리라 믿습니다.
대통령님?
저는 저의 심정은 꽃이라도 한아름 안고 대통령님께
달려가고 싶지만 그럴수는 없겠죠?
그래서 저는 대통령님의 그 흔적을 잊을수가
없나 봅니다.
기억 하시는지요?
지난 2014년 6월 11일 밀양동전탑 저지 농성장에
행정대 중행이 있기 멎을전에 대통령님께서
김 경두 최외위원님과 직접 운전을 하셔서 오셨던
그때를 기억 하시는지요?
그때 저는 대통령님의 눈빛을 모았습니다.

대한민국 제19대 대통령 당선을 축하드립니다.

안녕하십니까?

저는 밀양시 상동면 여수 마을에 살고있는 김영자입니다.

먼저 이 어려운 시기에 국정운영을 맡게 되셔서 많이 힘드실 것이라 생각됩니다.

하지만 대통령님의 따뜻한 가슴으로 분열된 국민들의 마음을 화합으로 이끌어낼 수 있을 것이라 믿습니다.

곳곳의 아픈 상처들을 하나하나 치유해나가며 결국엔 국민 대통합을 이루어내시리라 믿습니다.

대통령님!

지금 저의 심정은 꽃이라도 한아름 안고 대통령님께 달려가고 싶지만 그럴 수는 없겠죠?

그래서 저는 대통령님의 그 눈빛을 잊을 수가 없나봅니다.

기억하시는지요?

지난 2014년 6월 11일 밀양 송전탑 저지 농성장에 행정대집행이 있기 몇일 전에 대통령님께서 김경수 국회의원님과 직접 운전을 하셔서 오셨던 그때를 기억하시는지요?

그때 저는 대통령님의 눈빛을 보았습니다.

우리의 문제를 진심으로 걱정하고 계시다는 것을요.

저도 알고 있습니다.

산적해 있는 국가적 문제를

세월호 문제, 사드 문제, 위안부 문제, 노동자의 문제……

먼저 신경써서 해결해야 할 문제가 많다는 것을 잘 알고 있습니다.

그러나 국민의 안전과 나라의 안위를 생각한다면 우리나라의 에느지 문제도 개선하셔야 할 문제라고 저는 생각합니다.

원자력발전소가 얼마나 위험하고 송전탑을 세우는 과정에서도 마을공동체 파괴 문제가 심각한 사회적 문제라는 것도 아시리라 믿습니다.

대통령님!

저희들이 바라는 것은 우리 후손들은 국가의 폭력으로 짓밟히는 우리의 문제들, 깊은관심으로 걱정하고 계시리라는 것을요.
저는 믿고 있습니다.
산적 해 있는 국가적 문제들 ~
세월호 문제, 사드 문제, 위안부 문제, 노동자의 문제...
먼저 선결되어 해결, 해야할, 문제가 많다는 것을
잘 알고 있습니다.
그러나 국민의 안정과 나라의 안위를 생각 하다면
우리 나라의 에너지 문제도 개선 하여야할
문제라고 저는 생각 합니다.
원자력 발전소가 얼마나 위험하고 중요한가는
세계는 과거에서도 많은 공통제 과거 문제가
심각한 사회적 문제라는 것도 아시리라 봅니다.
대통령님?
사회속의 버려지는것은 우리 국군들을, 국가의 노력으로
진실되게 믿어들은 없어야 된다고 생각하며
우리의 삶의 터전은 우리도 조상으로부터 물려받아
잠깐 빌려 쓰다가 후손들에게 물려 주고 싶고,
이두간에도 여전처럼 이루어주고.
그 모습 그대로 물려주고 싶은 생각 뿐입니다.
대통령님?
대통령님께서 말씀 하셨던 "국민대통합"을
이뤄 내시기위해 많이 힘 쓰시겠지만

우리 못양 할매들도 꼭 기억 해 주시길
간절히 바랍니다.

2017년 5월 19일
- 밀양에서 김 영자 올림 -

일만은 없어야 된다고 생각하며
우리의 삶의 터전은 우리도 조상으로부터 물려받아 잠깐 빌려
쓰다가 후손들에게 물려주고 싶고, 이웃 간에도 예전처럼 이웃사촌!
그 모습 그대로 물려주고 싶은 생각뿐입니다.
대통령님!
대통령님께서 말씀하셨던 "국민 대통합"을 이뤄내시기 위해
많이 힘드시겠지만 우리 밀양 할매들도 꼭 기억해주시길 간절히
바랍니다.

2017년 5월 19일
밀양에서 김영자 올림

문제인 대통령님   대통령을 祝賀합니다

저 이름 박순연 할머입니다 저는 경북청도 에서 자라서

밀양시 북북면 위양으로 시집을 와서 6십년을 살아

왔니아 그러며 하학산 줄기에 송전탑 전기가

터으 온다고 해서 산에가드니 경찰이 와서 나을누피

서 머고 버터 와서 119에 실며서 병원에 실며 가서요

그리고 나을 재인을 만드였서 밀양 법원 에 고소를 해서요

4년을 법원에 재판을 바고 올해 밀양 법원에 서

무재을 빠저 씨니 다 그리고 또 창원 법원까지 두번가서

무재을 빠저 씨니 아 문제인 대통령님 저는 너무나 억울해니

문제인 대통령님 저는올해 나이가 76세 임니다

그리고 부락에 송전탑 찬성 하는 사람은 돈을 만니 받고

우리는 외 돈을 실어 할깨요 돈이라면 다조아 하지요

문재인 대통령님 부락드림니다 송전탑 뽑아주세요

우리는 소원임니다 송전탑 해결을 해주세요 꼭부탁함니

4년 동안에 함께 둥 고생도 말못함니 해옵니다

밀양 송전탑 해결을 꼭부락 함니 다 위양 할머 부락합

문제인 대통령님 대통령을 축하합니다.

저 이름 박순연 할머니입니다. 저는 경북 청도에서 자라서 밀양시 부북면 위양으로 시집을 와서 6십년을 살아옵니다. 그러대 하학산 줄기에 송전탑 전기가 더으 온다고 해서 산에 가드니 경찰이 와서 나을 누피서 매고 내려와서 119에 실어서 병원에 실여가서요. 그리고 나을 재인을 만드였서 밀양 볍원에 고소를 해서요. 4년을 볍원에 재판을 바고 올해 밀양 볍원에서 무재을 빠저웁니다. 그리고 또 창원 볍원까지 두 변 가서 무재을 빠저웁니다. 문재인 대통령님 저는 너무나 억울합니다. 문재인 대통령님 저는 올해 나이가 76세입니다. 그리고 부락에 송정탑 찬성하는 사람은 돈을 만니 받고 우리는 외 돈을 실어할깨요. 돈이라면 다 조아하지요. 문재인 대통령님 부탁드립니다. 송전탑 뽑아주세요. 우리는 소원입니다. 송전탑 해결을 해주세요. 꼭 부탁합니다. 4년 동안에 할매들 고생도 말 못하게 해웁니다.

밀양 송전탑 해결을 꼭 부탁합니다. 위양 할매 부탁합니다.

문재인 대통령님

저는 많이 배우지도 못 했지만 그래도 좋고
나쁜것은 알고 있읍니다
무가 옳고 무가 나쁜 것이는 것을요
나쁜 거은 무엇인가 하면요
송전탑이 건강에 안 좋다는것
한건의 마을 둔한치)
경찰이 무지막하게 철거 한 움막
밀양시청 공원의 마을 주민 이간 시키는것
말이요
옳고 좋은 거은요
문재인 대통령이 당선 되었다는건 그리고
원전짓는 것 중단하는 것 그리고 원전
짓는 것 중단하는 것 그리고 나쁜짓 하는
놈들 잡아넣는것 문재인 대통령님 제발
나쁜 것 확실히 조사하여 가슴에 맺힌
멍어리 좀 풀어 주십시오 그리고
건요있는 밀양 송전탑 법아 주십시오
사랑합니다 문재인 대통령님 밀양
숭진댁 할머 나이 82세
박 윤 순

문재인 대통령님

저는 많이 배우지도 못 했지만 그래도 좋고 나쁜 것은 알고
있습니다.

무가 올고 무가 나쁜 것이는 것을요.

나쁜 거는 무엇인가 하면요

송전탑이 건강에 안 좋다는 것

한전의 마을 돈찬치

경찰의 무지막하게 철거한 움막

밀양 시청 공무원의 마을 주민 이간시키는 것 말이요.

올고 좋은 것은요

문재인 대통령이 당선되었다는 것 그리고 원전 짓는 것 중단하는
것 그리고 원전 짓는 것 중단하는 것 그리고 나쁜 짓 하는 놈들
잡아넣는 것. 문재인 대통령님 재발 나쁜 것 확실히 조사하여
가슴에 매친 엉어리 좀 풀어주십시요. 그리고 필요 없는 밀양
송전탑 뽑아주십시오.

사랑합니더 문재인 대통령님.

밀양 숭진댁 할매
나이 82세 박윤순

호소문   손희경

문재인 대통령님

저는 밀양 부북면 위양리에 사는 덕촌할매입니다
한평생 농사만 지으면 자식 4명 성장시켜 왔습니다
그런데 송전탑 반대운동 하면서 너무도 억울하며
대통령님께 하소연 올립니다
시버묵탕여 가면 본받고 반대운동 한따든지는
누구는 빨갱이 이라고 하고 정말로 분하고 억울했다
저는 세금도 꼬박꼬박 내고 남한테 싫는 소리 안들어며
살아왔는데 왜 이런 소리을 들어에 합니까
돈좋아 하지 않은 사람 있습니까
그럴지만 고향 지킬려고 온갖 유혹도 뿌리치고 양심을
지킵 습니다   문재인 대통령님 2014년 6월8일날

대통령 깨서 127번 움막을 방문 했신 것 기억을 하시나요
그곳 울면서 간곡히 무쟉 했습니다ㅡ 살려 달라고
그때 무언가 도울길을 찾겠다 하셨습니다ㅡ
이제는 밀양송전탑 문제을 해결해 주시기을 간곡히 부락드림
이재 얼마남지 않은 여생 송전탑을 뽑아 버는 것이 저소   원임
문재인 대통령님 나랑은 할메 소원 들어 주시기 바랍니다   니다

호소문

손희경

문재인 대통령님

저는 밀양 부북면 위양리에 사는 덕촌할매입니다.

한평생 농사만 지으면 자식 4명 성장시켜왔습니다.

그런데 송전탑 반대 운동 하면서 너무도 억울하여 대통령님께

하소연 올립니다.

시내 목탕여 가면 돈 받고 반대 운동 한다든지는 누구는 빨갱이

이라고 하고 정말로 분하고 억울합니다.

저는 세금도 꼬빡꼬빡 내고 남한테 싫은 소리 안 들으며 살아왔는데

왜 이런 소리를 들어야 합니까.

돈 좋아하지 않은 사람 있습니까.

그렇지만 고향 지킬려고 온갖 유혹도 뿌리치고 양심을 지켰습니다.

문재인 대통령님 2014년 6월 8일날 대통령께서 127번 움막을

방문하신 것 기억을 하시나요. 그날 울면서 간곡히 부탁했습니다.

살려달라고. 그때 무언가 도울 길을 찾겠다 하셨습니다.

이제는 밀양 송전탑 문제을 해결해주시기을 간곡히 부탁드립니다.

이제 얼마 남지 않은 여생 송전탑을 뽑아내는 것이 저 소원입니다.

문재인 대통령님 나 많은 할매 소원 들어주시기 바랍니다.

문재인 대통령님께 올립니다

경남 밀양시 부북면 위양리 사는 순 여림니다
지난 12년간 긴세월 저의 인생은 평범하지 않았고
정의만 보고 송전탑 반대운동을 해왔습니다
한전과 정부의 온갖 회유와 술수에도 흔들리지않고 일제
강점기 대의 독립군의 정신으로 송전탑 반대에 투쟁
하였습니다 그래야만 이나라의 안전을 지키려는
탈 송전탑 고 생각이 맞았기 때문 입니다
우리는 80십이 다되어가는데 대충 살지 죽을라고 그렇지
어렵게 사냐고 합니다 양심이 허락하지않았기 때문입니다
4년전 문재인 대통령이 당선되었다면 송전탑을 서지도
않았을 건데 이라면서 아쉽기 합니다 그러면서 박근혜정부의
최신실 게이트를 보면서 이게 나라가 하면서 엄동설한 최하루운
아스팔트의 토방으로바다 떠지고 앉아 외쳤습니다
저폐 청산이 애국아라고 5월9일 문재인 총대통령 당선이
되었을 때 정말 한엽이 들었습니다 이제는 되었다
밀양의 아픔과 치유는 대통령 께서 해주실거다
얼마나 기다렸는지 모릅니다
문재인 대통령님
지금 밀양에는 란전의 돈으로 마음을 회유하여 한반으로
마을 공동체가 파리 되어 있습니다

한전과 박근혜 정부의 적폐 경찰의 인권유린들 낱낱이
조사하여 잘못된 것는 사과을 받고 책임자을
처벌해야 할것입니다
그것이 밀양을 아픔을 치유하는 것입니다
그리고 쓸모 없는 송전탑을 뽑는 것입니다
배우지는 못했지만 이나라와 고향을 사랑하고
품과 함께 평생 살아온 품은이 오천입니다
항상 국민만 생각하는 정말 나라갑는
세워 주시기 바람니다

"경남 밀양시 부북면 위양리 순 여림 올림

문재인 대통령님께 올립니다.

경남 밀양시 부북면 위양리 살는 윤여림입니다.

지난 12년간 긴 세월 저의 인생은 평범하지 않았고 정의만 보고
송전탑 반대운동을 해왔습니다.

한전과 정부의 온갖 회유와 술수에도 굴하지 않고 일제 강점기 대의
독립군의 정신으로 송전탑 반대에 투쟁하였습니다. 왜야하면 이
나라의 안전을 위하여는 탈송전탑고 생각이 맞았기 때문입니다.

누구는 80십이 다 되어가는데 대충 살지 무얼라고 그렇게 어렵게
사야고 합니다. 양심이 허락하지 않았기 때문입니다. 4년 전 문재인
대통령이 당선되었다면 송전탑을 서지도 않았을 건데 하면서
어쉽기 합니다. 그러면서 박근혜 정부의 최순실 게이트을 보면서
이게 나라가 하면서 엄동설한 차가운 아스팔트에 토요일마다
퍼지고 앉아 외쳤습니다.

적폐 청산이 애국이라고 5월 9일 문재인 대통령 당선이 되었을 때
정말 한없이 울었습니다. 이제는 되었다. 밀양의 아픔과 치유는
대통령께서 해주실 거다.

얼마나 기다렸는지 모릅니다.

문재익 대통령님

지금 밀양에는 한전의 돈으로 마을을 회유하여 찬반으로
마을공동체가 파괴되어 있습니다.

한전과 박근혜 정부의 적폐 경찰의 인권유린을 낱낱이 조사하여
잘못된 것은 사과을 받고 책임자을 처벌해야 할 것입니다.

그것이 밀양을 아픔을 치유하는 것입니다.

그리고 필요 없는 송전탑을 뽑는 것입니다.

배우지는 못했지만 이 나라와 고향을 사랑하고 흙과 함께 평생
살아온 늙은이 소원입니다.

항상 국민만 생각하는 정말 나라 같은 세워주시기 바랍니다.

경남 밀양시 부북면 위양리 윤여림 올림.

문 재인 대통령께 편지올립니다

저는요즘 세상이 바뀌는 재미에 둥실 둥실 춤을 추고
싶습니다 왜야고요
석탄 발전소. 원전건설계획중단 뉴스를보고 너무 좋아
마을 주민에게 전화을 해서 좋아 했답니다.
이렇게 바꿀수 있는데 지난 12년 세월.
정말분하고 원통하고 억울하고 이루말할수 없는 세월
두분이 밀양송전탑 반대을 외치며 돌아 기셨을때인
희망이 보이지 않았습니다
저는 송전탑건설을 반대 하는 이유는 이땅과 숲 그리고
자연을 잠시 일생동안 빌려 쓴다고 생각 합니다
그리고 후세을 위해 깨끗이 쓰고 돌려주어야 한다고 얍간합니다
그런데 송전탑이 건설된 고향에 누가 살러 들어오겠 습니까
송전탑의 재산상 건강상 피해는 누구보다도 잘 아실것니다
그래서 우리는 세월호. 강정마을. 용산참사. 쌍용차. 기륭전자.
유성기업등 이나라의 아픔이 있는 곳에 찾아가 서로 위로하며
용기를 얻고 희망을 가졌습니다
진실은 언제가 밝혀지고 어둠은 빛을 이기지 못한다는
사실을 알았습니다
문 재인 대통령님
탈핵으로 안전한 나라가 되면 먼거리의 송전탑도
필요가 없어집니다 조금은 비싸지만 안전한 신저성

에너지로 변경하여 주시기 정말 부탁 드립니다

두서없는 편지 죄송합니다
항상 건강하시고 정의가 바로서는 나라을 위해
힘써주지기 바랍니다
2017년 6월 4일

밀양시 부북면 위양리 동래함께 정 임출 42년생

문재인 대통령께 편지올립니다.

저는 요즘 세상이 바뀌는 재미에 등실등실 춤을 추고 싶습니다.

왜야고요?

석탄 발전소, 원전 건설 계획 중단 뉴스를 보고 너무 좋아 마을 주민에게 전화을 해서 좋아했답니다.

이렇게 바꿀 수 있는데 지난 12년 세월, 정말 분하고 원통하고 억울하고 이루 말할 수 없는 세월 두 분이 밀양 송전탑 반대을 외치며 돌아가셨을 땐 희망이 보이지 않았습니다.

저는 송전탑 건설을 반대하는 이유는 이 땅과 숲 그리고 자연을 잠시 일생동안 빌려 쓴다고 생각합니다.

그리고 후세을 위해 깨끗이 쓰고 돌려주어야 한다고 생간합니다.

그런데 송전탑이 건설된 고향에 누가 살려 들어오겠습니까.

송전탑의 재산상 건강상 피해는 누구보다도 잘 아실 것입니다.

그래서 우리는 세월호, 강정마을, 용산 참사, 쌍용차, 기륭전자, 유성기업 등 이 나라의 아픔이 있는 곳에 찾아가 서로 위로하며 용기를 얻고 희망을 가졌습니다.

진실은 언제가 밝혀지고 어둠은 빛을 이기지 못한다는 사실을 알았습니다.

문재인 대통령님

탈핵으로 안전한 나라가 되면 먼 거리의 송전탑도 필요가 없어집니다. 조금은 비싸지만 안전한 신재생 에너지로 변경하여 주시기 정말 부탁드립니다.

두서없는 편지 죄송합니다.

항상 건강하시고 정의가 바로 서는 나라를 위해 힘써주시기 바랍니다.

2017년 6월 4일

밀양시 부북면 위양리 동래할매 정임출 42년생

문재인 대통령님 단신축하 드립니다
밀양시 부북면 평밭에 사는 구화자임니다
저는 한 평생 자식 6남매 뒷바라지하면서 뒤도 보지
받고 열심이사라옵니다 그런가난데 없이 지붕위로는 줄을감아
녹고 앞뒤로 철탑 울세어 녹고 바람 불고 비오는 날은
소음소리에 잡도못자고 정부가 주민을 이럭캐
죽여서야 대게을 니까 대통령님 하루빨리 대책세어
주시바람니다 이늘거니에 소원 빔니어다
   대통령님 살려주옵서소 평밭에서
철탑을뽑아가리   구화자올림

문재인 대통령님 단선 축하드립니다.

밀양시 부북면 평밭에 사는 구화자입니다.

저는 한평생 자식 6난매 뒷바라지하면서 뒤도 보지 안고 열심이 사라웁니다. 그런나 난데없이 지붕 위로는 줄을 감아녹고 앞뒤로 철탑을 세어녹고 바람불고 비오는 날은 소음 소리에 잠도 못 자고 정부가 주민을 이럭캐 죽여서야 대게읍니까. 대통령님 하루 빨리 대책 세어주시기 바랍니다. 이 늘거니에 소원 빔나이다.

대통령님 살려주옵서소 .

철탑을 뽑아가라.

평밭에서 구화자 올림

우리 평밭 마을
우리집앞 마당에
이렇게 변 없읍니씀
다 785 서가읽
대가
눈을 뜨도 감아
도 온 좋일 매일데
일 가슴에 벌엉벌어
넘문 버무 앉아요
대령 님 잘하시바람
또

가장크게 대
대통님 „이노파"
대통님 가장크게
축하 드림니다
'14년 6월에
대행을 만교
글을 옴갑아도
게엽 없어 글머많되
고 합니다 이금자

평밭 이금자

우리 평밭 마을 우리집 앞마당에 이렇게 변였음니씀다. 765 서가
있는 대가 눈을 뜨도 감아도 온종일 매일매일 가슴이 벌렁벌어
너무너무 앞아요. 대통령님 잘하시바람다.
가장 크게 대통님 이 노파 대통님 가장 크게 축하드림니다. 14년
6월에 대행을 만코 글을 옵길아도 게염 없어 글이 않되고 합니다.

이금자

대통령님께 올리는 편지.

먼저 대통령님 당선을 축하 드립니다.
어려운 국정 살피 시느라 연일 고생이 많으십니다
저는 밀양시 무옥면 대항리 765KV 송전탑 129번
130번을 넘나다 하면 없이 바라 보면서 또한
128번 129번 사이 송전선 일을 하루에도 몇번씩
개정 드나 들듯이 지날때 마다 생명의 위압감을
느끼며 살아 가는 평밭마을에 사는 70세
이 보락 입니다.
저가 대통령 님께 무탁 으리고 싶은 말씀은
지금도 한전이 경과지 마을 반대 주민, 찬성주민을
이간질 시키며 갈등을 부추기고 있다는 사실
입니다. 송전탑 공사를 하기 위한 명목으로
마을 발전 기금을 각 마을 마다 한전 자기 기준
으로 정하고 (40%는 개인 보상) 60%는 마을
발전 공동 사업비라고 정해 놓고 60%의 마을
발전 공동 사업비로 부동산에 투자한 찬성 주인
에게만 돈을 지불 하고 찬성 주인 대표로 자칭
하는 자들이 그부동산을 팔아서 반대 주인 몫은
남겨 두지도 않은채 찬성 주인끼리 나누어쓴 사실이

대통령님께 올리는 편지

먼저 대통령님 당선을 축하드립니다.

어려운 국정 살피시느라 연일 고생이 많으십니다. 저는 밀양시 부북면 대항리 765kv 송전탑 129번 130번을 날마다 하염없이 바라보면서 또한 128번 129번 사이 송전선 밑을 하루에도 몇 번씩 개구멍 드나들듯이 지날 때마다 생명의 위압감을 느끼며 살아가는 평밭마을에 사는 70세 이보학입니다.

저가 대통령님께 부탁드리고 싶은 말씀은 지금도 한전이 경과지 마을 반대 주민, 찬성 주민을 이간질시키며 갈등을 부추기고 있다는 사실입니다. 송전탑 공사를 하기 위한 명목으로 마을 발전 기금을 각 마을마다 한전 자기 기준으로 정하고(40%는 개인 보상) 60%는 마을 발전 공동 사업비라고 정해 놓고 60%의 마을 발전 공동 사업비로 부동산에 투자한 찬성 주민에게만 돈을 지불하고 찬성 주민 대표로 자칭하는 자들이 그 부동산을 팔아서 반대 주민 몫은 남겨두지도 않은 채 찬성 주민끼리 나누어 쓴 사실이 들통이 나서 다시 한번 찬성 주민과 반대 주민 간에 고소 고발 등의 갈등 사태를 일으키는 마을이 여러 곳 발생하고 있습니다. 이 점 챙겨봐 주십시오.

대통령님, 우리 평밭마을 129번 130번 송전탑은 당초 계획한 측량 지점에 설치한 것이 아니고 한전의 공사비 절감과 공사기일을 앞당기기 위하여 동일 필지 내에서 약간의 이동을 할 수 있다는 조항을 이용하여 마을 주민이 어떠하든(피해 상황) 관계없이 마을 앞쪽으로 당겨서 송전탑을 건설하여 129번 송전탑 앞이 아니면 출입을 할 수 없는 우리 주민은 도로와 약 30m 정도에 설치되어 있는 80m 높이의 송전탑이 앞으로 넘어올 것 같은 위압감 때문에 항상 불안과 설렘을 안고 왕래를 하고 있습니다. 이 점도 철저히 조사하여 욕심과 지역 주민을 무시하고 돈만 주면 무었이던 할 수 있다는 한전의 오만한 사업 정신을 바꿔주십시오. 비가 오는 날씨나 바람이 조금만 불어도 송전탑과 송전선에서 들리는 코로나 소음도 항상 듣고 살고 있습니다.

들통이 나서 다시 한번 찬성주인과 반대주인간에
고소 고발등의 갈등 사태를 일으키는 마을이 여러곳
발생 하고 있습니다. 이점 챙겨 봐 주십시요.
대통령님. 우리 평밭마을 129번 130번 송전탑은
당초 계획한 추장 지점에 설치 된것이 아니고 한전의
공사비 절감과 공사기일을 앞 당기기 위하여 도읠 꽂지
내에서 약간의 이동을 할수 있다는 조항을 이용 하여
마을 주인이 여려하는 (피해상황) 관계 없이 마을 앞쪽
으로 당겨서 송전탑을 건설 하여 129번 송전탑 밑이
아니면 출입을 할수 있는 우리 주민은 도로와 약 30m
정도에 설치 되어 있는 30m높이의 송전탑이 앞으로
봐서 올것 같은 위압감 때문에 항상 불안과 섬뜩
을 안고 생활을 하고 있습니다. 이것도 철저히
조사 하여 묘와 지역 주인을 우선 하고 돈만 주면
무엇이던 할수 있다는 한전의 오만한 사업 정신을 바꿔
주십시요. 비가 오는 날씨나 바람이 조금만 불어도
송전탑과 송전선에서 들리는 도로나 소음도 항상
듣고 있습니다.
대통령님. 우리는 돈을 원치 않습니다.

후손에게 아름다운 환경과 살기 좋은 마을을
물려 주고 싶습니다.
그리고 또 하나 멀쩡지 마을 가자 찬성파 반대파
하며 둘로 운명이 되어 조상 대대로 살아온
마을이 한전으로 인해 갈등 하고 있습니다.
정말로 힘이 듭니다. 서로 인사도 하지 않고 외면
합니다. 경사. 흉사 에도 들여다 보지 않습니다.
대통령님 우리가 바라는 것은 보상이 아닙니다.
○ 공권력을 동원한 정부와 공사를 강행한
   한전이 밀양 송전탑 반대 주인 들의 고통에
   대한 진정성 있는 사과.
○ 주인들의 재산및 건강 피해 실태조사.
○ 마을 공동체 파괴 실태 조사.
○ 불필요한 부실한 송전탑 송전선도 철거
   등을 대통령님께 간절히 부탁 드립니다.
   대통령님 화력없던 핵발전 중단하고 태양광 풍력
   발전을 적극 것도 하자는 정책 전폭지지 합니다.
   내내 지는 계절 건강 하시고 항상 주인의 편지같
   으로 신언 드리며 명심 해 살겠습니다
                밀양면 평밭마을 이 보락 올림.

대통령님, 우리는 돈을 원치 않습니다.

후손에게 아름다운 환경과 살기 좋은 마을을 물려주고 싶습니다.

그리고 또 하나 경과지 마을마다 찬성파 반대파 하며 둘로 분열이 되어 조상 대대로 살아온 마을이 한전으로 인해 갈등하고 있습니다. 정말로 힘이 듭니다. 서로 인사도 하지 않고 외면합니다. 길사, 흉사에도 들여다보지 않습니다.

대통령님, 우리가 바라는 것은 보상이 아닙니다.

- 공권력을 동원한 정부와 공사를 강행한 한전이 밀양 송전탑 반대
- 주민들의 고통에 대한 진정성 있는 사과
- 주민들의 재산 및 건강 피해 실태 조사
- 마을공동체 파괴 실태 조사
- 불필료한 북경남 송전탑 송전선로 철거

등을 대통령님께 간절히 부탁드립니다.

대통령님, 화력발전 핵발전 중단하고 태양광 풍력 발전을 적극 검토하시는 정책 전폭 지지합니다. 더워지는 계절 건강하시고 항상 국민의 한 사람으로 성원드리며 열심히 살겠습니다.

부북면 평밭마을 이보학 올림

〈 문재인 대통령님께 올리는 선문고 〉

온 국민의 존경과 믿음과 기대와 환호 속에서

나라다운 나라를 이끌어가려 시작하신 문재인 대통령님!

신선으로 얼마나 수고가 많으십니까?

저희는 박근혜 정부와 한전의 잘못된 밀양 765KV 송전탑 건설로

재산상, 건강상, 환경상으로 억울하게 피해를 당하고 있으며, 신선어 연권가지

첫발걸음을 당하며, 나오서 못한 규정에 가슴을 치며 죽지 못해 살려가는

밀양 765KV 고압 송원탑 경과지 주변 할매·할배들 입니다.

한전과 박근혜 정부는 민주국가의 체면도 양심도 져버리고 서민과 약자를

억압한 공기업이요 정부였습니다.

이 정권을 바꾸고자 제 18대 대통령선거 때부터 몰겨친척, 친지친구, 선후배, 이웃

들에게 문재인 대통령 후보님의 당선을 위해 더불어민주당 당원으로 가성도 하여며

거두유세에 직접 마여크를 잡더라며 문재인 대통령 후보님의 당선 몰오영, 당위성

을 호소했습니다. 제 19대 대통령 선거 때도 당선 확신을 가지고 힘차게 준비하주 했

습니다.

5월 6일 내 나라는 도요일, 부산 광복동 수 많은 유원지들이 운집한 거리에서

문재인 후보님의 절절한 연설이 끝나자마저 밀양 할매들이 집에서 더 온

꽃다발을 받으시거 전에 열린 양복 상의 단추를 잡그시고 꽃다발과 "밀양

765KV 송전탑 OUT" 이라고 쓴 피켈을 함께 받으시는 장면은 영원히 잊지못할

아름다운 장면이었습니다.

이 장면을 보신 수천만명의 국민들은 가슴을 뭉클하게 하는 감동과 존경을

느꼈을 것입니다. 대한민국의 자르침어요 자랑입니다.

〈문재인 대통령님께 울리는 신문고〉

온 국민의 존경과 믿음과 기대와 환호 속에서 나라다운 나라를
이끌어가기 시작하신 문재인 대통령님!
심신으로 얼마나 수고가 많으십니까?
저희는 박근혜 정부와 한전의 잘못된 밀양 765kV 송전탑 건설로
재산상, 건강상, 환경상으로 억울하게 피해를 당하고 있으며,
심지어 인권까지 짓밟힘을 당하여, 바르지 못한 국정에 가슴을 치며
죽지 못해 살아가는 밀양 765kV 고압 송전탑 경과지 주변 할매,
할배들입니다.
한전과 박근혜 정부는 민주국가의 체면도 양심도 저버리고 서민과
약자를 억압한 공기업이요 정부였습니다.
이 정권을 바꾸고자 제18대 대통령선거 때부터 일가친척, 친지,
친구, 선후배, 이웃 등에게 문재인 대통령 후보님의 당선을
위해 더불어민주당 당원으로 가입도 해가며 가두유세에 직접
마이크를 잡아가며 문재인 대통령 후보님의 당선 필요성, 당의성을
호소했습니다. 제19대 대통령선거 때도 당선 확신을 가지고 힘차게
동분서주했습니다.
5월 6일 비 내리는 토요일, 부산 광복동, 수많은 유권자들이
운집한 자리에서 문재인 후보님의 절절한 연설이 끝나자마자
밀양 할매들이 집에서 따 온 꽃다발을 받으시기 전에 열린 양복
상의 단추를 잠그시고 꽃다발과 "밀양 765kV 송전탑 OUT"이라고
쓴 피켓을 함께 받으시는 장면은 영원히 잊지 못할 아름다운
장면이었습니다.
이 장면을 보신 수천만 명의 국민들은 가슴을 뭉클 하게 하는
감동과 존경을 느꼈을 것입니다. 대한민국의 가르침이요
자랑입니다.
그날 내린 비는 승리의 예언과 축복의 비였습니다.
참으로 제19대 대통령으로 당선하심을 축하드리오며
늘 기도로 함께하겠습니다.

그 날 내린 비는 승리의 예언과 축복의 비였습니다.

참으로 제 18대 대통령으로 당선하심을 축복드리오며

늘 기도로 함께 하겠습니다.

잘못된 국정을 바로잡으시고 사랑하시는 국가와 국민의 행복을 위해 헌신 봉사하여

갈 차에 산재해 있겠지만 밀양 765KV 송전탑 건설 과정속에 숨겨져 있는

절대적인 잘못부터 먼저 바로잡는 것이 순리라고 생각합니다.

첫 국민이 원하는 적폐청산, 비리척결, 국민통합, 경제발전, 일자리 창출,

남북통일도 물 흐르듯 잘 풀리리라 확신하며

다음과 같이 밀양 765KV 송전탑 건설에 따른 문제점 및 해결 방안을 호소합니다.

　　　○ 밀양 765KV 송전탑 문제점및 해결방안

1. 문제점

1) 주민 설명회를 회피했거나 엉뚱한 마을에 가서 했다.

2) 당연히 건강피해, 재산피해, 환경피해는 무시했다.

마을 뒷산 너머 멀거나 없는 산으로 거치거나 직선으로 가면 철탑갯수도

줄고, 고 여치우 철비, 유한국 철배도 항의의 손실을 격어 많았을 것이고

재산가격 몰락도, 건강에 대한 스트레스도, 공허업과 당국의 비난 불신도,

마음 공동체 파괴도 … 없었을 것이다.

3) 사람보다 전력을 우선시하는 행정이었다.

국가 권도자의 왜곡된 가치관이 사회정의를 짓밟았고, 민선(천선)을 울렸고

돈과 권력의 위협으로 밀양 철비·철배들의 가슴에 철탑을 꽂았다.

4) 한전과 박근혜 정부는 아름다운 마음 공동체를 파괴시켰다.

돈과 권력, 거짓과 협박으로 찬성파와 반대파로 주민을 분리시켜

잘못된 국정을 바로잡으시고 사랑하시는 국가와 국민의 행복을
위해 하실 일들이 각 처에 산재해 있겠지만 밀양 765kV 송전탑
건설 과정 속에 숨겨져 있는 절대적인 잘못부터 먼저 바로잡는 것이
순리라고 생각합니다.

전 국민이 원하는 적폐 청산, 비리 척결, 국민 통합, 경제 발전,
일자리 창출, 남북 통일도 물 흐르듯 잘 풀리리라 확신하며
다음과 같이 밀양 765kV 송전탑 건설에 따른 문제점 및 해결
방안을 호소합니다.

• 밀양 765kV 송전탑 문제점 및 해결 방안

1. 문제점

  1) 주민설명회를 회피했거나 엉뚱한 마을에 가서 했다.

  2) 인간의 건강 피해, 재산 피해, 환경 피해는 무시했다.

    마을 뒷산 너머 민가가 없는 산으로 가거나 직선으로 가면
    철탑 갯수도 줄고, 고 이치우 할배, 유한숙 할배도 항의
    자살을 하지 않았을 것이고 재산가치 몰락도, 건강에 대한
    스트레스도, 공기업과 당국의 비난·불신도, 마을공동체
    파괴도…… 없었을 것이다.

  3) 사람보다 전기를 우선시하는 행정이었다.

    국가 지도자의 왜곡된 가치관이 사회정의를 짓밟았고,
    민심(천심)을 울렸고, 돈과 권력의 위협으로 밀양
    할매·할배들의 가슴에 철탑을 꽂았다.

  4) 한전과 박근혜 정부는 아름다운 마을공동체를 파괴시켰다.

    돈과 권력, 거짓과 협박으로 찬성파와 반대파로 주민을
    분리시켜 상호 갈등 대립시켜 심적인 고통을 주고 있다.

  5) 국민 화합에 역행하고 있다.

    찬성하는 주민들에게는 명절 때마다 쇠고기 상자, 과일
    상자를 마을까지 실어주고 철철히 관광을 시켜주고 있다.

  6) 성폭행을 하고도 영전, 승진을 한 경찰이 많다.

    삶의 보금자리를 지키고자 본능적으로, 완전 알몸으로
    공사현장을 가로막는 할매들을 죽은 짐승 시체 끌어내듯이

상호 갈등대립시켜 심각한 고통을 주고 있다.

5) 국민 화합에 역행하고 있다.

찬성하는 주민들에게는 명절때마다 쇠고기 선물, 과일상자를 마을까지 실어주며 철철히 관광을 시켜주고 있다.

6) 성폭행을 하고도 엽전, 승진을 경찰이 맡다.

삶의 보금자리를 지키고자 본능적으로, 완전 맨몸으로 공사현장을 가로막는 할매들을 죽은 짐승 사체 끌어내듯이 산내 경찰들이 철철 끌어냈다.

밀양 경찰서장(김수환: 현 종로경찰서장)은 경찰 간부들을 모아서 가슴에 `V'자를 표시하며 승리의 기념 촬영까지 했다.

7) 원칙도 상식도 없는 한전과 박근혜 정부다.

의장 전입자, 세입자, 식구 수대로 세대주로 해서 위로금 주고 찬성측에 한신했다.

(이하 생략 하겠습니다)

3. 해결 방안 (주민 요구사항)

1) 초고도 케이블로 불경한 송전선로의 지중화 할 것

2) 경과지 주변 피해 실태조사 및 성가 보상 지면 이주

3) 노후 원전 완전 폐쇄및 건설 중인 원전 중단과 전력정책 대폭 수정

4) 잘못된 선로의 잘잘 못을 정당하게 다시 세울 것

※. 위 4가지 사항 중 하나만 해결되면 됩니다.

늘 하느님의 뜻 가운데서 늘마다 지혜로우시고 건강하시기를 기도합니다.
끝까지 읽어주셔서 감사합니다.

2017. 6. 13 경남 밀양시 부북면 평밭들 住 현문순 여엘라 올림

사내 경찰들이 질질 끌어냈다. 밀양 경찰서장(김수환 : 현
종로경찰서장)은 경찰 간부들을 모아서 가슴에 'V' 자를
표시하며 승리의 기념촬영까지 했다.
  7) 원칙도 상식도 없는 한전과 박근혜 정부다.
    위장 전입자, 세입자, 식구 수대로 세대주로 해서 위로금 주고
    찬성자에 합산했다.
(이하 생략하겠습니다)
2. 해결방안(주민 요구사항)
  1) 초전도 케이블로 북경남 송전선로의 지중화할 것
  2) 경과지 주민 피해 실태조사 및 싯가 보상 자연 이주
  3) 노후 원전 완전 폐쇄 및 건설 중인 원전 중단과 전기정책 대폭
    수정
  4) 잘못된 선로의 철탑 뽑고 정당하게 다시 세울 것
※위 4가지 사항 중 하나만 해결하면 됩니다.

늘 하느님의 뜻 가운데서 날마다 지혜로우시고 건강하시기를
기도합니다.
끝까지 읽어주셔서 감사합니다.

2017.6.13.
경남 밀양시 부북면 평밭길 21
한옥순, 이남우 올림

1장 주민들의 말

문대통령님 취임을 진심으로 축하드립니다.
우리가 염원했던 일들이 대통령께서 취임을
하시면서 하나하나 이루어 지리라 믿으며
이 글을 드립니다.
저는 대통령님께서 부산 유세때 소박한
진달래 꽃다발을 전달한 밀양송전탑이
세워진 동네에 사는 84세 되는 늙은 사람입
니다.
저의 부부는 40년동안 교직생활을 하다
공기 좋고 인심 좋은 곳으로 노후의 건강을
위해 이곳에 왔읍니다.
송전탑이 세워진다는 말이 나온 부터 우리동네
30가구에서 13명이라는 주민이죽고 (남11. 여2)
네명이 현재 요양원에 (남1. 여3) 가 있고
갑자기 말문을 닫고 4년이란 세월을 보내는
주민도 있읍니다.
대통령님 왜 이런일이 있겠읍니까?
평화롭고 공기좋고 살기좋은 이곳에 이런 일들이
생긴것은 마을속에 들어선 송전탑으로 인한
불안과 스트레스 때문입니다.

그리고 재산의 피해도 이루 말할수 없읍니다.
이 늙은 사람도 하루아침에 남편을 잃었읍니다.
송전탑때문에 흉 마을 아파하며 괴로워하다
연로하신 탓인지 하루아침에 돌아 갔습니다.
대통령님 우리마을 주민 모두가 어더운 얼굴로
불안에 잠못이룹니다.
이것뿐이 겠읍니까 암으로 죽은 가족의 피해,
농사의 피해도 말할수 없읍니다.
부디 우리 밀양의 송전탑 문제를 해결해서
평화로운 마을을 만들어 주십시요.
모든 국민의 존경과 사랑을 받는
대통령이 되십시요.

             단장면 용회 마을 주민
                      강 순 자 드림

문대통령님 취임을 진심으로 축하드립니다.

우리가 염원했던 일들이 대통령께서 취임을 하시면서 하나하나
이루어지리라 믿으며 이 글을 드립니다.

저는 대통령님께서 부산 유세때 소박한 진달래 꽃다발을 전달한
밀양 송전탑이 세워진 동네에 사는 84세되는 늙은 사람입니다.

저의 부부는 40년동안 교직생활을 하다 공기 좋고 인심 좋은
곳으로 노후의 건강을 위해 이곳에 왔습니다.

송전탑이 세워진다는 말이 나오고부터 우리동네 30가구에서
13명이라는 주민이 죽고(남11, 여2) 네 명이 현재 요양원에(남1,
여3) 가 있고 갑짜기 말문을 닫고 4년이란 세월을 보내는 주민도
있습니다.

대통령님 왜 이런 일이 있겠습니까?

평화롭고 공기 좋고 살기 좋은 이곳에 이런 일들이 생긴 것은
마을속에 들어선 송전탑으로 인한 불안과 스트레스 때문입니다.

그리고 재산의 피해도 이루 말할 수 없습니다.

이 늙은 사람도 하루아침에 남편을 잃었습니다.

송전탑 때문에 늘 마음 아파하며 괴로워하다 연로하신 탓인지
하루아침에 돌아갔습니다.

대통령님 우리 마을 주민 모두가 어더운 얼굴로 불안에
잠못이룹니다.

이것뿐이겠습니까. 앞으로 겪을 가축의 피해, 농사의 피해도 말할
수 없습니다

부디 우리 밀양의 송전탑 문제를 해결해서 평화로운 마을을 만들어
주십시오.

모든 국민의 존경과 사랑을 받는 대통령이 되십시오.

단장면 용회마을 주민
강순자 드림

문재인 대통령님께 드립니다.

밀양 송전탑 싸움 10년에 백발이 되어버린 공회마을에 사는 고골길 할배입니다.

2012년 5월 목요일 초환영 한전사장이 30여명의 수행원과 대동하고 예고없이 우리공회마을을 방문한 적이 있습니다 (듣건데 밀양송전탑 30개 피해마을중 그 피해가 극심할것으로 예상되는 5곳정도의 마을을 방문한 줄이라고 했다)

주민들은 마을 바로 뒷산에 세워질 철탑 너거는 계속 살아갈 마을이 있기 때문에 적어도 1km 이상 물러서 지나가게 해달라고 애원했습니다. 그러자 한전사장은 북하정원이 가리키는 철탑 자리를 보고 너무 가까워서 가슴이 아프다며 가서 그렇게 (주민요구대로) 하겠다고 해놓고 아무런 기다려도 깜깜 무소식으로 일관 해서 '한전사장 이란놈이 이럴수 있나!' 며 억울하고 분개하였습니다. 주민들은 철탑 세울 자리를 점거하여 움막을 짓고 밤낮으로 죽을 힘을 다해 싸웠습니다.

9명째 밀양에 단 한기의 철탑도 세워지 못해 조환영 한전 사장은 마침내 거북에 3천명의 공권력 투입을 요청, 주둥받도 한때, 할배들을 짓 밟고 송전탑을 모두 세웠습니다. 정말 억장이 무너 졌습니다.

이런 무능하고 무책임한 처신 밑 아니라 핵 마리아들라

문재인 대통령님께 드립니다.

밀양 송전탑 싸움 10년에 백발이 되어버린 용회마을에 사는 고준길 할배입니다.

2012년 5월 무렵 조환익 한전 사장이 30여 명의 수행원을 대동하고 예고 없이 우리 용회마을을 방문한 적이 있습니다(듣건데 밀양 송전탑 30개 피해 마을 중 그 피해가 극심할 것으로 예상되는 5곳 정도의 마을을 방문하는 중이라고 했다) 주민들은 마을 바로 뒷산에 세워진 철탑 너머는 계속 산이고 마을이 없기 때문에 적어도 1km 이상 물러서 지나가게 해달라고 애원했습니다. 그러자 한전 사장은 부하직원이 가리키는 철탑 자리를 보고 너무 가까워 가슴이 아프다며 가서 그렇게(주민 요구대로) 하겠다고 해놓고 아무리 기다려도 깜깜무소식으로 일관해서 '한전 사장이란 놈이 이럴 수 있나!'며 억울하고 분개하였습니다. 주민들은 철탑 세울 자리를 점거하여 움막을 짓고 밤낮으로 죽을 힘을 다해 싸웠습니다. 9년째 밀양에 단 한 기의 철탑고 세우지 못한 조환익 한전 사장은 마침내 정부에 3천 명의 공권력 투입을 요청, 구둣발로 할매, 할배들을 짓밟고 송전탑을 모두 세웠습니다. 정말 억장이 무너졌습니다.

이런 무능하고 무책임한 처신뿐 아니라 핵마피아들과 부화뇌동하고 그들의 앞잡이 노력에 열을 올리는 조환익 사장 같은 이는 문재인 대통령의 정책 중에서 가장 많은 박수를 받았던 탈핵·에너지 정책 추진에 걸림돌이 되는 암적인 존재입니다. 하루속히 그 자리에서 물러나게 해야 합니다.

또한 신고리 5, 6호기 건설 중단 조치를 하루빨리 내려주십시오. 자기 이름조차 밝히지 못하는 어용 교수·전문가들의 단지 자기 밥그릇 지키기 위해 앙앙대고 있는 꼴이 쑥 들어가게 해주십시오.

끝으로 저는 대통령께서 탈핵·에너지 공약을 꼭 지켜주리라고 믿어 의심치 않습니다.

대통령님의 얼굴만 쳐다보는 국민들에게 안전과 희망, 삶의 북한 뇌동하고 그들의 문장이 느리게 열을 올리는 조한역 사람 같으이는 문제인 대통령의 정책중에서 가장 많은 박수를 받았던 탈핵·에너지 정책 추진에 걸림돌이 되는 암적인 존재입니다. 하루속히 그 자리에서 물러나게 해야 합니다.

또한 신고리 5, 6호기 건설 중단 조치를 하루 빨리 내려 주십시오. 자기 이름조차 밝히지 못하는 어용교수·전문가들의 단지 자기 밥그릇 지키기 위해 앙앙대고 있는 꼴이 쑥 들어가게 해 주십시오.

물론 저는 대통령께서 탈핵·에너지 공약을 꼭 지켜 주리라고 믿어 의심치 않습니다.

대통령님의 결단만이 하루하루를 국민들에게 안전과 희망, 삶의 기쁨을 힘차게 만들어 주십시오.

고맙습니다. 건강하십시오.

2017, 6, 13

기쁨을 힘차게 만들어주십시오.
고맙습니다. 건강하십시오.

2017.6.13.

문재인 대통령님

　오늘 새시대를 열고 있는 뉴스와　주옥같은 기념사까지 꼼꼼히
보느라 밤잠을 설치고 있습니다. 이 벅찬 일들이 이루어지다니
꿈같은 일입니다.

　화위만 뒷산에 떡 버티고 있는 초고압송전탑으로 인해 이곳의
어두움은 여전합니다.
　저는 건강을 찾으려고 고적을 은퇴한 남편과 부산에서 밀양으로
이사를 왔습니다. 평화로운 시골생활은 잠시 "대기라가 딱 좋은
나이"라고 외치는 대안이 되었습니다.
　사람이 사는 곳으로 지나가서는 안되는 초고압 송전탑 건설에 맞서
"여기 사람이 산다!"며 무모한 싸움에 동변하고, 무지막지한
공권력에 끌려나오며 힘없음에 울부짖었습니다.
　이미 우리는 이 나라의 국민이 아니었으며 국책사업에 걸림돌거리는
노인에 불과했습니다. 박근혜정부와 경찰은 한편과 일체가 되어
우리의 삶터를 짓밟았습니다.

　송전탑 부지에서 살을 에는 추위를 참으며 지켜내고 겨우 맞이한
이는 봄날 '새벽호'의 수장조식을 선속에서 듣고 "이게 나라냐?"
며 절망하며 울었습니다.
　우리는 그 같은 절망을 따뜻한 시인 연대자들, 그리고 곳곳에서
만난 상처받은 이들과 손잡고 위로하며 서로의 온기로 버려냈
습니다. 그 자리에 우리를 보호해야할 나라는 없었습니다.

문재인 대통령님

요즘 새 시대를 열고 있는 뉴스와 주옥같은 기념사까지 꼼꼼히
보느라 밤잠을 설치고 있습니다. 이 벅찬 일들이 이루어지다니
꿈같은 일입니다.

하지만 뒷산에 떡 버티고 있는 초고압송전탑으로 인해 이곳의
어두움은 여전합니다.
저는 건강을 찾으려고 교직을 은퇴한 남편과 부산에서 밀양으로
이사를 왔습니다. 평화로운 시골생활은 잠시, "데모하기 딱 좋은
나이"라고 외치는 데모꾼이 되었습니다.
사람이 사는 곳으로 지나가서는 안 되는 초고압송전탑 건설에 맞서
"여기 사람이 산다!"며 부도덕한 사업에 항변하고, 무지막지한
공권력에 끌려나오며 힘없음에 울부짖었습니다.
이미 우리는 이 나라의 국민이 아니었으며 국책사업에
걸리적거리는 노인에 불과했습니다. 박근혜 정부와 경찰은 한전과
일체가 되어 우리의 삶터를 짓밟았습니다.

송전탑 부지에서 살을 에는 추위도 참으며 지켜내고 겨우 맞이한
어느 봄날 '세월호'의 수장 소식을 산속에서 듣고 "이게 나라냐?"며
절망하며 울었습니다.
우리는 그 깊은 절망을 따뜻한 시민 연대자들, 그리고 곳곳에서
만난 상처받은 이들과 손잡고 위로하며 서로의 온기로
버텨냈습니다. 그 자리에 우리를 보호해야 할 나라는 없었습니다.

아름답던 골짜기에 송전탑은 들어서고 제 남편은 징역 6월에
집행유예 2년을 선고받았습니다. 얼마전 4대째 이 마을에 살아오던
대책위원장님을 갑작스런 암으로 떠나보냈습니다. 힘겨운 농사일로
굽어버린 허리에 송전탑까지 얹혀졌으니 얼마나 무거웠겠습니까!
마을공동체는 한전의 추악한 돈으로 찢겨져서 회복될 수 없게
변했습니다.

아름답던 골짜기에 송전탑은 들어서고 제 남편은 징역 6월에 집행유예 2년을 선고받았습니다. 얼마전 4대째 이 마을에 살아오던 대책위원장님을 갑작스런 암으로 떠나보냈습니다. 힘겨운 농사일로 굽어버린 허리에 송전탑까지 얹혀졌으니 얼마나 무거웠겠습니까! 마을공동체는 한전의 추악한 돈으로 찢겨져서 회복될 수 없게 변했습니다.

몇년 동안 여러 집회에서 마주쳤던 대통령님은 우리의 옆이나 뒤에 자리하는 겸손한 모습을 보여주셔서 깊은 감명을 받았습니다. 비 내리던 부산에서의 유세를 잊을 수 없습니다. 우리 할머니가 들고 계시던 '밀양 765kV out!' 피켓과 화악산의 연산홍 꽃다발을 받아서 높이 들어올렸을 때 우리는 얼마나 기뻤던지요! 깊은 산속에 우리를 찾아와서 위로하고 힘을 주시던 그 모습이었습니다. 비는 흠뻑 맞았지만 훈훈한 마음으로 밀양에 돌아올 수 있었습니다.

문재인 대통령님

우리 주민은 돈보다 '사람이 먼저'인 '나라다운 나라'에서 살고 싶습니다. 대통령님이 이미 그렇게 하겠다고 약속한 그 나라에 우리를 제외시키지 않으시겠죠. 부디 밀양에 귀기울여 주셔서 전기는 눈물을 타고 흐르지 않게 해주십시오. 나라다운 나라를 만드는데 밀양주민들도 항상 응원하며 함께 하겠습니다. 감사합니다.

2017. 6. 용회마을 주민 구미현 드림

몇 년 동안 여러 집회에서 마주쳤던 대통령님은 우리의 옆이나 뒤에 자리하는 겸손한 모습을 보여주셔서 깊은 감명을 받았습니다. 비 내리던 부산에서의 유세를 잊을 수 없습니다. 우리 할머니가 들고 계시던 '밀양 765kV out!' 피켓과 화악산의 연산홍 꽃다발을 받아서 높이 들어올렸을 때 우리는 얼마나 기뻤던지요!

깊은 산속에 우리를 찾아와서 위로하고 힘을 주시던 그 모습이었습니다. 비는 흠뻑 맞았지만 훈훈한 마음으로 밀양에 돌아올 수 있었습니다.

문재인 대통령님

우리 주민은 돈보다 '사람이 먼저'인 '나라다운 나라'에서 살고 싶습니다. 대통령님이 이미 그렇게 하겠다고 약속한 그 나라에 우리를 제외시키지 않으시겠죠. 부디 밀양에 귀기우려 주셔서 전기는 눈물을 타고 흐르지 않게 해주십시오. 나라다운 나라를 만드는 데 밀양 주민들도 항상 응원하며 함께하겠습니다.

감사합니다.

2017.6.

용회마을 주민 구미현 드림

문 재인 대통령님 게
안 녕 하십니까
나는 밀양에 사는 할매 입니다
우리가 송전탑 싸워지도 언 십이년이나 되써요
이 할매는 영감님이 편드신데도 계속
투정을 했읍니다 영감님 즈 한번은
산에 올라가야 한다면서 갔읍니다
그러다가 며칠 만에 세상을 찾읍니다
우리 할매들이 얼마나 고생을 했는지
싸우다가 119 에도 몇 번이나 실려 갔읍니다
행정 대집행 때 여러 할매들이
목께 허리께 씨끄장을 차고 겹 겸이
둘러 앉께 있는데 이천 여명이 넘게 올라 와써
카드기에 목에 허리매 씨끄장을 짜르고
한 못할 사연이 너무 많읍니다
이 빠 할매가 다리도 허리도 온 몸이 녹추게
되어요
대통령님 제발 송전탑 피해 없이
잘 살게 좀 해 주이소
밀양 용회 마을 맏슬 할 매가

문재인 대통령님께

안녕하십니까.

나는 밀양에 사는 할매입니다.

우리가 송전탑 싸운 지도 언 십이년이나 되내요.

이 할매는 영감님이 편은신데도 계속 투쟁을 했읍니다. 영감님도
한번은 산에 올라가야 한다면서 갔읍니다.

그러다까 며칠 만에 세상을 갔읍니다.

우리 할매들이 얼마나 고생을 했는지

싸우다가 119에도 몇 번이나 실려갔읍니다.

행정대집행 때 여러 할매들이 목에 허리에 쇠고랑을 차고 겹겹이
둘러앉에 있는데 이천여 명이 넘게 올라와서 카트기에 목에 허리에
쇠고랑을 자르고

할 못할 사연이 너무 많읍니다.

이 할매가 다리도 허리도 온 몸이 녹초가 되어요.

대통령님 제발 송전탑 피해 없이 잘 살게 좀 해주이소.

밀양 용회마을 김말순 할매가

문재인 대통령님께.

안녕 하십니까?

밀양에 사는 한 할매 입니다.

먼저 요즘 문대통령의 뉴스만 나오면
저도 모르게 웃음이 나오고
뉴스도 열심히 듣고 있습니다.

문대통령님. 그런데 앞으로 우리가 살아갈
이 밀양에 송전탑 대무리 어떻게
살아야 할지 너무나 걱정 입니다.

우리는 이제 여생이 얼마 남지 않았지만
앞으로 젊은 새대 크가는 아이들
너무나 걱정 입니다.

문. 대통령님 바라 온건데 제발
돌아 봐 주세요.

앞으로 우리가 살아갈 이 밀양에 송전탑
이 없으면 좋겠 읍니다

문. 대통령님 우리는 아무런 목심 없
읍니다. 옛날 살던 대로 살게 해 주
시면 좋겠 습니다

산장면 용해 마을.

김 옥희. 드림.

문재인 대통령님께

안녕하십니까?

밀양에 사는 한 할매입니다.

먼저 요즘 문대통령의 뉴스만 나오면 자신도 모르게 웃음이 나오고 뉴스도 열심히 듣고 있습니다.

문대통령님. 그런데 앞으로 우리가 살아갈 이 밀양에 송전탑 때문에 어떻게 살아야 할지 너무나 걱정입니다.

우리는 이제 여생이 얼마 남지 않았지만 앞으로 젊은 새대 크가는 아이들 너무나 걱정입니다.

문대통령님, 바라올컨데 제발 돌아봐주세요.

앞으로 우리가 살아갈 이 밀양에 송전탑이 없으면 좋겠습니다

문 대통령님, 우리는 아무런 욕심 없읍니다. 옛날 살던 대로 살게 해주시면 좋겠습니다.

단장면 용해마을
김옥희(66세) 드림

존경 하는　대통령님 께

저는 밀양 송전탑 빈에 살고 있는 김 옥희 입니다
우리 남편은 동네 대책위원장 을 맡고 있었읍니다
위원장 의 책임 때문에 스트레스 를 많이 받다가
몇개월 전 앞으로 세상 을 마감 했읍니다
몇대를 이어 살면서 동네 형님 동생 하면서 사이좋게 산다가
원수가 되어 오고 가지도 않고 나이 어린 이수관네 욕도 넣어
먹기 를 밥먹드시 먹고 그렇게 스트레스 를 받아 지금은
송전탑 없는 하늘 나라 에서 잘살고 있겠지요
지난 대선때 분 대통령님의 유세 하는 곳 마다 따라다녀
웁니다 만 실패 한 마음 우리 밀양 할배 할배 들은 너무
큰 좌절감으로 집컬 마다 초상 분위기 였읍니다
저는 남편 을 하늘 나라로 모씨고또 그렇게 울지 않았으나
저는 방 바닥 을 치며 남편보는데 통곡 을 하며 울었읍니다
그러나 지금 은　행복 합니다
요번 대선에 성공 을 했으니 우리의 소원이 이루워 지리라 생각
합니다 곳곳 마다 보살펴야 할 곳이 많겠지만
대통령님 제발 우리 밀양을 돌아 봐 주세요
대통령님의　능력을　우리 밀양 촐배들은 꼭 믿고
믿읍니다 대통령님 부디 건강 하시고 하시는일 성공 하세요
　　　용회 마을주민 김 옥희 올림

존경하는 대통령님께

저는 밀양 송전탑 밑에 살고 있는 김옥희입니다.

우리 남편은 동네 대책위원장을 맡고 있었읍니다.

위원장의 책임때문에 스트레스를 많이 받다가

몇개월 전 암으로 세상을 마감했읍니다.

몇 대를 이어 살면서 동네 형님 동생 하면서 사이좋게 살다가

원수가 되어 오고가지도 않고 나이 어린 아우한테 욕도 얻어먹기를

밥먹드시 먹고 그렇게 스트레스를 받아 지금은 송전탑 없는

하늘나라에서 잘 살고 있겠지요.

지난 대선 때 문대통령님의 유세하는 곳마다 따라단녀읍니다만

실패한 마음 우리 밀양 할매 할배들은 너무 큰 좌절감으로 집집마다

초상 분위기였읍니다.

저는 남편을 하늘나라로 보내고도 그렇게 울지 않았읍다.

저는 방바닥을 치며 남편 보는데 통곡을 하며 울었읍니다.

그러나 지금은 행복합니다.

요번 대선에 성공을 했으니 우리의 소원이 이루어지리라

생각합니다.

곳곳마다 보살펴야 할 곳이 많겠지만

대통령님 제발 우리 밀양을 돌아봐주세요.

대통령님의 능력을 우리 밀양 할매들은 꼭 믿고 믿읍니다. 대통령님

부디 건강하시고 하시는 일 성공하세요.

용회마을 주민 김옥희(63세) 올림

문 재인 대통령님 께
안녕 하십니까
대통령님 늦게나마 당신을 축하 합니다
나는 밀양 용회 바쁜데 사는 할머 입니다
밀양이 765 송전탑 때문에 너무나
고통 스럽읍니다
송전탑을 세우려고 그 많은 경찰 속에서
얼마나 싸와야 했는지 말도 못합니다
ㅇ 대통령님 우리 고랑 옛날 처럼 평화롭게
살게 좀 해주셨요
한전이 돈을 가지고 한 동네를 여러 갈래로
만들고 서로 서로 싸우게 말듭니다

대통령님 이 문제를 해결좀 해주셨요
연분 처럼 마음 편히 즉 파면서 살게 좀 해주셨요
우리 만이 아니고 죽순들의 이일 손에서
평화롭게 살수 있도록 해주셨요
대통령님 앞으로도 지금처럼 잘하시면

좋은 대통령님 되실거라 믿읍니다
고맙읍니다

       용회 마을 주민 김 필년 드림

문재인 대통령님께.

안녕하십니까.

대통령님 늦게나마 당신을 축하합니다.

나는 밀양 용회마을에 사는 할매입니다.

밀양이 765 송전탑 때문에 너무나 고통스럽읍니다.

송전탑을 세우려고 그 많은 경찰속에서 얼마나 싸워야 했는지 말도
못합니다.

대통령님 우리 고장 옛날처럼 평화롭게 살게 좀 해주셨요.

한전이 돈을 가지고 한 동네를 여러 갈레로 만들고 서로 서로
싸우게 많듭니다.

대통령님 이 문제를 해결 좀 해주셨요.

옛날처럼 마음 편히 흑 파면서 살게 좀 해주셨요.

우리만이 아니고 후손들도 이 마을에서 평화롭게 살 수 있도록
해주셨요.

대통령님 앞으로도 지금처럼 잘 하시면 좋은 대통령님이 되실거라
믿읍니다.

고맙읍니다.

용회 마을 주민 김필선 드림

밀양 송전탑 간계상 멫자 올람니다
문재인 대통령남계 더리는 말음
대통령님 안영하심니까
밀양송전탑세우는 바람에
수만은 일덜이 있서웁니다
세우기도하고 말려도 바지만
아무런 소용이 엄서웁니다
농사일도 바뿌바 죽겐는디
세우다가 법운까지 열두번이나
가웁니다 문재인 대통령남
765오 전기선을 꼭뽑아주새요
부락더림니다

밀양 할매 장옥수 올림

밀양 송전탑 간계상 몃 자 올림니다.
문재인 대통령님계 더리는 말읍
대통령님 안영하심니까.
밀양 송전탑 새우는 바람에 수만은 일덜이 있서읍니다.
사우기도 하고 말려도 바지만 아무런 소용이 업서읍니다.
농사일도 바빠 죽겐는대 사우다가 법은까지 열두 번이나
가읍니다.
문재인 대통령님
765오 전기선을 꼭뽑아주새요.
부탁더림니다.

밀양 할매 장옥수 올림

안동댁 할머니는 글을 모르시지만 꼭 편지를 쓰고 싶어 하셔서 구술을 받아 적었습니다. 기개가 남다르고 당차신 분이라 적극적으로 투쟁에 참여하셨습니다.(용회마을 주민 구미현)

문재인 대통령님 말씀 올립니다.

12년동안 고생코 아무리 해도 못이기가 결국 송전탑이 들어섰습니다.
밤에 울어도 보고 탄식도 해보고 박근혜가 야속하고 너무 한다 싶고, 백성이 있어야 나라가 있고 국민 없는 대통령이 어디 있습니꺼. 박근혜가 세력이 세다고 그라면 안됩니더.

옛날 보리밥도 한술 물똥 말똥 저녁마다 죽이고 그러구롱 아들 공부 시킬라꼬 밤낮 없이 일 해가 넘 불쌍케 2000평 넘게 이란 땅을 반에 반값도 안하고 돈이 굼해서 내보이 겨우 13만원 받아서예. 송전탑 없는 동네 50만원 60만원 하는데 말을 다 못하고 항의할 데도 없고 우리는 너무 못 배우고 억울함을 생각하면 죽겠습니더.

한전 보상 말도 없제 턱도 없제 우리들은 못 배우고 나이도 뭇제 당코만 삽니더. 힘 약한 놈은 당코, 도리가 없습니더.
그래도 문재인이 대통령이 돼가 마음은 기쁩니다.

53살에 혼자돼가 그래 내가 못 배워가 아들 공부시킬라꼬 억수로 밤샌한 적도 많습니더. 몸이 아파 병원 있다가 뼈를 다쳐가 겨우 낫았는데 송전탑 지킬라꼬 새벽3시에 올라갈 때 앞이 보이나 땅이 보이야 올라 가제. 바드리 만디 도자 쇠고리에 불잡아 매고 고생이 말도 못합니더.

아들 외국처자 구해가 3남매 낳아가 전기가 들어오면 살도 못 하게 명을 떠받쳐 놓고 막았는데 경찰에 당코만 맞았으이 그 억울함을 풀 데가 없습니더.

나라서 정치를 잘해가 국민들을 도와주고 살려주세.
그래도 이런 기회가 오이 마음은 기쁩니더.
이 분을 대통령이 풀어줘야 되겠습니다.

단장면 용회마을 안동댁(장종필, 81세)

※ 안동댁 할머니는 글을 모르시지만 꼭 편지를 쓰고 싶어
하셔서 구술을 받아 적었습니다. 기개가 남다르고 당차신 분이라
적극적으로 투쟁에 참여하셨습니다.(용회마을 주민 구미현)

문재인 대통령님 말씀 올립니다.

12년 동안 고생코 아무리 해도 못 이기가 결국 송전탑이
들어섰습니다.
밤에 울어도 보고 탄식도 해보고 박근혜가 야속하고 너무한다 싶고,
백성이 있어야 나라가 있고 국민 없는 대통령이 어디 있습니꺼.
박근혜가 세력이 세다고 그라면 안됩니더.

옛날 보리밥도 한술 물똥 말똥 저녁마다 죽이고 그러구롱 아들 공부
시킬라꼬 밤낮없이 일해가 넘 붙잖게 2,000평 넘게 이란 땅을 반에
반값도 안하고 돈이 급해서 내보이 겨우 13만 원 받아서예. 송전탑
없는 동네 50만 원 60만 원 하는데 말을 다 못하고 항의할 데도
없고 우리는 너무 못 배우고 억울함을 생각하면 죽겠습니더.

한전 보상 말도 없제 턱도 없제 우리들은 못 배우고 나이도 뭇제
당코만 삽니더. 힘 약한 놈은 당코, 도리가 없습니더.
그래도 문재인이 대통령이 돼가 마음은 기쁩니더.

53살에 혼자돼가 그래 내가 못 배워가 아들 공부시킬라꼬 억수로
밤샘한 적도 많습니더. 몸이 아파 병원 있다가 뼈를 다쳐가 겨우
나섰는데 송전탑 지킬라꼬 새벽 3시에 올라갈 때 앞이 보이나 땅이
보이야 올라가제. 바드리 만디 도자 쇠고리에 붙잡아 매고 고생이
말도 못합니더.

아들 외국처자 구해가 3남매 낳아가 전기가 들어오면 살도 못 하제
명을 떠받쳐놓고 막았는데 경찰에 당코만 말았으이 그 억울함을 풀

데가 없습니다.

나라서 정치를 잘해가 국민들을 도와주고 살려주세.
그래도 이런 기회가 오이 마음은 기쁩니더.
이분을 대통령이 풀어줘야 되겠습니더.

단장면 용회마을 안동댁(장종필, 81세)

5. 재판정에 섰던 주민들의 법정 최후진술

법정은 사회적 담론장 가운데 저항운동에 나선 이들이 자신의 정당성을 주장하는 가장 중요한 싸움의 현장 가운데 하나다. 이런 까닭에 법정에서의 진술은 저항운동에 참여한 이들이 자신의 목소리를 가장 명확하고 강력하게 드러내는 과정 가운데 하나라고 할 수 있다. 2013년 5월 공사 재개 이후, 밀양 송전탑 투쟁 과정에서 총 69명의 주민 및 연대활동가들이 기소되었는데 이들은 모두 1심에서 각각 집행유예와 벌금형 등을 받았다. 이후에도 크고 작은 소송들이 지금까지 계속되고 있는데, 다음에 수록한 글은 2015년 12월 밀양 송전탑 반대 운동 10주기를 맞이해 간행된 《밀양송전탑 반대 투쟁 백서》에 실려 전한 법정 최후진술이다.

김정회(단장면 동화전마을)

저는 오늘 아침에도 농장에서 일을 하다 왔습니다. 일을 하면서 송전탑 싸움을 쭉 생각해봤습니다.

한전은 송전탑이 다 세워진 지금까지 주민과의 대화를 위해서 노력한 것이 하나도 없습니다. 전기는 분명히 남아도는데 왜 전기가 모자라다고 하는지 아직도 모르겠고, 송전탑 노선도 왜 높은 산으로 가지 않고 이 선이 꾸불꾸불하게 가는지 이해를 못하겠고, 왜 주민들의 재산과 생명은 빼앗아가면서 공권력을 투입하는지 모르겠습니다. 공권력은 국민에 의해서 나오는 것인데 왜 국민에 의해서 나오는 공권력이 국민을 해치는지 모르겠고, 여태까지 살아온 삶의 터전을 다 빼앗아갔으면 되었지 왜 또 징역을 구형하고 벌금을 매기고 해서 또 괴롭힙니까.

개인이 잘못하면 징역을 살아라, 벌금을 내라 하면서 국가가 잘못하면 누가 국가에게 나무라고, 탓하고, 구형합니까.

애국하고 싶은 마음이 생겨야 되는데 나라를 원망하는 마음만 생깁니다. 징역 5년만 살고 나오면 애국하고 싶은 마음이 들까요. 지금 심정으로는 50년을 살아도 애국하고 싶은 마음은 안들 것 같습니다. 큰 도둑이 있는데 큰 도둑은 가만 놔두고 작은 도둑을 잡겠다고 하는 이 형세가 억울합니다.

저는 송전탑을 나의 재산과 건강을 지키기 위해서 시작한 것도 있지만 우리 자식들한테 "아부지는 정의를 위해서 비굴하게 숨어있지 않았다" 그 말을 하기 위해서 싸움을 시작한 것도 있습니다.

사람 살면서 모든 일에는 원인과 결과가 있는데 원인은 한전이, 국가가 다 제공해놓고 작은 재산만, 목숨만 지키겠다, 아이들의 미래를 지키겠다고 한 우리들만 핍박하고 억압한다는 건 이건 분명히 잘못된 세상입니다. 징역 10년, 50년을 때리더라도 이건 분명히 잘못된 것이기 때문에 끝까지 "자식들한테 우리들은 잘못한 게 없다. 너희들을 위해서 이 사회를 위해서 아부지는 정당하게 행동했다" 하고 말할 것입니다.

고준길(단장면 용회마을)

이제 송전탑 공사가 끝나고 우리 주민에게 남은 것이 무엇입니까. 세월호 아이들이 배 속에서 죽어갔던 것처럼 송전탑 밑에서 죽어가는 일만 남았습니다. 판사님, 저에게는 징역형이나 노역형을 내려주십시오. 벌금형이 나오면 노역을 들어가 살겠습니다. 이 부당한 일들에 저는 벌금을 낼 수가 없습니다.

윤여림(부북면 위양마을)

이 싸움을 하면서 내가 암 수술도 받았습니다. 지금 검사님이 징역 3년인가 5년인가 징역을 구형을 했는데, 죄가 많다면 더 강하게 선고를 해주시길 바랍니다. 내가 죄가 없다면 무죄 선고를 해주시고 죄가 있다면 지금보다 더 강하게 판결을 해주시길 바랍니다.

이계삼(밀양 765kV송전탑 반대 대책위원회 사무국장)

저는 지금 다섯 건의 사건, 세 가지 법률 위반으로 기소되어 있습니다. 제가 이 재판을 계속 따라다니면서 많은 생각이 들었습니다. 저는 2012년도 1월 16일날 이치우 할아버지가 돌아가시고 이 싸움에 들어왔습니다. 그때는 이렇게 오랜 시간 이 활동을 하게 될 줄은 상상도 하지 못했고 다만 한 석 달 정도 장례 투쟁을 지원하고 이 문제가 해결되면 제가 원래 교직을 퇴직하고 난 뒤에 하려고 했던 길로 복귀해서 그 일을 할 생각이었습니다.

그런데 지금은 이제 제가 생전 들어보지도 못했던 죄목으로 기소가 되어 있습니다. 먼저 특수공무집행방해 사건에 대해서 짧게 설명해드리겠습니다. 그때 2012년 6월 29일은 한전이 3월 8일 이치우 할아버지 장례 이후에 석 달간 공사를 유예하고 공사를 재개하기로 약속했던 즈음입니다.

그 무렵에 공교롭게도 밀양시청 공보관이라는 사람이 언론 인터뷰를 하면서 "밀양 주민들이 곁으로는 저렇게 말하고 있지만 속으로는 보상금을 받아들이기 위해서 투쟁하고 있다"고 하면서 굉장히 심대한 모욕을 했습니다. 주민들이 그 전날 촛불문화제를 하면서 이 소식을 듣고 굉장히 분노했습니다. 그 부글부글 끓고 있는 여론을 저와 공동대표였던 김준한 신부님이 분명히 느꼈고, 다음 날 밀양시청에서 큰일이 벌어질 거라는 예감을 하였습니다.

그런데 6월 29일, 그날 그것을 조율하고 뭔가 좀 큰일이 생기지 않도록 막는 일을 할 사람이 없었습니다. 김준한 신부님은 그때 성당 일이 있어서 결국 제가 거기에 갔습니다. 그런데 공소 사실에 나와 있는 것처럼 제가 밀양시청을 점거하고 공무를 방해할 그런 일을 도모하기 위해 어떠한 계획을 세우거나 연락한 일이 없습니다. 오히려 그 반대 증거를 저희가 제출한 바가 있습니다.

만약 그날 저나 저와 같이 왔었던 문정선 시의원이 주민들과 조율을 하고 한전, 밀양시청의 공무원들과 자리를 마련하지 않았다면 훨씬 더 큰 사고가 일어났을 것이라고 저는 생각합니다. 그런데 왜 제가 그 사건의 주모자로서 특수공무집행방해라는 생각해보지도 못했던 그런 죄목을 뒤집어써야 했는지, 그리고 징역 3년이라는 그런 구형을 받아야 하는지 저는 지금도 이해를 할 수 없습니다.

그리고 세 가지 집시법 위반 사항도 마찬가지입니다. 집회는 48시간 전에 신고를 해야 하지만 48시간이 아니라 당장 내일 아침에라도 기자회견을 해야 될 일이 수없이 생겨났었습니다. 그러면 그런 모든 행위는 결국은 불법 미신고 집회가 됩니다. 그리고 그 위험을 조금이라도 피하기 위해서 우리가 하는 방법이 구호를 외치지 않는 것이죠. 그렇지만 구호를 외치지 않으면 그 앞에 와 있던 수많은 사진 기자나 방송 카메라 기자들이 구호 좀 외쳐 달라고 저에게 요청을 합니다. 이미 저도 경찰에 진술했고 검찰에 진술했습니다만 그렇다고 구호를 외치면 바로 경고방송이 나오고 그러면 또 미신고 집회가 되고 저는 또 조사를 받습니다.

제가 집시법만으로 경찰, 검찰 조사를 받은 것이 벌써 열 번이 넘어갑니다. 너무너무 힘들고 괴로웠습니다. 헌법은 분명히 집회와 결사의 자유를 허용을 하고 있는데 지금까지 밀양송전탑 투쟁을 하면서 수십 번의 기자회견을 할 때마다 마음이 조마조마하고 '또 이거는 벌금 몇만 원짜리일까', '몇 번 경찰에 불려서 가야 하나' 이런 생각을 하면서 이 일들을 하지 않을 수 없었던 그런 상황도 꼭 말씀을 드리고 싶습니다.

그리고 마지막으로 기부금품법 위반입니다. 사실은 이 앞의 두 건보다 저는 이 건이 훨씬 더 개인적으로 너무 고통스러웠습니다. 이 사건은 2013년 11월경에 밀양경찰서 이학영 경사가 저에게 집시법 사건으로 인해 조사할 일이 있으니 밀양서로 출두해달라고 하여 출두를 했습니다. 조사를 마치고 다시 대책위 일을 하기 위해서 떠나려고 할 무렵에 조사할 것이 하나 더 있다고 하면서 사전에 고지하지도 않은 기부금품법 위반 사건에 대해서 조사한다고 하였습니다. 저는 그 일을 그때 처음 알게 되었습니다. 저는 이것이 매우 비겁하고 때로는 야비한 일이라고 생각합니다. 왜냐하면 변호인과 미리 준비하고 이런 중대한 사건의 진술에 관련해서 고지하지 않은 채 그런 준비할 기회를 허용하지 않았기 때문입니다.

그때 저는 10월 공사 재개로 인해서 일이 폭주해서 잠도 몇 시간 못 잘 정도로 너무나도 바빴기 때문에 이왕 온 김에 조사라도 받고 가자고 해서 조사를 받게 되었던 것입니다. 그리고 그 과정에서 계속 일관되게 이야기했던 것은 신고하지 않고 후원계좌 개설해서 1,000만 원이 넘어가면 기부금품법 위반이 되는지 전혀 몰랐고, 만약에 저는 그때 당시 제 통장을 개설할 때만 하더라도 석 달 정도 사용할 요량으로 제 개인계좌를 후원계좌로 정했고, 그 개인계좌도 사실은 김준한 신부님 이름으로 하고 싶었지만 그때 당시 신부님께서 성당건축을 하고 계셨기 때문에 성당 건축 헌금을 받고 있는 통장을 송전탑 일로 같이 쓸 수가 없어서 제 개인명의로 그런 아주 우연한 기회로 통장이 개설을 한 것입니다. 그런데 대책위 계좌를 새로 개설한 2012년 3월 이후부터는 나머지 개인계좌는 대책위 후원금 받는 일로 사용한 적이 없는데, 그 개인계좌까지도 거의 한 2년 이상의 사용 내역을 경찰이 추적을 했습니다.

심지어 후원계좌로 돈을 보냈던 분을 지목을 해서 그분 금융거래 사실 조회를 하고 그분에게 소환장을 보내서 조사를 받게 하고 그래서 영문도 모르는 사람이 경찰조사를 받아야 했습니다. 서로 전혀 모르는 사이인데도 말입니다. 그분도 고통스러웠을 것입니다.

그리고 이 사실을 언론에 공표를 했던 것입니다. 2013년 12월 1일이었던 것으로 기억하고 있습니다. 그때 당시는 밀양희망버스가 다녀가서 한 3,000명 정도 되는 인원이 참여해서 밀양을 흔들면서 주민들도 기운을 받았고, 그리고 전국적인 기운이 굉장히 강하게 일어났을 때였습니다. 그런데 그때 밀양대책위 사무국장이 기부금품법과 그리고 여러 가지 집시법위반으로 입건이 되었다는 것이 〈YTN 뉴스〉 자막도 나오고 언론이 일제히 제보를 했던 것입니다. 저는 지금까지 이 활동을 하면서 기부후원금을 관리하는 데 있어서 정말 10원 한 장 틀림없이 했다고 자부하고 있습니다. 모든 내용을 주민들에게 다 공개를 하고 그리고 하다못해 저희가 대책위 활동가들 회의를 마치고 맥주를 한잔 마셔도 그 후원금을 술값으로 써서는 안 되는 것으로 생각했기 때문에, 이 돈이 어떻게 오게 된 것인가를 생각했을 때 그것은 어르신들을 도와드리라는 의미라는 것을 알기 때문에 각자 추렴을 했습니다.

그런데 많은 사람들은 기부금품법 위반이라고 한다면 미신고된 등록되지 않은 기부금품 계좌를 개설했다는 뜻이 아니라, '무엇인가 금전적으로 문제가 있구나' 이런 의혹을 갖게 됩니다.

저는 주민들이 저와 대책위에 대해 이런 부분을 걱정하시리라 생각하지 않았기 때문에 자신이 있었는데도 뜻밖에도 뉴스를 보고 제 학교 시절에 가르쳤던 아이들이 "저희는 선생님을 믿으니까 너무 걱정하지 마시라"는 이런 응원의 메시지를 보내왔습니다. 이런 메시지를 받았을 때 제가 굉장히 고통스럽고 힘들었다는 것을 말씀드리고 싶습니다. 제가 학교를 그만두고 이런 일에 연루되는 일이 아이들한테는 너무 애처롭게 다가갔던 것 같고, 이런 일로 가르쳤던 아이들에게까지 폐를 끼친다는 것이 저는 굉장히 괴로웠다는 것을 말씀드리고 싶습니다.

그리고 아까 판사님 질문주셨던 것처럼, 경찰은 가족들 간의 거래나 이런 것들까지도 불법 모금으로 적시를 해가지고 공소장에 기재해놓은 부분에 대해서도 저에게 기소 이전에 확인을 했었다면 그런 일이 없었을 텐데, 전혀 그런 확인 절차도 없고 소명의 기회를 주지도 않았습니다. 주민들이 자발적으로 대책위에 냈던 돈, 밀양에 상주하는 미디어 활동가의 인건비를 지급하기 위해 책정한 마을별 분담금 납부까지도 기부금품법 위반으로 적시되었던 사실에 대해서도 문제점으로 저는 꼭 지적을 하고 싶습니다.

마지막으로 저는 수없이 이 재판정을 오고가면서 이 일을 하는 것에 대한 저 자신의 정당성과 저 자신의 근거에 대해서도 수없이 생각을 했었습니다. 그리고 너무 힘들고 어려웠던 일들이 많아서 개인적으로 감당하기 힘들 때마다 이 싸움에 들어온 것을 후회를 할 때도 솔직히 없었다고는 말하지 않겠습니다.

그렇지만 이 마지막 순간까지 수많은 이 어르신들과 함께 재판정에 서 있는 제 자신이 저는 매우 자랑스럽습니다. 감사합니다.

이남우(부북면 평밭마을)

존경하는 판사님. 저는 30년 동안 청소년 교육에 젊음을 바쳤었습니다. 교단에서 가르치다가 사회에 나와보니까 너무 사회가 추악한 것을 제가 보고 있습니다.

먼저 현장답사까지 해주시면서 진실을 파헤치기 위해서 수고하신 이준민 판사님과 검사님께 존경과 감사를 드립니다. 감사합니다.

저희들은 법에 대해서 시비하거나 원망하거나 따지고자 하는 마음이 없습니다. 단지 인간적 양심과 사회적 정의감이 지배하는 세상을 원할 뿐입니다. 정말 호소합니다. 우리 마을 주민의 깨어진 화합을 통해서 국민대통합이 이루어지기를 통일보다도 먼저 이룩하는 데 함께 해주시기를 부탁 올리고 싶습니다.

세상을 평화롭게 유지하기 위한 법인데 이 법을 집권자들이 자기의 소유물로 삼고 있는 것 같은 느낌을 느끼게 됩니다. 막아주십시오. 호소드립니다. 지금과 같은 세상 분위기로 간다면 미래 세대에게 교단에서 교사, 교수들이 무엇을 가르칠 것인가 답이 안 나오고 가슴이 아파옵니다.

저는 못났지만 교단에서 30여 년간 잘 살고 싶으면 바르게 사는 것을 배우라고 가르쳐왔습니다. 마지막 수업을 하는 날은 3학년 열두 반 수업에 다 들어가가지고 한 말이 있습니다. 천금을 준대도 양심을 팔지 말고 살라고 하였습니다. 그러면 잘 산다 하였습니다. 그리고 행복하고 싶으면 남을 기쁘게 하는 것을 배우라고 그렇게 했습니다. 맡은 일에 목숨을 바치라고 하였습니다.

그래서 이래 나간다면 미래 세대가 걱정입니다. 판사님, 미래 세대를 위해서 우리가 희생할 수 있도록 도와주십시오. 공기업과 정당의 이익을 위해서 다수의 편익을 위해서 일부 주민을 불행하게 만들지 말게 도와주십시오. 우리 경과지 주민들은 정부로부터 공기업으로부터 또한 모든 치명적인 피해를 받고 있습니다. 지금도 늦지 않습니다. 막아주시기를 간곡히 부탁드립니다. 날마다 송전탑 스트레스 속에서 결심한 양심과 정의의 정서가 물결치는 세상을 만드는 것이 우리의 현재의 소망입니다.

끝으로 여기 오신 피고인 전부의 죄를 저 혼자서 받을 수 있다면 그 이상 큰 인생, 인간으로 태어났다가 그 이상 큰 영광이 있을 수 없다고 생각합니다. 감사합니다. 여기에 계시는 모든 피고인들의 죄를 저한테 다 안겨주시옵소서. 정말입니다. 다른 피고인들을 용서해주십시오. 판사님, 검사님, 감사합니다.

최아네스(상동면 유산마을 가르멜수녀원 대리인)

저는 여기에 먼저 시신조차도 나올 수 없는 봉쇄 수녀님들이 허락을 받고 이렇게 재판정에 나와서 주민들과 함께 해주신 것에 대해서 너무 감사드립니다.

지금도 우리가 처음부터 싸움을 통해서 너무나 많은 고통을 겪으시고 지금도 말할 수 없는 압박을 받으신 것은 아무도 모릅니다. 그것은 하나님만이 알고 계시고 저는 그냥 집에서 성당 왔다 갔다하며 살다가 남편 퇴직하면 그냥 수녀원 옆에서 살다가 미사 다니고 이러는 것이 제 꿈이었고, 그래서 여기(밀양에) 왔는데 저는 진짜 말할 수 없는 많은 고통 속에서도 저는 최선을 다해서 제가 할 수 있는 모든 일을 다 했고 달릴 길을 다 달렸습니다.

　　그리고 인간적으로 말할 수 없는 모멸감과 고통 속에서도 저는 믿음을 지켰습니다. 사실은 이 싸움은 혹간에서 사람들이 진 싸움이라고 말합니다. 송전탑은 세워지고 또 그 싸움을 했던 사람들이 법정에 서 있기 때문에 법정에서 이렇게 많은 고통을 받고 있기 때문에 진 싸움이라고 하지만 이 싸움은 진 싸움이 아닙니다.

　　왜냐하면 원전의 그 엄청난, 아무도 건드릴 수 없는 그 원전에 대해서 그 철옹성 같은 비리와 거기에 대해서 이 싸움을 통해서 빙산의 일각이나마 밝혀졌고, 경제를 살리자고 원전을 수출한다고 한국형 원전을 만들었지만 아까 설명에서 드렸다시피 전부 짝퉁을 썼고, 한국형 원전 수출도 30년 상환으로 우리가 돈을 빌려주고 폐기물도 우리나라에 가져오는 조건으로 한 것입니다.

　　우리 주민들이나 어르신들이 정말 처음 싸울 때는 아무도 알아주지 않는 언론에 한 줄조차도 나지 않는 그런 싸움이었습니다. 그 싸움이 이렇게 대한민국을 흔들고 전 세계에 밝혀졌고 심지어 교황청까지 이 싸움이 알려졌습니다. 그래서 이 싸움은 정말로 위대한 싸움이기 때문에 판사님께서 미래에 다가오는 우리 세대들을 위해서라도 이 사람들이 범죄자가 아니고 미래

세대의 희망이 되었다는 것을 잊지 말아주셨으면 합니다. 감사합니다.

한옥순(부북면 평밭마을)

저는 저 욕지도라는 섬에서 열두남매 막내딸로 자라 태어나서 시집을 갔습니다. 밀양에 남편이 아파서 살러 왔는데, 저는 법에 대해 무식한 할매입니다. 법이 무엇인지, 죄를 지어야 형을 살고 받을 수 있다고 이렇게 생각하고 70 평생 살아왔는데 오늘, 오늘 제가 4년을 구형을 받으니까 정말로 우리나라에 법이 있는 건지 없는 건지 그런 생각이 듭니다.

저는 우리 생존권을 빼앗으려고, 한전과 경찰이 우리를 죽이러 오니까 저항한 것밖에 없습니다. 근데 우리를 죄를 지었다고 하는데, 우리가 총을 들었습니까, 칼을 들었습니까, 사람을 죽였습니까. 4년형을 때리는 것은 저는 납득도 안 가고 이해도 안 갑니다. 그래서 존경하는 판사님께서 제가 법을 위반하고 죄를 지었으면 당연하게 더 많이 때려도 좋습니다. 하지만 저는 이해도 안 가고 납득도 안 가고 왜 우리가 이렇게 했는지 좀 헤아려주시고 우리를 죽이러 오기 때문에 우리는 저항한 것밖에 없습니다. 4개면 할머니 할아버지들은.

참새도 밟으면 짹 하는데 우리를 죽이는데 우리가 가만히 두겠습니까? 짹 해야 안 되겠습니까? 이런 법이 있는지 세상에 저는 처음 봤습니다. 폭행이라고 하는데 손도 까딱 안 한 거를, 신○○하고 김○○하고, 우리를 폭행으로 고발했는데 우리가 도리어 욕설 듣고, 폭행당한 것을 고발해야 하는데 그거를 가지고 전부 병합해가지고 4년 구형을 때리고, 이런 법이 저는 이 세상에 없다고 봅니다. 너무 억울하고 황당합니다.

그래서 우리 존경하는 판사님께서 우리 현장에 답사도 와보셔서 아실 겁니다. 얼마나 제가 억울했으면, 할매도 여잡니다. 오죽하면 우리가 옷을 벗었겠습니까? 아무것도 없으니까. 칼도 없고 총도 없고. 할 수가 없으니까 몸으로, 몸을 던졌습니다. 얼마나 억울했으면 옷을 벗고 그분들하고 저항을 했겠습니까? 그거는 자기가 안 해보면 모릅니다. 죽을 수도 없어서 내가 그 자리에서 죽을라꼬 했지만 죽을 수가 없어서 제가 옷을 벗었습니다. 이런 상황에서 뭐 법을 4년을 때리고 5년을 때리고 이거는 저는 정말로 이해도 안 되고 무식한 할매지만 법이 이런 것인 줄을 저는 몰랐습니다.

우리가 보상금을 더 받으려고 싸우고 있지 않습니다. 우리는 미래 세대를 위해서 지금 이렇게 하고 있습니다. 원전은 판사님 보다시피 정말로 승자도 패자도 없습니다. 우리 온 국민이 다 죽습니다. 우리가 10년 동안 싸우면서 그거를 알았기 때문에 지금 현재까지 옷을 벗어가면서 우리를 죽이러 오기 때문에 저항한 것밖에 없는데 구형을 4년을 때린 것은 저는 정당하지 않다고 생각합니다. 판사님께서 잘 검토해주시기 바랍니다.

정임출 (부북면 위양마을)

저는 거짓 없이 내 생존권 지키려고 한 것뿐입니다. 그렇게 하다가 하다가보니까 이거는 아니다. 이거는 우리나라가 망하는 길이다. 원전이 하나 터진다면 우리나라는 인간이 살 수 없는 나라가 됩니다. 그렇기 때문에 처음에는 보상 위주로 하면은 안 하겠지 했는데 이거는 아이다. 돈은 필요 없다. 죽으면은 돈은 아무 필요 없는데 후손들이 살 수 있는 땅을 만들어주고 가야될 것 아이가. 그리고 지금 우리가 돈을 합의받으면 우선은 입에 달겠지요. 그렇지만 후손들에게 욕 들을 짓은 하기 싫어요. 그렇기 때문에 돈은 필요 없다. 필요 없으니까 왜 이 철탑을 원전을 세워가지고 이렇게 고통을 주나 그런 마음으로 이때까지 싸워왔습니다. 싸워왔는데 제가 그게 잘못이라면 얼마든지 벌을 받겠습니다. 우리나라 법이 그렇다면 벌을 받겠습니다.

하지만 이거는 아니잖아요. 우리나라가 만일 원전이 터진다 카면 어떻게 우리가 살겠습니까? 있는 사람은 이민 가면은 그만이지만 없는 서민들은 그렇지 않다 아닙니까? 서민 없이 5대 기업이 살겠습니까? 5대 기업이 서민이 있기 때문에 저거가 그 회사를 굴리고 사는 거 아닙니까? 그렇는데 왜 서민을 죽이고 이 짓을 합니까? 이거는 아니거든요. 그래서 내 생명권 지키고 후손을 살리기 위해서 나라를 위해서 한 게 잘못이라면 그렇게 돼서 내가 형을 받는다면 얼마든지 받겠습니다. 판사님이 고려해서 잘 해주시기 바랍니다.

송루시아(단장면 용회마을)

저는 제가 왜 이 자리에 서 있어야 되는지 참 의문스럽고 제가 60년 가까이 평생을 주부로 살면서 제가 여기 올 이유도 없고 경찰서에 갈 일도 없고 법을 어길 일이 없었습니다. 저에게 법이 필요 없다고 저는 생각했습니다. 그런데 이렇게 밀양에 이사 와서 765킬로볼트 송전탑을 통해서 그 송전탑이 바로 저희 집 제일 가까이 있습니다. 어느 누군들 그 극심한 피해를 보면서 가만히 있을 수 있는 사람이 누가 있겠습니까. 그래서 저도 그 싸움에 동참을 했습니다.

저희들이 기껏 싸움을 해봐야 그 옆에 길가에 앉아 있는 것입니다. 그 사건이 벌어진 것도 경찰들이 그때 겨울인데 날이 되게 추웠습니다. 일곱 시경 해가 잘 안 뜰 땐데 경찰들이 다 길을 완전히 가로막고 현장이 아님에도 불구하고 밑에서부터 자기들이 차단해가지고 차가 올라가는 길 위에 모텔 하는 사람들이 그랬습니다.

경찰들이 다 그렇게 막고 있으니까 모텔에 손님들이 안 들어온다고. 경찰들 때문에 피해를 입고 있는 것도 경찰은 모르고 할머니들이 길가에 있는데 햇빛도 안 들어오는데 햇빛 좀 들어오게 좀 비켜달라 좀 터달라 사정을 몇 번 했습니다. 그랬는데도 묵살하고 아예 못 들은 척 그렇게 했습니다. 그래서 제가 맨 가장자리에 앉아 있었던 것입니다. 모든 일이 잘잘못을 따지기 이전에 인간이라면 경찰들이 우리 앞으로 햇빛이라도 좀 쬐게 해달라고 했는데 묵살하고 저를 잡아간 것입니다.

지금 이 싸움을 통해서 제가 알게 된 사실은 우리 사회가 결국은 사회가 아닙니다. 무엇 때문에 법이 필요합니까. 그것은 세상을 자기들의 입맛에 맞게 만들어나가는 것뿐이라고 저는 생각합니다. 그리고 억울한 사람들이 왜 저렇게 하는가를 제가 765싸움을 하면서 알게 되었습니다. 너무나 억울하고 항변할 수 없기 때문에 어떻게 해소할 수 없고 누구한테도 말할 수 없는 상황이기 때문에 그렇게 하는 것입니다.

여기 앉아 있는 할머니들, 무슨 힘이 있습니까? 그렇지만 마지막까지 지켜보다가 한 거고 또 우리가 그렇게 많은 요구를 했음에도 불구하고 정부와 한전은 어땠습니까? 수도 없이 왔다 갔다 하고, 해보기도 했지만 우리 모두의 의견은 당연히 묵살됐습니다. 그러면 대한민국 국민으로서, 모든 힘은 국민으로부터 나온다고 분명하게 헌법에도 나와 있습니다. 그러면 저희들은 대한민국 국민이 아니고 누구입니까. 필요할 땐 대한민국 국민이고. 저희들 IMF 터졌을 때 금 모으기 했습니다. 국가를 위해서 우리가 할 수 있는 일이라면은 힘을 보태야 되겠다 해서 했습니다. 그러면 이 765킬로볼트 송전탑도 정말 정당하고 꼭 필요한 거라면 주민들의 동의를 얻어서 이야기를 통해서 풀어나갔어야 했습니다. 그런데 한전은 요구조건 하나 들어주지 않았습니다.

무조건 그때는 묵살하고 그 긴 시간을 그대로 허송세월하면서 그대로 밀어붙인 겁니다. 우리는 미물입니까? 우리도 사람입니다. 사람이기 때문에 우리 의사표현을 한 것입니다. 저는 잠 자다가도 우리 집이 송전탑 맨 끝에 있기 때문에 그놈 송전되면 웅웅거리는 소리에 잠을 못 잘 때도 많이 있습니다. 그거를 이미 알고 있는데도 불구하고 이걸 앞으로 어떻게 살아나가야 할 것인가에 대해서는 계속 가슴이 두근거립니다. 하도 스트레스를 받아서 가끔씩 진짜 내 자신에게 화가 날 때가 많이 있습니다. 우리가 힘이 없고 나약하기 때문에.

지금 우리 광복 70주년 지나지 않았습니까? 우리는 직접 당하지 않았다 하지만 그것이 잊혀집니까? 잊을 수가 없습니다. 일본이 한 것하고, 지금 한전하고 다를 바가 뭐가 있습니까? 그렇게 몰아붙이고 억압하고 그래서 자기 승리하고 난 뒤에 남는 게 뭐가 있습니까? TV에서 보면 국민들 76퍼센트가 국가를 불신하는 이유가 뭐가 있습니까? 왜 국민들이 그렇게 해야 합니까? 자기 나라를 사랑해야 하는데, 왜 우리가 국가에 대해서 저주하는 소리를 해야 하고 국가에 대해서 불신을 가져야 되고, 왜 이래야 합니까? 저는 검사님이 구형을 2년 때리든, 3년 때리든, 제가 죄를 지었다면 받겠습니다. 그렇지만 저는 제 자신은 죄인이라고 생각이 안 들기 때문에 너무 억울하고 부당하다고 생각이 듭니다. 이 생각조차 없어졌으면 좋겠습니다.

제가 마지막으로 말씀드리고 싶은 것은 이게 지금 하나의 작은 사건이라고 보면 작은 사건일 수도 있고 큰 사건이라고 보면 큰 사건일 수 있습니다. 하지만 역사는 지나고 나면 언젠가는 드러날 것이고 이 작은 투쟁도 그때 우리가 했던 것이 정말 정의로운 일이라는 것을 세상이 확인해줄 것이라고 저는 지금도 믿고 있습니다.

우리는 죄를 저지른 범법자가 아니고 우리는 정의를 위해서 끝까지 싸웠다는 생각은 틀리지 않습니다. 우리도 국민입니다. 그 점을 참고해주시기 바라겠습니다.

1장 주민들의 말

문정선(전前 밀양시의원)

긴 시간 동안 현장에 나갈 때 단 한순간도 공인이라는 생각을 잊지 않았습니다. 2010년 지역의 야당으로 처음 들어와서 열여섯 개 읍면동을 거의 매일 하루도 쉬지 않고 돌았습니다. 지역위원장 역할을 하면서 그리고 지역의원으로서 지역을 돌고 있던 한 사람이었습니다.

그러나 송전탑 현장에 직접적으로 갈 수 있었던 계기는 2012년 1월 이치우 할아버지께서 돌아가신 후였던 것으로 기억합니다. 그 이전엔 주민들이 의회에 들어오셨을 때 지역의 국회의원들과 자리를 만들어드리고 그런 정도, 그리고 언론에 인터뷰를 하는 정도였습니다. 주민들이 자료 요청을 하시면 자료를 챙겨드리고. 그런데 할아버지께서 돌아가신 현장을 가는 그날부터 저는 거의 할아버지 절규가 제 몸에 들어왔다고 봅니다.

어떤 주민이신지는 모르겠지만 제 멱살을 잡고는 "느그 같은 시의원들이 현장에 한번 와보지 않았기 때문에 이런 일이 일어났다"면서 우리 의원들을 원망하셨습니다. 분신 현장에 있던 빈소에 밀양 시장조차도 들어오지 못하게 주민들이 막고 있던 상황이었습니다. 그날 이후로 저는 현장에 좀더 개입을 하게 되었던 겁니다.

제가 2012년 7월 27일날 기록을 한번 찾아봤습니다. 그날 우리 동화전 95번 현장에서 주민이 쓰러지면서 수송을 하지 못해서 경남도청에 요청을 해서 헬기에 주민을 싣고 내려온 적이 있습니다. 그런데 그 다음날 28일날 기록에도 양○○ 이장이 또 실려서 도청 헬기로 이송이 됩니다. 저는 27일, 28일, 환자 곁에 있었습니다. 그리고 난 다음에 29일 경우엔 밀양이 전국에서 폭염 1위를 기록했습니다. 제 차안에 노래 테잎이 휘어진 것을 사진 찍어놓은 것이 있습니다.

29일 새벽에 상황이 있었던 날 저는 처음으로 현장을 찾아가게 됩니다. 그 전날 제 친정어머니 기일이었습니다. 양산에서 새벽 두 시 반에 밀양에 도착해서 제가 네 시 반에 동화전 현장에 처음 찾아갑니다. 제가 동화전이란 마을을 그날 처음 알게 되었습니다. 그래서 물어물어 갔는데 여섯 시쯤 되니까 그 동화전 회관에서 70 넘은 할머니께서 나와서는 지팡이를 짚고 올라가시는 걸 두 시간 동안 따라 올라가면서 울었던 기억이 납니다. 그 할머니들이 왜 올라가실까 싶어서 올라가봤더니 아니나 다를까 그날 현장에서 계속 전기톱으로 인부들이 새벽부터 공사를 하는 장면을 보게 되었습니다.

그날 이후 제가 노숙도 하고 주민들 곁에 있게 되었습니다. 31일날 고례리 83번 헬기장을 저희들이 항의 방문하게 됩니다. 그날도 제가 부북에 있다가 저 혼자 먼저 현장으로 달려가게 된 계기가 여름철에 휴가 온 친구가 "이거 헬기 띄우는데 공사 현장에 한번 안 와보나 시의원이" 웃으면서 건넨 그 말 한마디에 제가 달려가게 되었던 겁니다. 그렇게 시작이 된 그날 31일 오후에 또 미촌리 시유지에서 헬기를 띄우는 사건이 일어나게 됩니다. 언론엔 폭염에는 공사를 하지 않겠다고 한전이 발표를 하면서도 뒤로는 헬기를 띄워서 주민들을 산 위로 올라오게 하는 앞뒤가 맞지 않는 현장들이 벌어지게 됩니다. 그래서 제가 31일날 헬기장을 가게 됩니다. 그리고 그 당시에 폭우가 쏟아지게 됩니다. 그래서 우리 당 당직자들이 그 헬기장의 주민들 곁에 물을 공급해

드리기 위해서 왔다가 당직자들도 함께 현장에서 비를 맞고 지키면서 현장의 한전 관계자들과 소통을 통해서 당분간 모든 공사를 중단하겠다는 확답을 받고 저희들이 저녁에 다시 돌아오게 됩니다.

그럼에도 불구하고 그다음 날 8월 1일날 아침부터 헬기를 띄워서 모든 자재를 다시 산 위로 올리는 그런 어처구니없는 일들이 벌어지게 됩니다. 그래서 8월 3일날 제가 현장을 방문하러 갑니다. 그럴 때 아마 주민분들도 함께 가신 것으로 기억합니다. 그때도 문을 다 열어놓은 상태였고, 현장 공사 관계자들도 창문을 다 열어놓은 상태였습니다. 그래서 제가 가서 공인으로서 "당신들이 엊그제 올리지 않겠다고 해서 우리가 돌아갔다. 우리가 거기에서 노숙을 하겠다고 했는데 당신들이 그 약속을 지키겠다고 해서 우리가 돌아갔는데 어기고 그다음 날 이렇게 하는 것은 부당하다"라고 창 밖에서 그냥 이렇게 고개를 내밀고 문 열어라 문 열고 얘기를 하자고 했을 뿐인데, 사무실 안에 있던 관계자가 저를 이렇게 가슴을 밀었습니다.

그런데 뒤에서 주민들이 우르르 들어오시면서 함께 떨어질까봐 이렇게 제가 매달려 있는 상황이고 그 창문 높이가 제법 높았습니다. 제가 키가 작은 관계로 겨우 이렇게 손을 올려서 항의하는 정도였는데 주민들은 뒤에서 밀고 그 사람은 제 가슴을 이렇게 밀면서 잡고 있길래 그래서 내가 "당신 지금 성추행이다"라고 크게 고함을 질렀습니다. 그런데도 계속 밀고 있던 상황에서 팔을 한쪽 물었던 기억이 납니다. 그건 정당방위라고 저는 생각합니다. 여자로써 남성이 제 몸에 손을 대는 것은 굉장히 치욕적이었습니다. 그게 현장에서 당하는 폭행의 처음 시작이었습니다.

그 이후에 긴 시간을 지나며 주민들 곁에서 제가 4개면을 쫓아다녔던 것은 이치우 어르신 같은 일이 다시 일어나면 안 된다고 생각을 하고 있었기 때문에 그 자리에 있었던 것뿐이고, 우리 주민들이 폭행을 당해서 하루에도 일곱 명이 실려가기도 하고 온몸에 멍이 들어 있는 어머니들 사진을 제가 보관을 하고 있습니다. 그런 걸 볼 때마다 우리 주민들은 폭행을 그 사람들을 단한 명도 고소하고 고발하지 않았습니다.

저 같은 경우에도 8월 25일날 폭행을 당해서 제 어깨 힘줄이 두 줄이 끊어져서 수술을 하고 2년 동안 재활치료를 하고 지금도 통증에 잠을 못 이루고 있습니다. 그리고 제 몸 위에 걸터앉았던 남자들이 거진 20명 가까이 있었는데 국정감사 때 인지수사가 가능하다고 경찰청장이 국회의원들 앞에서 행안위 국감에서도 말을 했지만 인지수사해서 구속하지 않았습니다. 저도 고발하지 않았습니다. 왜냐하면 그들도 먹고살아야 하는 한 집안의 가장이었습니다. 제가 고발하는 순간에 그 사람들은 성추행범이 되기 때문에 저는 참았습니다. 그리고, 우리 주민들에게 혹시나 형이 많이 떨어질까봐 저는 정말 하고 싶었지만 참았습니다. 그렇게 단 한 명도 경찰도 한전 관계자도 고소 고발하지 않았던 것은 우리 주민들도 먹고살아야 하고 그들도 먹고살아야 했기 때문입니다.

밀양시 공무원들도 직무유기가 있었습니다. 현장이 전부 다 불법 현장이었습니다. 그런데 그걸 인허가를 다 내줍니다. 불법 현장 허가해주는 공무원들도 고발할 수 있었고, 시장도 고발할 수 있었지만 그들도 처자식이 있고 그들도 먹고살아야 하기에 우리는 함께 살고자 그들을 고발하는 것도 포기했습니다. 그런데 2년, 3년이 지난 이 시점에 수녀님들이 한전이나 경찰 관계자들에게 폭행을 당해서 팔이 부러지는 현장을 저는 보았고 그 고귀한 머리 두건이 벗겨지고 허리띠를 잡아당겨서 수녀님들을 내팽개치는 모습을 저는 보았습니다.

그런 상황에 이렇게 우리 주민들이 억울하게 형을 받고 수천만 원 수백만 원의 벌금을 받아야 하는 모습을 보면서 '차라리 죽는 것이 낫겠다. 더 이상 고소 고발이 무슨 의미가 있으며 우리가 변론을 수십 명의 변호사들이 나서서 이렇게 도와주는 것이 무슨 의미가 있겠느냐'는 생각에 '차라리 억울하니까 죽는 것이 차라리 낫겠다. 내일이라도 이 판결이 있는 날 법원 앞이든 한전 앞이든 국회 앞이든 가서 차라리 내가 세 번째 죽음으로 말하는 것이 낫겠다'는 생각을 하면서 지금 이 자리에 서 있습니다.

존경하는 판사님. 그리고 존경하는 검사님. 우리도 먹고살아야 합니다. 이 어머니들이 남편 없는데도 그 논, 땅 팔지 않고 지키면서 깻잎 한 잎 한 잎 따느라고 손등이 다 굽어 있습니다. 허리가 굽어서 바로 펴지 못합니다. 대도시의 사람들이 고추나 깻잎에 농약을 좀더 치면 안 사먹습니다. 그래서 우리는 유기농사법 지으면서 송전탑 현장에 가면서도 깻잎 따러 갔습니다. 함께 깻잎도 따고, 양파도 캐고, 고추도 땄습니다. 그렇게 하면서 지금까지 버티면서 벌금 내고 있습니다. 그러나 정당한 법이 있기 때문에 우리를 도와줄 거라고 우리는 그 한 가닥으로 믿고 살고 있습니다. 그런데 이렇게 가혹한 처벌은 정말 인정할 수 없습니다. 한번 더 살펴보시고 돌아보시고 저희들이 정말 잘못한 부분이 있다면 함께 참작해주셔서 함께 살아가는 세상에 법이 마지막 보루라고 생각합니다. 도와주셔야겠습니다. 이상입니다.

서종범(부북면 위양마을)

저는 2001년 6월에 18개월 된 막내딸을 데리고, 공부 잘하고 이런 것보다는 자연과 벗 삼아 건강하게 생활하라고 아무 연고도 없는 밀양에 왔습니다. 저는 환경주의자도 아니고 활동가도 아닙니다. 집 앞에 산을 헤치고 거기서 7,000평에 달하는 선박 블록 공장 허가를 내는 일을 반대하느라 처음 싸웠습니다. 그리고, 지금 송전탑을 반대하는 싸움을 하고 있습니다. 제가 밀양에 온 이유를 생각하면 밀양에 싸우러 온 게 아니었어요. 정말 자연과 더불어 자연의 소중함을 알고, 시내에 살면서 우리 아이가 학원 다니는 것보다 공부하는 것보다 자연과 더불어 사는 것을 알게 하려고 왔는데 지금 제가 송전탑 반대운동을 하면서 10억 원 손배소까지 받게 되었습니다.

처음에 송전탑 반대운동을 하게 된 계기는 우리 위양마을에는 할머니들이 거의 70, 80대입니다. 그 산 위에까지 걸어서는 못 올라갑니다. 제가 스타렉스가 있습니다. 스타렉스에 할매들을 태우고 하다보니까 처음에는 내 집 앞에 철탑이 들어오니까 재산권과 생명권을 지키기 위해서 내 생각만 해서 반대를 했었습니다.

그러나 이 투쟁을 해오면서 원전이 나쁘다는 것을 배웠고, 이거는 국가에서는 절대로 해서는 안 될 나쁜 거짓말로 국민을 속이고 할머니, 할아버지, 힘없고 약자들을 속이는 정책인 줄을 깨달았습니다. 그래서 지금 이 송전탑 반대운동을 하면서 계속 탈핵 운동을 벌이고 지금도 약자 편에 서가지고 연대활동을 합니다.

옛날에는 내 혼자만 잘되면 될 것 같은 마음을 가졌는데 지금은 내 주변을 많이 돌아보게 되었습니다. 그래서 어려운 곳 한 번 더 쳐다보게 되었고 그러면서 이 부당하고 정의롭지 못한 데 저항을 해야지 조금이라도 바뀔 것이라는 희망을 가지게 되었습니다. 그래서 열심히 탈핵 운동과 탈송전탑 운동을 벌이고 있습니다.

저는 이런 생각을 해봅니다. 올해 우리나라 광복 70주년이 되었습니다. 온 나라에 태극기가 만발하고 있습니다. 우리나라가 해방이 되기까지 유관순 열사와 독립군, 그리고 온 국민들이 저항하지 않았으면 우리나라가 해방될 수 있었겠습니까? 절대로 나는 그렇지 않다고 생각합니다. 타국의 힘으로 해방이 되었다고 생각하지 않습니다. 그만큼 불의에 저항을 하면서 국민들의 힘으로 해방이 되었다고 생각합니다. 지금 친일 청산을 몬해갖꼬 우리나라 민주주의가 아주 썩고 있습니다.

민주주의와 정의를 위해서 저는 이 싸움에서 절대 부끄럽지 않고 싶었습니다. 내 자식들 앞에 내 손자들한테 말입니다. 나중에 기술이 발달해갖고 60, 70년, 100년 후에 송전탑이 없어지는 날이 올 겁니다. 그때 자손들이 아버지는 뭐했냐고 물으면 불의에 저항하면서 열심히 탈송전탑 탈핵 운동을 하면서 떳떳하게 싸웠다고 말하는 아버지가 되고 싶었습니다. 이상입니다.

김영자(상동면 여수마을)

저는 아버지가 농사를 짓고 사셨어요. 농부의 딸로 태어나서 농사를 짓고 사는 농부입니다. 근데 농사를 지으면서 제가 지어서 다 제가 먹고 사는 건 아니지 않습니까? 제가 농사를 지어가지고 내다 팔게 되면 그 농산물은 누군가의 밥상 위에 올라가는 것이고 그 밥을 드시면서 또 행복했던 순간들도 있을 수 있고요.

과일농사를 지어서 내다 팔면 또 나름대로는 그 달콤한 맛에 행복해할 사람들을 많이 생각하면서 살고 있어요. 그런 자부심 하나로 지금 농사를 짓고 살고 있습니다. 그런데 765송전탑을 반대하면서 저희들은 국가를 법을 위반한다는 이런 생각조차도 못하고 살았어요. 그런데 어느 순간에 제가 범법자가 되어 있는 거예요. 무엇이 잘못되었습니다.

저희들이 대한민국 국민이잖아요. 국가는 국민의 생명과 재산을 보호해야 될 의무가 있다고 저는 알고 있습니다. 그런데 국민의 재산과 생명을 보호하고 있는 겁니까? 국민의 생명과 재산을 짓밟고 있잖아요, 지금. 모든 것을 빼앗어가고 있잖아요, 정부가. 그런데 이것을 갖다가 저희들이 맨몸으로 그 공사를 막을 수밖에 없었던 그런 상황이었죠. 그런데 경찰들이 동원되면서 공무집행방해를 했다, 업무방해를 했다고 경찰서에 부르더만요. 경찰서가 어디 붙어 있는지도 몰랐어요. 처음에는. 저쪽에 가곡동인가 뭐 상남면엔가 있다고 하더라고요. 거기에 가서 조사를 받았어요. 조사를 받고 나니까 또 어느 순간엔 또 검찰청에서 오라는 거예요. 그래서 사람들한테 "보소, 보소. 검찰청이 어딨는교?" 검찰청에 조사를 받으러 가면서도 검찰청이 어딨는 줄도 몰랐어요.

법을 어기고 살아본 적이 없으니까. 그래서 검찰청에 갔는데요. 검사라는 양반이요, 그 많은 질문 중에서도 그 말밖에 할 수 없었는지 나는 잘 모르겠어요. 검사라는 양반이 뭐라고 했는

줄 압니까? "당신의 이런 행동이 자식들한테 안 부끄럽냐?" 이런 말을 했어요. 부끄러운 일을 했습니까? 지금 제가? 아무것도 없는 곳에서 내 것을 만들기 위해 뼈가 휘어지도록 노력했던 것밖에 없는데 내가 부끄러운 짓을 했습니까? 그것을 지키려고 했던 것밖에 없습니다. 그게 부끄러운 짓입니까? 저는 그게 부끄러운 짓이라고 생각 안 한다고 당당하게 말했죠. 자식들 앞에 왜 부끄럽냐고. 내 것을 지키기 위해서 내가 싸우러 나갔던 것밖에 없는데. 왜 부끄럽냐고. 난 안 부끄럽다고 내가 이야기를 했거든요. 판사님.

다른 것을 다 떠나서 저는 그 말을 꼭 하고 싶네요. 맨 처음에 이 노선이 109번 송전탑에서 115번으로 내려오는데, 그 109번 송전탑이 도곡마을 앞에서 세워집니다. 거기서부터 모정마을 뒤에 있는 큰 산으로 지나가는 노선이었어요. 북경남 변전소가 어디 있습니까? 북쪽에 있습니다. 그럼 그쪽으로 가면 송전탑이 열세 개나 덜 세워진다고 합니다. 이렇게 상동면 전체를 치고 내려와서 다시 부북면으로 갔다가 북경남 변전소로 방향을 크게 틀며 올라가게 되면 송전탑이 열세 개나 더 세워진답니다. 한전 사장이 송전탑 열세 개 값을 냅니까? 아니면 박근혜가 냅니까? 국민들 세금이잖아요. 수백억을 더 써가면서 왜 산을 피해서 마을로 내려왔냐고요? 권력의 힘이라는 게 그런 겁디다. 우리는 못 배워서 아무것도 모릅니다. 권력이 뭔지도 몰랐고, 법이 뭔지도 아무것도 몰랐습니다.

이 싸움을 하면서 국가가 국민의 재산과 생명을 보호해야 한다는 것도 알았습니다. 그런데 권력의 힘에 의해서 산을 피해서 민가로 내려오면서 한 마을을 두 동강을 내고, 논밭에 세워지면서 수백억을 더 쓰고 지나갔어요. 옛날에는 지식경제부 2차관 라인에서 이 송전탑과 원자력발전소 짓는 거를 담당을 하고 있다고 하더라고요. 그 2차관이 한 번 내려오셨어요. 밀양에. 상동에 와가지고 그런 얘기를 했었어요. 책상 앞에서 아랫사람들이 설명하는 것을 듣다가 와보니, 상동 지역 같은 데는 피해가 너무 크다. 그 이야기를 하고 가셨습니다. 피해가 너무 크면 어떤 조치를 취했어야죠. 그걸 갖다가 강행하기 위해서 3,000 병력의 경찰을 동원했던 게 이 나라 정부입니다. 지금 조석 차관이 한수원 사장하고 있잖아요.

부탁 하나 드릴게요. 저는 이 싸움을 하면서 들었는데, 전 세계 어느 곳에도 이렇게 경찰 병력을 동원해서 송전탑을 세우는 건 우리나라뿐이랍디더. 기네스북에 빈 칸 있으면 한 줄 올려주이소. 세상에 어떻게 이런 나라가 있을 수 있습니꺼. 대화를 했었어야죠. 저희들이 그만큼 대화하자고, 모든 것을 다 열어놔놓고 대화하자고 그만큼 요구를 했으면은 저희들 이야기를 한번 좀 들어봤었어야죠. 그런데 저희들이 말하는 걸 한마디도 안 들어줬어요. 그래서 이렇게 마을 앞에, 하우스 옆에 그렇게 송전탑이 세워진 겁니다. 어떤 방법이 옳다고 생각하십니까. 무엇을 어떻게 해야 옳다고 생각하십니까. 저희들이 그 잘못된 송전탑을 세우는 데 저희들의 재산을 지키기 위해서 나서야 옳다고 생각하십니까? 아니면 그것을 가만히 엎어져서 바라만 보고 있었어야 옳았을까요.

그리고 또 하나, 밀양시장이 2013년도에 공무원들 계장급 이상 143명인가 교육을 시켜갖고 4개면에 풀었던 적이 있었어요. 주민들 회유해서 도장찍게 만들라고. 그래서 제가 정부라고

이야기를 하는데, 한전 직원들이고 정부에서 이렇게 박살을 내
논 마을들을 갖다가 예전처럼 어떻게 돌려줄 것인지 나는 그게
너무 가슴이 아파요. 지금 박살난 이 마을들이 제가 보기에는 우
리 대에는 서로 말 안 하고 이렇게 지낼 수 있습니다. 그것을 모
두가 경험을 했기 때문에. 같이 함께 싸우다가 그 돈 때문에 돌아
서면서 이렇게 박살이 난 걸 저희들이 겪었기 때문에. 저희들은
말 안 하면서 살 수 있습니다. 그렇지만 부모가 그렇게 살아온 현
장을 본 자식들이 과연 나중에 그곳에 들어와서 살 수는 있을 것
이며 또 자기 친구하고 그렇게 우리가 옛날에 살았듯이 이웃 간
에 네 것 내 것 없이 살 수 있겠느냐는 말입니다.

그것이 지금 제일 가슴이 아프고, 전기가 지나가는 것보다
도 지금 내 마을이 그렇게 두 동강이나 있다는 게 가슴이 아픕니
다. 그걸 누가 치유를 하냐고요. 그걸 어떻게 해야 되겠느냐고요.
무슨 큰 죄를 지었습니까? 저희들이. 한 평 두 평 이룬 그 재산을
지키기 위해서 나섰던 것뿐인데 얼마를 더 내놔야 되겠습니까?
목숨을 내놓으면 이런 일을 두 번 다시는 안 하실랑가예? 내 목
숨 가져가가지고 이런 일이 다시는 안 벌어질 것 같으면 내 목숨
내놓겠습니다. 죄를 지었다면 벌을 받아야죠. 당연히 벌을 받아
야죠.

장재분(부북면 평밭마을)

저는 앞선 여러분들의 말씀을 듣고 보니까 가슴이 먹먹해서
할 말이 없어요. 근데 제가 지금 평밭에서는 살 수가 없어요. 그

거실 앞에서 거대한 철탑을 보는 순간 그런 생각이 들어요. 지금 시험 송전을 한다고 하지만 거기서 표현도 못 할 소음이 있어서 거기 있으면 제가 화병이 나가지고 아예 정식 송전을 하기 전에 죽을 것 같아요. 그래서 지금 제가 집에서 생활을 안 해요.

그래서 지금 고생하시는 분들 앞에서 죄송스럽지만 저는 평밭에서 못 살아요. 저도 기질이 다혈질이기 때문에 참을 수가 없어요. 그래서 무슨 일을 저지를 것 같아요. 저는 있는 그대로 말씀드릴게요. 거기서 사람을 살라고 하는 것 자체도 정말 용납이 안 되고. 거기서 살 수가 없어요. 우리 마을은 다들 환자입니다. 저도 우리 아저씨가 아파서 평밭으로 올라갔고 전부 환자기 때문에 더 면역력이 약한 분들이에요. 그래서 살 수도 없고, 정말 이 마을에 80, 90을 바라보시는 분들이 여기 법정에 앉아 있을 이유도 없고.

정말 최소한의 권리 있잖아요. 인간의 권리. 생존권을 지키기 위한 것이었는데 정말 범법자가 되어서 이 자리에 앉아 있는 자체도 자존심이 상해서 여기서 제가 무슨 일을 저지를 것 같은 느낌이 든다고요, 지금. 어쨌든 제가 법을 어겼다니까 재판을 받으러 오기는 옵니다. 하지만 정말 좀 현명한 판결을 하셔서 저희들이 왜 싸웠는지 왜 투쟁을 했는지 그걸 잘 알아주시고, 현명한 판결해주시길 부탁드리겠습니다.

이금자(부북면 평밭마을)

(큰절) 여기 모든 분들께 감사해야지 하다보니 (절을 했네요).

죄송합니다. 저는요. 오늘 하고 싶은 말 하겠습니다. 제가요. 그래도 좋은 남편을 얻어서 잘 먹고 잘 살다가 남편이 제 나이 40에 돌아가셨어요. 돌아가신 줄도 모르고 그냥 행방불명이 됐어요. 그 이후로 수족을 못 써가지고 평밭마을에 와서 30년간 살았어요. 30년을 살면서 잡초를 뽑아야 살겠더라고요. 식탁에 올라온 음식을 먹을라면. 그 잡초를 뽑다가 뽑다가 못 뽑으면 괭이로 파다가 땀이 머리 위에서 잠지로 저 다리 밑에까지 전부 흠뻑 젖어요. 근데 그럴 때에 부처님허고 하느님허고 단군님허고 어른들한테 "아이고 잘못했습니다. 참 잘못했습니다" 했습니다. "청와대, 넥타이 매고 비까비까한 그런 분들만 신사라고 제가 했던 거 잘못했습니다. 시골의 할머니, 할아버지들이 이렇게 높은 교훈 많은 줄 정말 몰랐습니다" 하고 내 그러고 살았습니다.

그 뒤로부터 참으로 참으로 산에 음식, 참 생각만 하고 그러고 그러고 30년을 살아왔습니다. 그런데 이 모든 것을 정부에서 다 가져간다고. 죄 없이 선량한 이웃들을. 이분들 정말로 선량한 분들입니다. 이분들을 왜 이렇게 고통을 줍니까.

죄송합니다만 판사님, 여기 계시는 모든 분들, 정부 닮지 말고, 경찰들, 국가 닮지 말고, 서민을 위해서만 최선을 다해주시기 바랍니다.

서보명(상동면 고답마을)

저는 115번 고답마을에 12대째 종손으로 살고 있는 사람입니다. 제 선조 산소가 113번 철탑에서 35미터 떨어져 있고, 114

번에서 30미터 떨어져 있고. 그런 식으로 갑니다. 재종 형님 감밭 한가운데 115번 송전탑이 서 있습니다. 그런 실정에 우째서 가만히 송전탑 들어온다고 박수쳐야 되겠습니까? 내 생존권을 지키려고, 우리 선산 지키려고 막는 게 그게 죄라면 이건 대한민국 국민을 위하는 게 아니지 않습니까?

이런 경우는 옛날에 일제강점기 시절에 독립운동 한 거 그게 죄라고 잡아다가 법정에 세우고 구속시키고 감옥살이 시킨 것과 다를 바가 뭐가 있습니까? 내 땅 지키고자 발버둥치고, 지렁이도 밟으면 꿈틀한다 캤는데 내 것 지켜보고자 하다보면 달려들 수도 있고 그래 한 기 죄라고 카면은 죄 맞지예.

일제강점기 시절에 일본놈들이 우리 한국사람 봤을 때는 죄인 아닙니꺼? 그래서 그 사람들이 옥살이 시키고 사형도 시키고 했습니다. 저도 그런 관점으로 본다 카면 저도 국가에 반기를 들고 했으면 당연히 사형을 시켜주십시오 차라리. 그게 맞다고 생각합니다. 내 땅 내가 지키고, 내 선산 12대째 살아온 내 땅 내 고향 땅 지켜볼라고 발버둥친 기 죄라 카면은 저도 사형 시켜 주이소. 저는 그렇게 드릴 말씀밖에 없습니다.

장찬수(상동면 고답마을)

저도 115번에서 살고 있는데예. 우리는 1,500평, 2,000평 위쪽으로 전부 송전선 다 지나갑니다. 한 푼 두 푼 모다가(모아서) 땅 사놓으니 전부 송전탑이 우로 다 지나가고. 집 안에 있어도요, 이놈 방 한켠에 누워가봐도 빤하니, 앉아가봐도 빤하니, 진짜

눈깔이 디집히가 몬살겠어요. 누우면 안 보일란가 싶어 누워봐도 빤하니 보여요. 그런데 인제 우리 밭은 골짜기가 돼서 하우스도 몬해요. 그래서 감밭 지어가 먹고사는데 그 우로 송전탑 다 지나가면 우리는 뭐 먹고삽니까? 그래도 가만히 있다가 죽을까요? 그래도 죄 있다고 벌금 맥이고 그럽니꺼? 판사님 거 안 나와봤습니꺼? 그 마을 곁에 있죠? 우리는 바로 밑에 집이 있습니다. 송전탑 밑으로.

그렇게 다 죄주고, 벌금 맥이고 하면 천지 죄 안 지은 사람 없고 하겠다. 그래 죄 지었거든 벌금 많이 맥여주이소. 그게 칩니꺼? 죄 지었거든 서보명 말마따나 다 죽여주이소. 우리 한 동네 삽니더. 그 우로 산으로 좀 가라고 그렇게 캐도 안 가고 꼭 마을로 내려와서 남의 밭 위로 다 지나가고, 집에까지 비게(보이게) 하고 그거 때매 좀 날뛰면 죄 지우고, 벌금 내라 카고 징역 살라 카면 되겠능교?

2장 연대자의 말

죽음의 송전선으로
삶을 밝힌 순 없습니다[*]

수유너머 R

1.

우리는 인문학 연구자들의 공동체 수유너머R의 회원들이고 또 이들의 제안을 받고 함께 이 자리에 선 서울시민들입니다. 우리는 그동안 우리가 인간에 대해 목격해온 가장 위대한 모습 중 하나를 증언하기 위해 이 자리에 섰습니다. 또한 우리는 우리의 말문을 막는 야만을 고발하기 위해 이 자리에 섰습니다. 우리는 한마디로 밀양에서 일어나고 있는 일에 대해서 말하기 위해 이 자리에 섰습니다. 우리는 모든 속물적인 것에 똥물을 내던지며 바닥에 드러누운 노인들, 잘려 나갈 나무를 부둥켜안고 엉엉 울고 있는 저 위대한 직관과 감성이 육중한 중장비들에 당장 깔려 죽을 위험에 처했음을 알리기 위해 이 자리에 섰습니다.

* 이 글은 2013년 5월 24일, 한전의 12차 공사 재개 당시, 서울 광화문 광장에서 인문학 연구자 집단인 수유너머R 회원들이 발표한 성명서이다.

2.

지난 8년 동안 우리는 밀양에서 무슨 일이 일어나고 있는지 몰랐습니다. 작년 1월까지 그랬습니다. 한 노인이 제 몸을 태워 봉화를 올리기 전까지는 말입니다. 나이가 일흔이고 여든인 노인들이 지난 8년간 온갖 모욕과 폭력을 감당하며 싸워왔다는 사실을 우리는 몰랐습니다. 우리는 지난 8년간 그들이 그렇게 싸워서 지키려고 했던 것이 무엇인지를 몰랐습니다. 우리는 한전이 지난 8년간 파괴해온 것이 무엇인지를 몰랐습니다. 그리고 우리는 76만 볼트의 초고압 송전선이 앞으로 파괴할 것이 무엇인지를 몰랐습니다.

그러나 지난 1년간 밀양의 노인들을 만나고 나서 우리는 우리가 지켜야 할 것이 무엇인지를 깨닫게 되었습니다. 이미 할아버지이고 할머니인 이들이 자신의 할아버지와 할머니에게 했던 맹세, 즉 자신들의 소중한 마을을 지키겠다는 말을 지키기 위해, 저토록 처절하게 싸우는 모습에서, 인문학자인 우리는 인간이 가질 수 있는 가장 존귀한 모습을 보았습니다.

젊은 용역들에게 끔찍한 욕설과 폭력을 당하면서도 그들의 끼니를 걱정하는 사람들, 낮에는 공사를 막기 위해 온몸을 던지지만 밤에는 손전등을 들고 감자의 어린 싹이 숨을 쉬도록 구멍을 열어주는 사람들, 우리는 이분들이 알몸으로 용역과 경찰을 막아서고, 굴삭기 앞에 드러눕는 게 무슨 의미인지를 압니다. 송전탑을 세우겠다고 용역들이 나무를 벨 때, 그 나무를 껴안았다는 할머니 한분이 우리에게 말했습니다. "이렇게 나무 다 잘라내고 나면 너흰 어디 기대고 살래?"

3.

　처음에 이분들은 자신들이 소중한 땅과 그 땅에서 기른 작물들이 얼마나 무가치하게 평가되는지를 알고 놀랐다고 합니다. 그러나 한전과의 오랜 다툼을 통해 이분들은 문제가 더 큰 데 있다는 걸 알게 되었답니다. 세상살이에서 중요한 것과 그렇지 않은 것이 완전히 거꾸로 뒤집혀 있다는 것 말입니다. 한전은 돈이면 다 되는 줄 아는 것 같다고 합니다. 노인들이 돈을 더 달라고 그러는 거라고 말이지요. 그러나 이분들이 무엇을 염려했는지 우리는 그것을 지금 똑똑히 보고 있습니다. 한전의 돈이 흘러들어오면서 마을의 노인과 젊은이, 조상과 후손을 잇는 가지들이 다 잘리고 있다고 합니다. 돈이 송전탑보다 먼저 들어와 사람들 사이의 줄들을 다 끊어놓았답니다. 돈이 먼저 황폐화시킨 마을 하늘 위로, 대도시의 밤을 밝힐 전기가 지나가는 모습을 이분들은 어떻게 지켜볼 수 있을까요. 한전은 이제 조금만 돈을 더 쓰면 되겠다고 생각하는지 모르겠습니다. 하지만 밀양의 할머니와 할아버지는 가여운 듯 우리를 보고 말했습니다. "그렇게 다 잘라내고 나면 너흰 어디 기대고 살래?"

　한전은 사람들이 잃게 될 많은 것들이 돈으로 보상 가능하다고 생각합니다. 또 송전탑 건설이 지연되면 큰돈을 잃게 된다고도 말합니다. 인문학자인 우리는 그들의 계산을 검증할 능력이 없습니다. 그러나 우리가 그 어느 계산기보다 더 정확히 답할 수 있는 것은 돈이 잴 수 있는 것은 작은 것이며, 돈이 필요할 때조차 인간은 돈으로 살 수 없는 것을 많이 갖는 한에서만 풍요로운 존재라는 사실입니다. 그리고 우리는 밀양에서 가장 풍요로운 사람들을 보았습니다. 아무것도 도와줄 것이 없을 정도로 풍요로운 사람들, 그냥 가만히 살게 두라고만 말하는 사람들 말입니다.

4.

지금 이 나라는 이미 세계 최고 수준의 전력소비를 하고 있는 나라입니다(특히 기업들은 가장 값싼 전기를 세계 최고 수준으로 마구 써대는 나라입니다). 게다가 이 전기의 상당 부분이 핵발전소를 통해서 생산되고 있습니다. 한국의 핵발전소 밀집도가 세계 1위라는 것은 이제 새삼스러울 것도 없는 상식이 되었습니다. 우리처럼 기름 한 방울 안 나는 나라 많고 우리만큼 원전 기술 갖춘 나라 많지만, 우리처럼 좁은 땅에 많은 원전을 지어놓은 나라는 없습니다. 우리는 가장 편리한 생활을 위해 가장 해로운 세상을 만들고 있습니다.

전기공급을 늘리기 위해 새로운 핵발전소와 송전탑을 세우고, 전력소비를 늘리는 제품들을 더 많이 생산하고, 그래서 또 새로운 전기공급이 필요하고. 이제 이런 어리석은 짓을 그만두어야 할 때입니다. 우리가 어디로 가는지도 모르고 뛰어가는 바보짓을 그만두어야 할 때입니다.

후쿠시마에서 재난이 일어났을 때 우리 당국자 중 한 사람은 "한국이 원자력 강국으로 도약할 기회가 왔다"고 말했답니다. 그런데 우리는 이런 속물주의적 지향에서 벗어날 수 있는 희망을 밀양에서 보았습니다. 밀양은 가장 고귀하고 존엄한 정신이 우리에게 외치는 "이제 그만!"입니다. 이제는 핵발전소를 늘릴 때가 아니라 줄이고 멈출 때이며, 에너지를 만들고 사용하는 방식을 재검토할 때이며, 무엇보다 이제는 성장과 개발이 아니라

서로의 삶을 돌볼 때라는 것. 밀양의 노인들이 **빼앗기지** 않기 위해 움켜쥐고 있는 것이 바로 그것임을 우리는 확신합니다.

5.

우리는 지금 이 순간에도 밀양의 안타까운 울음소리를 듣습니다. 나이 일흔을 넘기고 여든을 넘긴 노인들이 계속해서 병원으로 후송되고 있습니다. 제발 이제는 사람들과 마을을 달리 바라보기를 한전과 정부 당국에 호소합니다. 제발 이제는 삶을 함께 돌아보자고 동료 시민들께 호소합니다. 제발 이제는 밀양을 보자고, 밀양의 목소리를 듣자고 간곡히 호소합니다. 우리는 나무에 자신의 목을 걸 줄을 매어놓고 저항하는 할머니, 할아버지들의 절박함을 전하기 위해, 우리 목에 줄을 걸고 침묵하며 걸어가는 퍼포먼스를 하려고 합니다. 우리는 우리의 말을 멈추고 그분들의 이야기를 들으라고 말하기 위해 침묵의 퍼포먼스를 하려고 합니다. 우리는 또한 우리 말문을 막는 폭력에 항의하기 위해 우리 말문을 닫는 퍼포먼스를 하려고 합니다. 부디 그분들의 진실과 존엄이 우리의 행동을 통해 시민들께 전해지기를 희망합니다.

살라, 사라지지 않기 위하여[*]

홍은전(노들장애인야학 교사)

거대한 배가 죽은 물고기처럼 배를 보이며 누운 모습을 하루 종일 지켜보았다. 내가 목격한 것이 수백 명의 목숨이 스러져 가는 광경이었음을 깨달은 건 시간이 조금 더 지나서였다. '나'라는 존재가 이렇게나 무력했구나, 라는 사실을 알아버린 것도 그때였다. TV 속에 손을 넣어 배를 뒤집을 수도 있을 것처럼 살려달라는 외침이 생생했을 때 나는 아무것도 하지 않았다. 119에 신고를 하지도 않았고 소리를 지르지도, 그곳으로 달려가지도 않았다. 누군가는 하겠지, 설마 이렇게 많은 사람이 보고 있는데…….그렇게 모두가 나처럼 무력한 죽음의 목격자가 되었다.

'가만히 있으라'라는 말을 들어서라고 했다. 그러나 나는 그

소리를 듣기 이미 오래전부터 가만히 있었다. 소리 지르는 법을 잊은 지 오래였다. 나 같은 사람들은 마치 손가락 끝에 입이 달리기라도 한 것처럼 모두 핸드폰만 쥐고 부지런히 손을 놀렸다. 핸드폰 속의 세계가 웅성거리고 있었지만, 그 웅성거림은 물속에 잠긴 사람들을 꺼낼 손이 없었다. 핸드폰 바깥의 세계는 여전히 물속처럼 조용했다.

10년 전 야학의 봉고를 몰았던 동엽이 학생 영혜를 데리러 그 집에 가면 그녀는 늘 빈방에 홀로 누워 있었다고 했다. 방 안에는 정규방송이 끝난 TV가 세 시간째 지지직거리고 있었다. 그녀는 TV를 끌 수도, 채널을 돌릴 수도, 심지어 돌아누울 수도 없었다. 동엽은 영혜를 둘러싸고 있는 TV와 벽과 천장이 그녀에게 끊임없이 이렇게 말하는 것 같았다고 전했다. "너는 아무것도 할 수 없어." 나는 이제야 내가 오래전 영혜와 다를 바 없다는 사실을 깨달았다.

무언가를 말하려 하면 '선동'하지 말라 했고, 조금이라도 움직이려 들면 '시위'하지 말라 했다. 움직이는 사람 옆엔 경찰벽이 따라다녔고 누군가의 외침은 이내 TV 소음으로 덮이고 말았다. 벽을 밀고 소리를 지르는 사람들의 머리 위에서는 쥐새끼처럼 작고 새까만 카메라들이 야비하게 셔터를 찰칵이며 이렇게 말했다. "너는 아무것도 할 수 없어."

양심껏 살아가기 위해 소리를 지르면 밥그릇을 빼앗아가는 세상. 사람들은 살아가길 포기하고 그저 살아지기로 했다. 자존심과 정의가 사라진 그곳에서 약한 존재들이 가장 먼저 사라져갔다. 힘없는 사람들은 바람에 날려가지 않기 위해 알아서 기었다. 바람보다 더 빨리 누웠고 '가만히 있으라'라는 말보다 더 먼저 가만히 있었다. 나도 영혜와 같이 그 방에 가만히 누워 있었고 어느새 잠이 들어버린 것도 몰랐다.

쇠로 된 방

"가령 말일세, 강철로 된 방이 있다고 하세. 창문은 하나도 없고 여간해서 부술 수도 없는 거야. 안에는 많은 사람이 깊이 잠들어 있어. 오래잖아 괴로워하며 죽을 것이야. 그런데도 그들은 혼수상태에서 죽음으로 이르는 과정에 놓여 있으면서도 죽음의 비애를 조금도 느끼지 못하지. 이때 자네가 큰 소리를 질러서, 그들 중에서 다소 의식이 또렷한 몇 사람을 깨워 일으킨다고 하세. 그러면 불행한 이 몇 사람에게 살아날 가망도 없는 임종의 고통만을 주게 될 것인데, 그래도 자네는 그들에게 미안하다고 생각하지 않는가?"
– 루신,《아Q정전》의 〈'외침' 자서〉 가운데

모두가 '죽지 않은 사람'으로 그저 살아지고 있을 때, 그래서 하나둘씩 방에서 사라져가고 있을 때, 쇠로 된 방을 부술 듯이 소리를 지르는 사람들이 있었다. '그래도 몇 사람이 정신을 차린다면 그 쇠로 된 방을 부술 수 있는 희망이 전혀 없다고는 말할 수 없지 않은가'라고 말하는 이들은 바로 밀양의 할매, 할배 들이었다. 얼굴이 까맣고 허리가 구부정한 그분들이, 배우지도 못했고 세련된 시위의 기술도 갖지 못한 그분들이, 아주 오래된 방식으로 그러나 가장 정확한 동작으로 사람들을 흔들어 깨웠다. '너는 아무것도 할 수 없어!'라고 말하는 것들을 향해 할매가 지팡이를 땅, 내리친다. "뭐라카노! 요놈의 손들이!"

할매들이 외친다. 희망은 있을 거라고, 그것은 틀림이 없다고. 혹시 밀리더라도 저 못된 놈들은 막을 수 있을 때까지 막아야 한다고. 설사 끝까지 밀려서 막다른 길에 이르더라도 그것이 끝은 아니라고. 우리가 침묵하면 이 쇠로 된 방은 계속해서 증식할 것이라고. 여기서 죽는 한이 있어도 그것을 막아야 한다고. 지금 잘 싸우면 다음의 사람들은 자신들보다 더 잘 싸울 수 있을 거라고. 그리고 이렇게도 말한다. 돈 앞에서 무릎 꿇지 않고 좋은 사람들과 어울려 살아가는 재미란 '드러운 돈, 그딴 돈'에 비할 것이 아니라고, 말이다.

강철보다 더 강한 사람들은 바로 이런 사람들이다. 작아서 더 큰 사람들, 연약해서 더 강인한 사람들. 돈으로 매수할 수 없고 힘으로 누를 수 없는 사람들. 바람보다 늦게 눕고 바람보다 먼저 일어나는 사람들. 그들이 죽음의 비애를 뚫고 소리를 지른다. 살아 있으라. 죽지 않은 사람으로 살아지지 말라. 깨어 있으라. 가만히 있지 말라. 나는 이제야 그 외침을 듣고 깨어난 한 사람이다.

여전히 여간해서는 부술 수 없는 쇠로 된 방 안임을 깨닫고 나는 한참을 울었다. 그러나 그분들이 나에게 미안해하지 않았으면 좋겠다. 오히려 나를 포기하지 않고 깨워주어서 너무나 고맙다. 나는 사실 그저 고마운 정도가 아니라 할매들 앞에 무릎을 꿇고 펑펑 울고 싶은 심정이다. 늑장을 부리는 사이 너무나 많은 생명들이, 나보다 약한 목숨들이 물에 잠기고 불에 그슬려 사라져갔다. 설사 다음이 내 차례라 할지라도, 비록 눈을 뜬 대가가 임종의 고통이라 할지라도, 살아지기보다 살아가기를, 맑은 정신을 가진 고통의 주체가 되기를 원한다.

나는 이 산이 진짜 좋아예

"나는 이 산이 진짜 좋아예."

나는 이 말이 좋았다. 그녀가 이 좋은 것을 지키기 위해 맞서야 하는 것은 높이 100미터가 넘는 초고압 송전탑이라 할지라도 이렇게 말할 수 있는 그녀가 진짜 좋았다. 그래서 이 말이 가장 아프더라. 송전탑을 세우기 위해 셀 수도 없을 만큼 많은 나무가 잘려나간 산들을 바라보며 그는 그래도 여전히 산이 참 좋다고 했다.

그분들께 미안하게도 나는 무엇을 반대해야 하는지만 알았지 무엇을 지켜야 하는지는 몰랐다. 할매, 할배 들이 혹시 지키지 못할까봐 "꿈에서도 싸우고 자다가도 눈물을 흘리는" 그 산이 무엇을 의미하는지 생각해보지 않았다. 베트남전에서 허리를 다치고 IMF로 직장을 잃은 아들에게 물려줄 땅, 할매가 평생을 일구어 장만한 손바닥만한 그것, "죽으려고 밀양 온 줄 알았다"는 오해를 살만큼 병약했던 할매에게 건강을 되찾아준 생명의 땅, 할 줄 모르는 호미로 풀 뽑고 할 줄 모르는 짐승들 기르면서 "농촌 사람들이 청와대 들락거리는 사람들보다 더 신사였다"는 것을 알게 해준 땅, "아, 진짜 그건 해봐야 안다"고 밖에 말해줄 수 없는 그런 재미를 가르쳐준 땅, 보상을 1억 1,000만 원을 준다 쳐도 팔지 않을 농사꾼들의 정직한 일생.

이 책을 통해 송전탑이 무례하고 파렴치하게 세워지는 그곳이 그저 밀양이 아니라, 밀양을 사는 사람들의 삶의 자리임을 알게 되어서 마음이 아프다. 이 작은 할매, 할배 들 평생의 삶을 지켜주지는 못할망정 그들을 짓밟고 능멸하는 한전 직원들과 경찰들이 고작 지키려는 것이 자신들의 '밥그릇'인 사회에서 그 초고압의 풍요는 대체 어디로 송전되고 있는 것일까. 책을 읽기 전보다 나는 조금 더 고통스럽고, 조금은 더 또렷해졌다.

밀양을 살며 싸우는 분들에게 뜨거운 존경의 마음을 보낸다. 그리고 그분들의 피 같은 외침을 송전하여 나를 깨워준 '밀양구술프로젝트'에게도 고마움을 전한다. 고맙고, 고맙고, 또 고맙습니다. 이제 나도 누군가를 깨우러 일어나야겠다.

얼룩덜룩한 삶에 적응하기

김시연(연세대 국어국문학과 대학원 박사과정)

1.

송전탑 관련된 일로 밀양에 드나든다고 하면, 내가 몇 마디 하기도 전에 벌써 다양한 반응과 마주친다. 누구는 내게 "자랑스럽다"고 한다. 음. 내가 당신의 승인이나 인정을 받기 위해서 한 일은 아닌데. 그래도 뭐 좋으시다니 좋다. 적어도 긍정적인 반응이기는 하니까. 그러니까, "시연이 빨갱이네" 혹은 "이용당하는 거다", 뭐 이렇게 얘기했던 누구보다는 낫지 않은가. 내가 이용당할 만큼 무엇을 하기는 했는지 알 수 없었지만, 아무튼 그 사람도 나를 위해서 하는 말이라고 했다. 아이구, 고맙습니다.

물론 밀양엔 별 관심이 없고, 대뜸 '가엾은 대학원생'을 위로하려 드는 사람들도 많다. "어이구, 멀리까지 다니느라 얼마나 힘드니, 고생이 많니." 물론 여기엔 '교수랑 같이'라는 말이 생략되어 있다. 비웃어 넘길 때도 있지만, 때로는 너무나 진지하고 절절하게 나를 가엾어 하기 때문에 머쓱하게 웃는 것 말고는 달리 방법이 없다. 그런 이에겐 어떤 식의 부정도 소용이 없고, 오히려 그랬다간 나의 위치는 대학사회에 깊이 물들어 자신의 객관적 위치조차 파악하지 못하고 있는 자발적 노예로 더욱 추락할 것이 분명하기 때문이다.

아무튼 내가 이런 장면들을 오래도록 기억하고 곱씹는 게 되는 건 각자의 맥락은 다를지언정 모두 내게 어떤 '진정성'이나 '자발성'을 증명해보이길 요구하는 것으로 여겨졌기 때문일 것이다. 이게 반복되다보면 처음 몇 번은 그냥 들어 넘기다가, 나중에는 반발하는 마음이 들다가, 결국에는 나 스스로 나 자신의 진의 내지는 동기를 의심하게 된다. 그러면 우선 자신에게 납득 가능한 설명을 해내야 할 필요가 생긴다. 돌이켜보면 내내 이런 고민이 맴돌았던 것 같다.

2.

나는 아주 최근까지도 밀양과는 관계없는 사람이었다. 사실상 '관계없는 사람'이란 없고, 그래서 어폐가 있는 표현이지만 어쨌든 말하자면 그랬다. 2012년엔 세상사에 관심 없는 고등학생이었고, 2014년엔 세상사에 관심 없는 대학생이었다. 그때 밀양은 포털의 메인 기사였겠지만, 여느 메인 기사들과 마찬가지로 지나갔다. 아버지는 내가 '아직' '사회의식'이 없다고 했다. 아직? 사회의식? 갸웃했지만 대수롭게 생각하지 않았다.

그리고 구술서사를 전공하는 대학원생이 되었다. 밀양의 마을회관을 돌며 이야기, 민속조사를 다녔다. 몇몇 마을에는 외부인을 유독 꺼리는 분위기가 있었고, 간혹 주민 간에 분쟁이 있었음과 또 있으리라는 것을 암시하는 듯한 현수막들이 걸려 있기도 했다. 같이 조사하는 학생들끼리는 송전탑 이슈 때문인 것 같다는 눈치를 나누었다. 적극적으로 송전탑 관련 구술 채록을 하러 다니는 선배들도 있었다. 내 주제는 아니라고 생각했고, 건너서 소식을 전해들었다.

그러다 예기치 않게, 1주일쯤 밀양에 있으면서 송전탑 관련 구술 채록 작업에 참가하게 되었다. 2017년 1월이었고, 마을공동체 파괴 실태에 대한 보고서를 만들기 위한 일이었다. 이전에는 얕게 발가락만 담근 정도였다면 그제야 본격적으로 발을 들여놓게 된 셈이었다. 맡은 바 충실히 하고 가자는 마음이었다. 그건 어떤 역할을 맡은 사람으로서 책임감에 대한 다짐인 한편으로 맡은 바 '만' 충실히 하고 '가리라'는 마음이기도 했다.

밀양에 가고서야 뒤늦게 알게 된 것은, 도무지 '일'로만 깔끔하게 하고 털어버릴 수는 없으리라는 사실이었다. 그러니까 이걸 갖고 보고서를 만들든 뭘 하든, 아무튼 다른 사람의 말을 듣는 건 마음을 많이 쓰는 일이었다. 밀양에서도 그랬지만, 서울에 돌아가서 녹음된 말들을 듣고 그것을 글로 풀어낼 때, 그러고도 여러 번 거듭 보면서 발언들을 몇 다발로 묶어낼 때 더 그랬다. 그러면서 도무지 잊히지 않는 장면도, 잊히지 않는 말들도 많았다. 그런 장면과 그런 말들이 한동안 내내 맴돌았다. 1주일만 가 있는다고 해서 딱 1주일 만큼의 몸과 마음의 노력을 들여 털어낼 수 있는 일은 아니었던 것이다. 사실은 당연히 그럴 것이었는데, 되돌아보고서야 뒤통수를 맞은 기분이었다.

그 뒤로도 밀양을 몇 번 오가고, 서울에서도 이런저런 밀양 관련 일을 꾸미는 데 함께했다. 어쩌다보니 이런 글도 쓰고 있다. 하지만 그러고도 이제껏 나를 밀양과 관련된 무엇이라고 명명해

본 적은 없었다. 그런데 언젠가 누가 내게 밀양 연대자라고 했을 때 희한하게 생경한 기분이 들었고, 그제야 내가 하고 있는 것의 정체가 무엇인지를 새삼스레 생각해보게 되었던 것이다.

그러니까 예를 들면 이런 식이다. 보탬이 될는지 모르겠지만, 대책위에 작으나마 다달이 후원금을 보낸다. 이것도 연대인가? 대책위에서 만든 탈핵 배지를 산다. 주변인에게 소책자와 함께 나누어준다. 이것도 연대인가? 잘 모르겠다. 밀양에 찾아가서 주민과 활동가, 연대자들의 구술을 채록한다. 연대인가? 모르겠다. 채록한 구술 자료로 보고서를 만든다. 연대인가? 서울에서 밀양 관련 행사를 기획하고 글을 쓴다. 탈송전탑, 탈핵 관련 촛불문화제에 참가한다. 기자회견에 참가한다. 반대 운동 주민들을 찾아가 함께 그림을 그린다. 친구들, 가족들, 친척들이 모인 자리에서 밀양 송전탑 이야기를 꺼낸다. 때로는 싸운다. 연대인가? 잘 모르겠다.

밀양과 '관련된 사람'이었던 매 순간을 되짚어보고도 나는 스스로를 연대자로 부르기를 주저한다. 이건 내게 사회운동의 감각으로 나를 설명하는 것이 익숙하지 않기 때문이기도 하겠지만, 앞서 이야기한 것처럼 여러 번 나 자신의 '충실함' 같은 것을 스스로 의심할 만한 상황들이 있었기 때문이고, 그것이 어느새 내게 굴레가 되었기 때문이기도 할 것이다. 그러니까 나는 내 스스로에게 무엇을 요구하고 있나? 그리고 그건 얼마나 '충분'해야 나는 납득할 것인가?

3.

밀양과 얽히면서는 당연한 것을 새삼스레 깨닫게 되는 일이

잦다. 뭉뚱그려 말하자면 세상 혼자 사는 것이 아니라는 것이다. 이제껏 내 나름 믿어왔던 책임감 있는 삶의 태도라던가 인간관계에 대한 생각 같은 것이 있었다. 어차피 '남'이라면 가능한 한 서로 간섭하지 않고서 언제든 깔끔하게 잘라낼 수 있을 만큼의 관계만 유지하는 것이 차라리 윤리적이지 않은가 하는 식이었다. 오랫동안 그래 왔고, 지금도 대체로는 그렇다. 그러나 어설프게나마 연대하는 경험을 몇 가지 쌓아가면서 이제야 깨닫게 된 것은, 살아간다는 건 매 순간 어딘가, 누군가에 빚지는 일이라는 사실이다. 그러므로 삶은 반질반질하거나 매끄럽기보다는 언제나 울퉁불퉁할 수밖에 없고 나의 삶도 그렇다는 사실이다.

서울에서 송전탑과 에너지 관련 문제에 관심 있는 사람들이 모여 《전기 없이 우아하게》라는 책을 읽고 토론하는 자리에 갔었다. 《아사히신문》 소속 기자인 저자가 후쿠시마 취재 이후에 전기를 최소한으로 사용하는 삶을 고민하고 실험한 과정을 기록한 책이었다. 무엇보다 저자에게서 '완벽한 전기 사용 중단' 같은 강박관념을 발견할 수 없었다는 것이 가장 인상적이었는데, 당장 감당할 수 있는 만큼으로 시작해서, 시행착오도 거치고, 완전하지 않더라도 실천하고 있었다는 것이다.

책을 읽고 토론하면서 얻은 것은 이런 거다. 뭐든 100퍼센트는 없다는 것이다. 그러니까, 애초에 완전한 실천이나 온전한 투신 같은 것은 있을 수도 없을뿐더러 있다 해도 외려 무리라는 것이다. 중요한 것은 내가 감당할 수 있는 만큼을 꾸준히 하는 일이다. 당연한 말이지만 그제야 새삼스레 깨달았다(뭐든 글로 된 것을 읽고서야 깨닫게 되는 건 내 한계다). 이제껏 품고 있던 질문의 방향이 "과연 무엇인가?"에서 "어떻게 (무엇을) 할 것인가?"로 달라지는 경험이었다.

　연대를 통해 '우리'가 된다고 할 때, 나는 계속해서 그 '우리'에 과연 내가 포함되어 있는지를 고민했다. 그런데 '우리'는 언제나 단일하거나 동질적이지는 않은 저마다로 이루어진다. 그럼에도 불구하고 '우리'인 것이다. 밀양의 언저리에서 내가 배운 것은 연대하는 삶의 방식이란 애당초 '우리'가 될 만한 사람들이 모이는 게 아니라, 우연한 계기로 만나 '우리'가 되어 각자 또 다른 '나'가 되어가는 과정이라는 것이다. '우리'는 깔끔하거나, 매끈하거나, 명료하거나, 투명하지 않다. 불투명하고, 흐릿하고, 얼룩덜룩하다. 이제야 알았지만, 그럴 수밖에 없고 또 그런 것이다. 나는 아직도 이 얼룩덜룩한 삶과 만나고, 또 어설프게 적응하는 중이다.

밀양 탈송전탑 탈핵 운동을 다룬 다큐멘터리들을 보고

이선혜(연세대학교 국어국문학과 대학원 석사과정)

2005년 12월에 시작한 밀양 송전탑 반대 운동은 10년이 넘는 긴 시간 동안 진행되었다. 긴 세월 동안 마을 주민들은 건강과 재산을 잃었고, 가족같이 살아왔던 마을은 분열되었다. 한전에서 강압적으로 진행한 765킬로볼트 고압 송전선로 건설 때문이었다. 2000년 김대중 정부 때 처음 등장한 송전선로 입안은 2007년 사업 승인을 시작으로 건설이 시작되었다. 2014년 12월에는 밀양의 5개면을 중심으로 69기의 송전탑이 세워졌다.

10년 넘게 밀양의 주민들이 싸운 이유는 무엇이었을까. 그들은 태어나고 자란 고향을 지키기 위해 싸우기 시작했다. 자손을 위해, 자신의 재산을 지키기 위해서 싸워왔다. 그들에게는 외로운 싸움이었다. 많은 사람들이 그들의 이야기를 듣지 않았다. 밀양에 송전탑이 세워지는 것은 그들만의 문제라고 생각한 것이다. 그러나 밀양의 주민들로만 싸운 것은 아니었다. 그들에게는 각 지역에 온 연대자들이 있었다. 신부와 수녀님은 물론, 어린 학생들부터 다른 지역의 연합 단체 등 다양한 연대자들이 10년이 넘는 시간 동안 함께했고, 아직도 연대를 이어나가고 있다. 밀양의 모든 송전탑이 완성되고 시범 운행이 이루어졌지만 그들은 싸움이 아직 끝나지 않았다고 말한다. 송전탑이 세워졌어도 할 수 있는 일이 많다고 믿기 때문이다.

1. 〈밀양전〉

박배일 감독의 〈밀양전(Legend of Miryang 1)〉(2013)은 9년의 밀양 송전탑 싸움을 기록한 다큐멘터리다. 투쟁의 기록이 영상으로 나온 것은 밀양전이 처음이었다. 〈밀양전〉에서 나오듯, 밀양 송전탑 반대 운동의 특징은 할머니들의 투쟁이라는 점이었다. 기존의 다른 지역과 다르게 밀양은 마을의 할머니들이 뭉쳤다. 송전탑이 세워지는 자리에 움막을 짓고 연대했다. 새벽에 산을 오르며 자리를 지키고 경찰과 한전 직원을 막아섰다. "엄마들은 강하거든. 근데 할매가 되면 더 강하다. 엄마가 할매가 된 거거든." 밀양의 할매들은 싸울 수 있는 힘에 대해 이렇게 대답했다.

싸움은 날이 갈수록 격렬해졌다. 한전과 하청업체 직원들은 공무원과 경찰까지 동원해 송전탑 건설을 위해 물밑 작업을 벌였다. 업체와 반대 주민의 싸움은 마을 내부의 싸움으로까지 번졌다. 단순한 말싸움에서 몸싸움이 되고, 급기야 보상금으로 인한 마을 주민들 간의 분열이 시작되었다. 공동체 파괴는 서서히 이루어졌다. 박배일의 〈밀양전〉은 밀양 주민들의 평화로운 일상

생활을 풀어내면서도 마을 주민들의 싸움 장면을 보여주어 마을이 변해가는 모습을 보여주고 있다.

밀양의 싸움은 광범위하게 이루어졌다. 반대 주민들은 한전과 용역만이 아닌, 경찰과 공무원과도 싸워야 했다. 기득권을 상대로 한 싸움은 힘들었다. 그러나 그것보다 더 힘든 것은 같은 마을 주민들과의 싸움이었다. 적게는 몇십 년, 길게는 조상 대대로 함께 살아온 마을 사람들과의 싸움은 정신적으로 큰 영향을 주었다. 그러나 반대 주민들을 힘들게 하는 것은 이들만이 아니었다. 언론을 비롯한 인터넷의 문제도 있었다. 정확한 이야기를 들으려 하지 않은 채 반대 주민들을 욕하고 그들의 행동을 비판했다. 국익을 위한 일인데 이기적인 것이 아닌가라는 말로 비난하기도 했다. 떼를 쓰면 돈을 받을 수 있는 '떼한민국'이라는 말까지 나왔다. 반대 운동 주민들은 단순히 자신들의 이익만을 위해 싸우는 집단이 되었다. "이 세상에 진실을 모르는 사람이 너무 많아." 박배일 감독은 할머니들의 이야기를 진중하게 들어주고 전하는 이가 없어 이들의 이야기를 들려주고자 영화를 기획했다고 말한다. 그래서인지, 〈밀양전〉에서는 할머니들의 모습과 생활 장면이 많다. 웃기도 하고 울기도 하는 모습을 보여주며 할머니들이 하지 못했던 이야기를 풀어내고 있다. 〈밀양전〉에서는 9년의 투쟁을 중심으로 할머니들의 이야기에 집중했다. 그래서 투쟁의 과정과 그로 인한 세부적인 내용을 담기에는 무리가 있었을 것이다. 9년 이후의 상황과 할머니들만이 아닌 다른 주민들의 속마음을 다룬 작품은 조금의 시간이 지나서 나오게 된다. 박배일 감독의 차기작인 〈밀양 아리랑〉은 9년을 넘어 10년 이후의 시간을 다루고 있다.

2. 〈밀양아리랑〉

〈밀양아리랑(Miryang Arirang-Legend of Miryang 2)〉(박배일, 2014)은 밀양 싸움에 관한 박배일 감독의 두 번째 작품이다. 〈밀양전〉에서는 주민 한 명, 한 명에 집중했다면 〈밀양 아리랑〉은 이전 작품보다는 다수의 목소리를 더 세밀하게 들어보고자 했다.

한전의 강압적인 송전탑 건설 강행의 법적 근거는 1979년 제정된 전원개발촉진법을 배경으로 한다. 박정희 정권 시절에 만들어진 법으로 전원사업으로 지정되면 관련된 19개 법률에 규정된 규제를 피할 수 있었다. '국익을 위해서'라는 변명 뒤에는 이러한 법적 근거까지 마련된 상황이었다. 이러한 법을 토대로 일방적인 통보와 강압적인 공사가 진행됐다. 주민들은 이러한 법에 맞서 싸웠다. 고령인 위양마을의 손희경 할머니와 도곡마을의 김말해 할머니는 이 영화의 주연이다. 가장 고령임에도 누구보다도 빨리 산을 오르고, 경찰과 싸우며 끝까지 포기하지 않는다.

위양마을의 손희경 할머니는 시아버지와의 약속을 지키기 위해 싸움에 뛰어들었다. 그 약속이라는 것은 밀양을 지키는 것. 할머니는 그 약속을 지키기 위해 평생을 밀양에서 살아왔다. 그러던 중 송전탑이 들어선다는 말을 들었고, 할머니는 당연하게 싸워야 한다고 생각했다. 자식들의 만류도 소용이 없었다. 손희경 할머니는 평생을 밀양에서 나고 자랐고 지금도 그곳에서 살아가고 있다. 거동이 힘들어도 서울에 올라갈 일이 있거나 긴 시간 시위를 해도 항상 참여했다.

반대 운동은 쉽지 않았다. 주민들은 서울로 상경해 시청 앞에서 단식투쟁을 벌였다. 한전 앞에서 1인 시위를 벌이기도 했다. 그러나 그것들은 알려지지 않았다. 반대 주민들을 돕던 연대자들의 도움도 왜곡되어 알려졌다. 그러던 중, 한전의 진짜 꿍꿍이가 드러나게 된다. 한전이 말한 국익을 위한 공사는 거짓이었다. 아랍에미리트에 원전 수출을 위한 발판이 밀양 송전탑 건설사업이었던 것이다. 그것을 알게 된 주민들은 참을 수 없는 무력감과 상실감을 느끼게 된다. 계속된 분쟁으로 마을 주민들의 87퍼센트가 우울증을 호소하고, 농사에 전념하지 못해 생활이 어려워졌다. 국가를 대상으로 한 투쟁은 많은 것을 잃게 했다.

포기하지 않고 몇 년을 싸운다는 것은 쉽지 않은 일이었다. 해결되는 것은 하나도 없었다. 사람들은 연행되고 벌금 폭탄을 받았다. 그들의 미래는 밝아 보이지 않았다. 반대 주민들이 노력할수록 외부 세력의 강압은 거세졌다. 2013년 12월 6일, 송전탑 공사를 반대하던 유한숙 어르신이 스스로 목숨을 끊었다. 경찰은 가족 간의 불화와 음주 등으로 인한 스트레스 요인으로 자살했다는 사인을 냈다. 누구의 사과도 없었고, 결국 장례는 322일 만에 치러진다.

농사가 중요한 시골에서 농업을 이어나가지 못하는 상황은 치명적일 수밖에 없다. 그럼에도 불구하고 그들은 왜 계속 싸움을 이어나가는 걸까. 그에 대한 대답을 영상에서 볼 수 있는데 그들은 거창한 이유를 들어 싸우는 것이 아니다. 인간의 존엄성을 보장받기 위해서 싸웠다. 살아온 터전을 후손에게 물려주기 위해 싸운 것이다. 가족이 묻히고 조상이 묻힌 고향을 보호하기 위해서. 개인의 건강과 가족의 건강, 나아가서는 전국의 사람들을 위해 싸워 왔다.

이 영화는 우울한 이야기만 가득한 것처럼 보일 수 있다. 사실, 어둡고 우울하다. 그들이 느끼는 무력감을 관객도 느끼게 한다. 하지만 그러면서도 우리는 희망을 느낄 수 있다. 할머니들의 싸움은 울음만 있지 않았다. 할머니와 경찰들의 대치 모습은 웃다가 웃을 수 있는 웃긴 장면이다. 〈내 나이가 어때서〉를 배경으로 한 할머니들의 실랑이 장면은 어둡고 우울함 속에서 빛나는 장면처럼 보인다. 웃으면서 다시 살아가야지 하는 모습은 10년을 싸워왔다고 생각할 수 없게 할 정도다. 힘들고 어두운 장면이 있어도, 영상에는 '끝까지 가보련다'는 희망 가득한 모습을 볼 수 있었다.

3. 〈밀양, 반가운 손님〉

밀양 밖의 외부인들은 밀양 송전탑 반대 투쟁을 어떤 시선으로 바라보았을까. 〈밀양, 반가운 손님(Miryang, a Welcome)〉(하샛별 외 2인, 2014)은 밀양 투쟁을 바라보는 외부인의 시선이 등장한다. 처음부터 등장하는 쌍용자동차 부당해고자와 그 친구들의 대화는 뇌리에 박히는 장면이다. "나라에서 필요해서 하는 건데, 왜 그러냐. 겸사겸사 좋은 거니까, 왜 다들 이거를 이해를 못 하지?" 작중 인물 중 한 명이 말하는 장면이다. 부당해고자인 인물은 밀양 반대 주민들의 입장에서 그들을 대변한다. 돈 문제가 아니라는 대답에 한전에 다니는 친구는 이렇게 외친다. "전기는 필요하다니까. 근데 왜 써! 쓰지 마. 에어컨 쓰지 마." 밀양 송전탑 사건을 뉴스로 접한 사람들의 대부분이 이렇게 생각하지 않았을까. 이들의 대화를 뒤로 한 채, 뉴스에서는 "원자력 선진국 진입에 발판을 마련하게 됐습니다"라는 아나운서의 목소리가 나온다. 우리가 어떤 경로를 통해 정보를 얻게 되고, 저런 대화를 하게 되는지를 적나라하게 보여준 것이 영화 〈밀양, 반가운 손님〉이다.

외부에서 바라보던 시선은 밀양으로 넘어온다. 원전이 위험하다고 생각하지만 우리는 그것을 상대로 싸울 수 있다는 생각을 하지 못한다. 누가 국책 사업을 상대로 기약 없는 싸움을 하겠는가. 그럼에도 싸워왔던 밀양 주민들의 이야기를 중심으로 영화는 밀양 투쟁을 풀어나가고 있다.

밀양 주민들을 가장 힘들게 했던 것은 공동체 파괴였다. 형님, 아우하며 지내던 앞집, 뒷집이 하루아침에 적이 되었다. 급기야 서로를 감시하기 위해 CCTV를 설치하고, 서로에게 삿대질하며 나이 구분 없이 욕하기 시작했다. 한솥밥 먹던 가족과도 같던 주민들에게 그것은 매우 충격적인 일이었다. 그들이 분열하게 된 계기는 한전의 치밀한 작업이었다. 처음엔 송전탑 건설의 찬성과 반대를 두고 주민들이 갈라지게 됐다. 공사에 찬성하는 사람들은 그들끼리 뭉쳐 합의된 보상금을 받았다. 그리고 반대 주민들은 끝까지 거부하며 송전탑이 들어서기 전까지 투쟁을 이어갔다. 문제는 여기서 끝나지 않았다. 찬성과 반대 주민 내부에서 또 분열이 생겼다. 찬성 주민 내부에서는 누가 얼마나 보상금을 차지하느냐가 문제였다. 반대 주민 내부에서는 송전탑 건설이 진행되면서 이루어졌다. 송전탑이 세워지고 나니 받지 못한 보상금이라도 받고자 하는 주민들이 있었던 것이다. 반면에 끝까지 반대하며 보상금도 받지 않겠다는 주민들이 있었다. 한전에서 해결책이라고 내놓았던 보상금이 공동체 파괴를 불러온 것이다. 밀양은 이전과는 다른 곳이 되었다.

마을의 모습이 이전과는 달라졌지만, 주민들은 포기하지 않았다. 밀양 투쟁에 뛰어든 주민들은 '밀양의 봄'이라는 희망콘서트를 연다. '오늘도 나는 산을 오른다. 몸도 아프고 마음도 지친다. 아무리 막아도 헬기는 뜨고, 경찰은 우리만 죽으라 한다. 그래도 나는 산을 오른다. 뜨거운 희망 가슴에 품고, 손 잡아주는 그들이 있기에, 나의 마음은지지 않는다.' 하나씩 준비한 카드를 뜯어가며 〈나의 살던 고향은〉을 부르는 주민들의 모습은 보는 사람으로 하여금 뭉클함과 함께하지 못한 미안함을 느끼게 한다. 그들을 일으켜 세우고 뭉치게 하는 힘은 함께함에서 나오는 것이었다. 그리고 여전히 그들은 서로를 보듬으며 함께하고 있다.

4. 〈즐거운 나의 집 101〉

밀양 송전탑 건설은 밀양의 5개면을 중심으로 진행되었다. 각 면별로 싸움은 격렬했는데, 2014년 6월 11일에 있었던 행정대집행은 가장 규모가 큰 싸움이었다. 단장면 용회마을의 101번, 상동면 고답마을의 115번, 부북면 위양마을의 127번, 부북면 평밭마을의 129번 등 네 개의 장소가 가장 심했다. 련 감독의 〈즐거운 나의 집 101(Home sweet Home 101)〉(련, 2015)은 네 개 농성장 중 하나였던 101번 움막의 이야기이다.

밀양 주민들이 싸울 때 가장 큰 활력이 되고 도움이 되었던 사람들이 있다. 바로 전국 각지에서 온 연대자들이다. 그중 남어진씨는 반대 주민들에게 가장 큰 힘이 되어준 인물일 것이다. 고등학생이었던 남어진씨는, 송전탑이 들어서기 이전의 움막 생활부터 송전탑이 들어서고 난 이후까지도 밀양 주민과 함께하고 있다. 남어진씨뿐만이 아니었다. 전국의 어린이책시민연대의 젊은 엄마들은 주민들의 밥을 책임지고 101번 움막까지 이고 나른다. '즐거운 나의 집'은 투쟁 현장이 아닌 한가족이 모인 집이었다. 서로의 식사를 챙기고 불편함이 없는지를 확인하는 모습들은 그곳이 농성장이 아닌 듯 착각을 불러일으킨다.

101번은 노래를 부르고 서로 농담하며 웃는 장소이기도 했지만, 가장 처절했던 곳이었다. 2014년 4월 17일 한전의 경고장이 오고 분위기는 더욱 더 무거워졌다. 불법시위로 인한 철거집행을 진행하겠다는 내용이었기 때문이다. 주민들에게 101번은 지켜야 하는 곳이었다. 송전탑을 막고자 모였지만 어느새 그곳은 사람들이 함께 사는 집이었고, 다른 의미로 지켜야 할 곳이 되었다. 행정대집행은 새벽 밤부터 시작되었다. 평밭마을의 129번을 시작으로 위양마을 127번이 파괴되었고, 주민들은 101번을 지키기 위해 준비를 시작한다. 서로의 몸을 사슬로 묶고 인간 바리게이트를 만들어 101번을 지키기로 했다.

경찰 2,500여 명과 250명의 공무원이 동원되었다. 펜치와 칼로 사람이 있는 움막을 헤집으며 101번 움막을 철거했다. 〈즐거운 나의 집 101〉에는 당시의 치열했던 현장이 그대로 담겨 있다. 실신한 주민들과 끌려 나가는 연대자들의 모습은 실로 아비규환이다. 행정대집행 이후 한전 측에서는 주민들의 협조로 철거가 무사히 완료되었다고 보도한다. 하지만 실제로는 열아홉 명이 응급후송되고 세 명이 골절되었다.

련 감독은 활동가 어진씨에게 이런 질문을 한다. 형사들 위험 없이 끌려가는 일 없이 조용하고 평화롭게 사는 삶이 좋지 않냐고. 하지만 어진씨는 이렇게 답한다. 조용하고 평화로운 것과 무감각한 것은 차이가 있다고. 어진씨에게는 101번이 힘들지만 집과 같았던 모두가 함께 행복한 추억도 있던 곳이었고 지켜야 할 곳이었던 것이다. 행정대집행 이후에도 마을 주민들은 싸움을 포기하지 않았다. 101번에 송전탑이 세워졌어도 새로운 투쟁 방법을 찾았다. '어린이책시민연대'와 용회마을 주민들은 금요일마다 '바느질방'을 열어 탈핵을 알리고 지지하기 위한 모임을 만든다. 송전탑이 들어서기 이전에는 그것을 막기 위해 싸웠지만, 송전탑이 세워지게 되면서는 그것을 뿌리 뽑기 위한 운동을 이어나가려 했다.

5. 〈오래된 희망〉

〈오래된 희망(Stopless Hope)〉(허성용, 2015)은 앞서 소개된 다큐들과는 조금 다르게 느낄 수 있다. 앞의 다큐들이 주민들의 이야기와 공동체를 알렸다면, 〈오래된 희망〉은 밀양 송전탑 투쟁의 자세한 경과 과정을 알려준다. 원전의 위험성과 핵마피아들의 이권 챙기기가 적나라하게 드러나 밀양 송전탑 뒷면에 있는 추악한 진실을 마주하게 된다.

주민들에게 알리지 않은 채 공사를 시작한 한전은 밀양에 총 69기의 송전탑을 세운다. 송전탑이 들어서는 것을 시작으로 밀양 주민들에게는 많은 사건이 생겼다. 이치우 어르신의 분신사건부터 유한숙 어르신의 음독 사건을 비롯해 분쟁은 반대 주민과 유족들에게는 큰 트라우마를 남겼다. 건강이라는 개인적인 문제부터 시작해 재산 문제가 걸려 있었다. 하지만 단순히 생계 문제를 떠난 복합적인 문제도 있었다. 자식뿐만이 아니라 나아가서는 미래의 후손들에게까지 미칠 수 있는 환경적 문제도 있었다. 조상 때부터 함께하던 가족 같은 마을공동체는 분열되었다. 송전탑이 밀양에 가져온 문제는 회복 불가능한 문제들이었다.

"그런 정치는 나라도 하겠다. 듣지도 않는 정치." 밀양의 할머니들은 송전탑 설치 문제가 독재정치와 같다고 한다. 말도 못하고 아무도 들어주지 않는 상황. 밀양의 상황은 갈수록 나빠져 갔다. 《조선일보》의 통진당 왜곡 보도만이 아니라, 당시 밀양시 의원이었던 문정선 의원이 공사 현장의 인부들에게 깔리는 상황까지 발생했다. 1인 시위를 하고 플래카드를 걸어도 아무런 소용이 없었다.

2013년 4월 26일에 한전의 조환익 사장이 밀양을 방문한다. 보상의 문제를 떠나 국익을 위해 자신들도 어쩔 수 없는 선택이었다며 밀양 주민들의 이해를 바라는 모습이 나온다. 전력 확보를 위해 송전탑 건설이 불가피하며 지하로는 진행이 불가능하다, 밀양 주민들의 협조가 없으면 대한민국 전체의 전력수급이 어려워지니 나라를 생각해서라도 투쟁을 멈추라는 것이었다. 밀양 주민들은 날이 갈수록 대한민국의 악이 되었다. 그러던 중, 한전 측에서 송전탑 납품과 관련하여 문서 조작 등의 비리가 있었음이 드러났다. 또한 아랍에미리트의 수출을 위해 송전탑 건설이 강행된 것도 드러나게 된다. 그럼에도 그들은 그 어떤 사과도 하지 않는다.

3부 밀양 탈송전탑 탈핵 운동의 목소리

한전이 주장하는 전력수급 문제가 왜 거짓말인지, 왜 해결법이 없다는 것인지에 대해 밀양 송전탑 사건을 아는 사람이라면 한번쯤 생각해봤을 문제일 것이다. 대안이 없어 진행해야 한다는 송전탑은 사람에게 어떤 악영향을 끼치는지 우리는 자세히 모르고 있을 것이다. 영화는 그 위험성에 대해 낱낱이 밝히고 있다. 실제 있었던 체르노빌 사건과 후쿠시마 사건은 원전의 위험성과 대체할 친환경 에너지 자원이 있다는 것을 알려주었다. 원전 사고로 일어난 사건은 사람들에게 큰 후유증을 줬다. 그 영향은 대를 걸쳐 나타났다. 영화를 보는 내내 원전의 심각성을 느낄 수 있을 것이다. 국민들이 원활한 전력수급을 받기 위해서는 원전이 필요하다는 것은 거짓이지만, 우리는 그 사실을 잘 모른다. 필요성을 못 느껴서일 수도 있다. 하지만 전 세계적으로 핵 산업 발전을 줄이고, 친환경 에너지 자원을 도입하는 이 시점에서, 한국은 왜 함께 나아가지 않는가를 우리는 생각해야 한다. 그리고 무관심의 대가가 나중에 어떤 결과를 가져와 어떤 형태로든 책임을 다하게 될 수밖에 없음을 우리는 알아야 한다.

　　〈오래된 희망〉에서는 송전탑에 관한 사안 외에도 주민들의 투쟁에 대해서도 다루고 있다. 그들과 함께한 연대자와 주민들 간의 이야기도 영화 곳곳에 녹아 있다. 계속된 싸움에서도 밀양 반대 주민들이 의욕을 잃지 않았던 것은 연대자들의 도움이 컸다. 밀양에 거주하는 연대자들도 있었지만, 각 지역에서 온 사람들도 있었다. 주말마다 오는 사람들도 있었고, 반대 주민들을 위해 주거지를 옮긴 사람도 있었다. 가장 힘들 때 옆에 있어준 사람을 어떻게 잊을 수 있을까. 끝까지 노력했지만 밀양에 거대한 송전탑이 세워졌다. 송전탑이 세워졌어도 연대자들은 떠나지 않았다. 그곳에서 여전히 함께하고 있다. 그들의 도움에 고마움을 느낀 반대 주민들은 이제 오히려 자신들이 도움이 되고자 한다. 자신들이 힘들 때 도움을 받았듯이, 힘들어하는 사람에게 도움이 되어 도와주는, 그런 삶을 살고 싶다는 희망을 갖게 된 것이다.

6. 〈말해의 사계절〉

밀양 송전탑과 관련한 영화나 다큐멘터리에는 많은 인물들이 등장하지만 유독 비중을 많이 차지하는 인물이 있다. 도곡마을에 사는 김말해 할머니다. 도곡마을은 밀양시 상동면에 위치한 마을이다. 윗마을과 아랫마을로 이루어진 도곡은 산골짜기에 위치한, 물과 공기 좋은 살기 좋은 동네로 불렸다. 범죄 없는 마을이라 할 정도로 조용하던 곳은 송전탑 건설 부지로 선정되면서 변화했다. 더 이상의 조용함은 찾아볼 수 없게 된 것이다.

〈말해의 사계절(The Whispering Trees)〉(허철녕, 2017)은 2014년에 나온 다큐 영화 〈밀양, 반가운 손님〉을 공동 연출한 허철녕 감독의 단독 연출 작품이다. 송전탑 투쟁 함께한 연대자로서 김말해 할머니의 이야기에 집중해, 할머니와 함께 한 3년 6개월의 시간을 필름으로 담아냈다. 영상은 107분이지만, 그 시간은 김말해 할머니의 인생을 알기에는 너무나도 짧은 시간이다.

도곡마을은 윗도곡과 아랫도곡으로 나뉘어 있다. 걸어서 오갈 정도로 가까운 한 마을이지만, 윗마을과 아랫마을로 나뉘어 있다고 생각하면 된다. 김말해 할머니는 윗도곡마을에서 태어나 아랫도곡으로 시집오셨다. 1남 3녀 막내딸로 태어난 할머니는 태어나자마자 죽을 뻔했던 적이 있다. 태어나면서부터 여러 사건을 겪은 할머니는 "차라리 그때 죽었으면"이라는 말을 심심찮게 한다. 열일곱은 어린나이였지만 일제강점기에 행해진 처녀공출을 피해 얼굴도 모르는 남자에게 시집을 가야 했다. 열여덟 살이 되어 해방을 맞아 편히 사는 듯 했지만, 그것도 잠깐이었다. 전쟁 직전에 있었던 보도연맹 사건에 남편이 엮여서 소식을 모르게 된다. 보도연맹 사건은 전국을 휩쓸었고 전쟁이 끝난 이후에도 남편을 찾을 수가 없었다. 이유도 알지 못한 채 남편이 어디서 어느 날 죽었는지도 알지 못했다. 장례를 치르고 싶었지만 시체도 찾을 수 없었다. 아들을 잃고 시어머니는 마음의 병을 앓았고 곧 상을 치러야 했다. 혼자가 된 김말해 할머니는 어린 두 아들을 먹여살려야 했지만, 살아갈 방법을 알지 못했다. 어린 나이에 홀로 남은 과부는 살아갈 힘도, 돈도 없었다. 그렇게 두 아들을 데리고 강으로 가 세상을 뜨려 했다. 하지만 두려움에 찬 아이의 울음소리를 듣고는 정신을 차린다. 아이들의 손을 잡고 돌아와서는 살아남으려 악착같이 일을 시작한다.

안 해본 일이 없을 정도로 할머니는 한평생 궂은일을 해왔다. 그렇다고 살림이 넉넉했던 것도 아니었다. 할머니에게 가장 후회되는 것은 두 아들에 대한 미안함이다. 공부도 못 시키고, 제대로 먹여보지 못한 것. 그것이 가장 한스럽다 말한다. "목숨이 너무 많아 울어도 안 죽고, 고생해도 안 죽는다"는 할머니의 한탄은 할머니가 살아온 세월이 얼마나 모졌는지를 보여준다.

그런 할머니에게 경찰은 제일의 원수다. 일제강점기 때 곡식을 가져가고 살림살이를 가져간 것도 경찰이었다. 남편이 죽고 시어머니가 죽은 것도 경찰 때문이었다. 그리고 이제는 할머니의 터전을 뒤엎는 데 앞장서는 것이 경찰이었다. 할머니에게 경찰은 용서되지 않는 대상이다. 경찰을 향해 지팡이를 휘두르고, 그 누구보다도 찰진 욕을 하는 할머니의 모습은 처음부터 할머니가 억센 사람처럼 보이게 한다. 누구보다도 경찰을 싫어하지만, 젊은 경찰은 할머니에게 손주처럼 보이는 면도 없지 않아 있다. 할머니는 경찰들에게 떡을 준 것으로도 유명하다. 연대하는 수녀님들이 투쟁하는 반대 주민들을 위해 만들어온 떡을 나눠준 것이다. 시위를 하면서 떡을 먹는데 그것을 쳐다보는 젊은 경찰들에게까지 떡을 나눈 것이다. 미운 놈도 밥은 준다고 그것을 어찌 안 주겠냐고 지나가듯이 말하는 할머니의 모습을 보고도 누가 욕할 수 있을까.

젊었을 때부터 고생해서였을까. 먹고살기 위해 가리지 않고 일한 할머니의 몸은 안 쑤시는 곳이 없다. 영화 속에서는 온종일 파스를 붙이고 떼어내는 할머니의 모습이 나온다. 쑤시는 몸을 달래는 것은 파스지만 할머니의 아픈 마음을 달래는 것은 담배이다. 파스와 담배는 할머니에게 뗄 수 없는 것들이다. 죽지 못해 산다는 할머니. 속이 아프면 피우라고 배운 것이 담배였다. '과부심신초'라 부르며 스물두 살부터 쭉 피워온 담배는 할머니에겐 없어서는 안 되는 물건이다.

몸도 마음도 아프면서 할머니는 왜 싸움을 멈추지 않는 걸까. 90세가 넘는 고령임에도 왜 산을 타고 도로에 앉는 것을 주저하지 않는 걸까. "우리가 역사는 아니지만, 내대로 역사가 있지 않습니까." 밀양 송전탑 반대를 지지하는 외부 연대자가 연설한 말이다. 할머니는 한 평생을 그곳에서 나고 자라 자식들을 키우고 살아왔다. 힘들고 슬픈 기억이 있을지라도 할머니에게는 고향이고 삶의 터전이었다. 할머니에게도 할머니만의 인생이 있었던 곳이 바로 밀양이었고, 이제 인생의 막바지에 다다라 휴식을 취할 수 있는 곳이 밀양이라는 것이다.

김말해 할머니의 시부모님 묘소가 묻힌 곳은 송전탑 근처다. 주민들의 접근을 막기 위해 설치된 철망 사이로 할머니는 제사를 지낸다. 그 모습은 시부모님의 묘소가 아닌 송전탑을 향해 드리는 고사처럼 보인다. 할머니는 시부모의 묘소가 송전탑에 갇혀 있다며 어떻게 이럴 수가 있냐고 외친다. 할머니의 외침에도 불구하고 밀양에는 송전탑 69기가 들어섰다. 그리고 2014년 12월 31일, 시험 송전을 시작으로 밀양송전탑 공사 완료가 선언되었고 밀양은 언론에서 사라져갔다. 그리고 12년간의 투쟁을 끝으로 김말해 할머니는 2017년 한전과 합의했다.

"눈물은 전기를 타고 흐른다", "우리는 지지 않았다". 밀양 송전탑 반대 싸움에 사용되었던 구호이다. 할머니들과 연대자들을 이 구호를 옷에 새기고 저항했다. 밀양 투쟁은 10년 동안 이어졌고 국가폭력에 대항하는 하나의 상징이 되었다. 그 과정에서 마을 주민이 다치기도 하고 소중한 누군가를 잃어버리게 되는 상황도 있었지만, 누구도 그들의 싸움이 헛되었다고 단정짓지 못할 것이다. 많은 사람들이 오랜 시간을 함께했고 버텨왔다. 위에서 소개한 다큐멘터리들은 모두 밀양 송전탑이 시작되면서 진행된 비극을 이야기하지만, 그 안에는 개인이 살아온 이야기와 행복, 희망을 모두 담고 있다.

밀양에 송전탑은 세워졌지만, 싸움은 아직 끝나지 않았다. 분열되었어도 주민들은 여전히 서로를 챙기고 있으며, 안부를 전하고 새로운 연대를 통해 꿈과 희망을 꾸고 있다. 송전탑이 들어섰으니 이제 뽑아내야 된다며, 지금 내가 아니더라도 후대의 누군가가 우리의 이야기를 듣고 뽑아내리라 믿어 의심치 않고 있다. 용회마을에서도 송전탑 반대 운동으로 시작한 '바느질 공방'을 이어가며 원전의 위험성을 알리고 탈원전을 위한 환경 운동에도 참여하고 있다. 밀양 반대 주민들과 함께했던 연대자들도 각자의 자리에서 응원하고 있다. 때로는 투쟁의 기록을 담은 영상과 책을 만들어 그들의 이야기가 계속될 수 있도록 노력하고 있기도 하다.[*]

---

[*] 밀양 송전탑 반대 운동을 잘 알 수 있는 것은 영상 외에도 책이 있다. 그중 《밀양을 살다》는 영상에서 다뤄지지 않았던 개개인의 삶에 집중했다. 열일곱 명의 반대 주민들의 구술을 기록한 이 책은 송전탑 싸움 이전의 삶과 그 이후의 삶에 집중한 이야기이다. 어떻게 그곳에서 살아왔으며, 애착을 갖게 되고 지켜야겠다고 생각을 하게 됐는지. 싸움 전에는 서로의 존재도 모르던 사이였으나, 투쟁에 참여하면서 이야기 속의 인물들은 서로에게 없어서는 안 되는 중요한 존재가 되었다. 그들은 고립된 마을에서 서로를 보듬고 살피며 자신들이 지키고자 했던 정을 실천하고 있다. 밀양 송전탑 반대 운동을 이끌어 나간 인물들이 누구인지, 그들에 대해 더 자세한 이야기를 듣고 싶다면 이 책을 추천한다. 어른들을 위한 영화와 책 외에도 어린이를 위한 책도 있다. 어린아이에게 탈핵의 위험성과 할머니들의 싸움을 설명해주기에는 어려운 면이 있을 수도 있다. 그러나 《밀양 큰 할매》는 어린아이의 시각에 맞춰 만들어진 그림책이다. 어린이를 위한 인권 이야기로 엮인 이 책은 《황금빛 물고기》로도 유명한 김규정 작가가 글과 그림을 그렸다. 책 속에 나타나는 '밀양 큰 할매'는 우리가 어디에서나 볼 수 있는 정겹고 다정한 할머니이다. 동물을 사랑하고 환경을 사랑하는 할머니는 개인의 이익을 위해서가 아닌 다수를 위해 싸우는 할머니이다. 《밀양 큰 할매》는 어린이가 쉽게 이해할 수 있도록 그림을 통해 표현하고 있으며, 밀양 송전탑 반대 운동에서 주역이 된 할머니를 상징적으로 잘 나타낸 책이다. 이 책은 어린이만을 위한 책이 아닌, 어른도 함께할 수 있는 책이다. 전국 각지의 어린이도서관에 비치되어 있으니, 시간이 될 때 아이와 함께 읽어보면서 할머니들이 싸워온 이유와 그들의 아픔을 생각해보는 것도 좋을 것이다.

여럿이 함께 꾸는 꿈

강영숙(어린이책시민연대 부산 동부지회 회원)

밀양 희망버스문화제에 가는 날, 하늘을 보니 금방이라도 비가 쏟아질 듯 먹구름이 잔뜩 끼어 있다. 괜히 고생길에 나서는 건 아닌지 걱정이 앞섰다. 친정과 시댁이 멀리 있고, 주말 부부인지라 아이들을 데리고 다녀야 하기에 1박 2일의 일정은 부담이 되었다. 멀리 서울, 충남에서 희망버스를 타고 밀양으로 온다는데 경남연대 회원이자 지회장으로서의 책임감이 나를 부추겼다. 그동안 카톡방으로 경남 회원들이 마치 옆 동네 일인 양 밀양지킴이를 가는 것을 보면서도 적극적으로 참여하지 못했던 미안함도 컸다. 다행히 애들 아빠가 내려오게 돼서 한시름 놓기는 했지만 어두운 하늘은 내 마음 같았다.

부산 동부지회는 어린아이들과 함께 온 회원들이 많았다. 걱정 반 뿌듯함 반으로 우산, 비옷도 하나씩 더 챙기고, 간식도 챙겨서 회원 차에 모여 타고 밀양시청으로 향했다. 내비게이션

이 없었지만 밀양시청으로 가는 길에는 경찰 내비게이션이 있어서 쉽게 찾아갔다. 줄줄이 서 있는 형광색 옷을 입은 경찰들을 따라가면 되었으니까. 발 디딜 틈이 없는 사람들 사이사이에서 회원들을 만나니 더욱 반가웠다. 트럭 위 무대에서는 자칭 급조된 밴드 '정대준과 어진이'의 유쾌한 노래와 알록달록 몸뻬바지 패션은 지금까지의 내 걱정을 단숨에 날려버렸다. 매일 농성장을 지키며 경찰의 힘에 굴복하지 않는 우직한 사람들이라 한편으로는 거리감도 있었는데 무대 위 두 사람은 활기와 유머로 가득 찬 사람들이었다. 주황색 풍선에 희망의 입김을 불어넣고 송전탑 반대 스티커를 옷에 붙였다. 거리 행진을 시작하고 가는 길마다 스티커를 붙이면서 시청에서 밀양역까지 10킬로를 걸었다. 하루에도 여러 차례 뜬다는 송전탑 공사 헬기가 하늘에서 우리의 행진을 보았다면 어떤 생각이 들까?

밀양 한전 앞에서 구호도 외치고, 아스팔트 위에 색색깔 분필로 밀양의 희망을 그리면서 즐거워하는 아이들의 모습에 이 아이들을 위해서라도 송전탑이 세워져서는 안 되겠다는 생각을 했다. 아이들이 다리 아프다며 처질 때쯤 일자로 쭉 뻗은 강변도로를 걷게 되었는데, 타악기 밴드의 흥겨운 연주 소리에 절로 신이 났다. 시작과 끝이 보이지 않는 사람들의 행렬이 그 자체로 희망을 보여주었다. 시원한 강바람에 각 단체를 대표하는 깃발들이 높이 휘날리는데 주황색 풍선으로 깃봉을 단 우리 회 깃발이 줌인이 되어 눈에 들어왔다. 문화제 장소인 밀양역에 도착하니 겨울이기도 하고 날이 흐려 일찍 어두워져서 역 광장을 가득 매운 참가자들 사이에서 헤맸는데 우리 회 깃발 주위로 회원들이 보였다. 익숙한 이름 누피(은별)가 무대 위에서 야무지게 발표할 때는 마치 우리 회원인 양 반가웠다.

　문화제가 끝나고 용회마을 고선생님 댁에서 뒤풀이를 했다. 경남 집행부원들이 직접 손질하고 장만한 싱싱한 음식과 술은 집 안 가득 모인 사람들이 나눠 먹기에 충분했다. 겉모습은 여리지만 밀양에 갈 때마다 큰언니처럼 든든하게 농성장을 지키고 있던 구미현 선생님은 가까이에서 뵈니 더 가냘픈 모습이셨지만 친정어머니같이 우리를 따뜻이 챙겨주셨다.

　다음 날 송전탑 설치 예정 장소인 101번 산꼭대기에 올랐다. 경사 70도를 넘는 가파름. 지금은 길을 표시하고 난간 역할도 하는 밧줄이 설치되어 있어서 그나마 편하게 올라갔지만 어르신들이 이 험한 산길을 오르내리셨다 생각하니 가슴이 먹먹해졌다. 주위에 밀양 이야기를 더 많이 알려야겠다 싶다. 유한숙 어르신 분향소 옆에서 마무리 문화제를 했다. '데모하기 딱 좋은 나이'라며 희망을 잃지 않는 밀양 할머니들의 〈내 나이가 어때서〉 노래를 따라 부르면서 다음 희망버스도 함께하기로 약속했다. '데모당', '안녕하지 않습니다당' 등 다 기억나지는 않지만 시민들과 학생들이 희망의 네트워크를 만들고 있었다. 희망의 '망'이 '바랄 망'에서 '그물 망(네트워크)'으로 의미가 넓어지는 현장에 함께 있다는 것이 뿌듯했다.

　멀리 서울에서 충남에서 희망버스 타고 온 회원, 어린아이들을 줄줄이 데리고 온 회원, 혼자서 기차 타고 온 회원, 늦게라도 자가용을 끌고 온 회원들이 자랑스럽다. 그들과 같이 있었다는 것만으로도 내 자신이 대견했다. 우리 회 깃발을 앞에 두고 찍은 사진을 밴드에 올렸더니, 자기 마을 아줌마 바로 앞에 내가 있더라고 20년을 만나지 못했던 동문의 댓글이 올라왔다. 같은 꿈을 가진 사람들이 생각지도 못한 곳에 함께 있었던 것이다. 우리 아이들을 위해서 무엇을 해야 하는지 고민하면서도 우리 아이들이 살아갈 환경을 가꾸는 일에 선뜻 용기내지 못했던 소심함을 이제야 조금 떨칠 수 있을 것 같다. 지난 호 회보에 심명선 대표가 쓴 "여럿이 꾸는 꿈은 현실이 된다"라는 글이 다시금 떠오른다.

오늘, 살러 들어간다*

김금일(어린이책시민연대 울산지회 회원)

저는 벌금형을 거부하고 노역형을 선택하였습니다. 국가폭력에 저항한 제 행동에 대한 판결을 그냥 받아들일 수만은 없습니다. 제게는 저를 걱정하는 소중한 가족과 친구들이 있습니다. 그들을 마음 아프게 하면서 제 삶에서 낯설고 두려운 교도소를 가려고 합니다. 노역형이 저의 양심을 저버리지 않는 하나의 길이라 믿기 때문입니다. 평생을 일하며 일구어온 자신의 집과 삶터를 송두리째 빼앗기게 된 사람들이 있습니다. 76만 5,000볼트의 전류가 흐르는 엄청난 송전탑이 마을을 내리누르고, 농작물

＊　울산지회 회원이고, 부산울산연대 조직홍보부장인 김금일씨가 지난 3월 2일 벌금폭탄을 거부하고 노역형을 선택했다. 오후 두 시에 울산시청 프레스룸에서 기자회견을 하고 국민들이 누구나 자신의 삶터를 지키고 행복하게 살 권리가 있는데 이에 저항하는 국민들을 벌금으로 위협하고 기를 꺾는 것은 국가폭력이라며 벌금형에 저항하여 노역형을 살러 갔다. 살기 위해 노역형을 선택했다. 다음은 노역형을 선택한 김금일 회원의 성명서 〈제 양심에 따라 노역형을 선택했습니다〉의 내용이다.

을 키우는 밭과 논에서 귀를 찢는 헬기 소음과 코로나 소음과 끔찍한 전자파들에 시달리며 살아야 하는 밀양 어른들입니다. 송전탑 주변 땅은 가치가 없다고 대출금은 갚으라 하고, 집과 동네는 이제 손자손녀들을 불러들여 마음 편히 놀게 할 수도 없는 곳이 됩니다. 이런 끔찍한 이야기가 있는 곳이 제가 아는 밀양 마을입니다. 밀양 할매, 할배들이 손을 꼭 잡고 이야기하셨습니다. 내 땅에서 살던 그대로 흙 만지며 농사짓고 살고 싶다고, 손자손녀들은 후쿠시마 핵발전소처럼 핵폭발 걱정 없이 이 땅에서 살아야 한다고. 그리 사는 것이 사람답게 사는 길이니 당연히 싸워야 한다고 하셨습니다. 밀양 어르신들의 외침은 정당한 권리였고 이 땅의 평화를 지키려는 간절한 호소였습니다. 하지만 몇천 명이나 되는 경찰 병력은 평화롭던 밀양 땅을 생지옥으로 만들었습니다. 날마다 할매, 할배 들의 비명소리와 울음소리가 온 동네에 가득했습니다. 주민들의 피눈물과 엄청난 경찰 병력과 끔찍한 폭력으로 송전탑이 세워졌습니다. 재판부는 엄청난 벌금과 과도한 판결을 밀양을 지키려는 사람들에게만 부과했습니다. 내 땅에서 그대로 살아가겠다는 간절한 외침은 그저 욕이 되고 나쁜 말이 되고, 모욕죄가 되었습니다. 수십 명, 수백 명의 경찰들이 한꺼번에 달려들어 할배, 할매 들이 먹고 있는 밥상을 걷어차고 밥과 국을 쏟아버리고, 손가락을 꺾고, 길 위에서 숨 막히게 감금하고 밀어붙여서, 그것에 저항하고 방어한 몸부림을 폭력죄라고 하였습니다. 밀양의 주민들과 손을 잡고 함께 밥을 먹고, 경찰과 한전을 향해 폭력을 중단하라고 요구하고 방어한 절박한 외침과 몸짓을 업무방해죄라고 하고, 공무방해죄라고 합니다. 인권과 평화를 외치는 사람들이 모두 범죄자가 되어갑니다. 누구나 자신의 행복과 재산을 지키려는 권리가 있습니다. 누구나 자신의 양심에 따라 행동하고 말할 권리가 있습니다. 국민의 기본권마저 부정하는 편향적이고 불공정한 판결에 항의합니다. 국가에 반대하는 소리는 입을 막고, 힘든 이들이 서로 보듬어 안는 연대의 손길을 위협하는 엄청난 벌금 폭탄이라는 협박에 굴복하지 않겠습니다. 밀양의 765 송전탑 반대가 울산의 설계수명 끝난 핵발전소 반대와 다르지 않다고 생각합니다. 국민의 생명과 안전을 위협하는 설계수명 끝난 노후 원전은 모두 폐쇄해야 합니다. 지난해 세월호 참사 역시 낡고 위험하다고 사용하지 않는 배를 수리해서 사용하다가 사고가 난 것 아닙니까? 애초에 유통기한을 왜 만들겠습니까? 혹시 모를 사고를 대비하는 것이지요. 후쿠시마를 포함하여 지금까지 일어난 세 번의 핵발전소 사고가 모두 노후 원전을 폐쇄하면, 밀양 주민들 다 죽이는 송전탑도 필요하지 않습니다. 제가 벌금형을 거부하고 노역형을 가는 것은 밀양 어르신들의 손을 놓치지 않겠다는 선택이며, 핵 사고 위험 없는 안전한 이 땅의 미래를 요구하는 외침입니다. 저는 제가 가는 길이 혼자가 아님을 알고 있습니다. 그래서 더 이상 외롭지도 무섭지도 않습니다. 잘 다녀오겠습니다.

2015.3.2.

김금일

옥희 언니의 밥상에
감동받다

김은숙(어린이책시민연대 밀양지회 회원)

　　서울에서 밀양으로 농활을 준비한다는 얘기는 이미 한참 전부터 들었다. 40인승 버스 한 차 만들어서 신나게 출발하고 싶었으나 열서넛 정도밖에 안 된다는 기운 빠진 진영씨의 연락을 받았다. 열 명이 넘는 우리 회원들이 먼 밀양까지 일을 하러 온다는데 인원수가 뭐가 중요하다고. 그 정도가 어디야. 회원들 조직하느라 진영씨가 참 힘들었겠다. 허나 농활 온다는 연락받은 나는 어떻게 해야 할지 고민이 되었다. 서울서 온다는데 같이 경남 회원 조직해서 밭에 일하러 가야 하나 아니면 농활 온 우리 회원들은 일을 하면 되고 나는 집에서 편하게 있으면 되는 건가. 경험이 없으니 나름 심각한 고민이었다. 그런 나에게 '막걸리만 좀 준비하면 되지' 한다. 간단하군.

　　점심은 옥희 언니가 오리를 고아준다 하고, 저녁은 전어회 무침으로 준비하였다.

영숙씨를 밀양역에서 태워 우리가 지은 농사 자랑하려고 위양에서 상추 뜯어 부랴부랴 옥희언니네로 갔다. 거실에 들어서는데 수저까지 가지런히 놓여 있는 상이 방과 거실에 펼쳐져 있었다. 주방에는 옥희 언니와 구미현 샘까지 분주했다. 거실에 펼쳐진 밥상을 보는 순간, 뭐랄까, 감동했다고 하면 비슷한 표현일까. 예상 인원 40명의 절반도 안 되는 인원이 비까지 와서 일도 할 수 없는 이런 날에 몰려온다는데, 그들을 먹일 거라고 준비하신 걸 보니 울컥했다.

우리가 뭐라고 이 두 분이 애쓰시나 미안하고, 분주하신 걸 보니 에너지가 생겨 좋아 보이기도 하였다. 우리는 멀리서 온 회원들을 만나서 반갑고 좋기만 한데 두 분을 일도 안 하는 우릴 위해 밥 해먹일 거라고 준비하시게 하는 힘이 뭔지, 평소 내 생각과 달랐다.

예전 밀양 연대는 밀양 송전탑을 반대하는 우리가 할 수 있는 일을 하는 것이라고 들었고, 그렇게 회원들에게 설명했다. 우리가 하는 일이 도시락 싸서 만나 토론하고 회의를 하는 건데 장소를 밀양으로 바꾼 것뿐이라고, 우리가 항상 하는 일이라고 말하였다. 이 할 수 있는 일이라는 것이 내가 최대치로 할 수 있는 일로 1인 시위를 할 수 있으면 그거 하고, 후원금 낼 수 있으면 그거 하고, 밀양에 올 수 있으면 오면 된다고, 모두 똑같이 할 필요는 없다고 하였다. 그러다 내가 할 수 있는 것을 찾아서 하는 사람을 봤다. 무상급식으로 한창일 때, 서민자녀 지원 조례를 통과시키려는 시의회에 방청 가는 일을 하였다. 그날 한 초등학교에서 단체 방청을 왔다. 선생님이 일부러 이날로 잡았다고 했다. 여기 밀양에서 경찰과 대치하여 수많은 주민이 다치는 사건이 발생해도, 학부모가, 경찰과 공무원이 많다고 한마디 말 못 하는 숱한 선생님들을 봤다. 그동안은 마음은 있으나 어쩔 수 없다는 사람들을 이해했다. 그러나 무상급식을 지지하는 선생님이 할 수 있는 일을 찾아서 시의회 방청하는 것을 보고, 어쩔 수 없어 못 하는 게 아니라는 걸 알게 되었다. 이 할 수 있는 일이라는 게, 정해져 있는 방법 중 하나를 선택해서 하는 것이 아니고, 하고자 하는 의지가 있는 사람이 찾아내는 것이라는 걸 말이다. 서울 회원들의 밀양 농활은 밀양을 지지하는 사람들이 찾아낸 방법이고, 옥희 언니의 분주함은 그 마음을 알아서인 것 같다.

나도 할 수 있는 일을 하고 있다는 것을 옥희 언니의 밥상을 보면서 알았다. 밀양은 급박하게 인원 동원이 필요한 시기는 끝났다. 더 급한 곳으로 연대자들은 떠났으나 여전히 송전탑 아래 살고 계신 분들이 계시고, 아직도 싸우고 있지만 우리가 할 수 있는 일은 예전 경찰과 대치하는 때와는 달라졌다. 행정대집행 이후 계속해온 용회마을 '바느질방'과 올해 새롭게 시작한 위양 '흙수다'가 갑자기 이해가 되었다. 밀양을 지지하는 우리가 할 수 있는 일이라는 것이다. 힘들지 않고, 좋아하는 일을 즐기면서 오랫동안 할 수 있는 일.

그러고 보면, 내가 대표를 하면서 이해가 되고 납득이 되어서 시작한 일은 별로 없는 것 같다. 납득을 하고자 아무리 설명을 들어도 부족했으나, 회원들의 결정을 믿었고, 회원들이 원하는 일을 하다보니 필요한 일이었고 중요한 일이었다는 것이다.

서울 회원들이 농활 오기 전 남해에 다녀왔다. 차기 대표를 거절한 미영씨에게 다시 한번 부탁하러 갔다. 대표 자리를 수락한다는 건 쉬운 게 아니라는 걸 안다. 나도 그랬다. 하지만 임기를 마치는 지금, 대표 하기를 잘했다고 생각한다. 대표 하면서 달라진 내가 좋다. 무슨 생각으로 수락했는지 기억은 안 나지만, 등 떠밀려서 했다 해도 등 떠밀어준 회원에게 감사하다. 대표가 힘들지만 힘들도록 내버려두는 회원이 없고, 혼자 하도록 내버려두지도 않고, 언제나 믿고 기다려주는 회원들이 있어 할 수 있었다고 생각한다.

회원들 데리고 농활 와준 진영씨 덕에 우리 회 사업이 새롭게 이해된 날이고, 서울 회원 맞으러 온 부산, 울산 회원들을 보면서 역시 우리 회원들, 멋있다고 생각했다.

농사와 글쓰기 공부
'흙이랑 수다 떨기' 시작하다

이창숙(어린이책시민연대 울산지회 회원)

지난 3월 23일부터 매주 수요일, 부울(부산, 울산)연대와 경남연대 회원들이 밀양 위양마을 농성장에서 농사짓기를 시작했다. 이미 송전탑들은 마을을 위협하듯 둘러싸고 있고, 한수원은 송전 시험도 마친 상황이고, 하반기부터는 76만 5,000볼트를 흘려보내게 된다. 하지만 10년을 넘게 송전탑 반대 싸움을 하셨던 어르신들은 여전히 삶의 공간으로 그곳에서 생활하고 계신다. 바로 눈앞에 보이는 송전탑을 볼 때 마음이 얼마나 답답하실까. 그래서 우리는 작당을 했다. 어르신들도 뵙고 농사도 짓고, 글쓰기로 나를 돌아볼 수 있는 귀한 시간 '흙이랑 수다 떨기'를 말이다.

위양마을 입구에는 2014년 6·11 행정대집행 이후에 마련한 농성장이 있다. 그 바로 앞에 200평가량의 땅이 우리가 1년 동안 죽이 되든 밥이 되든 농사지을 땅이다. 나는 30일에 처음으로 갔다. 밭에서는 서사장님이 기계로 털털털털드르렁 로타리를 치고,

덕촌 할매와 윤반장님은 파를 산더미처럼 쌓아두고 다듬고, 동래 엄마는 부엌에서 우리 먹일 거라고 파전을 굽고, 나물 반찬에 향 나는 쑥국까지 이미 점심 준비로 분주하셨다. 그리고 열 시 넘어 도착한 전국연대 구성원들과 함께 농성장 안이 북적북적 동네 잔치하는 기분이었다. 쑥국, 물김치, 상추, 부추 겉절이, 된장, 파김치, 김장김치. 동래 엄마가 준비해주신 점심상은 정말 맛났다. "캬!". 거기에다 막걸리까지 정말 입도 마음도 즐거운 밥상이었다.

점심을 먹고 동래 엄마, 덕촌 할매, 윤반장님, 서사장님, 우리 회원 몇이서 잠시 일을 했다. 비닐을 깔고, 덩어리진 흙도 부수고, 옥수수, 콩, 상추, 쑥갓, 열무 등 우리가 들어본 씨앗들은 다 심은 것 같다. 각자 훈수도 두고, 농사짓는 방법이 달라 어르신들끼리 의견이 분분하기도 했다. 우리는 그저 예, 예, 하고 따랐다. 근데 땅이 원래 논으로 쓰던 곳이라, 밭이라 하기엔 고슬고슬하지 않고 너무 거칠었다. 흙이 뭉쳐 마치 자갈 덩어리처럼 모여 있어, 씨를 뿌리면 스르륵 밑으로 다 들어가 버렸다. 나는 연신 "정말 싹이 나긴 날까?" 걱정하는데, 어르신들은 잘 올라온단다. 이날은 파전도 배불리 먹고, 산더미 같이 쌓여 있던 파로 동래 엄마가 파김치를 담가주셨다. 한 봉지씩 모두 손에 들고왔는데, 그 파김치의 맛이란! 1주일 동안 파김치만으로 나는 행복했다.

내 걱정과는 달리 4월 초가 되니 거친 땅을 뚫고 정말 싹들이 돋아나고 있었다. "오 귀한 것들!" 쑥쑥 잘 크고 있었고, 파 모종도 더 심었고, 남해 회원이 보내준 초석잠 모종도 심었다. 그 다음주에는 고추 모종을 준비했는데, 비가 온 탓에 못 심고 돌아왔다. 그 다음주에 보니, 동래 엄마가 고추도 심고 오이랑 가지도

심으셨다. 버팀대까지 가지런히 세워놓으셨다. 갈 때마다 "와 줘서 힘이 절로 난다" 하시며 반가워하시는 덕촌 할매를 볼 때마다 뭐 별로 한 일이 없어 그저 미안한 마음이 들기도 하지만, 그래도 사람이 모이니 뭐가 돼도 되는 게 놀랍기까지 하다.

어릴 때 뙤약볕에서 밭일을 했던 고된 기억을 떠올리면 농사일이 그저 반가웠던 것은 아니었지만, 사람 손이 무섭다고 여럿이 일하니 별로 힘이 들지도 않고 마음도 몸도 즐겁고 건강해지는 것 같다. 비 오는 날 농성장 안에 누워 천장에 비 떨어지는 소리를 듣는 것도 즐겁고, 동래 엄마 옆에서 반찬 비법 구경하고 알아가는 것도 즐겁고, 부침개 뒤집어가며 한바탕 소란스럽게 웃어넘기는 것도 즐겁고, 밭고랑 사이에서 풀매면서 친구랑 잠시 이런저런 이야기 나누는 것도 즐겁고, 농성장 바로 옆 위양지를 회원들과 함께 둘러보는 것도 큰 즐거움이다. 지금은 몸으로 하는 농사일보다는 오히려 이번 주부터 이계삼 선생님과 함께할 글쓰기 공부가 걱정이 된다. 삶을 들여다보게 할 시간일 텐데, 나를 드러내는 것이 괴로운 나에게 글쓰기 공부가 어떤 시간이 될는지.

유독 이달은 밭에서 자랄 것들이 물 걱정 안 해도 될 만큼 비가 많이 왔다, 오늘도 봄비 치고는 많은 양이 내렸다. 밭에 상추랑 고추는 내 근심과 상관없이 온몸으로 물을 받아 올려 쑥쑥 자라겠지. 나도 그러면 참말 좋겠다.

행정대집행을 기억하는
2주기 즈음에[*]

이창숙(어린이책시민연대 울산지회 회원)

우리 회는 바드리와 평리에서 단장면 어르신들과 경찰에게 몸으로 저항하고 소리 지르며 맞서 싸운 인연으로, 다른 마을보다는 용회마을에 좀더 집중 연대를 하게 된 것 같습니다. 무도한 경찰 병력에게 싸움 현장을 무참히 빼앗기고 송전탑 부지에 세운 단장 용회마을 101번, 상동 고답마을 115번, 부북 평밭마을 129번, 부북 위양마을 127번, 네 개의 농성장은 밀양 어르신들의 마지막 보루이자 국가폭력과 불의에 굴복하지 않는 저항이었다고 생각합니다.

14년 6월 11일 행정대집행 날을 떠올리는 일은, 저에게는 뭔가 마음이 좋지 않습니다.

전날, 늘 그랬듯이 우리 회원들은 가파른 산을 30여 분 올

---

[*] 이 글은 밀양 송전탑 반대 행정대집행 2주기 행사에서 이창숙 회원이 낭독한 글이다.

라 101번에 도착했고, 교육부장 회의도 있는 날이어서 창원, 거제, 남해, 통영, 부산 지역의 회원들도 함께했습니다. 오후가 되자 드디어 행정대집행이 내일로 정해졌다는 정보가 흘렀습니다. 6월 들어서면서 행정대집행 이야기가 계속 나오고 있었고, 언제 집행할지, 설마 정말 그럴까, 하는 마음도 있었는데, 그날은 정말 실감이 나더라고요.

우리는 밖에서 우리 회원들과 소통하고 조직할 사람들은 내려보내고 몇몇은 남기로 했습니다.

다음 날 새벽부터 행정대집행이 시작됐고, 차례차례 농성장이 뜯겨지는 소식을 전해들으면서도 101번은 침착했어요. 움막에 있는 먹을 것들도 다 나누어 먹고, 서로 챙겨주고, 미리 물건들도 정리해두고, 노래도 한 판 하고 기다렸습니다.

시간이 가까워오자 움막 안에는 구미현 선생님을 비롯한 언니야들이 목에 쇠사슬을 걸고 서로 몸을 묶기 시작했는데, '언니야들 지금 심정이 오죽할까' 하는 마음에 앞서 연행에 대한 두려움 때문에 함께 쇠사슬을 묶을 수가 없는 제가 있었습니다. 제가 한 것은 다른 연대자들과 서로 팔짱을 끼고 결계를 만들어 움막을 지키는 일이었습니다. 새까맣게 산을 뒤덮고 올라온 너무 많은 경찰(검은 숲이 됨)을 보고, '내가 정말 뭔 힘이 있을까?' 순간 무력감과 두려움도 같이 느꼈던 거 같습니다.

어르신들과 언니야들의 절박함과 상관없이 곧 아비규환이 펼쳐질 그 상황에서, 산 아래서 발을 동동 굴리며 산 위에 사람들을 걱정하며 경찰들을 막아섰던 친구들의 우정 앞에서 잠시 나의 안위를 걱정하고 진심을 다하지 못했다는 부끄러움 때문에 6·11을 떠올리는 일이 저에겐 그런 것 같습니다.

행정대집행 이후 우리 회는 여전히 밀양과 연대를 하고 있습니다. 치열한 싸움 뒤에 어르신들에게 남을 상실감들을 서로 위로하며 풀어내기 위해 시작한 용회 바느질방은 서로가 다시 우정을 돈독히 하는 시간들이었습니다. 올해는 부북 위양마을 어르신들과 농사짓기도 시작했습니다. 밭에 풀이 엄청 많아, 오전 일과는 풀 뽑는 일로 시작합니다. 농사를 엄청 잘 짓는 건 아니에요. 일명 우리는 건달 농사라고 해요. 잠시 일하고 맥주 마시며 수다 떠는 시간도 즐겁답니다.

밀양에 가면 항상 저희를 반겨주시고 챙겨주시는 덕촌 엄마랑, 동래 언니, 손끝이 야무지고 기개가 남다른 구미현 샘, 털털하고 마음 넉넉한 옥희 언니, 그리고 10년이라는 시간을 넘어 굳건히 버티고 계신 많은 어르신들이 있습니다. 이제 밀양은 연대란 말이 무색할 정도로 정이 깊이 들어 고향 같은 곳이 되어버렸습니다. 덕촌 엄마는 우리 때문에 힘이 난다 하시는데, 어르신들 덕분에 도리어 저희가 즐겁고 힘이 납니다.

저에게 밀양 송전탑 반대 운동은 많은 것이 낯섦으로 시작되었지만, 그 낯선 만남 속에서 어르신들은 핵발전소와 국가폭력의 야만성을 가르쳐주셨고, 치열한 싸움 현장에서도 연대자들을 대지 같은 넓은 마음으로 따뜻하게 환대해주셨으며, 착하게 사는 것이 어떤 것인지, 사람답게 사는 것이 어떤 것인지 몸소 보여주셨습니다. 밀양 송전탑 싸움처럼 국가폭력에 고통받는 용산, 쌍차, 세월호, 강정, 울산 등 여러 현장에 연대하며, 그들의 아픔에 손잡아주시며 타인을 사랑하는 법이 어떤 것인지도 보여주셨습니다.

밀양은 이제 저에게 세대를 넘어 우정을 느낄 수 있는 곳이 되었고, 넘치든 부족하든 서로가 서로를 의지하며 이곳에서 맺고 있는 우정이 우리가 함께 살아갈 희망이란 걸 알게 되었습니다. 불의에 거침없이 저항하고, 치열하고 열정적으로 살고 계신 할매 할배들의 모습은 제가 살면서 봐온 모습 중에서 가장 아름다우셨습니다. 정말 존경하고 감사하고 사랑합니다.

2016년 6월 11일 어린이책시민연대 이창숙

바느질 할 사람,
요기 요기 붙어라

엄미옥(어린이책시민연대 울산지회 회원)

매주 금요일 아침, 나는 자연스럽게 팥팩이며 앞치마 천, 실이 가득 든 바구니들을 차에 싣고 밀양 용회마을로 간다.

'바느질 할 사람, 요기 요기 붙어라!' 어린이책시민연대 전체 카톡방에 금요일 바느질방 공지를 한다. 시간이 가능한 회원이면 누구나 올 수 있다. 나는 그곳에서 함께 밥 먹고 바느질하며 놀다가 온다. 그렇게 보낸 금요일이 2년을 넘겼다. 처음엔 팥팩하나 만들고 바느질하며 할매들과 놀자고 시작한 일이었다. 그러다 팥팩이 도토리 목걸이가 되고, 손수건이 되고, 앞치마가 되었다.

회원들에게 바느질을 하자 했더니 다들 "내는 수 못 놓는다"며 고개를 흔들었다. 처음 시작하는 사람에게 용기(!)를 주는 가장 쉬운 수로 시작을 했다. 바느질 잘하는 사람이 수를 놓는 것이 아니다. 하다보면 익숙해지고 잘하게 되는 게 바느질인 거다.

니나 내나 다 비슷하다는 것을 알게 되니 어느새 바느질이 만만해졌다. 이제는 수가 맘에 안 든다고 서로 지적질도 하고, 남들이 인정하거나 말거나 자신의 수에 감탄도 한다. 수를 잘 못 놓으면 홈질만 도맡아서 한다. 여러 가지 수를 잘 놓기 어려우면 한 가지 꽃만 놓아 그 안에서 고수가 된다. 실패에 실을 감는 일에 도가 트이고, 차를 맛있게 타거나 설거지하기 등등, 자기 일을 잘도 찾는다. 우리가 모여서 잘 놀고 즐거우니, 할매들도 함께 밥 먹고 노는 금요일을 기다리신다.

하얀 백발의 80세 강순자 할매가 함께 바느질하며 연대해 준 우리 회원들이 고마웠나보다. 팔아서 밥이라도 한 끼 사먹으라며 덧버선 40켤레를 떠주셨다. 우리 회원들에게 고마움을 전할 길은 이것밖에 없다며 미안해하셨다. 색색깔 무늬를 넣어서 정성스럽게 짠 덧버선이 한가득이었다. 이틀에 하나 뜰 수 있다는 버선을 40켤레나. 눈도 어두운 노인이 얼마나 여러 날 애쓰셨을까, 가슴이 뭉클해지며 죄송하다. 이것으로 무얼 하면 좋을까? 행복한 고민이 생겼다. 마침 날씨가 풀렸다. 겨우내 추워서 모이지 못했던 마을 쉼터에서 동네 어르신들과 밥 먹는 자리 한번 갖자는 의견이 나왔다. 이 뜻을 알리고 회원들에게 덧신을 판매했다. 파는 마음, 사는 마음이 모이는 고마운 기회였다. 기꺼이 지갑을 열어 그 마음에 함께하는 회원들이 고맙다.

동네 어르신들과 점심밥을 나누기로 한 금요일. 울산 회원들 금일, 창숙, 복순과 함께 아침 일찍 울산 방어진 활어시장에 들러 싱싱한 회와 소주 박스를 싣고 밀양 용회마을로 간다. 그런데 비가 추적추적 내린다. 쉼터에서 모이기 힘들 것 같다고, 옥희 언니 집에서 하자고 연락이 온다. 용회마을로 들어서는 다리를 건너는데, 앞에 낯익은 뒷모습이 걸어간다. 차를 옆에 세우니 큰 옥희 언니야다. "언니, 어디 갔다 와요? 어서 타요." "엄마야, 누구라고! 오늘이 금요일이가?" 반갑게 얼른 타신다. 옥희 언니 집 앞에 차를 세우고 서둘러 들어서니 무를 한가득 넣은 커다란 솥이 끓고 있다. 옥희 언니의 푸짐한 손맛이 느껴지는 음식들이 그득하다. "아이고! 할매들은 점심밥을 일찍 드시는데, 매운탕꺼리가 안 와서 걱정했구만. 매운탕꺼리 어딨노. 그것부터 내라." 아침부터 분주했을 언니의 수고로움이 느껴진다.

할매들과 동네 어르신들이 한 분 두 분, 반갑게 들어오신다. 거실에 어르신들이 가득 둘러앉아 준비한 음식들을 드신다. 바느질하라고 집을 내어주고 송전탑 싸움의 중심이 되어주시는 구미현 샘과 고준길 전 교장샘, 송전탑 반대 싸움에 늘 든든히 버텨주시는 할매들. 그리고 발로 뛰며 온몸으로 궂은일을 도맡아 하는 옥희 언니와 젊은 언니야들. 송전탑 반대 싸움을 하는 마을 중에 합의를 가장 적게 하고 단결도 가장 잘 되었던 곳이 용회마을이었다. 옥희 언니야의 그 집에서, 고단하고 힘든 싸움을 끝까지 할 수 있었던 힘을 보는 거 같다.

음식을 먹기 전 고준길 교장샘이 한 말씀 하신다. "강순자 할매가 어린이책시민연대 회원들에게 고마움을 전하기 위해 버선을 손수 짜서 밥 한 끼 먹으라고 하셨습니다. 그런데 그 버선 판 것으로 회원들끼리 먹지 않고, 동네 어르신들과 다 같이 밥 먹는 자리를 마련하자고 해서 오늘 이 자리가 만들어졌으니 감사한 마음으로 먹겠습니다." 강순자 할매에게 고마움의 박수가 쏟아진다. 미나리를 한가득 안고 달려온 미니팜 수민 샘, 젊은 농꾼이 다 된 밀양대책위 태철씨도 밥상에 둘러앉았다. 함께 먹지 못

2장 연대자의 말

하는 어진이, 계삼 샘 등 함께하고 싶은 사람들이 참 많은 자리이다. 송전탑이 들어서고, 한전 놈들이 하는 돈장난에 마음고생 많으셨던 어르신들께 술 한잔 올린다. 그렇게 서로 위로가 되는 자리이다.

어르신들은 식사를 마치고 가셨다. 그리고 우리끼리 2차 술자리가 시작됐다. 마침 경남에 연대 특강 강사로 온 현미향씨와 경남 대표 은숙씨가 들어오고, 명선씨가 강의를 마치고 왔다. 새로 온 사람들에, 옥희 언니 입이 귀에 걸린다. 멀리서 기꺼이 달려와준 마음이 고맙고 반가워서 자꾸 술을 권하고 뭐라도 먹이고 싶어 한다. 옥희 언니가 직접 농사지은 깻잎에 회를 듬뿍 올린다. 금일씨 한 입, 명선씨 한 입, 창숙도 한 입, 복순에게도 한 입. 자꾸만 넣어주는 옥희 언니의 마음이 정겹다. 술기운에 와사비가 잔뜩 들어간 쌈을 먹고, 몸을 부르르 떨면서도 넙죽넙죽 입을 벌린다. 옥희 언니의 사심 가득한 회가 명선씨 입에 또 들어간다. "언니! 이런 식으로 편애할 거야?"라며 토라지는 시늉을 한다. 웃음꽃이 터진다. 저녁 늦게까지 놀다 돌아오는 길에 상동에서 온 싱싱한 미나리와 옥희 언니네 깻잎이 한 봉다리씩 차에 실린다. 올 때마다 양손 가득! 친정집에 왔다 가는 것 같다.

외부 사람들은 송전탑은 이미 다 박혔고, 그래서 끝난 싸움이라 말한다. 하지만 어르신들은 여전히 그곳에서 송전탑을 마주보며 살아가야 한다. 용회마을 뒷산에 101번 '즐거운 나의 집'이 있었다. 매주 찾아가서 밥 먹고 함께 이야기하며 바느질하는 용회마을은 어느새 나의 친정이 되어버렸다. 매주 금요일 아침이면 나는 차에 바느질 바구니를 싣고, 바느질 수다꾼들과 함께 밀양 용회마을로 달려간다.

밀양을 듣다

초판 1쇄 펴낸날 2019년 6월 30일

기획·엮음	김영희
지은이	김영희 외
펴낸이	박재영
편집	이정신 임세현
디자인	당나귀점프
제작	제이오

펴낸곳	도서출판 오월의봄
주소	경기도 파주시 회동길 363-15 201호
등록	제406-2010-000111호
전화	070-7704-2131
팩스	0505-300-0518

이메일	maybook05@naver.com
트위터	@oohbom
블로그	blog.naver.com/maybook05
페이스북	facebook.com/maybook05

ISBN	979-11-87373-78-0 03300

이 도서의 국립중앙도서관 출판시도서목록(CIP)은 e-CIP홈페이지(http://nl.go.kr/ecip)와
국가자료공동목록시스템(http://www.nl.go.kr/kolisnet)에서 이용하실 수 있습니다.
(CIP 제어번호 : CIP2019025012)

• 책값은 뒤표지에 있습니다. 잘못된 책은 바꾸어 드립니다.